संस्कृति के प्रश्न
और
रामविलास शर्मा

संस्कृति के प्रश्न और रामविलास शर्मा

सम्पादक

विजय बहादुर सिंह

राधावल्लभ त्रिपाठी

वाणी प्रकाशन

वाणी प्रकाशन

4695, 21-ए, दरियागंज, नयी दिल्ली 110 002

फ़ोन : +91 11 23273167 फ़ैक्स : +91 11 23275710

शाखाएँ

अशोक राजपथ, पटना 800 004, बिहार

कॉफ़ी हाउस कैम्पस, महात्मा गांधी मार्ग, इलाहाबाद 211 001, उत्तर प्रदेश

महात्मा गांधी अन्तरराष्ट्रीय हिन्दी विश्वविद्यालय, वर्धा 442 001, महाराष्ट्र

www.vaniprakashan.com
marketing@vaniprakashan.in
sales@vaniprakashan.in

Sanskriti Ke Prashn Aur Ramvilas Sharma
Edited by Vijay Bahadur Singh, Radhavallabh Tripathi

ISBN : 978-93-5518-490-0
Criticism

प्रथम संस्करण 2022

मूल्य : ₹ 750

आर.के. ऑफ़सेट, शाहदरा, दिल्ली-110 032 में मुद्रित

वाणी प्रकाशन का लोगो मक़बूल फ़िदा हुसेन की कूची से

सम्पादकीय

इस पुस्तक की सामग्री मूलतः साहित्य अकादेमी, मध्य प्रदेश संस्कृति परिषद् की पत्रिका 'साक्षात्कार' के रामविलास शर्मा पर केन्द्रित अंक के लिए तैयार की गयी थी। इस अंक का अतिथि सम्पादकत्व स्वीकार करने के लिए विजय बहादुर सिंह के परामर्श पर संचालक, संस्कृति विभाग मध्य प्रदेश शासन ने राधावल्लभ त्रिपाठी से व्यक्तिगत रूप से आग्रह किया, तथा सहायक संचालक, साहित्य अकादेमी ने भी अपने पत्र क्र. 41 दि. 6.8.2020 के द्वारा राधावल्लभ त्रिपाठी से अतिथि सम्पादकत्व स्वीकार करने का अनुरोध किया। तदनुसार रामविलास शर्मा पर हमारे समय के महत्त्वपूर्ण अध्येताओं तथा समीक्षकों से लेख प्राप्त कर उनका सम्पादन करके राधावल्लभ त्रिपाठी ने 'साक्षात्कार' के विशेषांक के लिए 28 अक्टूबर को यह सारी सामग्री साहित्य अकादेमी के कार्यालय को भेज दी। सामग्री प्रेस में दे दी गयी थी, और 'साक्षात्कार' के विशेषांक में उसका प्रकाशन अन्तिम दौर में था। इसी बीच साहित्य अकादेमी के निदेशक के रूप में किन्हीं अज्ञात कुल शील सज्जन का आगमन हुआ। उसके पश्चात् 'साक्षात्कार' के विशेषांक का मुद्रण रोक दिया गया। संचालक संस्कृति विभाग से अनेक बार पत्रिका का यथोचित मुद्रण कराने का आग्रह हमारी ओर से किया जाता रहा। काफ़ी समय बाद (साक्षात्कार के विशेषांक के लिए सामग्री प्रस्तुत कर देने के एक वर्ष बाद) मध्य प्रदेश साहित्य अकादेमी द्वारा ही "प्रगति से परम्परा की ओर–रामविलास शर्मा" शीर्षक एक पुस्तक हमारे देखने में आयी, जिसमें 'साक्षात्कार' के रामविलास शर्मा विशेषांक के लिए संकलित किये गये लेखों में से अनधिकृत रूप से कतिपय लेख लिए गये थे, तथा एक लेख जिसे अस्वीकृत कर दिया गया था, वह भी शामिल था। पुस्तक में सम्पादक के रूप में विकास दवे तथा किसी भी तरह की पूर्व सूचना तथा अनुमति के बिना राधावल्लभ त्रिपाठी का नाम सह सम्पादक

के रूप में छाप दिया गया। 'साक्षात्कार' के उक्त अंक के लिए राधावल्लभ त्रिपाठी के द्वारा लिखा गया सम्पादकीय इस पुस्तक में शामिल नहीं किया गया। यह पुस्तक रामविलास शर्मा की छवि को बहुत विकृत रूप में प्रस्तुत करने का एक घृणित प्रयास है।

डॉ. रामविलास शर्मा प्रगति के पथ से चलते हुए परम्परा के गलियारों में पहुँचकर रम गये—यह मानना उनके साथ सरासर अन्याय है। रामविलास जी अपने साहित्यिक जीवन के आरम्भ से ही ऋग्वेद से लगाकर कालिदास और भवभूति आदि संस्कृत के कवियों को पढ़ते आ रहे थे। इसके साथ ही वे मार्क्सवाद और वामपन्थी समालोचना को भी देश की धरती से जोड़ कर पुनः प्रतिष्ठित कर रहे थे। इसकी स्वाभाविक परिणति उनके ऋग्वेद और भारतीय सौन्दर्यशास्त्र पर महत्त्वपूर्ण कार्य में हुई, पथ बदलने में नहीं।

जिन प्रतिष्ठित लेखकों के लेख इस पुस्तक में संकलित होने से रह गये, उनके प्रति अपने दायित्व का अनुभव करते हुए हमने यह सोचा कि उन लेखों को अलग पुस्तक के रूप में प्रकाशित किया जाये। 'साक्षात्कार' के उक्त अंक के लिए राधावल्लभ त्रिपाठी का लिखा सम्पादकीय यहाँ किंचित् परिवर्तन के साथ भूमिका के रूप में दिया जा रहा है।

हमें इस बात की कचोट है कि इस संकलन के इस रूप में निकलने में उपरिलिखित परिस्थितियों के कारण हुए विलम्ब के अन्तराल में इसके दो सम्मानित लेखक—विजय मोहन शर्मा तथा कृष्णदत्त शर्मा, जिन्होंने अपने महत्त्वपूर्ण लेख हमारे विशेष अनुरोध पर इस 'साक्षात्कार' के उक्त विशेषांक के लिए दिये थे, दिवंगत हो गये। इन दोनों को हार्दिक श्रद्धांजलि।

आशा है इस पुस्तक से रामविलास शर्मा के अवदान को सही परिप्रेक्ष्य में समझा जा सकेगा।

—सम्पादकद्वय

अनुक्रम

भूमिका

भारतीय विश्वबोध में माना गया कि प्रत्येक मनुष्य कुछ क़र्ज़ चुकाने के लिए जन्म लेता है। वह प्रकृति का क़र्ज़दार होता है, जिससे उसका रोआँ रोआँ–बना है, वह अपने पुरखों का क़र्ज़दार होता है, जिनके संस्कारों से उसका सूक्ष्म शरीर बना है। गुरुजनों का भी वह क़र्ज़दार होता है, जिनसे वह ज्ञान की काया पाता है। धर्मशास्त्र में इन तीनों को देवऋण, पितृऋण और ऋषिऋण कहा गया है।

देवऋण को धरती के चप्पे–चप्पे में समाये जीवन स्पन्दनों को बचाने के प्रयासों के द्वारा चुकाया जा सकता है, पितृऋण पुरखों की वंशपरम्परा को आगे बढ़ा कर चुकाया जा सकता है। ऋषिऋण से आनृण्य उस ज्ञान की उस धरोहर को नये चिन्तन से जोड़ कर और संवर्धित करके पाया जा सकता है, जिसे हमारे ऋषि या गुरुजन हमें देकर गये हैं। रामविलास शर्मा पर एकाग्र यह प्रस्तुति ऋषिऋण से आनृण्य का एक विनम्र प्रयास है।

निस्सन्देह रामविलास शर्मा हमारे समय के एक ऋषि हैं। ऋषि का लक्षण शास्त्रपरम्परा में यह दिया गया है कि जो अतीत, अनागत और वर्तमान को सही–सही देख लेता है, वह ऋषि है। रामविलास शर्मा भारत के अतीत और भविष्य का सही–सही सन्धान करते हैं। इस सन्धान की यात्रा में वे अपने विपुल सर्जनात्मक अवदान की एक अकूत सम्पदा हमारे लिए छोड़ कर गये हैं। साहित्य और संस्कृति से सरोकार रखने वाले लोगों की उनके बाद वाली पीढ़ी उनकी क़र्ज़दार है।

रामविलास शर्मा अपने खाँटी देशज व्यक्तित्व के साथ भद्र नागर समाज में कुछ अजनबी से तो पहले ही थे, बाद में वे अपनी लेखन की साधना में ऐसे तपोरत हुए कि और भी एकाकी होते चले गये। ऐसे में साहित्य के

हलकों में उनको ले कर प्रवाद उठाये जाते रहे, उन पर लांछन भी लगाये जाते रहे। शर्मा जी को उनकी परवाह करने की फुरसत नहीं थी, वे एक महत् उद्देश्य सामने रखकर मनोयोग से लेखन कर रहे थे। यह उद्देश्य था भारत के अतीत की सही पहचान के साथ उसके भविष्य का निर्माण। उनकी आत्मकथा *अपनी धरती अपने लोग* के तीनों भागों में–गाँव–गिराँव, घर–परिवार और अपनी धरती से ही नहीं, इस देश के ऐतिह्य और वर्तमान को ले कर उनका सरोकार साफ़ नज़र आता है। प्रस्तुत प्रयास रामविलास शर्मा के बहाने भारत के भवितव्य का पुनःसन्धान है।

रामविलास शर्मा का जीवनदर्शन–सर्वास्तित्ववाद

रामविलास शर्मा ने यूरोप के साहित्य का–ख़ास तौर से अंग्रेज़ी की रोमाण्टिक कविता का–गहरा अध्ययन किया। साहित्य की अधुनातन से लगाकर प्राचीनतम भावधाराओं को वे आमने–सामने रख कर तोलते हैं, उनसे अपना जीवनदर्शन रचते हैं। वे वैदिक काव्य की ओर मुड़ते हैं, जो प्रकृति में तन्मयीभवन की कविता है। "ऐसी संवेदनशीलता न यूरुप के भाववाद में है, न उसके भौतिकवाद में है, यूरुप के काव्य में भी उसके उदाहरण कम ही हैं। भारत में ऋग्वेद और उपनिषदों से लेकर कालिदास काव्य को पार करती हुई वह धारा रवीन्द्रनाथ ठाकुर तक प्रवाहित है।" शेली की कविताओं *ओड टु द वेस्ट विंड, हिम ऑफ़ अपोलो, एडोनिस* तथा *दि ट्रंफ ऑफ़ लाइफ* में वेद के काव्य की वही आद्य ऊर्जा और तल्लीनता की झलक रामविलास शर्मा देखते हैं, जहाँ भौतिकता और दिव्यता की विभाजक रेखाएँ मिट रही हैं।

शर्मा जी जब यह सब लिख रहे हैं, तब फ़िजिक्स मेटाफ़िजिक्स में छलाँग रहा है। भौतिकशास्त्र नव्य भौतिकी में ढल रहा है, आइंस्टीन के सापेक्षता सिद्धान्त के बाद क्वाण्टम थ्योरी आ चुकी है। इन सबकी समझ के साथ शर्मा जी भौतिकवाद और सर्वात्मवाद में गहरी समानता देखते हैं। वे महामहोपाध्याय रामावतार शर्मा का भी ज़िक्र करते हैं, जो उनके कुछ पहले इसी तरह की बात अपने अनोखे ग्रन्थ *परमार्थदर्शनम्* में लिख चुके थे। ऋग्वेद और उपनिषदों में इस सर्वात्मवाद का सुसंगत रूप है, कीट्स, शेली और वर्ड्सवर्थ में अपनी काव्यात्मकता में वह व्यक्त होता है। धरती के हर कण में सौन्दर्य और चेतना स्पन्दित होती दिखती है। मार्क्स अपनी कविता 'सृष्टि' में एक रचनाकार आत्मा (creator spirit) की कल्पना करते हैं। यह रचनाकार आत्मा स्वयम्भू है। "दूर तीव्रगामी लहरों पर वह तैरती है।

उसकी आँख असीम को समेटती है। शून्य स्पन्दित होता है, युग गतिमान् बनता है।" मार्क्स की यह कविता पढ़कर शंका होती है कि यह उनकी कविता है या योगी अरविन्द का लाइफ डिवाइन है।

रामविलास जी मार्क्स और शेली के भावजगत् में सामीप्य देखते हैं जिसमें "प्रकृति की आत्मा मानवप्रेम, सूर्य का प्रकाश–सब एक–दूसरे से घुल–मिल गये हैं।" यही सूफ़ियों का अनहलक है, वेदान्तियों का अहं ब्रह्म। यह ईश्वर में साँस लेना, साँस–साँस में ईश्वर हो जाना है।

रामावतार शर्मा का *परमार्थदर्शनम्* रामविलास जी ने दुर्भाग्य से पढ़ा नहीं था, पढ़ा होता तो इस सर्वात्मवाद का व्यवस्थित दर्शन उन्हें इस किताब में मिल जाता। *परमार्थदर्शनम्* में तीन सिद्धान्त प्रमुख हैं–सर्वात्मकतावाद, विश्ववैचित्र्यवाद तथा देहात्मवाद। शरीर, आकाश और ब्रह्माण्ड में एक ही आत्मा समाया हुआ है। रामविलास शर्मा इसी को सर्वास्तित्ववाद कहते हैं।

शर्मा जी वैदिक और औपनिषदिक सर्वात्मवाद तथा यूरुप के रोमाण्टिक कवियों के सर्वात्मवाद–दोनों की उनके अनोखेपन में पहचान करते हैं। शर्मा जी के अनुसार शेली अपने कविहृदय की संवेदनशीलता के कारण सर्वात्मवाद की ओर खिंचते हैं, परन्तु प्लेटो के द्वारा प्रतिपादित चेतना और पदार्थ का द्वैतभाव इस सर्वात्मवाद के आड़े आता है। वैदिक और औपनिषदिक सर्वात्मवाद में यह द्वैध नहीं है। शर्मा जी कहते हैं कि एक ओर जड़, ठोस भौतिक जगत् है, दूसरी ओर प्रकृति की शक्ति है, जो अपने स्पर्श भार से भौतिक पदार्थों को नया–नया रूप देती है। शेली इस शक्ति को प्रेम और सौन्दर्य से जोड़ते हैं। इस तरह यह शक्ति लगभग चेतन सत्ता बन जाती है। प्रेम और सौन्दर्य को मानवीय भावनाओं को, प्रकृति को शक्ति से अलग कर दें तो शेली का सर्वात्मवाद भौतिकवाद का प्रतिरूप सा जान पड़ेगा।

वे ठीक कहते हैं कि शेली भारतीय काव्य के सर्वाधिक निकट वहाँ हैं जहाँ वे प्रकृति के ही तत्त्वों को सक्रिय होते, एक–दूसरे को प्रभावित करते और समस्त प्रकृति को गतिशील बनाते देखते हैं।

उपनिषद् कहते हैं–तत् सृष्ट्वा तदेवानुप्राविशत्–परम तत्त्व ने इस सृष्टि को रचा और फिर इसी में वह समा गया, इससे अलग वह नहीं रहा। सब कुछ उसमें समा गया या वह सब कुछ में समा गया–दोनों तरह से इसे कहा और समझा जा सकता है। इसी सरणि पर शर्मा जी कहते हैं कि सर्वात्मवाद दो प्रकार का है–एक भौतिकवाद के निकट है, दूसरा भाववाद के।

पहले में प्रकृति ईश्वर में विलीन होती है, दूसरे में ईश्वर प्रकृति में। एक में मनुष्य ईश्वर होने का यत्न करता है। दूसरे में मनुष्य में ईश्वर प्रतिष्ठा पाता है, शर्मा जी हेगल के दर्शन में प्रकृति का परकीकरण देखते हैं। वह एक क्षरणशीलता का दर्शन है। हेगल जैसों को ख़ारिज कर वे यूरुप की साहित्य यात्रा के सहचर बन कर उसमें उन पड़ावों को खोजते हैं, जो हमारी यात्रा में संगत कर सकते हैं। सर्वास्तित्ववाद के द्वारा शर्मा जी उस संगति को खोज लाते हैं, जिसकी आज हमें आवश्यकता है।

वादपुरुष रामविलास शर्मा

रामविलास शर्मा आधुनिक साहित्य जगत् में हिन्दी के लेखकों में कदाचित् सबसे बड़े वादपुरुष हैं, जो संवादपुरुष होते–होते रह गये।

न्यायदर्शन में गौतम ने कथा या बौद्धिक चर्चा के तीन भेद बताये हैं –वाद, जल्प और वितण्डा। वाद खुला वैचारिक विमर्श है, जल्प अपने पक्ष या अपनी बात को सही साबित करने के लिए दिये गये प्रमाणों और तर्कों की एक निर्मिति है, वितण्डा दूसरे के पक्ष का ध्वंस करने के लिए खड़ी की गयी तर्ककर्कश व्यूहरचना है। गौतम कहते हैं कि अपने शास्त्र और परम्परा की रक्षा के लिए वाद के साथ जल्प और वितण्डा का प्रयोग किया जाना चाहिए, ठीक ऐसे ही जैसे खेत को बचाने के लिए कँटीली बाड़ लगायी जाती है। पर गौतम यह भी कहते हैं कि यह सारा यत्न संवाद मे परिणत होना चाहिए।

शर्मा जी विचारों के अपने खेत–खलिहान बचाये रखने के लिए जल्प और वितण्डा के द्वारा बाड़ रचते हैं। इस क्रम में वे चुनौतियों से मुठभेड़ करते हैं। वे उपेक्षा और दुर्व्याख्या के शिकार भी बनाये जाते हैं, अपनी खरी–खरी से आहत साहित्यिक समाज के द्वारा छद्म हिन्दू और ब्राह्मणवादी विचारक भी बता दिये जाते हैं।

शर्मा जी पर प्रहार इसलिए ज़्यादा हुए कि उन्होंने अपने ही समाज और अपने सहकर्मियों को सुधारने का बीड़ा उठाया और यह भी सही ही कहा कि वामपन्थी हो जाने से ही कोई लेखक बड़ा साहित्यकार नहीं हो जाता और दक्षिणपन्थी हो जाने से कोई रचनाकार हेय नहीं हो जाता। साहित्य की अपनी बुनियादी शर्तें होती हैं। इन शर्तों पर शर्मा जी ने वामपन्थी लेखकों की कमज़ोरियों को उघाड़ा। वे उनके दोहरे मानदण्ड, सामन्तवादी संस्कार

साहित्य के नाम पर फैलाई जा रही विकृतियों तथा नारेबाज़ी पर चोट करते रहे। अपने बैसवाड़ी तेवर के साथ वे निराला जैसे युगकवि के प्रबल पक्षधर बन कर भी खड़े हुए, जिन पर भी साहित्य की संकीर्ण राजनीति के कारण प्रहार हो रहे थे।

वैचारिक चुनौतियाँ और मुठभेड़

शर्मा जी ने जोखिम उठाकर एक बड़ा काम जो हिन्दी के वैचारिक जगत् में किया वह था—यूरुपकेन्द्रित विमर्श का अपदस्थीकरण। उन्होंने साहित्य, कला, संस्कृति और समकालीन इतिहास तथा राजनीति में यूरुपकेन्द्रित विमर्श को विखण्डित करके हमें आत्म में प्रतिष्ठित करने का अतुल्य जतन किया। यह एक चुनौती भरा कार्य था। शर्मा जी के पहले स्वामी दयानन्द और महामहोपाध्याय मधुसूदन ओझा औपनिवेशिक साम्राज्यवाद तथा भारतविद्या के अन्तर्गत किये जा रहे यूरोपकेन्द्रित विमर्श की धज्जियाँ उड़ाने का काम करते रहे थे। रामविलास शर्मा ने इस क्षेत्र में सबसे ज़्यादा जोखिम उठाये, उन्होंने औपनिवेशिक मान्यता के द्वारा खड़ी की गयी उन निर्मितियों के ढाँचे भी ढहा दिये, जो तथाकथित पढ़े–लिखे भद्र समाज में ही नहीं, परम्पराओं को पोसने वाले भारतीय मानस में भी बद्धमूल हो गयी थीं। विलियम जोंस और मैक्समूलर से लगाकर संस्कृत और भारतीय विद्या के पश्चिमी पण्डित हमें यह बताते रहे कि भारत एक आध्यात्मिक देश है, जो साइंस और तकनीक में पिछड़ा था और पिछड़ा रहेगा। इस देश को मात्र अध्यात्मप्राण देश बताने के उनके अभियान से हमारे देश के भी इस समय के जाने–माने दार्शनिक, विचारक जुड़ते गये, उन्होंने यह नहीं समझा कि वे एक टुच्ची औपनिवेशिक साज़िश में शामिल होते चले जा रहे हैं। शर्मा जी ने ऋग्वेद से लगाकर मध्यकाल तक से भारतीय साहित्य और परम्पराओं का मूल ग्रन्थों से अध्ययन कर भ्रान्त धारणाओं के जाल और जंजाल को हटाने का काम किया। इसकी शुरुआत उन्होंने अपनी एक आरम्भिक पुस्तक 'आस्था और सौन्दर्य' (1961) में ही कर दी थी, जहाँ वे कहते हैं—"प्रचलित धारणा यह है कि यूरुप भौतिकवादी है और भारत अध्यात्मवादी। भारत और यूरुप के दर्शन का तुलनात्मक अध्ययन करने में यह धारणा खण्डित हो जाती है। न अध्यात्मवाद पर भारत का एकाधिकार है और भौतिकवाद पर यूरुप का।" यह धारणा उनके अनेक ग्रन्थों में नये–नये सन्दर्भ उठाकर विकसित होती गयी है।

रामविलास शर्मा यूरुप की संस्कृति, परम्परा और नवजागरण का भी प्रामाणिक अध्ययन करके स्पष्ट करते हैं कि भाववाद यूरुप में भी ख़ूब था। इसी तरह ऋग्वेद, महाभारत, बौद्ध दर्शन, चरक संहिता आदि के युगों में भौतिकवादी की कमी न थी।

शर्मा जी ने अपनी पुस्तक "भारत के प्राचीन भाषा परिवार और हिन्दी" में पश्चिम के भारतविद्याविदों के द्वारा बहुत संरम्भ के साथ उत्थापित और प्रचारित भाषा परिवार की अवधारणा की शवपरीक्षा की। उन्होंने कथित भाषा परिवारों में इन विद्वानों की तरह पार्थक्य और खाइयाँ बताने की बजाय इनमें सामीप्य और पारस्परिकता के आधार प्रमाणित किये। भारत के चार बड़े भाषा परिवार आपस में जुड़े हुए हैं। शर्मा जी ने किशोरीदास वाजपेयी के सहयात्री बनते हुए हिन्दी के विकासपथ का पुनरान्वेषण किया। वे कहते हैं–"हिन्दी क्षेत्र की जो भाषा है, उसका विकास उस तरह नहीं हुआ जैसा लोग समझते हैं कि संस्कृत बिगड़कर प्राकृत बनी, प्राकृत से अपभ्रंश आयी, अपभ्रंश से आधुनिक हिन्दी या जनपदीप भाषाओं का विकास हुआ। ऐसा नहीं हुआ।" एक मूल भाषा है, परिवार की सब भाषाएँ उसी से उत्पन्न हुई हैं–यह समझ यूरुप के एकाधिकारमूलक तन्त्र ने पैदा की थी, जिसे भारत के पढ़े–लिखे लोगों के दिमाग़ में ठूँसा गया। शर्मा जी ने इसकी सारी काल्पनिक निर्मितियों को ख़ारिज किया। यह धारणा ही भ्रामक है कि संस्कृत बिगड़कर प्राकृत बनी, प्राकृत से अपभ्रंश आयी, अपभ्रंश से आधुनिक हिन्दी या जनपदीय भाषाओं का विकास हुआ।

शर्मा जी के सामने एक–एक और बड़ी चुनौती जातीय चेतना जगाने की थी। "हिन्दी बोलने वाले की दुर्दशा और दरिद्रता का एक कारण है कि उनमें जातीय चेतना नहीं है, अपनी भाषा और संस्कृति के प्रति ग़ौरव का भाव नहीं है। वे राजनीतिक रूप से बँटे हुए हैं।" (वही)। यह स्थिति बदल सकती है, यदि संस्कृति में लोकतन्त्र का पुनर्वास हो।

रामविलास शर्मा ने जातीयता की अवधारणा को स्पष्ट करते हुए भारतीयता, राष्ट्र के रूप में भारत की अस्मिता की जो समझ विकसित की, वह उनका विचारों के इतिहास में एक महत्त्वपूर्ण योगदान है। वे कहते हैं "इस देश में अनेक भाषाएँ है, अनेक जातियों (अर्थात–बांग्ला, तमिल, मराठी हिन्दी जातियाँ) की अपनी–अपनी संस्कृति है। इन सभी जातियों की संस्कृतियों के सामान्य तत्त्वों का, उनके समुच्चय का नाम भारतीय संस्कृति है।'

(स्वाधीनता संग्राम : बदलते परिप्रेक्ष्य)। शर्मा जी ने हिन्दी की जातीय संस्कृति के मर्म को पकड़ा और नवजागरण के सन्दर्भ में उसका आकलन किया। उन्होंने प्रगतिशील साहित्य को इस देश की धरती से जोड़ा और इस वैदिक कविता, कालिदास, भवभूति आदि प्राचीन कवियों से लगाकर तुलसी, भारतेन्दु, महावीर प्रसाद द्विवेदी, निराला, प्रेमचन्द और रामचन्द्र शुक्ल का पुनर्मूल्यांकन करके इन्हें प्रतिष्ठा के नये शिखरों पर पहुँचाया।

वे कहते हैं–"ब्रिटेन एक भाषा, एक जाति वाला राष्ट्र नहीं है, जैसा लोग उसे समझते रहे हैं। वह बहुजातीय देश है, वहाँ अंग्रेज़ी के अलावा स्कॉटलैंड में मेलिक और वेल्स में वेल्श भाषाएँ बोली जाती हैं। पूँजीवाद के अभ्युदयकाल में, उद्योग धन्धों में मशीनों के चलन के समय, ऐसा लगता था कि पश्चिमी यूरुप में सामान्य प्रवृत्ति यह है कि एक जाति, एक भाषा वाले राज्य निर्मित हो रहे हैं। किन्तु पश्चिमी यूरुप में कोई भी ऐसा पूँजीवादी राष्ट्र नहीं है जो वास्तव में बहुजातीय न हो। सामन्तों द्वारा विजित और उत्पीड़ित जातियों के ऊपर अपना शिकंजा और भी मज़बूत करके नये पूँजीवाद ने यह भ्रम उत्पन्न किया कि जिस राज्य पर किसी एक जाति के पूँजीपतियों का प्रभुत्व है, उसमें एक ही भाषा बोली जाती है, अन्य भाषाओं और उन्हें बोलने वाली जातियों का अस्तित्व ही नहीं है। दूसरे महायुद्ध के बाद जैसे–जैसे यूरुप के पूँजीपतियों के साम्राज्य संकुचित हुए या समाप्त हुए, वैसे–वैसे, अपने देश के मज़दूरों में वे साम्राज्य की जो आमदनी बाँटते थे, वह कम हुई; मज़दूरों को अपना शोषण अखरने लगा, बेकारों की संख्या मुद्रास्फीति की तरह निरन्तर बढ़ती गयी, फलतः समाज में वर्ग–संघर्ष तेज़ हुआ। इसके साथ एक दूसरी प्रक्रिया आरम्भ हुई। जिन भाषाओं और जातियों का अस्तित्व लुप्त मान लिया गया था, वे रंगमंच पर फिर आ गयीं; प्रभुत्वशाली जाति के पूँजीपतियों का शिकंजा ढीला होते ही उन्होंने अपनी स्वायत्तता या स्वतन्त्रता की माँग करना शुरू कर दिया।

"जिन देशों में सामन्ती और पूँजीवादी युगों में जातीय उत्पीड़न नहीं रहा या कम रहा है, विभिन्न जातियों में समानता और भाईचारे का व्यवहार जहाँ अधिक हुआ है, वहाँ भाषाओं की भिन्नता होते हुए भी राष्ट्रीयता का विकास हुआ है। इसके विपरीत जहाँ एक प्रभुत्वशाली जाति के सामन्तों और पूँजीपतियों ने दूसरी जातियों का दमन किया है, वहाँ इस राष्ट्रीयता का अभाव रहा है; प्रभुत्वशाली जाति भले ही राष्ट्रीयता के गीत गाती रहे,

पराधीन जातियों में इस राष्ट्रीय चेतना का अभाव होता है; उनके लिए राष्ट्रीयता का अर्थ होता है, दूसरों का प्रभुत्व स्वीकार करना, अपना जातीय अस्तित्व अस्वीकार करना।"

शर्मा जी का यह सारा संरम्भ दरअसल भारत की अपनी पहचान खोजने और उसे स्थापित करने के लिए हैं। वे कहते हैं कि "संसार का कोई भी देश, बहुजातीय राष्ट्र की हैसियत से, इतिहास को ध्यान में रखें तो, भारत का मुक़ाबला नहीं कर सकता। यहाँ राष्ट्रीयता एक जाति द्वारा दूसरी जातियों पर राजनीतिक प्रभुत्व कायम करके स्थापित नहीं हुई। वह मुख्यतः संस्कृति और इतिहास की देन है।" इस संस्कृति के निर्माण में इस देश के कवियों का सर्वोच्च स्थान है। वे उन वामपन्थी अतिवादियों का भी खण्डन करते हैं, जो अलग–अलग भाषाओं के आधार पर अलग–अलग राष्ट्रीयताओं की बात करके देश को विखण्डित कर देना चाहते हैं, और उन हिन्दू राष्ट्रवादियों का भी जो एकाधिकारवादी तन्त्र के द्वारा एक भाषा, एक संस्कृति और एक जीवन–शैली को लागू करके इस देश की सांस्कृतिक विविधता का उच्छेद कर देना चाहते हैं।

रामविलास शर्मा भारत में अंग्रेज़ी राज के द्वारा कथित रूप से किये गये उद्योगीकरण और राष्ट्र के रूप में भारत को दी गयी कथित पहचान की बात को उधेड़ देते हैं। वे 1857 की अंग्रेज़ों के ख़िलाफ़ बगावत को सही ही स्वतन्त्रता संग्राम के रूप में स्थापित करते हैं, और नवजागरण की उसके सन्दर्भ में पुनर्मीमांसा करते हैं। वे भारत की जातीयता और राष्ट्रीयता को भी सही–सही मायनों में प्रस्तुत करते हैं। समझते हुए सत्य कहते हैं कि भारत एक बहुजातीय राष्ट्र है, उसमें अनेक राष्ट्रीयताएँ नहीं हैं।

नवजागरण के अग्रदूत

उन्नीसवीं शताब्दी का नवजागरण हमारे इतिहास का एक अनोखा दौर था। अब एक–दूसरे नवजागरण का रचा जाना बहुत ज़रूरी हो गया है, जिसमें अतीत के व्यामोहग्रस्त गुणगान और भारत के जगद्‌गुरु होने के निरन्तर गूँजते डिण्डिमघोष का कोहराम मात्र न हो, सांस्कृतिक परम्पराओं की उनके सम्पूर्ण वैविध्य और समृद्धि में वस्तुपरक पहचान की जाये।

हिन्दी प्रदेशों के क्षरित हो चुके जातीय स्वाभिमान को जिस तरह रामविलास शर्मा ने फिर से जगाने की कोशिश की, वह अपने आप में नव जागरण का अगला क़दम था। उन्होंने नवजागरण की अवधारणा को विस्तार दिया।

उन्होंने इसकी अन्विति और व्याप्ति भारतीय इतिहास में के अनेक सन्धिस्थलों पर सत्यापित की। वे भारतीय इतिहास में कम–से–कम चार नवजागरणों का अस्तित्व स्वीकार करते हैं, जिनमें ऋग्वेद के समय का नवजागरण पहला है, औपनिषदिक काल का नवजागरण दूसरा। वे भारत की अपनी नियति से जोड़ कर वामपन्थ के भारतीय परिप्रेक्ष्य को परिभाषित करते हैं, भारत की परम्परा और अतीत से जुड़ कर नवजागरण के भारतीय सन्दर्भ को स्पष्ट करते हुए साबित करते हैं कि अपनी ऐतिहासिक परम्परा में वह यूरोपीय नवजागरण से किस तरह अलग और विशिष्ट है।

शर्मा जी नवजागरण को वैश्विक सन्दर्भ देते हैं, वे इस तथ्य को रेखांकित करते हैं कि वैदिक और औपनिषदिक नवजागरणों ने यूरुप के नवजागरण को स्फूर्त किया था।

शर्मा का वामपन्थ

धर्मकीर्ति अपने एक सुभाषित में अपने वामपन्थ की चर्चा करते हैं। धर्मकीर्ति एक प्रखर और उद्भट दार्शनिक थे। उनका समय छठी शताब्दी ई. के आसपास है। वे मूलतः ब्राह्मण कुल में जन्मे, अपने कुल, परिवार और परम्परा से विद्रोह करके बौद्ध हुए, पढ़ाई करने के लिए नालन्दा पहुँचे। अपनी तेजस्विता से अपने गुरुओं को भी हतप्रभ कर देने वाले धर्मकीर्ति वेदान्त, मीमांसा, सांख्य आदि वैदिक दर्शन प्रस्थानों के तो परखचे उड़ाते ही हैं, वे अपने परम गुरु और प्रखर बौद्ध दार्शनिक दिङ्नाग तक के मत का दो एक जगह खण्डन कर देते हैं। अपनी आतंकित कर देने वाली प्रतिभा के कारण धर्मकीर्ति को दोनों ओर के कट्टरपन्थियों की उपेक्षा और उपहास का पात्र भी बनना पड़ा। धर्मकीर्ति कवि भी थे, अपने एक पद्य में वे कहते हैं–

वहति न पुरः कश्चिन्न पश्चात् कोऽप्यनुयाति मां
न च नवपदक्षुण्णो मार्गः कथं न्वहमेककः।
भवतु विदितं पूर्वव्यूढोऽधुना खिलतां गतः
स खलु बहलो वामः पन्था मया स्फुटमूर्जितः।।

(धर्मकीर्ति, सुभाषितरत्नकोश में उद्धृत, 1729)

इसका अनुवाद इस प्रकार है–

"कोई नहीं जा रहा है मेरे आगे–आगे
कोई नहीं आ रहा है मेरे पीछे–पीछे

ऐसा नहीं है कि केवल मैं ही चला हूँ पहली बार इस पथ पर
फिर भला मैं एकाकी कैसे?
चले हैं पहले भी इस पर लोग
आज भले ही रीता हो यह पथ
पर मैंने इसे चुन ही लिया है बस।
यह मेरा समृद्ध वामपन्थ।"

यहाँ जो वामपन्थ आया है उसका आशय 'लेफ्ट' से नहीं है। धर्मकीर्ति कहते हैं–"स खलु वहलो वामः पन्था मया स्फुटमूर्जितः"–एक अलग तरह का टेढ़ा रास्ता मैंने चुन लिया है। जो दक्षिण पन्थ है–सीधा, सरल, ऋजु रास्ता– उसकी बजाय संघर्ष का रास्ता मैंने चुन लिया है।

रामविलास शर्मा भी अपना वामपन्थ चुनते हैं। वे भी यह समझ रहे थे कि इस दिशा में आगे बढ़ने वाले वे अकेले यात्री नहीं हैं, उनके पहले भी इस रास्ते पर कुछ क़दम पड़ते रहे हैं। रामविलास शर्मा की चिन्तनयात्रा में उनके क़दमों की आहटें सुनी जा सकती हैं।

उनका यह कहना बहुत मायने रखता है कि मैं न तो मार्क्सवादी दृष्टि से ऋग्वेद का विश्लेषण कर रहा हूँ न मार्क्सवाद का ही विश्लेषण वैदिक दृष्टि के पैमानों से कर रहा हूँ। रामविलास जी भारतीय परम्परा और संस्कृति का भी सही परिप्रेक्ष्य तलाश रहे हैं, और मार्क्सवाद को दरअसल कैसा होना चाहिए था–यह आईना भी उसे दिखा रहे हैं। ऐसा करने में वे धर्मकीर्ति की तरह अकेले पड़ जाते हैं, क्योंकि विचारधारा को ताबूत की तरह जड़ साँचे में बन्द करके देखने वालों को अड़चन होती है। *अपनी धरती अपने लोग* के दूसरे भाग (1995) की भूमिका में रामविलास जी विश्वास प्रकट करते हैं कि भारत के लोग मार्क्सवाद को नये सिरे से समझ सकेंगे। "यूरुप में मार्क्सवाद जिस तरह समझा गया, वहाँ भी वह समझ सही नहीं रही। भारत में उसे जिस तरह समझा गया, उसमें भी ग़लतियाँ हुई हैं। विशेष रूप से भारतीय इतिहास और भारतीय दर्शन पर गम्भीरता से विचार न किया जायेगा, इन पर शोधकार्य न होगा, तब तक मार्क्सवाद एक शक्तिशाली विचारधारा के रूप में विकसित न होगा। यह सोचना कि दर्शन, भाषा और इतिहास की समस्याएँ कुछ बुद्धिजीवियों के लिए हैं, मज़दूर वर्ग और उसके नेताओं को उनसे कुछ लेना–देना नहीं है–बहुत बड़ी प्रवंचना है। जो लोग यह नहीं चाहते कि भारत में मार्क्सवादी विचारधारा का प्रसार हो, जो नहीं चाहते कि

वर्तमान स्थिति बदले, वे दर्शन भाषा और इतिहास की समस्याओं को ले कर ही जनता को गुमराह करते हैं। जनता को सही रास्ते पर लाने के ले पहले खुद सही रास्ता पहचानना होगा। मुझे विश्वास है कि देर–सबेर किसानों और मज़दूरों में ऐसे नेता पैदा होंगे, जो सही रास्ता पहचानेंगे, और अपने साथियों को गठित करेंगे।"

शर्मा जी भारत में वामपन्थ की सही रीति, नीति और नियति निर्धारित कर रहे थे, जिसमें विलायतपलट बुद्धिजीवियों की किताबी समझ के बजाय इस देश की अपनी धरती के मूल से उपजी समझ थी।

रामविलास जी ऋग्वेद में उपलब्ध प्रमाणों के आधार पर उसमें दार्शनिक यथार्थवादी चिन्तन के दृष्टान्त उपस्थित करते हैं। उन्होंने उचित ही लिखा है कि मनुष्यों का स्वाधीन श्रम ऋग्वेद के कवियों की जीवनदृष्टि का आधार है। कर्म अपने लिए है, दूसरों के लिए नहीं है, इसलिए वे चाहते हैं, जब तक जिएँ, कर्म करते रहें। (स्वाधीनता संग्रामः बदलते परिप्रेक्ष्य, हिन्दी माध्यम कार्यान्वयन निदेशालय, दिल्ली वि.वि., 1992, दिल्ली, पृ. 112)

द्वन्द्वात्मक चिन्तन और अद्वैतवादी विचारधारा का आरम्भ भी उन्हें ऋग्वेद में मिलता है। शर्मा जी के मत में वैदिक काल में भरतगण आदिम साम्यवाद से प्रभावित था। यह संस्कृति सुमेरी सभ्यता से कहीं ज़्यादा प्राचीन है। यहाँ प्रजातान्त्रिक व्यवस्था में कर्मकाण्ड नाममात्र को नहीं था। यह सारस्वत सभ्यता सप्त सिन्ध से लेकर कोसल तक फैली हुई थी। इतिहासविद् भगवान सिंह तथा रामविलास शर्मा दोनों यूरुप के प्राच्यविद्याविदों और कोसाम्बी जैसे विद्वानों के द्वारा फैलाये गये इन प्रवादों का दृढ़तर खण्डन करते हैं कि आर्य घुमंतू बर्बर और आक्रामक क़बीलाई लोग थे, जो भारत में बाहर से आये।

रामविलास शर्मा का कविकर्म

साहित्य का संसार अनेक विरोधाभासों और विचित्रताओं से भरा हुआ है। यह प्रायः होता आया है कि अनेक विधाओं में लगभग समान दक्षता से सर्जना करने वाले रचनाकार की पहचान किसी एक विधा के साथ ऐसी चस्पाँ कर दी जाये कि अन्य विधाओं में उसका अवदान नगण्य मान लिया जाये। संस्कृत साहित्य की परम्परा में इसके एक उदाहरण अभिनवगुप्त हैं। अभिनवगुप्त विश्वसाहित्य में एक बड़े सूफ़ी कवि भी हैं, पर एक दार्शनिक, कलाचिन्तक और काव्यशास्त्री के रूप में उनकी प्रबल पहचान के कारण हम उनके इस रूप को भूलते चले गये।

प्रस्तुत संकलन में विजय मोहन शर्मा ने रामविलास शर्मा के कविकर्म का अपने अन्तरंग परिचय के साथ विस्तृत लेखा–जोखा प्रस्तुत किया है, जो रामविलास जी की काव्य यात्रा के अनेक अनजाने पक्ष उजागर करता है।

विजय मोहन शर्मा रामविलास शर्मा के यशस्वी पुत्र हैं। उन्होंने अपने पिता की रचनाधर्मिता का आकलन करते हुए सही कहा है कि "वे मूलतः कवि थे।" विजय बहादुर सिंह अपने आलेख में अपनी निरालाविषयक कविता सुनाते समय रामविलास जी के अश्रुगद्गद होने के प्रसंग का ज़िक्र करते हैं। यह सत्य है कि रामविलास शर्मा का एक कवि मन था, जो निरन्तर उनकी साहित्य यात्रा में सक्रिय रहा। कवि के रूप में निश्चय ही उन्हें अनदेखा किया गया।

शर्मा जी से लागडाट रखने वाले साहित्यसमाज को कदाचित् यह खुन्नस थी कि रामविलास शर्मा तेज़तर्रार समीक्षक तो हैं ही, उसके साथ वे कवि भी क्यों हैं। इसलिए इस समाज ने कवि के रूप में उन्हें मात्र एक हाशिया माना।

कविता में शर्मा जी का रेंज बहुत बड़ा है, वे ठेठ देशी बोली का ठाठ भी रच सकते हैं, और 'राम की शक्तिपूजा' जैसी ओजस्वी समासबहुल परिष्कृत भाषा में भी क्रान्ति की कविताएँ लिख सकते हैं। निराला पर 'कवि' शीर्षक से लिखी उनकी कविता अपने प्रिय कवि की छवि ही नहीं रचती, वह आधुनिक जीवन के उस सारे व्यत्यय और विपर्यास को भी निरूपित करती है, जिसमें आज का कवि जीवन बिता रहा है। हृदय का सारा निश्छल स्नेह कवि रामविलास ने इमें उड़ेल दिया है–

कट गयी डगर जीवन की थोड़ी रही और।
इस वन में कुश–कंटक सोने को नहीं ठौर।
क्षत चरण न विचलित हों, मुँह से निकले न आह
थक कर मत गिर पड़ना ओ साथी बीच राह।
यह कहे न कोई जीर्ण हो गया जब शरीर
विचलित हो गया हृदय भी पीड़ा से अधीर।
पथ में उन अमिट रक्त–चिह्नों की रहे शान
मर मिटने को आते हैं पीछे नौजवान।

कवि रामविलास प्रकृति और मनुष्य के सम्बन्धों की नापजोख करते हैं, प्रकृति जो करवट लेती है, उसके साथ इतिहास को करवट लेता देखते हैं।

वर्षा की ऋतु, डोली फिर वन में पुरवाई,
पुरवाई के साथ मृत्यु भी उड़ती आयी।
बरस रहा है जब वन में खेतों में जीवन,
किसने किया इन्हीं खेतों में प्राण विसर्जन?
किसकी मिट्टी पर यह खेतों की हरियाली?
किसके लाल लहू की फागुन में यह लाली?

'कय्यूर के किसानपुत्रों की शहादत' उनका बड़े कैनवस को चित्रित करने वाला खण्डकाव्य है, जो 1946 में लिखा गया। बैसवाड़ी बोली की अनोखी छटाएँ इस लम्बी कविता में हैं।

'श्री भजनदास की चिट्ठी—क़ायदे आजम जिन्ना के नाम' उन्होंने ठेठ बैसवाड़ी में लिखी है। भारतीय जन के हृदय का हाहाकार इस कविता में व्यक्त हुआ है। 'दाराशुकोह'—कविता भारतीय इतिहास की एक दारुण ट्रेजेडी पर करुणक्रन्दन है। ग़ौरतलब है कि शर्मा जी कहीं दाराशिकोह नहीं लिखते। शाहजहाँ का सबसे बड़ा बेटा अजमेर शरीफ़ में मन्नत माँगने के बाद हिन्दू रानी से पैदा हुआ, नाम रखा गया दाराशुकोह, जिसका अर्थ होता है—गरिमामय, रौब और शानशौकत वाला। औरंगज़ेब से दाराशुकोह की तनातनी रही, औरंगज़ेब ने छल और बल से दारा पर विजय पायी, तथा दुष्प्रचार के लिए दारा के चरित्र पर कालिख पोतते हुए दुर्भावनापूर्ण घोषणा कराई कि उसका बड़ा भाई दाराशुकोह नहीं दाराशिकोह है। दाराशिकोह का अर्थ हो जाता है—दूसरों को आतंकित करने वाला। एक उकार की जगह इकार लगा देने से इतना फ़र्क़ हुआ! यह फ़र्क़ औरंगज़ेब के समय से लगाकर अब तक बराबर पैदा किया जाता रहा है। दाराशुकोहों को दाराशिकोह बना दिया जाता है। भारत के कथाकथित इतिहासकारों की मूर्खता का ही नमूना है कि ये तथ्य जानते बीनते हुए भी वे 'दाराशुकोह' नहीं, 'दाराशिकोह'—यह ग़लत नाम ही लिखते चले आ रहे हैं। पर रामविलास शर्मा यहाँ भी इतिहासकारों की भूलों को दुरुस्त करते हैं।

रामविलास जी की अधिकांश महत्त्वपूर्ण कविताएँ आज़ादी के पहले लिखी गयीं। उनमें देश की दुर्दशा का बेबाक चित्रण है। पर आज उन्हें पढ़ते हुए लगता है कि देश की जनता की हालत तो अभी भी नहीं बदली। 1945 में लिखी "लो जनता की बेकारी पर पहला वार हमारा है"—शीर्षक कविता में रामविलास कहते हैं—

दुनिया भर के मज़दूरों का मज़बूत हुआ है अब एका
कुछ ही दिन को है जनता पर थैलीशाहों का ठेका।
अब ढाई लाख मज़दूरों की छँटनी का हुक्म सुनाया है,
हिन्दुस्तानी मज़दूरों पर यह पहला दाँव चलाया है।
इस तेज़ी से बेकार बने हम दर दर की ठोकर खायें
यह हुक्म दिया है जालिम ने हम बेघर बेबस मर जायें।
वह वार करेगा जनता पर जिसने मज़दूरों को मारा
हर पेशे में बेकारी का दिनरात बजेगा नक्कारा।

(सदियों के सोये जाग उठे, 1988, पृ. 43)

आज़ादी मिली तो फ़ैज़ अहमद फ़ैज़ ने अपनी 'दाग़–दाग़ उजाला'–वाली मार्मिक नज़्म लिखी। कवि रामविलास भी 15 अगस्त 1947 के दिन लिखी अपनी कविता में कहते हैं–

किरन फूटती है सहर हो रही है
अमावस की काली घटा रो रही है।
समुन्दर के ऊपर लहर सो रही है
किसी की हुकूमत ख़तम हो रही है।
गुलामी की आख़िर कड़ी टूटती है,
घने बादलों से किरन फूटती है।

साल भर बाद नवम्बर 1948 में 'झूला झूलें जवाहरलाल' शीर्षक कविता भी रामविलास जी ने लिखी और कहा–

ताली दै दै हाथ मिलावें साथी सरमायेदार
इनके पिया परदेस बसत हैं, डालर भेजे उधार।
हो, झूला झूलें जवाहरलाल।
महँगाई के मेघ हैं छाये, मोर मुनाफ़ा पुकार।
जैसे जैसे डोले ब्लैक पुरवाई, नेताज़ी गाँवें मलार।
हो, झूला झूलें जवाहरलाल।

कहने की ज़रूरत नहीं कि जवाहरलाल व्यक्तिविशेष नहीं आज़ादी के बाद हुकूमत करने वाली सभी सरकारों का प्रतीक है।

रामविलास जी शुद्ध कला के पारखियों पर फ़ब्ती कसते हैं, जो उस पार की कहते हैं।

शुद्ध कला के पारखी
कहते हैं उस पार की
इस दुनिया की कौन कहे
भवसागर में कौन बहे।

(सत्यं शिवं सुन्दरम्, 1943, सदियों के सोये जाग उठे, पृ. 173)

रामविलास शर्मा का पाथेय

अभिनवगुप्त के विशाल साहित्य को समझने का प्रयास एक असाध्य वीणा को साधने जैसा है। आज पण्डितों के संसार में कदाचित् ही कोई यह दावा कर पाये कि मैं अभिनवगुप्त का पूरा जानकार हूँ। रामविलास शर्मा की अभिनवगुप्त से कोई तुलना नहीं हो सकती। पर यह बात तो उन पर भी लागू होती है कि कम–से–कम पैंतालीस विशालकाय खण्डों में अँटने वाले उनके विपुल साहित्य को एक–एक पंक्ति ध्यान से पढ़े बिना कोई यह दावा कैसे कर सकता है कि उसने रामविलास शर्मा को ठीक से समझ लिया है? साहित्य बटलोई में पकने वाला चावल नहीं है, स्थालीपुलाकन्याय इस पर लागू नहीं होता। प्रतिभाशाली साहित्यकार और चिन्तक अपनी रचना यात्रा और चिन्तन यात्रा में अनेक पड़ाव तय करते हैं। शर्मा जी की एक पंक्ति कहीं से उठाकर, उनके किसी एक लेख का हवाला देकर उन पर फ़तवे दिये जाने लगते हैं, उनके लेखन का आगापीछा नहीं परखा जाता। रामविलास शर्मा अपने बाद की पीढ़ी के लिए यह काम छोड़ गये हैं कि उनके साहित्य को पूरा पढ़ने के बाद उनके अवदान पर व्यवस्थित चर्चा की जाये।

रामविलास शर्मा हमें बहुत कुछ सिखा कर गये। वे हमारे समय के सबसे ज़्यादा उद्धरणधर्मी लेखक भी हैं, वे ऋग्वेद से लगाकर समकालीन हिन्दी कविता तक की नापजोख करते हैं और बिना मूल ग्रन्थ के उद्धरण दिये अपनी बात नहीं कहते। यह बिना मूल ग्रन्थों को पढ़े बेसिर पैर की हाँकने वालों के लिए उनकी नसीहत है।

भारतीय नवजागरण, संस्कृति के निर्माण में उन्होंने भाषा और साहित्य की महती भूमिका को रेखांकित किया, वह साहित्य और भाषा के हिमायतियों के लिए सबसे बड़ा पाथेय है। वे कहते हैं–

"1917 की क्रान्ति के बाद रूसी और ग़ैर–रूसी जातियों के आपसी सम्बन्धों में बहुत बड़ा परिवर्तन हुआ। बहुत–सी जातियाँ सोवियत संघ में

शामिल न हुई, अलग हो गयीं। कुछ विलम्ब से, दूसरे महायुद्ध से कुछ ही पहले, अन्य जातियाँ उसमें शामिल हुईं। सोवियत संघ में आज जितनी जातियाँ शामिल हैं, उनका वैसा मिला–जुला राष्ट्रीय इतिहास नहीं है, जैसा भारत की जातियों का है। राष्ट्र के गठन में इतिहास का अविच्छिन्न प्रवाह बहुत बड़ी निर्धारक शक्ति है। यूरुप के लोग यूरोपियन संस्कृति की बात करते हैं। पर यूरुप कभी राष्ट्र नहीं बना। और अब तो पूर्वी यूरुप और पश्चिमी यूरुप, दो यूरुपों का अलग उल्लेख आम बात है। संसार का कोई भी देश, बहुजातीय राष्ट्र की हैसियत से, इतिहास को ध्यान में रखें तो, भारत का मुक़ाबला नहीं कर सकता। यहाँ राष्ट्रीयता एक जाति द्वारा दूसरी जातियों पर राजनीतिक प्रभुत्व कायम करके स्थापित नहीं हुई। वह मुख्यतः संस्कृति और इतिहास की देन है। इस संस्कृति के निर्माण में इस देश के कवियों का सर्वोच्च स्थान है। इस देश की संस्कृति से रामायण और महाभारत को अलग कर दें, तो भारतीय साहित्य की आन्तरिक एकता टूट जायेगी। किसी भी बहुजातीय राष्ट्र के सामाजिक विकास में कवियों की ऐसी निर्णायक भूमिका नहीं रही, जैसी इस देश में व्यास और वाल्मीकि की है। इसलिए किसी भी देश के लिए साहित्य की परम्परा का मूल्यांकन उतना महत्त्वपूर्ण नहीं है जितना इस देश के लिए है।"

अतः रामविलास जी को केवल स्तुति और निन्दा का पात्र भर न माना जाये, उन्हें उस मील के पत्थर की तरह भी देखा जाये, जिसके नीचे आगे के रास्ते का संकेतक लगा है।

वे मूलतः कवि थे

विजय मोहन शर्मा

रामविलास जी की अनेक छवियों में से—जो उनके प्रशंसकों, चाहने वालों, आलोचकों और 'दुश्मनों' ने बना रखी हैं—एक छवि उनके कुश्ती लड़ने वाले पहलवान छाप आलोचक की है जो अकेले दम पर अपने तमाम विरोधियों पर भारी पड़ता है। इसकी कुछ मिसालें भी दी जाती हैं। कैसे उन्होंने कुछ बदमाश लड़कों और अभद्र लेखकों की ठुकाई कर दी थी। कुछ लोग तो यह भी कहते सुने गये हैं कि 'कभी—कभी तो वे अखाड़े की मिट्टी लगाये हुए ही विश्वविद्यालय में क्लास लेने चले आते थे', जबकि असलियत यह है कि जिन दिनों वे अखाड़े जाते थे उन दिनों वे लखनऊ विश्वविद्यालय में पढ़ाते थे। वहाँ क्लास लेने के लिए कोट—पैंट पहन कर और टाई लगाकर ही जाना होता था।

इसमें कोई शक नहीं है कि उन्हें शारीरिक व्यायाम करने और अखाड़े में ज़ोर अज़माने का शौक़ था। वे अखाड़े भी व्यायाम के लिए ही जाते थे, कुश्ती लड़ने के लिए नहीं, लेकिन इसमें भी कोई शक नहीं है कि उनके बलिष्ठ शरीर में एक अत्यन्त संवेदनशील और भावुक कवि—हृदय रहता था। उनका कहना था कि एक स्वस्थ तन में ही एक स्वस्थ मन बस सकता है। भारतवर्ष में तो यह बात बहुत पहले से मानी जाती रही है, पश्चिम की आधुनिक सोच के अनुसार भी तन और मन एक—दूसरे को लगातार प्रभावित करते रहते हैं और सही मायने में, तन और मन आपस में इतने दूर नहीं हैं जितना लोग समझते हैं। पहलवान के नाम से एक कुन्द—बुद्धि मोटी गरदन वाले व्यक्ति का बिम्ब उभरता है जिसे तमाम समस्याओं का हल केवल पिटाई से निकलता दिखाई देता है। ऐसा 'पहलवान' पढ़ने—लिखने का काम तो करेगा नहीं।

जो लोग रामविलास जी को ठीक से नहीं भी जान पाये और सुनी–सुनाई बातों पर अधिक निर्भर रहे हैं, वे भी मानेंगे कि सच्चाई इससे कोसों दूर थी। रामविलास जी इस पहलवानी के बिम्ब के विपरीत निहायत ज़हीन और प्रखर मेधा के घनी थे। उन्होंने कड़े अनुशासन से अपने आप को बाँध रखा था जिसकी वजह से वह उतने ही समय में दूसरों के मुक़ाबले कहीं अधिक काम कर लेते थे।

रामविलास जी ने अपना साहित्यिक जीवन कविताएँ लिखने से शुरू किया था। दरअसल वह जब स्कूल में पढ़ते थे, तभी से कविताएँ लिखने लगे थे। एक हस्तलिखित पत्रिका 'रण–दुन्दुभि' का सम्पादन भी करते थे। लखनऊ आकर और निराला जी का सान्निध्य पाकर यह कविता–लेखन और भी परवान चढ़ा। जब अज्ञेय जी और उनके मित्रों ने 'तार सप्तक' निकालने की योजना बनायी तो स्वाभाविक ही था कि रामविलास जी से भी उसके लिए कविताएँ भेजने के लिए कहा गया। जिन लोगों ने तार सप्तक में छपी उनकी कविताएँ देखी हैं, वह मानते हैं कि उन सात कवियों में से जिन कवियों ने लोगों का ध्यान अपनी ओर आकर्षित किया और जिनकी चर्चा भी हुयी, उनमें रामविलास जी भी थे। कुछ लोगों ने यह भी कहा कि इन कवियों में सबसे अधिक 'पोटेंशियल' रामविलास जी और मुक्तिबोध में दिखाई दिया था।

संवेदनशील कवि की छवि को बिगाड़ने में कुछ हाथ उनका अपना था, कुछ काम 'तार सप्तक' में छपे वक़्तव्यों ने किया।

तार सप्तक में रामविलास जी के नाम से एक वक़्तव्य छपा था, जिसके अन्तिम पैराग्राफ़ में कहा गया था, "एक और बात का विश्वास दिलाना चाहता हूँ कि वात्स्यायन जी ने कविताओं के लिए परेशान कर डाला। नहीं तो कविता लिखने में बड़ी मेहनत पड़ती है और उसकी नक़ल करने में और भी ज़्यादा! आशा है, यह प्रकाशन बस अन्तिम होगा।"

यह वक़्तव्य रामविलास जी के नाम से छपा ज़रूर है लेकिन यह उनका लिखा हुआ वक़्तव्य नहीं है। दरअसल हुआ यह था कि तार सप्तक में हर कवि का परिचय और वक़्तव्य छपना था, यह वक़्तव्य और परिचय कवियों को स्वयं ही लिख कर भेजना था। रामविलास जी ने जो सामग्री भेजी थी वह या तो खो गयी या देर से पहुँची। तार सप्तक की भूमिका में अज्ञेय जी ने स्वीकार किया है, **"आधी पाण्डुलिपि रेलगाड़ी में खो गयी, और संकोचवश इसकी सूचना किसी को नहीं दी जा सकी"** नेमिचन्द्र जी ने

अपने 2 फ़रवरी, 1944 के पत्र में रामविलास जी को लिखा, "आपका वक्तव्य बहुत देर से मिला। तब तक कविताओं वाला फर्मा छप चुका था, इसलिए वह दिया नहीं जा सका। मुझे इस बात का व्यक्तिगत भाव से और भी अधिक खेद है। आपके परिचय को ही वक्तव्य के रूप में इसी से प्रकाशित करना पड़ा और इसी से उधर परिचय भी अधिक सुन्दर न हो सका।"

जिन लोगों पर तार सप्तक के सम्पादन का दायित्व था उन्होंने रामविलास जी द्वारा भेजे हुए 'परिचय' में एक पैराग्राफ़ (अन्तिम) अपनी तरफ़ से जोड़ कर 'वक्तव्य' बना दिया और इसे रामविलास जी के नाम से छाप दिया। जो परिचय उन्होंने (सम्पादक महोदय ने) लिखा, उसमें कहा–'रामविलास जी पहले आलोचक हैं, फिर कवि। कविता उन्होंने कम लिखी है इसका कारण वे यह बताते हैं कि उसमें मेहनत पड़ती है, पर असल में कारण यही है कि उन्हें आलोचना का चस्का है, और उसका अवसर पाकर वे लेखनी या मसि की प्रतीक्षा अनिवार्य नहीं समझते। मौखिक आलोचना और कटाक्षपूर्ण पदावली उनकी विशेषता है। हिन्दी को छोड़कर जब वे ठेठ मातृभाषा (बैसवाड़ी) को अपनाते हैं तब उनका यह अस्त्र और भी पैना हो जाता है। इसीलिए हिन्दी के पहलवान कवि–शिरोमणि निराला जी उन्हें बहुत मानते हैं। स्वस्थ देह के साथ स्वस्थ मन वाला ग्रीक आदर्श वे पूरा करते हैं या नहीं यह तो मनस्तत्ववेत्ता बतायें, किन्तु उनका कण्ठ और उनकी वाणी ख़ूब स्वस्थ और समर्थ हैं।'

ज़ाहिर है, यह किसी चोट खाये सम्पादक के दिल की आवाज़ है!

वक्तव्य का अन्तिम पैराग्राफ़, 'एक बात का और विश्वास दिलाना चाहता हूँ...आशा है, यह प्रकाशन बस अन्तिम होगा।' वैसे भी रामविलास जी का लिखा हुआ नहीं लगता, क्योंकि रामविलास जी कभी 'मेहनत पड़ती है'–यह न लिखते। रामविलास जी को यही बात लिखनी होती तो वह लिखते, 'मेहनत करनी पड़ती है' उदाहरण के लिए अपनी आत्मकथा में उनका लिखा यह वाक्य, "उन (सीढ़ियों) पर चढ़ने में काफ़ी मेहनत करनी पड़ती थी।" जिसने परिचय लिखा उसी ने वक्तव्य का अन्तिम पैराग्राफ़ लिखा है। दोनों में काफ़ी 'मेहनत पड़ी' होगी!

रामविलास जी ने लिखा है, **"तार सप्तक के लिए मेरा वक्तव्य उसमें नहीं छपा। जहाँ तक याद है, वह लौट कर मुझ तक नहीं पहुँचा।"** इसी तरह उनकी भेजी एक कविता जिसका शीर्षक था **'रेतः दधाति औषधीषु गर्भान्'** वह भी खो गयी। उसकी प्रथम पंक्ति थी **'संस्कृत के स्वर्ण रथ।'**

अज्ञेय जी ने एक पत्र में इसकी प्राप्ति स्वीकार की थी, किन्तु बाद में वह छपी नहीं और लौट कर रामविलास जी के पास पहुँची भी नहीं। (रूपतरंग और प्रगतिशील कविता की पृष्ठभूमि)

इस बात की थोड़े विस्तार से चर्चा करने की आवश्यकता इसलिए हुई कि जहाँ तार सप्तक ने रामविलास जी को प्रतिष्ठित कवियों की श्रेणी में शामिल किया, वहीं उनके बारे में इस धारणा को बल दिया कि रामविलास जी को "आलोचना का चस्का है" और उन्हें "कविता लिखने में मेहनत 'पड़ती' है, उनकी नक़ल करने में और भी ज़्यादा", इसलिए उन्होंने जो लिखा, मजबूरी में लिखा।

वास्तविक स्थिति इसके बिल्कुल विपरीत थी। रामविलास जी हृदय से कवि थे, और जैसा उन्होंने स्वयं कहा है, 'निराला को लेकर हिन्दी में कितना संघर्ष हो चुका है तब मुझे पता न था। सन् '34 में यह संघर्ष ही मुझे आलोचना के क्षेत्र में घसीट लाया और मेरा पहला आलोचनात्मक निबन्ध निराला की काव्य प्रतिभा के समर्थन में प्रकाशित हुआ। सम्भव है, यह संघर्ष न होता–मेरे प्रिय कवि पर द्वेषपूर्ण आरोपों की वर्षा न की गयी होती तो मैं आलोचना के क्षेत्र में आता ही नहीं।'

अपने साहित्यिक जीवन की शुरुआत तो उन्होंने कविताओं से की ही थी, बाद में भी उन्हें समय–समय पर हुड़क उठती थी कि कविता लिखी जाये।

केदारनाथ अग्रवाल जी को लिखे पत्रों में वह बार–बार कहते है, "ठहरो, मैं भी कुछ कविताएँ लिख लूँ, फिर बाँदा आऊँगा और तुम्हें सुनाऊँगा।" (पत्र 15.12.53)

"मैं कई साल से कविताएँ लिखने की सोच रहा हूँ, लेकिन मन में बहुत–सी कविताएँ रच डालने के बाद भी, भाषा और छन्द में उन्हें बाँधने की नौबत नहीं आयी।" (पत्र 9.1.56)

अपने बड़े भाई साहब को उन्होंने एक पत्र में लिखा, 'कविता लिखने में actually (जितनी) शारीरिक यातना होती है, मानसिक आनन्द उतना ही अधिक (आता है)। किन्तु अब कुछ ऐसा हो गया है कि मैं बिना कविता लिखे रह नहीं सकता।' (13.09.1935)

इन्दिरा गाँधी मुक्त विश्वविद्यालय द्वारा बनाई गयी एक फ़िल्म में पहले वह निराला जी पर लिखी अपनी प्रसिद्ध कविता सुनाते हैं, 'वह सहज विलम्बित मन्थर....' और फिर कहते हैं कि *निराला की साहित्य साधना* के तीन खण्डों में इस कविता का ही भाष्य है। इसी प्रकार वह रूपतरंग में संकलित अपनी

कविता 'धरती का पुत्र' पढ़ते हैं और कहते हैं कि मार्क्सवाद पर उन्होंने जो भी कुछ लिखा है वह इसी कविता का भाष्य है।

कविता में सूत्र रूप से बात कहने के बारे में वह यहाँ तक कहते हैं कि उन्होंने जितना भी गद्य लिखा है वह उनकी कविताओं का ही भाष्य है। वे यह भी मानते हैं कि उन्हें आलोचना के मुक़ाबले कविताएँ पढ़ना अधिक रुचिकर लगता है और वह अभी भी कविताएँ अधिक पढ़ते हैं, लिखते आलोचना हैं यह बात अलग है।

सच बात तो यह है कि वह अन्य तमाम लेखन सम्बन्धी कामों को ज़्यादा ज़रूरी समझते थे, और चाहते थे कि वह अपने पाठकों को, और अपनी जनता को आने वाले ख़तरों (विश्व में बढ़ते साम्राज्यवाद और साम्प्रदायिकता के ख़तरों) से सावधान कर दें। इसलिए न चाहते हुए भी कविता–लेखन को 'बैक–सीट' लेनी पड़ी।

कविताओं के अनुवाद

अपनी कविताएँ लिखने के अलावा रामविलास जी ने कई दूसरे कवियों की कविताओं के अनुवाद भी किये। इनमें से कुछ कवियों के नाम हैं–

- नजरुल इस्लाम
- उमर ख़ैयाम
- बल्गेरिया के कवि वाप्त्सारोव
- फ़्रांसीसी कवि विक्टर ह्यूगो
- रूसी कवि शेवचेन्को

फ़्रांसीसी कविताओं को मूल रूप में पढ़ पाने के लिए उन्होंने फ्रेंच भाषा सीखी। विश्वविद्यालय से डिप्लोमा लिया जो उन्हें लगा, कविताओं को समझने के लिए काफ़ी न था। इसलिए वह अध्यापक अय्यर साहब के घर जाकर फ्रेंच भाषा सम्बन्धी अपनी शंकाओं का निराकरण करते थे।

गीतमाला

रामविलास जी ने सन्त कवियों की गेय कविताओं का एक संग्रह तैयार किया था जो जून 1947 में बम्बई से प्रकाशित हुआ था। प्रकाशक थे–भानुकुमार जैन, मैंनेजिंग डायरेक्टर हिन्दी ज्ञान मन्दिर लिमिटेड, चर्चगेट स्ट्रीट, फोर्ट, बम्बई। इसकी भूमिका स्वरूप 'दो शब्द' में उन्होंने लिखा था–

"हिन्दी की प्राचीन परम्परा में गीतात्मकता का अभाव नहीं है। पश्चिमी साहित्य के सम्पर्क में हमारे यहाँ लिरिक या गीति काव्य का विशेष विस्तार हुआ। ब्रजभाषा–साहित्य में कवियों का आत्म–निवेदन, भक्ति–विह्वल पद, श्रृंगार की कल्पनाएँ और इनके साथ उपमाओं का अनूठापन और भक्ति–चातुरी देखने योग्य हैं। लोगों की पसन्द अलग–अलग होती है; इस संग्रह में बहुत से छन्द प्रसिद्ध और लोकप्रिय हैं, कुछ ऐसे भी हैं जिन्हें अधिकांश संग्रहों में स्थान नहीं मिला। आशा है, पाठकों को अपनी काव्य परम्परा से परिचित होने में सहायता मिलेगी और साथ में उनका मनोरंजन भी होगा।"

गीतमाला में 30 कवियों के कुल 178 गीत संकलित हैं। पहला पद तुलसीदास का है–

का भाषा का संस्कृत, प्रेम चाहिए साँच।
काम जु आवे कामरी, का लै करै कुमाच (रेशमी वस्त्र)।

एक अन्य उल्लेखनीय पद कबीर का है–

साधो ई मुर्दन कै गाँव।
पीर मरे पैगम्बर मरिगे, मरिगे ज़िन्दा जोगी।
राजा मरिगे परिज़ा मरिगे मरिगे वैद्य ओ रोगी।
चाँदौं मरिहैं सुर्जों मरिहैं मरिहैं धरनि अकासा।
चौदह भुवन चौधरी मरिहैं इनहूँ कै का आसा।
नौहू मरिगे दस हू मरिगे मरिगे सहस अठासी
तेंतिस कोटि देवता मरिगे पडगे काल की फाँसी
नाम अनाम रहै जो सोई दूजा तत्त न होई।
कहै कबीर सुनो भाई साधो भटक मरे मत कोई।

रामविलास जी ने यह पुस्तक अपने बड़े भाई साहब को समर्पित की थी बड़े भाई साहब को जब इस बात का पता चला तो उन्होंने लिखा, 'बेहतर होगा कि यह पुस्तक तुम दौआ (रामविलास जी के पिताज़ी, जिन्हें वह दौआ कहते थे) को समर्पित करो।' लेकिन रामविलास जी अपने निश्चय पर डटे रहे।

कविता संग्रह

गीतमाला के अलावा, रामविलास जी के तीन कविता संग्रह और प्रकाशित हुए हैं।

- पहला कविता संग्रह **रूपतरंग** जो सन् 1956 में विनोद पुस्तक मन्दिर आगरा से प्रकाशित हुआ था और जो नरेन्द्र शर्मा जी को समर्पित था। इसके बाद उन्होंने बल्गेरियाई कवि वाप्त्सारोव की कविताओं का अनुवाद किया था जो **कविताएँ** नाग रो भारतीय शान्ति परिषद् से छपा था। बाद रामविलास जी ने एक लम्बा लेख लिखा जिसका शीर्षक था, 'प्रगतिशील कविता की वैचारिक पृष्ठभूमि।' उन्होंने इन तीनों को मिलाकर एक पुस्तक बना दी और उसे नाम दे दिया रूपतरंग और प्रगतिशील कविता की वैचारिक पृष्ठभूमि जो 1990 में वाणी प्रकाशन से प्रकाशित हुई।
- रामविलास जी ने राजनीतिक कविताएँ भी बहुत लिखी थीं। उनका संग्रह **सदियों के सोये जाग** उठे नाम से सन् 1988 में वाणी प्रकाशन से प्रकाशित हुआ।
- इसके बाद सन् 1997 में उनकी प्रारम्भिक कविताओं का एक संग्रह आया जिसका नाम था बुद्ध वैराग्य तथा प्रारम्भिक कविताएँ।
- अभी भी उनकी बहुत सारी कविताएँ और कविताओं के अनुवाद किसी संग्रह में संकलित नहीं हैं।
- हिन्दी के अलावा उन्हें अंग्रेज़ी और फ्रेंच कविताएँ पढ़ने का भी बहुत शौक़ था। उनकी थीसिस अंग्रेज़ी भाषा के मशहूर कवि कीट्स और प्री–रेफेलाइट्स विषय पर थी।

कविता के संस्कार

रामविलास जी को कविता के संस्कार अपने परिवार और गाँव के सांस्कृतिक वातावरण से मिले। जन्म के बाद का पहला स्पर्श जो रामविलास जी को याद रहा वह माँ का नहीं, अपने बाबा का था। सौर से निकलते ही वह रामविलास जी को अपने पास सुलाने लगे थे। डरते थे कि अम्मा उन्हें कहीं खाट से गिरा न दें, कहीं कचरा न डालें। रोने पर उठकर उन्हें दूध पिलाने ले जाते थे।

थोड़ा बड़े हो जाने पर, बाबा जहाँ भी जाते थे, रामविलास जी को साथ ले जाते थे। कभी पीठ पर, कभी घोड़इयाँ, कभी कमर पर कनिया, कभी और ऊँचे कन्धे पर बिठाकर। वह खेतों के बीच से चले जा रहे हैं और रामविलास जी ऊँचाई से चारों ओर खेतों की हरियाली देख रहे हैं।

रात को बाबा कहानियाँ सुनाते थे। एक–एक कहानी कई–कई बार सुनी जाती थी। ऊँट और सियार की कहानी, जिसमें सियार ऊँट को धोखा देता है और फिर ऊँट सियार से बदला लेता है, उसे नदी में कंडे जैसा बहा देता है। बालक रामविलास कल्पना करते कि वह नदी उनके गाँव का नाला था। जिस खेत में खरबूजे लगे थे वह उसी नीम के पास था, जिस पर सबेरे सूरज निकलता था। जिस गली में ऊँट घूमा करता था वह उनके घर के सामने वाली गली थी। जहाँ दहलीज में बैल बँधते थे, वहीं ऊँट बाँधा गया था और मोटी–मोटी रोटियाँ सेंक कर अम्मा ने झौवे में भरकर वहीं रख दी थीं।

नाले के पास बड़े ऊसर में एक ऊँचा महुए का पेड़ था, तड़के उठ कर अम्मा महुआ बीनने चलती थी। रामविलास जी भी साथ हो लेते थे। चाँदनी रात, ठण्डी हवा, सफ़ेद धरती पर रस भरे महुओं का टपकना सुना जा सकता था। सूरज उगने तक हवा में महुओं की गन्ध बनी रहती थी। लोधी ताल के किनारे आम के पेड़ थे। हर पेड़ का नाम था, उसकी एक विशिष्ट पहचान थी। 'पेड़ पर वाला' आम मीठा तो 'विसैन्धी' अपनी गन्ध के मारे खाया न जाता था। खरबूजे की मिठास वाले आम का नाम पड़ा 'खरबुजहा' तो दूसरे को 'कुसमलिहा' नाम से पुकारा जाता था। होली पर खोया भर कर गुझिया बनाते हैं जिसे अवध में कुसमली कहा जाता है। गाढ़ी मिठास के कारण नाम पड़ा कुसमलिहा।

बाबा की सुनायी कहानियों में बहुत सारी बातचीत पद्य में होती थी। रामविलास जी को यह पद्य याद हो गये थे और अन्त समय तक याद रहे।

बाबा सोने से पहले गिनती सिखाते थे, पहाड़े याद कराते थे। दूसरे पहाड़ों की अपेक्षा पन्द्रह का पहाड़ा बहुत जल्दी याद हो गया था, और उसे वह बिना कहे ही सुनाने लगते थे। पन्द्रह दुन्ना तीस तिया पैंतालीस, चौको साठ, पछी पचहत्तर, छक्का नब्बे, सतौ पिचोतर, अट्ठे बीसा, नौ पैंतीसा, दहाम डेढ़ सौ। कहने का मतलब यह कि जहाँ तरन्नुम था, सुर और ताल थे, वहीं रामविलास जी का मन रमता था।

एक कविता डमरू पर भी थी। सुनने पर लगता था कि ख़ूब उछल कूद हो रही है और डमरू बज रहा है। यह कविता भी रामविलास जी को याद रही।

उन दिनों लोक कवियों में समस्या–पूर्ति करते हुए छन्द कहना बहुत लोकप्रिय था। 'तरवा के तरे लौं' समस्या कवि ने चार तरह से पूरी की थी और

बाबा को यह सब याद था। बैसिवाड़े के हर गाँव में दो–चार कवित्त–सवैया कहने वाले होते थे। बाबा ने सम्भवतः कभी इनकी संगत की होगी।

बाबा को गिरिधर कविराय की बहुत–सी कुण्डलियाँ याद थीं। उन्होंने कुछ रामविलास जी को भी याद करा दी थीं। इन्हीं में से एक थी–लाती में गुण बहुत हैं, सदा राखिए संग। भक्ति भाव से कभी भजन गाते थे–देखोजी इक बाला जोगी द्वारे तेरे आया है। कभी वैराग्य भाव से एक सवैया पढ़ते थे–

बचपन में सूप में पौढ़े, जवानी में पलंग पर–
पौढ़त पौढ़त ही चिता पर पौढ़न को दिन आयो
छीर समुद्र के पौढ़नहार तिन्हें बिसरे कहाँ सुख पायो।

जिस नीम पर सूरज निकलता था, उसी के आगे बराय देवी का मन्दिर था। यहाँ पूजा करने अधिकांश स्त्रियाँ आती थीं। लोटे में माँजकर उसमें जल भर लेती थीं, ऊपर दो–चार कनेर के पीले फूल डाल लेती थीं। एक के पीछे एक खेतों के बीच मेंड़ पर पाँत बाँधकर गाती हुई जाती थीं। नदी के किनारे देवी का मन्दिर ऊँची कुर्सी देकर बनाया गया था। तीन–चार सीढ़ी चढ़कर उसके चौड़े आँगन में पहुँचते थे। मन्दिर के ऊपर का चूना बरसात और धूप सहते–सहते काला पड़ गया था। मन्दिर के भीतर काले पत्थर की कुछ मूर्तियाँ रखी थीं। कोई पुजारी नहीं था, स्त्रियाँ अपने आप देवियों पर जल चढ़ाकर पूजा करती थीं। मन्दिर के पीछे गदा उठाये हनुमान जी की मूर्ति थी। सेन्दूर लगाने से पूरी मूर्ति लाल बनी रहती थी। ब्याह होने पर दूल्हा–दुल्हन गाँठ जोड़कर देवी दर्शन को ज़रूर आते थे।

गाँव के पश्चिम की तरफ़ कुछ दूर पर अल्वापन (अलोपा देवी) का मन्दिर था। मन्दिर के पास बड़ा ताल और बाग़ था। विशेष अवसरों पर यहाँ मेला लगता था, बहुत से मिठाई वाले दुकानें लगाते थे। मेले में तो मर्द काफ़ी होते थे, मन्दिर में पूजा करने अधिकतर स्त्रियाँ आती थीं। सूरज डूबते ही वहाँ से खुटिया, बताशा लेकर लौट चलती थीं, बाग़ों से होती हुई अँधेरा होने से पहले घर पहुँच जाती थीं। आगे चलकर रामविलास जी ने गाँव पर लिखी कविताओं के विषय इन्हीं मन्दिरों, खेतों और देहात की रोज़मर्रा की ज़िन्दगी से उठाये।

बाबा बड़े साहित्यप्रेमी थे, उन्होंने अपने साथ–साथ रामविलास जी को छः सात साल की उम्र में शुकसागर और बाल–भागवत पढ़ा दिया था।

रामविलास जहाँ ठीक पढ़ते थे, उन्हें शाबाशी देते थे, जहाँ ग़लत पढ़ते थे, वहाँ टोकते न थे। थोड़े दिनों में रामविलास जी स्वतः समझने लगे थे कि क्या ग़लत है और क्या ठीक। चौथे–पाँचवें दर्जे तक आते–आते रामविलास जी ने चना ज़ोर गरम से शुरू करके कवित्त सवैये बनाने शुरू कर दिये थे। बाबा हनुमान जी के बड़े उपासक थे। कुछ भक्तिभाव से और कुछ बाबा के लिए रामविलास जी ने हनुमान जी पर एक–दो सवैये बना दिये थे। बाबा ने उन्हें याद कर लिया था और पूजा करते समय उन्हें पढ़ा करते थे। लोगों को सुनाते थे, देखो हमारे नाती ने बनाया है।

बरगदहाई रामविलास जी के बचपन का प्रिय त्योहार था। गर्मियों की छुट्टियों में पड़ने वाला यह बिरला त्योहार था जो वह गाँव में मनाते थे। बाकी सब त्योहार झाँसी में पड़ते थे लेकिन उन्हें मनाने में–होली दिवाली समेत–उतना मज़ा नहीं आता था, क्योंकि बाबा और अम्मा दोनों गाँव में होते थे। झाँसी की क़ैद से छूटने पर, पढ़ने, इम्तहान देने की चिन्ता न होने से त्योहार और भी सुख देता था। बाबा का त्योहार से विशेष सम्बन्ध न था, लेकिन अम्मा का था। सभी स्त्रियाँ बक्सों से चमकदार गोटे वाले लहँगे निकाल कर पहनतीं, गहनों से, ख़ास तौर पर नाक में नथ डाल कर सजतीं, फिर गाती हुई गाँव की सीमा पर नाले के पास एक बाग़ के पुराने बरगद के चारों ओर रंगीन वागे का फेटा बाँधते हुए परिक्रमा करतीं और लौटकर आतीं। बच्चे लोग बेसब्री से इन्तज़ार करने के बाद पहले 'बरगद' खाते और फिर पूरी–कचौरियों पर टूट पड़ते। 'बरगद' बड़े मीठे लगते और घर के घी में तली पूरी–कचौरियों का क्या कहना। उस दिन उन्हें सीताफल का साग भी अच्छा लगता।

रामविलास जी ने उस बरगद और त्योहार पर एक कविता लिखी थी जो कलकत्ते की एक पत्रिका में छपी थी, लेकिन उसकी प्रति अब उपलब्ध नहीं है।

बचपन में अपने गाँव में बिताये दिन उन्हें सारी उम्र याद आते रहे। उन्हीं के शब्दों में, 'मैं अपने गाँव पर, अपने बाबा दादी पर तुम्हें क्या लिखूँ, सिर्फ़ आमों पर लिखूँ, तो पूरी किताब हो जाये। शायद ही हमारी ज़िन्दगी में कोई दिन ऐसा बीता होगा जब हम गाँव के आस–पास चक्कर न लगाते हों। हम जानते हैं, इस गाँव में मच्छर नयी राजामंडी से ज़्यादा हैं, कुएँ के पानी में कभी–कभी पतले महीन कीड़े दीख जाते हैं, वहाँ हम बचपन में बहुत बीमार

पड़े थे और हमें बेहद कुनैन खिलाई गयी थी। हम यह भी जानते हैं कि इस गाँव में ऊँच–नीच का भेद इतना ज़्यादा था कि छोटी जाति का बूढ़ा बड़ी जाति के बच्चे को भी बाबा कहता था और ज़मींदार की बेगार करने वाले चमार मुर्दा ढोर खाते थे। फिर भी हमारा मन इस गाँव के चक्कर लगाया करता है, क्योंकि हमारा बचपन यहाँ बीता है। हमने सबसे पहले आँखें खोलकर वहाँ जो देखा और पहचाना, वह हमें अभी तक याद है।'

"कुछ कविताओं में गाँव के दृश्यों का वर्णन है। बचपन गाँव के खेतों में बीता है, और वह सम्पर्क कभी नहीं टूटा। इस समय भी खिड़की के बाहर खेत दिखाई दे रहे हैं, जिसमें कटी हुई ज्वार के ठूँठ ही रह गये हैं। सुनहली धूप में कबूतर दाने चुग रहे हैं और थोड़ी दूर पर नहर का पुल पार कर किसान मस्तक पर बाज़ार के सामान का गट्ठर रखे घर लौट रहे हैं। मैं साधारणतः छः घण्टे काम करूँ तो खेतों के बीच दस घण्टे काम कर सकता हूँ। इन खेतों को प्यार करना किसी ने नहीं सिखाया, ये मेरे गाँव के खेत भी नहीं है, गाँव सैकड़ों मील दूर है। फिर भी हिन्दुस्तान के जिस गाँव पर भी सुनहली धूप पड़ती है, वह अपने गाँव जैसा ही लगता है। 19वीं सदी के रोमाण्टिक कवियों में मुझे फ्रांस के कवि इसलिए ज़्यादा पसन्द हैं कि उन्होंने इन खेतों को किसानों की तरह प्यार किया है। हिन्दी के नये कवियों में मुझे केदारनाथ अग्रवाल भी इसीलिए ज़्यादा पसन्द हैं कि उनकी कविताओं में भदेसपन ज़्यादा है।"

काव्य यात्रा

यूँ तो रामविलास जी ने स्कूल में ही कविता लिखना शुरू कर दिया था, पर यह कविता–लेखन केवल हस्तलिखित पत्रिकाओं तक सीमित रहा। उनकी पहली कविता लखनऊ आने के बाद ही छपी, यह कविता थी 'वसन्त स्वप्न' जिसकी पहली पंक्ति थी–

'यौवन–मदमाती रूप–राशि
ओ खोल द्वार–
बस एक बार।'

यह कविता मार्च सन् 1935 की 'विश्वमित्र' नामक पत्रिका में प्रकाशित हुई थी। इसके बाद ज्योति, सुधा, माधुरी आदि पत्रिकाओं में कविताएँ छपने लगीं। पन्त जी ने जब रूपाभ निकालना शुरू किया तो उसमें नियमित रूप

से कविताएँ छपने लगीं। फ़रवरी, 1939 के रूपाभ में दो कविताएँ छपीं, जिनके शीर्षक थे, 'कायाक्षेत्र' और 'प्रदर्शन'। कायाक्षेत्र कविता की पहली पंक्तियाँ हैं–

धरती के पुत्र की,
कौन होगी जाति, कौन मत, कहो, कौन वर्ष?

यह कविता इसके बाद तार सप्तक में छपी और फिर रूपतरंग में संकलित हुई।

इसके बाद रूपाभ अप्रैल 1939 में दो कविताएँ और छपीं, जिनके शीर्षक थे 'विश्वशान्ति' और 'कवि'। कवि शीर्षक से जो कविता है उसकी पहली पंक्तियाँ हैं–

देख देख धुँधले आकाश के रेखा–चित्र,
होटल की खिड़कियों से
सिक्त कर भावना के स्रोत को
साम्यवादी चाय के प्यालों से
रचे हैं गीत मैंने
नीलाम्बरा रहस्यदेवी पर!

कवि नाम से ही उनकी एक और प्रसिद्ध कविता है जो निराला जी के ऊपर है।

तार सप्तक में उनकी 19 कविताएँ संकलित हैं, जैसा कि पहले कहा जा चुका है, एक कविता खो गयी थी। यह सभी कविताएँ रूपतरंग में आ गयी हैं। रूपतरंग में कुल 70 कविताएँ हैं, जिनके लेखन के वर्ष 1930 से लेकर 1956 तक फैले हुए हैं।

इसके बाद आलोचना के अक्तूबर–दिसम्बर 1967 के अंक में उनकी दस कविताएँ छपीं, जिनके शीर्षक थे, कला, कविता, आस्था और सपने, हीरा, धूप, साँझ का झुटपुटा, रास्ता, फुरसत नहीं है, वियत नाम और गलियाँ।

इसके बाद उनकी चार कविताएँ और प्रकाशित हुई (अभिरुचि, मई 1981) जो उनके 'अप्रकाशित कविता संग्रह' से थीं। यह संग्रह तो फिर कभी छप नहीं पाया, लेकिन ये कविताएँ उपलब्ध हैं। इनके शीर्षक हैं, ब्लैक आउट, पहली जनवरी का सूरज, शहर से बाहर और उसाँस।

अगर हम उनकी उन कविताओं को छोड़ दें जो उन्होंने शुरुआती दौर में हस्तलिखित पत्रिका में लिखी थीं और सिर्फ़ प्रकाशित कविताओं को लें तो यह संख्या लगभग दो सौ है। इसमें कुछ सॉनेट भी हैं जो उनके पन्नों में हैं, वे भी शामिल नहीं किये गये हैं।

कुछ सॉनेट और तुकबन्दियाँ जो रामविलास जी के लिखे पन्नों में थीं, वे भी किसी प्रकाशित संकलन में नहीं हैं।

रामविलास जी की कविताओं को हम मोटे तौर पर छः भागों में बराबर बाँट सकते हैं।

(1) प्रारम्भिक कविताएँ

(2) ग्रामीण परिवेश की कविताएँ

(3) राजनीतिक कविताएँ

(4) व्यंग्य कविताएँ

(5) सॉनेट

(6) अनुवाद

प्रारम्भिक कविताएँ

रामविलास जी ने कविताएँ लिखना बहुत कम उम्र में ही शुरू कर दिया था। झाँसी में स्कूल में पढ़ते हुए रामविलास जी एक हस्तलिखित पत्रिका निकालते थे, नाम था 'रण दुन्दुभि'। जैसा उन दिनों झाँसी का और बाकी देश का माहौल था, इसमें अधिकांश कविताएँ देशप्रेम से ओत–प्रोत थीं, लेकिन उन कविताओं का कभी कोई प्रकाशन नहीं हुआ और उनका प्रसारण सिर्फ़ उन हस्तलिखित पत्रिकाओं तक ही सीमित रहा। रामविलास जी की कुछ कविताएँ जो उन्होंने सन् 1929 से 1936 के बीच लिखी थीं, उनके संकलन 'बुद्व वैराग्य तथा प्रारम्भिक कविताएँ' में आ गयीं हैं। सन् 1929 में रामविलास जी इण्टरमीडिएट के पहले साल में पढ़ते थे। इस कक्षा में पढ़ते समय की लिखी कविता 'हम गोरे हैं' उनकी पहली राजनीतिक कविता है और वह व्यंग्य कविता भी है। झाँसी–प्रवास में लिखी गयी कविताएँ एक तरह की हैं, ज़्यादातर देशप्रेम की। उस समय जैसी कविताएँ हिन्दी में प्रकाशित होती थीं और अंग्रेज़ी में उन्होंने पढ़ी थीं, उनसे ये कविताएँ कुछ हटकर थीं। 'हम गोरे हैं,' में उन्होंने लिखा–

"भीतर से इतने काले हैं, फिर भी कहते हम गोरे हैं"

इस तरह की कविताएँ उन्होंने उस समय कम, लेकिन आगे चलकर बहुत लिखी थीं। एक कविता इतिहास पर थी। लक्ष्मीबाई ने अंग्रेज़ों के दूत से कहा था, मैं झाँसी दूँगी नहीं। यह वाक्य उस अंग्रेज ने अपने संस्मरण में उद्धृत किया है।

अंग्रेज़ों से युद्ध होगा लेकिन झाँसी उनको समर्पित न की जायेगी। 1857 के प्रति रामविलास जी की जो भावना थी, उसकी शुरुआत यहाँ से होती दिखाई देती है। उन्होंने एक कविता लिखी थी 'विप्लव रागिनियाँ'। उसमें काफ़ी भावुकता थी। क्रान्तिकारियों के प्रति सहानुभूति थी। लेकिन उस समय मेरठ षड्यन्त्र का मुक़दमा भी चल रहा था। उसमें झाँसी के कई लोग थे। झाँसी में साम्यवाद की चर्चा होने लगी थी। उस कविता में 'साम्य समक्ष असीम निर्ममता दूर हो' इस तरह के भाव भी प्रकट किये गये थे। साम्यवाद के प्रति रामविलास जी की निष्ठा यहाँ से मानी जा सकती है। तीनों कविताओं में राजनीतिक प्रतिबद्धता है जो अन्त तक कायम रही।

लखनऊ प्रवास में लिखी गयी कविताओं में अधिकांश वे हैं जो उन्होंने निराला जी के साथ रह कर लिखी हैं। ज़ाहिर है कि उन पर निराला जी का प्रभाव है। रामविलास जी के शब्दों में–

"कविताओं पर निराला का प्रभाव स्पष्ट है यह 'तुलसीदास', 'गीतिका', 'सरोज़स्मृति' का रचना काल था। गीत मैंने उनकी शैली और बहुत जगह भावों और विचारों का अनुसरण करते हुए लिखे थे। मैं उन दिनों उन्हीं के साथ रहता था, जो लिखता था, उन्हें दिखाता था। एक गीत 'चन्द्रकिरणों से गगन मन' उन्होंने प्रसन्न होकर गाया भी था। मेरे लिए यह एक अपूरणीय साहित्यिक उपलब्धि थी। गीतों में जहाँ–तहाँ, उनसे अधिक अन्य कविताओं में, मेरे अपने जीवन के उतार–चढ़ाव, उनसे उत्पन्न होने वाले भाव और विचार भी व्यक्त हुए थे, पर स्थायी रूप से कहीं कोई काम न मिलता था, असुरक्षित जीवन की ये परिस्थितियाँ भी मेरी उस समय की कविताओं में प्रतिबिम्बित हैं। गाँव की पृष्ठभूमि कविताओं में भी है पर कल्पना के आवरण में छिपी हुई।"

सन् 1935-36 के बाद से उनकी कविताएँ उस समय की प्रतिष्ठित पत्रिकाओं में छपने लगी थीं। उस समय की छपी कुछ कविताएँ इस प्रकार हैं–

(1) सन्ध्या 'अस्ताचल श्रृंग पर' 1936 में लिखी गयी मार्च 1937 में 'ज्योति' में प्रकाशित।
(2) गीत 'डोली यह पावस की बयार' 'चयन' पत्रिका में प्रकाशित।
(3) गीत 'फूटा वह शारद चन्द्रहास' दिसम्बर 1935 के 'चाँद' में प्रकाशित।

(4) दो कविताएँ सरस्वती के नाम से 1. संस्कृत की नदियाँ 2. सूखे तालों की नमी भी उड़ गयी। मई 1968 में सम्भवतः 'बिन्दु' में प्रकाशित।

(5) 'पूरी हुई कटाई, सब खलियान में' 'पुष्पमाला' फ़रवरी 1937 में प्रकाशित।

(6) चालीस बरस बाद 'घेरे मुझे खड़े हो' सितम्बर 1949।

(7) 'यही क्या यौवन का उन्माद?' रामविलास शर्मा बी.ए. (ऑनर्स)।

(8) अन्तहीन पावस 'प्रथम दिवस डोली जब पावस की मन्द समीर' 'चाँद' वर्ष 13, खण्ड 2 संख्या 6, में।

(9) गीत 'बीती निशि घोर' 'माधुरी' में वर्ष 13, खण्ड 2, संख्या 6 (1935)।

(10) गीत 'मंजरी डाल रसाल की' संभवतः 'जाग्रत महिलाएँ' संख्या 4, लेखक रामविलास शर्मा एम.ए.।

(11) गीत 'मधुकर, छोड़ अब मधुपान' 'सरस्वती' भाग 36।

(12) वर्षारम्भ (नाम काटकर हेमन्त कर दिया गया है) 'आज किस वेदना से व्यथित लिखो हेमन्त' 'सुधा' अप्रैल 1936 में प्रकाशित।

(13) भोर (नाम काटकर जागरण कर दिया गया है) 'रुद्ध पक्ष्म–द्वार अभी जागता है उस पार' 'ज्योति' जून 1937 में प्रकाशित।

(14) गीत 'डोली आज रे मधु वात' 'चाँद' अप्रैल 1935 में

(15) गीत 'रंग देता मधु यौवन री' पं. रामविलास शर्मा एम.ए.।

(16) वसन्त स्वप्न 'यौवन मदमाती रूप राशि' रामविलास शर्मा बी.ए., (आनर्स)।

कुछ कविताओं के बारे में कहना मुश्किल है कि वे किस पत्रिका में छपी थी। फिर भी उस समय की कविताओं की एक विमर्श शैली है।

ग्रामीण परिवेश की कविताएँ

हालाँकि रामविलास जी ने अपने गाँव में अपेक्षाकृत कम समय ही बिताया लेकिन वह उनके मानस में इतनी गहराई से जमा हुआ था कि वह उसे चाह कर भी नहीं भुला पाते थे। उनकी तमाम कविताओं में गाँव के दृश्य बिखरे पड़े हैं। उदाहरण के तौर पर–

प्रत्यूष के पूर्व : गाँव में खजुरहां ताल और लोधी ताल के बीच ऊसर में एक पुराना बरगद का पेड़ है। लोग कहते हैं, यहाँ रात को प्रेतलीला होती है।

खेतों के मालिकों को अकाल ही मार डाला गया था क्योंकि प्रेत लोग खेत नहीं छोड़ना चाहते थे। वे रात के तीसरे पहर बरगद के नीचे इकट्ठे होते हैं, वहाँ दारू पीते हैं, पतुरियों का नाच होता है, सारंगी के स्वर सुनाई पड़ते हैं। प्रत्यूष के पूर्व कविता इसी विश्वास पर आधारित है–

दूर छिपा है भोर अभी आकाश में
पश्चिम में धीरे धीरे पर डूबता
ठिठुरन से छोटा हो पीला चन्द्रमा
धुँधली है तुषार से भीगी चाँदनी।
कहते हैं, स्वामी जो थे इस भूमि के
हत्यारों से अकाल मारे गये।
सीत सीत करती बयार है बह रही
बरगद से कुछ दूरी पर जो दीखता
ऊँचा सा टीला, उस पर एकत्र हो
ऊँचा मुँह कर देख डूबता चन्द्रमा
हुआ हुआ करते सियार हैं बोलते।

सीत सीत करती बयार और सियारों के बोलने से रामविलास जी ने प्रेत–प्रिय वातावरण तैयार किया है।

दिवास्वप्न : रामविलास जी के बाबा के जहाँ खेत थे, उनके पास एक ऊसर था, जिसमें गायें बाँधी जाती थीं। दोपहर को किसान घर चले जाते थे और चारों ओर सन्नाटा छा जाता था। कभी–कभी मधुमक्खियों की भनभनाहट सुनाई पड़ती थी। सन् 1938 में लिखी कविता दिवास्वप्न में रामविलास जी ने इसी दृश्य का वर्णन किया है–

पागुर करती छाँहों में, कुछ गम्भीर खुली आँखों से
बैठी गायें करती विचार

एम.ए. पास करने के बाद रामविलास जी शोध कार्य कर रहे थे, किन्तु भविष्य अनिश्चित था। इसी अनिश्चितता के कारण मन कभी–कभी विषाद से भर जाता था। वह अपने आप को बचपन में देखते थे, लगता था खेल खेल में समय उनको मिटा चुका है।

तब वर्षों के उस पार दीखता, खेल रहा वह
खेल–खेल में मिटा चुका है जिसे काल

मैं रह जाता फिर प्रतिदिन सा, प्रतिदिन सा ही
गरजता अनागत का अगाध फिर अन्धकार।

मूर्तियाँ : गाँव में देवी का एक मन्दिर था। वह बहुत पुराना मन्दिर था। रामविलास जी ने उसे अपने बचपन में देखा था। सोचते थे, उनके बाबा ने भी इसे अपने बचपन में देखा होगा। मन्दिर के भीतर काली की अनेक मूर्तियाँ थीं। बाहर पीछे की दीवाल पर गदा उठाये महावीर की मूर्ति थी जो सिन्दूर से रँगी रहती थी। लड़कियाँ शाम को गीत गाते हुए वहाँ जाती थीं। गीतों की आवाज़ तो सुनाई पड़ती थी लेकिन क्या गाती हैं यह समझ में नहीं आता था। कविता लिखने से पहले रामविलास जी ने मोहल्ले की कुछ लड़कियों से पूछा कि वह क्या गाती हैं तो उन्होंने धीरे–धीरे वह गीत सुनाया और यह पता चला कि वह देवी से सिन्दूर से भरी माँग, चूड़ियों से भरे हाथ, पति के घर में एक ननद, देवर अनेक और मायके में बहन एक, भाई अनेक आदि माँगती हैं। बीमारी में 'मानता' माँगने स्त्रियाँ वहाँ स्वयं जाती थीं। ब्याह हो जाने पर वर–वधू वहाँ गृह प्रवेश से पहले आते थे। रामविलास जी को लगा कि युगों से ऐसा ही होता आ रहा है। स्त्रियों के कण्ठ से मानो पुरानी संस्कृत का संगीत सुनाई पड़ रहा है। इन सब बातों का वर्णन उन्होंने 'मूर्तियाँ' नामक कविता में किया है–

मीठे स्वर में क्या रही माँग
देवी से? सेंदुर भारी माँग
चूड़ियों से सदा भरे हाथ,
माँगे भाई तो पाँच सात
पर बहन एक देवर अनेक
पति के घर में फिर ननन्द एक

शारदीया और कोहरे के बाद : कुछ बड़े–बड़े खेतों में ज्वार की खेती होती थी। बड़े–बड़े भुट्टे लगते थे। शरद की सुन्दर साँझ में, जब आसमान सुनहरे रंगों से भर गया हो, खेत में सुनहले आसमान के नीचे लड़की का दृश्य रामविलास जी ने इस कविता में खींचा है।

सोना ही सोना छाया आकाश में
पश्चिम में सोने का सूरज डूबता
पका रंग कंचन जैसे ताया हुआ,

भरे ज्वार के भुट्टे पक कर झुक गये।
'गला गला' कर हाँक रही गुफना लिए
दाने चुगती गलारियों को खड़ी
सोने से भी निखरा जिसका रंग है,
भरी जवानी जिसकी पक कर झुक गयी। (1938)

उसी खेत में जाड़ों में सिंचाई होती थी, वहाँ एक कुआँ था, जिससे पुर की नदी से पानी खेतों में डाला जाता था। जाड़ों में खेतों के ऊपर कोहरा छा जाता था सिंचाई बड़े सबेरे शुरू हो जाती थी। इस दृश्य का वर्णन 'कोहरे के बादल' में है। ऋतु बदल गयी है लड़की वही है।

उठ रहे ऊपर दल के दल
धुँधले से कुहरे के बादल

बीच खेत में सहसा उठ कर
खड़ी हुई वह युवती सुन्दर
लगा रही थी पानी झुक कर
सीधी करे कमर वह पल भर। (1937)

'रूपतरंग' चूँकि रामविलास जी का पहला काव्य संग्रह था, उसमें उस समय तक की लिखी गयी कविताओं के सभी रंग हैं।

सन् 1943 में रामविलास जी बम्बई गये थे। पहली बार समुद्र देखा था अमृतलाल नागर दादर में रहते थे। समुद्र उनके घर के पास ही था। शाम को अक्सर ये लोग बालू पर घूमते थे, कभी–कभी किसी जगह बैठकर देर तक समुद्र की लहरों का उठना–गिरना देखते रहते थे। उसकी आवाज़ सुनते थे। 'समुद्र के किनारे' कविता में दादर का समुद्र है। उन्हें लगता था कि सागर किनारे लहरें सिर धुन रही हैं–

सागर लम्बी साँसें भरता है, सिर धुनती है लहर लहर,
बूँदी–बाँदर में एक वही स्वर, गूँज रहा है हहर–हहर। (1943)

अवध की अमराइयों का वर्णन कुछ इस प्रकार किया है,

एक घनी अमराई–सा यह
हृदय शिव का
जहाँ सती बहती है गंगा,
कोयल और पपीहे के स्वर से मुखरित है।

चाँदी सी नम ऊसर धरती,
सई और लोन नदियों के जल से भीज गयी है। (1947)

इसी तरह कहीं 'गुरुदेव की पुण्यभूमि' के बारे में लिखते हैं–

यह शस्य श्यामला वसुन्धरा है, जिसे देखकर
कवि ने मन में स्वर्ग रचा था सुन्दर
यह पुण्यभूमि है जिसे देखकर
आन्दोलित हो उठता था कवि का भावाकुल अन्तर
दिन रात यही हैरानी, भूली भूख प्यास–
वीरान न हो यह प्यारा शान्तिनिकेतन!
यह हरा भरा बंगाल!
न यों ही उजड़ जाये इस भूख महामारी से शान्तिनिकेतन!
उस नीच नागूची को न मिले यह रवि ठाकुर का
प्राणों से भी प्यारा शान्तिनिकेतन। (1943)

उनकी श्रेष्ठ कविताओं में निस्सन्देह कुछ कवि निराला पर हैं। जैसे–

वह सहज विलंबित गति जिसको निहार,
गजराज लाज से राह छोड़ दे एक बार;
काले लहराते बाल देव सा तन विशाल,
आर्यों का गर्वोन्नत प्रशस्त अविनीत भाल;
झंकृत करती थी जिसकी वाणी में अमोल,
शारदा सरस वीणा के सार्थक स्वर बोल;–
कुछ काम न आया वह कवित्व आर्यत्व आज,
सन्ध्या की वेला शिथिल हो गये सभी साज।
अब वन्य जन्तुओं का पथ में रोदन कराल।
एकाकीपन के साथी हैं केवल शृगाल। (1943)

या कवि पर लिखी अन्य कविताएँ, जैसे–

यह कवि अपराजेय निराला
जिसको मिला गरल का प्याला
ढहा और तन टूट चुका है
पर जिसका माथा न झुका है,

नीली नसें खिची हैं कैसी
मानचित्र में नदियों जैसी
शिथिल त्वचा, ढल ढल है छाती
लेकिन अभी सँभाले थाती
और उठाये विजय पताका
यह कवि है अपनी जनता का! (1952)

हालाँकि उनकी व्यंग्य कविताएँ 'रूपतरंग' में नहीं हैं, लेकिन जहाँ मौक़ा मिलता है वह अपना व्यंग्य बाण चलाने से नहीं चूकते, चाहे वह भगवान ही क्यों न हों।

अन्ध कूप में पड़े हुए हो,
तालों में तुम जड़े हुए हो।
ऊँची छत, खम्भे पर खम्भा,
मन्दिर क्या है एक अचम्भा
हे शिव, क्या तुम वही देव हो
आया था जिसके दर्शन को
हरिजन, जिसकी राह रोक कर
बैठा था नन्दी देहरी पर,
तुमने हटा दिया था वाहन,
जिससे वह भी कर ले दर्शन? (1952)

कुछ अन्य कविताओं के बारे में रामविलास जी ने सन्दर्भ बताते हुए लिखा है।

कुछ अन्य कविताओं के सन्दर्भ

गाँव में आट की बगल से लोधी टाल की तरफ़ जो गलियारा जाता है, उसी से लोग गंगा नहाने जाते थे। बाबा गाडी हाँक रहे हैं। गाड़ी में पैरा बिछा है, उस पर कथरी हैं। पाँच साल के रामविलास जी उस पर रज़ाई ओढ़े लेटे हैं। आट छोड़कर गाँव के बाहर ऊसर में गाड़ी पहुँचती है, तब रामविलास जी की आँख खुलती है। सब लोग गंगा नहाने जा रहे हैं। बैल रास्ता पहचानते हैं। अपने आप बढ़ते चले जा रहे हैं। आगे चलकर घाटी है। ऊँची चढ़ाई है। उसे पार करने के बाद गंगा की चौड़ी धारा है। दूर–दूर तक रेतीला मैदान है। उस पर बहुत बड़ा मेला लगा है। यह 'कतकी' का मेला है।

खजुरिहा ताल के पास जो खेत हैं, उनमें धनी किसान चमारों से खेती कराते थे। खेत काटते समय जो दाने गिर जाते थे, उन्हें वे बीन लेते थे। इसे सीला बीनना कहते हैं। जो सीला बीनते थे उन्हें सिलहार कहा जाता था। मज़दूरी के नाम पर उन्हें यह सीला ही मिलता था। दुपहरी में चमार सीला बीन रहे हैं। यह दृश्य 'सिलहार' में है।

सन् 1934 में रामविलास जी के गाँव में आग लगी थी। आग बीच गाँव में लगी थी, लपटें उनके घर की तरफ़ आ रही थीं। घर खुला छोड़कर रामविलास जी अपनी अम्मा के साथ उस नीम के पास आ गये जिस पर सबेरे सूरज निकलता था। उनका घर तो बच गया लेकिन पड़ोस के सब घर भस्म हो गये। आग बुझने पर उन्होंने देखा, काली दीवालों के बीच ग़रीब आदमी अन्न के दाने ढूँढ रहे थे। उन दिनों वह 'कुमारसम्भव' पढ़ रहे थे। उन्हें बड़ा वैषम्य दिखाई दिया, कालिदास के रूमानी सपने और उनके गाँव के जले हुए घर। इसी वैषम्य पर उन्होंने 'ऋतुसंहार' कविता लिखी थी।

जब रामविलास जी हाई स्कूल में पढ़ते थे, वह झाँसी के सदर बाज़ार में रहते थे। शाम को मोहल्ले के बाहर घूमने जाया करते थे। आसपास पहाड़ियाँ थीं, गोरों की छावनियाँ थीं। पहाड़ियों पर चढ़ना मास्टर रुद्रनारायण ने सिखाया था। रामविलास जी भी कभी नीचे घूमते थे और कभी पहाड़ियों के ऊपर चढ़ते थे। दूर पर झाँसी का किला दिखाई देता था। शाम को बुर्ज से तोप दागी जाती थी। उसका धुआँ पहले दिखाई देता था, आवाज़ कुछ देर बाद सुनाई पड़ती थी। रामविलास जी कल्पना करते थे, 1857 में यहीं से रानी लक्ष्मीबाई अंग्रेज़ों से लड़ते हुए बाहर निकली होंगी। यह कल्पना 'कैमासन' में है। जिस पहाड़ पर रामविलास जी चढ़ते थे उसका नाम कैमासन था।

सन् 1937 की गर्मियों में शोधकार्य के सिलसिले में रामविलास जी कलकत्ता गये थे। वहाँ निराला जी के एक मित्र दयाशंकर वाजपेयी के साथ रहते थे। मछुआ बाज़ार की एक बहुत बड़ी इमारत के एक बहुत छोटे–से कमरे में वे रहते थे। रात में कभी–कभी ये लोग छत पर चले जाते थे। वहाँ से सारा कलकत्ता नीचे बिछा हुआ दिखाई देता था। चटाई बिछाकर लेट जाते थे ऐसे ही एक रात को रामविलास जी ने चाँद को बादलों में तैरते हुए देखा। लगा कि महानगर की गन्दगी से दूर चाँदनी में चमकते बादल हिमालय की ओर जा रहे हैं। उन्होंने कविता लिखी 'कलकत्ता'।

सन् 1937–38 में रामविलास जी का स्वास्थ्य बहुत अच्छा नहीं था। कभी–कभी ज़मीन पर नंगे पैर रखने से पसीने के गीले चिह्न बन जाते थे। एक मित्र ने कहा; हो सकता है तुम्हें यक्ष्मा हो। रामविलास जी को कभी–कभी शरीर में ताप का अहसास होता था। साथ ही समाज को बदलने के लिए वह बहुत कुछ करना चाहते थे। ताप और आकांक्षा दोनों ही 'हड्डियों का ताप' कविता में हैं।

उन्ही दिनों रामविलास जी के बड़े भाई साहब नौगाँव में पोस्टमास्टर थे। उन्होंने रामविलास जी को खजुराहो देखने के लिए आपने पास बुलाया। रामविलास जी उनके साथ खजुराहो देखने गये। वहाँ एक परिचित सज्जन के पुत्र नायब तहसीलदार थे। वह इन लोगों को सारे दृश्य दिखा रहे थे। नायब तहसीलदार बहुत बड़ा अफ़सर माना जाता था। उसे देखकर गाँव की स्त्रियाँ जूते उतार कर हाथ में ले लेती थीं, घूँघट डालकर एक तरफ़ खड़ी हो जाती थीं। एक ओर खजुराहो की भव्य मूर्तियाँ, दूसरी ओर आतंकित ये गाँव की स्त्रियाँ–दोनों 'खजुराहो' कविता में हैं।

पौराणिक साहित्य में कलियुग की बड़ी निन्दा की गयी है। यदि कलियुग सबसे डिम युग है तो उसके लिए ज़िम्मेदार कौन है? पहले के युग बहुत अच्छे थे लेकिन उनकी अच्छाइयों में ज़रूर कोई खोट रही होगी, जिससे हमारा पतन हुआ और हम कलियुग की स्थिति में पहुँचे। वास्तव में कलियुग की धारणा तब उत्पन्न होती है जब समाज में वित्त का चलन होता है। वित्त का चलन समाज के विकास के लिए बहुत ज़रूरी है। जिसे कलियुग कहा जाता है वह वित्त के चलन का युग है, मुनाफ़ा कमाने का युग है, व्यक्तिगत सम्पत्ति के विकास का युग है। इसमें बहुत–सी बुराइयाँ हैं, लेकिन यह युग ऐतिहासिक विकास के लिए आवश्यक है। इसके बिना मानव समाज की प्रगति असम्भव है। कलियुग क्रान्ति का युग भी होगा। रामविलास जी ने इन विचारों को लेकर कविता लिखी, 'कलियुग'।

क्रान्ति में किसानों की भूमिका किस तरह की होगी? रामविलास जी समझते थे, जब तक किसान बड़े पैमाने पर क्रान्ति में भाग न लेंगे, तब तक वह सफल न होगी। 'कार्यक्षेत्र' कविता रामविलास जी ने उन मार्क्सवादियों को लक्ष्य करके लिखी थी जो शहर के मज़दूरों पर ध्यान केन्द्रित करते थे और किसानों को छोड़ देते थे। इस कविता को लिखने के बाद रामविलास जी की इस धारणा में कोई परिवर्तन नहीं हुआ। 'कलियुग' और 'कार्यक्षेत्र'

दोनों कविताएँ 'रूपाभ' में छपी थीं। इन कविताओं को वहाँ भेजने का उद्देश्य यह था कि प्रगतिशील कवियों को किस दिशा में आगे बढ़ना है, यह इन कविताओं के माध्यम से लोगों को मालूम हो जाये।

सन् 1938 में अन्तरराष्ट्रीय परिस्थिति काफ़ी तनावपूर्ण थी। एक तरफ़ आशा थी कि क्रान्ति की चिंगारियाँ निकलेंगी, सारी दुनिया का नक्शा बदल जायेगा, दूसरी तरफ़ यह आशंका थी कि युद्ध छिड़ जायेगा और उसमें लाखों आदमी मारे जायेंगे। युद्ध छिड़ा नहीं था लेकिन उसकी आशंका थी। क्रान्ति की आशा और युद्ध का भय, दोनों इस कविता में हैं। इसकी पृष्ठभूमि में कानपुर है। ओस से दबा हुआ काला धुआँ कानपुर का है। सड़कों पर बिजली के जो लट्टू लहू की बूँदों से दिखाई देते हैं, वे भी कानपुर के हैं।

सन् 1946 में निराला जी डलमऊ गये थे। रामविलास जी उन्हें देखने गये थे। गंगा किनारे के दृश्य का भव्य वर्णन निराला जी के उपन्यास 'प्रभावती' में है। उस समय निराला जी खस्ता हाल में थे। सामाजिक जीवन पर पंडे–पुरोहित छाये थे, गंगा की धारा सिकुड़ गयी थी। 'प्रभावती' के भव्य दृश्य से कोई साम्य न था। जो रामविलास जी ने देखा वह 'डलमऊ में गंगा' कविता में है। डलमऊ, गढ़ाकोला, ऊँचगाँव, ये सब एक साथ 'बैसवाड़ा' कविता में हैं।

सन् 1952 में रामविलास जी निराला जी से मिलने इलाहाबाद गये। उनकी पुस्तक 'अर्चना' प्रकाशित हो गयी थी। उसकी एक प्रति उन्होंने रामविलास जी को दी। उसे पढ़कर रामविलास जी को लगा निराला जी अजेय हैं, मानसिक असन्तुलन के बावजूद अब भी समर्थ कवि हैं, अब भी देश के बारे में सोचते हैं। रामविलास जी ने निराला जी पर कविता लिखी, 'अर्चना'।

रामविलास जी के एक मित्र और उनसे अपरिचित एक महिला दोनों विवाहित थे। फिर भी उनमें गहरा प्रेम था। बहुत दिनों बाद जब यह मित्र उस महिला से मिले तो रामविलास जी भी साथ थे। उस महिला ने रामविलास जी की उपस्थिति की चिन्ता न करते हुए, अपने भाव से बहुत अच्छी तरह जता दिया कि उन्हें रामविलास जी के मित्र का पुराना प्रेम याद है। उसी को लक्ष्य करके उन्होंने 'वन्दिनी कोकिला' कविता लिखी थी। वह महिला ही वन्दिनी कोकिला हैं। एक विद्वान ने 'रूपतरंग' की कविताओं पर एक लेख लिखा था। उसमें बताया था कि 'वन्दिनी कोकिला' भारतमाता हैं। रामपिलास जी ने स्पष्ट किया है कि 'वन्दिनी कोकिला' का भारत माता से कोई सम्बन्ध नहीं है।

रामविलास जी कुछ दिनों के लिए कश्मीर गये थे। पीर पंजाल पार करते हुए उन्हें ऐसा लगता था कि एक ऊँचा पहाड़ पार किया, उसके बाद और ऊँचा पहाड़ आ रहा है। सारे पर्वत घने जंगलों से ढँके हुए थे। यह पर्वतमाला जब पार हो गयी, तब नीचे बहुत चौड़ी घाटी दिखाई दी। और नज़दीक पहुँचने पर शाम के झुटपुटे में जहाँ–तहाँ प्रकाश भी दिखाई दिया। यह दृश्य 'पीर पंजाल' कविता में है।

कश्मीर में वहाँ के प्रसिद्ध कवि महजूर से मुलाक़ात हुई। सफ़ेद दाढ़ी, मिलनसार, हँसमुख और बहुत अच्छे कवि। आगरा लौटने पर रामविलास जी को पता चला कि महजूर नहीं रहे। उन्होंने महजूर पर एक कविता लिखी। मित्रों से उनके गीत रामविलास जी ने सुने थे–उन गीतों की प्रतिध्वनियाँ इस कविता में हैं। लाल फूल पर जो दाग़ दिखाई देता है, उस पर महजूर ने गीत लिखा था। 'लाला के दिल का दाग़ और भी गहरा है' इस पंक्ति में उसी गीत की ओर संकेत है। 'मेरा ख़ून गर्म है, मेरा ख़ून लाल है' यह नादिम की दो पंक्तियों का हिन्दी रूपान्तर है। रामविलास जी का प्रयत्न था कि कश्मीर का प्राकृतिक और सांस्कृतिक परिवेश उनकी कविता में सजीव हो उठे।

पहाड़ों पर रहते हुए उनका मन ऊबने लगता था लेकिन केरल में पहाड़ हैं और मैदान भी हैं। ख़ूब घनी हरियाली है। झरने, ताल, झीलें, थोड़ा आगे बढ़ें तो समुद्र, यह सब केरल में है। एक कविता उन्होंने केरल पर लिखी। वहाँ महाकवि सुब्रमण्य भारती की विधवा पत्नी से रामविलास जी की भेंट हुई। उनके साथ उनकी पुत्री और नातिन भी थीं। रामविलास जी के मित्र एस. सुब्रमण्यम् उन्हें ले आये थे। तीन पीढ़ियों की तीन महिलाओं ने मिलकर सुब्रमण्य भारती का गीत गाया। वह उनके परिवार के कवि थे, तमिलनाडु के जातीय कवि थे, भारत के राष्ट्रीय कवि थे। रामविलास जी ने कविता लिखी, भारतीया।

उस समय की कविताएँ वाणी प्रकाशन से छपी हैं। मात्रिक और वर्णिक छन्दों में उन्होंने अनेक तरह के प्रयोग किये थे। कवित्त छन्द के एक चरण को आधार बना कर नये तरह के *बन्द* लिखे जा सकते हैं, यह उन्हें उस समय दिखाई दे रहा था। कविता तुकान्त हो, यह आवश्यक नहीं, अतुकान्त कविता भी लिखी जा सकती है, यह वह समझ रहे थे। 'विप्लव रागिनियाँ' का छन्द अतुकान्त है। सन् 1930 में रामविलास जी ने एक लम्बी कविता

लिखी थी–'बुद्ध वैराग्य'। वह रामविलास जी की एकमात्र लम्बी वर्णनात्मक कविता है। उस समय के कवियों का प्रभाव उस पर देखा जा सकता है।

उस समय रामविलास जी यह सोचते थे कि उदात्त भाव प्रकट करने के लिए पंक्ति का लम्बा होना ज़रूरी है। छन्द की गति मैथिलीशरण गुप्त से अधिक निराला जी की याद दिलाती है।

कुछ समय तक रामविलास जी ने श्रृंगारपरक कविताएँ भी लिखी थीं, जैसे 'यौवन मदमाती रूपराशि, ओ खोल द्वार, बस एक बार'। इस कविता का ज़िक्र पहले किया जा चुका है। यहाँ भी पंक्ति लम्बी है लेकिन भाव श्रृंगार का है। इस तरह की श्रृंगारपरक कविताएँ रामविलास जी ने उस समय और भी लिखी थीं। निस्सन्देह रामविलास जी उस समय जिस तरह की अंग्रेज़ी कविताएँ पढ़ रहे थे, उनके प्रभाव से वह ऐसी कविताएँ लिखने लगे थे। एक कविता जो 'भारत' में छपी थी, लेकिन अब उपलब्ध नहीं है, उसकी पहली पंक्ति थी, 'रक्ताभ तुम्हारे अंगों में फूटा गुलाब'। साधारणतः वह अपनी कविताएँ निराला जी को सुनाते थे। यह कविता उन्होंने निराला जी को नहीं सुनाई थी। शायद 'राम की शक्तिपूजा' तब तक उन्होंने लिखी न थी। जो छन्द इसमें है वही छन्द 'राम की शक्तिपूजा' में है। दोनों कविताओं में बिल्कुल दूसरे ढंग के भाव व्यंजित हैं–

–है अमा निशा उग़लता गगन घन अन्धकार

–रक्ताभ तुम्हारे अंगों में फूटा गुलाब।

निराला जी के साथ रहते हुए रामविलास जी ने बहुत से गीत लिखे थे। उनमें कुछ श्रृंगारपरक थे, कुछ वेदान्त से प्रभावित थे। कुछ मुक्तक लिखे थे, जिनका सम्बन्ध उनके जीवन–संघर्ष और भविष्य के प्रति आशंकाओं से था। एक लम्बी कविता 'मेनका' लिखी थी। पुराण कथाओं से विषय लेकर ऐसी कविताएँ रामविलास जी ने बाद में नहीं लिखीं। यह लम्बी कविता बहुत संस्कृतगर्भित थी, अतुकान्त वृत्त में थी, छन्द वर्णिक था और वह 'माधुरी' में प्रकाशित हुई थी। इसके कुछ अंश वाणी प्रकाशन से छपी 'बुद्ध वैराग्य और प्रारम्भिक कविताएँ' में है। रामविलास जी छन्दों को लेकर अक्सर निराला जी से चर्चा किया करते थे। रामविलास जी का अनुमान था कि कवित्त के दो चरणों को आधार बनाया जाये तो बहुत ज़ोरदार पंक्तियाँ रची जा सकती हैं। मैथिलीशरण गुप्त ने 'मेघनाद वध' का अनुवाद किया था लेकिन उसमें एक पंक्ति पन्द्रह अक्षरों की थी। हर पंक्ति के बाद प्रवाह रुकता था। रामविलास जी सोचते थे, अगर सोलह अक्षर हों तो प्रवाह बना रहेगा।

उस समय बहुत लोग ख़ैयाम का अनुवाद कर रहे थे। एक अनुवाद रामविलास जी ने भी किया था। उसमें इसी तरह की पंक्ति का प्रयोग उन्होंने किया था। निराला जी विवेकानन्द की अंग्रेज़ी कविता 'सन्यासी का गीत' का अनुवाद कर रहे थे। बहुत अच्छा अनुवाद करना चाहते थे उपयुक्त शब्द–योजना पकड़ में न आती थी। कभी–कभी हिन्दी भाषा को दोष देने लगते थे। रामविलास जी ने उनसे कहा, इसका अनुवाद हो सकता है और ज़ोरदार अनुवाद हो सकता है। यह सब एक माने में उनकी ढिठाई थी, लेकिन यह जताने के लिए कि हिन्दी में ऐसी क्षमता है कि वह अंग्रेज़ी के समान भाव व्यंजित करे, रामविलास जी ने संन्यासी के गीत का अनुवाद किया। इसके लिए उन्होंने उसी सोलह अक्षरों की पंक्ति का उपयोग किया।

1937 में शोधकार्य के सिलसिले में जब रामविलास जी कलकत्ते गये, तब निराला जी के एक मित्र दयाशंकर वाजपेयी ने उन्हें नजरुल इस्लाम की 'विद्रोही' कविता सुनाई, और उन्होंने कहा, यह कविता बहुत ही ओजपूर्ण है, हिन्दी में इसका अनुवाद करना कठिन है। रामविलास जी ने कहा, अनुवाद हो सकता है। उसका अनुवाद रामविलास जी ने किया जो 'रूपाभ' में छपा। इसमें उन्होंने वर्णिक की जगह मात्रिक छन्द का प्रयोग किया। अनुवाद में कविता को जहाँ–तहाँ उन्होंने संक्षिप्त भी कर दिया।

शोद्य छात्रों के लिए आवश्यक था कि यूरुप की एक भाषा सीखें। रामविलास जी ने फ्रेंच पढ़ना शुरू किया। साल–दो साल में इतनी फ्रेंच सीख गये कि 19वीं सदी के अनेक कवियों की कविताएँ पढ़ लीं। प्रकृति पर अंग्रेज़ों ने भी बहुत–सी कविताएँ लिखी हैं, लेकिन फ्रेंच की कविताओं में रामविलास जी को नया सौन्दर्य दिखाई दिया। इन्हें पढ़ते हुए उन्हें लगा कि वह भी अपने गाँव के बारे में ऐसी कविताएँ लिख सकते हैं। कुछ समय तक उनके गाँव के दृश्य उनकी आँखों के सामने घूमते रहे।

प्रसिद्ध कविता 'वह सहज विलम्बित मन्थर गति जिसको तनहार' का सन्दर्भ

सन् 1938 में रामविलास जी अध्यापक हो गये और कविता लिखना कुछ कम हो गया। पन्त जी ने रूपाभ निकाला। रामविलास जी ने पहले की कुछ कविताएँ उन्हें भेजीं, कुछ नयी कविताएँ भी लिखीं। सन् 1943 में निराला जी बीमार हो गये थे। रामविलास जी उन्हें देखने इलाहाबाद गये। निराला जी इतने दुर्बल हो गये थे कि रामविलास जी उनको पहचान न सके। उनके मन को गहरा धक्का लगा। इलाहाबाद से आगरा आते हुए रास्ते भर वह

निराला जी के बारे में सोचते रहे। आगरा पहुँचकर उन्होंने निराला जी पर कविता लिखी, 'वह सहज विलम्बित मन्थर गति जिसको तनहार'। इसका छन्द वही था जो 'राम की शक्तिपूजा' का था। अन्य कविताओं की प्रेरणाएँ दूसरे ढंग की थीं, यह कविता ऐसी थी जो मर्मस्थल पर चोट लगने से रची गयी थी। 1943–44 में जब अज्ञेय और उनके मित्रों ने 'तार सप्तक' निकाला, तब निराला वाली कविता और कुछ अन्य रचनाएँ जोड़कर उन्होंने छपने के लिए भेज दीं। निराला वाली कविता सबसे पहले उसी में छपी थी।

उस समय रामविलास जी ने कुछ व्यंग्य कविताएँ भी लिखी थीं, जिनमें एक 'हाथी–घोड़ा–पालकी' भी तार सप्तक में है। कविता का अन्तिम अंश उद्बोधनात्मक है लेकिन अधिकांश व्यंग्यपूर्ण है। इसमें कुछ पंक्तियाँ फ़िराक़ को लक्ष्य करके लिखी गयी थीं। फ़िराक़ ने लेखमाला निकाली थी, जिसमें उर्दू शेरों को 'सदाबहार और सदासुहाग' कहा गया था। रामविलास जी ने वही शीर्षक देकर 'माधुरी' में एक लेखमाला निकाली थी। उसका सन्दर्भ इन पंक्तियों में है–

जय हो सदाबहार की, शायर या ऐयार की
तुरबत में भी आहात से, उठकर बैठ गया झट से। इत्यादि

रामविलास जी के शोध का विषय कीट्स और प्रिरफेलाइट्स चित्रकार थे। इन कवि–चित्रकारों में डी. जी. रोसेटी नाम के कवि थे जो इटालियन खानदान के थे। उन्होंने सॉनेट लिखे थे। वे बहुत शृंगारपरक थे। उनका अनुकरण करते हुए रामविलास जी ने भी कुछ सॉनेट लिखे थे। वही सोलह अक्षरों की पंक्ति यहाँ भी प्रयोग में लाये थे।

राजनीतिक कविताएँ

रामविलास जी की अधिकांश राजनीतिक कविताएँ 1945–47 के बीच में लिखी गयी हैं। रामविलास जी के अनुसार हिन्दुस्तान के इतिहास में यह काल–खण्ड बहुत महत्त्वपूर्ण था और इसे जितना महत्त्व दिया जाना चाहिए था, नहीं दिया गया। रामविलास जी उन दिनों कम्युनिस्ट पार्टी के सदस्य तो थे ही, उसमें काफ़ी सक्रिय भी थे। ये कविताएँ उस समय की पार्टी के मुखपत्र जनयुग (पूर्व नाम लोकयुद्ध) में प्रकाशित हुई थीं। ये कविताएँ उस समय के देशव्यापी जन उभार को और कम्युनिस्ट पार्टी की राजनीति को प्रतिबिम्बित करती हैं।

रामविलास जी कहते हैं कि विस्तार और गहराई को देखते हुए उस दौर का जन–आन्दोलन जितना शक्तिशाली था, उतना शक्तिशाली वह न उससे पहले कभी था और न उसके बाद को। उसके संगठन और संविधान में भारत की अनेक भाषाओं में बड़े पैमाने पर जन–साहित्य रचा गया था। इस जन–साहित्य का उद्देश्य सीधे राजनीतिक रूप में जनता को प्रभावित करना था। वह उनके संघर्षों को ही चित्रित न करता था वरन उसे किस दिशा में बढ़ना है, यह भी बताता था। इससे पहले जो लोक साहित्य रचा गया था वह स्वतःस्फूर्त था, राजनीतिक कम, अराजनीतिक अधिक। 45–47 में लोक साहित्य कम्युनिस्ट पार्टी की देख–रेख में सुनियोजित ढंग से रचा गया था। इस जन–साहित्य का कलात्मक स्तर काफ़ी ऊँचा था। केदारनाथ अग्रवाल की रचनाएँ (युग की गंगा, कहें केदार खरी–खरी) उस काल की श्रेष्ठ उपलब्धियाँ हैं। शंकर शैलेन्द्र और नागार्जुन की रचनाएँ उसी परम्परा की अगली कड़ी हैं।

रामविलास जी ने ये कविताएँ चार नामों से लिखी हैं, जो कविताएँ हास्य और व्यंग्य की हैं वह निरंजन नाम से छपी हैं, संघर्ष के लिए आन्दोलन करने वाली कविताएँ अधैया बैताल के नाम से छपी हैं। ये कविताएँ गिरिधर कविराय की कुंडलियों की तर्ज़ पर लिखी गयी हैं और इनके अन्त में एक लाइन 'कह अधैया बैताल' आती है। कुछ कविताएँ अवधी में लिखी गयी हैं जो भजनदास के नाम से छपीं हैं। चौथा उनका अपना नाम तो था ही। वास्तविक नाम से जो कविताएँ छपी वे पढ़े–लिखे लोगों के लिए थीं, मध्यवर्ग में और मज़दूरों किसानों में पढ़े–लिखे लोगों के लिए।

3 फ़रवरी, 1946 को लिखी कविता 'सदियों के सोये जाग उठे', दरअसल किसान स्वयं–सेवकों के लिए लिखा गया एक 'मार्चिंग सौंग' है, जिसकी शुरू की पंक्तियाँ इस प्रकार हैं–

सदियों के सोये जाग उठे, फिर तीस करोड़ किसान चले।
अपनी आज़ादी पाने को फिर बूढ़े और जवान चले।
जनता के दुश्मन काँप उठे, कहते हैं ये यमराज चले।
हम भूखों और ग़रीबों का धरती पर लाने राज चले।
जिसने मुँह की रोटी छीनी, जनता को भूखों मारा है,
लूटा सबको जब काल पड़ा वह जनता का हत्यारा है।

हम राज नहीं करने देंगे इन मुफ्त मुनाफ़ाखोरों को
जनता के घूँसे के नीचे कुचलेंगे इन सब चोरों को,
आज़ादी का झण्डा लेकर देखो अब वीर किसान चले।

मोटे बैलों से खेती हो, नहरों से ख़ूब सिंचाई हो
गायों भैंसों को चारा हो इनकी भी ख़ूब खिलाई हो,
जब दूध दही सब खायेंगे आयेगी जान अखाड़ों में,
सोये कवि भी फिर जागेंगे आल्हा होगा चौपालों में।

उस समय की राजनीतिक परिस्थितियाँ ऐसी थीं कि कम्युनिस्ट पार्टी के कार्यकर्ताओं को सरकार शक की नज़र से देखती थी। ये सिलसिला आज़ादी मिल जाने के बाद भी कई सालों तक चला। आगरा में हमारे घर के सामने या आसपास सरकारी गुप्तचर एजेंसी का कोई न कोई जवान तैनात रहता था, जिसका काम रामविलास जी की गतिविधियों पर नज़र रखना होता था। उनके नाम से स्थानीय थाने में एक बड़ी मोटी फ़ाइल तैयार हो गयी थी। रामविलास जी की पासपोर्ट की अर्ज़ी यह कह कर लौटा दी गयी थी कि आपको पासपोर्ट नहीं मिल सकता। इस माहौल में रामविलास जी की कुछ कविताएँ छप नहीं पायीं। प्रकाशन के लिए भेजी गयी सामग्री को पार्टी का विधि–विभाग इस नज़र से देखता था कि आगे चलकर उन्हें (पार्टी को) कोई परेशानी तो नहीं उठानी पड़ेगी। ऐसी ही एक कविता नाविक विद्रोह को लेकर थी जो छपने नहीं दी गयी और अन्ततः खो ही गयी। मैं समझता हूँ ऐसी और भी कविताएँ रही होंगी जो गुम हो गयीं और अब उपलब्ध नहीं हैं।

कविता का संगीत रामविलास शर्मा की दृष्टि में

कृष्णदत्त शर्मा

साहित्य में, विशेष रूप से कविता में, अर्थ का महत्त्व सर्वोपरि है। सामान्य रूप से भाषा में ही शब्द और अर्थ शरीर और आत्मा की तरह हैं। अर्थ भाषा का जीवन और आत्मा है जिसके बिना सभी शब्द निर्जीव हैं। कवि ऊपर–ऊपर चढ़ते हुए कहीं अन्त में अर्थ–तत्त्व तक पहुँचता है। कवि का लक्ष्य यह अर्थ–तत्त्व ही है। शब्द के अर्थ के बाद कवि उसकी ध्वनि, उसमें व्याप्त संगीत पर ध्यान देता है। अपनी कला का जानकार कवि शब्दों का इस प्रकार प्रयोग करता है कि 'उच्चारण–ध्वनि' उसके अर्थ को और बढ़ा देती है। निराला के काव्य पर विचार करते समय रामविलास शर्मा ने लिखा है कि "वह ऐसा ध्वनि–संगठन करते हैं जो काव्योत्कर्ष में सहायक होता है।"[1] कविता रचते समय निराला का ध्यान सबसे पहले शब्दों की ध्वनि पर जाता है। उन शब्दों की चित्रात्मकता पर ध्यान बाद में जाता है। "वास्तव में शब्दों के अर्थ से जो चित्र बनते हैं उनसे मिलते–जुलते चित्र निराला ध्वनि से बनाते हैं।"[2]

रामविलास शर्मा ने तीन स्तरों पर कविता के ध्वनि–पक्ष, उसके संगीत की चर्चा की है। ये स्तर हैं–छन्द, लय और संरचना। ये तीनों कविता के संगीत के निर्मापक घटक हैं। छन्द संगीत का ही एक रूप है क्योंकि, संगीत के समान, छन्द का आधार भी 'नाद' है। नाद का अर्थ है 'अव्यक्त शब्द' जिसे हम ध्वनि भी कह सकते हैं। साहित्य के दो प्रमुख उपकरण हैं–चित्र और संगीत। काव्य, चित्रकला और संगीत दोनों की पद्धतियों का कुछ–न–कुछ अनुसरण करता है। वास्तव में कलाओं के अन्तर्गत कविता का सबसे नज़दीकी रिश्ता संगीत से है। संगीत ही वह तत्त्व है जिसके

साहचर्य में कविता के भ्रूण का अधिक तेज़ी से विकास होता है। छन्द का सम्बन्ध नाद–सौन्दर्य से है। आचार्य शुक्ल ने कविता के स्वरूप पर विचार करते समय यह संकेत किया है कि 'नाद–सौन्दर्य से कविता की आयु बढ़ती है, इसीलिए छन्दोबद्ध रचना को हम बार–बार पढ़ना चाहते हैं, गद्य–रचना को उस हद तक नहीं। छन्द में, वर्ण–विन्यास में, शब्द में, वाक्य–विन्यास में सर्वत्र संगीत का आधार देखने को मिलेगा। उसमें प्राण का संचार करने के लिए संगीत का सहारा लेना पड़ता है। जो कुछ अनिर्वचनीय है, जिसे शब्दों के माध्यम से व्यक्त नहीं किया जा सकता, उसे संगीत के माध्यम से व्यक्त किया जा सकता है। कविता विषय से कुछ ज़्यादा अर्थ व्यक्त करती है। "विषय से अधिक जो अंश है वही अनिर्वचनीय है। छन्द की गति बात के बीच से उसी अनिर्वचनीय को जगा देती है।"[3] सामान्य से असामान्य, लौकिक को लोकोत्तर बना देने की शक्ति संगीत में ही है। बात में वेदना या करुणा का संचार संगीत ही करता है। भाव को मार्मिक बनाने के लिए उसे श्लोक (अर्थात छन्द) में परिणत होना होगा : **शोकःश्लोकत्वमागतः**। आदिकवि की व्यथा ने सहज ही 'श्लोक' का रूप ग्रहण कर लिया था। इस प्रकार छन्द के वाहन पर चढ़कर एक लौकिक अनुभव, एक कालबद्ध अनुभव, कालातीत की ओर बढ़ चला। वह 'शाश्वत काल' का अंग बन गया। वास्तव में छन्द की वजह से ही कविता का संगीत, कविता समाप्त हो जाने के बाद भी, मन में गूँजता रहता है।

अंग्रेज़ी के एक बड़े आलोचक (कॉलरिज) के अनुसार श्रेष्ठ कविता की एक महत्त्वपूर्ण विशेषता है–छन्द–रचना का उत्कृष्ट माधुर्य। यह माधुर्य विचारों की माँग के अनुरूप होना चाहिये। शेक्सपियर की एक पंक्ति की मदद लेकर उन्होंने कहा कि जिसकी आत्मा संगीत से अनुप्राणित नहीं है वह कभी सच्चा कवि नहीं हो सकता।[4] उनकी मान्यता है कि कविता के शिल्प को तो निरन्तर प्रयास और अभ्यास से सीखा जा सकता है किन्तु संगीतात्मक आनन्द की चेतना, जो सहृदय में भी वैसी ही चेतना उद्‌बुद्ध कर सके, प्रतिभा या कल्पना की देन है। संगीत की नींव गहरी है। उसका सम्बन्ध मनुष्य की 'सामान्य वासनात्मक सत्ता' (आचार्य शुक्ल) से है। मनुष्य के संस्कारों से। इस संगीतात्मक चेतना का सम्बन्ध भाव और इन्द्रियबोध से है, विचार से उतना नहीं। भाव और इन्द्रियबोध हमारे उपचेतन से सम्बद्ध हैं जो लाखों–करोड़ों वर्षों से प्रवहमान 'जातीय स्मृति' का प्रतिनिधि है। आचार्य शुक्ल ने इसे

'अन्तःसंज्ञावर्तिनी अव्यक्त स्मृति' अथवा 'वासनात्मक सत्ता' की संज्ञा दी है और कालिदास ने 'अबोधपूर्व स्मृति' की। इस स्मृति के विनियोग से ज्ञान संवेदनात्मक रूप ग्रहण कर लेता है जिससे उसकी 'साक्षात्कारात्मक प्रतीति' (आनन्दवर्द्धन) होती है। काव्य–रचना–प्रक्रिया के तीसरे चरण में कवि, अपनी कविता को शब्दबद्ध करते समय, ऐसे शब्दों की तलाश करता है जिनमें लय या संगीतात्मकता हो, ऐसे शब्द जो कवि द्वारा 'उद्‌भावित वस्तु की मनोदशा' को व्यंजित करने में समर्थ हों। कालिदास के सौन्दर्यबोध की चर्चा के प्रसंग में रामविलास जी ने लिखा है कि श्रेष्ठ काव्य वहाँ रचा जाता है जहाँ मनुष्य की संवेदना, भावना और विचार **एक ही राग में झंकृत** हो उठते हैं। काव्य का माध्यम है शब्द–सार्थक शब्द। कविता में तो संगीतात्मक चेतना के साथ विचार भी चाहिए जिसका सर्वोत्कृष्ट रूप है संरचना में ढालने की शक्ति "अनेकता को एक समन्वित प्रभाव में ढालने, अनेक विचार–शृंखलाओं को संशोधित करके एक मूल विचार या अनुभूति का अंग बनाने की प्रतिभा।"[5] इस प्रतिभा में भी सुधार–परिष्कार तो सम्भव है किन्तु इसे सीखा नहीं जा सकता। रामविलास शर्मा ने अपने विवेचन में, विशेष रूप से निराला–सम्बन्धी विवेचन में, इसी संरचना के संगीत पर ज़्यादा ज़ोर दिया है। अन्य किसी भी आलोचक से ज़्यादा।

जैसा कि ऊपर संकेत किया गया है, रामविलास शर्मा ने निराला की ध्वनि–चेतना पर विशेष बल दिया है। उनकी श्रवण–सम्बन्धी कल्पना (Auditory Imagination) पर। इससे यह संकेत मिल सकता है कि उनकी दृष्टि में ध्वनि या 'रूप' का प्राथमिक महत्त्व है और अर्थ या 'वस्तु' का स्थान गौण है। किन्तु बात ऐसी नहीं है। वास्तविकता यह है कि वस्तु और रूप, अथवा अर्थ और ध्वनि दोनों में द्वन्द्वात्मक सम्बन्ध है, होना चाहिए। आदर्श यही है कि दोनों एक–दूसरे को अनुप्राणित करते चलें। फिर भी दोनों में प्राथमिकता वस्तु या अर्थ की ही है। कोई कुछ कहने की कोशिश करता है, तभी रूप अस्तित्व में आता है। जब तक रूप कवि के मनःप्रत्यय के अनुरूप आकार ग्रहण न कर ले, वह वांछित लय में न ढल जाये, तब तक वह उसमें संशोधन–परिवर्तन की प्रक्रिया जारी रखता है। सर्वाधिक उपयुक्त विकल्प की, अथवा जिसे वह सर्वाधिक उपयुक्त विकल्प समझता है उसकी तलाश में। इस सन्दर्भ में रामविलास शर्मा ने (शायद अपने एक 'साक्षात्कार' में) अंग्रेज़ी के प्रसिद्ध स्वच्छन्दतावादी कवि कीट्‌स (1795–1821) का उदाहरण दिया है।

कीट्स की एक प्रसिद्ध पंक्ति है–**ए थिंग ऑफ़ ब्यूटी इज़ ए जॉय फॉर एवर**। पहले उन्होंने लिखा था–**ए थिंग ऑफ़ ब्यूटी इज़ ए जॉय आलवेज**। इसमें उन्हें लगा कि बात आयी नहीं। उसकी लय में कहीं कुछ कमी रह गयी है। अर्थ और लय में सामंजस्य नहीं है। अर्थ का जो चित्र उनके मन में है, उसका ध्वनि–चित्र उसके अनुरूप नहीं है। तब उन्होंने 'आलवेज' बदलकर 'फॉर एवर' किया। दोनों का–'आलवेज' और 'फॉर एवर' दोनों का, अर्थ तो एक ही है। दोनों पर्याय हैं। किन्तु दोनों की लय में अन्तर है। 'फॉर एवर' में अर्थ और ध्वनि के बीच जो सामंजस्य है वह 'आलवेज' में नहीं। 'फॉर एवर' में हृदय के भाव के साथ उसकी लय का मेल है। रामविलास जी के अनुसार निराला के काव्य में भी शब्द के अर्थ और उसकी ध्वनि के बीच ऐसा ही सामंजस्य देखने को मिलता है: "निराला के श्रेष्ठ काव्य में शब्दों की ध्वनि उनकी रचना–सामग्री का अनिवार्य अंग है। वह छन्द की गति से मिलकर कविता के आन्तरिक गठन को पुष्ट करती है।"[6]

हिन्दी में रीतिकालीन कविता में, और अंग्रेज़ी में नव्यशास्त्रवादी दौर (18वीं सदी) की कविता में, जो संगीत है वह, कुछ अपवादों को छोड़, प्रायः शिल्प–कौशल पर आधारित संगीत है। उसे समसामयिक बोलचाल की भाषा से ग्रहण नहीं किया गया है। कविता केवल सुन्दर शब्दों से नहीं बनती। नव्यशास्त्रवादी दौर में काव्यात्मक शब्दों का एक अलग वर्ग ही बन गया था और कविता में, मुख्य रूप से, उन्हीं शब्दों के प्रयोग पर बल था। ये शब्द उपलब्ध होंगे कवि–परम्परा में, जनभाषा या बोलचाल की भाषा में नहीं। उस दौर के एक प्रसिद्ध कवि टॉमस ग्रे (1716–1771) का कहना था कि "समसामयिक युग की भाषा कभी कविता की भाषा नहीं होती।" (The language of the age is never the language of poetry)। उनका बल काव्यात्मक शब्दों के प्रयोग पर था, शब्दों के काव्यात्मक प्रयोग पर नहीं। अज्ञेय का भी मानना था कि 'कविता, कविता में से निकलती है' अर्थात कवि–परम्परा से। इतिहास और समाज से, और समसामयिक बोलचाल की भाषा से उसका वैसा वास्ता नहीं है। इसी प्रवृत्ति ने 18वीं सदी के दौरान रूढ़ और कृत्रिम काव्यभाषा को जन्म दिया जिसके ख़िलाफ़ वर्ड्सवर्थ, कॉलरिज आदि स्वच्छन्दतावादी कवियों ने विद्रोह किया था। उनकी इसी प्रवृत्ति का प्रभाव उनकी कविता के संगीत पर भी पड़ा है। अपने साहित्येतिहास में आचार्य शुक्ल ने यद्यपि बिहारी के काव्य की प्रशंसा की, किन्तु साथ ही यह भी लिखा कि मूलतः

शिल्प–कौशल पर आधारित होने के कारण उसके संगीत या ध्वन्यात्मक विधान में 'गूँजने वाला प्रभाव' नहीं है: "बिहारी का काव्य हृदय में किसी लय या संगीत का संचार नहीं करता जिसकी स्वरधारा कुछ काल तक गूँजती रहे।" प्रभाव का मूल स्रोत कविता की लय है–कविता का संगीत, जो अन्ततः काव्य–वस्तु पर आधारित होता है; "भावों का बहुत उत्कृष्ट और उदात्त स्वरूप बिहारी में नहीं मिलता।"

'निराला की साहित्य साधना' (द्वितीय खण्ड) में रामविलास शर्मा ने अनेक ऐसे उदाहरण दिये हैं जिनमें काव्यार्थ और उसकी ध्वनि के बीच यह सामंजस्य दिखाया गया है। यह विशेषता निराला की कविताओं में आरम्भ से ही मिलेगी। निराला की एक आरम्भिक कविता 'जुही की कली' के उदाहरण से उन्होंने अपनी बात को पुष्ट किया है। उक्त कविता की आरम्भिक चार पंक्तियाँ–

विज़न वन वल्लरी पर
सोती थी सुहाग भरी–स्नेह–स्वप्न–मग्न–
अमल कोमल तनु तरुणी–जुही की कली,
दृग बन्द किये शिथिल पत्रांक में।

उद्धृत करने के बाद उन पर आलोचक रामविलास शर्मा ने जो टिप्पणी दी है उसमें कुछ विस्तार से यह स्पष्ट किया गया है कि अर्थ और ध्वनि कैसे एक–दूसरे को अनुप्राणित करते हैं; 'विज़न वन' की सम गति के बाद 'वल्लरी' में ध्वनि की उठान दिखाकर निराला जुही को काफ़ी ऊँचाई पर पहुँचा देते हैं। वह जिस पत्रांक में सो रही है, वह लता के निचले भाग में नहीं, वल्लरी के ऊपर वाले भाग में है। आगे जब पवन द्वारा चूमे जाने पर **डोल उठी वल्लरी की लड़ी जैसे हिंडोल**, तब वल्लरी के ध्वनि–चित्र की सार्थकता हिंडोल द्वारा और भी स्पष्ट हो जाती है। **निद्रालस बंकिम विशाल नेत्र मूँदे रही**–इस पंक्ति में ध्वनि की भंगिमा से निराला भौंहों की वक्रता की ओर संकेत करते हैं। **आयी याद चाँदनी से धुली हुई आधी रात**–यहाँ ध्वनि के मार्दव का बोध उत्पन्न करते हैं। **कि झोंको की झड़ियों से / सुन्दर सुकुमार देह सारी झकझोर डाली**–यहाँ द्रवणशील की जगह ठोस कर्कश ध्वनियों से काम लेकर निराला नायक की सुखद निष्ठुरता का चित्रण करते हैं। इस तरह कविता के मूर्तिविधान के साथ निराला ध्वनिप्रवाह का सामंजस्य

स्थापित करते हैं। ध्वनिप्रवाह मूर्तिविधान की व्यंजना को निखारने में सहायक होता है।"[7] कुछ उदाहरण और देखे जा सकते हैं। निराला का एक प्रिय शब्द है **गहन**। 'जुही की कली' कविता में इस शब्द की ध्वनि से क्या अर्थ व्यंजित होता है, इस ओर संकेत करते हुए रामविलास जी ने लिखा; "जुही की कली' में मलयानिल **उपवन–सर–सरित** के साथ **गहन–गिरि–कानन** भी पार करता है। **गहन** शब्द *से रास्ते की कठिनाइयों की ओर हल्का–सा इशारा है।'*[8] और भी–**अति गहन विपिन में जैसे/गिरि के तट काट रही हैं/नवजल धाराएँ**[9]–'*परिमल*' से ये पंक्तियाँ उद्धृत करने के बाद रामविलास जी की टिप्पणी: "गिरि के तट काटने की क्रिया गुरुत्वपूर्ण है विपिन की गहनता के कारण"।[10] **भग्न तन, रुग्ण मन/जीवन विषण्ण वन।'**–'*आराधना*' से ये दो पंक्तियाँ[11] उद्धृत करने के बाद रामविलास शर्मा ने टिप्पणी की: "'सरोज़ स्मृति' की आधी कथा निराला ने इन दो पंक्तियों में कह दी है। **"कथा कहते हैं भग्न, रुग्ण और विषण्ण। तन, मन और वन सहारे के लिए हैं।"**[12] 'राम की शक्तिपूजा' की एक पंक्ति है–**उतरा ज्यों दुर्गम पर्वत पर नैशान्धकार**–इस पंक्ति को उद्धृत करने के बाद रामविलास जी ने लिखा: "नैशान्धकार और भी भयावह हो गया है पर्वत के दुर्गम होने के कारण।"[13] निराला का यह ध्वनि–प्रेम 'चित्त को निखारने, के साथ–साथ भाव–व्यंजना को उभारने में सहायक होता है।

'भावोत्कर्ष के साथ ध्वनि के उतार–चढ़ाव' की यह कला निराला ने तुलसीदास से सीखी है। अपने मत की पुष्टि के लिए रामविलास शर्मा ने '*रामचरितमानस*' से जो उदाहरण दिया है उसे यहाँ भी उद्धृत किया जा सकता है–उसकी व्याख्या सहित; "कैकेयी कोप कर रही है, राजा दशरथ सभय उसकी ओर हाथ बढ़ाते हैं; **केहि हेतु रानि रिसानि परसत पानि पतिहि निबारई।** हाथ का बढ़ना, कैकेयी का बरजना–दोनों क्रियाएँ ध्वनि की लघु लहरियों से व्यंजित हैं। किन्तु जब कैकेयी क्रुद्ध होकर दशरथ की ओर देखती है तब ध्वनि–रेखा तेज़ी से बल खाकर ऊपर उठती है: **मानहुँ सरोष भुअंगभामिनि विषम भाँति निहारई।** इसके बाद दीर्घ आ–कार की आवृत्ति से सर्पिणी की निकली हुई दो जीभों का चित्र : **दोउ वासना रसना दसनहित मर्म ठाहुर पेखई।**"[14] अन्तिम पंक्ति में स्वर का उतार; दशरथ की असहाय, दयनीय अवस्था का चित्र; **तुलसी नृपति भवितव्यता बस काम कौतुक लेखई।**"[14] तुलसीदास की चौपाइयों में भी आत्मा के संगीत की उर्मियाँ बार–बार अपनी उपस्थिति का अहसास कराती हैं।

तुलसीदास में थोड़े–से शब्दों में विराट चित्र देने की अद्‌भुत क्षमता है, साथ ही ये चित्र अर्थ और ध्वनि के सामंजस्य के उदाहरण भी हैं। एक उदाहरण काफ़ी होगा। भरत सभी परिजनों सहित, राम को मनाने के लिए वन में पहुँचते हैं। लक्ष्मण राम को सूचित करते हैं कि भरत आये हैं। राम ने मुड़कर देखा कि भरत नंगे पाँव, दण्डवत करते हुए राम की तरफ़ बढ़े चले आ रहे हैं। उस समय भावातिरेक से राम की जो दशा हुई उसका प्रत्यक्षीकरण– **उठे राम सुनि प्रेम–अधीरा। कहुँ पट, कहुँ निषंग, धनु तीरा**। यहाँ भाव (अर्थ) और उसका ध्वनि पक्ष (लय) दोनों मिलकर एक हो गये हैं। कविता का ध्वनिपक्ष, उसकी लय, अर्थ–राम की प्रेम–अधीरता का 'साक्षात्कार' कराने में पूर्ण समर्थ है। दोनों एक–दूसरे को पुष्ट करते हैं। यहाँ कविता का ध्वनिपक्ष, उसकी लय, काव्योत्कर्ष में सहायक है। यह ध्वनि–शब्द–प्रेम निराला में भी है। कभी–कभी निराला भिन्न स्वभाव वाले शब्दों का प्रयोग करके संगीत पैदा करते हैं। स्वभाव की यह भिन्नता हिन्दी–उर्दू शब्दों में ही नहीं है, तत्सम–तद्‌भव अथवा हिन्दी के शब्दों में भी है। उदाहरण के लिए 'जुही की कली' कविता में ही ऊपर निर्दिष्ट आरम्भिक तीन पंक्तियों में: "**विज़न वन वल्लरी**–यह एक तरह की पदावली; **स्नेह–स्वप्न–मग्न**–यह भी उसी तरह की दूसरी पदावली। इनके बीच में **सुहागभरी**। सुहाग वैसी प्रतिष्ठा वाला शब्द नहीं है जैसी प्रतिष्ठा *वल्लरी और स्वप्न को प्राप्त है। फिर भी ठेठ हिन्दी है, बड़ा मधुर है। निराला* **विज़न–वन** की सुसंस्कृत पदावली के बीच **सुहाग** के प्रयोग द्वारा जुही के साथ बड़ा आत्मीय भाव स्थापित कर लेते हैं।"[15] रामविलास जी के अनुसार निराला प्रायः ही विरोधी भाव के शब्द रखकर–'संगीत में विवादी स्वर की तरह'–ध्वनि या भाव (अर्थ) को उभारते हैं। इसे उन्होंने निराला की प्रसिद्ध कविता 'सन्ध्या सुन्दरी' से एक उदाहरण देकर स्पष्ट किया है–

उत्ताल–तरंगाघात–प्रलय–घन–गर्जन–जलधि–प्रबल में
क्षिति में–जल में–नभ में–अनिल–अनल में
सिर्फ़ एक अव्यक्त शब्द–सा चुप चुप चुप
और क्या है? कुछ नहीं।

कहाँ 'तरंगाघात' (पहली पंक्ति) और कहाँ 'सिर्फ़' (तीसरी पंक्ति में)। अब देखिए उक्त अंश पर रामविलास जी की टिप्पणी: "**सिर्फ़** के बाद शैली बदलती है, दो शैलियों में भेद है, किन्तु जिस पंक्ति में **सिर्फ़** आया है, उसमें

वह **अव्यक्त** और **शब्द** के साथ है, विरोधी स्वभाव का है। कला इस बात में है कि निराला ने उसके विरोधी स्वभाव से पूरा फायदा उठाकर चारों ओर फैली हुई शान्ति का प्रसार–नदी और समुद्र की ध्वनियों के विपरीत–**सिर्फ़** के साथ 'चुप' के संयोग से पूरी तरह व्यक्त कर दिया है।"[16] और भी–निराला का एक गीत है–**रूखी री यह डाल वसन वासन्ती लेगी**। अब इस पंक्ति के रचना–कौशल पर रामविलास जी की टिप्पणीः "**रूखी** निहायत सूखा शब्द है; **वासन्ती** वैसा ही सरस, कवित्वपूर्ण शब्द। निराला दो विरोधी स्वभाव के शब्द एक ही पंक्ति में रखकर उस परिवर्तन का चित्र खींच रहे हैं जो वसन्त के आने पर प्रकृति में सम्भव होता है।" छन्द को अर्थानुगामी, साथ ही काव्य–वस्तु को छन्द के अनुरूप, होना ही चाहिए। आई.ए. रिचर्ड्स के अनुसार काव्य में लय शब्द तक सीमित नहीं है। पढ़ने वाले पर उसका प्रभाव अर्थ से संयुक्त होकर पड़ता है। रामविलास शर्मा ने उदाहरण देकर यह स्पष्ट किया है कि लय भावोत्कर्ष में सहायक होती है, होना चाहिए। इसीलिए" 'राम की शक्तिपूजा' में सागर की लहरों जैसी गम्भीर घोष वाली पंक्तियाँ, **पल्लव** के लघु–संयत छन्दों की कोमलता, लोकगीतों की करुण मृदुलता–ऐसे अनेक उदाहरणों में हम छन्द–सौन्दर्य को भावोत्कर्ष में सहायक पाते हैं।"[17] इसी प्रकार निराला अपनी कविताएँ–**भर देते हो बार–बार प्रिय करुणा की किरणों से** इत्यादि–और अपने प्रायः सभी गीत इस ढंग से गाते थे कि संगीत काव्य के भावोत्कर्ष को सहज ही निखार देता था।[18] छायावादी कवियों में कविता के संगीत पर सबसे ज़्यादा ध्यान निराला ने दिया है। आचार्य शुक्ल ने अपने साहित्येतिहास में उचित ही यह निर्देश दिया है कि "संगीत को काव्य के, और काव्य को संगीत के, अधिक निकट लाने का सबसे अधिक प्रयास निराला जी ने किया है।" किन्तु आचार्य शुक्ल की मान्यता के विपरीत यह संगीत 'अर्थसमन्वय' में बाधक नहीं, साधक है। निराला के काव्य में संगीत काव्य का सहयोगी है, वह काव्य से स्वतन्त्र नहीं है। कॉलरिज ने यह संकेत किया है कि काव्य–वस्तु यदि छन्द के अनुरूप नहीं हुई तो एक प्रकार का झटका–सा लगता है। यह झटका कुछ–कुछ ऐसा ही है जैसे कि हम अँधेरे में जीने की अन्तिम सीढ़ी से कूदे हों जबकि हमने अपनी मांस–पेशियों को तीन–चार सीढ़ियाँ कूदने के लिए तैयार कर रखा हो।[19]

'परिमल' की भूमिका में निराला ने मुक्त छन्द का सम्बन्ध स्वाधीनता से जोड़ा है। लिखाः "मनुष्यों की मुक्ति कर्मों के बन्धन से छुटकारा पाना है और कविता की मुक्ति छन्दों के बन्धन से अलग हो जाना।" 'मेरे गीत और कला' निबन्ध में उन्होंने पुनः अपने इस मत को दोहरायाः "भावों की मुक्ति छन्द की भी मुक्ति चाहती है। यहाँ भाषा, भाव और छन्द तीनों स्वतन्त्र हैं।" रामविलास शर्मा छन्द के बारे में निराला की इस धारणा को मान्यता नहीं देते। कविता यदि छन्द में है तो उसमें कुछ–न–कुछ बन्धन होगा ही, चाहे वह 'मुक्त छन्द' ही क्यों न हो। मुक्त छन्द भी आख़िर छन्द है, तो उसमें भी प्रतिबन्ध रहेगा। जो व्यक्ति अच्छा काम करना चाहता है, उसके लिए कोई भी छन्द मुक्त नहीं है। मुक्त छन्द के नाम पर भारी मात्रा में निकृष्ट गद्य लिखा गया है। कोई घटिया कवि ही रूप से मुक्ति के रूप में मुक्त छन्द का स्वागत कर सकता है। रामविलास शर्मा के अनुसार मुक्त छन्द भी छन्द–मुक्त नहीं हो सकताः "छन्द का अर्थ ही है भाषा को गति–लय के बन्धनों से नियन्त्रित करना, इसलिए कैसा भी आदर्श छन्द हो, वह बन्धनमुक्त नहीं हो सकता। 'मुक्त छन्द' में मुक्त और छन्द परस्पर–विरोधी अर्थों के द्योतक हैं।"[20] बिना प्रतिबन्ध के स्वाधीनता होती ही नहीं। दृष्टि या विश्वदृष्टि भी एक दिशा निश्चित करती है। उसमें भी एक प्रतिबन्ध है। उसमें हमें उस दृष्टि के अनुरूप कुछ बातें लेनी होती हैं, कुछ छोड़नी होती हैं। संरचना में भी यही बात है। विवेकशील व्यक्ति की बुद्धि जब काम करती है तो एक लक्ष्य को लेकर चलती है, एक दिशा निश्चित करती है। रचना में जो कथानक है उसके गठन में भी यही विशेषता दिखाई देगी। रामविलास शर्मा ने अपने एक 'साक्षात्कार' में स्पष्ट कहा कि "जितने बुद्धि के कार्य हैं, उनमें स्वतन्त्रता और प्रतिबद्धता, ये दोनों चीजें एक साथ होती हैं।"[21]

(2)

अंग्रेज़ी के स्वच्छन्दतावादी कवियों, विशेष रूप से वर्ड्सवर्थ और कॉलरिज ने छन्द के बारे में कुछ महत्त्वपूर्ण बातें कही हैं। कविता के पूरे ध्वनि–प्रवाह (जिस पर रामविलास जी का ज़्यादा ज़ोर है) को समझने के लिए, पृष्ठभूमि के रूप में, उन्हें जानना–समझना उपयोगी होगा। 'लिरिकल बैलेड्स' के अपने प्रसिद्ध आमुख (1800) में वर्ड्सवर्थ ने आनन्द को कविता का प्रमुख प्रयोजन माना है। उनके अनुसार छन्द भी उस 'आनन्द में वृद्धि का साधन' है।

छन्द मन को जैसे 'चेतना के एक नये धरातल पर, उठा ले जाता है और एक प्रकार की 'सौन्दर्यपरक दूरी' (Aesthetic Distance) की सृष्टि करता है। इस दृष्टि से पं. हज़ारी प्रसाद द्विवेदी ने उचित ही देवदारु की तुलना 'विपुल व्योम की ओर एकाग्रीभूत मनोहर छन्द' से की है। छन्द का सम्बन्ध भावावेश से है, भावदीप्त मनोदशा से। कथ्य तो अपने–आप में जड़ है। छन्द कथ्य को वेग देकर उसे हमारे हृदय की सामग्री बना देता है। छन्द के वाहन पर चढ़कर बात सहज ही हमारे चित्त में उतर जाती है। वर्ड्सवर्थ के अनुसार छन्द में एक प्रकार का मायावी तत्त्व होता है। जादुई तत्त्व। "वह भाषा को, एक हद तक, उसकी यथार्थता से वंचित कर देता है और पूरी रचना पर एक प्रकार का कुहरिल–अमूर्त अर्धचेतना का आवरण–सा डाल देता है।" शायद इसी वजह से अपेक्षाकृत करुण भाव–स्थितियाँ, ऐसी भाव–स्थितियाँ जिनमें दुख की मात्रा अधिक होती है, "छन्दोबद्ध रचना में जितनी बर्दाश्त की जा सकती हैं उतनी गद्य–रचना में नहीं।" इसीलिए किसी गद्य–रचना के दुखद अंशों को एक बार पढ़ने के बाद उन्हें दुबारा पढ़ने की इच्छा नहीं होती। इसके विपरीत भवभूति या शेक्सपियर की रचनाओं के करुण दृश्य आनन्द की मर्यादा को अतिक्रान्त कर करुणा का बोध नहीं कराते। हम उन्हें बार–बार पढ़ना चाहते हैं। जर्मनी के महाकवि गेटे जब अपनी सर्वश्रेष्ठ कृति 'फॉउस्त' की रचना कर रहे थे तो उन्हें भी छन्द की इस शक्ति का अहसास हुआ था। शिलर के नाम अपने एक पत्र (5 मई, 1798) में उन्होंने लिखा; "कुछ त्रासद दृश्यों की रचना गद्य में की गयी थी किन्तु अपनी स्वाभाविकता और प्रभाव–क्षमता की वजह से वे, अन्य दृश्यों की तुलना में, असहनीय हो उठे। इसलिए मैं उन्हें लयबद्ध करने का प्रयास कर रहा हूँ–क्योंकि तब हम उस भाव को मानो एक झीने आवरण के माध्यम से देखते हैं और परिणामस्वरूप दुर्दम्य विषय–वस्तु का सीधा प्रभाव सौम्य–कोमल हो जाता है।" लम्बी कविता अथवा प्रबन्धात्मक कविता पूरी–की–पूरी कवित्वपूर्ण नहीं हो सकती, न उसे ऐसा होना ही चाहिए। बीच–बीच में उसमें ऐसे अंश हो सकते हैं, बल्कि होते ही हैं, जो वैसे कवित्वपूर्ण न हों। ऐसे स्थलों पर छन्द के प्रभाववश कवित्व का संचार हो जाता है। दूसरी ओर, जहाँ भावावेग मर्यादा या विवेक की सीमाओं को अतिक्रान्त कर रहा हो, वहाँ छन्द उस भावोन्मेष को, भावों के उस ज्वार को, संयमित और नियन्त्रित करता है। लम्बी कविता के सफल निर्वाह के लिए यह ज़रूरी है कि कवि के रचना–कौशल में विविधता हो,

साथ ही गद्य–लेखन में भी वह निष्णात हो; "लम्बी कविता में, अधिक और कम सघनता वाले अंशों के बीच, परिवर्तन होते रहना चाहिए ताकि उसमें भाव के घटने–बढ़ने की लय का समावेश किया जा सके क्योंकि पूरी कविता की संगीतात्मक संरचना के लिए इस लय का समावेश बहुत ज़रूरी है। इसमें जो कम सघनता वाले अंश हैं वे, जिस स्तर पर पूरी कविता गतिशील होती है उसके सन्दर्भ में, गद्यात्मक होंगे; इसलिए यह कहा जा सकता है कि किसी कवि को जब तक गद्य–लेखन में महारत हासिल नहीं है, तब तक वह विस्तृत आयाम वाली कविता नहीं रच सकता।"[22] छन्दोबद्ध भाषा में ऐसा गुण होता है जो साधारण शब्दों में भावावेश का संचार करने में महत्त्वपूर्ण भूमिका निभाता है।

कविता के संगीत या छन्द को लेकर कॉलरिज (1772–1834) के विचार, वर्ड्सवर्थ की अपेक्षा, अधिक संश्लिष्ट और गहराई लिए हुए हैं। रामविलास जी के सन्दर्भ में वे अधिक प्रासंगिक भी हैं क्योंकि, रामविलास शर्मा के समान ही, उन्होंने कविता के संरचनागत संगीत पर ज़्यादा ज़ोर दिया है। दोनों में अन्तर यह है कि कॉलरिज का ज़्यादा बल 'थ्योरी' पर है, जबकि रामविलास शर्मा का व्यावहारिक पक्ष पर। रामविलास जी के विचारों में समग्रता–बोध भी अधिक है। कॉलरिज के अनुसार भाव की गतिविधियों को नियन्त्रण में रखने के सहज प्रयास के प्रभाव से जो मानसिक सन्तुलन आता है, उसी से छन्द की उत्पत्ति होती है। साथ ही वे छन्द का सम्बन्ध 'भावदीप्त मनोदशा' से जोड़ते हैं। इन दोनों स्थितियों में परस्पर विरोध है। एक ओर 'सन्तुलन' (जो एक बौद्धिक प्रक्रिया है), दूसरी ओर 'भावदीप्त मनोदशा' (जो भावोन्मेष की सूचक है)। किन्तु यह कॉलरिज की विवेचन–पद्धति के अनुरूप है। उनकी द्वन्द्वात्मक पद्धति के अनुरूप। कॉलरिज ने विविध प्रसंगों में, और विशेष रूप से 'कल्पना' की कार्यविधि का निरूपण करते समय, 'विरुद्धों के सामंजस्य' (Reconciliation of Opposites) पर बल दिया है। आचार्य शुक्ल में भी यह बल है। कॉलरिज छन्द में भी विरुद्धों के इस सामंजस्य को रेखांकित करना चाहते हैं। काव्य–प्रक्रिया की तरह छन्द में भी वे दो पक्ष देखते हैं। एक उसका स्वतःस्फूर्त पक्ष है, दूसरा विवेक–नियन्त्रित। छन्द का सम्बन्ध चूँकि भावदीप्त मनोदशा से है, इसलिए उसमें एक प्रकार की सहजता होती है। दूसरे, कविता में विभिन्न तत्त्व कृत्रिम रूप से, एक चेतन प्रक्रिया द्वारा, छन्द में ढलते हैं। यह प्रक्रिया संज्ञान और इच्छाशक्ति के अधीन है।

इसलिए छन्द चेतन भी है और अचेतन भी, विवेक–नियन्त्रित भी है और स्वतःस्फूर्त भी। छन्द के प्रभाव के विषय में कॉलरिज ने लिखा कि वह, सामान्य भावों की संवेदनशीलता में वृद्धि के साथ–साथ, पाठक के अवधान को प्रेरित करता है–उसके ध्यान को बाँधे रखता है। छन्द हमारी अनुभूति में उत्कर्ष लाता है और परिचित मनोभावों को सामान्यता के स्तर से ऊँचा उठा देता है। वर्ड्सवर्थ ने छन्द को ऊपर से जोड़ा गया अलंकरण (A Superadded Charm) बताया था। कॉलरिज ने इसका विरोध किया और कहा कि छन्द कविता की अन्तर्वस्तु और भाषा के अनुरूप होना चाहिए, स्मृति की सुविधा के लिए ऊपर से जोड़ा गया अलंकरण भर नहीं। जब छन्द भाषा और वस्तु के अनुरूप होता है तो कविता के हर घटक की ओर, निरन्तर और स्पष्ट रूप से, ध्यान आकर्षित करता चलता है। वह पाठक की उत्सुकता को तेज़ी से परिशान्त और पुनः उद्‌बुद्ध करता हुआ, एक प्रकार की आनन्दपूर्ण मनोदशा में, अन्त तक आगे बढ़ता जाता है। काव्यास्वाद की इस यात्रा में वह न तो विशिष्ट घटकों के सौन्दर्य से आकर्षित होकर वहाँ विलमकर रह जाता है, न उन घटकों से तटस्थ रहकर अन्त की ओर पहुँचने की उसे कोई जल्दी रहती है। यह घटकों से सम्पूर्णता की ओर एक प्रकार की आमोद–यात्रा जैसा है जिसमें सर्प की तरह, जिसे मिस्रवासी बौद्धिक शक्ति का प्रतीक मानते हैं, निरन्तर आगे–पीछे जाना होता है। सर्प चलते समय हर क़दम पर रुकता है, थोड़ा पीछे की ओर लौटता है, शक्ति–संचय करता है. फिर वही शक्ति उसे आगे की ओर ले जाती है। कुछ–कुछ यही स्थिति काव्य–रचना के समय कवि की और उसकी रचना का आस्वाद लेते समय संवेदनशील पाठक की होती है। छन्द को अर्थानुगामी, साथ ही काव्य–वस्तु को छन्द के अनुरूप, होना ही चाहिए। अपने काव्य–विवेचन में सर्वत्र कॉलरिज का बल कविता के संरचनात्मक गठन पर है। कविता में भाव की स्थिति का बयान करते हुए उन्होंने कहा कि कविता में जो भाव होता है वह 'मनोवेगों की एक सतत अन्तर्धारा' (A Continuous Undercurrent of Feeling) के रूप में होता है। वह होता तो कविता के हर घटक में है किन्तु अलग चमत्कार–बिन्दु के रूप में कहीं भी नहीं। वह कविता की पूरी संरचना में व्याप्त रहता है। कविता के संरचनात्मक गठन पर बल देते हुए उन्होंने लिखाः "एक सुगठित रचना के सभी अंग, अनिवार्य रूप से, अपने से अधिक महत्त्वपूर्ण या प्रमुख अंगों में समाहित होने चाहिए।"[23]

कॉलरिज के अनुसार अपने आदर्श रूप में कवि मानव की सम्पूर्ण आत्मा को गतिशील करता है और ऐसा करते समय वह उसकी शक्तियों को, उनके सापेक्षिक मूल्य और गरिमा के अनुसार, एक–दूसरे के अधीन रखता है।[24] कविता अनिवार्यतः ऐसी होनी चाहिए जिसके विभिन्न अंग परस्पर बल प्रदान करें और एक–दूसरे को स्पष्ट करें। कविता की सम्पूर्ण इकाई से वही आनन्द प्राप्त होना चाहिए जो उसके प्रत्येक अंग (घटक) से प्राप्त आनन्द के अनुरूप हो। उसके विविध अंग एक साथ ही साध्य भी होने चाहिए और साधन भी। उनमें जो परस्पर सम्बन्ध होता है उसका रूप आवयविक होता है, यान्त्रिक नहीं। शेक्सपियर पर अपने एक व्याख्यान में 'आवयविक रूप' (Organic Form) और 'यान्त्रिक रूप' में अन्तर स्पष्ट करते हुए उन्होंने कहाः "हम भ्रमवश यान्त्रिक नियमबद्धता को ही आवयविक रूप समझ बैठते हैं। जब हम किसी दी हुई सामग्री पर ऐसा पूर्व–निर्धारित रूप आरोपित कर देते हैं जो अनिवार्य रूप से उस सामग्री के मूल गुणों से न उपजा हो तो वह यान्त्रिक रूप कहलायेगा...इसके विपरीत आवयविक या जैविक रूप अन्तर्जात या नैसर्गिक होता है। जैसे–जैसे उसका विकास होता है, वह अन्दर से अपना आकार ग्रहण करता जाता है। और उसके विकास की परिपूर्णता बाहरी रूप की परिपूर्णता के समरूप होगी। जैसा जीवन है वैसा ही [कविता का] रूप है।"[25] अपने एक 'साक्षात्कार' में रामविलास जी ने कहा कि "रूप...विषय–वस्तु की साधना है।"[26] कॉलरिज के अनुसार सबसे सर्जनात्मक कलाकार है प्रकृति। विविध शक्तियों की दृष्टि से वह असीम और अनन्त है। उसका हर बाह्य रूप आन्तरिक रूपाकार का बाह्य प्रतिफलन है। रूप की यही अनन्त विविधता हमें तुलसीदास, शेक्सपियर आदि महाकवियों में दिखाई देती है। इस प्रकार हम देखते हैं कि सर्वत्र कॉलरिज का बल कविता के संरचनात्मक गठन और उसकी आवयविकता पर है। सम्भव है निराला की कविता के ध्वनि–पक्ष के विवेचन पर, किसी–न–किसी रूप में, रामविलास शर्मा पर कॉलरिज का प्रभाव रहा हो। वे मूलतः अंग्रेज़ी के प्राध्यापक तो थे ही।

जिस चीज़ का महत्त्व है वह है सम्पूर्ण कविता। उस कविता की संरचना। काव्य का संगीत कोई पंक्ति–प्रति–पंक्ति का मुद्दा नहीं है। उसका सम्बन्ध पूरी कविता, या कहें कवि के पूरे रचना–संसार से है। शेक्सपियर के नाटकों में अलग–अलग दृश्यों में, एक प्रकार की संगीतात्मक संरचना की खोज की

जा सकती है। उनके श्रेष्ठतर नाटकों (जैसे *हैमलेट, मैकबेथ, ऑथेलो, किंग लियर*) में पूर्ण संरचना की। *रामचरितमानस* की रचना के आधार रूप में भी बहुत मज़बूत ढाँचा है। ऐसी रचनाओं में एक तो ध्वनि या नाद पर आधारित 'संगीतात्मक साँचा' दिखाई देगा, दूसरा उसके लाक्षणिक और व्यंजनागत अर्थों पर आधारित 'संगीतात्मक साँचा'। और ये दोनों साँचे एक–दूसरे को अनुप्राणित करते हैं। वे एक ही हैं; **कहियत भिन्न न भिन्न**, जैसा कि तुलसीदास ने कहा है। कहने के लिए भिन्न, वास्तव में नहीं।

(3)

रामविलास शर्मा ने निराला–काव्य का जो विवेचन किया है उसमें वर्ण–संरचना से लेकर पूरी कविता, या कहें कि महाकवि के पूरे रचना–संसार की संरचना में, ध्वनि या संगीत की अन्तर्धारा को महसूस किया जा सकता है। वे एक ही छन्द से (तुलसीदास की तरह) तरह–तरह की झंकारें निकालते हैं। वर्णक्रम–परिवर्तन कहीं खटकता है, कहीं काव्योत्कर्ष में सहायक होता है। 'राम की शक्तिपूजा' में जो अंजना का भाषण है वह कमज़ोर है; उसमें वर्णक्रम परिवर्तन काव्य–सौन्दर्य में वृद्धि नहीं करता। "एक जगह **रह–रह** के साथ **सह–सह**, दूसरी जगह **सोचो मन में** के साथ **श्री रघुनन्दन ने!** लघुगुरु वर्णक्रम बदला! अन्त्यानुप्रास भी कमज़ोर रहा। परिवर्तन से कोई ख़ूबसूरती पैदा नहीं हुई। किन्तु जहाँ लिखते हैं:

वह एक और मन रहा राम का जो न थका

वहाँ वर्णक्रम–परिवर्तन के साथ भाव–परिवर्तन भी होता है; पाठक मन की पराजित दशा छोड़कर अपराजित दशा की बात सोचने लगता है।"[27] लय में नयी भंगिमाएँ पैदा करने के लिए वे प्रायः यति का स्थान बदलते रहते हैं। वे जान–बूझकर छन्द की गति में परिवर्तन लाते हैं, एक तो विविधता के विचार से, दूसरे एकरसता बचाने के लिए। एकरसता आनन्द की विरोधी है। ध्वनि की नयी भंगिमा सामान्यतः अर्थ के उत्कर्ष में सहायक होती है।[28] निराला इन ध्वनियों को अनेक शब्द–रूपों में सजाकर, पूरे ध्वनि–सन्दर्भ के अनुसार, उनसे भाव–व्यंजना में सहायता लेते हैं। कबीर, जायसी, तुलसीदास, सूरदास आदि पुराने कवियों ने अपने छन्दों में बोलचाल की भाषा की स्वच्छन्द लय अपनायी। उन्होंने छन्द के नपे–तुले साँचे तोड़ दिये। इसी मार्ग का अवलम्बन करते हुए निराला भी 'ध्वनि–प्रवाह' पर ज़्यादा ध्यान देते हैं जो

पूरी रचना में एक अन्तर्धारा के रूप में व्याप्त रहे। यही वजह है कि छन्द में मात्राएँ गिनने के बदले वे "स्वरपात पर ध्यान देते हैं, किस वर्ण पर कहाँ कितना ज़ोर देना चाहिए, इस बात की तरफ़ सचेत रहते हैं; पंक्ति में बलाघात का साँचा बदलकर लय में परिवर्तन करते हैं।"[29] यह ध्वनि–सौन्दर्य चूँकि कविता की पूरी संरचना में व्याप्त रहता है, वह अलग चमत्कार–बिन्दु के रूप में नहीं होता, इसलिए निराला के "ध्वनि सौन्दर्य को परखने के लिए पूरी काव्य–संरचना पर ध्यान देना आवश्यक है।"[30] उसके स्थापत्य पर, उसके मूर्तिविधान पर, उसकी चित्रात्मकता पर। मूर्तिविधान भी तभी प्रभावित करेगा जब वह संगीतात्मक चेतना से अनुप्राणित हो, जब वह भाव–प्रेरित हो। इस तरह छन्द की गति अन्ततोगत्वा भावदशा से सम्बद्ध' है: "कैसा भी मूर्तिविधान हो, वह अपने–आप में जड़ है। भाव–शक्ति से प्रेरित होने पर ही वह अर्थ से ध्वनित होता है।"[31]

वास्तव में तुलसीदास, शेक्सपियर, निराला ऐसे कवि हैं जिनके स्वर में अनेक लोगों की भाषाई दुनिया समाई हुई है। उदाहरण के लिए "निराला के ध्वनि–प्रवाह के अनेक स्तर हैं। कहीं 'राम की शक्तिपूजा' की तरह उदात्त स्तर पर निराला का आर्केस्ट्रा बजता है, कहीं उनके गीतों में मीठी लोकधुनें सुनाई देती हैं। कहीं इस प्रवाह में बड़ी गहराई है, धारा चट्टानों से टकराती, घुमड़ती हुई आगे बढ़ती है; कहीं निर्बाध, शान्त, समगति, तरल प्रवाह है। कहीं ध्वनि की छोटी–छोटी इकाइयाँ हैं, कहीं अठारह–बीस पंक्तियों में ध्वनि का प्रसार है। पूरे प्रसार को देखने से ही उनके ध्वनि–सम्बन्धी रचना–कौशल को समझा जा सकता है। ध्वनि–प्रवाह छन्द की गति से नियन्त्रित होता है, छन्द पर निर्भर नहीं होता। एक ही ध्वनि में निराला ध्वनि की अनेक भंगिमाएँ प्रदर्शित करते हैं। शब्दों की ध्वनि से छन्द का ढाँचा अलग करके देखें तो उससे उनकी कला के बारे में कोई विशेष जानकारी प्राप्त नहीं होगी।"[32] यदि कोई पंक्ति कमज़ोर भी हो तो कविता के 'समग्र ध्वनि–प्रवाह' में उस पंक्ति की कमज़ोरी छिप जाती है, किन्तु अलग से पढ़ने पर वह प्रकट हुए बिना नहीं रहती। निराला की कविताओं की एक महत्त्वपूर्ण विशेषता यह है कि उनकी संरचना वर्तमान के संगीत से अनुप्राणित होती है। इस संगीत में प्रसंगानुसार विविधता भी है। उनकी तीन प्रबन्ध–कविताओं–'तुलसीदास', 'राम की शक्तिपूजा' और 'सरोज़–स्मृति' के छन्दगत भेद को रेखांकित करते

हुए रामविलास जी ने लिखाः 'तुलसीदास' में निराला छन्द की रास खींचे रहते हैं, उनकी निरन्तर अवरुद्ध होती हुई गति में शक्ति भर देते हैं। प्रत्येक छन्द अपने में पूर्ण, ऊर्जा का केन्द्र है। 'सरोज़–स्मृति' में वह छन्द को सहज रूप में बढ़ने देते हैं, अर्थ–प्रसार के विचार से पैराग्राफ़ रचते हैं। 'राम की शक्तिपूजा' में सरोज़–स्मृति का प्रवाह है, 'तुलसीदास' की शक्ति है। प्रत्येक पैराग्राफ़ ध्वनि–संरचना का अनूठा नमूना है।"[33] इसी प्रकार तुलसीदास हैं। चौपाई–जैसे छोटे छन्द में वे तरह–तरह की भाव–लहरियाँ, तरह–तरह की झंकारें निकालते हैं जो उनके रचना–कौशल का प्रमाण है; "सोलह मात्रा के छन्द में अन्तर्भावों को प्रकट करने की जो विदग्धता उन्होंने दिखाई है, वह कविता–संसार में विरली है।"[34]

साहित्य में ध्वनि–संरचना के सफल निर्वाह के लिए हिन्दी की ध्वनि–प्रकृति की पहचान ज़रूरी है; "आधुनिक हिन्दी की विशेषता यह है कि वह विभिन्न जनपदों की ध्वनि–प्रकृति से यथेच्छ विशेषताएँ अपनाते हुए संस्कृत की ध्वनि–प्रकृति से भी अपना सम्बन्ध कायम रखती है। उर्दू और ब्रजभाषा दोनों से इस कारण हिन्दी की ध्वनि–प्रकृति भिन्न है।"[35] जनपदीय बोलियों में भी ध्वनि–प्रकृति की विविधता है; "ब्रजभाषा में यदि 'व' के बहिष्कार की प्रवृत्ति है तो अवधी में उसके ग्रहण कीः 'अवध' शब्द स्वयं इसका प्रमाण है। पूर्वी जनपदों में 'र' की बहुलता है तो पश्चिमी जनपदों मे 'ल' की और 'र'–'ल' का भेद बहुत पुराना है।"[36] आधुनिक हिन्दी ने इस विविधता का भरपूर लाभ उठाया है। हिन्दी प्रदेश के जनपदों से विविध विशेषताएँ ग्रहण कर उसने अपने स्वरूप का निर्माण किया। यही वजह है कि आधुनिक हिन्दी अंशों में तो सभी जनपदीय क्षेत्रों में मौजूद मिलेगी किन्तु सम्पूर्णता में कहीं भी नहीं। खड़ी बोली के क्षेत्र में भी नहीं। निराला के ध्वनि–संयोजन में यान्त्रिकता नहीं है, कोमल–परुष ध्वनियों के परम्परागत ध्वनि–विधान को उन्होंने नहीं अपनाया है। "अनेक शब्द–रूपों में उन्हें सजाकर पूरे ध्वनि–सन्दर्भ के अनुसार उनसे भाव–व्यंजना में सहायता लेते हैं। उनके ध्वनि–सौन्दर्य को परखने के लिए पूरी काव्य–संरचना पर ध्यान देना आवश्यक है।"[37]

हिन्दी क्षेत्र की ध्वनि–तन्त्र की एक महत्त्वपूर्ण विशेषता है इसमें सघोष–महाप्राण ध्वनियों (घ, झ, ढ, ध, भ) का होना। ये ठेठ हिन्दीभाषी क्षेत्र की ध्वनियाँ हैं। संस्कृत में भी इनका अस्तित्व है। इससे पता चलता है कि संस्कृत भाषा का विकास मूलतः इसी क्षेत्र में हुआ होगा। हिन्दी क्षेत्र के पूर्व

और पश्चिम में भी इनका प्रसार है। किन्तु ज्यों–ज्यों हम उत्तर या दक्षिण की ओर बढ़ते हैं, उनका महाप्राणत्व क्षीण पड़ता जाता है। "द्रविड़ भाषा परिवार में सघोष–महाप्राण ध्वनियाँ नहीं हैं। इन भाषाओं के बोलने वालों के लिए भारत–जैसे शब्द का, सघोष–महाप्राण ध्वनि के साथ उच्चारण करना बहुत कठिन है।"[38] यूरुप में भी ये ध्वनियाँ नहीं हैं। इनके आधार पर रामविलास जी ने अनेक ऐतिहासिक और भाषावैज्ञानिक समस्याओं को सुलझाने का प्रयास किया है। उदाहरण के लिए संस्कृत शब्दों के समानान्तर यदि यूरोपीय या अन्य विदेशी भाषाओं में ऐसे शब्द मिलते हैं, जिनमें इन ध्वनियों के अस्तित्व का पता चलता हो तो वे निश्चय ही भारत से गये होंगे। जन–प्रवाह भी भारत से यूरुप की ओर रहा होगा। तभी ऐसे शब्द वहाँ पहुँचे। अर्थ, रूप और ध्वनि–भाषा की इन तीन केन्द्रीय व्यवस्थाओं में ध्वनि–व्यवस्था सबसे स्थायी है। उसकी ध्वनि–प्रकृति में परिवर्तन बहुत धीमी गति से होता है। इसलिए यह सम्भव नहीं है कि यूरोपीय भाषाओं में पहले ये ध्वनियाँ रही हों, फिर एकबारगी नेस्तनाबूद हो गयीं। यह असम्भव है। इसलिए आर्य बाहर से आये, यहाँ के सभी भाषा परिवारों (आर्य, द्रविड़, कोल और मुंडा) का उत्स भी बाहर का है, यह बात कुछ जँचती नहीं। यह प्रभाव द्वन्द्वात्मक है। यह एकतरफ़ा कार्रवाई नहीं है। साहित्य, विशेष रूप से कविता के संगीत को निर्धारित करने में भी इन ध्वनियों की महत्त्वपूर्ण भूमिका रही है। निराला–काव्य के ध्वनि–सौन्दर्य पर विचार करते समय रामविलास जी ने इन ध्वनियों के महत्त्व को रेखांकित किया है और यह बताया है कि इनके विनियोग से जिस सौन्दर्य की सृष्टि होती है वह भारतीय भाषाओं में ही सम्भव है।

प्रत्येक भाषा का अपना विशिष्ट ध्वनि–सौन्दर्य होता है। "अंग्रेज़ी में–और तथाकथित भारत–यूरोपीय परिवार की प्राचीन और नवीन भाषाओं में घ, झ, ढ, ध, भ–इन सघोष–महाप्राण ध्वनियों का प्रायः या नितान्त अभाव है। संस्कृत–परिवार की भाषाओं और इन यूरुपीय भाषाओं में यह मौलिक भेद है। ग्रीक, लैटिन और अंग्रेज़ी में घ, झ, ढ, ध, भ का पूर्ण अभाव है, इसलिए उनकी ध्वनि का ठाठ भी न्यारा है। **रथ का घर्घर नाद** (*परिमल*, पृ. 153) इस तरह की ध्वनि–योजना अंग्रेज़ कवि के लिए असम्भव है। **नयन जल ढल गये** (उप., पृ. 171) में ढलने की कोमलता पहचानना उसके लिए दुष्कर है। **भेरी गर्जन, दग्ध हृदय, स्पर्धांधीर** की ध्वनि–गरिमा उसकी पहुँच से परे है। संस्कृत–परिवार की भाषाओं का ध्वनि–सौन्दर्य

सघोष–अघोष–अल्पप्राण–महाप्राण ध्वनियों को सैकड़ों शब्द–रूपों में नये–नये ढंग से मिलाकर रचा गया है। ध्वनियों की विविधता से इस तरह की रचना–विचित्र सम्भव होती है। जहाँ ध्वनियों की विविधता सीमित है, वहाँ उन्हें नये–नये रूपों में मिलाकर नयी–नयी तरह का ध्वनि–सौन्दर्य उत्पन्न करना भी असम्भव है।[39] और भी–"हिन्दी भाषी क्षेत्र के उत्तर में जहाँ 'घर' को लोग 'कर' –वत्, 'भ्राता' के 'भ्रा' को 'प्रा'–वत् कर देते हैं, वहाँ के ध्वनि–तन्त्र से हिन्दी का ठाठ भिन्न है। हिन्दी भाषी क्षेत्र के दक्षिण में जहाँ 'भारत' का उच्चारण 'बारत' जैसा सुनाई देता है, वहाँ का ध्वनि–तन्त्र भी हिन्दी के ठाठ से भिन्न है। संस्कृत के घ, ध, भ ध्वनियों वाले शब्द सबसे साफ़ आज भी उसी क्षेत्र में सुने जाते हैं जहाँ उन ध्वनियों का विकास हुआ था। यह विकास यूरुप में नहीं है, यह विकास हिन्दी भाषी क्षेत्र के उत्तर और दक्षिण में नहीं है। पूर्व और पश्चिम में उसका प्रसार हुआ है। बँगला और मराठी की अपनी विशेषताएँ हैं जो कहीं हिन्दी से उन्हें जोड़ती हैं, कहीं संस्कृत से उन्हें अलग करती हैं। बँगला में य को ज करने की प्रवृत्ति, हिन्दी में यमुना को जमुना बनाने वाली प्रवृत्ति से मिलती है किन्तु हिन्दी में बँगला की अपेक्षा **य** की बहुलता और उच्चारण की स्पष्टता है। बँगला में दन्त्य 'स' का अभाव उसे हिन्दी और संस्कृत दोनों से अलग करता है। मराठी में ड़ से मिलती–जुलती ध्वनि–झ और च के दो रूप, ज और ज़ के भेद की तरह, उसे हिन्दी से अलग करते हैं, साथ ही उसकी णकार–बहुला प्रवृत्ति उसे संस्कृत से मिलाती है।"[40] विभिन्न भाषाओं के ध्वनितन्त्र के तुलनात्मक अध्ययन से हम उनके सादृश्य और भेद को पहचान सकेंगे, साथ ही यह भी समझ सकेंगे कि उक्त सघोष–महाप्राण ध्वनियों के विनियोग से जो ध्वनि–बिम्ब बनता है उसे किसी दूसरी, ख़ास तौर से विदेशी, भाषा में ला पाना मुश्किल ही नहीं, असम्भव है।

(4)

साहित्य में विभिन्न कलाएँ परस्पर सम्बद्ध हैं: "साहित्य में निर्माण–कौशल स्थापत्यकला के समान, मूर्तिविधान चित्रकला के समान, ध्वनि–सौन्दर्य संगीत के समान होता है।"[41] काव्य (साहित्य) और कलाओं में बहुत–सी बातें सामान्य हैं किन्तु उनमें एक महत्त्वपूर्ण भेद भी है। वह भेद है माध्यम का।

काव्य का माध्यम है भाषा। भाषा को माध्यम के रूप में केवल साहित्य अपनाता है। भाषा और किसी कला का माध्यम नहीं बनती। संक्षेप में, "काव्य और साहित्य में विचारों की अभिव्यक्ति भाषा के माध्यम से होती है। और यह उन्हें अन्य कलाओं से अलग करती है।"[42] ऋग्वेद में एक पूरा सूक्त (10.125) वाणी अर्थात भाषा पर है। मनुष्य "जो अन्न भोग करता है, जो देखता है, जो प्राण धारण करता है और जो इस ज्ञान का श्रवण करता है, वह मेरी सहायता से ही यह सब करता है।" (10.125.4)। अन्त में वह कहती हैः "मेरा उत्पत्ति–स्थान समुद्र के जल में है। उसी स्थान से मैं सारे संसार को व्याप्त करती हूँ और मैं इस महान अन्तरिक्ष को अपनी उन्नत देह से स्पर्श करती हूँ।" (10. 125.7)। यहाँ 'समुद्र' से समझना चाहिए 'मनुष्य का उपचेतन'। काव्यार्थ की व्याप्ति मनुष्य के उपचेतन तक है जिसे कालिदास ने 'अबोधपूर्व स्मृति' कहा है। हज़ारों–लाखों वर्षों से प्रवहमान 'जातीय स्मृति' तक। इसके बारे में मनुष्य बहुत कम जानता है। यह उपचेतन मानव की 'अन्तर्तम चेतना का केन्द्र' है। ज्ञान–प्रक्रिया यहीं से आरम्भ होती है और 'अन्तरिक्ष, तक पहुँचती है। "अन्तरिक्ष उसकी आत्मा है–उसकी चेतना का सर्वोच्च शिखर। इस तरह उपचेतन से लेकर आत्मा तक ज्ञान–प्रक्रिया भाषा द्वारा सम्पन्न होती है।"[43] भाषा का सम्बन्ध मनुष्य की 'विचार–प्रक्रिया और ज्ञान–प्रक्रिया' से है। विचार के लिए और ज्ञान के लिए भाषा दरकार होगी। उसका सम्बन्ध मनुष्य के चेतन मन से है। इसके विपरीत, जैसा कि बताया जा चुका है, संगीत का माध्यम है **नाद** जिसका सम्बन्ध मनुष्य के उपचेतन से है। इन्द्रियबोध (feeling) और भाव (emotion) से है। संगीत या लय 'उपचेतन मन का दर्पण' है। लोग 'भाव' और 'विचार' के अन्तर को तो समझते हैं, किन्तु 'फीलिंग' और 'इमोशन' के अन्तर के बारे में उतने स्पष्ट नहीं हैं। काव्य के अलावा अन्य कलाओं के स्वरूप की धारणा के लिए इस अन्तर को समझना ज़रूरी है, उन कलाओं को समझने के लिए जिनका माध्यम भाषा नहीं है। रामविलास शर्मा ने इन दोनों के अन्तर के साथ–साथ विविध कलाओं (संगीत, चित्र, मूर्ति, वास्तु) में संवेदन के स्वरूप को स्पष्ट करते हुए लिखाः "अंग्रेज़ी में मिलते–जुलते अर्थ के दो शब्द हैं–'फीलिंग' और 'इमोशन'। आपके पैर में चोट लगी, दर्द हुआ, उसके लिए आप फीलिंग शब्द का व्यवहार कर सकते हैं, इमोशन का नहीं। मनुष्य का पीड़ा–बोध मूलतः संवेदन होता है, वह भाव को जन्म देता है।

भाषा विचार व्यक्त करती है। विचार अमूर्त होते हैं। संवेदनों की मूर्तिमत्ता वह सीधे व्यक्त नहीं कर सकती, केवल उनकी ओर संकेत कर सकती है। साहित्य से भिन्न कलाएँ विचार व्यक्त नहीं कर सकतीं, इसलिए कि भाषा उनका माध्यम नहीं है। नाद ऐसा संवेदन है, जिसे हम मन और श्रोत्रेन्द्रिय से ग्रहण करते हैं। संवेदनों के माध्यम से संगीत हमारे भीतर भाव जगाता है। हर्ष, शोक, भय यहाँ तक कि मरने–मारने के भाव भी वह जगा सकता है। नाद स्वभाव से ही गतिशील होता है। इसलिए जैसी गतिशीलता संगीत हमारे संवेदनों में जगाता है, वैसी गतिशीलता दूसरी कलाएँ संवेदनों में नहीं जगातीं। **चित्र** किसी प्राणी या घटना–क्रम की गतिशीलता को स्थिर रूप में दिखा सकता है, उसके मूल गतिशील रूप में नहीं। चित्र में अंकित रेखाएँ, रंग आदि उन संवेदनों को जाग्रत करते हैं, जिनका सम्बन्ध नेत्रेन्द्रिय से है। **मूर्ति–शिल्प, वास्तुकला** आदि हमारे उन संवेदनों को जगाते हैं जिनका सम्बन्ध नेत्रों से है तथा स्पर्शबोध से भी है। भाषाहीन कलाएँ हमारे भीतर संवेदनों को जन्म देती हैं और ये संवेदन भावों में रूपान्तरित होते हैं। कहाँ संवेदन समाप्त हुआ और कहाँ भाव आरम्भ हुआ, यह बताना कठिन होता है।"[44]

प्रसिद्ध है कि 'संगीत' से पहले गायन, वादन, नर्तन–इन तीनों कलाओं का बोध होता था। भरत के नाट्यशास्त्र में इन तीनों का संयोग बना हुआ है। भक्तिकाल में संगीत और काव्य अलग–अलग नहीं थे। इस दौर में साहित्य और संगीत का विकास साथ–साथ हुआ। साहित्य में नवजागरण का समय है 13वीं सदी से लेकर अंग्रेज़ी राज कायम होने तक। साहित्य की 'श्रेष्ठ उपलब्धियाँ' इसी समय की हैं। संगीत का भी नवजागरण काल यही है। संगीत की श्रेष्ठ उपलब्धियाँ भी इसी दौर की हैं। संगीत का सम्बन्ध भाव और इन्द्रियबोध से है। उसका माध्यम नाद है। नाद ऐसी संवेदनाओं को जगा सकता है जहाँ तक भाषा की गति नहीं है। कविता में जो अनिर्वचनीयता है, जो विस्मय का तत्त्व है, वह उसके संगीत (छन्द और लय) से पैदा होता है। हमारी प्राचीन व्याकरणिक परम्परा में निर्दिष्ट वाणी (भाषा) की तीन अवस्थाओं–पश्यन्ती, मध्यमा और वैखरी में से पहली दो (अर्थात, पश्यन्ती और मध्यमा) अव्यक्त हैं, तीसरी (अर्थात वैखरी) व्यक्त है। **पश्यन्ती** ऐसी अवस्था है जिसमें शब्द–अर्थ का भेद नहीं होता, कोई क्रम नहीं होता। वह बुद्धि के पूर्व की अवस्था है। वह एक अर्थात अखण्ड है।

दूसरी अवस्था **मध्यमा** है। उसकी सत्ता मानसिक है। वह भी क्रमरहित है किन्तु क्रमयुक्त प्रतीत होती है–प्राण (श्वास) से जुड़ी होने के कारण। उसमें शब्द और अर्थ परस्पर विभक्त हो जाते हैं। तीसरी अवस्था **वैखरी** है। वह बाह्य अवस्था है। उसका सुनिश्चित क्रम या रूप होता है। वह भाषा का उच्चरित रूप है–अस्फुट या स्फुट वर्गों के माध्यम से उच्चरित रूप। उसका सम्बन्ध प्राण (श्वास) और करण (उच्चारणेन्द्रियों) से है। अपने दैनन्दिन जीवन में लोग उसी का व्यवहार करते हैं। भाषा का यह विवेचन भारत की दार्शनिक परम्परा के मेल में है। "असत् से सत् का, अव्यक्त प्रकृति से व्यक्त प्रकृति का विकास हुआ है, यह सांख्य की आधारभूत स्थापना है।"[45] यह उच्च कोटि की दार्शनिक अवधारणा भी है। इस धारणा को स्पष्ट करते हुए तिलक ने गीता रहस्य में लिखा हैः" 'अव्यक्त' शब्द का अर्थ है–'इन्द्रियों को गोचर न होने वाला'। एक मूल अव्यक्त द्रव्य से ही आगे क्रमशः व्यक्त सृष्टि निर्मित होती है; और अन्त में अर्थात प्रलयकाल में सब व्यक्त सृष्टि अव्यक्त में ही लय हो जाती है।"[46] जो अव्यक्त प्रकृति है वह 'मनुष्य की ज्ञान–परिधि से परे, है। विकास का बीज उसी अव्यक्त प्रकृति में निहित है। ऊपर वाणी की जो तीन अवस्थाएँ बताई गयी हैं, उनमें से पहली दो अव्यक्त प्रकृति का अंग हैं। वे हमारी ज्ञान–परिधि से परे हैं। तीसरी अवस्था (वैखरी) व्यक्त है। इसका मतलब यह हुआ कि भाषाई विकास का दो तिहाई अव्यक्त है, केवल एक–तिहाई व्यक्त। अव्यक्त का फैलाव या विस्तार अधिक है, व्यक्त की अपेक्षा। अव्यक्त हमारे उपचेतन का अंग है जबकि व्यक्त चेतन का। संगीत का मूल स्रोत भी उपचेतन है।

भक्तिकाल में संगीत और काव्य अलग–अलग नहीं थे। तानसेन संगीतकार भी थे और कवि भी। तानसेन के बारे में सुनीति कुमार चाटुर्ज्या ने लिखा हैः "जिस समय तानसेन जीवित थे, वह प्राचीन हिन्दी साहित्य का सबसे गौरवमय युग था–ख़ास करके हिन्दी काव्य–साहित्य का। उनके समसामयिकों में थे मलिक मुहम्मद जायसी और तुलसीदास। उनसे एक पीढ़ी पहले थे अन्ध कवि सूरदास।"[47] ऐसे 'ग़ौरवमय युग' को मध्यकाल (जो 'अन्धकार युग' का सूचक है) कहना कहाँ तक उचित है? यह प्रश्न रामविलास शर्मा ने बार–बार पूछा है, साथ ही उसका जवाब भी दिया है, यह कहकर कि "साहित्य का इतिहास लिखते समय शासक जाति और शासित जाति के लिए अलग–अलग कसौटियाँ नहीं हो सकतीं।"[48]

सन्त कवियों का काव्य–रचना के साथ संगीत के क्षेत्र में भी महत्त्वपूर्ण योगदान रहा है। "जिसे शास्त्रीय संगीत कहा जाता है, और जो मूलतः लोकसंगीत है, उसके वे निर्माता हैं।"[49] इस संगीत का आधार लोकसंगीत है। भरत स्वयं कह गये हैं कि नाट्य लोकस्वभाव से उत्पन्न होता है; **नाट्यं लोकस्वभावजम्**। लोकसंगीत की यह विशेषता सूरदास में विद्यमान है।"[50] कबीर का एक पद हैः **नाचु रे मेरे मन मत्त होय।** यह पद पं. हज़ारी प्रसाद द्विवेदी कृत 'कबीर' में संकलित है। इस पद में संगीत की जो झाँकी है वह अपूर्व है। ये लोककलाएँ जब पेशेवर लोगों के पास पहुँचीं तो "जो लोक कलाकार थे, वे दरबार में पहुँचकर कलावन्त बन गये और नृत्य पर वेश्याओं का अधिकार हो गया।"[51] जनसंगीत ही नियमों के संस्कार और परिष्कार से 'शिष्ट संगीत' बना। यह रागसंगीत था। "शास्त्रीयता अभिजात वर्ग से जुड़कर जब रूढ़िबद्ध हो जाती है, तब उसका उल्लंघन आवश्यक हो जाता है।"[52] उक्त शिष्ट संगीत अर्थात 'रागसंगीत' के नियमों का उल्लंघन करके आया 'जातिसंगीत'।

किसी रचना में निहित लय या संगीत, बहुत हद तक लेखक के बारे में मूल्य–निर्णय का निकष भी है, या हो सकता है। एक महत्त्वपूर्ण निकष। अधिकतर लेखक इस निकष पर खरे नहीं उतरते। यह लय भी अलग चमत्कार–बिन्दु के रूप में नहीं, एक अन्तर्धारा के रूप में कलाकृति की पूरी संरचना में, उसके हर घटक में, व्याप्त होनी चाहिए–जैसे कि पौधों का रस उनकी शाखाओं, टहनियों, पत्तियों, कलियों, फूलों, फलों, उनकी आकृति, आस्वाद और सौरभ' सभी में मौजूद रहता है। इस लय की अनुपस्थिति का कारण कुछ भी हो सकता है–किसी सुसंगत दृष्टि या विश्वदृष्टि का अभाव, संरचनात्मक बोध या समग्रता बोध का अभाव, रचना का नैतिक बोध से अनुप्राणित न होना जिसका मूल कारण है चरित्र और ईमानदारी इत्यादि। ये सभी कारण परस्पर सम्बद्ध हैं, फिर भी इनमें सबसे महत्त्वपूर्ण है विश्वदृष्टि। विचारधारा, जीवनदर्शन, दृष्टि, परिप्रेक्ष्य आदि विश्वदृष्टि की ही आन्तरिक संरचनाएँ हैं। विश्वदृष्टि या विचारधारा कल्पना की बौद्धिक सीढ़ी है। इस दृष्टि के बिना लेखक अपनी निज की घेरेबन्दी से ऊपर कैसे उठेगा? उसकी रचना 'अंगांगी रूप में' परस्पर सम्बद्ध कैसे होगी? उसमें संरचनात्मक अन्विति कैसे आयेगी? इस अन्विति के अभाव में तो वह एक इकाई के बजाय, 'अलग–अलग विशिष्टों की राशि' भर बनकर रह जायेगी।

साथ ही इस अन्विति के अभाव में रचना में अर्थ–सघनता कैसे आ पायेगी, ऐसी अर्थ–सघनता जिसमें विविध अंग एक–दूसरे को अनुप्राणित करते चलें? आलोचकों के अन्तर्गत आचार्य रामचन्द्र शुक्ल और रामविलास शर्मा में यह लय है; नन्ददुलारे वाजपेयी, डॉ. नगेन्द्र और नामवर सिंह के आरम्भिक लेखन में इसकी अनुगूँजें हैं; परिमल ग्रुप के लेखकों में यह नहीं है क्योंकि उनके पास कोई सुसंगत विश्वदृष्टि है ही नहीं; हाँ, साही में इसकी कुछ झलक मिलती है किन्तु उन्हें स्वयं यह अहसास था कि 'शान्त, तर्कपूर्ण, शक्तिवान गद्य' लिखने की प्रतिभा उनमें नहीं है और इस प्रतिभा के बिना उन्हें आलोचक के रूप में मान्यता नहीं मिल सकती। मैंने अपने एक लेख में साही के ऐसे भाषाई स्खलनों की ओर ध्यान आकर्षित किया है।[53] मुक्तिबोध में है उनकी भाषाई अनगढ़ता के बावजूद। किन्तु अज्ञेय के आलोचनात्मक लेखन में यह नहीं है। अपनी एक कविता 'नया कविः आत्म–स्वीकार' में उन्होंने अपनी काव्य–रचना–पद्धति का जो उल्लेख किया है, वह उनके गद्य लेखन पर भी लागू होता है।

हमारे यहाँ जातीय एकता–हिन्दू–मुस्लिम ऐक्य का भाव जितना संगीत के क्षेत्र में दिखाई देता है उतना अन्य क्षेत्रों में नहीं। भारतीय नवजागरण की समस्याओं पर विचार करते हुए रामविलास जी ने लिखाः "हिन्दू–मुसलमानों की जो सबसे बड़ी जातीय एकता दिखाई देती है वह संगीत के क्षेत्र में है। ऐसा कौन–सा राग है जिसे हिन्दू गाते हैं और मुसलमान नहीं गाते और ऐसा कौन–सा राग है जिसे केवल मुसलमान गाते और हिन्दू नहीं गाते? ...हमारे यहाँ जो संगीत रचा गया उसे हिन्दुस्तानी संगीत कहते हैं। धर्म या जनपद के नाम पर उसका नामकरण नहीं है।"[54] इस संगीत के विकास में धर्म कहीं बाधक सिद्ध नहीं हुआ।

भारतीय साहित्य में संगीतात्मक चेतना के प्रसार में भरत कृत 'नाट्यशास्त्र' का महत्त्वपूर्ण योगदान है। 'नाट्यशास्त्र' 'कलाओं के संगम का शास्त्र' है। भरत ने नाट्य प्रयोग में सभी शिल्पों का संगम प्रस्तुत किया। काव्य और कलाएँ कैसे परस्पर सम्बद्ध हैं, इसका विवेचन उन्होंने किया। रामविलास जी के अनुसार इससे दो निष्कर्ष निकलते हैंः "पहला यह कि भरत का नाट्य प्रयोग साहित्य का श्रेष्ठ रूप है, इसलिए कि उसमें काव्य के साथ सभी कलाओं का संगम दिखाई देता है। दूसरा निष्कर्ष यह कि किसी युग की सांस्कृतिक समृद्धि केवल एक कला अथवा काव्य के विकास से नहीं जानी जाती। सभी कलाओं का एक साथ विकास हो, उनके साथ साहित्य का भी विकास हो, तब उस युग को हम सांस्कृतिक दृष्टि से समृद्ध मान सकते हैं।"[55]

सन्दर्भ

1. रामविलास शर्मा, *निराला की साहित्य साधना* (द्वितीय खण्ड), दिल्लीः राजकमल प्रकाशन, 1972, पृ. 353
2. उप., पृ. 344
3. रवीन्द्रनाथ, 'छन्द का अर्थ', *रवीन्द्रनाथ के निबन्ध* (भाग 2), अनुवादकः अमृतराय, नयी दिल्लीः साहित्य अकादेमी, पुनर्मुद्रण 2012 (प्र.सं. 1965), पृ. 279
4. कॉलरिज, *बायोग्राफिया लिटरेरिया*, जॉर्ज वाटसन (सम्पा.), लन्दनः एव्रीमेन्स लाइब्रेरी, 1963, अध्याय 15
5. उप.
6. रामविलास शर्मा, *निराला की साहित्य साधना* (द्वितीय खण्ड), पूर्वोद्धृत, पृ. 339
7. उप., पृ. 344–345
8. उप., पृ. 382
9. निराला, *परिमल*, अष्टमावृत्ति, 1960, पृ. 169
10. रामविलास शर्मा, *निराला की साहित्य साधना* (द्वितीय खण्ड), पूर्वोद्धृत, पृ. 419
11. निराला, *आराधना*, प्रथम संस्करण, पृ. 69
12. रामविलास शर्मा, *निराला की साहित्य साधना* (द्वितीय खण्ड), पूर्वोद्धृत, 419
13. उप.
14. उप., पृ. 539
15. उप., पृ. 375
16. उप., पृ. 374
17. रामविलास शर्मा, 'अनास्थावादी खण्डित कला', *मार्क्सवाद और प्रगतिशील साहित्य*, दिल्लीः वाणी प्रकाशन, 1994 (आवृत्ति 2017), पृ. 320
18. रामविलास शर्मा, *निराला की साहित्य साधना* (प्रथम खण्ड), पूर्वोद्धृत, पृ. 486
19. कॉलरिज, *बायोग्राफिया लिटरेरिया*, पूर्वोद्धृत, अध्याय 14
20. रामविलास शर्मा, *निराला की साहित्य साधना* (द्वितीय खण्ड), पूर्वोद्धृत, पृ. 422

21. रामविलास शर्मा, 'कला को सामाजिक पक्ष से अलग करके हम नहीं देख सकते' (वार्ताकारः मजीद अहमद), *मेरे साक्षात्कार*, नयी दिल्लीः किताबघर प्रकाशन, 2004, पृ. 220
22. टी.एस. इलियट, "दि म्यूज़िक ऑफ़ पोइट्रि", *ऑन पोइट्रि एण्ड पोइट्स*, लन्दन; फेबर एण्ड फेबर, 1957, पृ. 32
23. कॉलरिज, *बायोग्राफिया लिटरेरिया*, पूर्वोद्धृत, अध्याय 18
24. उप., अध्याय 18
25. कॉलरिज, शेक्सपियर क्रिटिसिज़्म (दे. कृष्णदत्त शर्मा, *'शेक्सपियर का विवेक उसकी प्रतिभा के अनुरूप', कॉलरिजः आलोचना–सिद्धान्त*, दिल्लीः अनामिका पब्लिशर्स, 2011, पृ. 126 से उद्धृत)
26. रामविलास शर्मा, 'रचना आलोचना का यह विभाजन ठीक नहीं है' (वार्ताकारः कमलाप्रसाद), साक्षात्कारः डॉ. रामविलास शर्मा से *बातचीत*, पूर्वोद्धृत, पृ. 80
27. रामविलास शर्मा, *निराला की साहित्य साधना* (द्वितीय खण्ड), पूर्वोद्धृत, पृ. 436
28. उप., पृ. 438
29. उप., पृ. 435
30. रामविलास शर्मा, *निराला की साहित्य साधना* (द्वितीय खण्ड), पूर्वोद्धृत, पृ. 363
31. उप.
32. उप., पृ. 345
33. उप., पृ. 434
34. जयशंकर प्रसाद, 'काव्य और कला', *काव्य और कला तथा अन्य निबन्ध*, इलाहाबादः लीडर प्रेस, सं. 2015 (पंचम संस्करण), पृ. 44
35. रामविलास शर्मा, *निराला की साहित्य साधना* (द्वितीय खण्ड), पूर्वोद्धृत, पृ. 356
36. उप.
37. उप., पृ. 363
38. रामविलास शर्मा, *भारतीय संस्कृति और हिन्दी प्रदेश* (द्वितीय खण्ड), दिल्लीः किताबघर प्रकाशन, 1999, पृ. 655
39. उप., पृ. 364
40. उप., पृ. 366

41. रामविलास शर्मा, 'रस और सौन्दर्य', *विरामचिह्न*, पृ. 208
42. रामविलास शर्मा, *भारतीय सौन्दर्यबोध और तुलसीदास*, दिल्लीः साहित्य अकादेमी, 2001, पृ. 212
43. उप.
44. उप., पृ. 213
45. रामविलास शर्मा, भारतीय संस्कृति और हिन्दी प्रदेश (प्रथम खण्ड), दिल्ली; किताबघर प्रकाशन, 1999, पृ. 413–14
46. *गीता रहस्य*, पृ. 631
47. सुनीति कुमार चाटर्ज्या, *निबन्ध संग्रह*, संकलनकर्ता; हज़ारी प्रसाद द्विवेदी और श्रीकृष्णलाल, पृ. 130–31
48. रामविलास शर्मा, *संगीत का इतिहास और भारतीय नवजागरण की समस्याएँ*, दिल्लीः वाणी प्रकाशन, 2010, पृ. 78
49. उप., पृ. 110
50. उप.
51. उप., पृ. 111
52. उप., पृ. 181
53. कृष्णदत्त शर्मा, 'कवि शमशेरः मुक्तिबोध की दृष्टि में', *मुक्तिबोध की आलोचना दृष्टि*, दिल्लीः अनामिका, 2018, पृ. 181–82
54. रामविलास शर्मा, *संगीत का इतिहास और भारतीय नवजागरण की समस्याएँ*, पूर्वोद्धृत, पृ. 227–28
55. उप., पृ. 78

डॉ. रामविलास शर्मा का कवि-कर्म

रवि रंजन

'कश्चिद् वाचं रचयितुमलं श्रोतुमेवापरस्तां
कल्याणी ते मतिरुभयथा विस्मयं नस्तनोति।
न ह्येकस्मिन्नतिशयवतां सन्निपातो गुणाना–
मेकः सूते कनकमुपलस्तत्परीक्षा क्षमोऽन्यः।।'

–राजशेखर द्वारा काव्यमीमांसा में उद्धृत

('कोई ऐसा होता है, जिसमें काव्य–सृजन की क्षमता होती है। कोई ऐसा भी होता है, जिसमें कविता सुनने की क्षमता होती है। तुम्हारी कल्याणमयी बुद्धि दोनों में समर्थ है, इसलिए हमें चकित कर देती है। एक में इतने सारे गुणों का सन्निपात नहीं हो सकता।

एक पत्थर होता है जो सोने को जन्म देता है और दूसरा पत्थर उस सोने की परीक्षा करने में सक्षम होता है। तुम ऐसे दुर्लभ पाषाण हो, जो कंचन होने के साथ ही कसौटी भी हो।')

भारतीय काव्यशास्त्र के जाने–माने आचार्य राजशेखर की कृति 'काव्यमीमांसा' में मौजूद उपर्युक्त श्लोक के बारे में माना जाता है कि इसे कविकुलगुरु कालिदास ने किसी ऐसे कवि की प्रतिभा पर रीझकर लिखा था, जो सुकवि होने के साथ ही विद्वान आचार्य और काव्य मर्मज्ञ था। यह बात एक हद तक डॉ. रामविलास शर्मा समेत हिन्दी के अनेक कवि–आलोचकों के सन्दर्भ में भी सच है। यह जानी हुई बात है कि डॉ. शर्मा की पहचान एक बड़े साहित्यालोचक और विचारक के रूप में है। किन्तु, यदि उन्हें कवि–हृदय न मिला होता तो 'निराला की साहित्य साधना' सरीखे उनके महाग्रन्थ में

वह सर्जनात्मकता नहीं आ पाती जिसकी वजह से उनका आलोचनात्मक लेखन कविता की व्याख्या की पराकाष्ठा पर पहुँचता है।

दूसरी बात यह कि अमूमन रामविलास जी की छवि एक मार्क्सवादी आलोचक–विचारक की रही है और अनेक सन्दर्भों में उन्हें विचारधारात्मक पूर्वाग्रह से ग्रस्त आलोचक माना जाता रहा है। किन्तु, असलियत उल्टी है। व्यावहारिक आलोचना में उनसे भूलें और ग़लतियाँ हुई होंगी, पर सिद्धान्तः कविता को विचारधारा में घटाकर देखने की मुखालफ़त करते हुए उन्होंने स्पष्ट लिखा है कि "कला की विषयवस्तु न वेदान्तियों का ब्रह्म है, न हेगेल का निरपेक्ष विचार। मनुष्य का इन्द्रियबोध, उसके भाव, विचार, उसका सौन्दर्यबोध कला की विषयवस्तु है।" (आस्था और सौन्दर्य, पृ .31)

डॉ. रामविलास शर्मा के कवि–कर्म को लेकर हिन्दी के पाठकों व आलोचकों के मन में शुरू से ही कई तरह का अन्देशा रहा है और आज भी उनकी आलोचना के मुक़ाबले कविताओं की सर्जनात्मक सार्थकता एवं सामाजिक अभिप्राय व प्रभाव को कम करके आँकने वाले लोगों की कमी न होगी। इन लोगों को ख़ुद रामविलास जी के उस वक़्तव्य का बल भी प्राप्त है, जो 'तार सप्तक' में प्रकाशित है–

"कविता लिखने की ओर मेरी रुचि बराबर रही है लेकिन लिखा है मैंने कम। जो व्यक्ति एक विकासोन्मुख साहित्य की आवश्यकताओं को चीन्ह कर उनके अनुरूप गद्य लिखे, वह कवि हो भी कैसे सकता है? मेरे बहुत से लेख साहित्य के अशाश्वत सत्य, वाद–विवादों से पूर्ण हैं। कविता में शाश्वत सत्य की मैंने खोज की हो, यह भी दिल पर हाथ रखकर नहीं कह सकता।...पता नहीं कविता पढ़कर अपरिचित मित्र मेरे बारे में किस तरह की कल्पना करेंगे। मैं उन्हें इस बात का आश्वासन देना चाहता हूँ: जैसे वे मेरी कविताओं के बारे में सीरियस नहीं हैं, वैसे मैं भी नहीं हूँ।....आशा है यह प्रकाशन अन्तिम होगा।"

कभी अपर्याप्त, अनुपयुक्त तथा बेमन से किया प्रतीत होने वाला शब्द–कर्म अक्षर–जगत् में कैसे अपनी एक ख़ास जगह बना लेता है, कैसे वह एक ऐतिहासिक वास्तविकता का व्यंजक या सर्जनात्मक पर्याय हो उठता है, रामविलास शर्मा की कविताएँ इसका प्रत्यक्ष प्रमाण हैं। जिन्हें आज भी रामविलास जी के आलोचना–साहित्य, सामाजिक–सांस्कृतिक एवं भाषाई चिन्तन के बरअक्स उनकी कविताओं को पढ़ना अस्वाभाविक और कमतर

प्रतीत होता है, ऐसे तथाकथित बुद्धिजीवियों की कठिनाइयों के कारण साहित्येतर भी हो सकते हैं। अन्यथा, वे रामविलास जी की कविताओं की समाजशास्त्रीय प्रमाणिकता एवं कलात्मक सौन्दर्यशीलता के साथ–साथ उनमें निहित अर्थव्यंजनाओं को रेखांकित कर पाते, जो प्रगतिशील आन्दोलन के दरम्यान साहित्य–सृजन के क्षेत्र में प्रचलन और प्रयोग से ही नहीं, बल्कि एक ख़ास तरह की ऐतिहासिक परिस्थिति के दबाव के चलते वहाँ मौजूद हैं।

कविता संग्रह के नाम पर डॉक्टर रामविलास शर्मा की कुल दो पुस्तकें प्रकाशित हैं–'रूपतरंग और प्रगतिशील कविता की वैचारिक पृष्ठभूमि' और 'सदियों के सोये जाग उठे'। 'रूपतरंग' अपने मूल रूप में सन् 1956 में प्रकाशित हुआ था और स्पष्ट ही वह हिन्दी में 'नयी कविता' के विकास का दौर था। अपने मौजूदा रूप में 'रूपतरंग' (1990) तीन भागों में विभाजित है। प्रथम भाग में रामविलास जी की कविताएँ, दूसरे भाग में बल्गारिया के विद्रोही कवि निकोला वप्त्सारोव की कविताओं का हिन्दी अनुवाद है और तीसरे भाग में 'प्रगतिशील कविता की वैचारिक पृष्ठभूमि' शीर्षक के अन्तर्गत विनिबन्ध संकलित हैं। वस्तुतः 'प्रगतिशील कविता की वैचारिक पृष्ठभूमि' शीर्षक विनिबन्ध की शुरुआत 'रूपतरंग' के दूसरे संस्करण की भूमिका के तौर पर हुई थी पर सम्भवतः विस्तार की वजह से ऐसे तमाम निबन्धों को पुस्तक के अन्त में संकलित करना पड़ा होगा। 'प्रगतिशील कविता की वैचारिक पृष्ठभूमि' शीर्षक के अन्तर्गत लिखित ये निबन्ध 'रूपतरंग' की भूमिका हों या न हों पर ख़ुद 'रूपतरंग' की कविताएँ रामविलास जी के सम्पूर्ण गद्य लेखन की भूमिका अवश्य हैं। उन्होंने ख़ुद स्वीकार किया है कि 'मेरे समस्त विवेचनात्मक गद्य के भावस्रोत यहीं हैं। जो लोग पूछते हैं, कविता लिखना क्यों छोड़ दिया, उन्हें मैं कह सकता हूँ, अपनी कविता की व्याख्या ही तो करता रहा हूँ।'

रामविलास जी के इस संग्रह की कविताओं का वस्तु–फलक अत्यन्त व्यापक है। इसका एक सिरा यदि अपनी ठेठ स्थानीयता से जुड़ा है तो दूसरा सिरा सम्पूर्ण भारतीय परिवेश तक प्रसरित है। 'तार सप्तक' के अपने वक़्तव्य में उन्होंने लिखा था: 'बचपन गाँव के खेतों में बीता है और वह सम्पर्क कभी नहीं छूटा।...मैं साधारणतः छह घण्टे काम करूँ तो खेतों के बीच में रहकर दस घण्टे कर सकता हूँ। हिन्दुस्तान के जिस गाँव पर भी साँझ की सुनहली धूप पड़ती है, वह अपने गाँव जैसा ही लगता है।'

'रूपतरंग' में यदि एक ओर अवध की ग्रामीण प्रकृति और उसकी संस्कृति को रूपायित करने वाली बहुत–सी कविताएँ हैं तो दूसरी ओर वहाँ 'खजुराहो', 'मातृतीर्थ तिरुच्चिरापल्ली' तथा 'केरलः एक दृश्य' जैसी कविताएँ भी हैं और स्पष्ट ही ऐसी अनेकानेक कविताएँ कवि रामविलास शर्मा की संवेदना के अखिल भारतीय आयाम को सृजन के स्तर पर उद्घाटित करती हैं।

ग़ौरतलब है कि रामविलास जी जब अपनी कविताओं में अवध से लेकर भारतवर्ष के विभिन्न क्षेत्रों की प्राकृतिक सुषमा को रूपायित करते हैं तो उनका कवि एक विलक्षण संवेदनात्मक आग्रह के साथ सम्बद्ध देश और काल से जुड़ा रहता है। 'कृष्णा तट पर विजयवाड़ा' कविता इसका अच्छा उदाहरण है–

'आन्ध्र देश की शस्य–स्यामला
धरती को आप्लावित करती
दक्षिण की गंगा–सी बहती है विराट्
कृष्णा की धारा।
आज नयी आशा से आन्ध्र प्रदेश जागा है
युगों–युगों के पीड़ित जन उठ खड़े हुए हैं।
प्राणों से स्वर फूट पड़े हैं।'

–रूपतरंग, पृ. 80

ऊपर की पंक्तियों में 'छोड़ द्रुमों की मृदु छाया' या 'अहा! ग्राम्य जीवन भी क्या है' वाली किशोर–भावुकता नहीं है। समाज में सदियों से व्यवस्था का नरक भोगने को अभिशप्त दबे–कुचले लोगों के साथ कवि के आत्मीय रिश्ते की झलक यहाँ स्पष्ट है। वस्तुतः 'आन्ध्र देश की शस्य स्यामला धरती' और 'कृष्णा नदी की विराट धारा' से कवि का यह अनन्य अनुराग उसके रोमाण्टिक दृष्टिकोण की तुलना में जनवादी साहित्य–विवेक का परिचायक है, जहाँ बी.टी. रणदिवे के नेतृत्व में उस ज़माने में चलाये जाने वाले जनान्दोलन के प्रति सहानुभूति व्यक्त हुई है।

डॉ. रामविलास शर्मा ने 'नयी कविता और अस्तित्ववाद' में लिखा हैः 'पूँजीवादी व्यवस्था श्रमिक जनता का आर्थिक रूप से ही शोषण नहीं करती, वह उसके सौन्दर्य–बोध को कुण्ठित करती, उसके जीवन को घृणित और कुरूप भी बनाती है। फूलों–फव्वारों से सजे हुए बाग़–बग़ीचे पूँजीपतियों और उनकी रखैलों के लिए हैं, मज़दूरों के लिए गन्दी बस्तियों की तंग कोठरियाँ हैं,

समाजवाद का उद्देश्य शहर और गाँव के भेद मिटाना है, खेतों की हरियाली के बीच स्कूल–अस्पताल कायम करना, वहाँ बिजली की सुविधाएँ पहुँचाना और शहरी बस्तियों की गन्दगी मिटाकर हरे–भरे पार्कों, पेड़ों और फलों से उन्हें सुन्दर बनाना है। जो चेतना मनुष्य की इस प्राकृतिक आवश्यकता को समझती है, वही उसे सामाजिक संघर्ष में भाग लेने की प्रेरणा भी देती है।' इस दृष्टि से 'रूपतरंग' में संगृहीत 'चाँदनी', 'शारदीया', 'प्रत्यूष के पूर्व', 'कतकी', 'डलमऊ की गंगा', 'बैसवाड़ा', 'चिदम्बरम' तथा 'महाबलिपुरम् का समुद्र तट' जैसी कविताएँ अत्यन्त महत्त्वपूर्ण हैं। याद रहे कि जिन्हें पता नहीं है कि पेन्ना, कावेरी, शम्पा व तुंगभद्रा नदियाँ किन इलाक़े से होकर गुज़रती हैं या विजयनगरम, चिदम्बरम व तंजाउर क्यों महत्त्वपूर्ण स्थल हैं, रायलसीमा, त्रावणकोर एवं मालाबार किस प्रान्त में हैं, उनका अबोध 'भारत प्रेम' कितना हास्यास्पद है, यह अलग से बताना ज़रूरी नहीं है।

'तार सप्तक' के दूसरे संस्करण के अपने वक़्तव्य में रामविलास जी कहते हैं: 'मेरा बचपन अवध के गाँवों में बीता। उन संस्कारों के बल पर मैंने वहाँ के प्राकृतिक सौन्दर्य और सामाजिक जीवन पर कुछ कविताएँ लिखीं।' पर, 'रूपतरंग' में ऐसी कई कविताएँ हैं, जिनमें गाँव के प्राकृतिक सौन्दर्य एवं ग्रामीण सामाजिक जीवन के यथार्थ के बीच एक तरह के तनाव की स्थिति दिखाई पड़ती है। उदाहरण के लिए इस संग्रह की 'सिलहार' शीर्षक कविता द्रष्टव्य हैं–

पूरी हुई कटाई अब खलिहान में
पीपल के नीचे है राशि सुची हुई,
दानों भरी पकी बालों वाले बड़े
फूलों पर पूलों के लगे अरम्भ हैं।
बिगही बरहे दीख पड़े अब खेत में,
छोटे–छोटे ठूँठ ठूँठ ही रह गये
अभी दुपहरी में पर, जब आकाश को
चाँदी का–सा पात किये है तप रहा,
छोटा–सा सूरज सिर पर बैसाख का,
काले धब्बों–से बिखरे वे खेत में
फटे अँगोछों में, बच्चे भी साथ ले,
ध्यान लगा सीला चमार हैं बीनते,

खेत कटाई की मज़दूरी इन्हीं ने
जोता बोया सींचा भी था खेत को।

—रूपतरंग, पृ. 37

सन् 1937 में रचित इस कविता में फ़सल कटने के बाद अनाज की ढेरी से भरेपूरे खेतों का सौन्दर्य वर्णित है। पर कविता के अन्त में इन खेतों को जोतने, बोने और सींचनेवाले लोगों को जब हम बतौर पारिश्रमिक खेतों में बिखरे हुए दाने बीनते हुए पाते हैं तो खेत को देखकर पैदा हुआ हमारा सौन्दर्य—बोध एक बेचैन कर देने वाली नाटकीय विडम्बना में परिणत हो जाता है।

कवि केदारनाथ सिंह के शब्दों में 'यहाँ कला की दृष्टि से जो बात हमारा ध्यान आकृष्ट करती है, वह यह कि वह इस पूरे वर्णन में कवि आभास यही दे रहा है कि वह अपनी ओर से जो जैसा है, उसको वैसा—का—वैसा रख लेने के सिवा कुछ नहीं कर रहा है। पर सच्चाई यह है कि वह बहुत महीन ढंग से धीरे—धीरे पाठक को एक ख़ास बिन्दु तक ले जाना चाहता है और इस तरह गहरे स्तर पर उसकी बँधी हुई सौन्दर्य—चेतना को विचलित या आन्दोलित करना चाहता है। रामविलास जी की कल्पना यथार्थ के इर्द—गिर्द घूमती है और उसके साथ एक कलात्मक संगीत की तलाश करती है। इसीलिए उनकी इस तरह की कविताओं में शब्दों और दृश्यों की एक अद्भुत मितव्ययिता है।' 'सिलहार' कविता के बारे में केदार जी की इस टिप्पणी से गुज़रते हुए याद आ सकते हैं आलोचनात्मक समाजशास्त्री लियो लावेंथल, जिनका मानना था कि रचना में कई बार यथार्थ के मुक़ाबले यथार्थ के प्रति रचनाकार का दृष्टिकोण महत्त्वपूर्ण होता है, जिसके चलते किसी रचना से गुज़रते हुए पाठकों का ऐसे विशिष्ट जीवनानुभवों से 'साक्षात्कार' होता है जो वैयक्तिक के साथ—साथ सामाजिक—ऐतिहासिक भी होते हैं। सच तो यह है कि कवि रामविलास शर्मा वस्तुओं, घटनाओं और संस्थाओं के केवल यथार्थ रूप की चिन्ता करने के बजाय उन्हें मानवीय यथार्थ के रूप में ग्रहण करते हैं। इसलिए उनकी कविता में उनकी निजी रचना—दृष्टि एवं अनुभूतियाँ शामिल हैं।

'यथार्थ जगत् और साहित्य' शीर्षक विनिबन्ध में रामविलास शर्मा ने लिखा है; "यथार्थवाद को सीमित अर्थ में लेना अनुचित है। उसमें सामाजिक

समस्याओं के चित्रण के अलावा प्रकृति–चित्रण भी हो सकता है: संघर्ष के चित्रण के अलावा प्रेम के मुक्तक भी लिखे जा सकतें हैं। मनुष्य के सौन्दर्यबोध में जो परिवर्तन होते हैं, वे प्रत्यक्ष रूप में यथार्थ–चित्रण से असम्बद्ध होते हुए भी कम महत्त्वपूर्ण नहीं होते।" प्रसंगवश उनकी एक प्रकृति विषयक कविता द्रष्टव्य है जो अपनी क्लासिकी बनावट व बुनावट के चलते वैदिक ऋचाओं की याद दिलाती है;

'तैर रहे हैं
ललछौहें आकाश में
सिंगाल मछलियों–से
सुरमई बादल।
खिल उठा
अचानक
विंध्य की ढाल पर
अनार–पुष्प–सा
नारंगी सूर्य।
मँडराने लगीं
झूमती फुनगियों पर
धूप की असंख्य तितलियाँ
उतर रही है उतावले डग भरती
नर्मदा घाटी में चुलबुली सुबह।'

प्राकृतिक सौन्दर्य एवं सामाजिक जीवन के कटु यथार्थ के बीच गहरे स्तर पर सर्जनात्मक तनाव को उनकी 'शारदीया' कविता में भी लक्षित किया जा सकता है। इसमें जहाँ एक ओर पश्चिमी क्षितिज पर अपनी स्वर्ण किरणें बिखरते अस्ताचलगामी सूर्य के साथ–साथ भरे ज्वार के पके भुट्टे का बिम्ब है, वहीं दूसरी ओर एक ऐसी ग्राम वधू का चित्र है, 'जिसकी भरी जवानी पक कर झुक गयी' है। वस्तुतः यहाँ कवि की कला–चेतना एवं सामाजिक चेतना के बीच द्वन्द्वात्मक एकमेकता की अभिव्यक्ति मिलती है–

सोना ही सोना छाया आकाश में,
पश्चिम में सोने का सूरज डूबता,
पका रंग कंचन जैसा ताया हुआ,
भरे ज्वार के भुट्टे पककर झुक गये।

'गला–गला' कर हाँक रही गुफना लिए,
दाने चुगती हुई गिलरियों को खड़ी,
सोने से भी निखरा जिसका रंग है,
भरी जवानी जिसकी पककर झुक गयी

रूपतरंग पृ. 31

'भारत में अंग्रेज़ी राज और मार्क्सवाद' नामक दो खण्डों में प्रकाशित अपने महाग्रन्थ में रामविलास शर्मा ने नवजागरण की सामाजिक, सांस्कृतिक बुनियाद की पहचान करते हुए नवजागरण के आगामी सोपानों के राजनीतिक, ऐतिहासिक और आर्थिक पहलुओं को स्पष्ट किया है। इस ग्रन्थ के दूसरे खण्ड की भूमिका में उन्होंने लिखा है कि 'हमारी सांस्कृतिक स्थिति के एक छोर पर करोड़ों आदमियों की निरक्षरता है, दूसरे छोर पर हज़ारों बुद्धिजीवियों पर अमेरिकी संस्कृति का प्रभाव है। क्या संगीत और फिल्में, क्या अर्थशास्त्र और भाषाविज्ञान, मनुष्य को नैतिक पतन और प्रगतिविरोधी मार्ग की ओर ले जाने वाली प्रवृत्तियाँ सब तरफ़ दिखाई देती हैं।' रामविलास जी की कविताओं में भी इस सामाजिक–सांस्कृतिक संकट को अपने तईं अभिव्यक्ति मिली है–

'गहरी निद्रा से सहसा जगने वालों को
बोध हुआ यह तो जीवन की काल रात्रि है।
यज्ञ ध्वंस–सी,
मांस–रक्त की वर्षा होती है धरती पर
अन्धकार के दास हृदय से मना रहे हैं,
यह तीसरा पहर जीवन की कालरात्रि हो।'

कवि के अनुसार इस 'कालरात्रि' की विभीषिका से मुक़ाबला करने के लिए अर्थतन्त्र से लेकर भाषा और संस्कृति तक स्वदेशी को धुरी बनाकर एक शक्तिशाली साम्राज्यविरोधी राष्ट्रीय संयुक्त मोर्चे का निर्माण किया जा सकता है। ऐसा मोर्चा जनवादी क्रान्ति के शेष कर्तव्य पूरे कर सकता है। इस विचार का भावस्रोत 'रूपतरंग' की 'तीसरे पहर' शीर्षक कविता में निहित है, जहाँ यह कविता के कलेवर में इस प्रकार व्यक्त हुआ है–

नहीं मृत्यु की अमा निशा, तीसरा पहर है,
नीड़ों में खगकुल गाता है नयी प्रभाती।
निकट आ रही है क्रमशः प्रभात की वेला।

बुझ जायेगी पीत चाँदनी, अस्थिर आभा;
हरी दूब पर किरणों से मोती चमकेंगे।

—रूपतरंग पृ. 74

इस सन्दर्भ में रामविलास जी की 'डॉलर की संसार यात्रा' कविता भी उल्लेखनीय है—

एक अजूबा देश बना है,
नाम भला अमरीका।
बाहर से तो रंगरंगीला,
भीतर से है फीका।
भीतर से है फीका यारो,
ग़जब और रजधानी।
दुनिया भर की ठगी यहीं पर
और यहीं बेइमानी।
कह अगिया बैताल,
यहाँ सोने का डॉलर राजा।
देस—देस को देख बिचारै,
जल्दी सबको खाजा।।

—सदियों के सोये जाग उठे, पृ. 165

सन् 1956 में जब 'रूपतरंग' प्रकाशित हुआ तो उसमें अगिया बैताल, निरंजन एवं भजनदास जैसे छद्‌मनामों से रचित रामविलास जी की हास्य—व्यंग्यपरक कविताएँ, उद्‌बोधनात्मक कविताएँ तथा अवधी में रचित 'मज़दूर सभा का आल्हा' और 'डाकियों की हड़ताल' जैसी रचनाएँ संगृहीत नहीं थीं, जबकि इसके क़रीब बारह साल पहले 'तार सप्तक' में 'हाथी घोड़ा पालकी, जय कन्हैयालाल की' जैसी उनकी सुपरिचित व्यंग्य कविता प्रशंसित हुई थी। तुलसीदास की शब्दावली में कहें तो कवि रामविलास शर्मा के इस 'संग्रह—त्याग' विवेक को उस ज़माने में साहित्यिकों ने उनके काव्यबोध एवं कविता—सम्बन्धी मान्यता के प्रश्न से जोड़ कर देखते हुए इसे 'कवि रामविलास शर्मा पर आलोचक रामविलास शर्मा की एक अर्थपूर्ण टिप्पणी—एक बेहद ईमानदार और निर्मम टिप्पणी' माना था। सम्भवतः तब 'रूपतरंग' नाम की आत्यन्तिक स्वच्छन्दतावादी अर्थध्वनि से आक्रान्त इन महानुभावों को आचार्य रामचन्द्र शुक्ल का एक कथन भी याद न रहा हो कि 'संसार—सागर की

रूप–तरंगों से ही मनुष्य की कल्पना का निर्माण और इसी की रूपगति से उसके भीतर विविध भावों या मनोविकारों का विधान हुआ है।'

सन् 1988 में रामविलास जी की 1945–47 के बीच रचित राजनीतिक कविताओं का संग्रह जब 'सदियों के सोये जाग उठे' के नाम से छपा तो हिन्दी के अक्षर–जगत् में अग्रणी कहलाने वाले कुछ लोगों में 'रूपतरंग' की कविताओं से अलगाते हुए इसे कवि के दोहरे व्यक्तित्व का सूचक बताया था। इस तरह की फ़तवेबाज़ी पर अपने निराले अन्दाज़ में चुटकी लेते हुए रामविलास जी ने लिखा है कि 'दोहरे व्यक्तित्व की परम्परा बहुत पुरानी, बहुत व्यापक है, अन्तरराष्ट्रीय है। उससे जुड़ने में घाटा नहीं है। मुख्य बात यह है कि विकासशील और पतनशील पक्षों में भेद करना आवश्यक है।' इस सन्दर्भ में उन्होंने भारतेन्दु, निराला एवं शेली की अनेकानेक कविताओं का साक्ष्य भी प्रस्तुत किया है।

सच तो यह है कि 'सदियों के सोये जाग उठे' में संगृहीत रामविलास शर्मा की राजनीतिक कविताओं की अर्थसंवेदना के प्रति उत्सुक साहित्यिकों को कम–से–कम हिन्दी में रचित राजनीतिक कविता की उस परम्परा के मद्देनज़र ही कोई बात कहनी चाहिए जिसमें भारतेन्दु, निराला, दिनकर, केदारनाथ अग्रवाल, नागार्जुन, त्रिलोचन, रघुवीर सहाय, केदारनाथ सिंह जैसे बड़े कवियों की कविताएँ आती हैं। दूसरी बात यह कि रामविलास जी के इस दूसरे संग्रह की कविताओं की सर्जनात्मक बनावट व बुनावट के मद्देनज़र सवाल उठना वाज़िब है कि इस संग्रह की राजनीतिक कविताएँ क्या केवल राजनीतिक वस्तु या सन्दर्भ वाली कविताएँ हैं या वे गहरे अर्थ में जीवनधर्मी कविता का साक्ष्य बन सकने में समर्थ हैं। कहना न होगा कि केवल राजनीतिक सन्दर्भ या वस्तु को आधार बनाकर लिखी गयी तमाम रचनाएँ प्रायः सार्थक राजनीतिक कविता की ऊँचाई प्राप्त नहीं कर पातीं।

इस काव्य–संग्रह में कवि रामविलास शर्मा ने कविता के रूप–विषयक जो कुछ प्रयोग किये हैं उस पर विचार करते हुए बर्तोल्ल ब्रेष्ट और जार्ज लुकाच के बीच हुई एक महत्त्वपूर्ण बहस–'ब्रेष्ट अगेंस्ट लुकाच'–की याद न आये, यह मुमकिन नहीं। 'उपन्यास का सिद्धान्त' पुस्तक में 'रूपों के इतिहास–दर्शन की समस्याएँ' शीर्षक अध्याय के अन्तर्गत लुकाच ने लिखा था कि सामाजिक–ऐतिहासिक परिवर्तन की प्रक्रिया के तहत पैदा हुए यथार्थ के नये रूप को साहित्य–सृजन के क्षेत्र में प्रचलित पुराने रूपों (फॉर्म) के माध्यम से प्रभावकारी एवं सार्थक अभिव्यक्ति प्रदान करना किसी रचनाकार

के लिए प्रायः सम्भव नहीं होता। इस सन्दर्भ में लुकाच विस्तार से बतलाते हैं कि कैसे सामाजिक–ऐतिहासिक परिवर्तन की वजह से उपन्यास कालान्तर में महाकाव्य का स्थानापन्न बन गया। उल्लेखनीय है कि 'उपन्यास' को हेगेल ने 'मध्यवर्ग का महाकाव्य' कहा था और लुकाच ने 'बुर्जुआ एपिक'।

लुकाच से घोर असहमति व्यक्त करते हुए ब्रेष्ट ने साफ़–साफ़ लिखा था कि साहित्य–सृजन की परम्परा साक्षी है कि हर युग में प्रतिभाशाली रचनाकार पुराने फॉर्म में भी नयी अन्तर्वस्तु को सफलता के साथ विन्यस्त करके श्रेष्ठ कलाकृतियाँ रचते रहे हैं और युग परिवर्तन के कारण पुराने काव्यरूपों का भी अन्त हो जाये, यह ज़रूरी नहीं है।

इस मुद्दे पर हिन्दी कविता का परिदृश्य भी ब्रेष्ट की मान्यता की गवाही देता है। हिन्दी में लगभग यह मान लिया गया था कि दोहा छन्द में भक्ति, नीति और शृंगार आदि विषयों पर बड़े कवियों द्वारा अपभ्रंश काल से लेकर रीतिकाल तक इतना अधिक लिखा जा चुका है कि इस छन्द में और कुछ सार्थक लिख पाना लगभग असम्भव है। बावजूद इसके हम सबको मालूम है कि रचनात्मक अभिप्राय और प्रभाव की दृष्टि से नागार्जुन रचित 'शासन की बन्दूक', 'अन्नपचीसी के दोहे' और सन्त–भक्त कवि रैदास के सुप्रसिद्ध भजन 'प्रभु जी! तुम चन्दन हम पानी' की तर्ज़ पर रचित पद किस हद तक नयी अन्तर्वस्तु को पुराने रूप में विन्यस्त करने के बावजूद सार्थक सृजन का प्रमाण प्रस्तुत करते हैं।

प्रसंगवश कवि रामविलास शर्मा द्वारा निराला की सुप्रसिद्ध 'तुम और मैं' कविता की तर्ज़ पर इसी शीर्षक से रचित एक कविता की कुछ पंक्तियाँ देखी जा सकती हैं जिनमें तत्कालीन 'किसान–मज़दूर प्रजा पार्टी' और 'सोशलिस्ट पार्टी' की नेताशाही पर चुटीला व्यंग्य है–

'तुम सत्याग्रह के योग, मैं सुखद वर्ग सहयोग
तुम समझौते की चाह और मैं उसका मधुर वियोग
तुम शान्ति विरोधी वीर, मैं क्रान्ति–विरोध अधीर
तुम गाँधी जी के धनुष और मैं बिड़ला जी का तीर।'

रामविलास शर्मा महज़ काव्य कौतुक के लिए या बौद्धिक या काव्यात्मक अमूर्तन के कलात्मक प्रलोभन के तहत अपनी राजनीतिक कविताओं में 'सिनिकल' दिखने की कोशिश हरगिज नहीं करते। उनमें 'सिनिसिज़्म' को

विद्रोही–चेतना का लगभग पर्याय बना सकने के लिए अपरिहार्य राजनीतिक विवेक के साथ–साथ गहरा नैतिक विक्षोभ भी है। उनके लिए जीवनासक्ति के अर्थ और अभिप्राय क्रान्ति का दमामा पीटने वाले कवियों की तुलना में नितान्त भिन्न हैं। वस्तुतः रामविलास जी की कविताओं में निहित जीवन के प्रति रागसमृद्ध उत्सुकता तथा ट्रैजिक एवं विनोदपूर्ण के बीच सर्जनात्मक सम्बन्ध संसार के दबे–कुचले लोगों के प्रति उनके गहरे तादात्म्य का ही परिणाम है।

अन्ततः 'नयी महाजनी सभ्यता', 'बाज़ारवाद', 'भूमण्डलीकरण' और सूचना तकनीक के विस्फोट के इस तथाकथित उत्तर–आधुनिक युग में हमारे लगातार बनते–बिगड़ते राजनीतिक, आर्थिक, सामाजिक एवं सांस्कृतिक समीकरणों से पैदा हुई 'हाइपर रियलिटी' के मद्देनज़र आज ख़ुद से सवाल पूछना ग़ैर–वाज़िब न होगा कि बीसवीं शताब्दी के तीसरे–चौथे दशक में साम्राज्यविरोधी जन–उभार के मद्देनज़र कवि रामविलास शर्मा ने सदियों के सोये जिन लोगों के जाग उठने की बात की थी तथा आगे चल कर कवि गोरख पाण्डे ने जिन्हें लगातार जागते रहने के लिए सतर्क किया था, वह 'जागरण' आख़िर किसी तार्किक परिणति तक क्यों नहीं पहुँच पाया? प्रश्न यह भी कि 'विश्व बैंक' एवं 'अन्तरराष्ट्रीय मुद्रा कोष' की नीतियों के तहत भारत में आयी तथाकथित विकास की आँधी व गर्दोगुबार से परेशान बड़ी आबादी का भविष्य क्या है और कला–संस्कृति की दुनिया में इस आबादी की आशा–आकांक्षा, सहजता, प्रखरता, नफ़रत, प्यार, साहस, नैतिक संवेदना आदि को अभिव्यक्त करनेवाली रचनाओं का कोई मूल्य है या नहीं?

प्रेमचन्द के बारे में डॉ. रामविलास शर्मा ने लिखा हैः 'उनकी आशा उथली नहीं है। उनके नीचे परिस्थिति की भयंकरता का पूरा ज्ञान है। उन्होंने यथार्थ की निष्ठुरता को तिल–भर भी घटाकर चित्रित नहीं किया। बीसवीं शताब्दी की अमानुषिकता की कठोर कहानी उन्होंने पूरी–पूरी कह दी है।' ऊपर उठाये गये सवालों के मद्देनज़र ऐसा लगता है कि डॉ. रामविलास शर्मा के रचना–संसार से गुज़रे बिना इस 'कठोर कहानी' की पूरी समझ शायद आज भी असम्भव है।

रामविलास शर्मा की आलोचना-दृष्टि

गोपेश्वर सिंह

सुनते हैं कि रूसी भाषा के महान लेखक लेव तोलस्तोय का सम्पूर्ण साहित्य 90 खण्डों में प्रकाशित है। इधर चर्चा है कि रामविलास शर्मा का सम्पूर्ण लेखन 45 खण्डों में प्रकाशित हो रहा है। हिन्दी में इतने अधिक खण्डों में किसी भी लेखक–आलोचक की ग्रन्थावली नहीं है। इतनी विपुल संख्या में लिखा हुआ साहित्य न सिर्फ़ रामविलास जी की लेखकीय प्रतिबद्धता का; बल्कि उनके व्यापक मानवीय–साहित्यिक सरोकार का द्योतक माना जायेगा।

कविता, आलोचना, निबन्ध, जीवनी, आत्मचरित आदि कई विधाओं में रामविलास शर्मा का साहित्यिक लेखन दिखाई देता है। साहित्य के अलावा भाषा विज्ञान, इतिहास, दर्शनशास्त्र, संगीत आदि अन्य अनुशासनों में भी उन्होंने लेखन कार्य किया है। उनके लिखे हुए ग्रन्थों को देखने से पता चलता है कि उनका अध्ययन बहुत व्यापक था। वे बहु–अनुशासनात्मक ज्ञान के धनी लेखक थे। हालाँकि उनके लेखन कार्य को उन अनुशासनों के विद्वान वह महत्त्व नहीं देते जो उन्हें दिया जाना चाहिए। रामविलास शर्मा उनके लिए लिख भी नहीं रहे थे। उनके सामने हिन्दी भाषी जनता थी जिसे शिक्षित करने का काम उन्होंने अपने पूर्ववर्ती कई हिन्दी लेखकों की तरह किया। वे अकादमिक जगत् के विद्वानों के नहीं, हिन्दी भाषी जनता के लेखक थे।

कई विधाओं और कई अनुशासनों में लिखने के बावजूद रामविलास शर्मा की मूल पहचान हिन्दी साहित्य के इतिहासकार–आलोचक की है। उन्होंने हिन्दी साहित्य का इतिहास नाम से कोई पुस्तक नहीं लिखी, लेकिन जो उनका व्यापक आलोचना–कर्म है वह हिन्दी साहित्य के इतिहास की नयी प्रस्तावना प्रस्तुत करता है और रामचन्द्र शुक्ल की इतिहास–दृष्टि को

विस्तृत करते हुए मज़बूती प्रदान करता है। उन्होंने अनेक अवधारणात्मक पद दिये हैं जो हिन्दी साहित्य के इतिहास को देखने का नया आधार प्रदान करते हैं। आज हिन्दी पाठक का अपने साहित्यइतिहास के सम्बन्ध में जो कॉमन सेन्स है, वह बहुत हद तक रामविलास शर्मा का बनाया हुआ है। 'लोक जागरण', 'हिन्दी नवजागरण', 'हिन्दी जाति' आदि पद प्रचलित करने वाले और इन दृष्टियों से हिन्दी साहित्य को देखनेवाले रामविलास शर्मा ने न सिर्फ़ हिन्दी आलोचना साहित्य को समृद्ध किया है, बल्कि हिन्दी साहित्य के इतिहास को नया आधार भी दिया है।

भक्तिकाल से लेकर छायावाद तक साहित्य का जो विस्तृत काल खण्ड है, उसको देखने की व्यापक दृष्टि रामविलास शर्मा ने तैयार की है। इस दृष्टि के निर्माण में 'लोक जागरण' और 'नवजागरण' जैसी दृष्टियों का बड़ा हाथ है। वे भारतेन्दु युग से पहले के साहित्य को 'लोक जागरण' की दृष्टि से देखते हैं तो भारतेन्दु युग से लेकर महावीर प्रसाद द्विवेदी, प्रेमचन्द, रामचन्द्र शुक्ल, 'निराला', 'प्रसाद', माखनलाल चतुर्वेदी, रामवृक्ष 'बेनीपुरी' आदि के साहित्य को नवजागरण के आधार पर देखने की ज़मीन तैयार करते हैं। 'लोक जागरण' और 'नवजागरण' की चेतना से सम्पन्न होकर हिन्दी समाज विकास की दिशा में आगे बढ़ा है और बढ़ेगा, यह आलोचक रामविलास शर्मा की मुख्य चिन्ता है। 'लोक जागरण' के भीतर मूल रूप से सामन्तवाद विरोधी और 'नवजागरण' के भीतर साम्राज्यवाद और पूँजीवाद विरोधी चेतना भरी हुई है। इनके आधार पर शोषण मूलक व्यवस्थाओं को हटाकर समता मूलक समाज निर्मित किया जा सकता है, यह उनकी मूल स्थापना है।

लोक जागरण की चेतना आगे चलकर नवजागरण चेतना में परिवर्तित होती है और उसकी चिन्ताधारा अधिक व्यापक होती है। लोक जागरण का सम्बन्ध मुख्य रूप से भक्ति साहित्य से है, जबकि हिन्दी नवजागरण का सम्बन्ध भारतेन्दु युग और उसके बाद के साहित्य से है। अपनी प्रसिद्ध पुस्तक 'भारतेन्दु हरिश्चन्द्र और हिन्दी नवजागरण की समस्याएँ' में रामविलास जी ने लिखा हैः "भारतेन्दु युग उत्तर भारत में जन जागरण का पहला या प्रारम्भिक दौर नहीं हैः वह जन जागरण की पुरानी परम्परा का एक ख़ास दौर है। जन जागरण की शुरुआत तब होती है जब यहाँ बोलचाल की भाषाओं में साहित्य रचा जाने लगता है, जब यहाँ के विभिन्न प्रदेशों में आधुनिक जातियों का गठन होता है। यह सामन्त विरोधी जन जागरण है।" (पृ. 13) सामन्त विरोधी इस जन जागरण का सम्बन्ध भक्तिकाल से है जिसे रामविलास जी

लोक जागरण कहते हैं। भारतेन्दु युग उसी पुराने जन जागरण का 'एक ख़ास दौर' है। इसके ख़ास होने का सबसे बड़ा कारण यह है कि इसका सम्बन्ध प्लासी युद्ध से शुरू होकर 1857 के व्यापक स्वतन्त्रता संग्राम से है। रामविलास जी के शब्दों में 'यह साम्राज्यवाद विरोधी जन जागरण है। भारतेन्दु युग इस जागरण से जुड़ा हुआ है।' (वही)

कुछ लोग मानते हैं कि 1857 का संघर्ष देशी सामन्तों का अपने स्वार्थ के लिए किया गया संघर्ष था। ऐसे लोग 1857 के संघर्ष को स्वतन्त्रता संग्राम नहीं मानते। ऐसे लोग यह भी मानते हैं कि 'भारतेन्दु युगीन साहित्य की मुख्य धारा अंग्रेज़ी राज के प्रति भक्ति भाव से प्रेरित थी; ऐसे लोगों के लिए 1857 से भारतेन्दु युग को जोड़नेवाला कोई सूत्र हो ही नहीं सकता।' (वही) ऐसे लोगों को जवाब देते हुए रामविलास शर्मा ने अपनी पुस्तक में विस्तार से 1857 के प्रथम स्वतन्त्रता संग्राम का सम्बन्ध नये जन जागरण से जोड़ा है और उसे 'हिन्दी नवजागरण' का नाम दिया है। उनका मानना है कि 1857 की लड़ाई आमजन ने, ख़ास तौर से किसानों ने लड़ी। उस संघर्ष के दौरान विकसित हुई साम्राज्यवाद विरोधी चेतना भारतेन्दु और उस काल के लेखकों के चिन्तन का मुख्य आधार बनी। यही दौर है जब हिन्दी भाषा का जातीय भाषा के रूप में पूर्ण विकास हुआ और हिन्दी जाति का गठन मज़बूत हुआ। इस प्रक्रिया का गहरा सम्बन्ध हिन्दी नवजागरण से है।

भक्तिकाल सम्बन्धी रामचन्द्र शुक्ल की दृष्टि निर्गुण और सगुण जैसी परस्पर विरोधी भक्ति धाराओं के आधार पर बनी है। वे निर्गुण पन्थ और निर्गुण पन्थियों के प्रति किंचित अनुदार हैं। उनके 'लोकमंगल' के दायरे में सगुणपन्थ और तुलसीदास का ही महत्त्व है। रामविलास शर्मा भक्तिकाल के उदय में 'लोक जागरण' की महत्त्वपूर्ण भूमिका मानते हैं जो मूल रूप से सामन्त विरोधी है और जिसकी मूल चेतना प्रेम की है। इसलिए रामविलास शर्मा किसी निर्गुण–सगुण और कबीर–तुलसी सम्बन्धी विवाद में नहीं पड़ते। वे मानते हैं कि भक्ति काव्य की केन्द्रीय धारा प्रेम की है और इस कारण कबीर और तुलसी दोनों 'प्रेममार्गी' कवि हैं। रामविलास शर्मा कबीर और तुलसी को आमने–सामने करके भिड़ंत कराने वाली जो विमर्शजनित आलोचना है उससे इत्तेफाक नहीं रखते। भक्त कवियों में मानव मात्र को जोड़ने वाले एकता के जो सूत्र हैं, उन पर वे ज़ोर देते हैं। एकता के वे सूत्र व्यापक रूप में प्रेम की भावधारा से सिंचित हैं। रामविलास जी के अनुसार भक्ति आन्दोलन के केन्द्र में यही भावधारा सबसे मज़बूत है। उसमें कुछ भिन्नता भी है,

लेकिन उससे अधिक महत्त्वपूर्ण और मज़बूत आधार प्रेम का है, यह भक्ति आन्दोलन की केन्द्रीय चिन्ता धारा है। इसलिए रामविलास शर्मा भक्ति आन्दोलन को निर्गुण–सगुण विभाजनों के ज़रिये समझने वाली इतिहास और आलोचना दृष्टि का विरोध करते हैं और उसकी जगह नया आधार प्रस्तावित करते हैं। वह आधार–'योग बनाम भक्ति' का है। इसी के साथ वे भक्ति आन्दोलन जैसे महान सांस्कृतिक आन्दोलन को 'कनफटे योगियों का मोहताज़' बताई जाने वाली धारणा का विरोध करते हैं।

भारतीय नवजागरण के सन्दर्भ में बंगला नवजागरण, मराठी नवजागरण आदि की चर्चा होती है। यह मानकर चला जाता है कि हिन्दी प्रदेशों में नवजागरण की जो छिटपुट चेतना आयी, वह बंगाल से होकर आयी और वह उसकी शाखा मात्र है। यह धारणा व्यापक स्तर पर फैली हुई थी। रामविलास शर्मा ने उसका प्रत्याख्यान किया और 'हिन्दी नवजागरण' जैसी अवधारणा की बात की। इस हिन्दी नवजागरण का सम्बन्ध उन्होंने 1857 के 'प्रथम स्वतन्त्रता संग्राम' से जोड़ा और हिन्दी की आधुनिक मनीषा को स्वतन्त्र पहचान दी। रामविलास शर्मा का मानना है कि 1857 का 'प्रथम स्वतन्त्रता संग्राम' मुख्य रूप से हिन्दी प्रदेशों की जनता ने लड़ा, जिसमें साम्राज्यवाद विरोधी और सामन्तवाद विरोधी चेतना सक्रिय रूप से काम कर रही थी। इस चेतना के आलोक में ही हिन्दी नवजागरण का विकास हुआ और भारतेन्दु हरिश्चन्द्र इसी हिन्दी नवजागरण के अग्रदूत थे। अपने प्रिय कवि सूर्यकान्त त्रिपाठी निराला के बारे में रामविलास शर्मा का कथन है: "जैसे 1857 का कोई वीर सेनानी युद्ध छोड़कर साहित्य के मैदान में चला आया हो।" इस पर टिप्पणी करते हुए नामवर सिंह ने लिखा है; "ज़्यादा सही है कि यह वीर सेनानी रामविलास शर्मा स्वयं हैं। योद्धा के रूप में उनकी ख्याति तो है ही, विशेष रूप से उल्लेखनीय है 57 के स्वाधीनता संग्राम से उनका गहरा लगाव। सन् 57 जैसे उनके समस्त चिन्तन की धुरी है और है उनके वैचारिक संघर्ष का बीज भाव।" (केवल जलती मशाल, संकलित निबन्ध, पृ. 194) अपने वैचारिक संघर्ष के इस बीज भाव को लेकर रामविलास शर्मा ने महावीर प्रसाद द्विवेदी, प्रेमचन्द, रामचन्द्र शुक्ल, 'प्रसाद', 'निराला', माखनलाल चतुर्वेदी, रामवृक्ष 'बेनीपुरी' आदि का मूल्यांकन किया है। महावीर प्रसाद द्विवेदी और प्रेमचन्द तक आकर सामन्तवाद और साम्राज्यवाद विरोधी जो हिन्दी नवजागरण की चेतना है, उसमें वर्ग दृष्टि का समावेश होता है और पूँजीवाद का विरोध भी उसमें शामिल हो जाता है। रामविलास शर्मा के सम्पूर्ण लेखन में यह चेतना काम करती है।

रामविलास शर्मा मार्क्सवादी हैं। जीवन और जगत् को देखने का उनका नज़रिया भौतिकवादी है। वे अपने सम्पूर्ण लेखन के ज़रिये भौतिकवाद को प्रतिष्ठित करते हैं, भारतीय वाङ्मय में भौतिकवादी चिन्तन और साहित्य की परम्परा को रेखांकित करते हुए वे भाववाद को ख़ारिज करते हैं। वे किसी भी धार्मिक, आध्यात्मिक और दैवी शक्ति में भरोसा नहीं करते और भौतिकवादी दृष्टि से साहित्य, समाज और संसार की व्याख्या करते हैं। उनका कथन हैः "वैज्ञानिक भौतिकवाद के अनुसार मनुष्य प्रकृति की उपज है और विचार चेतना मानव–मस्तिष्क की उपज। मस्तिष्कहीन विचार और चेतना का अस्तित्व केवल कल्पना की वस्तु है। भौतिकता से परे चेतना का निवास नहीं है।" (यथार्थ जगत् और साहित्य, 'आस्था और सौन्दर्य', पृ. 15) वे 'गोचर सौन्दर्य' की सत्ता स्वीकार करते हैं। उसमें रूप, रस, गन्ध, स्पर्श आदि की भूमिका को भी स्वीकार करते हैं, जिससे मनुष्य का ऐन्द्रिय बोध निर्मित होता है। इसी ऐन्द्रिय बोध के साथ मनुष्य का भाव जगत् है। रामविलास जी के अनुसार, "भाव जगत् व्यक्ति के मन में ही होता है, किन्तु उसका परिष्कृत और समृद्ध रूप सामाजिक विकास और सामाजिक जीवन में ही सम्भव हुआ है। भाव जगत् का आधार व्यक्तिगत और सामाजिक–दोनों ही कोटि की अनुभूतियाँ हैं। इन दोनों ही कोटि की अनुभूतियों का आधार मनुष्य का सामाजिक जीवन है। यह वस्तुगत आधार होने से ही हम एक–दूसरे के अनुभव को जानते–पहचानते हैं : भिन्नता के होते हुए भी इस वस्तुगत आधार के कारण एक–दूसरे के निकट आते हैं। भारतीय काव्यशास्त्र ने साधारणीकरण के सिद्धान्त द्वारा इस भाव जगत् की सामान्य अनुभूति–भूमि की ओर संकेत किया, यह उसकी बहुत बड़ी विशेषता है।" (सौन्दर्य की वस्तुगत सत्ता और सामाजिक विकास, 'आस्था और सौन्दर्य', पृ. 30)

मार्क्सवाद और भौतिकवाद में गहरी आस्था के कारण रामविलास जी भाववादी दर्शन का विरोध करते हैं और इसी कारण साहित्य में रहस्यवाद का भी। उनका यह भी मानना है कि भाववाद व्यक्तिवादी विचारधारा का उत्स है और भौतिक सचाई की प्रायः अनदेखी करता है। वे लिखते हैंः "व्यक्तिवादी विचारधारा क्षीण होकर निर्जीव, विकृत, अस्वस्थ, यथार्थ–विरोधी रचनाओं की सृष्टि कर रही है। यथार्थवादी विचारधारा मनुष्य के सर्वांगीण विकास के उद्देश्य से ऐसी रचनाएँ करने की ओर प्रवृत्त है जिससे हमारी सामाजिक चेतना प्रखर हो, और हमारी सौन्दर्यबोध की वृत्तियाँ भी सन्तुष्ट हों। आधुनिक हिन्दी साहित्य की मूल धारा भी हमें इसी ओर बढ़ने की प्रेरणा देती है।" (यथार्थ जगत् और साहित्य, 'आस्था और सौन्दर्य', पृ. 25)

भारत जैसे प्राचीन सभ्यता–संस्कृति वाले देश में अपनी परम्परा के मूल्यांकन की समस्या सबसे बड़ी है। बहु धार्मिक, बहु जातीय, बहु भाषीय और बहु सांस्कृतिक समाज के साहित्य की लम्बी परम्परा का मूल्यांकन कठिन काम है। प्रगतिशील आन्दोलन की शुरुआत में परम्परा को देखने की उसकी दृष्टि बहुत संकीर्ण थी। प्राचीन साहित्य और मध्यकालीन साहित्य को लेकर प्रगतिशील आन्दोलन का रवैया नकारात्मक था। उस नकारवादी माहौल के भीतर रामविलास शर्मा ने परम्परा के मूल्यांकन का काम शुरू किया और उसे अंजाम तक पहुँचाया। परम्परा के मूल्यांकन के प्रश्न पर विचार करते हुए रामविलास जी ने लिखाः "...साहित्य की परम्परा का मूल्यांकन करते हुए सबसे पहले हम उस साहित्य का मूल्य निर्धारित करते हैं जो शोषक वर्गों के विरुद्ध श्रमिक जनता के हितों को प्रतिबिम्बित करता है। इसके साथ हम उस साहित्य पर ध्यान देते हैं जिसकी रचना का आधार शोषित जनता का श्रम है, और यह देखने का प्रयत्न करते हैं कि वर्तमान काल में जनता के लिए कहाँ तक उपयोगी है और उसका उपयोग किस तरह हो सकता है। इसके अलावा जो साहित्य सीधे सम्पत्तिशाली वर्गों की देख–रेख में रचा गया है और उसके वर्ग हितों को प्रतिबिम्बित करता है, उसे भी परख कर देखना चाहिए कि यह अभ्युदयशील वर्ग का साहित्य है या ह्रसमान वर्ग का।" (परम्परा का मूल्यांकन, पृ. 10–11)।

प्रगतिशील आन्दोलन के प्रथम घोषणा पत्र में पुराना साहित्य और भक्त कवि 'निस्तेज़' और 'निष्प्राण' बताये गये थे। रामविलास शर्मा ने इस नकारवादी प्रवृत्ति के ख़िलाफ़ संघर्ष किया। उन्होंने कालिदास, भवभूति आदि संस्कृत कवियों के साथ भक्तिकाल के तुलसीदास एवं अन्य कवियों की सकारात्मक व्याख्या की। यही नहीं, ऋग्वेद का भी मूल्यांकन करते हुए उसमें उन्होंने 'श्रम संस्कृति' का महत्त्व प्रतिपादित किया। सम्भवतः रामविलास शर्मा के परम्परा सम्बन्धी मूल्यांकन को ही ध्यान में रखते हुए प्रगतिवाद की आलोचना करने वाले आलोचक नलिन विलोचन शर्मा ने लिखाः "...प्रगतिवाद का नेतृत्व दूरदर्शी मनस्वी कर रहे थे और उन्होंने इस धारा को मरुभूमि में जाकर अपने को ख़त्म करने से बचा लिया। प्रगतिवाद की परम्परा हिन्दी के प्राचीन साहित्य से जोड़ी गयी। तुलसीदास भक्तों के या पुराणपन्थी आलोचकों के ही कण्ठहार नहीं रह गये, आज के बुद्धिवादी प्रगतिशील समालोचकों ने भी उनकी महत्ता सादर, साभार स्वीकृत की और छायावाद की भी अपने समय की दृष्टि से सार्थकता मान ली। जो साहित्यिक अपने को आधुनिक कहते थे

किन्तु जिनके पास कोई विशिष्ट ध्येय नहीं था, कला की कोई ख़ास कसौटी नहीं थी, उन्हें यह देखकर आश्चर्य हुआ कि प्रगतिवादियों ने यह कौन–सा रुख़ अख़्तियार कर लिया; जो लोग प्रगतिवाद से बहुत आशा रखते थे, किन्तु उसके वर्तमान रूप से क्षुब्ध हो गये थे, उन्हें इस रूप से सन्तोष हुआ और प्रगतिवाद को प्रतिष्ठित क्षेत्रों में भी प्रश्रय मिला।" (छायावाद और प्रगतिवाद, संकलित निबन्ध, पृ. 37–38) यह सब लिखने के बाद नलिन जी ने जब प्रगतिशील साहित्य को 'हिन्दी की जागरूकता का सन्देश वाहक' कहा तो उनके ध्यान में अवश्य ही रामविलास शर्मा जैसे प्रगतिशील आलोचक थे।

परम्परा के मूल्यांकन की समस्या आयी तो रामविलास शर्मा के सामने प्रश्न यह था कि परम्परा को देखने की दृष्टि क्या हो? उन्होंने लिखा : "...साहित्य की परम्परा का मूल्यांकन करते हुए सबसे पहले हम उस साहित्य का मूल्यांकन निर्धारित करते हैं जो शोषक वर्गों के विरुद्ध श्रमिक जनता के हितों को प्रतिबिम्बित करता है। इसके साथ हम उस साहित्य पर ध्यान देते हैं जिसकी रचना का आधार शोषित जनता का श्रम है।... साहित्य का हर स्तर सम्पत्तिशाली वर्गों के हितों से बन्धा हुआ नहीं रहता।" (परम्परा का मूल्यांकन, पृ. 10–11) यह कहने के साथ ही रामविलास जी ने यह भी कहा: "साहित्य विचारधारा मात्र नहीं है। उसमें मनुष्य का इन्द्रिय–बोध, उसकी भावनाएँ, आन्तरिक प्रेरणाएँ भी व्यंजित होती हैं। साहित्य का यह पक्ष स्थायी होता है।" (वही) अपने इसी सोच के तहत उन्होंने भक्ति साहित्य का मूल्यांकन किया और तुलसीदास को उसका सबसे बड़ा कवि घोषित किया। ऐसा करते हुए उनके ध्यान में तुलसी काव्य के सामन्त विरोधी मूल्य थे, न कि ब्राह्मण और शूद्र के बीच की भेदकारी नीति।

आलोचक के रूप में रामविलास शर्मा का महत्त्व कई कारणों से है। लेकिन उनकी ख्याति का बड़ा आधार छायावाद और निराला सम्बन्धी उनका मूल्यांकन है। छायावाद और निराला के प्रति हिन्दी आलोचना में अच्छी राय नहीं थी। नन्ददुलारे वाजपेयी जैसे आलोचक छायावाद को प्रतिष्ठित करने का आलोचनात्मक संघर्ष कर रहे थे। उस संघर्ष को व्यापकता प्रदान की रामविलास शर्मा ने। निराला, प्रसाद और पन्त की कविताओं को स्वाधीनता आन्दोलन के सन्दर्भ में और साम्राज्यवाद विरोधी चेतना के रूप में प्रतिष्ठित करने का काम उन्होंने व्यापक पैमाने पर किया। तीन खण्डों में '*निराला की साहित्य साधना*' जैसा ग्रन्थ लिखकर उन्होंने न सिर्फ़ निराला को, बल्कि छायावाद को भी सही परिप्रेक्ष्य देने का काम किया। निराला का महत्त्व

स्थापित करते हुए उन्होंने पाँच टुकड़ों में एक कविता लिखी है जो 'तार सप्तक' में संकलित है और जिससे निराला का कालजयी कवि–रूप दिखाई देता है। 'कवि' शीर्षक इस कविता का एक अंश है–

वह सहज विलम्बित मन्थर गति जिसको निहार
गजराज लाज से राह छोड़ दे एक बार;
काले लहराते बाल देव–सा तन विशाल
आर्यों का गर्वोन्नत, प्रशस्त, अविनीत भाल;
झंकृत करती थी जिसकी वाणी में अमोल,
शारदा सरस वीणा के सार्थक सधे बोल;–

'छायावाद साम्राज्य–विरोधी चेतना के निखार का साहित्य है', यह बात रामविलास शर्मा ने व्यापक पैमाने पर प्रमाणित की और निराला के साहित्य का सम्बन्ध 'स्वाधीनता आन्दोलन के नवीन उत्थान' के साथ घोषित किया। कवि निराला का महत्त्व स्थापित करते हुए उन्होंने लिखाः "निराला का सहज स्वर उदात्त है; ओज उनके साहित्य का प्रधान गुण है। उनका माधुर्य अन्य कवियों के माधुर्य से भिन्न है; उनका शोक अन्य कवियों की वेदना से भिन्न है। कोई भी कवि एक ही उदात्त स्तर पर कविता नहीं लिख सकता, न उसे लिखनी चाहिए। निर्माण सौन्दर्य के लिए उसे अनुदात्त या स्वरित स्तरों पर भी रचना करनी चाहिए। निराला एक ही कविता में भिन्न स्तरों पर अपने रचना–कौशल का परिचय देते हैं, अलग–अलग रचनाओं में भी। उनके श्रेष्ठ साहित्य में–भाव चाहे कोमल हों, चाहे कठोर–एक अन्तर्निहित शक्ति का परिचय मिलता है। यह शक्ति स्वाधीनता आन्दोलन के नये उत्थान की थी, यह शक्ति निराला के व्यक्तित्व की थी। दोनों के संयोग से ही निराला की साहित्य साधना पूरी हुई।" (निराला की साहित्य साधना, भाग–2 पृ. 552) निराला सम्बन्धी रामविलास शर्मा के इस मूल्यांकन को देखकर सम्भवतः कवि दिनकर ने कहा था कि भाग्यशाली है वह कवि जिसे रामविलास शर्मा जैसा आलोचक मिला। इस टिप्पणी से रामविलास शर्मा का आलोचकीय महत्त्व प्रकट होता है।

कहा जा सकता है कि रामविलास शर्मा मुख्य रूप से छायावाद के आलोचक हैं। इसे विस्तार देकर यह भी कहा जा सकता है कि वे छायावाद के पूर्व के साहित्य के भी महत्त्वपूर्ण आलोचक हैं। लेकिन प्रयोगवाद, नयी कविता और प्रेमचन्दोत्तर कथा–साहित्य के मूल्यांकन में उनकी आलोचकीय गति और मति शिथिल पड़ने लगती है। वे 'तार सप्तक' के कवियों में शामिल हैं,

बावजूद इसके वे प्रयोगवाद, नयी कविता का महत्त्व ठीक–ठीक नहीं रेखांकित कर पाते हैं। 'नयी कविता और अस्तित्ववाद' नामक उनकी पुस्तक उनके असफल आलोचनात्मक लेखन का सुन्दर उदाहरण है। यथार्थवाद की आलोचनात्मक कसौटी पर साहित्य को जाँचने की उनकी कोशिश इस पुस्तक में आकर असफल हो जाती है। इसी तरह प्रेमचन्द और 'गोदान' की कसौटी पर जब वे फणीश्वरनाथ 'रेणु' और 'मैला आँचल' का मूल्यांकन करते हैं तो उस लेखक और उसकी कृति के साथ न्याय नहीं कर पाते।

'नयी कविता और अस्तित्ववाद' में यथार्थवाद की जिस कसौटी पर वे नयी कविता के कवियों को कसते हैं, वे हैं अज्ञेय, शमशेर, मुक्तिबोध आदि। इनके समानान्तर केदारनाथ अग्रवाल, नागार्जुन आदि को रखते हैं। इस तरह नयी कविता के कवियों के समानान्तर उन कवियों का पक्ष रखते हैं, जो प्रगतिशील आन्दोलन से जुड़े हुए हैं। रामविलास शर्मा की समझ यह है कि नयी कविता पर अस्तित्ववाद का प्रभाव है और हिन्दी की वास्तविक कविता केदारनाथ अग्रवाल, नागार्जुन आदि के माध्यम से परवान चढ़ती है। ये कवि यथार्थवादी हैं और इनकी कविताएँ यथार्थपरक हैं। रामविलास जी का निष्कर्ष है कि अज्ञेय, शमशेर आदि पर न सिर्फ़ अस्तित्ववाद का प्रभाव है; बल्कि उनकी कविताओं में 'नव रहस्यवाद' भी है। उनकी नज़र में मुक्तिबोध पर न सिर्फ़ अस्तित्ववाद का प्रभाव है, बल्कि वे सिजोफ्रेनिक भी हैं और उनका कवि–व्यक्तित्व विभाजित है। वे यह भी कहते हैं कि मुक्तिबोध की प्रसिद्ध कविता 'अँधेरे में' विभाजित व्यक्तित्व की कविता है। रामविलास शर्मा की नज़र में नयी कविता दौर के सबसे बड़े कवि केदारनाथ अग्रवाल हैं। इस दौर की कविता के बारे में अपनी राय स्पष्ट करते हुए वे लिखते हैं; "नयी कविता का उत्थान और प्रसार कई तरह से प्रगतिशील काव्यधारा के इतिहास से जुड़ा हुआ है। प्रगतिशील और प्रगति विरोधी रुझानों के भेद को मिटाने का प्रयत्न तो किया ही गया है, प्रगति विरोधी कविता को भी प्रगतिशील बताकर अनेक बार प्रस्तुत किया गया है। प्रगतिशील कविता की चर्चा में यथार्थवाद पर यथेष्ट ज़ोर न देने के कारण इस कविता के इतिहास को समझने में भूलें होती हैं और अनेक कवियों के योगदान का सही मूल्यांकन नहीं होता।" (नयी कविता और अस्तित्ववाद, पृ. 256) यह कहने के साथ रामविलास शर्मा ने यथार्थवादी काव्यधारा के विकास में निराला का महत्त्व बतलाते हुए केदारनाथ अग्रवाल के योगदान पर विस्तार से लिखा है। उनके अनुसार निराला के बाद सबसे

महत्त्वपूर्ण और बड़े कवि केदारनाथ अग्रवाल हैं। निराला और केदारनाथ अग्रवाल रामविलास शर्मा की दृष्टि में सही राजनीतिक दृष्टि से लिखने वाले कवि हैं। रामविलास जी की स्पष्ट राय है: "ये दोनों कवि हिन्दी कविता में क्रान्तिकारी यथार्थवाद के संस्थापक हैं।" (वही पृ. 279)

यथार्थवाद की साहित्यिक कसौटी पर जो कथाकार रामविलास शर्मा को सबसे उपयुक्त लगता है, वे हैं प्रेमचन्द। उनके अनुसार सामन्तवाद, साम्राज्यवाद और पूँजीवाद–विरोध की सारी शर्तें प्रेमचन्द का साहित्य पूरी करता है। इसलिए प्रेमचन्द को वे 'स्वाधीनता–संग्राम के सैनिक साहित्यकार' के रूप में याद करते हैं। लेकिन यथार्थवाद वाली उनकी साहित्यिक कसौटी 'मैला आँचल' और नये मिज़ाज के उपन्यासों के मूल्यांकन में असफल साबित होती है। प्रगतिशील परम्परा के मूल्यांकन में व्यापक और उदार दृष्टि का परिचय देने वाला आलोचक यथार्थवाद की संकीर्ण गली में फँस जाता है। 'मैला आँचल' का मूल्यांकन करते हुए रामविलास जी ने कहा कि वह प्रेमचन्द की परम्परा का उपन्यास नहीं है। उन्होंने लिखा है: "...'मैला आँचल' में नयी चीज़ है, लोक संस्कृति का वर्णन। लोकगीतों और लोक नृत्यों के वर्णन द्वारा लेखक ने एक अंचल–विशेष की संस्कृति का चित्र अंकित किया है। इसके साथ कथा कहने की उसकी नयी पद्धति है। वह सिनेमा के चित्रों के समान बहुत–से शॉट इकट्ठे कर देता है, ये शॉट एक–दूसरे से कितने विछिन्न हैं, इसका ध्यान नहीं रखता, एक ही अध्याय में तीन–चार बार 'कट' लगाकर पाठक को चौंधिया देता है। नतीजा यह है कि चलचित्र में जो सम्बद्धता होती है, उसका यहाँ अभाव है। उसकी चित्रण–पद्धति यथार्थवाद से अधिक प्रकृतिवाद के निकट है।....'मैला आँचल' का लेखक प्रेमचन्द की परम्परा से दूर जा पड़ा है।" (प्रेमचन्द की परम्परा और आंचलिकता, आस्था और सौन्दर्य, पृ. 97) प्रेमचन्द उनके लिए वो निकष हैं, जिससे परे वे जैनेन्द्र और रेणु समेत बहुतेरे कथाकारों को ख़ारिज कर देते हैं। जैनेन्द्र की गाँधीपन्थी सामाजिकता और उनकी अलग कथाशैली उन्हें यथार्थवादी नहीं लगती, बल्कि प्रतिक्रान्तिकारी लगती है। जैनेन्द्र की समूची उपलब्धि को वे 'देवर भाभीवाद' तक सीमित कर देते हैं। इसी तरह यशपाल के कथा–साहित्य का भी वे मूल्यांकन करते हैं और उसे भी 'चोली जंफर उतार' जैसी संज्ञा से चिह्नित करते हैं। यही आलोचनात्मक व्यवहार उन्होंने राहुल सांकृत्यायन, रांगेय राघव, अमृत राय आदि वामपन्थी लेखकों के साथ भी किया है। उनकी इस तरह की आलोचना को 'कुल्हाड़ी मार' आलोचना की संज्ञा वामपन्थी लेखकों ने ही दी है।

यह सही है कि रामविलास शर्मा ने प्रगतिशील आन्दोलन की प्रारम्भिक संकीर्णता से संघर्ष किया और उसे व्यापक रूप देते हुए हिन्दी साहित्य के लगभग एक हज़ार वर्षों के इतिहास का मूल्यांकन किया। लेकिन उनका यह मूल्यांकन–कार्य अपने से पूर्व के लेखकों और साहित्य का था। अपने समय और बाद के लेखकों के साहित्य का मूल्यांकन करते हुए वे काफ़ी 'सब्जेक्टिव' रहे। कहा जाता है कि वे राजनीतिक सोच के स्तर पर स्टालिनवादी थे और उनके साहित्य चिन्तन पर प्लेखानोव, काडवेल आदि मार्क्सवादी साहित्य चिन्तकों का प्रभाव था, साथ ही यथार्थवाद वाली उनकी कसौटी घिस चुकी थी, जिसका पता उन्हें नहीं था। उन्होंने साहित्य मूल्यांकन के जो निकष बनाये, मसलन 'नवजागरण', 'यथार्थवाद' आदि वे बदलते समय में नाकाफ़ी हो चुके थे। छायावाद और निराला के बाद के साहित्य पर लिखी हुई उनकी आलोचना को इसी सन्दर्भ में देखना चाहिए।

हिन्दी नवजागरण सम्बन्धी उनकी अवधारणा को बाद के वर्षों में चुनौती दी गयी और उसे एक तरह से 'हिन्दू नवजागरण' की संज्ञा दी गयी। उनके हिन्दी नवजागरण सम्बन्धी तर्क को अति व्याप्ति दोष से ग्रसित माना गया और यह कहा गया कि जिसे रामविलास शर्मा 'हिन्दी नवजागरण' कहते हैं, वह सामाजिक नवजागरण नहीं है, वह साहित्यिक नवजागरण भर है। इसे बंगाल और महाराष्ट्र के नवजागरण के समानान्तर नहीं देखा जा सकता। हिन्दी नवजागरण जैसी किसी सचाई से इनकार करते हुए वीर भारत तलवार ने लिखा है: "हिन्दी नवजागरण एक भ्रामक नाम है। कुछ हिन्दी लेखकों द्वारा एक मुहावरे की तरह चलाये गये इस शब्द का, उनकी चर्चाओं से बाहर, कहीं कोई अस्तित्व नहीं। जिसे हिन्दी नवजागरण कहा जाता है, वह दरअसल ब्राह्मो समाज और ख़ासकर आर्य समाज के धार्मिक सुधारों के ख़िलाफ़, उनकी प्रतिक्रिया में हुआ, सनातनी बुद्धिजीवियों का आन्दोलन था जिसमें उस समय के सभी बड़े हिन्दी लेखकों और सम्पादकों ने आगे बढ़कर हिस्सा लिया।....उनके आन्दोलन को नवजागरण कहना धार्मिक–सामाजिक सुधारों वाली भारतीय नवजागरण की धारा से उन्हें गड्डमड्ड कर देना होगा।" (रस्साकशी, पृ. 342)

इन सब आलोचनाओं के बावजूद रामविलास शर्मा की मान्यताएँ अपनी जगह हैं और वे आज भी हिन्दी पाठक का सामान्य बोध बनी हुई हैं।

भाषा, इतिहास और ऋग्वेद के सन्दर्भ में रामविलास शर्मा पर पुनर्विचार

भगवान सिंह

रामविलास जी की प्राचीन इतिहास में रुचि और भाषाविज्ञान में दखल भारत की भाषा समस्या की चिन्ता का क्रमिक विकास है। ऋग्वेद में उनकी रुचि किशोरी दास वाजपेयी की मान्यता से अवगत होने के बाद हुई होगी, क्योंकि वाजपेयी जी संस्कृत–प्राकृत–अपभ्रंश के क्रमिक ह्रास के द्वारा नव्य भारतीय आर्यभाषा (नभाआ) की उत्पत्ति की मान्यता का तार्किक खण्डन तो करते ही हैं, आदि भारतीय आर्यभाषा (आभाआ) जैसी किसी अवधारणा का भी प्रबल प्रतिवाद करते हैं, वे भारत की किसी भी भाषा को बोलने वालों का बाहर से इस देश में आगमन हुआ–इस धारणा का भी निषेध करते हैं। वह सुझाते हैं कि वैदिक भाषा के स्तर तक पहुँचने में प्राकृतों और उनमें रचे गये साहित्य के कई चरणों का विकास हुआ होगा, जिसके बिना कोई भाषा उस ऊँचाई पर नहीं पहुँच सकती। श्री किशोरी दास वाजपेयी ने बहुत स्पष्टता और दृढ़ता से इस धारणा का खण्डन किया है कि हिन्दी की उत्पत्ति संस्कृत से हुई है। 'हिन्दी शब्दानुशासन' के आरम्भ में ही उन्होंने लिखा है, हिन्दी की उत्पत्ति उस संस्कृत भाषा से नहीं है जो कि वेदों में, वाल्मीकि या कालिदास आदि के काव्य ग्रन्थों में हमें उपलब्ध है। ...हिन्दी और संस्कृत में बहुत बड़ी समानता भी है। इसलिए वाजपेयी जी दोनों को "एक ही मूल भाषा की शाखाएँ" मानते हैं, किन्तु शाखाएँ इतनी बड़ी हैं कि "तना कहीं दिखाई नहीं देता, और इतना विस्तार कि कोई सहसा यह समझ नहीं आता कि कहाँ से यह चली हैं,' वाजपेयी जी बोलचाल की भाषा को प्राकृत कहते हैं। वैदिक ऋषियों ने जिस भाषा को परिष्कृत किया अपने जन गृहीत रूप में प्रथम

अवस्था की प्राकृत हुई। 'दूसरी अवस्था की प्राकृतें बहुत कुछ कृत्रिम रूप में हमारे सामने उपस्थित हैं।'

दूसरे शब्दों में कहें तो वह बोलियों को वैदिक और संस्कृत के क्रमिक ह्रास से उत्पन्न न मान कर ऋग्वेद से बहुत अधिक प्राचीन (कई चरण पहले की) मानते हैं। इस तरह संस्कृत बोलियों की पितामही नहीं, उनकी पौत्री सिद्ध होती है। इस पूरे दौर में बोलियाँ दूसरी बोलियों से और संस्कृत, प्राकृत आदि से भी प्रभावित होती रही हैं इसलिए यह पता नहीं चलता कि उनका आदिम रूप क्या था और मध्यवर्ती कालों में उनमें क्या परिवर्तन होते रहे। यह यह वह आधार है जहाँ से रामविलास जी राजनीति, आलोचना आदि की अपेक्षा भाषाशास्त्र, इतिहास और वैदिक अध्ययन में विशेष रुचि लेने लगे। यह मात्र संयोग है कि मेरी नियुक्ति कोलकाता में हिन्दी पर्यवेक्षक के रूप में हुई। मेरा पदीय दायित्व था अधिकारियों और कर्मचारियों को हिन्दी में काम करने को प्रेरित करना। मैंने यह समझने के लिए कि एक प्रौढ़ व्यक्ति को नयी भाषा सीखने में क्या समस्याएँ सामने पेश आती हैं, एक साथ भारत की सभी राज्य–भाषाएँ निजी प्रयत्न से सीखने का निश्चय किया और क्रमशः मेरी रुचि उन विषयों में, लगभग उसी वय में पैदा हुई जब रामविलास जी ने भाषा समस्या पर लखनऊ में अपना वह भाषण दिया था, जिसका विस्तार भाषा और समाज था।

हिन्दी में लिखी होने के कारण, हिन्दी जगत् की अपनी बौद्धिक उदासीनता के कारण, और कुछ दूर तक रामविलास जी की अपनी प्रस्तुति सीमाओं के कारण, *भाषा और समाज* की वैसी चर्चा न हुई जिसका इसे न्यायोचित अधिकार था। इसका उन्हें क्लेश था, पर वह यह भी जानते थे कि, "किसी भी विषय में दृढ़ता से जमी हुई पुरानी मान्यताओं को बदलना आसान नहीं होता। यह बात भाषा विज्ञान पर और अधिक लागू होती है।"

वास्तव में यह बात सही नहीं है। सही यह है कि सत्ता जिसके हाथ में होती है वह प्रचारतन्त्र पर अपने अधिकार के बल पर अपने झूठ को भी वैज्ञानिक सत्य बना कर पेश और प्रचारित करके उसे युग–सत्य बना देता है और उसी प्रचार तन्त्र से सच को झुठलाकर, दबाकर, मिटाने या बदनाम करने का प्रयत्न करता है, अन्यथा बिना किसी आधार के, मात्र एक खयाल के बल पर, विलियम जोंस की उद्भावना को इतने कम समय में पूरे यूरोप का सबसे रोचक विषय न बना दिया गया होता।

रामविलास जी की स्थापनाएँ मुख्यतः सही हैं, पर साथ ही उनमें एक धुन्ध भी है। यह धुन्ध किताबों के जंगल में अपना रास्ता निकालने वाले प्रखर मेधा के लोगों में भी पायी जाती है। अधिसंख्य तो अपनी नज़र तक खो बैठते हैं। इसके अपवाद सुनीति बाबू और सुकुमार सेन भी नहीं हैं। आत्मविश्वास और वस्तुबोध ज़मीनी काम (फील्डवर्क) से पैदा होता है जो रामविलास जी ने कुछ विलम्ब से भारत की समस्त भाषाओं और बोलियों के साथ यूरोप की भाषाओं पर जो सामग्री सुलभ थी उसके सर्वेक्षण के माध्यम से किया जिससे वह तुलनात्मक और ऐतिहासिक भाषाविज्ञान के क्षेत्र में क्रान्तिकारी निष्कर्षों पर पहुँचे। उनकी स्थापनाएँ इतनी कौंध पैदा करने वाली थीं कि देखने वालों की आँखें बन्द हो जायें।

कम–से–कम नामवर जी पर उसका यही प्रभाव पड़ा था। यह कृति एक साथ प्राचीन इतिहास, तुलनात्मक भाषाशास्त्र, भारतीय नृतत्व और समाजशास्त्र की प्रचलित बुनियादी मान्यताओं को ध्वस्त कर रही थी। हमारा यह आकलन कुछ लोगों को अतिरंजना लग सकता है, परन्तु यह मात्र तथ्यकथन है। अपने मन्तव्य को स्पष्ट करने के लिए यह निवेदन ज़रूरी है कि इससे पहले के सभी दावे मात्र कयास के आधार पर किये जाते रहे थे, जिनमें किसी मान्यता का कोई प्रमाण नहीं था, अर्थात कोई मान्यता स्थापना का रूप ले ही नहीं पायी थी फिर भी भेजे में भूसे की तरह भर दी गयी थी, जिससे सोच–विचार के लिए जगह ही न बची थी। उदाहरण के लिए सुनीति कुमार चाटुर्ज्या के निम्न कथन पर ध्यान दें–

"आर्य जन भारोपीय भाषाभाषी अर्ध–यायावर जनों के ही अंग थे, जिन्होंने कम–से–कम ईसा से 3000 ख्रिष्टाब्द पूर्व अपनी विशिष्ट संस्कृति का निर्माण कर लिया था। किन्हीं कारणों से जिनका हमें पता नहीं, मूल भारोपीय–भाषी जनों का विविध वैभाषिक समुदायों (डायलेक्ट ग्रुप्स) में विघटन हो गया और वे नये आवास की तलाश में अपने पैतृक देश को छोड़कर पश्चिम, दक्षिण और पूर्व की ओर चल पड़े। दो हज़ार ख्रिस्ताब्द पूर्व एक समूह जब अलग होकर बिखर गया था और ज़ाहिर है कि वह काकेशस के मार्ग से एशिया माइनर आया था और वहाँ ख्रिस्ताब्द पूर्व 1500 में इसी जत्थे ने प्राचीन नेशियन अथवा हित्ती राष्ट्र का रूप लिया था। हम जो कुछ जानते हैं उसके आधार पर उनका एशिया माइनर की ओर का मार्ग काकेशस से न होकर मोल्दाविया, बल्लाशिया, रोमानिया, और बुल्गारिया तथा थ्रेशिया से होकर भी गुज़रा हो सकता है। ...अपनी अविभाजित अवस्था में वे जिस क्षेत्र में फैले

उसके विषय में बहुत क्षीण अटकलबाज़ियाँ ही हो सकती हैं। ...ऐसा प्रतीत होता है कि बहुत पहले जब आदिम भारोपीय कमोबेश एक ही जन थे, और एक ही भाषा बोलते थे, वह टूट कर कुछ क़बीलों में बँट गये थे, जिन्होंने अपनी विशिष्ट बोलियों का विकास किया। यह अटकल लगाई जा सकती है कि 2000 ख्रिस्ताब्द पूर्व के लगभग कतिपय प्रधान वैभाषिक भेद अस्तित्व में आ चुके थे... । अनुमान लगा सकते हैं एकल आदिम भारोपीय यदि और पहले नहीं तो 2500 ख्रिस्ताब्द पूर्व में ही टूट कर बोलियों में या अपने बहुत पुराने क़बीलों में बँट गये थे। ...भारत में आर्य अर्ध यायावर और अर्ध खेतिहर जनों के रूप में आये थे। ...भारत में आने वाले आर्यों को अपनी धीरे यात्रा में 2200 ख्रिस्ताब्द पूर्व से 1500 ख्रिस्ताब्द पूर्व तक 700 वर्ष लगे थे।"

इस बेतुकी कहानी की कोई ऐसी कड़ी नहीं है जिसकी पुष्टि में कोई प्रमाण दिया गया हो। उनकी पुस्तक में विस्तार से जो तथ्य दिये गये हैं, वे यह सिद्ध करते हैं कि (1) भाषा, संस्कृति और विश्वास के मामले में बाल्ट और स्लाव भारत से अनन्य साम्य रखते हैं; (2) यदि भारोपीय का आदिम रूप यह था तो भारतीय भाषा और संस्कृति आदिम भारोपीय से समानता रखती है और नेशियन या हित्ती इसका परवर्ती रूप है, जिसके प्रभाव में दक्षिणी यूरोप की भाषाओं–ग्रीक, लातिन और जर्मन–ने अपना विशिष्ट चरित्र ग्रहण किया; (3) बाल्ट, स्लाव भाषाएँ सतेम वर्ग में आती हैं, इसलिए सतेम प्राचीनतर है और केंतुम वर्ग नया है; (4) यदि भारोपीय का आदिम रूप संस्कृत के समान था और हित्ती उसका परवर्ती और किंचित बदला हुआ रूप तो हित्ती आभाआ से पुरानी नहीं बाद की भाषा थी और वह लघु एशिया में उन ख़याली रास्तों में से किसी एक से नहीं भारत से, अश्वक्षेत्र पर भारतीय अधिकार और व्यापार के क्रम में पहुँचने वाली भाषा थी; (5) इस विषय में कोई विवाद नहीं कि भारोपीय भाषा अनातोलिया (तुर्किस्तान) में अश्व–व्यापार के चलते पहुँची थी, मूल जन उस क्षेत्र में कहाँ से पहुँचे थे, भारत से या पास के बाल्टो–स्लाव क्षेत्र से? इसका निर्णय दो बातों पर निर्भर था। पहली यह कि किस देश के पास ऐसी संस्कृति थी जो परिवहन की उन्नत प्रविधियों की तलाश में हो, और दूसरी कि भाषा और संस्कृति में समानता रखने वालों की परम्पराएँ क्या कहती थीं? पहली का उत्तर यह कि ऐसी उन्नत सभ्यता पूरे भारोपीय क्षेत्र में केवल भारत में थी; और दूसरी कसौटी पर स्लाविया की परम्परा के अनुसार उनके पूर्वज (वेदवुद) भारत के, कांगदीज या गांगेय प्रदेश से वहाँ पहुँचे थे और वैदिक परम्परा पूरी

दुनिया को सभ्यता के प्रसार के लिए कृत–संकल्प दिखाई देती है–आर्या व्रता विसृजन्तः अधिक्षमि–अतः यह भारतीय भूभाग से होने वाला प्रसार था।

सार यह कि यदि देशी या विदेशी 'विद्वानों के किसी भी दावे की बारीकी से जाँच करें तो हम एक ही निष्कर्ष पर पहुँचते हैं कि उनके दावे ग़लत हैं। पश्चिमी जगत् ने अपने को सर्वोपरि सिद्ध करने के लिए एक साझा नव्य पुराण गढ़ा था जिसके बारे में रामविलास जी ने ठीक ही लिखा है कि यह हमारे पुराणों से अधिक अविश्वसनीय है। इसे उन्होंने वैज्ञानिक सत्य बना कर प्रस्तुत किया और अनेक कारणों से हमारे धुरीण विद्वानों ने भी यथातथ्य स्वीकार कर लिया।

रामविलास जी ने उन साक्ष्यों और दावों की बारीकी से जाँच करने की पद्धति अपनायी, यही उन्हें दूसरे किताबी विद्वानों से अलग करता है। इसके लिए उनमें जो आत्मविश्वास पैदा हुआ उसमें वाजपेयी जी के मत की निर्णायक भूमिका है, पर हम जिस धुन्ध की बात करते हैं वह वाजपेयी जी और सातवलेकर में भी देखी जा सकती है। इसके मूल में है परिप्रेक्ष्य का अभाव और ऐतिहासिक विकास की समझ की कमी।

भाषाविज्ञानी सामान्यतः अपने तुलनात्मक अध्ययनों में व्याकरण को अधिक महत्त्व देते रहे हैं और यह मान कर चलते रहे हैं कि शब्दावली का आदान–प्रदान एक से दूसरी में अधिक आसानी से हो सकता है, जो ग़लत नहीं है, पर रामविलास जी मानते हैं, "भाषा की मुख्य सम्पत्ति है उसका शब्द भण्डार।" अन्तर बल का है। यह भाषा के इतिहास से जुड़ा प्रश्न है जिससे यह तय होता है कि किसी भाषा के निर्माण में किन ज्ञात और अज्ञात बोलियों का योगदान है, किसी मानक भाषा के विकास में किन बोलियों और भाषाओं का योगदान है और उनके सम्पर्क में वह कब और किन परिस्थितियों में आयी थी, जिसका पता व्याकरण और विन्यास से नहीं चल सकता। भाषाओं के सम्बन्ध पर विचार करते हुए सभी भाषा वैज्ञानिकों को इसी का सहारा लेना पड़ता है।

वह आदि भाषा और उससे पैदा होने वाली बोलियों और इस तरह उनकी वंशावली और परिवार की मान्यता को ग़लत मानते हैं, "भाषाविज्ञानियों की धारणा है कि प्रत्येक भाषा परिवार का जन्म किसी आदि भाषा से हुआ है। ...किन्तु जिसे "भाषा" कहते हैं, वह स्वयं सामाजिक विकास की एक निश्चित मंज़िल में ही सुलभ होती है। आदि मानव समाज का साधारण नियम है बोलियों का बिखराव।"

वास्तव में भाषाविज्ञानी अपनी ही एक ग़लती को उसकी तार्किक परिणति पर पहुँचा कर शीर्षासन करते रहे हैं। तुलनात्मक भाषाविज्ञान का आरम्भ संस्कृत से परिचय के साथ हुआ। इसी से लातिन, ग्रीक आदि की समानताएँ लक्ष्य की गयीं। पर साथ ही, इस आधार पर कि संस्कृत जैसी उन्नत भाषा मूलतः किसी बोली से विकसित हुई होगी और वह बोलचाल की भाषा भारत में कहीं नहीं मिलती, उसे भारत से बाहर ईरान में कल्पित करके विलियम जोंस ने संस्कृत ही नहीं संस्कृत भाषियों को भी भारत में घुसपैठिया बना दिया। वह बोली भारत से बाहर न पायी जा सकती थी, न पायी गयी, फिर भी यूरोप की भाषाओं को उस कल्पित बोली से विकसित बताया जाता रहा, और भारत में उजड्ड आर्यों के साथ इस परिष्कृत और विकसित भाषा का प्रवेश दिखाते हुए उसके क्रमिक विघटन से प्राकृत, अपभ्रंश और आधुनिक आर्य भाषाओं की उत्पत्ति दिखाई जाती रही। मूल बोली का पता नहीं पर उसी से यूरोपीय सहित संस्कृत का विकास और भारत में उसी के क्रमिक ह्रास से आधुनिक भारतीय भाषाओं का जन्म सिद्ध किया जाता रहा। इसके लिए अकेले यूरोपीय भाषाविज्ञानी दोषी नहीं थे, "ऐतिहासिक भाषाविज्ञानियों और रूढ़िवादी भारतीय पण्डितों के विचारों में मामूली दिखाऊ अन्तर है। "वास्तव में दोनों की एक ही सामान्य भूमि है कि समस्त आर्य भाषाओं का उद्‌भव और विकास उस आदि आर्य भाषा से हुआ है जो वैदिक भाषा के रूप में उपलब्ध है। ...वैदिक भाषा से भिन्न यहाँ एक या अनेक आर्य भाषाएँ थीं, यह उनके लिए कल्पनातीत है।"

अपने मन्तव्य को स्पष्ट करते हुए वह लिखते हैं, "हिन्दी का विकास समझने के लिए प्राचीन आर्य भाषा के उन रूपों पर ध्यान देना होगा जो न वैदिक भाषा में है, न संस्कृत में।"

उन बोलियों पर हम तभी ध्यान दे सकते हैं जब वे आज भी, कुछ बदले रूप में ही सही, उपलब्ध हों। ये हैं हमारी आधुनिक बोलियाँ जिनके अपने स्थानीय भेद–प्रभेद हैं।

"प्राचीन लिखित भाषाओं की ध्वनि व्यवस्था में अनेक स्रोतों से भिन्न ध्वनि–प्रवृत्तियाँ आकर शामिल हुई है। भाषा की व्यवस्था में परस्पर विरोधी ध्वनि–प्रवृत्तियाँ मिलती हैं। बोलचाल के स्तर पर जहाँ भाषाओं का विवरण प्राप्त किया जाता है, वहाँ ध्वनि–प्रवृत्तियों की विविधता और विकट होती है। प्रत्येक भाषा बोलियों का समुदाय दिखाई देती है, और प्रत्येक बोली के

पचीसों भेद हैं। अतः भाषाओं में ध्वनि परिवर्तन के अटल नियम स्थापित करने के बदले ध्वनि–प्रवृत्तियों को पहचानने का प्रयत्न करना चाहिए।"

रामविलास जी ने भाषा की समस्या को बिखरे हुए आहार–संग्रही दलों के क्रमशः बड़े समूहों और गणों में संगठित होने की प्रक्रिया से जोड़ कर समझने का अधिक तर्कसंगत तरीक़ा निकाला, "किसी भी भाषा परिवार की भाषाओं की परीक्षा कीजिए। आपको अनेक भाषाओं में ही नहीं एक भाषा के अन्तर्गत ही ध्वनि प्रकृति, भाव प्रकृति और मूल शब्द भण्डार के महत्त्वपूर्ण भेद दिखाई देंगे। ...भाषा के बोलने वाले किसी सामाजिक रूप में संगठित होते हैं। पहले जन या क़बीले के रूप में मानव संगठित होते थे। इसके स्मृति रूप में हमारे इतिहास के जनपद हैं। ...समाज का अध्ययन किये बिना सामाजिक सम्पर्क के साधन का अध्ययन भी नहीं हो सकता।

वह इस दुराग्रह की भी आलोचना करते हैं जिसमें भारत को नृतात्विक शून्य के रूप में प्रस्तुत किया जाता रहा है, "ऐतिहासिक भाषाविज्ञान का एक महत्त्वपूर्ण निष्कर्ष यह है कि सभी भारतीय भाषा परिवारों के स्रोत बाहर के हैं, और भारत की अपनी कोई प्राचीन भाषा सम्पदा नहीं है। दूसरा निष्कर्ष यह निकलता है कि ये सभी भाषा परिवार अपनी मूल विशेषताएँ कहीं ऐसे एकान्त स्थान में विकसित कर लेते हैं जहाँ किसी भी दूसरे भाषा परिवार से उनका सम्पर्क नहीं होता।"

जिसका निष्कर्ष यह कि (1) किसी आदिभाषा के विघटन से बोलियाँ नहीं पैदा हुईं, अनगिनत बोलियों में से किन्हीं कारणों से प्रमुख होने के क्रम में जातीयताओं का और उनके आपसी व्यवहार की भाषाओं का उत्थान हुआ; (2) नस्ल और भाषा परिवार की अभिन्नता की अवधारणा ग़लत है, फिर भी परस्पर निकटता रखने वाले भाषा समुदायों या क्षेत्रों की बात की जा सकती है।

रामविलास जी परिवार की अवधारणा को नकारते हुए अपने समर्थन में बोआस का हवाला देते हैं, "ऐतिहासिक भाषाविज्ञान की विश्लेषण पद्धति की आलोचना अमरीकी समाज विज्ञान के प्रवर्तक बोआस ने भी की थी। विशेष रूप से एक ही आदिभाषा से किसी परिवार की अनेक भाषाओं के उत्पन्न होने के सिद्धान्त का उन्होंने खण्डन किया था।"

हमने ऊपर जो अंश उद्धृत किये हैं वे भाषा और समाज की भूमिका से हैं, आगे भी ऐसा ही करेंगे, क्योंकि उनके विचारों को सूत्रबद्ध रूप में उनमें

ही पाया जा सकता है। पुस्तक में वह छोटी से छोटी बात को लेकर इतने विस्तार में, और प्रायः अनावश्यक विस्तार में चले जाते हैं, कि उनके शब्दों में किसी बात को रखना एक चुनौती बन जाता है। उदाहरण के लिए भाषा की ध्वनि–प्रकृति पर विचार करते हुए वह हिन्दी शब्द को भारतीय मूल का सिद्ध करने की ठान लेते हैं, "हिन्दी शब्द कैसे बना इस बारे में मान्यता यह है कि ईरान के लोग सिन्धु या सिन्ध को हिन्द कहते थे और वहाँ के निवासियों को हिन्दू, हिन्दुई कहने लगे। 'स' का उच्चारण करने में उन्हें कुछ कठिनाई होती होगी, इसलिए उन्होंने 'स्' की जगह 'ह्' कहना शुरू किया।" इसके बाद वह फ़ारसी में 'स्' ध्वनि वाले बहुत सारे शब्दों का उल्लेख करते हैं और फिर हिन्दी के फ़ारसी मूल को ग़लत मानते हुए इसकी पड़ताल में जाते हैं भारत की उन सभी बोलियों में स के ह में परिवर्तित प्रयोगों के उदाहरण देते हुए सिद्ध करते हैं, "इसलिए 'स' या अन्य वर्णों के स्थान पर 'ह' का प्रयोग न तो किसी विदेशी भाषा का प्रभाव सूचित करता है, न वह तालव्य ध्वनियों का दन्त्य उच्चारण करने वाली भाषाओं की विशेषता है।"

इस तरह के आग्रह से जो नतीजा वह निकालते हैं वह जब तब ग़लत या भ्रामक होता है। भावावेश की तरह एक ज्ञानावेश भी होता है जिसमें विचारक आत्मविभोर हो कर अनावश्यक विस्तार में चला जाता है। रामविलास जी की यह सबसे बड़ी कमी है। इसमें चूक होने की सम्भावना बढ़ जाती है जिससे अकादमिक साख भी प्रभावित होती है, मूल विषय से ध्यान हट जाता है और पिछले सूत्रों को जोड़ने और तारतम्य बैठाने में कठिनाई आती है। यह सच है कि बहुत प्राचीन अवस्था से भारतीय बोलियों में 'स' 'ह' में बदलता रहा है, सरिद्वार हरिद्वार हो जाता है, एक ही शब्द में 'स' के लिए 'स' और 'ह' दोनों मिल सकते हैं। प्रश्न यह नहीं है कि भारत में या इसके बाहर भी किस बोली या किन बोलियों में 'स' बदल कर 'ह' हो जाता था, अपितु यह कि किन सन्निकर्षी ध्वनियों के प्रभाव से इसको किन ध्वनियों में बदला या किन ध्वनियों की सहायता से उच्चरित किया जाता है। सिन्धु के लिए 'हिन्दु' और सप्तसिन्धु के लिए (हप्त हिन्दु) का प्रयोग अवेस्ता (सैबुईसी, ज़ेन्दावेस्ता, 1, 2) सोम को हौम (हओम), असुर को अहुर, अवेस्ता में मिलता है, यद्यपि अर्दवी सूरा अनाहिता में सूरा का हूरा, सुध्ध (sughdha) का हुध्ध नहीं हुआ है। इस तरह का प्रयत्न रामविलास जी को राष्ट्रवादी मानने वालों को सही ठहराता है। इस चर्चा में उलझने के कारण रामविलास जी उस

जन समुदाय के प्रसार और प्रसारतन्त्र को समझने पर ध्यान नहीं दे पाते जिसकी ध्वनिमाला में स नहीं था और जिसे विविध समुदायों में मिल जाने के बाद भी 'स' का उच्चारण सीखने में इतना लम्बा समय लगा कि इसके वैकल्पिक रूप प्रचलन में आ गये और सकार वाले शब्दों को विस्थापित करने में भी सफल हुए।

भाषा की ध्वनि–प्रकृति का उनका विचार सतही ऊहापोह से आगे नहीं बढ़ पाता और वह अपने ही सिद्धान्त को सही दिशा नहीं दे पाते। इसको कुछ सुलझे रूप में वह (1979) में रखते हैं पर वहाँ भी वह कुछ उलझन में हैं जो पुस्तक के नाम "भारत के प्राचीन भाषा परिवार और हिन्दी" से भी प्रकट है। यदि भाषा परिवार नहीं होता तो नये या पुराने, भारतीय या अभारतीय भाषा परिवार की बात नहीं की जा सकती। यह उनकी समझ से मेल नहीं खाता। इमेनो के "भारत एक भाषाई क्षेत्र" से सहमति जताते हुए वह लिखते हैं, "यह दृष्टिकोण भाषाविज्ञानी को प्रेरित करता है कि वह किसी एक भाषाई परिवार पर ध्यान केन्द्रित न करके पूरे भाषाई क्षेत्र पर ध्यान दें।" पर किताबों और पहले की मान्यताओं के आलोचनात्मक पाठ की विडम्बना यह है कि आप अपने को बाँधने वाली रज्जुओं को पूरी तरह तोड़ नहीं पाते। रामविलास जी आर्य शब्द का अर्थ करने में भी कुछ संशय में रहते हैं। यहाँ हम अपनी समझ के अनुसार आर्य शब्द की व्युत्पत्ति और अर्थ विस्तार देना चाहेंगे।

अर्/हर् जल के प्रभाव से उत्पन्न ध्वनि, अर्थ–(1) ध्वनि विशेष, (2) जल (अर्ण, अर्च, अर्ध, अर्ह), (3) गति, (4) अर्य/आर्य–भ्रमणशील, गतिशील; (5) आदरणीय/पूज्य, (6) श्रेष्ठ, सुरक्षित, परिष्कृत; (7) सेठ, स्वामी; (8) वृद्ध, पद में ऊपर, (गुरु, पति, आदि), 'अर्' ध्वनि का एक दूसरा स्रोत सम्भवतः बीज को छिपाने के लिए नुकीले डंडे से ज़मीन को खरोंचने से उत्पन्न ध्वनि है जिसका विकास चीरने, बेधने, आहत करने, शौर्य और हिंसा की दिशा में हुआ, जिससे एक ओर 'आर्य'–पराक्रमी, बहादुर और दूसरी ओर 'अरि' आहत करने वाला, आदि शब्द निकले।

आर्य शब्द का सिविलाइज्ड (सभ्य) के अर्थ में प्रयोग देशान्तर में जाने वाले भारतीय स्थानीय जनों से अपना अन्तर दिखाने के लिए करते थे, जैसे औपनिवेशिक दौर में अंग्रेज़ सिविल लाइन का करते थे। कालक्रम में इन नामों का प्रयोग पूरे देश या बड़े भूभाग के लिए होने लगा–आर्याना, ईरान,

एरनवीजो, आर्मीनिया होने लगा। सम्भव है वे अपनी बोलचाल की भाषा के लिए भी इसका प्रयोग करते रहे हों। जिस भाषा का प्रसार हुआ वह भी ऐसी ही भाषा थी, ऋग्वेद की साहित्यिक भाषा नहीं। स्वामिवर्ग हो या सेवक अन्य देशों के लोगों की तुलना में सभी अपने को आर्य ही समझते थे।

रामविलास जी भाषा परिवार अवधारणा को स्वीकार नहीं करते। अपने विवेचन में वह भाषा समूह समुदाय और समवाय का प्रयोग करते हैं। परन्तु परिवार का प्रयोग पारस्परिक निकटता रखने वाली भाषाओं के सन्दर्भ में करते प्रतीत होते हैं, न कि पुरानी अवधारणा के अनुसार जो एक मूलीयता (Homogenesis) से सम्बन्ध रखती है, और जो वैज्ञानिक नहीं पौराणिक है– एक आदम या एक मनु से मानवता और उसकी भाषा की उत्पत्ति जुड़ी हुई है। रामविलास जी भाषा को सामाजिक सम्पदा मानते हैं, और कहते हैं, "किसी भाषा परिवार और निर्माण की सुदीर्घ प्रक्रिया है। ...यह अत्यन्त स्वाभाविक है कि अपनी विशेषताओं का विकास करते समय विभिन्न भाषा समुदाय एक–दूसरे के सम्पर्क में आये।"

अच्छा होता कि वे दोनों के अन्तर को समझते और पुरानी शब्दावली से बच पाते, पर अपने पूरे लेखन में वह ऐसा नहीं करते, जिससे पाठक भ्रमित होता है, "आज भी यूरोप में ऐसी भाषाएँ है और इंडोयूरोपीयन परिवार की भाषाएँ हैं, जिनमें क्, त् जैसी तीनों सामान्य ध्वनियाँ नहीं हैं, इनमें दो हैं, एक का अभाव है। ...इसका कारण यह रहा है कि विशिष्ट ध्वनियों के विकास केन्द्र अलग–अलग रहे हैं; उनके परस्पर सम्पर्क से प्राचीन भाषाओं की ध्वनि व्यवस्था निर्मित हुई।" इस तरह स्वतन्त्र भाषाओं को उन्हें ध्वनिकेन्द्रों के रूप में पहचानना और इनके परस्पर सम्पर्क में आने की कल्पना करनी पड़ती है, जब कि तलाश उस तन्त्र या प्रक्रिया की होनी चाहिए जिससे यह सम्भव होता है।

सम्पर्क सूत्र को किसी तन्त्र या क्रिया व्यापार से न जोड़ पाने के कारण उनकी मान्यताओं में धुन्ध सी बनी रह गयी है, "अपने पर्यटनशील जीवन में एक देश के जन दूसरे देश में पहुँचते हैं। इसी प्रकार अनेक *भारतीय या भारतीय सीमान्त के जन यूरोप गये थे*। ये *'आर्य' एक प्रदेश में रहने वाले और एक परिनिष्ठित भाषा बोलने वाले न थे।* वे विभिन्न प्रदेशों में बिखरे हुए थे और मिलीजुली भाषाएँ बोलते थे। *आदि आर्य जन* की भाषा से संस्कृत, ग्रीक, लातिन आदि भाषाएँ उत्पन्न हुई हैं, यह धारणा भ्रान्त सिद्ध होती है।"

रामविलास जी की यह टिप्पणी उनकी कई सीमाओं को प्रकट करती है और अटकलबाजी से आगे नहीं बढ़ पाती। यह भाषा और समाज से ली गयी है इसलिए उन्हें इसका लाभ मिल सकता है कि 1960 तक कुछ मामलों में वह ऊहापोह की स्थिति में थे। बाद में उनके विचारों में परिवर्तन आया होगा। परन्तु इसकी पुष्टि नहीं होती। भारत के प्राचीन भाषा परिवार और हिन्दी के दूसरे (1980) और तीसरे खण्ड (1981) में इसकी गुंजायश न थी। पहले खण्ड 1979 में आयी एक पंक्ति से हम अपनी राय कायम कर सकते हैं, "यह बिल्कुल सम्भव है कि मध्यदेश की आर्य–भाषा में पहले टवर्गीय ध्वनियों का व्यवहार बिल्कुल न होता हो, उसके पूर्व और पश्चिम की कुछ आर्य गण–भाषाओं में इनका व्यवहार यथेष्ट रूप में होता हो। आर्य गण–भाषाओं में जो भाषा संस्कृत नाम से विख्यात हुई, वह मूलतः मध्यदेश की भाषा थी।"

इस कथन से लगता है कि वे इस समय तक भी ऊहापोह की स्थिति से बाहर न आ पाये थे। उनसे असहमति के कई कारण हैं। एक तो वह आर्यगण कल्पना करते हैं, जिसका अर्थ है उनसे आर्य शब्द की व्युत्पत्ति और अर्थविस्तार को समझने में चूक हुई है; दूसरे आर्यगण और उसकी भाषा की बात करते हुए भाषा और नस्ल के समीकरण को नये सिरे से उठाते हैं, जिसका खण्डन पहले हो चुका; तीसरे वह मध्यदेश की भाषा की बात करते हैं, जो उनके अनुसार भी ग़लत है। मध्यदेश में आज भी कौरवी, ब्रज, अवधी और पूरबी या भोजपुरी का भेद है। रामविलास जी मानते हैं कि पहले इन भाषाओं के बहुत सारे आंचलिक रूप थे, फिर मध्यदेश की किसी एक भाषा की बात उनके हिन्दी प्रदेश की अवधारणा का पश्चपदीय समर्थन प्रतीत होता है; और अन्ततः जैसा कि इसके नाम से ही प्रकट है, कहीं की मूल भाषा नहीं थी, इसलिए इस संस्कृतीकरण की प्रक्रिया को समझा जाना चाहिए। अतः यह ज़रूरी हो जाता है कि मैं इन प्रश्नों के बारे में अपने विचार रखूँ:

रामविलास जी मानते हैं, "अपने घुमन्तू जीवन के कारण विभिन्न गणसमाज एक–दूसरे के सम्पर्क में आते हैं। भाषा परिवारों के मूल तत्त्वों का निर्माण गणव्यवस्था की इस पहली मंज़िल में होता है। ...स्वभावतः ये मूल तत्त्व किसी एक क़बीले के नहीं होते, अनेक क़बीलों के होते हैं, उन्हें वे क़बीले अनेक स्रोतों से प्राप्त करते हैं।"

यह सही नहीं लगता कि घुमन्तू जीवन में विविध दलों, कुलों या यूथों के बीच सम्पर्क अधिक गहन था, यद्यपि यह भी सही नहीं है कि परस्पर

सम्पर्क होता ही न था। वे एक ही विशाल क्षेत्र में भ्रमण करते थे, इसका यह अर्थ नहीं कि वे एक–दूसरे से मेल–मिलाप करते हुए बढ़ते थे, न यह कि वे लगातार स्थान बदलते रहते थे। वे आहार की सुलभता के अनुसार किसी एक क्षेत्र में रहते थे और जब अभाव होता था तो उसे छोड़ कर लम्बी यात्रा करके उस क्षेत्र में पहुँचते थे जिसमें उस मौसम में आहार की सुलभता का अनुमान होता था। वे यथासम्भव दूसरों से बचते हुए, अपनी निजता के सभी लक्षणों की रक्षा के लिए चिन्तित रहते थे। सम्पर्क आहार की सुलभता पर निर्भर था। प्रचुर हुआ तो सब का स्वागत, महामिलन, मदनोत्सव, जिसके अवशेष कुम्भ और तीर्थ हैं, और कृच्छ्रता हुई तो मारामार।

गण भारतीय सन्दर्भ में ट्राइब या क़बीला का पर्याय है जिसकी एक वंशधरता या कहें नस्ली पहचान होती है और दूसरों की तुलना में अपनी श्रेष्ठता का बोध होता है। इनमें अधिकांश राक्षसी प्रवृत्ति के–प्रकृति पर निर्भर और इसलिए कृषिकर्म के विरोधी और कृषकों के शत्रु–थे, पर कृषि की सफलता से आकर्षित हो कर, या वनांचलों के संकोच के कारण विवश हो कर समय–समय पर वर्ण समाज में मिलते रहे। इसके कारण विविध वर्णों में–जिसके अपवाद शूद्र और दलित भी नहीं हैं–जातियों, उपजातियों की उत्पत्ति ही न हुई, पारस्परिक विश्वास की कमी के कारण एक ही वर्ण तक में छूत–अछूत की भावना–तीन कनौजिया, तेरह चूल्हा–पैदा हुई।

रामविलास जी आर्यगण और आर्यों की भाषा का प्रयोग कर बैठते हैं पर आर्य सम्बन्ध रक्त से नहीं है, न उनका कोई गण या गण समाज है। भारतीय सामाजिक, भाषाई और सांस्कृतिक विविधता, बाहरी सम्पर्क और प्रसार के विषय में हमारी समझ निम्न प्रकार है–

1. विद्वानों का मत है, कि आदिम मानव का प्रसार पुरानी दुनिया में हो चुका था–शिवालिक, नर्मदाघाटी, जावा, पेकिंग, निएंडरथल के उत्तराधिकारियों का क्या हुआ इसे हम अधूरे रूप में ही जानते हैं। पर उसकी जो भी गति हुई, उसका हमारे समाज, भाषा आदि के चरित्र निर्धारण में कोई स्पष्ट भूमिका दिखाई नहीं देती।

2. होमो सापिएन या प्रबुद्ध मानव का प्रसार अफ्रीका से उस दौर में हुआ (40 हज़ार से लेकर 1,00,000 पहले) जो भी मानें, एक बात तय है कि यह हिमयुग का दौर था, इसलिए अधिक सम्भावना यह जताई जाती है कि समुद्री तट रेखा को पकड़े वह दक्षिण और दक्षिण–पूर्व एशिया में यूरोप और मध्य एशिया की अपेक्षा पहले पहुँचा था। यह समझ से परे है कि साइबेरिया में

महागजों–मैमथ और मैस्टोडन–का शिकार करने वाले हिमयुग से पहले वहाँ कैसे पहुँच गये थे जिन्हें हिमपात से प्राणरक्षा के लिए दक्षिण दिशा–अमेरिका और एशिया दोनों में–पलायन करना पड़ा था। हमें होमोसापिएन के अफ्रीका से बहिर्गमन की मान्यता एक–मूलीयता (Homogenesis) से प्रभावित लगती है।

3. हिमयुग में विश्व में सबसे सुरक्षित और सुविधाजनक शरणस्थल भारत था, इसलिए इसमें विविध दिशाओं से मानव दलों का आगमन हुआ जिनमें हाथी का शिकार करने वाले जन भी थे, जिनका देवता हिमशिखर पर निवास करने वाला महादेव है, महासर्प, महाकच्छप के उपासक भी थे। रोचक है ये सभी धरती को सँभाले हुए हैं–दिग्गज, कच्छप, शेषनाग–पर यह महाजमघट मात्र संकेत है। यदि अमेरिकी आदिम जनों के टोटेमों की भारतीय टोटमीसंज्ञाओं से मिलान करें तो यह वैविध्य एक ही स्रोत से सम्बन्धित लगता है। मध्येशिया से शकों/कशों का आगमन भी उसी भागम भाग के दौर से सम्बन्धित है।

4. इस जमघट के कारण जीविका के साधनों पर जो बोझ पड़ा उसमें भयंकर नर–संहार हुए। वह कपाली और कपालकुंडला जैसे नामों में बचा रह गया है।

5. आदिम अवस्था के घुमन्तू चरण के विषय में हमारी समझ आधा ज्ञान और आधा अनुमान पर टिकी हुई है। सुरक्षा आदि के कारणों से मनुष्य को दूसरे जानवरों की तरह दल बना कर रहना पड़ता था। आहार की उपलब्धता की सीमाओं के कारण दल का आकार अधिक बड़ा नहीं हो सकता था। इनकी गतिशीलता अधिक थी। इनके कारण धरती का ढीला–ढाला बँटवारा विराट अटन क्षेत्रों में हुआ था। भारत तीन अटन क्षेत्रों में विभाजित था जिसकी पहचान पाषाण के हथियारों की समानता के आधार पर की गयी है। पहला, दक्षिणी अटन क्षेत्र, जिसका प्रसार मध्य भारत तक था; दूसरा, उत्तर पश्चिमी भारत जिसका प्रसार मध्य भारत से लेकर कैस्पियन के तट तक था। तीसरा पूर्वी क्षेत्र जो अनुमानतः मध्य बिहार से लेकर दक्षिण पूर्व एशिया तक था। यह अटन न तो नियमित था न सभी जत्थे एक साथ चलते थे। भारत से बाहर छिटफुट दल आते–जाते रहते थे। इन क्षेत्रों के अनगिनत दलों के बीच संस्कृति, भाषा, रुचि आदि सभी में पारस्परिक साझेदारी की कल्पना की जा सकती है, परन्तु यह न भूलना होगा कि जीवन से लेकर भाषा, संस्कृति सभी में अपनी अलग पहचान बचाये रखने की चिन्ता प्रधान थी।

6. यूथ या दल गणसमाज की अवस्था में नहीं थे। यह सामाजिक निर्मिति की बाद की अवस्था है। अपने पुराने कलह से थक कर विविध समुदायों ने धरती का बँटवारा कर लिया और सामान्यतः अपने लघु अटन क्षेत्रों की सीमा में रहने लगे, सीमा लाँघने पर जान पर बन आती थी। गण–व्यवस्था –इसी चरण पर स्थापित हुई।

7. किसी दूरदर्शी दल ने कृषि–आग से वनांचल की सफ़ाई कर अनाज उगाने का प्रयोग आरम्भ किया और आहार संचय की अवस्था, या आसुरी/राक्षसी अवस्था से जुड़े हुए सभी समुदायों ने इसका उग्र विरोध आरम्भ किया जिसके चलते इनका कहीं टिका रहना असम्भव हो गया। वे देश–देशान्तर में भागते फिरे पर खेती से विरत होने को तैयार न थे। इसके परिणाम–स्वरूप भूमध्य सागर तट से ले कर न्यूगिनी तक लगभग एक साथ–जितना समय भोजपुरी के एक फिकरे के अनुसार "खरवा खात पनिया पीयत' इधर–उधर ठाँव खोजते पाँव–प्यादे एक टुकड़ी का लगेगा–कृषिकर्म की गतिविधियाँ इस तरह आरम्भ हो जाती हैं कि यह तय करना कठिन हो जाता है कि आरम्भ हुआ कहाँ से। एक लम्बे समय तक भारत के विषय में जानकारी का अभाव था, और दूसरे क्षेत्रों के विषय में उदासीनता थी, तब सब कुछ यूरोप के निकटतम ही सिद्ध करने के उतावलेपन में तथाकथित उर्वर अर्धचन्द्र Firtile Crescent (जर्मो, जेरिको, नातूफ आदि) का नाम दुहराया जाता था। यह स्वीकार करने में लम्बा समय लगा कि किसानी भारत से आरम्भ हुई (The first farmer was Indian –Jarrige लहुरा देवा के साक्ष्य के बाद)।

8. किसानों के लिए देव और भाभन (>ब्राह्मण दोनों का अर्थ आग लगाने वाला, वन सम्पदा को जलाने वाला) का प्रयोग होता और उनकी बोली के लिए देववाणी का प्रयोग इसी के साथ आरम्भ होता है। देवासुर कलह से हमारा प्राचीन साहित्य भरा हुआ है। देवयुग का पालतू पशु अज या बकरा है। उन्नत खेती के साथ, गोपालन और कृषि में बैलों के उपयोग के साथ मानव युग (देव आज्य प्रिय और मनुष्य गव्य प्रिय) आरम्भ हुआ जो लगभग 5000 ई.पू. प्रतीत होता है। गहन सम्पर्क कृषि (यज्ञ) के स्थापित होने और विस्तार के क्रम में होता है। झूम खेती के दौर में भी प्रकृतिपूजकों के उपद्रव के कारण एक क्षेत्र से दूसरे में भागने की विवशता के कारण तथा भूमि की उर्वरता चुक जाने पर स्वयं वहाँ से हटने के कारण अन्तर–भाषाई सम्पर्क में वृद्धि होती है और कृषि के स्थाई रूप लेने (यज्ञ की स्थापना) के बाद कृषि

सचमुच महाक्रान्ति में बदल जाती है, क्योंकि किसान भले अपनी ज़मीन से बँधे रहे, उनके उत्पाद से आकर्षित, उससे लाभान्वित होने के लिए व्यग्र पर अपने निषेधों (हराम) की सीमा के कारण स्वयं कृषिकर्म से बचने वाले, उन ज़रूरतों को पूरा करने वाली विशेषताओं को विकसित करके उनकी ही सेवा में आगे। सामाजिक, सांस्कृतिक और भाषाई मेलजोल और फिर भी अपनी अस्मिता बचाये रखने की चिन्ता ने जो तैलीयजलरंग बना, उसको यान्त्रिक नियमों से नहीं समझा जा सकता।

9. यह वेद विदित है कि सरस्वती, दृषद्वती और आपया के कछारों को सर्वोत्तम मान कर कहीं से आ कर लोग यहाँ जम गये थे। इससे दो बातें सिद्ध होती हैं। पहली यह कि भाषा, संस्कृति और कृषि का मूल क्षेत्र कौरवी क्षेत्र नहीं था। यह परवर्ती क्षेत्र था। मूल क्षेत्र अन्यत्र था। मूल क्षेत्र अपराजिता या ऐशानी (उत्तरपूर्व) दिशा में था जो मेरी समझ से गंडक का तराई क्षेत्र था। यदि वे नये कृषि क्षेत्र की तलाश में कुरुक्षेत्र में पहुँचे थे तो आबादी बढ़ने के बाद, उस अवस्था में जब "सबै भूमि गोपाल की' थी, उन्हीं में से कुछ अन्य लोग नये और निरापद क्षेत्र की टोह में बाहर भी निकले हो सकते हैं भले उन्हें मनचाहा क्षेत्र न मिला हो। जिंबुतास ने कुर्गान संस्कृति में कृषि विज्ञान लेकर पहुँचने वालों को पहले (1970, इंडोयूरोपिएन ऐंड इंडोयूरोपिएन्स) पूरब की दिशा से आया बताया था, पर बाद में तत्कालीन सूचना के अनुसार ऐसी सम्भावना न देख कर प्रेरणा का स्रोत लघु एशिया की ओर मोड़ दिया था।

रामविलास जी सामाजिक–आर्थिक–प्रक्रिया में बढ़ती साझेदारी और प्रतिलाभ को लेकर उत्पन्न आन्तरिक तनाव और कलह को, एक ही आर्थिक तन्त्र में विविध भाषाभाषियों के सम्मिलित होने, उनकी सम्पर्क भाषा और घरेलू भाषा के प्रचलन की उपेक्षा कर जाते हैं, इसलिए ध्वनिकेन्द्रों के परस्पर सम्पर्क में आने वाले क्षेत्रों के रूप में कल्पित करते हैं, और पूरे भारत को यूरोप में प्रवेश करते दिखाते हैं जिससे मैं सहमत नहीं हो पाता। वह कृषिकर्म के उस प्राचीन यज्ञ और धर्म (तानि धर्माणि प्रथमानि) तथा बाद के कर्मकाण्डीय नक़ल के बीच अन्तर नहीं कर पाते। सातवलेकर जी के अनुवाद से अर्जित ऋग्वेद के ज्ञान की गम्भीर सीमाएँ हैं। इनसे रामविलास जी उबर न पाये थे।

संक्षेप में मेरे अध्ययन की अलग विधि, भिन्न सरोकारों और परिस्थितियों में भारतीय भाषाओं से परिचय, वैदिक साहित्य जो वेदों तक सीमित न रहा, संहिताओं, आरण्यकों, ब्राह्मणों और धर्मशास्त्रों आदि की ओर और साथ ही पुरातत्व के नये उत्खननों से परिचय के कारण मैं रामविलास जी से अनेक मामलों में गम्भीर मतभेद रखता हूँ–पर इससे अपने को सही और उनको ग़लत कहने का अधिकार मुझे न मिल सकता है, न लेना चाहूँगा, आप ध्यान दें तो ये असहमतियाँ इतिहास की समझ से सम्बन्ध रखती हैं, न कि भाषाविज्ञान से। भाषाशास्त्र के क्षेत्र में भी कुछ मामलों में मेरे विचार अलग हैं पर वे भी भाषा के इतिहास (उत्पत्ति और विकास) तथा संस्कृत की निर्माण प्रक्रिया से सम्बन्ध रखते हैं, एक भाषाशास्त्री के रूप में मैं उन्हें अनन्य मानता हूँ क्योंकि उनको पढ़ने के बाद मुझे अपनी कतिपय भूलों को सुधारने का अवसर मिला। शर्मा जी ने मुझसे कुछ न सीखा। भाषाविज्ञान में उनके योगदान को संक्षेप में रखना ज़रूरी है–

1. ऐतिहासिक और तुलनात्मक भाषाविज्ञान का आरम्भ परिनिष्ठित भाषाओं और लिखित साहित्य की तुलना से आरम्भ हुई और इतिहास की खोज 'इनमें कौन नयी है, कौन पुरानी' के वाग्जाल में उलझ कर रह गयी, जब कि सभी मानते थे कि इन भाषाओं का विकास यदि एक मूल से हुआ तो वह सामाजिक व्यवहार की कोई बोली रही होगी। इस मतैक्य के बाद भी आदिभाषा की कल्पना इन सभी भाषाओं की ध्वनियों के वास्तविक और सम्भावित (चवर्गीय, टवर्गीय) ध्वनियों की कल्पना करते हुए तैयार की और इसी आधार पर उसकी धातुओं की कल्पना करते हुए उस कल्पित भाषा की पुनःसर्जना की गयी।

2. यद्यपि वैदिक भाषा से पीछे बोलियों (प्राकृतों), के कई चरणों की बात किशोरी दास वाजपेयी ने की थी, परन्तु वह उनके विचार से कौरवी क्षेत्र था, जिसका क्रमिक साहित्यिक विकास वैदिक में हुआ। रामविलास जी ने वाजपेयी जी से प्रेरित होते हुए भी इसकी पहचान अपने ढंग से की, "वैदिक भाषा से पहले की आर्य–भाषा–विकास–परम्परा पहचानने के लिए मध्यदेश को विवेचन की केन्द्र भूमि बनाना होगा। ...वैदिक भाषा का विकास मध्यदेशीय भाषा या भाषाओं के आधार पर हुआ है। वैदिक भाषा का ध्वनि तन्त्र प्राचीन मध्य देशीय भाषा के ध्वनि तन्त्र से बहुत भिन्न है; बांगरू को छोड़ कर ब्रज से लेकर मैथिली तक हिन्दी जनपदीय भाषाओं का ध्वनि तन्त्र वैदिक भाषा–और संस्कृत–ध्वनितन्त्र की अपेक्षा प्राचीन मध्य देशीय

भाषा के ध्वनि तन्त्र से अधिक मिलता–जुलता है।" जिस आदि बोली की बात अब तक हवा में की जाती थी, उसकी पहचान को रामविलास जी ने एक ठोस दिशा दी।

3. उन्होंने पुस्तकालय की सुविधाओं का सही लाभ उठाते हुए भारत से लेकर यूरोप तक की विविध बोलियों का व्यापक सर्वेक्षण करते हुए यह रेखांकित किया कि घोष–महाप्राण ध्वनियाँ आदिभारोपीय में थीं यह सभी मानते हैं पर इनका केन्द्रीय क्षेत्र भारत में पूर्वी उत्तर प्रदेश और पश्चिमी बिहार है। इससे किसी भी दिशा में भारत में और भारत से बाहर जितना भी बढ़ें सघोष महाप्राणता क्षीण पड़ती जाती है, भले वे आर्य भाषाएँ हों या आर्येतर भाषाएँ। इस तरह पहली पड़ताल को उन्होंने अकाट्य बना दिया और इस पर वह बार–बार लौटते हैं।

4. भाषाविज्ञानियों ने जिस आदिम ध्वनिमाला का सुझाव रखा था उसमें वर्गीय ध्वनियाँ पाणिनीयव्यवस्था के अनुरूप थीं। रामविलास जी ने भाषाओं और बोलियों का, उनके अधिकारी विद्वानों का उल्लेख करते हुए इसे रेखांकित किया कि यह सोचना ग़लत है कि यदि किसी भाषा में किसी वर्ग की कुछ ध्वनियाँ हैं तो उसकी दूसरी ध्वनियाँ भी थीं। इसका एक उदाहरण तो भोजपुरी ही है जिसमें 'ट'–वर्ग की सभी ध्वनियाँ हैं, पर 'ण' नहीं है, और ऐसी भाषाएँ हैं जिनमें 'न' नहीं है ट–वर्ग की दूसरी सभी ध्वनियाँ हैं।

5. रामविलास जी ने यह दावा किया कि भारोपीय परिवार में परिगणित भाषाओं में ध्वनिमाला के ऐसे विभेद हैं कि उनकी कोई समान ध्वनिमाला हो ही नहीं सकती थी। जिन्हें हम प्रधान स्वर–अ, इ/ई, उ/ऊ मानते हैं, वे भी सभी में नहीं हैं, न ही आदि बोली में थीं या हो सकती थीं।

6. रामविलास जी मानते हैं कि तुलनात्मक भाषाविज्ञान ध्वनि तन्त्र के अध्ययन से आगे नहीं बढ़ सका, पर उस सीमा के भीतर भी वह लँगड़ा है, क्योंकि ध्वनि नियम एक सीमा के भीतर ही काम करते हैं, उससे आगे और दूसरे भाषा परिवारों के मामले में वे बेकार हो जाते है, इसलिए ये ध्वनि–प्रवृत्तियाँ हैं।

7. ध्वनि नियमों को आधार बना कर की गयी पुनःसर्जनाएँ बहुलभ्य समानार्थी ध्वनियों पर आधारित हैं जो वास्तविकता से दूर उद्‌भावनाएँ हैं जिनकी सीमित उपयोगिता है।

8. जिन तथ्यों को ध्रुव मान कर भाषाविज्ञान की तकनीकी शब्दावली विकसित की गयी उसके अनुसार आदिभाषा का विवेचन भ्रामक होगा। यह भी एक कारण है कि वह इससे बचते हुए अपनी बात कहते हैं, और पाठकों को भी सचेत करते हैं, "जैसे उद्योग धन्धों की एक टेक्नोलॉजी है, वैसे ही भाषा वैज्ञानिक धन्धे की एक टेक्नोलॉजी है। टेक्नोलॉजी स्वयं विज्ञान नहीं है, वैसे ही भाषाई विवेचन का कौशल भाषाविज्ञान नहीं है। जब भाषाई टेक्नोलॉजी में टेक्निकल शब्दावली की भरमार हो तो उसे विज्ञान समझने के भ्रम से बचना ज़रूरी है।"

9. तुलनात्मक और ऐतिहासिक भाषाविज्ञान भाषा का विज्ञान नहीं, भाषा के साक्ष्यों के आधार पर इतिहास को समझने का विज्ञान है। इस मामले में यह पुरातत्त्व से अधिक भरोसे का, उससे बहुत पीछे तक जाने वाला और अधिक व्यापक क्षेत्र के भौतिक, बौद्धिक और आध्यात्मिक पक्षों पर प्रकाश डालने वाला विज्ञान है। "भारतीय भाषा परिवेश में और साधारण विविधता के बावजूद प्राचीन काल में यहाँ के भाषा परिवार कुछ सामान्य विशेषताओं का विकास कर चुके थे। ये विशेषताएँ केवल आर्य नहीं है, अखिल भारतीय हैं, और वे यूरोप की भाषाओं के विकास को प्रभावित करती हैं। इस प्रक्रिया में आर्य द्रविड़ भाषा समवाय धुरी के समान है। इतर प्राचीन भारतीय भाषा परिवार इसी के चारों ओर गतिशील होते हैं। इंडो–यूरोपियन भाषाओं के निर्माण काल से पहले बृहत्तर भारत में आर्य–द्रविड़ भाषा–धुरी की रचना आरम्भ हो चुकी है।"

इस तरह हम पाते हैं कि वे आधुनिक भाषाविज्ञान की अब तक की सभी मान्यताओं का साधिकार खण्डन करने में समर्थ हैं। यह काम उन्होंने ऐसे विशेषज्ञों के विचारों को रखते हुए किया है, जिनके सही विचारों की ओर भी ध्यान नहीं दिया गया, जो किसी विज्ञान में नहीं होता। यह आरम्भ से अन्त तक पश्चिमी जगत् द्वारा चलाया गया राजनीतिक अभियान रहा है जिसे प्रचार के बल पर जीवित रखा जा रहा था। इसमें किसी समस्या को सुलझाने की आकांक्षा तक का अभाव था। इस सचाई को ऐसे पश्चिमी अध्येता भी स्वीकार नहीं कर सकते थे जो इसकी व्यर्थता को स्वीकार करते थे। इस पर भारतीय भाषावैज्ञानिकों को ध्यान देना चाहिए था, पर न तो तब ध्यान दिया, न रामविलास जी का यह युगान्तकारी अध्ययन आने के चालीस साल बाद तक। उल्टे उन्हें और अपने ही इतिहास को नकारने और झुठलाने के प्रयत्न होते रहे।

यह सच है कि अपने को मार्क्सवादी सिद्ध करने की धुन में इतिहास को समझने में उनसे भी चूक हुई और कुछ चूक यान्त्रिक मार्क्सवाद के कारण हुई जिससे मार्क्स भी न बच सके थे। जिन विषयों के अधिकारी मार्क्स और एंगेल्स नहीं हैं उनमें उनको उद्धृत करना तो मार्क्सवाद कदापि नहीं है। ध्यान इस पर दिया जाना चाहिए कि वे दोनों ज्ञान–विज्ञान के विविध क्षेत्रों की अद्यतन जानकारी रखते थे और उनके आधार पर जो कुछ सही लगता था उसे कहते थे और एक जागरूक मार्क्सवादी को अपने समय की अद्यतन जानकारी को प्रमाण बना कर अपने विचार रखना चाहिए न कि विख्यात कम्युनिस्ट चिन्तकों को, पर यह सावधानी कम्युनिस्ट नहीं बरतते और शर्मा जी इससे बच नहीं पाते पर इस मामले में रामविलास जी के आलोचक उनसे अधिक पिछड़े रहे हैं क्योंकि वे, भाववाद और उपनिवेशवाद के भी शिकार रहे हैं। शिकायत मुझे अवश्य हो सकती है कि सामाजिक सम्पर्क और उसके फलस्वरूप भाषाओं में आने वाले परिवर्तन की दुर्लभ जानकारी रखने के बाद भी वह उन्हें सही सन्दर्भ में रखने में सफल नहीं हुए। इस ओर पहली बार उन्होंने "पश्चिमी एशिया और ऋग्वेद' में ध्यान दिया। मेरी जानकारी में यह पहली पुस्तक है जिसमें शब्दानुक्रमणी दी गयी है जिसका अभाव उनकी दूसरी पुस्तकों की उपयोगिता कम कर देता है। पर इसका एक कारण यह भी है कि यह छात्रों के उपयोग के लिए लिखी गयी थी।

पश्चिमी एशिया और ऋग्वेद

रामविलास जी की इतिहास दृष्टि बहुत उलझी हुई या धुन्धली है और इसका प्रभाव उनके भाषावैज्ञानिक अध्ययनों पर भी पड़ा है। इसकी शिकायत हम भाषा के प्रसंग में भी कर आये हैं। हमारी समझ से यह दोष पुस्तकों से अर्जित बहुज्ञता से आया है। उनको पढ़ने पर ही पता चलता है कि रंगीन रोशनी की धुन्ध की तरह दिशाहीन सूचना संग्रह से ज्ञानान्धकार भी पैदा होता है, जिसमें जानकारी बढ़ने के अनुपात में ही उलझन भी बढ़ती जाती है। ऐसी स्थिति में ज्ञान लेखक के सिरे पर प्रदर्शन और पाठक के सिरे पर बोझ बन कर रह जाता है, दृष्टि नहीं बन पाता, और लेखक अपने प्रशंसकों से भी शिकायत करता है कि वे उसे समझ नहीं पाते, पर इस बात की ओर ध्यान नहीं दे पाता कि वह अपनी बात को सही ढंग से समझा नहीं पा रहा है। यद्यपि पश्चिमी एशिया और ऋग्वेद छात्रों के उपयोग के लिए लिखी गयी पुस्तक है पर यह शिकायत इससे भी बनी रह जाती है।

ऐसा लगता है उनके मन में यह विचार काम कर रहा था कि अब तक सम्बन्धित विषय पर विविध विचारकों ने जो कुछ कहा है उसका एकत्र इस पुस्तक से ज्ञान करा दिया जाय और इस मामले में वह काफ़ी सफल हुए हैं। परन्तु ज़रूरत तो लेखकों का ज्ञान कराने की नहीं, विषय का ज्ञान कराने की थी, जिसमें वह चूक जाते हैं। ऐसा नहीं है कि विषय से सम्बन्धित सूचनाओं की कमी है, उनकी प्रचुरता है, किसी पहलू को छोड़ा भी नहीं गया है, पर वे अनुपात और संगति के अभाव में उलझाती हैं, दृष्टि नहीं दे पातीं।

यह पुस्तक आठ अध्यायों में विभक्त है। पहला अध्याय "भारत पर आर्यों का आक्रमण और पुरातत्त्व" है।

वे मानते हैं "भारत पर आर्यों का 'आक्रमण'–इस मान्यता का जन्म और प्रचार एशिया में साम्राज्यवाद के विस्तार से जुड़ा हुआ है। विस्तार के समय इसका लक्ष्य आर्यों को द्रविड़ों से अलग करना है, ह्रास के समय उत्तर पश्चिमी भारत को शेष भारत से अलग करना है। पाश्चात्त्य पुरातत्त्वज्ञों के राजनीतिक दुराग्रहों और उनके बदलते हुए दृष्टिकोण का विवेचन पहले अध्याय में है।" इसमें कुछ सुधार की ज़रूरत है।

अध्याय का आरम्भ विलियम जोंस की उस प्रसिद्ध उक्ति से है जिसमें उन्होंने संस्कृत को 'ग्रीक से अधिक पूर्ण, लैटिन की अपेक्षा अधिक समृद्ध और दोनों में से किसी की अपेक्षा अधिक सुचारु रूप में परिष्कृत' तो बताया पर साथ ही यह सुझाव भी रखा था कि वे सभी 'एक ही स्रोत से जन्मी हैं, जो स्रोत शायद अब विद्यमान नहीं है।' इन पंक्तियों में आत्ममुग्ध होने के लिए बहुत कुछ है और इन्हें ही दुहरा कर सन्तोष कर लिया जाता है। यही रामविलास जी ने भी किया है, जब कि यह कथन इस प्रस्ताव की भूमिका था कि इस भाषा को केवल ब्राह्मण बोलते हैं, इसलिए ब्राह्मण संस्कृत भाषा के साथ कहीं बाहर से आये होंगे, इसलिए हमारे लिए इसी व्याख्यान की अन्तिम पंक्ति अधिक प्रासंगिक है। यह था भारत में संस्कृत भाषी आर्यों के आगमन का आरम्भ जिसे बाद में आक्रमण का रूप दे दिया गया।

रामविलास जी मानते हैं कि "आरम्भ में यूरोप के विद्वान मानते थे कि उनकी भाषाओं को जन्म देने वाली भाषा का गहरा सम्बन्ध भारत से है।" इस सन्दर्भ में वह मार्क्स को उद्धृत करते हैं, "यह मान्यता मार्क्स के भारत सम्बन्धी एक लेख में भी है। अंग्रेज़ों के प्रभुत्व से भारतीय जनता की मुक्ति की कामना करते हुए उन्होंने 1853 में लिखा था, हम निश्चयपूर्वक, न्यूनाधिक

सुदूर अवधि में, उस महान और दिलचस्प देश को पुनर्जीवित होते देखने की आशा कर सकते हैं जहाँ के सज्जन निवासी, राजकुमार साल्तिकोव (रूसी लेखक) के शब्दों में इटालियन लोगों से अधिक चतुर और कुशल हैं, जिनकी अधीनता भी एक शान्त गरिमा से सन्तुलित रहती है, जिन्होंने अपने सहज आलस्य के बावजूद अंग्रेज़ अफ़सरों को अपनी वीरता से चकित कर दिया है, जिनका देश हमारी भाषाओं, हमारे धर्मों का उद्गम है, और जहाँ प्राचीन जर्मन का स्वरूप जाट में, प्राचीन यूनानी का स्वरूप ब्राह्मण में प्रतिबिम्बित है।"

असलियत यह है कि रंगभेद के उस उग्र दौर में जिसमें 'निगर' सबसे गर्हित अपशब्द था, गोरों के लिए सबसे अपमानजनक था, यह सोचना कि वे भारत के काले लोगों की या तो सन्तान हैं, या उनके अधीन रहे हैं और इसलिए लगभग डेढ़ सौ साल की भीतरी तिलमिलाहट का उपचार तलाशने का संकल्प लेकर सर विलियम जोंस भारत में प्रधान न्यायाधीश बन कर पधारे और इस ग्लानि से उबारने की पूरी योजना उन्होंने अपनी यात्रा के चार महीनों में तैयार कर ली थी और भारत पहुँच कर उसे चरितार्थ करते हुए संस्कृत को ही नहीं संस्कृत बोलने वाले ब्राह्मणों को भी काले लोगों के देश से बाहर कर दिया। एक बार राहत की साँस लेने का बहाना मिला फिर उसके बाद दुबारा किसी ने मुड़ कर भारत का नाम नहीं लिया। वे संस्कृत की महत्ता की बात करते रहे जो जोंस के अनुसार ईरान की भाषा रही हो सकती थी। इसलिए उत्स की दृष्टि से न सही–ईरान, इसकी खोज भारत से बाहर कहीं भी की जा सकती थी, और की जाती रही पर भारत में नहीं। भाषा और साहित्य केवल भारत में उपलब्ध था, इसलिए उनका काम भारत के बिना नहीं चल सकता था, आना भारत ही पड़ता था।

फिर भी पूरा बुद्धिबल लगाने के बाद भी न तो जोंस ईरान में संस्कृत भाषा की जड़ें तलाश कर पाये न ही यूरोप के किसी विद्वान को भरोसा था कि संस्कृत भाषा और संस्कृत भाषी भारत में बाहर से आये हैं। उन्हें भी नहीं, जो इस कहानी को सच बनाने के लिए तुलनात्मक और ऐतिहासिक भाषाविज्ञान के पोथे रच रहे थे, जो मूल भूमि की तलाश में भारत को विचारणीय तक न मानते थे और आज तक इसी प्रयत्न में लगे हुए हैं।

पर इसका दूसरा पक्ष यह है कि वे अन्तर्मन से यह मानने को भी तैयार न थे कि वे भारतीयों की सन्तान हैं, जो सही भी था। इन दो अन्तर्द्वन्द्वों के

बीच भारत से बाहर किसी अज्ञात मूल क्षेत्र में विश्वास उन्हें अधिक रास आता था और इसे सही सिद्ध करने की कोशिश में सभी यूरोपीय देशों के विद्वान लगे हुए थे।

अतः मूल समस्या रंगभेद और ईसाइयत के वर्चस्व की थी, जिस पर पूरा यूरोप एकमत था। अंग्रेज़ों ने इसे बाँटो और राज करो के रोमन सिद्धान्त के रूप में पेश किया। याद रहे कि भारतीय बुद्धिजीवियों (ब्राह्मणों) को इसका कायल बनाने के लिए कुछ प्रोत्साहनों, प्रलोभनों और उपाधियों का प्रस्ताव भी विलियम जोंस ने ही रखा था। एक बार इसे स्वीकार्य बना लेने के बाद आन्तरिक विभेद पैदा करने के लिए इसको एक औज़ार के रूप में लाया जाने लगा जिसे रामविलास जी ने रेखांकित भी किया है। पर मार्क्स के जिस कथन को उन्होंने उद्धृत किया है वह न तो सही लगता है न ही मार्क्स के इस विषय पर विचार का कोई महत्त्व था। मार्क्स स्वयं भी जेम्स मिल के गहरे प्रभाव में थे जिसने प्राच्य निरंकुशता का सिद्धान्त गढ़ा था और यह दावा करता था कि विश्व का सारा ज्ञान–विज्ञान पश्चिम में पैदा हुआ और पूर्व की ओर फैला है।

रामविलास जी ने मार्क्स की जिस टिप्पणी का हवाला दिया है उसमें मुझे स्मृतिदोष लगा। मेरे पास 'दि फर्स्ट इंडियन वार ऑफ़ इंडिपेंडेंस 1857–1859,' मास्को 1988 की जो प्रति है, उसमें भी 1853 में भारत पर तीन निबन्ध हैं, जो इसके पृ. 12–30 पर प्रकाशित हैं, शर्मा जी की पुस्तक में सन्दर्भ पृ. 37 का है, जबकि पृ. 31 से आगे के लेख 1857 और उसके बाद के हैं। उनमें भी वह अंश नहीं आया है। मैं बहुत उलझन में पड़ गया –रामविलास जी पूरा पैराग्राफ़ अपने मन से गढ़ नहीं सकते थे, और उद्धृत टिप्पणी पाठ में है नहीं।

फिर ध्यान आया कि इसमें इटली और भारत की तुलना तो 1853 में लिखे एक लेख में है और तुलना की तो पाया कि पूरा का पूरा पाठ ही बदला हुआ है। परन्तु लगता है पहले के पाठ में अक्षरों का आकार या तो बड़ा था या प्रस्तावना बहुत लम्बी थी जिसका संक्षेपण कर दिया गया। पहले (सम्भवतः 1951 के संस्करण में, रामविलास जी की ग्रन्थसूची में इसका प्रकाशन वर्ष नहीं है) प्राचीन भारतीय इतिहास के प्रति सदाशयता दिखाते हुए, बहुसंख्यक जनमत को अनुकूलित करने का प्रयत्न चल रहा होगा। 1988 के पाठ में बदले हुए समय और नीति के अनुसार पाठ में बदलाव

कर दिया गया इसलिए इसमें भारतीय अतीत की विकृतियों का चित्रण है। नया पाठ निम्न प्रकार है–

Hindustan is an Italy of Asiatic dimensions, the Himalayas for the Alps, the plains of Bengal for the plains of Lombardy, the Deccan for the Apennines, and the isle of Ceylon for the Island of Sicily. The same rich variety of the products of the soil and the same dismemberment in the political configuration....Yet in a social point of view, Hindustan is not the Italy, but the Ireland of the East. In and this strange combination of Italy and Ireland, of a world of voluptuousness and of a world of owes, is anticipated in the ancient traditions of the religion of Hindustan. That religion is at once a religion of sensualist exuberance, and a religion of self torturing asceticism; a religion of Lingam and of the juggernaut; the religion of the Monk and of the Bayadere.

हम जानते हैं, आपातकाल के दौरान मास्को से भारत का एक इतिहास प्रकाशित हुआ था, जिसमें आपातकाल का महिमागान था पर आपातकाल समाप्त होने और नयी सरकार आने के साथ उसे वापस ले लिया गया। कम्युनिस्ट देशों में छपे मार्क्स के साहित्य से यह तय करना कठिन है कि जो कुछ प्रकाशित किया गया है वह वही है जो मार्क्स ने लिखा था, या नहीं। हमारी जानकारी में मार्क्स भारत के लिए इंडिया का प्रयोग करते हैं, हिन्दुस्तान का नहीं। यदि हम रामविलास जी द्वारा उद्धृत अंश की अन्तिम पंक्ति पर ध्यान दें उससे भी यही सिद्ध होता है कि वह भारत में यूरोप से किसी भी रूप में जनसंख्या के भारत में आगमन की बात मानते हैं अन्यथा जाट जर्मन जैसे न होते, न ही ब्राह्मण यूनानियों जैसे। वे भारत से चल कर जर्मनी और ग्रीस में पहुँचे तो हो नहीं सकते।

आगे वह लिखते हैं "रामप्रसाद चन्द का विचार था कि ऋग्वेद में जिन्हें पणि कहा गया है, वे ही इन नगरों के आदिवासी थे।"

पहली बात यह कि नगरों का आदिवासी कोई न था। नगर अपनी नींव से ही योजनाबद्ध रूप में बसाये गये थे। स्वामी की जगह आदिवासी का प्रयोग करने वाले के विचारों की पड़ताल करने पर दो पन्ने लगाने की जगह पाठक यह जानना चाहेगा कि उनके विषय में आपकी क्या राय है और उसका आधार क्या है।

मार्शल, ह्वीलर, मैकाय के विचार निश्चय ही सीधे उत्खनन से और उसकी व्याख्या और कुव्याख्या से, आक्रमण से और नगर की विशेषताओं

से सम्बन्ध रखते हैं इसलिए इनके ही नहीं उत्खनन और व्याख्या से जुड़े विशेषज्ञों को समुचित विस्तार दिया जाना सर्वथा वांछनीय था और शर्मा जी ने इसमें कोताही नहीं की है।

रामविलास जी ने पुरातत्त्व के क्षेत्र में काम करने वाले या पुरातत्त्व में रुचि रखने वाले और उसके आधार पर भारतीय इतिहास की व्याख्या करने वाले विद्वानों की बारीकी से जाँच करते हुए उनके विचारों को उनके ही शब्दों में रखते हुए उनके अन्तर्विरोधों को और उनके कथन से निकलने वाले सार सत्य को प्रस्तुत करते हुए बड़े आधिकारिक रूप में आर्यों के आक्रमण की निस्सारता को ही प्रमाणित नहीं किया है अपितु हड़प्पा काल से आज तक भारतीय सामाजिक–आर्थिक व्यवहार में निरन्तरता के विविध पक्षों को भी रेखंकित किया है। स्वयं मार्शल ने भी स्वीकार किया था कि मोहेंजोदड़ो और हड़प्पा दोनों का लोप हो जाने के बहुत दिन बाद तक यह सभ्यता सांस लेती रही थी। निसन्देह उसके वैभव के दिन बीत गये थे, तो भी यह मानने के लिए कोई न्याय संगत कारण नहीं है कि लेखन कला जैसी अतिशय महत्त्वपूर्ण कला का व्यवहार समाप्त हो गया होगा।

शर्मा जी ने मैकाय के *फर्दर एक्सकैवेशंस ऐट मोहेंजोदड़ो* में लिखने की दावात, पटरी, मान–बाट, आभूषण, रीति–रिवाज़ सहित दूसरी सभी विशेषताओं को भारत में यथावत प्रयोग में आने के नमूने पेश किये हैं। उन्होंने लैंग्डन, हंटर आदि के इस दावे को भी अपने समर्थन में उद्धृत किया है कि ब्राह्मी लिपि हड़प्पा से सम्बन्ध रखती है, पश्चिमी एशिया में आर्य भाषा के अवशेष भारतीय आर्यों के हैं। व्हीलर द्वारा कल्पित मोहेंजोदड़ो हत्याकाण्ड के प्रसंग में उन्होंने डेल्स और पाकिस्तान के पुरातत्त्व निदेशक एस. खान का हवाला देते हुए, असुरों के दुर्गों को इन्द्र द्वारा ध्वस्त किये जाने की भी बखिया उधेड़ी है। भारत पर आर्यों के आक्रमण के सिद्धान्त के पक्षधरों का मुख्य बल इस बात पर रहा है कि भारत की जलवायु ऐसी है कि यहाँ प्रतिभा का स्फुरण सम्भव नहीं, इसलिए वह इशारों में यह सुझाव देते रहे हैं कि हड़प्पा सभ्यता के प्रेरक यह निर्माता भी बाहर से आये होंगे। ऐसे लोगों को रामविलास जी का या उत्तर अटपटा अवश्य लगेगा परन्तु है सर्वाधिक निकट, कि ऋग्वेद हड़प्पा के लिए ही नहीं मिस्र और सुमेर के लिए भी प्राचीन है। मिस्र से ले कर भारत तक चौथी–तीसरी सहस्राब्दियों ई.पू. में सारा भूखण्ड एक सांस्कृतिक इकाई है। ऐतिहासिक भाषाविज्ञान, पुरातत्त्व, पुराण कथाओं और काव्य ग्रन्थ से इस तथ्य की पुष्टि होती है।"

यद्यपि पहला दावा अर्धसत्य है और दूसरा उन लोगों को रास आने वाला जो हड़प्पा के सांस्कृतिक उपादानों और इसकी स्वविशिष्टता को देखते हुए इशारेबाजी करते रहे हैं पर खुल कर कहने का साहस नहीं कर पाते थे। जहाँ तक साहित्यिक कथाओं का सम्बन्ध है वे लगातार पश्चिमी विवरणों को भारतीय से पुरानी सिद्ध करते रहे हैं इसलिए ऐसी कथाओं के प्रसार की दिशा महत्त्व रखती है, पूरे भूभाग का एक सांस्कृतिक क्षेत्र होना नहीं। रामविलास जी के लिए जो चुनौती थी वह थी इस दावे को प्रमाणित करना कि 'ऋग्वेद मिस्र और सुमेर के लिए भी प्राचीन है।' ऐसा उन्होंने नहीं किया है इसलिए यह कथन असत्य न होते हुए भी मात्र भावोद्गार बन कर रह जाता है। यदि मैं कहूँ कि रामविलास जी को वेद की समझ न थी तो यह पाठकों को क्षुब्ध करेगा, पर उनके लेखन में कहीं उपलब्ध ऋग्वेद से पूर्ववर्ती काल जिसकी रचनाओं से ये कवि परिचित है, पर जिनकी रचनाएँ नहीं हैं, जिनकी तुलना में वे अपनी कविता को नयी कविता कहते हैं। ऋग्वेद में दो चरणों की कविताएँ हैं, सारस्वत चरण का नागर चरण और सैंधव चरण का नागर चरण, परन्तु सारस्वत चरण के भी लेखन के विकास से पहले की रचनाएँ नहीं हैं, उससे पहले से चले आ रहे सभ्यता के निर्माण काल का परिचय इससे नहीं मिलता। ऋग्वेद सारस्वत और सैंधव दोनों चरणों के परिपक्व चरण–विकास नहीं, विस्तार पर तकनीकी रूप में ठहराव के दौर का प्रतिनिधित्व करता है जब कि सुमेर में असुर संस्कृति के अग्रदूत उशना (ओएनेस) वैदिक सभ्यता के निर्माण काल के चरण से तिरछा सम्बन्ध रखते हैं और वे उस अर्थ में न तो वैदिक हैं न आर्य जिस रूप में शर्मा जी उन्हें पेश करना चाहते हैं। जो भी हो यदि ऋग्वेद सुमेर और मिस्र दोनों से पहले पड़ता है तो इस व्यापक परिदृश्य में ही। हड़प्पा वैदिक से अलग नहीं, उसी का परवर्ती रूप है।

हड़प्पा सभ्यता की अपनी प्रकृति के विषय में उनकी अपनी राय दूसरे अध्याय में है जिसका शीर्षक "हड़प्पाः केन्द्रबद्ध राज्य सत्ता और सुनियोजित अर्थतन्त्र" है। इस अध्याय में जिन तथ्यों पर अधिकारी विद्वानों के माध्यम से और अपने वैदिक ज्ञान के आधार पर वह बल देते हैं, वे हैं–

(1) एक विशाल क्षेत्र में समानताएँ, "यह क्षेत्र मकरान तट से काठियावाड़ तक, उत्तर की ओर हिमालय की पहाड़ी पद भूमि तक, विशाल, अव्यवस्थित त्रिकोण–सा फैला हुआ है, जिसकी भुजाएँ 950, 700, और 550 मील लम्बी हैं। यहाँ की भौतिक संस्कृति के फुटकर

उपकरणों में पूरी समानता है।" रामविलास जी का यह कथन पिगाट, प्रीहिस्टोरिक इंडिया (1962) पर आधारित है। वह अपनी पुस्तक उससे तीस साल बाद लिख रहे हैं जिस दौर में हडप्पा सभ्यता का प्रसार क्षेत्र बहुत बदल गया है और जिसमें कुछ लोगों को हड़प्पा सभ्यता की जगह सिन्धु–सरस्वती सभ्यता नाम अधिक सही लगता है। किसी सभ्यता का प्रसार एक तथ्य है और इसके विषय में किसी व्यक्ति के मतामत का कोई अर्थ नहीं। यदि वह स्वयं इसका सीमांकन स्थलों के आधार पर करते तो इतना पुराना नक़्शा पेश न करते, पर उस दशा में उनको अपनी सभी मान्यताओं में कम या अधिक सुधार करना पड़ता।

यहाँ के मृद्भांड, आवास, मुद्राएँ, बाँट–बटखरे, सब किसी मानदण्ड के अनुरूप हैं। पिगॉट को लगता है 'हड़प्पा संस्कृति' पुरातात्विक नामकरण है, इस नाम के पीछे पश्चिमी एशिया का एक बड़े से बड़ा अनाम राज्य छिपा है। हमें छिपे हुए अनाम राज्य को पहेली समझ में नहीं आती, पर रामविलास जी का इसमें केन्द्रबद्ध राज्यसत्ता का दर्शन करना सिरे से ग़लत लगता है।

रामविलास जी पिगॉट के इस प्रस्ताव से सहमत प्रतीत होते हैं। यदि कोई वैदिक साहित्य के आधार पर उन्हें यह याद दिलाये कि उसमें अनेक प्रतिस्पर्धी राजाओं और सामन्तों की बात आती है तो उन्हें इससे कोई समस्या पैदा नहीं होती, क्योंकि वह ऋग्वेद को हड़प्पा सभ्यता से पहले का साहित्य मानते हैं।

(2) "पिगॉट की महत्त्वपूर्ण स्थापना यह है कि कारीगर संघ के उद्योग से भिन्न, पश्चिमी एशिया में प्रथम, वास्तव में संगठित, उद्योग का श्रेय अनुमानतः हमें हड़प्पा सभ्यता को देना चाहिए।" रामविलास जी इसे मान लेते हैं।

(3) तीसरी सहस्राब्दी ईसा पूर्व के संसार में सर्वाधिक विकसित उद्योग। उस समय केवल सुमेर भारत की प्रतिस्पर्धा कर सकता था।

(4) इस और स्वतन्त्र के नियोजक एक ही मानक के अनुरूप ढेरों माल तैयार करते हैं वस्तुओं की विविधता और उनकी ख़ूबसूरती की तरफ़ उनका ध्यान कम जाता है।

(5) हड़प्पाई नगरों के अर्थतन्त्र की एक विशेषता यह थी कि शहर और देहात का उत्पादन योजना के अनुसार संचालित था।

विशाल अन्नागार विचित्र ढंग से रोमन सेना के कलाकारों का पूर्वाभास देते हैं।

(6) रामविलास जी हड़प्पा सभ्यता की विशेषताओं के लिए विस्तार से पिगाट को उद्धृत करते हुए उसके चरित्र को प्रस्तुत करते हैं जिसमें दाँत विद्या और ढलाई का तरीक़ा भी शामिल है। इसके बाद वह नगर योजना पर आते हैं जिसमें श्रमिकों के लिए अलग आवास की व्यवस्था और जो कारख़ाने जैसे प्रतीत होते थे।

(7) हिन्दू घाटी में नियोजित नगर निर्माण की शुरुआत हुई यह मानना चाहिए। व्यावहारिक रेखागणित और सर्वेक्षण की शुरुआत यहीं से यहीं से हुई।

(8) पिगॉट ने राज्य को साम्राज्य कहा है। उसकी दो राजधानियाँ थीं—हड़प्पा और मोहेंजोदड़ो।

(9) मौर्य साम्राज्य हड़प्पा से तुलनीय ही नहीं, उसका उत्तराधिकारी है। इसके आगे वह मौर्य काल की विशेषताओं को गिनाते हुए उन्हें हड़प्पा सभ्यता से जोड़ने का अपना कार्य करते हैं।

यह सोचना ग़लत होगा कि वह पिगॉट का अन्धानुगमन करते हैं। वह उनके अन्तर्विरोध को बारीकी से पहचानते हैं और उनकी कुटिलता का प्रतिवाद भी करते हैं, "पिगॉट ने हड़प्पा के जिन मज़दूरों की चर्चा की है, वह अनाज कूटने वालों की है। धातुकर्मी और कुशल श्रमिक कारीगर इनसे भिन्न आवासों में रहते थे यह स्पष्ट है।" पर कुशल और अकुशल दोनों तरह के श्रमिक उनके विवेचन में एक हो गये हैं और सब गुलाम हैं उनके विचार से। योजनाबद्ध अर्थतन्त्र गुलामों के बिना चल ही नहीं सकता।

वास्तव में सुमेर की अपेक्षा भारत का व्यापार अधिक विकसित था, मानना चाहिए उसका विकास काल भी ज़्यादा लम्बा था।

परन्तु पुस्तक के शीर्षक में ऋग्वेद है तो एक बार रामविलास जी ने यह पड़ताल कर ली होती कि हड़प्पा के पुरातत्त्व से मेल खाने वाली कितनी बातें ऋग्वेद में पायी जाती हैं—इसके सभागार, राजप्रासाद, रास्तों, गलियों, खुली और बन्द नालियों, निखातों, उनकी सफ़ाई, रास्तों में रोशनी के प्रबन्ध, प्रशासनिक संस्थाएँ—सभा, संसद, अध्यक्ष—न दिखा सके तो उस पुस्तक का ही नाम ले लेते जिसमें इस तरह के हवाले हैं तो वह अपने पाठकों का अधिक उपकार करते। लिंकन ने अपने बारे में कहा था, 'मैं कोई पक्की राय बनाने में बहुत लम्बा समय लेता हूँ पर एक बार राय बन गयी तो उसे बहुत

मुश्किल से बदलता हूँ।' रामविलास जी के साथ भी कुछ ऐसा ही था और अपनी पक्की राय वह 1962 तक बना चुके थे। नयी चीज़ों में केवल उन्हें ही जगह मिल सकती थी जो उस राय से मेल खाएँ।

तीसरे अध्याय में उन्होंने "पश्चिमी एशिया में आर्यों का प्रभाव विस्तार" पर विचार किया है। शैली वही है अमुक ने यह कहा, अमुक ने यह। सचाई क्या है और उसका आधार क्या, उनके विचार को क्यों मान्यता नहीं मिली यह स्पष्ट नहीं होता। वह लिखते हैं, पार्जिटर सम्भवतः पहले व्यक्ति हैं जिन्होंने पश्चिमी एशिया में भारतीय आर्यों के प्रसार की बात कही थी। भारत पर आर्यों के आक्रमण और उत्तर पश्चिमी मार्गों से भारत में उनके प्रवेश का सिद्धान्त वह अस्वीकार करते हैं।" पार्जिटर के शब्दों में कहें तो, "द्रुह्यु जनों का ऐलबहिःप्रवाह उत्तर–पश्चिम से होकर आगे के देशों में हुआ। वहाँ उन्होंने विभिन्न राज्यों की स्थापना की और इस तरह उन जातियों के बीच अपने ही भारतीय धर्म का प्रवेश कराया।" इसे वह 1600 ई.पू. के आस–पास मानते हैं। वे पूरु, यदु आदि चार गणों के साथ मिल कर भरतों से लड़े थे। उपनिषद्ों–ब्राह्मणों के समय तक ये पृष्ठभूमि में चले जाते हैं।

रामविलास जी गूर्ने का हवाला देते हैं जो मानते हैं कि लघु एशिया में प्राप्त हित्ती, मितन्नी, कस्सी आर्य भारतीय हैं और भारत से वहाँ जा कर अश्वपालन और रथचालन में अग्रणी होने के कारण उस क्षेत्र पर हावी हुए थे जिसका 1600 ई.पू. में व्यापक प्रचार हुआ था और पन्द्रहवीं शताब्दी के अन्त तक मितन्नी लोग मिस्र को रथों का निर्यात करने लगे थे। वह कतिपय सांस्कृतिक प्रतीकों, धार्मिक आचारों, ऋग्वेद और होमर में प्राप्त साहित्यिक समानताओं, राजा की शक्ति को नियन्त्रित करने वाली पंचायत पंकुस, हित्ती राज्य में कारीगरों के लिए पगार की व्यवस्था, वस्तुओं के नियत मूल्य, भ्रष्टाचार के प्रति असहिष्णुता, भारत, सुमेर और मिस्र में सम्पर्क सूत्रों, मिस्र के राजाओं के साथ पत्राचार में भारतीय नामों के हवालों, मिस्र के राज़ी अख्–एन्–अतोन के सूर्योपासक बनने आदि की छानबीन करते हुए इस बात को प्रमाणित करते हैं कि दूसरी शताब्दी के मध्य में भारतीय मूल के आर्य पश्चिमी एशिया में फैले हुए थे।

चौथा अध्याय "मिस्र, सुमेर और भारत : प्राचीन सांस्कृतिक सम्बन्ध" है। इसमें पौराणिक और साहित्यिक सादृश्यों और भिन्नताओं की मीमांसा करते हुए कतिपय रीतियों और विश्वासों की समानताएँ दी गयी हैं। हम इसके विस्तार में जाने की अपेक्षा इसके उपशीर्षकों का उल्लेख करके ही

सन्तोष करना चाहेंगे। ये हैं : (क) जल और द्यावा–पृथिवी; (ख) सूर्य और वृत्र; (ग) नदियाँ, उनके उद्गम स्थल; (घ) सूर्य, नदी, पर्वत; (ङ) वायु, सूर्य, स्कंभ; (च) वायु, रुद्र वृषभ; (छ) शब्द और सृष्टि; (ज) प्राचीनता के सामाजिक आधार; (झ) देवकथाएँ और कृषि तन्त्र; (ञ) अमरत्व की खोज : सुमेरी कथाएँ; (ट) अमरत्व की खोज : बेबीलोनी कथा; (ठ) दिलमुन और भारत : (ड) दिलमुन के दो छोरः लोथल और हिमालय; तथा (ढ) सुमेर, हड़प्पा और ऋग्वेद।

रामविलास जी पौराणिक कथाओं के विश्लेषण में बहुत विस्तार में चले जाते हैं और उनके विषय में किसी अधिकारी व्यक्ति ने जो कुछ कहा है उसके एक–एक तर्क की जाँच के बाद मूल कथा का विवेचन करते हैं। जब कथा सामने हो तो उन्हें अपनी व्याख्या पर और कथासूत्रों की बारीकियों को प्रस्तुत करना था। इसके अभाव में ज्ञान तो प्रासंगिक और अप्रासंगिक बहुत सारी बातों का होता है परन्तु मुख्य विषय का विवेचन कामचलाऊ रह जाता है।

उदाहरण के लिए वह पृ. 114 पर देव कथाओं और कृषि तन्त्र के अन्तरावलम्बन पर विचार करते हैं, जिसका आरम्भ इस वाक्य से होता है, "कृषि सम्बन्धी कल्पना के साथ अनेक कथाएँ भारत से पश्चिमी एशिया पहुँची हों यह सम्भव है।" परन्तु इस बात का दावा इससे पहले कहीं नहीं किया गया है कि कृषि तन्त्र का विकास भारत में हुआ, न ही इस वाक्य में जिसका प्रधान वाक्यांश ही ग़ायब है और जिसके बाद ही इस पूरक वाक्य का कोई अर्थ हो सकता था। जिस लेखक ने बहुत अधिकार से इस बात का दावा किया था और उसी आधार पर यह प्रमाणित किया था कि पश्चिमी पुराण कथाएँ कृषिविद्या के प्रसार के साथ भारत से फैली थीं और यह भी दिखाया था कि कथाओं के बदले रूप में भी इस बात का संकेत उन्हीं कथाओं में मिलता है कि यह कथा भारतीय भूभाग से वहाँ किसी न किसी रूप में फैली है, उस पुस्तक से रामविलास जी परिचित भी थे, पर उसका हवाला नहीं दिया है, अन्यत्र उन्होंने उसका उल्लेख भी किया है परन्तु उसके मन्तव्य को समझने में चूक की है। एक ओर पाश्चात्त्य विद्वानों को जहाँ वे ग़लत हैं वहाँ भी, पन्ने पर पन्ने भरते हुए दोहराते चले जाते हैं, दूसरी ओर उन्होंने इस पुस्तक के सार सूत्र को पकड़ लिया, अपना बनाकर उसका उपयोग भी कर लिया, पर न तो विषय के साथ न्याय कर सके, न अपने पाठकों को सही और सटीक सन्देश दे सके।

यहाँ यह याद दिलाना ज़रूरी हो जाता है कि इससे पहले वह रेन्फ्रीव को इस बात के समर्थन में अधिकारी के रूप में उद्धृत कर आये हैं (अनुक्रमणी में उसका नामोल्लेख केवल एक पृष्ठ पर है जब कि पुस्तक में उसका नामोल्लेख दो अन्य पन्नों पर भी है) कि हड़प्पा सभ्यता की भाषा इण्डो–यूरोपियन हो सकती है, क्योंकि हड़प्पा का प्रसार क्षेत्र और वैदिक भाषा का प्रसार क्षेत्र एक ही है। परन्तु साथ ही यह सुझाने का प्रयत्न किया कि यह संस्कृत भाषा अनातोलिया (लघु एशिया) में 6000 ई.पू. में बोली जाती थी। कृषि का आरम्भ वहाँ हुआ, कृषि के प्रसार के साथ कृषि प्रौद्योगिकी की भाषा का भी प्रसार हुआ। इसके लिए बड़े पैमाने पर किसी जनसंचलन की आवश्यकता न थी। इसलिए उसके हड़प्पा की भाषा को वैदिक संस्कृत मानने से अधिक महत्त्वपूर्ण थी उनकी यह धूर्तता कि पुरातत्त्व के साक्ष्यों को झुठलाते या ऐंठते मरोड़ते हुए पश्चिमी अध्येता किस सीमा तक जा सकते हैं। ऐसे बेतुके सुझावों को भी पश्चिम की श्रेष्ठता कायम रखने के लिए संचार के माध्यमों द्वारा आज भी लगातार दुहराया जाता है और शोर से सत्य को दबाने का प्रयत्न किया जाता है।

रेन्फ्रीव के आलोचक मैलॉरी हैं। मैलॉरी ने रेन्फ्रीव के सुझाव का उपहास करते हुए उस पूरे चित्र को स्पष्ट किया कि अश्व व्यापार के चलते कैसे आर्यभाषी पहले केन्स से असीरियनों को बेदखल करके अपना उस पर अधिकार कर लेते हैं और फिर कैसे लघु एशिया पर हावी हो जाते हैं, वहाँ आर्य भाषा का जन्म तो दूर, सामी परिवेश में अपनी शुद्धता की भी रक्षा न कर सकती थी। मैलॉरी ने दो तथ्यों को रेखांकित किया। पहला यह कि हित्ती भारतीय आर्य भाषा है न कि भारत–ईरानी की शाखा और दूसरी यह कि हित्ती ईरानी वहाँ से चल कर भारत आये थे यह पूरी तरह निराधार है। इसके बाद भी वह इसे स्वीकार करने से कतराते हैं कि वे भारत से वहाँ पहुँचे थे, क्योंकि 'दूरी बहुत अधिक है'। बात सही है, पर वह इस सर्वमान्य सत्य को नकार नहीं सकते कि अश्वपालन भारतीय आर्यों ने किया था, भारत–ईरानियों ने नहीं, क्योंकि हुर्रियन में घोड़ों के रंगों के जो नाम–पिंगल, बभ्रु आदि के तद्भव–वे शुद्ध भारतीय आर्य भाषा के हैं। सार यह कि पश्चिमी एशिया में पहुँचने वाले अश्वपालन और अश्वव्यापार करने वाले और भारतीय आर्य भाषा बोलते हैं और अश्वपालन और व्यापार करने वाले भारतीय आर्य हैं। इस तरह एक लम्बी छलाँग में सीधे पश्चिमी

एशिया पहुँचने का समाधान स्वतः हो जाता है। गणित के समीकरण–अ=ब, और ब=स इसलिए अ=स–जैसे इस सीधे समाधान को उलट कर मैलॉरी रेन्फ्रीव की उस स्वीकृति को कि हड़प्पा सभ्यता की भाषा वैदिक संस्कृत थी, उलटने की वैसी ही धूर्तता करते हैं जैसी रेन्फ्रीव ने लघु एशिया के सन्दर्भ में की थी। इसलिए रामविलास जी का यह सोचना भी ग़लत है कि पश्चिम के आधुनिक लेखकों के विचारों में पहले का दुराग्रह कम हुआ है। उनको टुकड़ों में नहीं समग्रता में समझा जाना चाहिए। आँकड़ों के विश्लेषण में वे आँकड़ों के साथ छेड़छाड़ अवश्य नहीं करते, जिसका एक नमूना हेंफिल के दल का जीन विश्लेषण है।

ऐसा लगता है कि इस पुस्तक के लेखन के समय मैंने उन्हें जो सामग्री उपलब्ध कराई थी उसमें हेंफिल दल के अध्ययन पर नोट भी था। उसका उपयोग वह नहीं कर सके। हेंफिल का दल जिन निष्कर्षों पर पहुँचा वे निम्न प्रकार हैं–

(क) भारत में 6000 ई.पू. से 600 ई.पू. के बीच बाहर से आक्रमण या घुसपैठ किसी रूप में किसी समुदाय के बड़े पैमाने पर आने के प्रमाण नहीं हैं।

(ख) मेहरगढ़ के साक्ष्यों से 4500 ई.पू. में इस निरन्तरता में एक व्यवधान आता है। व्यवधान मात्र यह है कि इससे पहले शिकार पर निर्भरता अधिक थी और बाद में कृषि उत्पादों का आहार प्रमुख हो जाता है।

(ग) हड़प्पा सभ्यता के निवासी आज के पंजाब और सिन्ध के लोगों जैसे ही थे। इसके कंकालों की बाहर के किसी देश से समानता नहीं पायी जाती, जिसका एकमात्र अपवाद प्राचीन काल के भूमध्य सागर तट के पश्चिमी एशिया की कुछ समाधियाँ हैं।

यद्यपि यह लगभग उस पूरे एशियाई भूभाग में उपलब्ध कंकालों के दाँतों की बनावट और जीन विश्लेषण तक सीमित अध्ययन था पर इससे 'आर्य' जन, भाषा, संस्कृति और विश्वास से जुड़ी सभी समस्याओं का निर्णायक समाधान हो जाता था; हड़प्पा सभ्यता की भाषा बोलचाल की वैदिक थी। इसकी निरन्तरता कम–से–कम 4500 ई.पू. से बनी हुई थी। हड़प्पा के लोगों की समानता असम और पूर्वी बंगाल को छोड़ कर पूरे उत्तर भारत के लोगों से मिलती है, पर भारत के बाहर, यहाँ तक कि सटे नेपाल से भी नहीं मिलती। कुछ समानता ईरान में दिखाई देती है। इस पूरी अवधि में भारत

में छठी शताब्दी ई.पू. के बीच किसी बड़े जत्थे का प्रवेश नहीं हुआ। इक्के दुक्के लोगों का आना–जाना बना रहा था।

हम मान सकते हैं कि रामविलास जी अपने स्वास्थ्य, आयु और पुस्तकों के लिए दूसरों पर निर्भर करने के कारण अपना लेखन बहुत पहले तैयार किये गये नोट्स के आधार पर लिखने को प्रेरित हुए थे इसलिए विषय की अद्यतन जानकारी के लिए जो सामग्री जुटाई उसका भी यत्रतत्र से उल्लेख कर दिया पर न मनोयोग से पढ़ सके न उसका उपयोग कर सके। पर यह सीमा भी पाठ्यपुस्तक के रूप में इसकी सार्थकता पर प्रश्नचिह्न तो लगाती ही है।

भारोपीय समस्या समानताओं के अभाव की समस्या नहीं है। समानताओं को तो लगातार दुहराया जाता रहा है। समस्या प्रसार की दिशा की है और उसको सभी मामलों में निर्णायक उत्तर मिलना चाहिए। ऐसा तभी सम्भव है जब हम उसे किसी तन्त्र या प्रामाणिक घटना–क्रम से जोड़ सकें। तन्त्र के अभाव में जब वह सही बात करते हैं तो भी वह हवाई हो जाती है, "भारतीय आर्य अश्वारोहण में बड़े प्रवीण थे। भारतीय रथ का पहिया अरायुक्त होता था, सुमेरी रथ में अरा न होते थे, वह ठस और भारी होता था। तीसरी–दूसरी शताब्दियों में यह रथ पश्चिमी एशिया होता हुआ मिस्र, फिर यूनान और बहुत बाद में उत्तरी यूरोप पहुँचा।" पर आक्रमण की बात करने वाले ये सभी बातें दुहराते हुए इसका श्रेय मध्येशिया के आर्यों को देते रहे हैं जो इनका ज्ञान लेकर भारत पहुँचे थे। अन्य जो भी दोष हों, हड़प्पा सभ्यता और वैदिक साहित्य की यही विशेषता थी कि उसमें अकाट्य प्रमाणों के आधार पर विकास के विविध चरणों पर भारतीय अग्रता का प्रतिपादन किया गया था और उन तन्त्रों का विस्तार से उल्लेख किया गया था जिनसे भाषा, सभ्यता, और भारतीय वर्चस्व को पूरे भारोपीय जगत् ने स्वीकारा था, जिसे रामविलास जी ने या तो ध्यान से पढ़ा नहीं या अपने मनोनुकूल न पा कर किताब बन्द करके पढ़ते रहे। उसका न तो खण्डन किया, न सही उपयोग कर सके।

रामविलास जी की इतिहास सम्बन्धी समझ में हमें जो कमियाँ दिखाई देती हैं वे निम्न हैं;

1. वह हड़प्पा सभ्यता को वैदिक से अलग कल्पित करते हैं, इसलिए वह उस व्यापारिक प्रसार को नहीं समझ पाते जिसके माध्यम से भाषा और सभ्यता का विकसित चरण पर प्रसार हुआ था। अतः उनका सारा सांस्कृतिक प्रसार हवाई, आधारहीन और दिशाहीन रह जाता है।

2. हड़प्पा सभ्यता का काल वह 2300 ईसा पूर्व से 1750 यहाँ तक 1500 ईसा पूर्व मानते हैं। डी.पी. अग्रवाल ने यह काल सीमा सुझाई थी जो बाद में दोषपूर्ण पायी गयी और मस्का संशोधन से नागर चरण 2500–2000 ई.पू. माना जाता है।
3. वह मानते हैं "सतलज–यमुना का मार्ग परिवर्तन और सरस्वती की जलहीनता हड़प्पा सभ्यता के ह्रास की सूचक घटनाएँ हैं।" इन घटनाओं से तो सरस्वती घाटी प्रभावित होगी, और हुई भी थी, न कि सिन्धुतटीय नगर।
4. वह मानते हैं ऋग्वेद के समय सरस्वती जल से भरपूर थी, जब कि ऋग्वेद में स्पष्ट संकेत है कि सरस्वती संकटग्रस्त हो चली थी और लोग उसके तट से हट कर अन्यत्र पलायन करने लगे थे–मा आप स्फरी पयसा न आधक्, मात्वत्क्षेत्रात् अरण्यानि गन्म। और इन्ही लोगों ने बाढ़ से वचने के लिए ऊँचा भूतल तैयार करके सुनियोजित रूप में नगर बसाये थे।
5. वह मानते हैं भारतीय आर्य घोड़े की सवारी करते थे, सुमेर के रथ में गधे जोते जाते थे। वह इस कटु सत्य को अनदेखा कर देते हैं कि भारतीय परम्परा के अनुसार अश्व का जन्मस्थान समुद्र है, कि कच्छ के रन्न में हड़प्पाकालीन स्थल है जिसका नाम घोड़ेवालीवाडी–घोड़ों की मंडी है। जिसे अश्व कहा गया है वह जंगली गधा है। परिवहन के देवता अश्विनीकुमार हैं जिनको गर्दभीविपीत कहा गया है। अर्थात अश्व शब्द का प्रयोग पहले गधे के लिए किया जाता था और घोड़े के लिए सम्भवतः वाजि का।
6. उनका ध्यान ऋग्वेद की उन ऋचाओं की ओर नहीं गया, जिनमें यातायात के उन्नीसवी शताब्दी तक प्रयोग में आने वाले परिवहन से समस्त साधनों का बहुत बड़े पैमाने पर उपयोग हो रहा था–तरणी से लेकर समुद्रगामी नौकाएँ, नावों के बेड़े जिनसे धनार्जन के लिए समुद्र पार की यात्राएँ की जा रही थीं–समुद्रस्यचित्धनयन्ति पारे। न केवल समुद्रपार अपितु समुद्र के पार के रेगिस्तान से भी आगे की यात्राएँ–समुद्रस्य आर्द्रस्य धन्वस्य पारे। स्थल यात्रा के लिए लद्दू घोड़े, गधे, खच्चर, बैलगाड़ी, घोड़ागाड़ी, छकड़ा, एक्का, ऊँटगाड़ी काम में आते थे। इसलिए गो शब्द की आवृत्ति पर नहीं, गोप्रजाति के खेती और परिवहन में उपयोग की सम्भावना पर ध्यान देना चाहिए और आवृत्ति रथ की देखनी चाहिए।

7. उनका ध्यान वैदिक समाज की कामनाओं, अकूत धन की लालसा, और श्रेणीबद्ध यात्राओं पर भी न गया, न गया उनकी असुरक्षा की चिन्ता और दैन्य पर। यह न देख पाये कि वैदिक नदियाँ यातायात के मार्ग—यातवेपथः— हैं और उनकी महिमा उनके समुद्र पर्यन्त प्रवाह में है।

अलं विस्तरेण।

रामविलास शर्मा के प्रेमचन्द

सदानन्द शाही

रामविलास शर्मा की पहली किताब 'प्रेमचन्द' 1941 में प्रकाशित हुई। लगभग 11 वर्ष बाद प्रेमचन्द पर उनकी दूसरी किताब 'प्रेमचन्द और उनका युग' 1952 में प्रकाशित हुई। इस दरम्यान और इसके बाद भी रामविलास जी की निगाह बराबर प्रेमचन्द पर बनी रही। वे अपनी किताबों के नये संस्करण में कुछ–न–कुछ नया जोड़ते रहे हैं। प्रेमचन्द को लेकर कहाँ क्या बहस हो रही है, कौन उन्हें हथियाने की कोशिश कर रहा है, कौन ग़लत व्याख्या कर रहा है, कहाँ क्या आरोप लग रहे हैं, रामविलास शर्मा को न केवल सबकी खबर रहती है, बल्कि वे सबकी ख़बर लेते रहते हैं। इस दृष्टि से रामविलास जी की दोनों किताबों के नये संस्करणों की भूमिकाएँ और किताबों में हुए जोड़ घटाव बहुत कुछ बताते हैं। यों तो रामविलास शर्मा नये संस्करणों की भूमिकाओं में तारीख़ दर्ज करते हैं लेकिन उनकी पहली किताब 'प्रेमचन्द' के 'दूसरे संस्करण की भूमिका' में तारीख़ नहीं दी गयी है। राधाकृष्ण प्रकाशन से छपी किताब में दूसरे या तीसरे संस्करण का हवाला नहीं है, वहाँ सिर्फ़ यह लिखा है–" 'प्रथम राधाकृष्ण संस्करण : 1994'। बहुत सम्भव है दूसरे संस्करण की भूमिका 1994 के थोड़ा पहले लिखी गयी हो। बहरहाल उस भूमिका में वे प्रेमचन्द पर लिखी पहली प्रगतिशील आलोचना पुस्तक 'प्रेमचन्द की उपन्यास कला', जनार्दन प्रसाद झा द्विज 1933 की विस्तृत चर्चा करते हैं, 1988 में पेइचिंग से छपी किताब 'चीनी समालोचकों की नज़र में प्रेमचन्द' पर विचार करते हैं, साथ ही पचास वर्ष के अन्तराल में उनकी अपनी किताब को लेकर जो सवाल उठते रहे हैं, उनका जवाब देते हैं। ज़ाहिर है इस समय तक प्रेमचन्द पर दलित नज़रिये से प्रश्न उठने

शुरू हो गये थे, संकेत में उन पर भी बात करते हैं। इसी तरह उन्होंने 'प्रेमचन्द और उनका युग' के चौथे संस्करण (1987) में भूमिका के अतिरिक्त 'प्रेमाश्रम और गोदान–कुछ अन्य समस्याएँ' शीर्षक से एक विस्तृत निबन्ध जोड़ा है, जो लगभग सौ पृष्ठों का है और अलग से छाप दिया जाय तो पूरी एक किताब। इस लेख में रामविलास जी ने प्रेमचन्द पर हो रहे वाद–विवाद तथा कमल किशोर गोयनका और असद जैदी जैसों की खबर ली है। इस तरह देखें तो रामविलास जी की सुदीर्घ विचार यात्रा में प्रेमचन्द कभी भी आँख से ओझल नहीं हुए हैं।

रामविलास जी 1933 में निराला के सम्पर्क में आ गये थे और यह सम्पर्क जीवन भर बना रहा। उन्होंने अपना पहला लेख 'निराला जी की कविता' लिखा जो 1934 में चाँद पत्रिका में प्रकाशित हुआ। इसके बावजूद उनकी पहली किताब प्रेमचन्द पर है। रामविलास जी लिखते हैं, "मेरे कई मित्रों को आश्चर्य था कि अपनी पहली आलोचना पुस्तक के लिए मैंने निराला की जगह प्रेमचन्द को चुना', इस आश्चर्य का समाधान करते हुए वे आगे 'लिखते हैं–"प्रगतिशील लेखन सम्बन्धी वाद–विवाद से निराला उस तरह न जुड़े थे प्रेमचन्द जिस तरह जुड़े थे। इसलिए मेरी पहली आलोचना पुस्तक निराला पर नहीं, प्रेमचन्द पर थी। उसकी पृष्ठभूमि में यह वाद–विवाद है, पाठक इस बात का ध्यान रखें।"

रामविलास जी की यह बात याद रखने वाले पाठक को सहज ही ध्यान आ जाता है कि प्रेमचन्द हिन्दी के अकेले लेखक हैं जिन पर सबसे ज़्यादा हमले हुए, उनके जीवन काल में भी और बाद में भी। पुरातनपन्थियों को लग रहा था, प्रेमचन्द घृणा के प्रचारक हैं। आगे चलकर दलित लेखकों ने उन्हें दलित विरोधी कहा। यानि एक ही साथ वे ब्राह्मण विरोधी और दलित विरोधी दोनों क़रार दे दिये जाते हैं। प्रगतिशील जमात के भीतर भी यह बहस होती रही है वे कितने प्रतिशत प्रगतिशील हैं और कितने प्रतिशत नहीं। मज़े की बात यह कि प्रेमचन्द ही ऐसे अकेले लेखक हैं जिनको लेकर सबसे ज़्यादा खींचतान भी होती रही है। प्रगतिशील, ग़ैर प्रगतिशील और प्रगति विरोधी सब प्रेमचन्द को अपनी ओर खींचने में लगे दिखाई पड़ते हैं। इसलिए प्रेमचन्द को लेकर होने वाले वाद–विवाद बहुआयामी हैं।

रामविलास जी के प्रेमचन्द सम्बन्धी लेखन का एक सिरा इस वाद–विवाद को लेकर है। प्रेमचन्द पर जितने तरह के हमले हो रहे थे रामविलास जी ने सबका जवाब दिया है। साथ ही प्रेमचन्द को हथियाने की कोशिशों को भी

उजागर किया है। ज़ाहिर है, जब भी प्रेमचन्द को हथियाने की कोशिश की जाती है तब उनके साहित्य के जीवन्त और परिवर्तनकारी पहलू पर राख डालने का ही काम किया जाता है। रामविलास जी ने काफ़ी हद तक इस राख की सफ़ाई की है, लेकिन रामविलास जी के प्रेमचन्द सम्बन्धी लेखन को इस वाद विवाद तक ही सीमित करना उनके मूल्यांकन के एक पहलू को देखना होगा। असल बात यह है कि यह सारा वाद विवाद वे क्यों करते हैं? इस पर विचार करें तो रामविलास जी के प्रेमचन्द सम्बन्धी लेखन का दूसरा सिरा भी समझ में आयेगा। प्रेमचन्द कैसे हैं? हिन्दी में प्रेमचन्द का क्या महत्त्व है? वे कैसे अपने समय से जुड़े हैं और अपने समय को बदलते हैं। प्रेमचन्द ने हिन्दी को क्या दिया है, जैसे प्रश्नों के उत्तर भी रामविलास जी देते हैं।

यह सब करते हुए रामविलास जी की भाषा स्पष्ट और सरल बनी रहती है और इसीलिए बृहत्तर पाठक वर्ग की प्रेमचन्द सम्बन्धी समझ को निर्मित करने में रामविलास जी के लेखन की भूमिका अत्यन्त महत्त्वपूर्ण है।

प्रेमचन्द के महत्त्व की पहचान करने में रामविलास जी की पहली किताब ही बेहद सराहनीय भूमिका अदा करती है। बावजूद इसके कि किताब में रामविलास जी का ज़ोर इस बात पर है कि 'प्रेमचन्द ने साहित्य में कितना काम किया है और **कहाँ से अपनी साहित्यिकता आरम्भ करने से लेखक प्रगतिशील बन सकता है'** (ज़ोर मेरा है)। रामविलास जी ने इस किताब में प्रेमचन्द की तीन विशेषताओं की ओर ध्यान दिलाया है–

1. प्रेमचन्द अपने युग के साथ थे और अपने युग की उथल–पुथल को उन्होंने अपनी रचनाओं में चित्रित किया है।
2. प्रेमचन्द ने धर्म को एक सामाजिक रूप दिया है; तटस्थ रहकर सामाजिक परिस्थितियों में उलझे हुए मनुष्य के धार्मिक विचारों को बनते–बिगड़ते दिखाया है।
3. प्रेमचन्द के विचार बहुत स्पष्ट नहीं थे परन्तु **उनमें कलाकार की सच्चाई की कमी न थी।**

इस प्रकार रामविलास शर्मा पाते हैं कि–'प्रेमचन्द के युग को देखते हुए हम कह सकते हैं कि क्या राजनीति में क्या साहित्य में उस समय उन्हीं का व्यक्तित्व सबसे अधिक क्रान्तिकारी था।' रामविलास शर्मा के लिए सबसे

अधिक क्रान्तिकारी होने के पीछे युग की उथल–पुथल का चित्रण और कलाकार की सच्चाई थी। रामविलास जी अपनी इस मान्यता पर दृढ़ थे। वे जब प्रेमचन्द की क्रान्तिकारिता पर बात कर रहे थे उस समय उनकी निगाह में गोर्की, तोल्स्तोय और दास्तोयेवस्की भी थे। गोर्की की आवारगी, तोल्स्तोय की धार्मिकता और दास्तोयेवस्की के अस्वस्थ मानसिक दशा के लोगों के चित्रण की तुलना में वे किसान जीवन के चित्रण में प्रेमचन्द की श्रेष्ठता को तरजीह देते हैं। एक बात ज़रूर है कि रामविलास जी का ज़ोर प्रेमचन्द के मार्क्सवादी अध्ययन पर अधिक था। इसीलिए वे प्रेमचन्द के साहित्य में वर्ग विभाजन पर ज़ोर देते हैं। प्रेमचन्द ने जिस तरह बिरादरियों की चर्चा की है, उसे वे कबीर की तरह वर्णमुक्त पाते हैं। इस सन्दर्भ में ख़ास बात यह है कि रामविलास जी प्रेमचन्द का मार्क्सवादी अध्ययन प्रस्तुत करते हुए प्रेमचन्द को मार्क्सवाद की शिक्षा देने के बजाय स्वयं प्रेमचन्द से प्रगतिशील साहित्य के सीखने की बात करते हैं। रामविलास जी के सामने यह बात स्पष्ट है कि–'प्रगतिशील साहित्य का विकास आवश्यक है पर यह विकास तभी होगा जब नये लेखक प्रेमचन्द को पढ़ेंगे, उनसे सीखेंगे और उनकी तरह श्रमिक जनता से घनिष्ठ सम्बन्ध कायम करेंगे।' यानी रामविलास जी प्रगतिशीलता की कसौटी पर प्रेमचन्द को नहीं बल्कि प्रेमचन्द की कसौटी पर प्रगतिशीलता को कसने का प्रस्ताव करते हैं। किताब के दूसरे संस्करण में रामविलास जी ने मार्क्सवाद में मौजूद बाल रोग की चर्चा की है–'वह बाल रोग जैसा सन् 40–41 में था और सन् 90–91 में भी है'। प्रेमचन्द इस बालरोग की दवा हैं। एक बात ज़रूर खटकती है कि रामविलास जी ने अपनी किताब में नन्ददुलारे वाजपेयी द्वारा प्रेमचन्द की कला पर उठाये सवालों का जवाब नहीं दिया है। ऐसा लगता है कि अगर रामविलास जी ने नन्ददुलारे वाजपेयी के सवालों पर भी विचार किया होता तो प्रेमचन्द की कला के कुछ और पहलुओं को प्रत्यक्ष कर पाते।

कई बार ऐसा लगता है कि रामविलास जी की प्रेमचन्द सम्बन्धी चिन्ता उनके साहित्य के सौन्दर्य का उद्घाटन नहीं, बल्कि उनके साहित्य के आधार पर प्रगतिशील साहित्य के लिए निकष तैयार करना है। रामविलास जी की समस्या 'इंक़लाबवाद की बीमारी' है–'यह इंक़लाबवाद एक बीमारी है जो लेखक के जनता से अलगाव को शब्दों की आतिशबाज़ी से ढकने

की कोशिश करती है'। इसीलिए वे बार–बार प्रेमचन्द के साहित्य से सीखने की बात करते हैं–'प्रेमचन्द का साहित्य हमें सिखलाता है कि किस तरह क्रान्तिकारी लफ़्फ़ाजी से बचकर सीधे–सादे ढंग से जनता की सेवा करने वाला साहित्य रचा जा सकता है।'

रामविलास शर्मा ने 'प्रेमचन्द और उनका युग' के पहले संस्करण की भूमिका में प्रेमचन्द के बारे में एक ख़ास बात कही है। वे लिखते हैं–'तुलसीदास के बाद हिन्दी में यह पहला इतना बड़ा कलाकार पैदा हुआ था जिसकी रचनाएँ अपनी ही भाषा के क्षेत्र में, सुदूर दक्षिण के गाँवों में भी पहुँच गयी थी।' इस किताब में वे प्रेमचन्द को कबीर के साथ याद करते हैं। 'प्रेमचन्द ने नक़ली आदर्शों की रामनामी खींचकर पण्डितों और मौलवियों, समाज के प्रतिष्ठित सज्जनों और धनपतियों का वास्तविक रूप जनता के सामने प्रकट कर दिया। कबीर के बाद किसी ने इतनी सच्चाई से, ऐसे मर्मवेधी व्यंग्य से हिन्दू धर्म और इस्लाम, दोनों धर्मों के ढोंगियों और पाखण्डियों का पर्दाफ़ाश न किया था।'

यद्यपि रामविलास शर्मा प्रेमचन्द के उपन्यासकार रूप को बड़ा मानते थे। शायद इसलिए कि प्रेमचन्द की तरह रामविलास शर्मा भी किसान जीवन को भारत का प्रामाणिक रूप मानते हैं और किसान जीवन का समग्र चित्रण उन्हें उपन्यासों में ही दिखाई पड़ता है, लेकिन वे प्रेमचन्द की कहानियों और उपन्यासों में एक तरह के अन्तःसूत्र की तलाश भी करते दिखाई पड़ते हैं। पूस की रात और गोदान की चर्चा करते हुए वे दिलचस्प बात कहते हैं– 'पूस की रात' रेखाचित्र है, भित्तिचित्र है 'गोदान'। यह भी प्रेमचन्द के साहित्य को उसके भीतर की एकतानता को समझने का एक सूत्र है। इस सूत्र के सहारे रामविलास जी ने प्रेमचन्द की कला की अनूठी व्याख्या की है। हल्कू और होरी की स्थिति में तुलना करते हुए लिखते हैं–

> पूस की जगह माघ है। महावट लगी हुई है माघ की वर्षा से ठण्ड और बढ़ गयी है। अँधेरा महत्त्वपूर्ण है।
>
> मिल्टन के नरक में अँधेरा दिखाई देता था, यहाँ अँधेरा भी नहीं सूझता।
>
> हल्कू का खेत नीलगायें चर गयी।
>
> चलो छुट्टी मिली, अब रात को ठण्ढ में सोना तो न पड़ेगा। कल्लू कहीं मज़दूरी करेगा खाने भर को पैदा कर लेगा। कम्बल के लिए तीन रुपये

उसने मजूरी के पैसों से ही जोड़े थे। होरी को मजूरी के पैसों का सहारा नहीं है। उसका भविष्य अन्धकारमय है। 'पूस की रात' से 'गोदान' में इस रात का अँधेरा और घना होना ही चाहिए।

कहानी में किसान की वेदना के साथ व्यंग्य और परिहास है: वह एक ओर वेदना को तीव्र करता है, दूसरी ओर उसे काटता भी है। कोई बात नहीं, जब पड़ेगी तब निपट लेंगे—यह भाव।

गोदान में उस रात को होरी के आसपास कहीं परिहास और विनोद का भाव नहीं है।

हल्कू की अपेक्षा होरी अधिक ट्रैजिक है। हलकू के साथ ठण्ड का साथी उसका कुत्ता जबरा है, होरी एक़दम अकेला है। उसके सामने उसका अतीत और वर्तमान है और उसका यह आत्मज्ञान—"मैं बुड्ढा होकर भी उल्लू बना रह गया।" (उप., पृ. 121)।

I am a very foolish fond old man,

Four score and upward, not an hour more not less

लियर को जो ज्ञान अस्सी साल में हुआ, होरी को वह उसकी आधी उम्र में हो गया।

ठण्ढ और अँधेरे के अलावा, कहानी से भिन्न उपन्यास में, तीसरा तत्त्व और है—मौत का—सा सन्नाटा।

आत्मज्ञान के लिए बड़ा उपयुक्त वातावरण है। हलकू के पास चिलम है, तमाखू है, गड्ढे में सुरक्षित आग भी है पर होरी— "आज तमाखू भी न मिला कि उसी से मन बहलाता। उपला सुलगा लाया, पर शीत में वह भी बुझ गया।" (उप., पृ 121)। प्रेमचन्द ने 'पूस की रात' के कुछ उपकरण हटा दिये। कुत्ता नहीं है, तमाखू नहीं है, आग नहीं है। यहाँ बाग़ में पत्तियाँ बटोरकर जलाने, अलाव के बुझ जाने पर भी गर्म राख के पास दाने की गुंज़ाइश नहीं है। उक्त उपकरण हटा देने से सारा अनुभव और समृद्ध हो गया है। होरी को, ठण्ढ दूर करने वाले उपकरणों के बिना ही, उस रात का, और जीवन के अनुभवों का सामना करना है।

ऐसा लगता है कि रामविलास जी को प्रेमचन्द की कलात्मक श्रेष्ठता पर सहज विश्वास है इसलिए वे उसकी व्याख्या या उसका निर्देश करने के बजाय उनकी प्रगतिशीलता को मानक बनाते हैं। प्रेमचन्द की प्रगतिशीलता का स्रोत वे भारतीय जनता से उनके जुड़ाव में देखते हैं।

इसीलिए वे प्रेमचन्द में भारतीय सन्तों की आत्मा और साथ ही किसानों की आत्मा का 'साक्षात्कार' करते हैं। अकारण नहीं है कि वे प्रेमचन्द की तुलना तुलसीदास की प्रसिद्धि और कबीरदास के साहस से करते हैं। कमाल यह कि प्रेमचन्द यह प्रसिद्धि और यह साहस धर्म की चादर के बग़ैर अर्जित करते हैं। मेरी समझ में यह हिन्दी में प्रेमचन्द के महत्त्व का सबसे बड़ा स्वीकार है। प्रेमचन्द के मूल्यांकन में रामविलास शर्मा का यह योगदान अत्यन्त मूल्यवान है।

भारतीय सौन्दर्यशास्त्र की नवमीमांसा : रामविलास शर्मा के सन्दर्भ में

प्रवीण पण्ड्या

सौन्दर्यशास्त्र को भारतीय विशेषण देने पर यह जानना ज़रूरी है कि एक प्रस्थान के रूप में सौन्दर्यशास्त्र का अध्ययन पाश्चात्त्य देन है। चित्र, मूर्ति, वास्तु–स्थापत्य, गीत, वाद्य, नृत्य एवं काव्य को उसमें कला कहा गया है। भारतीय सौन्दर्यशास्त्र में कला, शिल्प एवं काव्य स्वतन्त्र हैं। महाकवि जयशंकर प्रसाद ने 'काव्य और कला' निबन्ध में इस विवेक पर बहुत ज़ोर दिया है। प्रसाद ने तो एक अन्य अन्तर बताया है कि पश्चिम का सौन्दर्यबोध क्रमबद्ध विकास को प्राप्त इकहरा सौन्दर्यबोध है, जबकि भारतीय रंगस्थल पर तो न जाने कितनी संस्कृतियाँ अवतीर्ण और लुप्त हुई हैं, अतः वह संश्लिष्ट व विविधमुख है।

रामविलास शर्मा की सौन्दर्यदृष्टि में भारतीय चिन्तकों के अनेक पक्ष उभरते हैं। मार्क्सवाद मूलतः यूरोप में जन्मी विचारधारा है और जयशंकर प्रसाद भारतीय सौन्दर्यदृष्टि के व्याख्याता हैं। डॉ. शर्मा कामायनीकार प्रसाद की भारतीय सौन्दर्य चिन्तन–सूक्ष्मेक्षिका को पहचान सके हैं। प्रसाद पर अपने लेख के माध्यम से वह भारतीय सौन्दर्यशास्त्र की मीमांसा करते हैं। यहाँ हम मार्क्सवादी विचारक–मनीषी डॉ. शर्मा की प्रसाद की दृष्टि के आलोक में की गयी भारतीय सौन्दर्यशास्त्र की नवमीमांसा पर विचार करेंगे।

पश्चिमी भूमि पर सौन्दर्यशास्त्र का अर्थ कलाओं का शास्त्र है और उनमें संगीत सबसे ऊँची कला है। काव्य भी कला है और उसकी महत्ता का आधार उसमें संगीत का होना है। भारत का सौन्दर्यबोध और सौन्दर्यशास्त्र तब एक

अलग आकार लेता है, जब वह, प्रसाद जी के प्रामाण्य से, काव्य को विद्या और कला को उपविद्या मानता है। प्रसाद लिखते हैं–

"सम्भव है कि इसी अमूर्त सम्बन्धिनी महत्ता से प्रेरित हो कर प्लेटो ने प्राचीन काल में कविता को संगीत के अन्तर्गत माना हो। उनकी विचारपद्धति में कविता की आवश्यकता संगीत के लिए है। सम्भवतः अमूर्त संगीत आभ्यन्तर और मूर्त शरीर बाह्य, इन्हीं दोनों आधारों पर कला की नींव ग्रीक दार्शनिकों ने रखी, सो भी बिल्कुल भौतिक दृष्टि से–अध्यात्म का उसमें सम्पर्क नहीं। इसीलिए प्लेटों का शिष्य अरस्तू कला को अनुकरण मानता है। लोकोत्तर आनन्द की सत्ता का विचार ही नहीं किया गया। उसे तो शुद्ध दर्शन के लिए सुरक्षित रखा गया।" (काव्य और कला)

लोकोत्तर आनन्द पश्चिमी चिन्तन में दर्शन का विषय है, काव्य एवं कला का नहीं। वहाँ कला और उसके एक विभेद रूप काव्य की सार्थकता देह और मन की तृप्ति है, जबकि यहाँ के सौन्दर्यशास्त्र के काव्य के विषय में तो यह निर्विवाद रूप में कहा जा सकता है कि उसका अन्तिम छोर लोकोत्तर आनन्द या परम सत्य की उपलब्धि है। भारतीय सौन्दर्य चिन्तन में कवि ऋषि है, जबकि किसी कवि को पश्चिम ऋषि नहीं मान सकता। प्लेटो (ईसा पूर्व 428 से 348) के अनुसार संगीत एवं लय ही काव्य के प्रभावी तत्त्व हैं, वे ही उसका सौन्दर्य हैं। निस्सन्देह, प्लेटो के शिष्य अरस्तू काव्य को तीसरे पायदान का अनुकरण नहीं मानकर प्रकृति का अनुकरण मानते हैं और उसे कवि की चेतना (अन्तःकरण) से संवलित होकर प्रकट होने से पुनःसृजन कहते हैं, काव्य के प्रभाव को अमंगलकारी कहने वाले प्लेटो के चिन्तन के सामने विरेचन का सिद्धान्त प्रस्तुत कर उसके शिवत्व की घोषणा करते हैं किन्तु वह काव्य को अनुकरणमूला कला मानते ही हैं। अरस्तू के काव्यगौरव की यह सीमा है। अरस्तू अपने गुरु प्लेटो के उस आधारभूत दृष्टिकोण से दूर नहीं जा सके हैं, जिसके अनुसार काव्य को संगीत के लिए उपादेय माना है। प्लेटो प्रत्ययवादी और अरस्तू द्रव्यवादी होते हुए भी समान रूप से ग्रीक की आध्यात्मिक विभूतियाँ हैं। यह पड़ताल की जानी चाहिए कि ग्रीक का यह अध्यात्म पदार्थवादी डेमोक्रेटिस के अनुकरण का आधार लेकर विचार क्यों करता है और क्यों वह सामाजिक मूल्यों (नैतिकता) से आगे नहीं बढ़ सका। उपयोगिता के आधार पर काव्य, शिल्प, संगीत की विवेचना का सौन्दर्यशास्त्र रचने की क्या परिणतियाँ हुई और काव्य को विद्या व कला को उपविद्या मानने के क्या निहितार्थ हैं, इस पर बहस की गुंज़ाइश है।

प्लेटो, अरस्तू आदि अनुकरण के मानदण्ड पर काव्य और अन्य कलाओं का मूल्य (उपयोगिता) निर्धारित करते हैं। पश्चिम की पूरी परम्परा में यह मान्य मानदण्ड है। इसे वहाँ दो महान दार्शनिकों काण्ट एवं हीगेल ने चुनौती दी। हीगेल ने बहुत गहन विचार करते हुए कला (और काव्य) को दर्शन के समकक्ष स्थान दिया। वह कला के मूल्य (उपयोगिता) का निर्धारण कर उसे सीमित कर देने, उसके विस्तार को थोड़ा करके आँकने का विरोधी है। डॉ. मथुरेश नन्दन कुलश्रेष्ठ ने अपनी पुस्तक 'अनुकरण सिद्धान्त और काव्य' में हीगेल की मान्यता को इन शब्दों में अंकित किया है : "कला का महत्तम तथा अन्तिम लक्ष्य दर्शक या पाठक की चेतना में मानवता के गम्भीरतम प्रश्नों और आध्यात्मिक दृष्टिकोण को जाग्रत करना है" (पृ.113)

हीगेल के बाद कॉलरिज आदि अनेक महत्त्वपूर्ण विचारक अनुकरण को सौन्दर्यशास्त्र के मानदण्ड के रूप में ख़ारिज करते हैं, किन्तु उपयोगिता की दृष्टि व उपयोगितावाद सम्भवतः पश्चिमी जीवन का केन्द्र है। फलतः, बीसवीं शताब्दी में उसका सौन्दर्य विचार पुनः अनुकरण पर टिक गया। भारतीय सौन्दर्यशास्त्र का पश्चिमी सौन्दर्यशास्त्र से मौलिक अन्तर यह है कि उसके समस्त विचार का केन्द्र प्रतिभा है, जबकि पश्चिमी सौन्दर्यशास्त्र की नाभि अनुकरण है। एक मनुष्य की स्वतन्त्र चेतना के साथ कला और काव्य को देखता है तो दूसरे के लिए वह स्थान केवल दर्शन (बुद्धि) के लिए सुरक्षित है। काव्य व अन्य कलाएँ पश्चिम के लिए मुक्ति के नहीं, भुक्ति के साधन हैं। प्रगतिवाद और अस्तित्ववाद बीसवीं सदी में पाश्चात्य भुक्तिमय मानस के दो नये पक्ष उभरते हैं। यहाँ तक की यात्रा में वहाँ अनुकरण काव्य व कला का मुख्य निकषोपल है। संरचनावाद और उत्तर–संरचनावाद इस परम्परा की पराकाष्ठा है कि अन्ततः काव्य व कलाओं की मृत्यु घोषित की जाती है। भारतीय सौन्दर्यशास्त्र में काव्य एवं कला की मृत्यु की कल्पना नहीं की जा सकती, यद्यपि वह अन्तःकरण की सीमा में आबद्ध व्यक्ति के विसर्जन, विसर्ग की बात भी करता है। विसर्ग शब्द सर्ग के बिना और विसर्जन शब्द सर्जन के बिना अस्तित्व में नहीं आता है। लोप और लय प्राकट्य की अपेक्षा से प्रयुक्त हैं। मृत्यु को मृत्युमात्र नहीं माना जाये, अपितु यात्रा के पड़ाव मानकर उसकी चपेट में आये व्यक्ति को प्रेत (प्रकृष्ट वाचक प्र और गति वाचक इ से प्रेत शब्द बनता है।) कहकर गति प्रदान की जाये, वहाँ जीवन को देखने की दृष्टि, उसके सौन्दर्य को बूझने की सूझ तात्कालिक माँग से

जुड़ी तत्कालीन उपयोगिता की अपेक्षा त्रैकालिक प्रतिभा से जुड़ती है तो वह उसकी स्वाभाविक परिणति है।

(2)

भारतीय सौन्दर्यदृष्टि में न तो काव्य कला है और न कला पश्चिमी तात्पर्य का अनुकरण है। नवीन वैचारिक फलक पर भारतीय सौन्दर्यदृष्टि को प्रतिपादित करने की दृष्टि से आचार्य रामचन्द्र शुक्ल और महाकवि जयशंकर प्रसाद दोनों को एक साथ देखना होगा। प्रसाद जी का संक्षिप्त कलेवर निबन्ध 'काव्य और कला' भारतीय सौन्दर्यदृष्टि का एक तरह से ब्रह्मसूत्र है। प्लेटो, अरस्तू आदि यूनानी विचारक की मूल दृष्टि एवं उस पर विकसित समग्र पश्चिमी कलासमीक्षा परम्परा के साथ अन्यत्र दुर्लभ, सूक्ष्म टकराहट प्रसाद जी के आलेख में है।

पश्चिमी सौन्दर्यशास्त्र के मूल में जहाँ दर्शन (शास्त्र) को लोकोत्तर आनन्द (सत्य) के 'साक्षात्कार' का स्रोत मानते हुए काव्य को तदर्थ अयोग्य माना गया है, वहीं जयशंकर प्रसाद भारतीय सौन्दर्य दृष्टि का प्रस्ताव करते हुए शास्त्र को काव्य के सामने अकिञ्चित्कर बताते हैं। भारतीय सौन्दर्यदृष्टि में कवि ऋषि हैं। दार्शनिक ऋषि से एक क़दम पीछे होता है। भारतीय सौन्दर्य चिन्तन की यह स्थापना उसे एक भिन्न स्तर पर ले जाती है। आनन्दवाद और दुःखवाद सत्य के दो पक्ष हैं, कोई भी एकांगी रूप में सत्य नहीं हो सकता। दोनों को सत्य (पूर्ण) होने के लिए दूसरे की अनुपपत्ति नहीं, अपितु उपपत्ति दिखानी होगी। विषयान्तर होने के बावजूद रवीन्द्रनाथ ठाकुर एवं महात्मा गाँधी के बीच असहयोग आन्दोलन को लेकर मतभेद एवं उस सन्दर्भ में मोक्ष एवं निर्वाण के स्वरूप पर चिन्तन को यहाँ उद्धृत करना पूर्वोक्त वाक्य को समझने में उपयोगी होगा। असहयोग आन्दोलन की आलोचना करते हुए गुरुदेव रवीन्द्रनाथ ने उसे बौद्धों के निर्वाण के समान जीवन के प्रति अभावात्मक, खण्डनात्मक दृष्टि बताया है:

"मुक्ति हमारा ध्यान सत्य के मण्डनात्मक पक्ष की ओर और निर्वाण उसके खण्डनात्मक पक्ष की ओर खींचता है। इसलिए बुद्ध ने इस बात पर ज़ोर दिया कि संसार दुःखमय है और उससे छुटकारा पाना हमारा धर्म है, और ब्रह्मविद्या ने इस बात पर ज़ोर दिया कि संसार आनन्दमय है और उस आनन्द को प्राप्त करना हमारा परम कर्तव्य है।" (सम्पूर्ण गाँधी वाङ्मय, खण्ड बीस, पृ. 163)

गुरुदेव यहाँ सत्य के अनुसन्धान स्तर पर भारत की दोनों दृष्टियों की एकता को देख रहे हैं, किन्तु प्रतिपादन के स्तर पर दोनों की भिन्नता को रेखांकित करते हैं। बापू का प्रत्युत्तर थाः

"मैं साहस के साथ यह भी कह सकता हूँ कि जिस हद तक निर्वाण अभावात्मक दशा है, उसी हद तक मुक्ति भी अभाव की सूचक अवस्था है। शरीर के बन्धन से छुटकारा पाना या उस बन्धन का बिल्कुल नाश कर देना आनन्द प्राप्त करना है। मैं अपनी दलील के इस हिस्से को ख़त्म करते हुए इस बात की ओर ध्यान खींचना चाहता हूँ कि उपनिषद्दों के रचयिताओं ने ब्रह्म का सबसे अच्छा वर्णन 'नेति नेति' कहकर किया है।" (सम्पूर्ण गाँधी वाङ्मय, खण्ड बीस, पृ. 163)

यह विषयान्तर है कि इसमें काव्य या कला का विचार नहीं है। इसकी प्रासंगिकता यह है कि भारतीय सौन्दर्यदृष्टि सत्य के इन दोनों पहलुओं को लेकर चलती है। पतन केवल राजनीतिक नहीं होता है, वह तो जीवन के अंश–अंश में व्याप्त होता है। पतन के समय में अनेक एकांगी विचारों को मनुष्य अपनी पतनोन्मुखता की ढाल बना देता है। भारतीय सौन्दर्यशास्त्र की नयी व्याख्या का तात्पर्य उसे उसकी सम्पूर्णता में देखना, ग्रहण करना है। रामविलास जी अपने अग्रजन्माओं आचार्य शुक्ल एवं महाकवि प्रसाद के पथ पर जाकर अपने आपको इसी में खपा देते हैं।

जयशंकर प्रसाद ने सत्य के दो पक्ष श्रेय एवं प्रेय बताये हैं–"शास्त्र में श्रेय का आज्ञात्मक ऐहिक और आमुष्मिक विवेचन होता है और काव्य में श्रेय और प्रेय **दोनों का सामंजस्य** होता है।"

प्रसाद काव्य को उपयोगिता के आधार पर तोलने की पश्चिमी दृष्टि के सामने भारतीय सौन्दर्यशास्त्र का पक्ष जिस स्पष्ट विवेक के साथ रखते हैं, वह उनकी प्राच्य–पाश्चात्य सौन्दर्य दृष्टियों का गहन बोध है–

"शास्त्र मानव समाज में व्यवहृत सिद्धान्तों के संकलन हैं। **उपयोगिता उनकी सीमा** है। काव्य या साहित्य आत्मा की अनुभूतियों का नित्य नया–नया रहस्य खोलने में प्रयत्नशील है, क्योंकि आत्मा को मनोमय, वाङ्मय और प्राणमय माना गया है।"

प्लेटो ने महाकवि होमर के काव्य की जो आलोचना की है और जिस तरह काव्य एवं कला को कठघरे में खड़ा किया है, उसके आधार–मानदण्ड *उपयोगिता* को प्रसाद जी ने सीमा बता दिया है। भारतीय सौन्दर्यदृष्टि में

काव्य और कला *उपयोग* पर कसने योग्य **जड़ अनुकरण** नहीं, अपितु मनोमय, वाङ्मय, प्राणमय आत्मा की अनुभूतियों का नित्य नया–नया रहस्य खोलने में प्रयत्नशील **स्पन्दमयी प्रतिभा** है।

प्रसाद ने भारतीय सौन्दर्यशास्त्र की एक अन्य मौलिकता को रेखांकित किया है कि 'काव्य और कला भिन्न वर्ग की वस्तु हैं।' संगीत (गीत, नृत्य, वाद्य) एवं शिल्प (मूर्ति, वास्तु) कलाएँ हैं। फलतः, भारतीय सौन्दर्यशास्त्र काव्य को कला का कोई एक भेद मानकर लय व संगीत के आधार पर उसके सौन्दर्य की समीक्षा नहीं करता है। काव्य में प्रतिभा अप्रतिहत विचरण करती है, जबकि कला में वह सीमित हो जाती है। काव्य की संरचना को प्रसाद जी ने कला माना है। प्रसाद जी के अनुसार 'व्यञ्जना (अभिव्यक्ति, संरचना) वस्तुतः अनुभूतिमयी प्रतिभा का स्वयं परिणाम है, क्योंकि सुन्दर अनुभूति का विकास सौन्दर्यपूर्ण होगा ही।' यहाँ प्रसाद भारतीय सौन्दर्यशास्त्र की परमार्थ में अद्वैत, अखण्डता की दृष्टि आविष्कृत करते हैं। प्रसाद भारतीय सौन्दर्यशास्त्र को अनुभूतिप्रधान मानते हैं। कला की समीक्षा का मानदण्ड यह है कि वह अनुभूति से कितनी जुड़ी हुई है। काव्य तो 'आत्मा की संकल्पात्मक अनुभूति' है ही। प्रसाद कहते हैं–

"आत्मा की मनि–शक्ति की वह असाधारण अवस्था जो श्रेय सत्य को उसके मूल चारुत्व में सहसा ग्रहण कर लेती है, काव्य में संकल्पात्मक मूल अनुभूति कही जा सकती है।"

आत्मा मनोमय, वाङ्मय, प्राणमय होने से उसमें तीन शक्तियाँ हैं–

"अयमात्मा वाङ्मयः, मनोमयः प्राणमयः (बृहदारण्यक)। उपविज्ञात प्राण, विज्ञात वाणी और विजिज्ञास्य मन है। इसीलिए कवित्व को आत्मा की अनुभूति कहते हैं। **मनि** शक्ति और मनि से उत्पन्न हुई अथवा ग्रहण की गयी **निर्वचन करने की** वाक्शक्ति और इनके **सामंजस्य को स्थिर करने वाली सजीवता** अविज्ञात प्राणशक्ति ये तीनों आत्मा की मौलिक क्रियाएँ हैं।"

मनि, निर्वचन एवं इन दोनों के सामंजस्य की प्रतिष्ठापक सजीवता अनुकरण नहीं, प्रतिभा है। इनमें सामञ्जस्य की प्रतिष्ठापक प्राणशक्ति अविज्ञात है। अनुकरण प्लेटो–अरस्तू के उपयोगितावाद का मानदण्ड है और वह पाश्चात्य सौन्दर्यशास्त्र के समस्त विचारवादों में अनुस्यूत है। उपयोगितावाद के विरोध में खड़े होने वाले क्रोचे के अभिव्यंजनावाद में भी प्रतिभा की अपेक्षा

अनुकरण ही प्रभावी है कि वह अनुभूति को अपेक्षित महिमा में प्रतिष्ठित नहीं कर सके हैं। हीगेल अवश्य काव्य व कला को अनुकरण से सर्वथा भिन्न दृष्टि से देखते हैं।

वाक् शब्द का अर्थ प्रसाद ने वाणी किया है और वाणी को विज्ञात बताया है। वाक् या वाणी वास्तव में समस्त विज्ञात या दृश्यमान या स्थूल पदार्थों के लिए वेद में प्रयुक्त हुआ है। उदाहरण के तौर पर व्यक्ति का शरीर (वाक) स्थूल है, उसका प्राण स्थूल–सूक्ष्म है एवं उसका मन सूक्ष्म है। भारतीय सौन्दर्यदृष्टि या सांस्कृतिक दृष्टि वाक् से मन तक की यात्रा है, वह केवल मनोमयी नहीं है। यह किसी सोपान से जब आगे बढ़ती है तो उस सोपान को लिए हुए आगे जाती है। वैदिक शब्दावली में साम (विस्तार) ऋक् (स्थूल) से आरब्ध होकर यजुः (प्राण या गति) को लेते हुए अपनी पराकाष्ठा के विस्तार साम (सूक्ष्म) तक पहुँचता है। संसार की यात्रा यहीं तक है। उसके आगे अथर्व (जिसे सूक्ष्मतम कह सकते हैं, किन्तु वह किसी अपेक्षा से परे होने से अवाच्य) है।

(3)

सौन्दर्यशास्त्र मूलतः मनुष्य की वह दृष्टि है, जिससे वह वस्तुओं को पहचानता है एवं उसके माध्यम से स्वयं को प्रकट करता है। भारतीय मनीषा ने मनुष्य को दो धरातलों पर देखा है : एक, परमार्थ के स्तर पर वह चेतना है। दो, व्यावहारिक स्तर पर उसका अन्तःकरण उसका अपना स्वरूप है। अन्तःकरण के स्तर पर मनुष्य का जो स्वरूप बनता है, उसे वह अपने देश–काल से अर्जित करता है। सौन्दर्य की अवधारणा करते समय भारतीय मनीषा की एक अनिवार्य परिणति को ध्यान में रखना होगा कि वह अन्तःकरण के स्वरूप को पहचानने के बाद उसके विसर्जन पर बल देती है। अतएव उसके किसी भी प्रस्थान का परिपाक निर्वाण या मोक्ष है। निर्वाण या मोक्ष सत्य है। वह सत्य अन्तःकरणों की सीमाओं में नहीं है। भारत की सौन्दर्यदृष्टि का परम अवस्थान, पराकाष्ठा, अन्तिम छोर आत्मदर्शन रूप सत्य की प्राप्ति है।

आत्मदर्शन रूप सत्य की प्राप्ति भारत का ब्रह्म है और उपयोगिता, भौतिकता क्षत्र है। भारत का इतिहास, दर्शन एवं स्वयं जीवन्त समाज ब्रह्म एवं क्षत्र का द्वन्द्व इतिहास, दर्शन एवं समाज है। पश्चिम ने इसे अपने मानदण्डों पर जिस तरह रखा, वह उसकी ब्रह्मविमुखता (आत्मबोध वैमुख्य) एवं सर्वथा

पतित हो चुके क्षत्रत्व का प्रमाण है। ब्रह्म में कोई गति नहीं है। स्थिति एवं गति की परिभाषाएँ क्षत्र में बनती है। भारत न ब्रह्म से विमुख है और न वह क्षत्रमात्र में उन्मुख। क्षत्र के बिना ब्रह्म मिथ्याचार और ब्रह्म के बिना क्षत्र अत्याचार है। वाजसनेयी माध्यन्दिनी शुक्ल यजुर्वेद में एक ऋचा है–

यत्र ब्रह्म क्षत्रं च सम्यञ्चौ चरतः सह।
तल्लोकं पुण्यं प्रज्ञेषं यत्र देवाः सहाग्निना।।

(अध्याय 20, कण्डिका, 25)

क्षत्रत्व को ऊर्ध्वमुखी बनाकर ब्रह्म के साथ उसके संवाद रचना यहाँ के जीवन, काव्य एवं कला–तीनों का अभीष्ट है। डॉ. रामविलास शर्मा भारतीय सौन्दर्यशास्त्र की नवमीमांसा इस रूप में करते हैं कि वह अपने समग्र काव्यालोचन में ऊर्ध्वमुखी क्षत्र दृष्टि का प्रतिपादन करते हैं। वह तुलसी के आध्यात्मिक व दार्शनिक नहीं, अपितु सामाजिक मूल्यों को खोजते हैं। इस वाक्य का अर्थ यह नहीं किया जाये कि तुलसी के कोई आध्यात्मिक या दार्शनिक मूल्य नहीं हैं या उन्हें डॉ. शर्मा देख नहीं सके हैं। बीसवीं शताब्दी के भारत के शक्तिकेन्द्र अद्वैती स्वामी विवेकानन्द भारत की भूखी–नंगी जनता की पीड़ा को जिन स्पष्ट शब्दों में कह रहे थे, वे कोई क्षीणबल शब्द नहीं थे। उसी समय तिलक गीता में कर्मठता खोज रहे थे। गाँधी तो कर्म व ब्रह्म दोनों का एक अधिष्ठान थे। मुक्ति की खोज की जा रही थी। एक सुदीर्घ दासता और अन्धकार को लेकर भारत स्वयं अनिश्चित था कि वह क्या है अथवा उसे क्या होना है। क्या उसे मीरा, तुलसी, कबीर के पद गाना है और किसी भगवान की प्रतीक्षा करनी है अथवा अपने (स्वयं व स्वदेश) को दुर्दशा से उबारना है। इस समय एक पूरी परम्परा राजनीति, धर्म, शिक्षा, समाज, कला एवं साहित्य में प्रकट होती है, जो बताती है कि उसकी श्रद्धा के पात्र मीरा, तुलसी और कबीर के पद इकहरे न होकर इह (देह एवं तत्सम्बद्ध सम्पत्ति) और पर (देह एवं तत्सम्बद्ध सम्पत्ति से परे स्थित) लोक (जीवन दृष्टि) के अनुपम सामंजस्य, सामरस्य के साधक हैं। डॉ. रामविलास शर्मा उसी महापरम्परा के प्रबल नक्षत्र हैं। उनकी मार्क्सवादी समझ सूक्ष्म एवं जीवन्त थी। वे न केवल भारतीय परम्पराओं एवं साहित्य को मार्क्सवादी आधारों पर परखते थे, अपितु मार्क्सवाद को उनके आलोक में देखने का यत्न भी करते थे। उनका लेखन उनके अपने जीवन की भारतीयता और मार्क्सवाद की पाश्चात्यता के बीच का संवाद है। यह उनका सामर्थ्य है

कि तुलसी जैसे आध्यात्मिक महाकवि को भौतिकवादी न्याय और उसके सामाजिक मूल्यों का प्रवक्ता घोषित करते हैं।

डॉ. रामविलास शर्मा के सामने मार्क्सवादी सौन्दर्यसिद्धान्त प्रगतिवाद के अलावा दो महत्त्वपूर्ण चिन्तक थे–आचार्य रामचन्द्र शुक्ल एवं महाकवि जयशंकर प्रसाद। डॉ. रामविलास शर्मा इन दोनों को अपनी प्रगतिवादी चेतना की सीमा तक ग्रहण करते हैं और उनकी दृष्टियों का उसके भीतर विकास एवं व्याख्या करते हैं। डॉ. शर्मा को कोई भ्रम नहीं है कि आचार्य शुक्ल साम्यवाद समेत किसी पश्चिमी सौन्दर्य सिद्धान्त को स्वीकार नहीं करते हैं। उन्हें यह भी ज्ञात है कि प्रसाद की प्रेरणा के स्रोत आर्य संस्कृति एवं वैदिक व शैवागमिक दृष्टि है।

डॉ. शर्मा अपने समय में दो जड़ताओं से जूझ रहे थे–एक थी भारतीयता की एकांगी व्याख्या से उत्पन्न जड़ता एवं दूसरी थी फॉर्मूला–बद्ध मार्क्सवाद की जड़ता। इन दोनों के विश्लेषण के साथ वह भारतीय सौन्दर्यशास्त्र की नयी मीमांसा कर रहे थे। विश्व की मूर्त्तता का अपलाप करके और मूर्त्त विश्व की ओर आँखें मूँद कर भारतीयता की जो सौन्दर्य परिभाषा गढ़ी जा रही थी, डॉ. शर्मा ने उसका सार्थक प्रतिवाद किया है।

भारतीय सौन्दर्यसिद्धान्त के एक सर्वमान्य प्रतिपादक महाकवि प्रसाद की समालोचना में डॉ. रामविलास शर्मा तीन बातें स्पष्ट करते हैं। एक, प्रगतिवादी सौन्दर्यदृष्टि चेतना को अस्वीकार नहीं करती है। दो, प्रगतिवादियों की चेतना 'भूत या पदार्थ का गुण' है। तीन, भारतीय दृष्टि की चेतना पदार्थ का गुण नहीं है–"प्रसाद जी भौतिक जगत् को सत्य मानते हैं लेकिन उनके लिए चेतना भूत या पदार्थ का ही एक गुण नहीं है जैसे कि वह द्वन्द्वात्मक भौतिकवादियों के लिए है।" (परम्परा का मूल्यांकन, पृ. 137)

डॉ. रामविलास शर्मा के अधिकतर निबन्ध भारतीय सौन्दर्यदृष्टि में मूर्त्त व भौतिक जगती के अबहिष्कार को प्रतिपादित करने के लिए हैं। 'परम्परा का मूल्यांकन' में उन्होंने सबसे पहले किसी सर्जक को विचार का विषय बनाया है तो वह नाटककार भवभूति हैं। यूनानी नाटककारों के नाटकों में देवसापेक्ष न्यायव्यवस्था होती है। रामविलास जी लिखते हैं–

'यूनानी नाटकों का मूल सूत्र है न्याय व्यवस्था और मानव का संघर्ष। न्याय व्यवस्था देवताओं के हाथ में है। उससे टकराता है सीमित शक्तिवाला मनुष्य। संघर्ष देखकर दर्शक के मन में उत्पन्न होती है अगाध करुणा।

देवताओं की व्यवस्था का उल्लंघन करने से पीड़ित होता है देवताओं के लिए अग्नि लाने वाला प्रोमीथिउस। इदीपुस के जन्म से पहले देवताओं ने व्यवस्था कर दी है कि वह पिता की हत्या करेगा, माता से सन्तान उत्पन्न करेगा, दर–दर की ठोकरें खायेगा। कुछ नाटककारों के लिए यह व्यवस्था न्यायपूर्ण है, कष्ट पाने पर भी उसे स्वीकार करना होगा। कुछ अन्य–विशेषतः यूरीपिदीस के लिए–वह अन्यायपूर्ण है और अस्वीकार के योग्य है। दोनों ही स्थितियों में सामान्य बात यह है कि व्यवस्था के लिए उत्तरदायी हैं देवता, न कि मनुष्य।' (परम्परा का मूल्यांकन, पृ. 30–31)

यह यूनानी साहित्य यूरोप की ऐतिहासिक विरासत है। शेक्सपियर की महत्ता यह है कि 'व्यवस्था मूलतः मानवकृत है, अपने कर्म एवं दुःख के लिए मनुष्य स्वयं उत्तरदायी है, वह जिस व्यवस्था से टकराता है, वह देव–निरपेक्ष है।' (परम्परा का मूल्यांकन, पृ. 30–31)

डॉ. रामविलास शर्मा का प्रतिपादन है कि महाकवि भवभूति (8वीं शताब्दी) ने शेक्सपियर (1564–1616) से पहले मनुष्य और मनुष्य कृत व्यवस्था की टकराहट को चित्रित किया। जिस नियतिवाद से यूरोपीय साहित्य सर्वप्रथम शेक्सपियर के द्वारा सोहलवीं सदी में चुनौती देता है, वह नियतिवाद भारतीय साहित्य में तो कभी मुख्यता को प्राप्त नहीं कर सका है। अन्यायपूर्ण व्यवस्था को नियति मानकर स्वीकारना भारत की सौन्दर्यदृष्टि नहीं है। डॉ. शर्मा लिखते हैं–

'कुछ लोग प्राचीन परम्परा के नाम पर जनता को गुमराह करते हैं, वे निष्क्रियता और भाग्यवाद की भावनाओं को ही सच्ची परम्परा कहकर उन्हें पूजते–पुजवाते हैं। इतिहास के प्रति अवैज्ञानिक दृष्टिकोण रखने वाले कुछ लेखक प्रगतिशीलता के नाम पर यही बात दुहराते हैं और दार्शनिक क्षेत्र में सन्त परम्परा के दूसरे पक्ष को छोड़ देते हैं, जहाँ लोक–जीवन और लौकिक जीवन की स्वीकृति है।' (परम्परा का मूल्यांकन, पृ. 48–49)

भारतीय सौन्दर्यदृष्टि की ग़लत पहचान एवं उसके ग़लत मूल्यांकन को डॉ. शर्मा चुनौती देते उसके स्वरूप को पाने के लिए तुलसी, कालिदास एवं भवभूति से होते हुए वेद तक जाते हैं। 'भारतीय सौन्दर्य बोध और तुलसीदास' पुस्तक में रामविलास जी ने कला एवं काव्य समेत पूरे सौन्दर्य पर महत्त्वपूर्ण अध्यवसाय किया है। उसके पहले लेख में वह 'वैदिक कवियों के सौन्दर्यबोध' पर विचार करते हैं। इसमें ऋग्वेद में आभूषण, केश–विन्यास,

वस्त्र–सज्जा, मनुष्य और पशु के देह के सौन्दर्य से लेकर इन्द्रियबोध और आनन्द, क्रीड़ा, मैत्री, पारिवारिक जीवन, प्रेम तक की भारतीयों की सौन्दर्य दृष्टि को उदाहृत की है। डॉ. रामविलास शर्मा का प्रतिपाद्य है कि वेद कोई काल्पनिक उड़ान नहीं है। वह जीवन के ठोस धरातल से जुड़ा हुआ है एवं भारतीय का जीवनबोध एवं सौन्दर्यबोध उसी से आविर्भूत हुआ है। पीसने की क्रिया हिन्दी में प्रचलित है। गेहूँ पीस कर आटा बनाया जाता है। मूलतः यह पिश धातु है, जो किसी को टुकड़ों में बाँटने (पिश अवयवकरणे) के अर्थ में है। पीसना या अवयव बनाना एक नयी सृष्टि है।

ओ३म् य इमे द्यावापृथिवी जनित्री रूपैरपिंशद् भुवनानि विश्वा।
तमद्य होतरिषितो यजीयान् देवं त्वष्टारमिह यक्षि विद्वान् ।। 10.110.9

(जिसने विश्व के जनेता द्यावा और पृथिवी को
देव, तिर्यग्गतियों, मनुष्य, पशुओं आदि से,
अवयवों से,
बाँटा, रूप दिया।
हे होता, हमारी प्रार्थना से आज तुम
उस त्वष्टा का यजन करो।)

सृष्टि के बिना रूप या सौन्दर्य या आकार नहीं है। अथवा आकार या रूप से सृष्टि है। उन्होंने वैदिक कवियों की सौन्दर्यवाचक क्रियाओं एवं शब्दों की ओर ध्यान खींचा है। पेश, चित्र, चारु, शोभा, श्री आदि सौन्दर्य के वाचक शब्द हैं और पिश, शुभ सौन्दर्यवाचक क्रियाएँ हैं। डॉ. शर्मा ऋग्वेद से अनेक उद्धरण (एक तरह से उनका यह लेख उद्धरणबहुल लेख है) देते हैं कि भारतीय सौन्दर्यदृष्टि को उसके उपलब्ध प्राचीनतम प्रमाण के आलोक में देखते हुए उसका स्व–रूप या आत्म–रूप निर्धारित करना चाहिए। उन्होंने ऋग्वेद के 10 वें मण्डल के 68 वें सूक्त की 11 वीं ऋचा से उद्धरण देते हुए लिखा–"जैसे काले घोड़े को सोने के आभूषणों से सजाते हैं, वैसे ही पितरों ने नक्षत्रों से आकाश को सजाया।" (भारतीय सौन्दर्य बोध और तुलसीदास, पृ. 38)

वैदिक कवि को रात का काला आकाश अपने जन–जीवन का काला घोड़ा प्रतीत हुआ और काले आकाश के नक्षत्रों में उसे काले घोड़े पर सजाये स्वर्णाभूषण दिखे हैं। यह दर्शन एवं वर्णन वास्तविक होने से अनुकरण नहीं है, अपितु यह दर्शन एवं वर्णन स्पन्दमयी चेतना (प्रतिभा) के बिना सम्भव नहीं है।

दशम मण्डल के उल्लेखित इस एक सूक्त को ही लें तो वह भारतीय सौन्दर्य दृष्टि के स्व–रूप को जानने में पर्याप्त होगा। इस सूक्त में पकी फ़सलों की रखवाली करते किसानों की पक्षियों को उड़ाते हुए आवाज़ें करने (उदप्रुतो न वयो रक्षमाणा वावदतो अभ्रियस्येव घोषाः), पति–पत्नी के घुल–मिल कर एक हो जाने (जने न मित्रो दम्पती अनक्ति), सूदखोर से ब्याज पर बीज, जौ बोने (ऊपे यवमिव स्थविभ्यः), गायों के खुरों से भूमि का आवरण भिद जाने (भूम्या उद्गेव वि त्वचं बिभेद), दाँतों से घिरे हुए भोजन, भक्ष्य को जीभ के गटक जाने (दद्भिर्न जिह्वा परिविष्टमादत), पक्षी के अण्डे को फोड़ बच्चों को बाहर निकालने (आण्डेव भित्त्वा), मज्जा को खुरच कर हड्डी से बाहर निकालने (निर्मज्जानं न पर्वणो जभार), पाला पड़ने (हिमेव पर्णा मुषिता वनानि) आदि हमारे जन–जीवन की क्रियाएँ हैं। वेद की सौन्दर्यदृष्टि जन–जीवन या इहलोक के सहित अध्यात्म का अनुसन्धान है। पितर (पालक देवता) जब आकाश को सजाते हैं तो यह उनकी उत्सवप्रियता है। वैदिक ऋषि–कवि को वह घोड़े को सजाना लगा। जिस घोड़े का जीवन में साथ है, उसे सँवारने में वह सजग है। यह सजावट द्युलोक एवं इहलोक में सृष्टि करना है। आकाश जब नीरूप है, तब वहाँ केवल अन्धकार (असृष्टि) है, निराकारता है। जब उसे आकार या रूप दिया जाता है तो वहाँ सर्जन होता है। यह सर्जन निराकार का साकार होना, अरूप का रूप को पाना है। यह सब द्वन्द्व, द्वैत, सखण्ड (काले घोड़े व स्वर्णाभूषण, काले आकाश एवं जगमगाते नक्षत्रों) में घटित होता है। द्वन्द्व, द्वैत, सखण्ड अद्वन्द्व–अद्वैत–अखण्ड का निषेध नहीं, प्रतिपादन है। यह द्वन्द्व, द्वैत, सखण्ड हमारा लोकजीवन या व्यावहारिक जगत् है। वैदिक कवि पूर्णदृष्टि को जीता है। उसके लिए लोकजीवन साकार सत्य है। वह उसकी कविता है। कवि उसका स्पन्दमयी चेतना के धरातल पर दर्शन एवं वर्णन करते हैं।

ऋग्वेद के ऐतरेय ब्राह्मण में कुछ शस्त्रों (सामवेद की स्तुतियाँ जैसे स्तोत्र कहलाती हैं, वैसे ही ऋग्वेद की स्तुतियाँ शस्त्र कहलाती हैं) को शिल्प शस्त्र कहा गया है। नाभानेदिष्ठ, वालखिल्य आदि ऋषियों द्वारा दृष्ट एवं उन्हीं के नामों वाले शिल्पशस्त्र जीव के निर्माण की पूरी प्रक्रिया बताते हैं। निर्माण एक सामुदायिक कर्म है, अतः वह कृति नहीं, संस्कृति है। सम् उपसर्ग अनेक के एक होने का अर्थ है। यहाँ जो आत्मसंस्कृति बनती है,

उसमें नाभानेदिष्ठ (अनिरुक्त, अव्याकृत मूल तत्त्व), वालखिल्य (प्राण), वृषाकपि (देह), एवयामारुत (खाद्यान्न) आदि का सर्ग है। वैदिक सौन्दर्यदृष्टि भारतीय संस्कृति एवं भारतीय सौन्दर्यशास्त्र का मुख्याधार है, इस ओर डॉ. रामविलास शर्मा सचेत हैं, यद्यपि वह उसे अपनी सीमाओं में ग्रहण करते हैं। ऐसा करते हुए भी वह भारतीय सौन्दर्यदृष्टि के सर्वांग, समग्र चिन्तन की दिशा में अनुपम योगदान करते हैं।

हिन्दी की प्रगतिशील कविता और रामविलास शर्मा

मधुरेश

रामविलास शर्मा स्वयं उस प्रगतिशील काव्यधारा के महत्त्वपूर्ण कवि हैं, जिसका मूल्यांकन उन्होंने छायावादोत्तर कविता के रूप में किया है। उनकी कविताएँ 'तार सप्तक' में तो संकलित हैं ही, 'रूपतरंग' और 'सदियों के सोए जाग उठे' में भी उपलब्ध हैं। लम्बे समय तक उन्होंने 'अगिया बैताल' के छद्म नाम से व्यंग्य–कविताएँ लिखी हैं। लम्बी कालावधि में निराला सम्बन्धी अपने कार्य के बाद बहुत कुछ उन्हें ही अपने काव्य–प्रतिमानों का आधार बनाकर वे हिन्दी की प्रगतिशील कविता के मूल्यांकन में प्रवृत्त होते हैं। निराला के बाद उनके दूसरे प्रिय कवि केदारनाथ अग्रवाल हैं। अपनी पुस्तक 'रामविलास शर्मा का महत्त्व' (2018) में रविभूषण ने ठीक ही लक्षित किया है कि निराला के 'राग–विराग' के बाद केदार अकेले कवि हैं जिनकी कविताओं का चयन और सम्पादन रामविलास शर्मा ने 'प्रगतिशील काव्यधारा और केदारनाथ अग्रवाल' नाम से किया है। निराला की परम्परा में ही वे केदार को प्रगतिशील कविता में 'क्रान्तिकारी यथार्थवाद के संस्थापक' कवि के रूप में याद करते हैं।

निराला की ही तरह, परवर्ती पीढ़ी में रामविलास शर्मा के जिन दो लोगों से घनिष्ठ और आत्मीय सम्बन्ध रहे वे केदारनाथ अग्रवाल और अमृतलाल नागर हैं। दोनों से ही उनका लम्बा पत्राचार भी रहा। केदार से 'मित्र–संवाद' के रूप में और अमृतलाल नागर से 'अत्र कुशलं तत्रास्तु' के रूप में वह पुस्तकाकार भी उपलब्ध हैं। इन पत्रों में दो मित्रों के बीच बहसों और विचारों की एक दुनिया तो है ही, उस समूचे कालखण्ड का भरा–पूरा परिदृश्य भी सारी हलचलों एवं थरथराहटों के साथ सुरक्षित है। केदार को लिखे अपने

पत्रों में रामविलास शर्मा उन्हें किसान जीवन को देखने–समझने के साथ ही इस जीवन को कविताओं में अभिव्यक्त करने का सुझाव भी देते देखे जा सकते हैं। इसी परम्परा में दो अन्य कवि नागार्जुन और त्रिलोचन हैं। कविताओं के मुक्तिबोध का मूल्यांकन रामविलास शर्मा ने नयी कविता के रूप में किया है।

रामविलास शर्मा की आलोचना विचारधारात्मक संघर्ष के बीच विकसित होने के कारण अपनी प्रकृति में ख़ासी विवादपरक रही है।

उन्हें विवादों से ही ऊर्जा ग्रहण करने वाले आलोचक के रूप में भी पहचाना गया है। निराला पर प्रकाशित उनके पहले निबन्ध से सन् 1934 में और सन् 1941 में 'प्रेमचन्द' नामक अपनी पहली पुस्तक से शुरू होकर उनकी आलोचना की यह प्रकृति कामोबेश सदैव बनी रही। अपने दुर्लभ विचारधारात्मक संघर्ष द्वारा उन्होंने एक विशेष प्रकार के साहित्य का विरोध करके राष्ट्रीय जनवादी और प्रगतिशील साहित्य की प्रतिष्ठा का जो उद्यम किया है, एक आलोचक के रूप में वह उनकी कीर्ति को अक्षुण्ण रखने को पर्याप्त है। वे वस्तुतः एक ऐसे आलोचक हैं जिन्हें आँख मीचकर स्वीकार नहीं किया जा सकता। वे पर्याप्त सजग पाठ की माँग वाले आलोचक हैं। रामविलास शर्मा नयी कविता आन्दोलन को मूलतः प्रगतिशील कविता–विरोधी मंच के रूप में देखते हैं। यह अकारण नहीं है कि केदार, नागार्जुन और त्रिलोचन को वे प्रगतिशील धारा के अन्तर्गत रखकर इनका मूल्यांकन करते हैं, वहीं शमशेर और मुक्तिबोध को वे नयी कविता के शुद्ध परिप्रेक्ष्य के समर्थन में रखते हैं। उनका तर्क है कि मुक्तिबोध और शमशेर दोनों अज्ञेय के 'प्रतीक' और हैदराबाद से प्रकाशित बदरी विशाल पित्ती की 'कल्पना' के प्रांगण में पले–पुसे कवि हैं–मुक्तिबोध अपेक्षाकृत अधिक और शमशेर कम। रामविलास शर्मा लिखते हैं, 'मुक्तिबोध की नयी कविता का विकास पहले अज्ञेय के 'प्रतीक' और फिर हैदराबाद की 'कल्पना' के माध्यम से होता है। ये दोनों पत्रिकाएँ बहुत सजग कम्युनिस्ट विरोधी थीं, (रामविलास शर्मा रचना–संचयन सं. हरिमोहन शर्मा, साहित्य अकादेमी, नयी दिल्ली, संस्करण, 2020, पृ. 362) इसके विपरीत केदार ने मार्क्सवाद को बहुत दृढ़ता से ग्रहण किया। 1945 के आस–पास जब अधिकतर प्रगतिशील कवि मैदान छोड़ चुके थे, केदार 'एकला चलो रे' के अन्दाज़ में दृढ़तापूर्वक अपनी राह चलते रहे, लेकिन फिर जल्दी ही उन्हें एक विश्वस्त साथी के रूप में नागार्जुन मिल गये।

अपनी आलोचनात्मक रणनीति के तहत, रामविलास शर्मा केदार को हमेशा निराला के साथ उनसे युग्म बनाकर प्रस्तुत करते हैं। सन् 1935 के आस–पास सन् 36 में प्रगतिशील लेखक संघ की स्थापना से ही पहले वे काव्य में नये यथार्थवाद के प्रवर्तन का श्रेय उन्हीं दो कवियों–निराला और केदार को देते हैं। केदार के संग्रह 'गुलमेंहदी' में संकलित, 35 में प्रकाशित कविता 'बैठा हूँ। इस केन किनारे' रामविलास शर्मा, इसी के आस–पास बच्चन और नरेन्द्र शर्मा के रोमानी एवं अन्तर्मुखी काव्यबोध के विरोध में ही नहीं, भद्रलोक के विरुद्ध विद्रोह के रूप में प्रस्तुत करते हैं। कविता की जो पंक्तियाँ उन्होंने उद्धृत की हैं, वे ये हैं–

दोनों हाथों में रेती है।
नीचे अगल–बगल रेती है।
रेती पर ही पाँव पसारे।
बैठा हूँ इस केन किनारे (वही, पृ. 356)

इसके बाद रामविलास शर्मा की टिप्पणी है, पाँव पसार कर बैठना वह भी रेती पर, भद्रजनों के व्यवहार में शामिल नहीं है। केदार इस भद्रव्यवहार के ख़िलाफ़ विद्रोह कर रहे हैं। (वही)

नदी बहता हुआ पानी और दूर तक फैला निर्जल कछार, आदमी को स्वाभाविक रूप से आकृष्ट करता है। अगर शीत की अधिकता नहीं है तो आदमी वह सब भी करता है जो केदार विद्रोह के रूप में कर रहे हैं। यह भद्रलोक के विरुद्ध विद्रोह इसीलिए है कि उसे वैसे लिए जाने की सिफ़ारिश एक बड़े मार्क्सवादी आलोचक रामविलास शर्मा कर रहे हैं।

केदार यदि बाँदा की केन नदी पर कविता लिखते हैं, इसी दौर में निराला गोमती के पुल पर कविता लिखते हैं और पुल पर बैठे ढेर सारे वानरों का उल्लेख करते हैं। आज भी यह पुल मंकी ब्रिज के नाम से पहचाना जाता है। निराला की इस 'दान' कविता के साथ उनकी 'सरोज़–स्मृति' का उल्लेख करके रामविलास शर्मा 'काव्य में नये यथार्थवाद' का श्रेय निराला और केदार को सम्मिलित रूप से देते हैं। उनकी टिप्पणी है, 'उदारता की साधना केदार को निराला से विरासत में मिली थी।' (वही, पृ. 365)

केदार के संग्रह 'फूल नहीं रंग बोलते हैं' की एक कविता की दो पंक्तियों को रामविलास शर्मा इस उदारता के प्रमाण–स्वरूप प्रस्तुत करते हैं–

मैं हूँ अनास्था पर लिखा
आस्था का शिलालेख

फिर वे टिप्पणी करते हैं, 'शिलालेख धीरे–धीरे ही लिखे जाते हैं। शिलालेख पढ़े जाते हैं, गाये नहीं जाते। केदार की बहुत–सी कविताएँ शिलालेखों के गद्य में हैं, उनमें लय की ज़बरदस्त विविधता है।' (वही, पृ. 366)

अपने लेख 'केदारनाथ अग्रवाल की कविता में यथार्थ और प्रगतिशीलता' का समापन करते हुए रामविलास शर्मा लिखते हैं, 'केदार जब प्रगतिशील काव्य की मुख्यधारा से कटते हैं, तब कभी इस किनारे की ओर, कभी उस किनारे की ओर बढ़ जाते हैं। पानी का रेला उन्हें इधर–उधर ठेल ले जाता हैं। उनकी कविता के प्रवाह की यह नैसर्गिक दिशा नहीं है। भिन्न दिशा में रची हुई कविताएँ–सूर्याभिमुखी अभिव्यक्ति वाली कविताएँ–परिमाण में तो अधिक हैं ही, वे गुणात्मक रूप से भी बहुत ऊँचे स्तर की हैं। (वही, पृ. 371)

रामविलास शर्मा ने प्रगतिशील काव्यधारा और केदारनाथ अग्रवाल की भूमिका के रूप में जो लेख लिखा है, उसे ही अजय तिवारी ने 'केदारनाथ अग्रवाल' नामक अपनी सम्पादित पुस्तक में 'अधूरी स्वाधीनता और जनवादी क्रान्ति' शीर्षक से सम्मिलित किया है।

तत्कालीन भारतीय कम्युनिस्ट पार्टी की नीति के अनुसार जनता के लिए यह स्वाधीनता अधूरी थी–मात्र सत्ता का हस्तान्तरण। स्वाधीनता के बाद केदार ने अमीर खुसरो की मुकरियों की तर्ज़ पर शोषण भ्रष्टाचार एवं राजनीतिक कदाचार के विरुद्ध काफ़ी–कुछ लिखा। किसान, प्रकृति और पहेली पर केन्द्रित केदार की कविताओं को रामविलास शर्मा बहुत महत्त्व देते हैं। उनके मूल्यांकन का निष्कर्ष है, 'केदार टिमटिमाती लालटेन के नहीं, उगते सूरज के कवि हैं। यह सूरज मनुष्य के भ्रम का सूरज है।' (केदारनाथ अग्रवाल, सं. अजय तिवारी, संस्करण 1986, पृ. 55)

मुरली मनोहर प्रसाद सिंह ने 'रामविलास शर्मा संचयिता' में अपनी भूमिका के अतिरिक्त, हर लेख पर अपनी संक्षिप्त टिप्पणी भी लिखी है–'बहुत कम कवि हिन्दी से भिन्न भाषाओं में भी पहल कर पाये हैं।' (वही, पृ. 476)

रामविलास शर्मा की दृष्टि में नागार्जुन की कविताएँ लोक संस्कृति के इतनी नज़दीक हैं कि उसी का एक विकसित रूप मालूम होती हैं। हिन्दी भाषा प्रदेश के किसान और मज़दूर जिस तरह की भाषा आसानी से बोलते और समझते हैं, उसी का निखरा हुआ काव्य रूप नागार्जुन के यहाँ है।

वस्तुतः उनकी लोकप्रियता और कलात्मक रचाव के सामंजस्य का कारण भी है। 'आओ रानी हम ढोएँगे पालकी' लोकगीत के हल्के स्पर्श के साथ जवाहरलाल की तुक में निहित व्यंग्य का कौशल कविता को एक नया तेवर देता है। 'आये दिन बहार के' में कांग्रेसी नेताओं के चुनाव का टिकट प्राप्ति पर, रात्रिकालीन प्रौढ़ा–मध्या–धीरा नायिका के प्रेमी के मिलन का सन्दर्भ स्पष्ट हैं–'खिले दाने अनार के' रूप में। नागार्जुन में प्रकृति और पक्षियों के प्रति गहरा लगाव है। इस दृष्टि से वे मूलतः एक ग्राम–कवि ही प्रतीत होते हैं।

नागार्जुन ने जितनी बड़ी संख्या में राजनीतिक कविताएँ लिखी हैं, उनके किसी दूसरे समकालीन कवि ने शायद ही लिखी हों–कदाचित् केदार के अपवाद के साथ 'लुमुम्बा' पर लिखित उनकी कविता रामविलास शर्मा को राजनीतिक लेक्चरबाज़ी का ही छन्दोबद्ध रूप लगती है। उनकी सफल राजनीतिक कविताओं पर टिप्पणी करते हुए वे लिखते हैं, 'नागार्जुन की सबसे सफल राजनीतिक कविताएँ वे ही हैं जिनमें वे व्यंग्य से हँसते हैं, क्रोध या आवेश में नहीं आते। इसका एक वस्तुगत कारण यह है कि बिहार और उत्तर प्रदेश में राजनीतिक जीवन जैसा है–विशेष रूप से वाम पक्ष की स्थिति आज है, उसमें कवि को क्रान्तिकारी उत्साह के बदले व्यंग्य के लिए ही सामग्री अधिक मिलती है।' (वही, पृ. 485)

नागार्जुन की कला के प्रसंग में रामविलास जी 'ऊबड़–खाबड़पन' और 'कलात्मक खुरदरेपन' में फ़र्क़ करने की सलाह देते हैं। कभी–कभार उनमें थोड़ा 'उबड़–खाबड़पन' रह सकता है, लेकिन जब वे अपने आसन पर दृढ़ता से बैठते हैं–कविताएँ साँचे में ढली–सी निकलती हैं। प्रकृति उनकी मुख्य उत्प्रेरक है। 'अभी कल तक' जैसी कविता गाँव और धरती से जुड़कर ही लिखी जा सकती है। पढ़–लिखकर भी जिसके गँवई संस्कार विकृत नहीं हुए। 'नयी कविता के सन्दर्भ में नागार्जुन की काव्य–कला' के प्रसंग में ऐसी ही टिप्पणी में वे प्रगतिशील आन्दोलन के उस जुझारू दौर (1946–1953) में तीन कवियों–रचनाकारों–को प्रमुखता से उल्लेखित करते हैं–

नागार्जुन, केदारनाथ अग्रवाल और शंकर शैलेन्द्र। मुरली बाबू की टिप्पणी है– इन तीनों में नागार्जुन हिन्दुस्तान की राजनीतिक उथल–पुथल को हर मोड़ पर अपनी जनपक्षधरता और वर्गीय उत्पीड़न के विरुद्ध जन–संघर्ष को पैनी धार के प्रतिनिधि कवि हैं। उनकी कविताओं में अन्तर्निहित कसाव का सांकेतिक प्रयोग और चित्रण कौशलता को रामविलास जी विशेष रूप से

उल्लेखित करते हैं–नागार्जुन की रचनाओं में प्रकृति प्रेम और हास्यवृत्ति का अद्‌भुत सामंजस्य है–(रामविलास शर्मा संचयिता, सं. मुरली मनोहर प्रसाद सिंह, आधार प्रकाशित पंचकूला, संस्करण 2014, पृ. 475)

दिनकर की कविता 'कोयला और कविताएँ की कुछ पंक्तियाँ उद्‌धृत करते हुए रामविलास शर्मा नागार्जुन के बारे में लिखते हैं–'जहाँ मौत नहीं, बुढ़ापा नहीं, जनता के असन्तोष और राज्यसत्ता के जीवन का सन्तुलन नहीं है, वह कविता है नागार्जुन की। ढ़ाई पसली का जुमन्तू जीव, दमे के मरीज, गृहस्थी का भार–फिर भी क्या ताक़त है नागार्जुन की कविताओं में।' (वही, पृ. 475)

नागार्जुन के अनेक सगोती जब छायावादी काव्य–शैली और रहस्यवाद की ओर आकृष्ट हो रहे थे या रहस्यवाद और यथार्थवाद के द्वन्द्व से ग्रस्त थे, नागार्जुन व्यंग्य की अप्रतिम धार के साथ क्रान्तिकारी आस्था से लैस, अपने कवि–कर्म में संलग्न थे। वे इस बात से परेशान नहीं हैं कि ऐजरा पाउंड और टी.एस. इलियट की शैली अपनाएँ या लोकगीतों की तर्ज़ पर कुछ लिखें। कवि नागार्जुन के महत्त्व पर रामविलास शर्मा की टिप्पणी है–नागार्जुन जितने क्रान्तिकारी सचेत रूप से हैं, उतने ही अचेत रूप से भी हैं। उनका क्रान्तिकारित्व एक ओर साम्राज्यवाद, सामन्तवाद और पूँजीवाद की प्रखर आलोचना में प्रकट होता है, दूसरी ओर वह उनकी कला द्वारा हिन्दी जातीयता के स्तर पर विभिन्न जनपदों की श्रमिक जनता को एकताबद्ध करने से भी प्रकट होता है, नागार्जुन ने लोकप्रियता और कलात्मक सौन्दर्य के सन्तुलन और सामंजस्य की समस्याओं को जितनी सफलता से हल किया है, उतनी सफलता से बहुत कम कवि हिन्दी व भिन्न–भिन्न भाषाओं में भी हल नहीं कर पाये हैं। (वही, पृ. 476)

नागार्जुन के बाँदा आने पर कवि केदार ने उन पर जो कविता लिखी, रामविलास शर्मा से अपने लेख का अन्त करते हैं–

आओ साथी गले लगा लूँ
तुम्हें, तुम्हारी मिथिला की प्यारी धरती को,
तुम में व्यापे विद्यापति को,
और वहाँ की जनवाणी के छन्द चूम लूँ
और वहाँ के गढ़ पोखर का पानी छूकर नैन जुड़ा लूँ।
(वही, पृ. 488)

नागार्जुन हिन्दी साहित्य की जीवन्त परम्परा और भारतीय जनता के साहसी अभियान के प्रतीक हैं।

रामविलास शर्मा द्वारा प्रगतिशील कवियों की बनाई गयी लीक पर तीसरे और अन्तिम कवि त्रिलोचन हैं। उनकी 'आधुनिकता' की प्रकृति को स्पष्ट करते हुए वे उसे नयी कविता की आधुनिकता से अलगाये जाने पर ख़ास तौर से ज़ोर देते हैं। उनकी आधुनिकता हिन्दी काव्य की जातीय परम्परा से गहरी जुड़ी है। त्रिलोचन का संग्रह 'धरती' 1945 में प्रकाशित हो चुका था। उपेक्षा और अनदेखी की लम्बी मार के बाद उनकी पहचान वस्तुतः 1981 में प्रकाशित उनके संग्रह 'उस जनपद का कवि हूँ' से बनी और फिर, उसके बाद उन्होंने पीछे मुड़कर नहीं देखा। 'उस जनपद का क़वि हूँ' के ब्लर्ब पर छपे केदारनाथ सिंह के इस वक़्तव्य का उल्लेख रामविलास शर्मा ख़ास तौर से करते हैं–

'त्रिलोचन एक ख़ास अर्थ में आधुनिक हैं और सबसे आश्चर्यजनक तो यह है कि वे आधुनिकता के सारे प्रचलित साँचों (अर्थात नयी–कविता के साँचों को) अस्वीकार करते हुए भी आधुनिक हैं दरअसल वे आज की हिन्दी कविता की उस धारा का प्रतिनिधित्व करते हैं जो सारे शोर–शराबे के बीच हिन्दी भाषा और हिन्दी जाति की संघर्षशील चेतना की जड़ों को सींचती हुई चुपचाप बहती रही है। त्रिलोचन की कविताएँ समकालीन बोध की सुपरिचित (रूढ़िग्रस्त) परिधि को तोड़ने वाली कविताएँ हैं और इस तरह आज की कविता (नयी कविता) की हमारी बनी–बनाई अवधारणा को (कविता के प्रतिमानों) छिन्न–भिन्न करने वाली कविताएँ हैं, (रामविलास शर्मा रचना–संचयन, सं. हरिमोहन शर्मा, पृ. 424)

केदारनाथ सिंह के मूल वक़्तव्य में कोष्ठकों में बढ़ाये गये शब्द रामविलास शर्मा के हैं और बेशक उन्हें उनकी आलोचनात्मक टिप्पणियों की तरह पढ़ा जा सकता है। पढ़ा जाना चाहिए। इन टिप्पणियों से ही उनकी आलोचना–दृष्टि और पद्धति की बानगी का अनुमान लगाया जा सकता है।

केदारनाथ सिंह की इस बात से भी रामविलास शर्मा सहमत हैं कि त्रिलोचन की कविता जानी–पहचानी समकालीन कविता के समानान्तर एक प्रतिकविता की हैसियत रखती है। त्रिलोचन की आधुनिकता की व्याख्या करते हुए रामविलास शर्मा लिखते हैं, 'नयी कविता शहर और देहात के ग़रीबों से जितनी दूर है, त्रिलोचन की कविता उनके उतना ही पास है।

त्रिलोचन जिस ख़ास अर्थ में आधुनिक हैं वह यही ग़रीबों से उनकी कविता का नाता है।' (वही, पृ. 425)

जिस ग़रीबों से त्रिलोचन का बहुत क़रीबी नाता है, उसके लिए उन्हें कहीं दूर देखने और तलाशने नहीं जाना पड़ता। 'दिगन्त' में उनकी एक कविता है–

अपनी राह चला। आँखों में रहे निराला
मानदण्ड मानव चेतन के मन के, तो भी
पीस परिस्थितियों ने डाला। सोचा जो भी
हो, आँखों की करुणा का वह शीतल पाला
मन को हरा वही करता है। पहले खाना
मिला करे तो कठिन नहीं है बात बनाना। –दिगन्त, पृ. 17

आँखों में निराला को रखे, वे तुलसी के लिए कहते हैं–

तुलसी बाबा, भाषा मैंने तुमसे सीखी
मेरी सजग चेतना में तुम रमे हुए हो। –दिगन्त, पृ. 56

निराला और तुलसी ही नहीं त्रिलोचन ग़ालिब के लिए लिखते हैं–

ग़ालिब ग़ैर नहीं हैं, अपनों से अपने हैं
ग़ालिब की बोली, ही आज हमारी बोली है।
नवीन आँखों में जो नवीन सपने हैं
वे ग़ालिब के सपने हैं। –दिगन्त, पृ. 58

इसी अर्थ में त्रिलोचन की कविता हिन्दी जाति की संघर्षशील जड़ों को सींचने वाली कविता है। इस कविता में ऋग्वेद की ऋचाओं की अनुगूँज भी सुनी जा सकती है।

इसी आत्मीयता से वे केदार और नागार्जुन को भी याद करते हैं– किसी सगोती की तरह। जैसे त्रिलोचन इस जातीय परम्परा–बोध से जुड़े हैं, वैसे ही प्रकृति से भी। धरती से आसमान तक सरसों के फूलों की सुन्दरता चिड़ियों की चहचहाट और लू की उमड़ती लहरों को झेलता कत्थई महुआ। कटफोड़वा पेड़ पर चोंच मारकर काफ़ी कर्कश ध्वनि करता है, लेकिन त्रिलोचन उसे इसलिए आत्मीयता से याद करते हैं। क्योंकि वह पेड़ पर उन कीड़ों को अपने आहार के लिए मार–मारकर बाहर निकालता है जो रूख के अन्तस्थ शत्रु थे। पेड़–पर्यावरण की सुरक्षा और बचाव में कठफोड़वा की

भूमिका के लिए ही त्रिलोचन को वह प्रिय और आत्मीय है। प्रकृति का यह रूप न छायावादी कविता में है, न नयी कविता में।

अपने मार्क्सवाद विरोध के लिए पर्याप्त कुख्यात विजयदेव नारायण साही और अशोक वाजपेयी को यदि फ़िलहाल छोड़ भी दिया जाये, शमशेर के छोटे भाई तेज़ बहादुर चौधरी, विष्णुचन्द्र शर्मा और दूधनाथ सिंह को शमशेर के सकारात्मक और आत्मीय मूल्यांकन के लिए सहज ही याद किया जा सकता है। तेज़ बहादुर चौधरी की संस्मरणात्मक जीवनी 'मेरे बड़े भाई शमशेर जी', विष्णुचन्द्र शर्मा की 'काल से होड़ लेता शमशेर' और दूधनाथ सिंह की सम्पादित पुस्तक 'एक शमशेर यह भी' का उल्लेख इस प्रसंग में ख़ास तौर से किया जा सकता है। तेज़ बहादुर चौधरी ने अपनी जीवनी में इस घटना का उल्लेख किया है कि इलाहाबाद में अपने कमरे की दीवार पर शमशेर ने उर्दू में, पेंसिल से एक शेर लिखा था–

मुफलिसी सब बाहर खोती है,
मर्द का ऐतबार खोती है।

शमशेर की उदासी और अवसाद तक पहुँचने का यह एक मुख्य स्रोत जैसा है। उनकी पत्नी का निधन बहुत जल्दी हो गया थ। निःसन्तान और विधुर शमशेर ने फिर विवाह नहीं किया। कई स्त्रियों के प्रति उनके राग–सम्बन्धों का उल्लेख मिलता है। मलयज की बड़ी बहन प्रेमलता वर्मा से वे बहुत आत्मीयस्तर पर जुड़े रहे। एक बार वे दोनों आगरा भी गये। उनके इस उच्छल और मुक्त प्रेम को रामविलास शर्मा विद्रूप और उपहास के साथ याद करते हैं। अपने मूल्यांकन में शमशेर और मुक्तिबोध को चूँकि वे प्रगतिशील काव्यधारा के अंग के रूप में न देखकर नयी कविता के कवि के रूप में देखते हैं, स्वाभाविक ही इन्हें अस्तित्ववाद और अज्ञेय के नव–रहस्यवाद से जोड़कर देखते हैं। इस मूल्यांकन में रामविलास शर्मा इस विचार के साथ आगे बढ़ते हैं कि नयी कविता प्रगतिशील कविता का विरोधी मंच था और प्रगतिवादी कविता का विरोध ही उसका अकेला एजेंडा था। नयी कविता की दो स्पष्ट धाराओं के बावजूद वे उसे प्रगतिवाद के विस्तार के रूप में नहीं देखते–रघुवीर सहाय सर्वेश्वर और केदारनाथ सिंह आदि जैसे कवियों की सक्रिय उपस्थिति के बावजूद।

रामविलास शर्मा की दृष्टि में शमशेर अस्तित्व वादी कवि नहीं थे, जैसे मुक्तिबोध सहित उनके अनेक समकालीन कवि थे। रामविलास शर्मा के

तर्कों की प्रकृति कुछ वैसी ही है जैसी निर्मल वर्मा को लेकर अपने बचाव में नामवर सिंह की थी—उनका संग्रह 'परिन्दे' रामविलास शर्मा के भाई 'मुंशी' ने पी.पी.एच. से प्रकाशित किया था और निर्मल की दोनों कहानियाँ 'कहानी' और 'नयी कहानियाँ' में भैरव प्रसाद गुप्त ने छापी थीं। मुक्तिबोध चूँकि 'प्रतीक' और 'कल्पना' में लिखते थे और वे पत्रिकाएँ घोषित रूप से मार्क्सवाद विरोधी थीं। इस आधार पर मुक्तिबोध एक सुसंगत मार्क्सवादी कैसे हो सकते हैं? शमशेर 'दूसरा सप्तक' के कवि थे, अतः वे प्रयोगवादी थे। अस्तित्ववाद को लेकर भले ही शमशेर जितनी दूर कीर्केगार्ड से थे, उतनी ही दूर सार्त्र से थे, लेकिन उर्दू की रीतिवादी काव्य धारा से गहरे जुड़े थे और हिन्दी में पद्माकर उनके प्रिय कवि थे। जैसा कि रामविलास जी का आम तरीक़ा है अपनी ज़रूरत के हिसाब से अपनी मन—पंसद से उदाहरण देकर जो और जैसा साबित करना चाहते हैं, कर देते हैं। शमशेर का आत्म संघर्ष वस्तुतः छायावाद और मार्क्सवाद के बीच का है। नागार्जुन की तरह वे छायावाद का बहिष्कार करते हुए अपना विकास नहीं करते। उसका श्रेय वे शमशेर को अवश्य देते हैं कि 1947 के बाद अपने अनेक समकालीन कवियों नेमिचन्द जैन, भारत भूषण अग्रवाल, नरेश मेहता आदि की तरह वे मार्क्सवाद को तिलांजलि नहीं देते हैं।

रामविलास शर्मा जिस तरह केदारनाथ अग्रवाल की पत्नी—केन्द्रित कविताओं पर मुग्ध हैं, सन्ध्या सिह को दिये गये अपने एक 'साक्षात्कार' में दूधनाथ सिंह लेखक के लिए परिवार और पत्नी से मुक्त एक बड़े स्पेस की आवश्यकता पर बल देते हैं। इसे वे लेखक की 'नैतिक आवारागर्दी' के रूप में देखते हैं। 'मुक्त जीवन' का मतलब स्वच्छन्द और अराजक जीवन नहीं है। उनके अपने जवान बच्चे हैं, वे ऐसा जीवन क्यों और कैसे जीना चाहेंगे? रामविलास जी का ही उल्लेख करते हुए दूधनाथ सिंह कहते हैं कि आलोचना में परिवार और पत्नी शायद बाधक न हो, लेकिन रचनात्मक लेखक में तो ये किसी हद तक बाधक ही हैं, 'लेकिन आलोचना लिखने में परिवार बाधक नहीं होगा।' रामविलास जी के लिए परिवार बाधक नहीं होगा, मैनेजर पाण्डेय के लिए नहीं हो सकता है, लेकिन एक क्रिएटिव लेखक के लिए रचनात्मक लेखन जैसे कविता, कहानी, उपन्यास तो इसमें तो पारिवारिक बाधाएँ हैं। क्योंकि क़लम पर बहुत संयम रखना पड़ता है और सत्य को छुपाना पड़ता है। इसमें बाधाएँ ऐसी होती हैं कि फिर उसको मत लिखो और छोड़ दो और

कुछ ऐसा लिखो, जिसमें पारिवारिक जीवन में बच्चों के साथ तुम्हारी शान्ति भंग न हो (अनहद, अंक 9, जून 20, सं. सन्तोष कुमार चतुर्वेदी पृ. 280)। केदार की दाम्पत्य प्रेम सम्बन्धी कविताओं पर उनकी टिप्पणी है, और एक केदारनाथ अग्रवाल हैं 'हे मेरी तुम' इस तरह की कविताओं की एक शृंखला है। 'मुझे बहुत ही ख़राब लगीं वो कविताएँ। मेरी समझ में नहीं आता कि इतनी आसक्ति एक पारम्परिक ढंग से विवाहित पत्नी के बारे में कैसे हो सकती है।' (वही)

इसी 'साक्षात्कार' में शमशेर को लेकर उनकी टिप्पणी है, शमशेर जी तो हमारे लिए आदर्श हैं मुक्त प्रेम के। और इसीलिए बड़े कवि भी हैं। ये बातें बहुत सनसनीखेज लग सकती हैं पर मैं ऐसा समझ सकता हूँ और इस पर पूरी तरह अमल करने की स्थिति में पहले भी नहीं था, अब भी नहीं हूँ (वही पृ. 281)

अपने आलोचना-कर्म के शुरुआती दौर में मैनेजर पाण्डेय ने एक लेख लिखा था 'मुक्तिबोध का आलोचनात्मक संघर्ष।' लेख अपनी मार्मिकता और संवेदनशीलता की दृष्टि से तो उल्लेखनीय है ही, मुक्तिबोध द्वारा वह, नामाल्लेख के बिना भी रामविलास शर्मा की कमज़ोर नस पर अँगुली रखता है, 'प्रगतिशील आलोचकों ने नयी कविता की जो आलोचना की, उसके बारे में मुक्तिबोध की राय यह है कि इस आलोचना की प्रकृति ध्वंसात्मक थी, दृष्टि संकीर्णतावादी थी और तरीक़ा स्थूल'। (शब्द और कर्म, संस्करण 1981, पृ. 179)

मुक्तिबोध के मूल्यांकन का ऐसा ही परिप्रेक्ष्य रामविलास शर्मा केदार वाले अपने लेखों में तैयार कर चुके थे। मुक्तिबोध की रचनाओं में दुनिया की जो तस्वीर स्वीकृति बिम्ब होकर उभारती है उससे लगता है कि कवि इस संसार में अपने को बहुत असुरक्षित पाता है। केदार तो ख़ैर उल्लास, आस्था और उमंग के कवि हैं ही, शमशेर की दुनिया अज्ञेय की तरह सुरक्षित तो नहीं है लेकिन मुक्तिबोध की तुलना में अधिक सुरक्षित ज़रूर है। मुक्तिबोध के इस असुरक्षा-बोध के मूल कारण पर रामविलास शर्मा की टिप्पणी है, 'व्यक्तित्व का विकास सामाजिक जीवन से अलगा-अलग रहकर नहीं हो सकता। भारत की बहुसंख्यक जनता किसान है। किसान जनता से अपरिचित रहकर कोई भारत से परिचित होने का दावा नहीं कर सकता। मुक्तिबोध की यह बहुत बड़ी कमज़ोरी है कि वह इस किसान जनता से अपरिचित हैं। उनके पास आस्था के वे निगूढ़ स्रोत नहीं हैं जो केदार के पास हैं,

जिनसे आत्मसंघर्ष के समय कवि नयी शक्ति संचित करता है।' (रामविलास शर्मा रचना–संचयन, साहित्य अकादेमी, नयी दिल्ली, पृ. 362)

मुक्तिबोध ने पढ़ा बहुत था। ऐसी मराठी और हिन्दी के अच्छे और स्तरीय उपन्यास ही नहीं, उन्होंने तिलिस्मी और जासूसी उपन्यास भी पढ़े थे। इसीलिए वे कन्फ्यूज्ड हैं। मुक्तिबोध मार्क्सवादी को दृढ़ता से नहीं ग्रहण करते–केदार की तरह। इसलिए उनमें विचलन और भटकाव अधिक है। मार्क्सवाद के प्रति उनके मन में शंकाओं एवं सन्देहों का कारण यही है कि वह उसे केदार की तरह दृढ़ता से नहीं पकड़ते। निराला और केदार की तरह उदारता से तो उन्हें कोई वास्ता ही नहीं। मुक्तिबोध में उतना ही फासला है जितना गाँजे की चिलम और बीड़ी में।' (वही, पृ. 380)

मुक्तिबोध के शताब्दी–वर्ष और 'अँधेरे में' के पचास वर्ष पूरे होने पर रमेश उपाध्याय और अमिताभ राय ने स्वतन्त्र पुस्तकें लिखी हैं। अमिताभ राय के अनुसार 'अँधेरे में' हिन्दी की समृद्ध कविता परम्परा के शिखर बिन्दुओं से एक है। (सभ्यता की यात्रा अँधेरे में, संस्करण 2018, पुरोवाक् पृ. सात) मुक्तिबोध अपनी लम्बी कविताओं को कई–कई बार लिखते थे। अमिताभ राय का मानना है कि यदि मुक्तिबोध की मृत्यु नहीं हुई होती तो मात्र सैंतालीस वर्ष की आयु में तो इस कविता पर भी उन्होंने और काम किया होता। वे 'अँधेरे में' को स्वतन्त्र भारत की प्रमुख घटना के रूप में देखते हैं। कविता के महत्त्व पर उनकी टिप्पणी है, 'यह कविता स्वतन्त्रताओं पर भारत की आशा और आकांक्षा के समानान्तर उसकी निराशा भी प्रारम्भिक रूप से दर्ज करती है' (वही पृ. 11) निराशा, शंकाएँ और सवाल रामविलास शर्मा को अधिक पसन्द नहीं हैं।

सुरेन्द्र चौधरी ने रामविलास शर्मा की इस बात के लिए प्रशंसा की थी कि वे विचारधारा के स्तर पर किसी प्रकार के घाल मेल के शिकार नहीं हैं। अपने कुछ साथियों की तरह वे राजनीतिक अवसरवाद के भी शिकार नहीं हैं। शायद यह भी एक कारण है कि अपने ही शिविर के अनेक लेखकों–राहुल सांकृत्यायन, यशपाल, शिवदान सिंह चौहान, रांगेय राघव, मुक्तिबोध, आदि की उन्होंने कठोर और ध्वंसात्मक आलोचना की। इसे हिन्दी आलोचना की वयस्कता के रूप में लिया जाना चाहिए कि इस मुद्दे पर रामविलास शर्मा उसके लिए कभी स्वीकार्य नहीं रहे। उनके सारे निषेध और नकार के बावजूद परवर्ती आलोचना में इन लेखकों की स्वीकृति का एक बड़ा वितान मौजूद है।

इतिहास के शव-साधक रामविलास शर्मा : नामवर सिंह की दृष्टि-एक उधेड़बुन

आनन्द कुमार सिंह

रामविलास शर्मा हिन्दी आलोचना में मार्क्सवादी आलोचना के शिखर पुरुष हैं। शिखर पुरुष इसलिए कि अब उनके बाद मार्क्सवादी आलोचना में सिर्फ़ ढलान और पठार भर है। उनके बाद इस हिमगिरि का न कोई उत्तुंग शिखर है और न कोई मनु। वही 'एक पुरुष' हैं ज़ो थे और जो सदा रहेंगे। हिन्दी की मार्क्सवादी आलोचना की पृथ्वी के मानदण्ड! हिन्दी में मार्क्सवाद की सैद्धान्तिक आलोचना को उनमें इसी तरह प्रविष्ट होना था और इसी रास्ते से शिखर तक पहुँचना भी था। रामविलास शर्मा ने हिन्दी साहित्य में मार्क्सवाद के औज़ारों का बहुत सफलतापूर्वक प्रयोग किया और विश्लेषणात्मक ढंग से आलोचना की आधारिकी विकसित की। उनकी विश्लेषणात्मक मनीषा, अपार लेखकीयता, गहन खोजी वृत्ति, अँधेरी और अनजान तहों में धँसकर देखने की अचूक और तार्किक क्षमता का लोहा सभी मानते हैं। उन्होंने बहुत प्रारम्भ में ही हिन्दी के रचनाकारों का वैचारिक श्रेणीकरण कर दिया जिसके अपने प्रभाव और दुष्प्रभाव हुए। यद्यपि उनकी अनेक बातों से विरोध हो सकता है, लेकिन अधिकांशतः उनकी स्थापनाएँ सबल तर्कों की दृढ़ भित्ति पर खड़ी हैं। उनकी 'संवादी शक्ति' (Power of Synthesis) में वाद–विवाद और बहस–मुबाहसों की बहुतेरी गुंज़ाइश होती है। एक प्रकार से यह ठीक ही कहा गया है कि उनकी आलोचना के समक्ष सदैव एक अदृश्य विपक्ष उपस्थित है, एक शत्रु या विरोधी। अम्बर्तो यूको की पुस्तक 'इन सर्च ऑफ़ एनिमी' की तरह वह हमेशा एक 'एनिमी' की 'सर्च' में रहते हैं—अपने सम्भाव्य

शत्रु पर एक सर्चलाइट की चौंधियाने वाली रोशनी फेंकते हुए। कारण यह है कि उनकी खण्डन–मण्डन की प्रिय दलीलें ही विरोधियों के मतों और उनके विजातीय विचारों को ललकारती हैं, उन्हें बलात् आमन्त्रित करती हैं और अमूमन धराशायी भी कर देती हैं। प्रगतिवादी आलोचना के दौरान अक्सर यही होता रहा है। चाहते न चाहते भी आप रामविलास शर्मा की विचार परिधि में ही अपना पक्ष–विपक्ष चुनने को विवश अनुभव करते हैं। इससे बाहर हटकर हिन्दी आलोचना का घेरा बहुत बाद में ही विकसित हो सका जब नामवर जी के नेतृत्व में 'वल्गर' मार्क्सवाद के 'मतवाद' की परिधि से बाहर जाकर आलोचना का लोकतान्त्रिक (अवश्य ही वामोन्मुख!) परिवेश बुना जा सका। साहित्य के परिधि के भीतर नामवर जी का तनिक 'लिबरल' चुनाव या रूपवाद का बहुत प्रच्छन्न या महीन समर्थन इसका प्रमाण भी है, लेकिन जब रामविलास जी ही धुरी से खिसकते मालूम हुए तो सावधान होकर रामविलास जी को आगाह तो किया ही जा सकता है। 'जाग मछेंदरनाथ गोरख आया' की तर्ज़ पर, लेकिन रामविलास जी नहीं जागे तो नहीं जागे। फलतः वह शवसाधक हुए। बहरहाल।

यह तो है ही कि रामविलास शर्मा की तर्क सरणि अधिकारवादी है, वह कल्पित (प्रत्यक्ष हुआ तो कहना ही क्या!) विरोधी को नेस्तनाबूद करते चलते हैं। यदि मुक्तिबोध को अस्तित्ववादी सिद्ध करना है तो उन्हें किसी न किसी तरह घेर लेंगे और सिद्ध करने के लिए लम्बे–लम्बे उद्धरण देंगे। यदि पन्त और अज्ञेय को उड़ाना है तो उनकी अवधी में अनूदित जनगीता से कुछ ऐसे उद्धरण देंगे कि जनविरोधी और जड़ाऊ कलाकार सिद्ध करना है तो करके ही दम लेंगे, और यदि बच्चन का मज़ाक़ करेंगे तो बच्चन की सारी कविता दो कौड़ी की सिद्ध होगी। इस तरह ऊपर–ऊपर से देखें तो ले देकर उनका लक्ष्य शास्त्रार्थवादी रहता है। इससे ऐसा लगता है कि उनका सारा आलोचना कर्म किसी न किसी प्रकार की तात्कालिक प्रतिक्रिया के गर्भ से पैदा हुआ है। इसका एक सामान्य कारण भी है। उनके प्रिय कवि निराला पर तत्कालीन समय में आलोचकों ने कृपा नहीं की और उनके विरोधी पन्त जी की प्रशंसा की। रामविलास जी ने सबल तर्कों से निराला को युग का प्रतिनिधि कवि सिद्ध कर दिया और पन्त जी को हवाई। वह एक लीक बन गयी, उनके स्टैंड पर ही मार्क्सवादी आलोचना का शास्त्र विकसित होने लगा, उसी के सहारे खड़ा हुआ। सच यही है कि प्रकाश चन्द्र गुप्त और शिवदान

सिंह चौहान के विचारों से कहीं अधिक रामविलास जी की आलोचना ही प्रसिद्ध हुई, लेकिन, हरेक विचार के अपने अन्तर्वर्ती विपर्यय भी होते ही हैं जिन्हें भाषा में समेटने में कठिनाई होती है। जाने–अनजाने ही विचारों से स्वयमेव पक्ष–विपक्ष पैदा होने लगते हैं जिनमें से किसी न किसी को मजबूरी के वश पकड़ना ही होता ही है। स्वाभाविक ही है कि यदि रामविलास जी के प्रिय कवि निराला उनकी आलोचना के केन्द्र में हैं तो निराला के प्रिय कवि तुलसीदास भी केन्द्र में आयेंगे और कहने की आवश्यकता ही नहीं है कि तुलसीदास यदि केन्द्र में हैं तो भारतीय संस्कृति का वह पक्ष जिसे हम वैदिक धारा कहते हैं वह भी प्रमुख हो जायेगा। यदि वर्णाश्रम, जिसका मूल वेद है, उसे अमान्य कर दिया जाये तो तुलसीदास की कविता किस समाज में पर्यवसान करेगी? उस मॉडल के स्पष्ट दार्शनिक आधार क्या होंगे–यह भी प्रश्न होगा। रामविलास जी ने दो विरोधी ध्रुवान्त प्रारम्भ में ही चुन लिए या यह कहना सम्भवतः अधिक समीचीन हो कि आपाततः दो विरोधी प्रतीत होने वाले ध्रुवों ने उन्हें स्वतः पकड़ लिया। निराला में दोनों ध्रुव एक ही साथ सक्रिय हैं। वह रामकृष्ण मिशन और स्वामी विवेकानन्द के व्यावहारिक वेदान्त वाली भावधारा से गहराई से जुड़े हैं और तुलसीदास की रामभक्ति वाली सगुणोपासना से भी, बंगाल की शक्तिपूजा से भी और अवतारवाद से भी। 'तुलसीदास' और 'राम की शक्तिपूजा' उनकी सांस्कृतिक बिम्बमाला का घना प्रसार करती है जिसकी पृथुल प्ररोहों वाली जड़ें वैदिक चिन्तन में गहराई से धँसी हुई हैं, वहीं से सम्पुष्ट भी होती हैं। 'दिल्ली' कविता को पढ़कर या उनकी प्रसिद्ध कवि 'तुलसीदास' कविता से गुज़रकर कभी–कभी तो निराला पुनरुत्थानवादी या बुनियादपरस्त कवि जैसे लगने लगते हैं, लेकिन, इसके साथ ही वह साहित्य के प्रगतिशील मूल्यों के पैरोकार तो हैं ही, उनकी करुणा सामाजिक परिवर्तन के लिए 'विप्लव वीर' बादलों का भी आवाहन करती है। यह अच्छा ही हुआ कि निराला से रामविलास जी टकरा गये। मेधावी लोगों को 'कंट्राडिक्शन' के भीतर से ही रास्ता निकालना होता है और कभी–कभी संयोगवश (या प्रच्छन्न साधनावश!) उन्हें अन्ततः एक रास्ते की ओर मुड़ जाना होता है। एक टर्निंग प्वाइंट! रामविलास जी उधर ही मुड़ गये जिधर निराला गये। वहाँ उनका हृदय था, उनकी आत्मा का प्रकाश था। उनकी बौद्धिकता जो घोर पदार्थवादी थी, अन्ततः उधर ही उसी किनारे जा लगी! इसे विकल मार्क्सवादी गतानुगतिकों ने घोर शोक से देखा–

'लख निजपति चरण चिह्न'। हालाँकि यह रामविलास जी की बहुवस्तुस्पर्शिनी प्रज्ञा का स्वाभाविक मोड़ था, लेकिन इसे वैचारिक योगभ्रष्टता की तरह देखा गया, जबकि न ही वह पुनरुत्थानवादी थे, न हो सकते थे और न ही उन्होंने पुनरुत्थानवादियों को कोई अस्त्र थमा दिया जैसा कि नामवर जी कहते हैं।

रामविलास जी को उनकी सारी उत्कट सृजनशीलता, उनकी आलोचनात्मक विकसनशीलता, उनकी सन्दर्भबहुलता, उनकी शिविरदक्षता को देखते हुए यह कहना संगत प्रतीत होता है कि वह मूलतः जिज्ञासु या शोधक वा सम्परीक्षक चेतना के व्यक्ति हैं जो ऐतिहासिक या पारिस्थितिक कारणों से इस या उस ध्रुवान्त की ओर मुड़ते हैं। कई बार वदतोव्याघात के ख़तरे उठाकर भी वह 'युद्धं देहि' की मुद्रा में सींगें लड़ाते हैं। इसलिए उनकी आलोचना में एक प्रकार की आक्रामकता है जिसे प्रायः लक्षित भी किया ही गया है। इससे यह और अधिक प्रकट होता है कि वह सामान्यों की सूत्रात्मक एकनिष्ठता के विरुद्ध अधिक सच्चे तत्त्वान्वेषी हैं, अनुसन्धानी हैं। उनका विपुल लेखन इस बात की सहज प्रतीति कराता है कि वह 'पोलिटिकली करेक्ट' होने की जुगत में नहीं हैं। इसीलिए वह ख़तरे उठाकर भी 'ऋग्वेद' पर काम करते हैं। इस बात के लिए उनकी लानत मलामत की चेष्टा (चेष्टा ही कहेंगे!) की जाती है मानो 'ऋग्वेद' का नाम लेना कोई गुनाह हो। 'आर्य बाहर से नहीं आये वे तो यहीं से फैले'–ये कह दिया तो मानो अब जैसे वो अछूत हो गये हों। भला वो ऐसी बात कैसे कह सकते हैं! अव्वल वो ये सब करने–खोजने–जानने गये ही क्यों जब उन्होंने मार्क्स के श्रीचरणों में अपना शीश रख दिया। अब अन्यों ('द अदर') के सत्य से क्या काम? यह कुफ्र और यह हिम्मत! न शोभते! वैचारिक कठमुल्लापन और किसे कहते हैं! यह सिर चढ़कर बोलता है। देखिए कि यह नामवर सिंह के इस लेख (इतिहास की शव–साधना) में किस तरह सिर चढ़ा है मानो 'पाया न हृदय'!

यह उनके व्यक्तित्व का एक भिन्न पक्ष भी है जिसे हम आलोचना की पारम्परिक संकीर्ण बोध की ज़मीन पर खड़े होकर नहीं देख सकेंगे। सचाई यह है कि रामविलास जी केवल आलोचक भर नहीं हैं, वरन् वह उच्चकोटि के सभ्यता समीक्षक, चिन्तक और भाषा विचारक भी हैं। उनके व्यक्तित्व का आयाम बहुवर्णी और बहुआयामी है। 'तार सप्तक' के वह अन्तिम कवि भी रहे। यह हमारे चिन्तन की दरिद्रता ही कहलायेगी जो इतने गहन अध्यवसायी

चिन्तक को केवल हिन्दी आलोचना (वो भी सिर्फ़ मार्क्सवादी आलोचना) की द्रोणी में अँटाना या घटाना चाहती है। इन प्रदीर्घ व्याप्तियों के लिहाज़ से हर हालत में वो हिन्दी के सभी मार्क्सवादी आलोचकों से बहुत बड़े हैं, बल्कि अपने ढंग के अनूठे चिन्तक–लेखक हैं। सबसे बढ़कर उनकी बौद्धिक निष्ठा तथ्य या ऐतिहासिक सत्य (यह भी एक तथता है) के अनुगमन में विकसित हुई है जिससे अस्सी के दशक में वह साफ़ और मुकम्मल तौर पर एक यथोचित स्वतन्त्रचेता बुद्धधर्मी के रूप में प्रकट होते हैं। यह प्रकटीकरण सभी शिविरों की चूलें हिला देता है। अब यह तो होना ही था कि जो मशाल की तरह मार्क्सवादी झुण्ड के अगुआ बनकर चल रहे थे या जिनके नेतृत्व में एक उन्मद भीड़ चल रही थी, उनके पथ का ऐतिहासिक और निर्णायक मोड़ आ जाने से अनुयायियों की तो जैसे साँस ही फूलने लगी, उनका नेता जो पथभ्रष्ट हो गया। अब अनुयायियों के समक्ष जो अकाल और सर्वग्रासी महासंकट आन पहुँचा–इसे क्या कहें। इतिहास की दुर्नियति कहें या नामवर जी के शब्दों में 'इतिहास की शव–साधना'?

यह कम आश्चर्यजनक नहीं है कि ठीक उसी समय मार्क्सवाद के गढ़ टूटे थे–एक ऐतिहासिक प्रयोग असफल हुआ, पूर्वी यूरोप के देश कम्यूनिस्ट उपनिवेश नहीं रहे, वे सभी फ्रैंसिस फुकुयामा के शब्दों में 'इतिहास का अन्त' करने वाले प्रतीत हुए क्योंकि अमरीकी उदार मानववाद या सैद्धान्तिक शब्दों में पूँजीवाद विजयी हुआ, शीत युद्ध समाप्त हुआ–इस तरह इतिहास का अन्त हो गया। किस इतिहास का? उसी इतिहास का जो अन्ततः वर्ग संघर्ष या उष्ण/शीतयुद्ध से गतिमान रहा करता है! सोवियत रूस का विघटन हुआ जिसे साम्यवाद की निर्णायक पराजय के रूप में देखा गया और एक तरीक़े के दक्षिणपन्थी उभार या फ़ासीवाद के उदय की आशंका के रूप में भी समझा गया। सैम्युएल पी. हटिंगटन ने कहा कि नहीं, यह इतिहास का अन्त नहीं है क्योंकि इतिहास को संचालित करने वाली चेतना वर्ग संघर्ष नहीं है, बल्कि, वह तो सभ्यताओं के भिन्न–भिन्न मॉडल हैं जिनमें 'क्लैश' होते हैं, चलते ही रहते हैं और आगे चलकर उसी से 'वर्ल्ड ऑर्डर' भी तय होते हैं। कुछ (ल्योतार) ने कहा कि नहीं यह तो पूँजीवाद का ही एक 'महाआख्यान' है जो बूढ़ा होकर निढाल पसर गया है और कुछ (देरिदा) ने कहा कि यह मार्क्सवाद का 'भूत' है जो इतिहास को गाहे–ब–गाहे 'हांट' करता रहता है–इतिहास भी एक 'महास्मृति' ही तो है–एक तरह का भाषिक

महाआख्यान। यह राजनीतिक रूप से 'अचेत' (फ्रैडरिक जेमसन) है जिसे अब उत्तर तकनीकी युग का मानव चुनौती देने की स्थिति में भी नहीं है। इस विराट घटाटोप के सामने वह क्षुद्र वामन भर बचा है। 1990 में एक अजीब महाविडम्बना का दौर शुरू हो गया और ऐन उसी वक़्त रामविलास जी की 'ऋग्वेद' पर नयी दृष्टि प्रकाश में आ गयी। कुछ जानकार लोगों का कहना है कि रामविलास जी वर्षों से ऋग्वेद का अध्ययन कर रहे थे जिसका परिणाम यह महाग्रन्थ है। सम्भवतः आचार्य हज़ारी प्रसाद द्विवेदी होते तो कहते कि इस नये द्वार से झम्म से मंच पर आ विराजने वाले इतिहास देवता का स्वागत और अभिनन्दन है! लेकिन उनके शिष्यों में धैर्य कहाँ? उन्हें तो उखड़े शिविर के खम्भे दुरुस्त करने हैं, रोते हुओं के आँसू पोंछने हैं! उनकी बाद की व्याख्यानमालाओं से स्पष्ट होता चला ही गया कि ये महाराज घनघोर द्वैतबोध के शिकार हैं जिनके अन्तर्विरोध अब जैसे कुछ अनियन्त्रित हो बाहर फूट पड़े हैं। इससे यह भी लगता है कि गिरते खम्भे सँभालने वे बहुत बेमन से ही गये थे क्योंकि लेख का अन्तिम हिस्सा ही इसकी गवाही दे देता है। सचाई यही है कि 'ऋग्वेद' वाली स्थापना की बात बहुत गहरी है और वह जीवनव्यापी साधना से प्रसूत है, लेकिन बात यह है कि निकली है रामविलास जी की लेखनी से। कुछ लोगों ने ठीक ही रामविलास जी को ऋषि कहा– आत्मलीन और जागरूक, हठी और व्रती। वहाँ क्या दाल ग़लती! वामपन्थी और दक्षिणपन्थी दोनों हतप्रभ!

मार्क्सवादी आलोचना की पद्धति का विनिवेश हिन्दी साहित्य में प्रगतिवादी साहित्य के साथ ही साथ विकसित हुआ है। इसकी प्रेरणाभूमि मार्क्सवाद है जिसे कार्ल मार्क्स और एंगेल्स ने सहगामी रूप से विकसित किया लेकिन जिसकी प्रसिद्धि कार्ल मार्क्स की कृतियों के कारण हुई। मार्क्स ने पूँजी का गहरा अध्ययन किया और उजरती हुई श्रम पूँजी से विकसित होने वाले अमानवीय पूँजीवाद को पहचानने के लिए सूत्र विकसित किया। अठारहवीं सदी के प्रारम्भ में ब्रिटेन में उत्पन्न ऐतिहासिक औद्योगिक परिस्थितियों और उसी के सापेक्ष यूरोप के कुछ देशों द्वारा किये जा रहे एशिया अफ्रीका के देशों के भयानक शोषण से एकत्रित श्रममूल्य से उजरती पूँजी पर होने वाले स्वामित्व का पर्दाफ़ाश करते हुए मार्क्स ने इस अमानवीय तन्त्र में पिसने वाले मज़दूर वर्ग को गुलामी की बेड़ियाँ तोड़ देने के लिए उद्घोषणा की। चूँकि यह शोषक या स्वामी वर्ग द्वारा दूसरे कामगार या श्रमिक अथवा

आश्रित वर्ग के अमानवीय शोषण पर टिका तन्त्र है, इसलिए यह आन्दोलन बनता गया। 'दुनिया के मज़दूरों एक हो'–यह एक सार्वभौम आह्वान जैसा था जिसके बीज फ्रांस की राज्यक्रान्ति के तीन शब्दों में भी मौजूद थे। इस आह्वान की वैचारिक धमक पूरे यूरोप में सुनी गयी लेकिन दुर्भाग्य से वांछित या सम्भावित क्रान्ति की परिघटना ब्रिटेन, फ्रांस, जर्मनी जैसे पूँजीवादी देशों में अब तक भी नहीं हुई जैसा मार्क्स ने अनुमान लगाया था। वह मार्क्स की मृत्यु के बाद रूस जैसे अर्धविकसित सामन्तवादी देश में हुई जिसे सत्तर बहत्तर सालों बाद टूट जाना पड़ा। सबके बावजूद यह कहना होगा कि द्वन्द्वात्मक भौतिकवाद से व्युत्पन्न ऐतिहासिक भौतिकवाद, अन्तरराष्ट्रीय साम्यवाद, सर्वहारा का अधिनायकवाद, पूँजीवाद का विस्तार साम्राज्यवाद, शोषण का अन्त वग़ैरह पदावलियाँ उन्नीसवीं सदी की मन्त्र रही हैं जिन्हें कभी–कभी प्रलाप की हद तक भी दोहराया गया है।

यद्यपि 1917 की बोलशेविक क्रान्ति के कारण दुनिया के एक हिस्से में साम्यवादी विचारों का प्रभाव बढ़ने लगा और धीरे–धीरे राजनीति से बाहर निकलकर साहित्य–कला–संस्कृति में भी अपनी जगह बनाता चला गया। वह भी एक भिन्न तरह की राजनीति ही हुई जिसने साहित्य को आदर्श (आइडियल) और यथार्थ (रीयल) की दो धाराओं में निर्णायक रूप से बाँट दिया। इसी दर्शन के अनुसार वैचारिक या दार्शनिक स्तर पर तब तक विकसित दुनिया के सभी दर्शन आदर्शवादी थे जबकि मार्क्सवाद ने अपना आधार पदार्थवाद में ढूँढ़ा और अपने को वैज्ञानिक तथा तार्किक आधारों पर खड़ा बतलाया। स्वयं कार्ल मार्क्स ने अपने दर्शन गुरु फ्रेडरिक हीगल के आदर्शवादी विचारों के लिए कहा ही था कि हीगल का दर्शन आदर्शवाद (आइडियलिज़्म) सिर के बल खड़ा था जिसे उन्होंने पाँव के बल सीधा कर दिया है, यानी पदार्थवाद की ज़मीन पर खड़ा कर दिया है। पदार्थवाद ही जागतिक सत्ता की सही ज़मीन है जिसके आधार पर ही आदर्शवादी संरचनाएँ विकसित होती हैं। यह पदार्थ ही जगत् का मूल है और इसी की बहुआयामी गतिमानता से ऊर्जा तथा चेतना के अनन्त रूप बनते रहते हैं। स्वयं विचार की सत्ता का प्रतिभास भी पदार्थ जगत् से ही प्रतिक्रियावश व्युत्पन्न होता है। साहित्य और कलाओं में पदार्थवाद (मैटेरियलिज़्म) की यही अनुगूँज यथार्थवाद (रीयलिज़्म) कहलाती है। मूल में यह है कि पदार्थ (मैटर) ही सत्य है, ऐन्द्रियानुभव निष्पन्न है और प्रत्यक्ष है। इसी कारण से प्रत्यक्षवाद

(पॉजिटिविज़्म) पदार्थवाद का ही एक रूप है। यह आदर्शवाद की तुलना में अधिक वस्तुनिष्ठ और तार्किक बुद्धि के अनुकूल मानी गयी जिसका प्रभाव उन्नीसवीं सदी में विकसित ज्ञान–विज्ञान की परम्पराओं पर भी पड़ा, लेकिन इसका यह भी आशय नहीं कि पूर्व से प्रचलित आदर्शवाद की विश्वदृष्टि में कोई परिवर्तन नहीं हुआ अथवा कि उसने अपना ज्ञान मीमांसात्मक विकास नहीं किया, लेकिन, जगत् को समझने–समझाने वाली इस वस्तुपरक दृष्टि को ही ऐतिहासिक विकास के लिए बहुत उपयोगी माना गया जिससे ज्ञानोदय का युग अस्तित्वमान हुआ। अब तक का मार्क्सवादी आख्यान यही है। इसी के प्रकाश में पश्चिम से आने वाली विज्ञानमयी आधुनिकता की धारा भी मिल गयी। आधुनिकता की इस विज्ञानमयी धारा ने यूरोप की मध्यकालीनता से निर्णायक संग्राम किया जिसमें उसके धार्मिक वर्चस्व या चर्चवाद की पराजय हुई और विज्ञान की विजय हुई। यूरोप में होने वाले औद्योगीकरण के प्रभाव से आधुनिकता का विकास तेज़ी से हुआ जिसमें ईसाई धार्मिकता से बाहर आकर नये जीवन–मूल्यों ने अपनी पहचान बनायी। उन्नीसवीं सदी विज्ञान की सदी है और उसी समय उसके कन्धे पर सवार होकर एक पदार्थवादी विचारधारा ने अपने को आधुनिकता का पैरोकार बताया और कालान्तर में आधुनिकता को अपनी शर्तों पर परिभाषित भी किया।

अब देखा जाये तो यह भी एक भाषिक आख्यान ही है क्योंकि आधुनिकता की यह दृष्टि भी कालांतर में असफल सिद्ध हुई और स्वयं मार्क्सवाद के वैचारिक पतन का कारण भी बनी। यह भी कह सकते हैं कि हाशिए पर छूट गये आदर्शवाद ने पिछवाड़े से आकर अपने जीवित होने का सबूत पेश किया और बीसवीं सदी के अन्तिम दशक में बकौल फुकुयामा 'इतिहास का अन्त' कर दिया। क्या हमें इस ऐतिहासिक विपर्यय को परिवर्तन को पुनः हीगेल के द्वन्द्ववाद के रूप में ही देखना चाहिए? यानि यह एक 'सिंथेसिस' ही है या यह सचमुच मार्क्सवाद की पराजय है? यदि हम भौतिक विज्ञान के साक्ष्य से देखें तो पदार्थवाद अब विकलांग हो चुका है। इसका कारण यह नहीं है कि पदार्थ का अस्तित्व समाप्त हो गया है, बल्कि, केवल यही कि भौतिकविज्ञान में भी उसे देखने, समझने और परिभाषित करने की मूल संकल्पनाएँ ही अपना प्राचल बदल चुकी हैं जिसे सामान्यतया 'पैराडाइम शिफ्ट' कहते हैं। यह नया प्राचल विचार के स्तर पर उत्तर–आधुनिकता के न्याय से निकला है लेकिन सिद्धान्त के स्तर पर यह भौतिकशास्त्रियों के गहन अनुसन्धानों का परिणाम है जिसे अब निर्णायक प्रस्थान के रूप में

देखा और पहचाना जा रहा है। क्या हम मान कर चलें कि रामविलास जी इन वैज्ञानिक परीक्षणों की नयी संकल्पनाओं से वाक़िफ़ थे अथवा उनके सत्यान्वेषी चिन्तन में स्वतः यह दृष्टि विकसित होती चली गयी कि केवल पदार्थवाद ही जीवन सत्य का मूल नहीं हो सकता, उसमें आदर्शवाद के दार्शनिक संप्रत्ययों का भी उतना ही प्रबल और महत्त्वपूर्ण योगदान है। इसका एक प्रमाण इसी बात से मिलता है जब वह कहते हैं कि इतिहास का विकास केवल वर्ग–संघर्ष के चलते नहीं हुआ है, उसके विकास में वर्ग–सहयोग की भी उतनी ही महत्त्वपूर्ण भूमिका है। शताब्दियों–सहस्राब्दियों के गैल से इतिहास का पारगमन केवल एकांगी नहीं हो सकता; यानी वह संघर्ष और सहयोग की चेतना से युगपत गुज़रता है तभी मानव सभ्यता आगे बढ़ती है। अब यह सैद्धान्तिक मार्क्सवाद की पीठिका से लगायी गयी बहुत बड़ी छलाँग है क्योंकि मार्क्सवाद के मूल में द्वन्द्वात्मकता अनिवार्य है। बहरहाल। रामविलास जी ने मार्क्सवाद के दर्शन से अपने आपको समृद्ध किया और जिसे हम ज्ञानमीमांसा कहते हैं (और जिसमें तत्त्वमीमांसा के बावजूद एक 'सब्जेक्टिव' खोज या ज्ञानात्मक संवेदना से 'साक्षात्कार' होता ही है) साहित्य के रास्ते उस पर बहुत बल दिया। तत्त्वमीमांसा या जगत् की व्याख्या के लिए उन्होंने मार्क्स को स्वीकार कर लिया, कोई प्रश्न नहीं खड़ा किया लेकिन ज्ञानमीमांसा की सरणि पर चलकर वह उसी बिन्दु पर पहुँचे जहाँ पर जगत् की पुनर्व्याख्या की आवश्यकता होने लगती है। मार्क्स ने तो कहा ही था कि अभी तक सारे दार्शनिक जगत् की व्याख्या करने में लगे हुए थे जबकि मूल आवश्यकता इसे बदलने की है। रामविलास जी ने भी जगत् की व्याख्या वाले प्रश्न को छोड़ दिया; वैसे भी वह उनकी परिधि के बाहर का मामला था। उन्होंने जगत् को बदलने पर ध्यान लगाया। साहित्य उनके लिए जगत् को बदलने का प्रधान माध्यम है, लेकिन, यदि यही माध्यम लचर हो, कमज़ोर हो, लुंज–पुंज हो, आदर्श और कल्पना के साहाय्य से चलता हो तो सामाजिक परिवर्तन में लाचार सिद्ध होगा। उनके केन्द्र में निराला का शक्तिकाव्य इसीलिए महत्त्वपूर्ण हो जाता है। इसी दृष्टि के कारण भारतेन्दु और महावीर प्रसाद द्विवेदी का साहित्य परिवर्तन की बात करता है जैसे प्रेमचन्द का साहित्य भी यही काम करता हैः इसलिए रामविलास जी की दृष्टि में ये महत्त्वपूर्ण हुए। रामविलास जी मार्क्सवाद की दृष्टि से भारत के इतिहास में किसानों और ग्रामीण अर्थव्यवस्था को पुनःपरिभाषित करना चाहते थे और इस तरह उसे भारतीय मानस के अनुकूल

बनाना चाहते थे। इसके लिए उन्होंने भारत को समझने के लिए भारत की संस्कृति के प्रारम्भिक उत्पाद 'ऋग्वेद' पर भी दृष्टि डाली। ऋग्वेदकालीन भारत की जनता कृषिकर्मी थी, वहाँ मज़दूरों का वर्ग उन्हें नहीं दिखा। उन्हें आर्यों की सहजीवी और सामुदायिक सामाजिक क्रियाओं में पारस्परिक सहयोग के सूत्र नज़र आये जिससे ठिलता हुआ इतिहास आगे बढ़ा। यही कारण है रामविलास जी की दृष्टि में किसान अत्यन्त महत्त्वपूर्ण हैं। निराला के साथ ही प्रेमचन्द और केदारनाथ अग्रवाल इसीलिए उनकी आलोचना में भी केन्द्रीय स्थान रखते हैं।

कहने की ज़रूरत नहीं कि छायावाद की कोख से ही हिन्दी कविता में प्रगतिशील स्फुलिंग निकले। पन्त के साहित्य में इसके बीज दिखे लेकिन वह श्री अरविन्द की अतिमानसी चेतना की ओर मुड़ गये। निराला के साहित्य में साहित्य की सामाजिकी का एक गहरा आयाम मानवता की मुक्ति से जुड़ा रहा है जो आगे चलकर शिल्प के स्तर पर भी कविता की मुक्ति की दिशा में बढ़ते हुए छन्दमुक्ति की ओर चला गया। इसी तरह कथा–साहित्य में भी 1936 तक आकर प्रगतिशीलता के तत्त्व दिखाई देने लगे। प्रेमचन्द की तत्कालीन रचनाओं में भी आदर्शवाद से यथार्थवाद की ओर यह विस्थापन दिखाई देता है। प्रगतिशील लेखक संघ की स्थापना के अवसर पर लखनऊ में स्वयं अध्यक्ष की हैसियत से दिये गये उनके व्याख्यान में ही उन्होंने अपनी मान्यता की उद्घोषणा करते हुए कहा कि साहित्य का उद्देश्य केवल मनोरंजन नहीं है। उन्होंने इसी व्याख्यान में यह भी कहा था कि साहित्य राजनीति के आगे चलने वाली मशाल है। वह तत्कालीन राजनीति की पिछलग्गू नहीं है। संक्षेप में कह सकते हैं कि प्रेमचन्द ने साहित्य की उपयोगी कला का निषेध नहीं किया, बल्कि, साहित्य की आत्यंतिक अर्थवत्ता को पर्यवसित करने के लिए ही कहा कि साहित्य का उद्देश्य मनोरंजन से भी आगे बढ़कर है। देखें तो यह एक तरह से कला की भी सामाजिक उपयोगिता और उपादेयता के लिए भी संकेत था। सम्भवतः ऐसा कहते समय प्रेमचन्द के समक्ष छायावाद की कविता का कल्पना प्रधान मानसिक बिम्ब रहा होगा क्योंकि भारतेन्दु युग और द्विवेदी युग में तो साहित्य की सामाजिक भूमिका ही प्रधान थी। बल्कि, यह भी कह सकते हैं कि उन्नीसवीं सदी के उत्तरार्ध में आधुनिक कालीन हिन्दी साहित्य का जन्म ही रीतिकालीन सौन्दर्याभिरुचि से बाहर जाकर हुआ था। सन् 1936 में छायावाद की प्रवृत्तियाँ समापन की ओर थीं और देश

की राजनीतिक परिस्थितियाँ भी खण्डित राष्ट्राभिव्यक्ति/द्विराष्ट्रीयता की शिकार थीं। इनसे आगे चलकर देश विभाजन का एक दुखान्तकारी युगबोध प्रकट हुआ जिसने हमारी अन्तरात्मा को प्रदूषित किया। रामविलास जी के लिए 1857 का विद्रोह बहुत महत्त्वपूर्ण था क्योंकि वह भारतीयों की साझी लड़ाई थी। उसमें हिन्दू–मुसलमान दोनों एक साथ लड़े थे। फलतः उनके लिए प्रगतिशीलता के जो प्रधान कारक तत्त्व बने उसमें यथार्थवादी जीवन सौन्दर्य और स्वाधीनता की कामना की प्रमुखता है। कहीं–न–कहीं उनकी दृष्टि में सर्वधर्म समभाव के बावजूद या कि पन्थनिरपेक्षता के बावजूद उस विचार प्रवाह को आत्मसात करने की निडर अभीप्सा मौजूद है जिसे जानकर वह हिन्दी जातीयता का उद्घाटन करना चाहते थे। मिली–जुली संस्कृति (? मिली–जुली तभी तो संस्कृति हुई!) के उद्गम को पीछे उसके गोमुख तक जाकर समझने की चेष्टा उन्होंने की जिसमें भाषा, संस्कृति, कला, साहित्य, आचार, धर्म, साधना, कृषि, वाणिज्य, द्वन्द्व और सहजीवन आदि के सभी रूपों पर उनकी गहरी नज़र पड़ी। उसकी रोशनी में उन्होंने यह गहराई से समझा कि भारत के इतिहास को खण्डित करने के लिए साम्राज्यवादी मिशनरी लेखकों के षड्यन्त्र क्या थे और किस तरह उन्होंने वास्तविक तथ्यों को झुठलाते हुए प्राच्यवाद की नींव डाली। यानी यदि हमें अपना चेहरा देखना है तो उनकी आँख से देखना है, हमारी आँखें अपर्याप्त कदाचित दृष्टिविहीन भी हैं–इस प्राच्यवाद के छल को मध्य एशिया के परिप्रेक्ष्य में जिस तरह से एडवर्ड सईद ने उघाड़ने की कोशिश की, हिन्दी में रामविलास शर्मा ज़रा देर से जगे, लेकिन, विस्मय होता है कि वह जगकर यही काम कर रहे थे। हिन्दी की मार्क्सवादी आलोचना ने नाहक उन्हें देर तक उलझाये रखा, वह एक वक़्ती ज़रूरत की तरह उनके पास आयी, लेकिन 'नयी कविता और अस्तित्ववाद' के बहाने चली भी गयी। मुक्तिबोध उनकी समझ में नहीं आये, कारण, उनकी कविता में मज़दूर तो हैं किसान नहीं। किसान नहीं तो जनपदीय जातीयताबोध नहीं, कृषि बोध नहीं, विस्थापन बोध नहीं। वग़ैरह। इस सबसे मुक्त होकर वह अपने मूल काम पर पहुँचे।

सन् 1990 के बाद प्रकाशित रामविलास शर्मा की पुस्तकों को एक दृष्टि में देखा जा सकता है–

1. पश्चिम एशिया और ऋग्वेद (1994)
2. इतिहास दर्शन (1995)

3. भारतीय नवजागरण और यूरोप (1996)
4. भारतीय साहित्य की भूमिका (1996)
5. भारतीय संस्कृति और हिन्दी प्रदेश (1999)

'इतिहास की शव–साधना' में स्वयं नामवर जी ने व्यंगात्मक ढंग से रेखांकित किया है कि 'पश्चिम एशिया और ऋग्वेद' तो नाम से ही स्पष्ट है, लेकिन, दूसरी किताबों में मसलन 'इतिहास दर्शन' में पहला ही अध्याय है–'ऋग्वैदिक आर्य और उनका परिवेश', 'भारतीय नवजागरण और यूरोप' नामक पुस्तक का प्रारम्भ होता है–'भारतीय नवजागरण और ऋग्वेद' से। 'भारतीय साहित्य की भूमिका' की शुरुआत होती है–'ऋग्वेद के कवि और काव्य शिल्प'। 'भारतीय संस्कृति और हिन्दी प्रदेश' (1999) के लिए नामवर जी कहते हैं–(इसके) केन्द्र में भले ही हिन्दी प्रदेश हो, भारतीय संस्कृति का गोमुख ऋग्वेद है। संक्षेपतः नामवर जी इस बात से बौखला गये हैं कि यह क्या बात हुई! पदार्थवादी दर्शन का यह हश्र! यह परिणति! हा हन्त! उन्होंने उदयनारायण तिवारी की ओर उछाला गया फ़िराक़ गोरखपुरी का जुमला जमाया है कि लोक से शुरू करते तो वेद तक भी पहुँचते लेकिन वेद से शुरू करेंगे तो कहाँ पहुँचेंगे। पहले जिसकी पुस्तकों में आगे पीछे मार्क्स होते थे, अब यह कैसा विपरीत समय शुरू हुआ! यह कैसी उल्टी साधना कि वहाँ 'ऋग्वेद' आ गया! उन्हें पीड़ा यह भी है कि स्वयं रामविलास जी के प्रिय तुलसी पहले लोक की ओर देखते हैं और बाद में वेद की ओर–लोक वेद, जबकि रामविलास जी वेद को वरीयता दे रहेः लोक को तो उपेक्षित होना ही था। नामवर जी मानते हैं कि हिन्दी में लोकोन्मुखी भक्तिकाव्य को प्रतिष्ठित करने में रामविलास जी की बहुत बड़ी भूमिका रही, लेकिन अचानक यह मोड़ क्यों? फिर कहते हैं कि नहीं, यह मामला अचानक नहीं है। उनका कहना है कि 'नवजागरण' का स्वर्णमृग उन्हें वैदिक अरण्य में भरमा ले गया। रामविलास जी नवजागरण पर ध्यान देते हैं, उन्हें लगता है भारत में अलग–अलग काल में कई नवजागरण हुए हैं। रामविलास जी ने भारत में नवजागरणों या रिनेसाँ की जो फेहरिस्त बनायी है उसमें पहला नवजागरण ऋग्वेद है, दूसरा उपनिषद्, तीसरा भक्ति आन्दोलन और चौथा नवजागरण उन्नीसवीं सदी का है। नामवर जी आहत हैं। यह बहुत स्वाभाविक है! रामविलास जी न तो बुद्ध का ज़िक्र करते हैं, न श्रमण परम्परा का और न ही चौथे चरण में प्रगतिशील आन्दोलन का। ये तो हद हो गयी।

नामवर जी को अचरज है कि बुद्ध के आन्दोलन का क्या हुआ? रामविलास जी मार्क्सवादी होकर भी वेदों के विरोधी बुद्ध के आन्दोलन को लोक जागरण की श्रेणी में नहीं रखते जबकि वह तो वेदों के विरोध में ही पनपा था। नामवर जी की तरह ही भारत में मार्क्सवादी अपना मसाला ढूँढ़ने अमूमन यहीं तक आते हैं। भारत की सनातन परम्परा के विरोध के लिए (महावीर में नहीं) बुद्ध में उन्हें 'एंटीथीसिस' मिल ही जाती है! रामविलास जी बहुत सावधानी से (जैन और बौद्ध नहीं) बुद्ध की चिन्तन प्रणाली को उपनिषदों से जोड़ देते हैं। बात बहुत हद तक सच है। श्रमण परम्पराएँ वेद के पूर्व से भी अस्तित्वमान हैं और उपनिषदों का ज्ञानकाण्ड स्वतः वैदिक कर्मकाण्ड का विरोधी है और प्रश्नोत्तर और संवादपरकता के सभी सूत्र वहीं से खुलते हैं। सभी प्रमुख उपनिषद् वेदों का अतिक्रमण करते हैं, यह एक तरह का विधायक निषेध है, और गीतामृत तक आते हुए उन्हें 'कूप' तक कह दिया गया है। सभी उपनिषदें गायें हैं और दोग्धा श्रीकृष्ण हैं। यहाँ यह देखना मज़ेदार है कि जो काम श्रीकृष्ण आत्मवादी होकर कर रहे हैं वही काम यानी उपनिषद् रूपी गायों को दुहने का काम ब्रह्मवादी होकर गौतम बुद्ध कर रहे हैं। दोनों सांख्य से प्रभावित हैं दोनों प्रमाण और प्रामाण्य को अपने ढंग से देखते हैं। दोनों ही सांख्योत्तीर्ण हैं और यह सांख्य ही है जिससे निरीश्वर और सेश्वर की दो धाराएँ फूटती हैं! बुद्ध के लिए 'अनत्ता' की अनुभूति 'कॉस्मिक सेल्फ' की अनुभूति (ब्रह्मानुभूति/शून्यानुभूति) बनती है क्योंकि जब कोई स्व या आत्म की केन्द्रीय इकाई है ही नहीं तो स्वयं अनुभोक्ता किस रूप में उपस्थित होगा जिसे 'सब्बं दुक्खम' की अनुभूति हो रही है। देकार्त ने यह सूत्र खोजा–कॉजितो एर्गो सम। आयी थिंक देयरफोर आयी ऐम। मैं सोचता हूँ इसलिए मैं अस्तित्वमान हूँ। 'सुखम् शेते' की अनुस्मृति यद्यपि जागरण के बाद की होगी, किन्तु, अवबोधन काल में जाग्रत रहने वाला वह परम तत्त्व कौन है? यह तो विचारणीय है। बर्ट्रेंड रसेल ने जिसे 'मोस्ट गॉडलेस बट द मोस्ट गॉडली' कहा वह बुद्ध सेश्वर हों कि निरीश्वर यहाँ आकर (निश्चय ही लोक में पहले!) स्वतः भगवान हो गये। इसलिए रामविलास जी ने यदि उन्हें पृथक से न देखकर उपनिषद् के महाजागरण में देखा, तो कोई अचरज की बात नहीं। यज्ञों के विरोध में स–तर्क संवाद करने वाले गौतम बुद्ध और 'प्लवा ह्यैते अदृढा यज्ञरूपा' नौका पर सवार यज़मानों और पुरोहितों को रेखांकित करने वाले उपनिषदों के ऋषियों में

कोई तात्त्विक अन्तर नहीं दिखाई देता। डॉ. अम्बेड़कर ने लिखा है कि बुद्ध ने उपनिषद्ों के सभी ऋषियों को नहीं केवल अघमर्षण, प्रजापति परमेष्ठि, कपिल, अनिल, ब्रह्मणस्पति आदि ऋषियों को माना है। ये सभी दार्शनिक वेदोत्तर विचार परम्परा के ही दार्शनिक हैं जिनसे बुद्ध ने अर्थग्रहण किया। बुद्ध परिव्राजक होकर सीखने के लिए आलार कालाम के यहाँ सबसे पहले गये जो सांख्यवादी थे। इसलिए रामविलास जी ऋग्वेदकालीन जागरण को उपनिषद्कालीन जागरण से अलगाते हैं या कि उपनिषद् कालीन प्रस्थान या प्रगतिशीलता को रेखांकित करते हैं जो वही कर सकते थे। प्रायः संस्कृति विमर्श में स्थूल प्रतिरोधों को महत्त्व देने से बुद्ध और महावीर वेदों के विरोधी फलतः बहुत क्रान्तिकारी नज़र आते हैं। रामधारी सिंह दिनकर ने भी इसे संस्कृति के दूसरे अध्याय या सोपान के रूप में देखा है। परन्तु रामविलास जी उस परम्परा को देख रहे हैं जो बुद्ध में आकर आन्दोलन बन जाती है। यदि उपनिषदों की सांख्यसरणि से प्रभावित न होते तो बुद्ध कर्मफल और पुनर्जन्म की बात ही कैसे करते? यदि कोई व्यक्तिनिबद्ध आस्तित्विक इकाई जिसे उपनिषदों में 'आत्मा' कहा गया, है ही नहीं तो पुनर्जन्म किसका और कर्मफल का प्रदाता ही कौन है? तब तो पुष्पदन्त ही सही कहते हैं कि न मत्कर्म प्रध्वस्तम् फलति पुरुषाराधनमृते!' तुम्हारी आराधना के (शिव के) बिना वह कौन पुरुष जाग्रत है जो कर्मान्त या (यज्ञान्त) होने के बाद भी प्रक्रिया में फल देने को जाग रहा है? बुद्ध ने आत्मा के पर्याय बदल दिये लेकिन षडायतन यदि 'देही' है तो अंगीभूत होने से वह 'अनत्ता' भी हो तो कोई हर्ज नहीं! मूल लक्षणाधार कर्मफल और पुनर्जन्म है। डॉ अम्बेडकर के लिए यह परेशान करने वाला सवाल है कि आख़िर तब 'पुनर्जन्म' किसका होता है और 'कर्मफल' किसको प्राप्त होता है क्योंकि जब कोई आत्मा ही नहीं है तो कर्म का कर्त्ता फिर कौन है? उन्होंने 'द बुद्ध एंड हिज धर्म' की भूमिका में यही सवाल उठाया है। बृहद् आश्चर्य तो यही है कि इस महाप्रश्न (अतिप्रश्न!) का बिना समाधान हुए ही वह बौद्ध बन जाते हैं! यह ठीक भी है कि आप बुद्ध, संघ और धम्म की शरण में आश्रय लेते हैं। श्रीकृष्ण ने भी अर्जुन को यही कहा कि–सर्व धर्मान् परित्यज्य मामेकं शरणं ब्रज। यह 'मामेकं शरणं' हो या 'बुद्धं शरणं' हो बहुत अन्तर नहीं दिखता! प्रायः ऐसा होता है। यह प्रश्न तत्त्वमीमांसा का है और इसे आप्त पुरुष के सहारे छोड़कर

जगत् को बदलने के लिए अभियान पर कूच किया जा सकता है। जैसा कि पदार्थ की मूल संकल्पनाओं को मार्क्स के भरोसे छोड़कर रामविलास जी भी जगत् को बदलने के लिए निकल चले। उन्होंने इसकी परवाह नहीं की कि प्रगतिशील लेखक संघ की स्थापना के ऐन उसी ईस्वी सन् में यानी 1936 में ही 'मैटर' के बारे में रदरफोर्ड क्या कह रहे हैं!

इतिहास में यह हुआ है कि प्रयोगशालाओं से निकलने वाले सत्य के अनुप्रयोग कभी–कभी बहुत देर से समाज में आवयविक ढंग से प्रविष्ट होते हैं। वे तगाफुल तो नहीं करते लेकिन आते–आते बहुत देर हो जाती है और खबर होने तक कई बार चीज़ें खाक हो जाती हैं। 'यूनिवर्स' के 'बेसिक बिल्डिंग ब्लॉक' के विषय में इतिहास की प्रयोगशालाओं के परीक्षित निष्कर्षों के आने में कई दशक बीत गये। तब तक रामविलास जी हिन्दी आलोचना में मार्क्सवादी ज़मीन को मज़बूती से थामे रहे। मिखाइल गोर्बाचेव ने रूस में ग्लासनोस्त और पेरेस्त्रोइका के माध्यम से 1986–87 में ऐतिहासिक परिवर्तनों की शुरुआत की और निश्चय ही इसे रामविलास जी ने भी समझा होगा। अनुमान लगाया जा सकता है कि उन्हें इससे उनके आन्तरिक संघर्षों, वैचारिक द्वन्द्वों और अन्तर्विरोधों के बाहर आने का रास्ता आसान हुआ होगा और रामविलास जी को अपने शोधात्मक काम को आगे बढ़ाने में मदद भी मिली होगी। 1990 के साल तक आते मार्क्सवाद के खँडहरों को देखकर उन्हें यह भी यक़ीन हुआ होगा कि इतिहास की शक्ति अपने ही दुरन्त बल से चलती है, उसे स्तालिनवाद के अन्ध मार्क्सवाद से नहीं चलाया जा सकता। फलतः रामविलास जी अपनी स्थापनाओं को बेबाक ढंग से सामने लाने का दुस्साहस करते दिखाई देते हैं जिससे पता चलता है कि वह जड़ मार्क्सवादी नहीं थे। अपनी मूल बनावट में वह एक सत्यान्वेषी यायावर थे। जहाँ सत्य की मशाल जलती हुई दिखी उसे उन्होंने थामने की कोशिश की, लेकिन इसी के बरकक्स जब नामवर सिंह के इस लेख को देखता हूँ तो लगता है कि रामविलास जी की इस साधना से वे कितनी गहराई से भयभीत हैं। उन्हें लगता है कि कहीं यदि नवजागरण सम्बन्धी रामविलास जी के निष्कर्ष मान्य हो गये या सच साबित हो गये तो रूसोपदिष्ट वैचारिक शिविरों का क्या हाल होगा! इसलिए यह लेख, जो उनके चिन्तन के असमंजस को दिखाता है, उन्हें लिखना पड़ा। सोवियत रूस में शुरू हुए रक्तहीन सुधारात्मक प्रयासों से साम्यवाद के गढ़ों के इस तरह आसानी से ही ढह जाने से तमाम

मार्क्सवादी विचारक चिन्तित हो गये और बगलें झाँकने लगे, पूर्व से कोई सूचना नहीं थी कि ऐसा भी हो सकता है, लेकिन, बाद में फलित ज्योतिष के पण्डितों की तरह अनेक व्याख्याएँ सामने आयीं कि बन्द अर्थव्यवस्था का यह दुष्परिणाम होता है, फ्रैंकफुर्त स्कूल के नव मार्क्सवादियों की बातें सुनी ही नहीं गयीं, कि शीत युद्ध के दौर में ब्रेझनेव ने आक्रामक पहल नहीं की, या कि गोर्बाचेव को यह सब करने ही क्यों दिया गया। वो तो प्रतिरोध में उमड़ी जब रोमानिया की जनता ने चाउसेस्कू का कांचन वेष्टित बाथरूम देखा तब पता चला कि ये उपनिवेशी नव तानाशाह कर क्या रहे थे, हालाँकि इसी का एक दूसरा पहलू ये भी था कि हेलमट कौल के नेतृत्व में बर्लिन की दीवार ढह गयी और पूर्वी जर्मनी के लोगों ने दीवार के उस पार बर्लिन को नेतृत्व सौंप दिया। यहाँ उदार मानववाद की पहल पूँजीवाद की ओर से हुई जिसने खण्डित मानवता को एकीकृत करने का काम किया। यह कोई छोटी उपलब्धि नहीं थी। रामविलास जी के वर्ग सहयोग को मैं इस रूप में भी देखता हूँ जिससे इतिहास का एक नया अध्याय लिखा गया। मुझे बार–बार यह लगता है कि यदि रामविलास शर्मा की पश्चिम एशिया वाली थीसिस मान ली जाये, निस्सन्देह जिसका आधार ऋग्वेद ही होगा, तो भारत के एकीकरण में आसानी होगी, लेकिन, वह कुछ लोगों को सह्य नहीं होगा। यदि इस तरह का सांस्कृतिक स्वप्न ऋग्वेद के बहाने देखा जा सकता है तो यह कोई नयी बात नहीं होगी। महर्षि दयानन्द का 'कृण्वन्तो विश्वमार्यम्' यही यूटोपिया है और श्री अरविन्द ने तो भारत के विभाजन को कभी स्वीकार ही नहीं किया। नामवर जी इस बात से भी हैरान परेशान हैं कि जिस ज़माने में राममोहन राय उपनिषदों की ओर देखने की बात कर रहे थे उसी समय आख़िर वेदों की ओर लौटने की प्रेरणा दयानन्द को कहाँ से मिली। नामवर जी को बार–बार यही लगता है कि वेदों का पुनरुद्धार तो जर्मन और फ्रांसीसी विद्वानों ने किया और उनकी प्रच्छन्न प्रेरणा से ही दयानन्द वेदों की ओर गये। रामविलास जी वेदों के साथ भारतीय परम्परा को भी मूल्यवान मानते हैं और चाहते हैं कि उसकी रक्षा हो, उसी में वह शक्ति है जो भारत की जनता को अवसरानुकूल सकर्मक प्रेरणा से उद्दीप्त कर देती है जिसके कारण ही नवजागरण की लहर उठती है। उन्हें इसी परम्परा ने अवबोधन कराया कि भारत में नवजागरण भी पारम्परिक बोध की तरह आता रहा है और वह पश्चिम के संसर्ग के कारण नहीं विकसित हुआ है।

भारत के चौथे और आधुनिककालीन नवजागरण को रामविलास जी ने इसी परम्परा प्रवाह का नया घाट माना है, प्रगतिशीलता और आधुनिकता उसका अपना स्वभाव है। वह उधार की बुद्धि से नहीं पैदा हुआ है और न ही उसे ले आने में अंग्रेज़ों की कोई भूमिका ही है। वह एक प्रकार से अपनी अस्मिता की रक्षा के लिए उत्पन्न हुआ विक्षोभ है जो 1857 के विद्रोह में भी दिखाई देता है। यह जनशक्ति का सैलाब है जिसके सामने सबको नतमस्तक होना पड़ता है। हिन्दी जाति की संकल्पना में भी रामविलास जी जनशक्ति या उसकी स्वाभाविक जागरूकता की परम्परा की चर्चा करते हैं।

नामवर जी को यह अहसास है कि परम्परा मृत नहीं होती। वह अन्ततः रक्षणीय होती है। परम्परा से संवाद करने के लिए उसका शुल्क चुकाना पड़ता है जिसमें ऋणशोध और ज्ञप्ति महत्त्वपूर्ण है। वह लेख के अन्त में कहते दिखाई देते हैं कि परम्परा शव नहीं होती। नामवर जी यह भी कहते हैं कि आचार्य द्विवेदी अपने 'शव–साधना" वाले लेख में यह दोहराते हैं कि वह साधक तो थे किन्तु प्रलोभनों ने उन्हें नष्ट कर दिया, लेकिन वह इतिहास को शव नहीं मानते, वह ज़िन्दारूख है, शव नहीं। आशय यह कि लेख के अन्त में आते–आते उनका विचार बदल जाता है। वह इस लेख के अन्त में, बिल्कुल अन्त में आकर कहते हैं–

"इतिहास की शव–साधना मेरे लिए एक आत्म समीक्षा भी है क्योंकि राहुल जी और द्विवेदी जी की ही तरह रामविलास जी भी मेरे अन्दर जीवन्त और जाग्रत हैं। यह आत्म समीक्षा आत्म–संघर्ष भी है जिसे कुछ लेखकों ने अपने "अन्दर का दानव" कहा था।"

रामविलास जी पूर्वज हैं, ऋषि हैं। रामविलास जी ने ज्ञान परम्परा का जो नया उत्खनन किया है उससे नामवर जी के अन्तर्विरोध अधिक उत्कट होकर सामने आ गये हैं। दरअसल, नामवर जी अपनी वैचारिक प्रतिबद्धता और उसके जड़ आग्रहों के कारण ही रामविलास जी की ऋग्वेदोन्मुखता को शव–साधना कह रहे हैं जबकि प्रकारान्तर से इसे ठीक से समझते हैं कि रामविलास जी ने अपनी सत्यानुसन्धान वृत्ति के ऋषित्व से परम्परा का गहरा परिष्कार कर दिया है। उन्हें दुख इस बात का है कि रामविलास जी उनके गुरु और आचार्य के कटु आलोचक रहे जबकि परम्परा के प्रवाह से जुड़कर शोध करने को हज़ारी प्रसाद द्विवेदी ने एक भिन्न अर्थ में इतिहास की शव–साधना ही कहा था। राहुल जी ने भी इतिहास की शव–साधना की थी।

यह पद वामपन्थी अघोर साधना का पद है। यह एक अत्यन्त कठिन साधना है, ख़तरनाक भी। इस प्रक्रिया में अघोरी साधक शव पर बैठ कर साधना करता हुआ अपनी साधना के बल से शव को चैतन्य कर देता है। तब उसका मुँह उलट कर सीधा हो जाता है और वह भविष्यवक्ता हो जाता है। इतिहास की साधना भी शव–साधना की तरह ख़तरनाक है। यदि अनाड़ी के हाथ में मन्त्र आ जाये और कदाचित् वह इतिहास का मुखापेक्ष हो जाये तो ख़तरे पैदा हो सकते हैं। तब शव ही बचेगा साधक नहीं। रामविलास जी ऋग्वेद के माध्यम से इतिहास की यदि शव–साधना कर रहे थे तो मानना होगा कि उन्होंने शव का मुख उलट दिया है। यही कारण है कि भारतीय परम्परा, इतिहास, सभ्यता और संस्कृति को लेकर एक अतिशय महत्त्वपूर्ण प्रस्थापना को वह सचेत ढंग से रखते हैं जिस पर सम्पूर्ण भारतीय इतिहास पर रोशनी पड़ती है–आर्य भारत में कहीं से आये नहीं थे, बल्कि यहीं से यूरोप की ओर या अन्य देशों की ओर गये थे। जयशंकर प्रसाद ने कहा था–

कहीं से हम आये थे नहीं, हमारा रहा पालना यहीं।

यह इंडोलोजी के हिसाब से भी केन्द्रीय बात है। यदि यह इतिहास की शव–साधना से निकला है तो रामविलास जी भारत विद्या के महासाधक सिद्ध होते हैं।

संस्कृत काव्यधारा : रामविलास शर्मा की समीक्षा

राधावल्लभ त्रिपाठी

रामविलास शर्मा ने संस्कृत काव्यपरम्परा पर समग्र भारतीय साहित्य के सन्दर्भ में विचार किया है। वे ऋग्वेद की कविता से इस विचार का उपक्रम करते हैं। ऋग्वेद प्रकृति और मनुष्य के अन्योन्याश्रय, पारस्परिकता और अभिन्नता का उदात्त चेतना के द्वारा काव्यमय आख्यान है। उषा, पर्जन्य, रात्रि, अरण्यानी आदि ऋग्वेद के सूक्तों में प्रकृति प्रतिक्षण नये–नये सौन्दर्य में अपने को ढालती चलती है। रामविलास शर्मा अंग्रेज़ी के रूमानी कवियों में शेली के भावोच्छ्वासों को ऋग्वेद के इस काव्य की ऊँचाइयों तक पहुँचता हुआ पाते हैं। प्रकृति यहाँ चेतन सत्ता बन जाती है। "शेली भारतीय काव्य के सर्वाधिक निकट वहाँ हैं, जहाँ वे प्रकृति के ही तत्त्वों को सक्रिय होते, एक–दूसरे को प्रभावित करते और समस्त प्रकृति को गतिशील बनाते देखते हैं। ऋग्वेद के सूक्तों में यह सम्बन्ध अनेक बार प्रदर्शित किया गया है, आधुनिक काल में निराला की प्रसिद्ध कविता 'राम की शक्ति–पूजा' में ये पाँच तत्त्व अद्भुत रूप से सक्रिय हैं। इनकी सक्रियता, इनके सम्बन्धों का विमर्श भारतीय काव्य की विशेषता है। इस काव्य परम्परा से शेली के प्रकृति शिक्षण की तुलना करें तो यह निष्कर्ष उभरेगा कि इंग्लैंड के सारे कवियों में शेली सर्वाधिक भारतीय हैं।"

पण्डित हज़ारी प्रसाद द्विवेदी ने कालिदास की कविता के आधार पर भारतीय सौन्दर्यशास्त्र की एक नयी रूपरेखा प्रस्तुत करने का प्रयास किया था। रामविलास शर्मा वैदिक काव्य में अवगाहन कर भारतीय सौन्दर्यशास्त्र के उत्स की तलाश करते हैं।

डॉ. रामविलास शर्मा ने मार्क्सवादी दृष्टि से कालिदास जैसे क्लासिकी कवि के आकलन की समस्या पर विचार करते हुए 'कालिदासः साहित्य के स्थायी मूल्यों की समस्या' शीर्षक एक महत्त्वपूर्ण और विस्तृत निबन्ध लिखा जो आलोचना–18 में छपा। निबन्ध के साथ आलोचना के तत्कालीन सम्पादक की निम्नलिखित टिप्पणी है–

'साहित्य के स्थायी मूल्यों की छानबीन करते हुए कालिदास की चर्चा करना स्वाभाविक है। वह भारतीय साहित्य के सबसे स्थायी कवि हैं। शताब्दियों से सहृदय का काव्य मर्मज्ञ उन्हें कविकुलगुरु कहते आये हैं। जिस समाज व्यवस्था में उनका जन्म हुआ था, वह नष्ट हो चुकी है या नष्ट–प्राय है, फिर भी उनका काव्य–सौष्ठव न तो नष्ट हुआ है, न भविष्य में नष्ट होता दिखाई देता है। क्या इससे यह सिद्ध नहीं होता कि यह काव्य–सौष्ठव समाज–निरपेक्ष है, वह ऐसे शाश्वत सौन्दर्य की व्यंजना है जो देशकाल की सीमाओं से परे है? क्या कालिदास की काव्य महिमा इस बात के लिए प्रबल तर्क नहीं है कि साहित्यकार को सामाजिक उथल–पुथल से दूर रहकर सौन्दर्य की एकान्त साधना करनी चाहिए?'

निश्चय ही रामविलास जी के निबन्ध का सारा स्वर इस सम्पादकीय टिप्पणी से भिन्न है। वे कालिदास की मीमांसा उनकी समाजनिरपेक्षता के सन्दर्भ से नहीं, समाज से कवि के गहरे जुड़ाव और उसकी समकालिकता के सन्दर्भ में करते हैं।

रामविलास जी ने कालिदास के दो व्यक्तित्वों को रेखांकित किया है–एक तो वह जो प्रचलित समकालिक व्यवस्थाओं, मर्यादाओं और रूढ़ियों से सीमित या संकुचित कर दिया गया है, जो मर्यादा का इतना हिमायती है कि उससे रेखा मात्र भी हटना नहीं चाहता। पर उसके व्यक्तित्व का दूसरा पक्ष है, जिसमें संकीर्ण नैतिकता और सामाजिक विधि–विधानों से परे उठकर कवि अपनी एक दुनिया रचता है।

द्वन्द्वात्मक और ऐतिहासिक भौतिकवाद से प्रेरित समाजशास्त्रीय समीक्षा की दृष्टि से कालिदास की समीक्षा करने वाले विद्वानों में जर्मनी के वाल्टर रूबेन का नाम सबसे पहले लिया जा सकता है। रूबेन की पुस्तक 'कालिदास–दि ह्यूमन मीनिंग ऑफ़ हिज वर्क्स' के शीर्षक से स्पष्ट है कि वे कालिदास की कविता में आज के मनुष्य के लिए अर्थवत्ता देखते हैं।

शर्मा जी की तरह पण्डित वाल्टर रूबेन ने भी कालिदास की अपनी विशद समीक्षा में कवि कालिदास की काव्यचेतना के ये दो पक्ष सामने रखे थे। डॉ. शर्मा ने कालिदास के इन पूर्व और उत्तर दोनों पक्षों की और भी विस्तार और गहराई से छानबीन की है।

कालिदास के व्यक्तित्व की बनावट और रचना–संसार का एक वह पक्ष है, जिसमें सामन्ती संस्कृति की भव्यता, गरिमा और बौद्धिक प्रकर्ष भी सम्मिलित हैं और उसकी विकृतियाँ भी। निस्सन्देह प्राचीन समाज व्यवस्था से उन्होंने बहुत कुछ पाया, किन्तु यह भी सही है कि इस व्यवस्था की, उसकी धार्मिक और साहित्यिक रूढ़ियों की गहरी छाप उनके काव्य पर है, और यह सदा उसके उत्कर्ष में सहायक नहीं हुई। (आलोचना–18, पृ. 14)

कालिदास की अर्थवत्ता, आज की हमारी सभ्यता के लिए, रूबेन ने दो दृष्टियों से देखी है–एक तो सार्वभौम मानवीय मूल्यों की अनुभूति देने की दृष्टि से, दूसरे संस्कृति–विशेष की उसकी निजता में पहचान कराने की दृष्टि से। रूबेन मानते हैं कि कालिदास–जैसे क्लासिकी कवियों को पढ़ने से मानव–जाति–उसके अतीत और भविष्यत्–की नयी समझ मिलती है (रूबेन, पृ. 6) यह समझ हमें अन्तरराष्ट्रीय सद्भावना और विश्व–बन्धुत्व की दिशा में आगे ले जाती है। इसलिए रूबेन जैसे भारतीय विद्या के पश्चिमी अध्येताओं के लिए कालिदास उस संस्कृति के प्रतीक और प्रवक्ता के रूप में भी ग्राह्य हैं, जो विश्व को एक नीड़ होते देखना चाहती हैं। उनके माध्यम से विभिन्न संस्कृतियों का अपना–अपना वैशिष्ट्य और उनकी एकता प्रकट करने वाले समान तत्त्व–दोनों जाने जा सकते हैं।

रूबेन मानते हैं कि मौर्यकालीन समाज दासता–प्रधान समाज था जो गुप्तकाल में–आकर सामन्ती समाज में–संक्रान्त हो गया था। वाल्मीकि की कविता दास–समाज की छवि प्रस्तुत करती है और कालिदास की सामन्ती समाज की। फिर भी कालिदास में वाल्मीकि के समाज के रूपान्तर होने का बोध तीव्रता से नहीं हो पाता तो इसका कारण यह है कि भारत में परिवर्तन की रफ़्तार धीमी रही है। फिर भी कालिदास में सामाजिक चेतना थी, जिसका प्रमाण यह है कि उन्होंने अपने समय के सामन्तीय समाज की भोगलिप्सा पर तो तीखी टिप्पणियाँ की ही, ब्राह्मण समाज पर भी व्यंग्य किया है।

रूबेन बौद्ध, जैन, औपनिषदिक परम्परा तथा पुराण का कवि पर विशेष प्रभाव देखते हैं। मालविकाग्निमित्र की परिव्राजिका को वे बौद्धभिक्षुणी मानते हैं।

रूबेन की दृष्टि में कालिदास के कृतित्व की उपलब्धि यह है कि अपने सम्पूर्ण परिवेश से प्रभावित होकर और उसे आत्मसात् करके उसने अपनी सर्जना को मनुष्य के चरित्र की अर्थवत्ता की खोज में लगाया। इसलिए यह समझना भूल होगी कि कालिदास अपने इतिहास से अप्रभावित रहे। उनके व्यक्तित्व की बनावट में भारतीय सामाजिक–आर्थिक व्यवस्था और समाज–संरचना का योग अवश्य ही रहा है।

रघुवंश एक महान वंश के क्षय के साथ समाप्त होता है। कवि ने उसके द्वारा सामन्तवाद के क्षय का ज्वलन्त चित्र उपस्थित किया है। रघुवंश में दिलीप से कुश तक के चरित्र मिथकीय हैं, कुश के बाद अग्निवर्ण तक के ऐतिहासिक। कालिदास मिथकीय और ऐतिहासिक दोनों प्रकार के चरित्रों को द्वन्द्व में आमने–सामने रख कर दोनों का तारतम्य प्रदर्शित करते हैं। (वही, पृ. 58)

इस प्रकार कालिदास समकालीन सामन्ती समाज से प्रभावित होकर भी उसके ढाँचे में ही सीमित नहीं रह गये हैं। रूबेन ने सामन्तीय समाज की स्थितियों का प्रतिबिम्बन कालिदास में अनेकत्र देखा है, यहाँ तक कि पुरुरवा के वैदिक आख्यान को विक्रमोर्वशीयम् में जो रूप दिया गया है उसमें भी उन्हें सामन्ती संस्कृति की छवि दिखाई दी है। फिर भी वे कालातिक्रान्ति–क्षमा प्रतिभा के लिए कालिदास को ग़ौरव और आदर देते हैं।

रूबेन ने अपनी पुस्तक 1955–56 में लिखी थी। लगभग इसी समय रामविलास शर्मा की कालिदास पर विस्तृत समीक्षा प्रकाशित हुई। सम्भवतः दोनों विद्वानों ने एक–दूसरे का काम नहीं देखा, पर उनके दृष्टिकोण और समीक्षा के स्वर एक–दूसरे के बहुत क़रीब हैं।

वाल्टर रूबेन की तरह डॉ. शर्मा ने कवि कालिदास के व्यक्तित्व की बनावट और समग्र कृतित्व की संरचना पर समकालिक समाज का गहरा असर देखा है। कालिदास प्रचलित वर्णाश्रम व्यवस्था के हामी हैं। वैदिक समाज की संस्कृति के उषःकाल में पनपी उदात्त और उदार भावनाएँ उनके समय में आकर विपरिवर्तित हो गयी हैं। कहाँ तो 'माता भूमि पुत्रोऽहं पृथिव्याः' की बात और कहाँ 'वीरभोग्या वसुन्धरा' की। रूबेन ने इसी को आदिम समाज से दासता प्रधान समाज और उससे फिर सामन्ती समाज की संक्रान्ति कहा है। डॉ. शर्मा कालिदास की कविता के कई प्रसंग उद्धृत कर भोगवादी सामन्ती समाज की प्रतिच्छवि उसमें दिखाते हैं। सरस्वती चारणों के कण्ठ में बैठकर

एक राजा (रघु) की स्तुति करती है। पृथ्वी की तरह नारी भी सुखोपभोग का एक साधन बन गयी है। कालिदास की कविता में पण्य स्त्रियाँ हैं, पुरुषों को रिझाती–मनाती मदविह्वला नारियाँ हैं। उनकी कविता में प्रतिबिम्बित व्यवस्था एक अभ्युदयशील व्यवस्था नहीं, रूढ़ व्यवस्था है।

इस प्रकार डॉ. शर्मा की दृष्टि में कालिदास की रचना का एक पक्ष वह है जो अपने समय के दबावों से आक्रान्त और संकुचित हुआ है। केवल भोगवादी सामन्ती संस्कृति ही नहीं, योग, दर्शन, चिन्तन के क्षेत्र में भी क्रमशः संकीर्ण होती दृष्टि की छाप महाकवि पर पड़ी है। सामन्ती व्यवस्था उनके समय में परिपक्व हो चुकी है और उसने कवि चेतना को सीमित किया है। राजा के ईश्वरत्व की अवधारणा तथा अवतारवाद को वाल्मीकि के मानवतत्त्व के स्थान पर इसमें प्रतिष्ठा मिली है। डॉ. शर्मा का कहना है, कालिदास की सामाजिक विचारधारा–प्रजा आदि के सम्बन्ध में वाल्मीकि और व्यास से पिछड़ी हुई है, उसी तरह योग के विषय में भी उनका दृष्टिकोण उपनिषदों की तुलना में पिछड़ा हुआ है। आगे चलकर तुलसीदास ने इसी चमत्कारवाद का प्रबल विरोध करके अपना भक्तिमार्ग प्रतिष्ठित किया था। (वही) तथा–वाल्मीकि की तरह वे (कालिदास) अपने आदर्श पात्रों के मानवत्व का घोष गान नहीं करते–देव–सम्पादितो दोषो मानुषेण मया जितः। (आलोचना–18, पृ. 14)

डॉ. शर्मा की दृष्टि में कालिदास ने तप का अर्थ शरीर को कष्ट देना दर्भांकुर वृत्ति मात्र होना मान लिया है। यहाँ ऐसा लगता है कि कालिदास के समय की सीमाओं को डॉ. शर्मा ने कवि पर बलात् आरोपित कर दिया है। कालिदास अपने युग की दुर्बलताओं और संखलन का चित्रण जहाँ करते हैं, वहाँ वे उसे पूर्वपक्ष के रूप में चित्रित करते हैं, उसके उत्तरपक्ष के रूप में वे आश्रमों की संस्कृति और कण्व, वाल्मीकि तथा कश्यप जैसे ऋषियों की तेज़स्विता को सामने लाते हैं। कालिदास वाल्मीकि की बात को आगे ले जाते हुए मनुष्य को देवता के आगे चुनौती बनकर खड़ा होता हुआ भी दिखाते हैं उनका रघु इन्द्र से कह सकता है–ग्रहाण शस्त्रं यदि सर्ग एष ते, न खल्वनिर्जित्य रघुं कृती भवान्–पहले रघु को जीत लो, तभी अपना यह अन्याय करना। कालिदास की दृष्टि में तो ईश्वर भी मनुष्य की भूमि पर उतर कर धन्य होता है। सम्पूर्ण कुमारसम्भव का कथ्य यही है। रही बात कठोर तपश्चर्या की शरीर को कष्ट देने वाले तपस्वियों के समानान्तर

शाकुन्तलम् में काश्यप का जो वैभवशाली गरिमामय स्वरूप है, उस पर भी शर्मा जी को ध्यान देना चाहिए था।

उन्होंने कवि को समकालीन भोगवादी संस्कृति से जितना प्रभावित पाया है, वह कवि का पूर्ण सत्य नहीं है। डॉ. शर्मा स्वयं भी इस बात को समझते हैं। इसलिए वे कवि के दूसरे पक्ष की भी विस्तार से मीमांसा करते हैं, जिसमें कवि इस कथित भोगवाद पर टिप्पणी या प्रतिक्रिया देता है। रघुवंश का अन्त विलासी अग्निवर्ण के अवसान से दिखाना कवि का सारी व्यवस्था पर अत्यन्त साहसपूर्ण मार्मिक टिप्पणी है। रघुवंश में इतने महान वंश का यह अधःपतन चित्रित करने के पीछे कवि की निर्भीक और निर्लिप्त दृष्टि की सराहना रूबेन ने भी की है और डॉ. शर्मा भी यही कहते हैं।

'रघुवंश को उनकी अन्तिम रचना माना जाता है। यदि वह सत्य है तो अग्निवर्ण का अन्त कालिदास की अन्य रचनाओं में वर्णित भोगवाद पर अच्छी टिप्पणी है। यह रोग उस समाज–व्यवस्था में लग चुका था, जिसमें एक अवकाश भोगी वर्ग दूसरों की अर्जित सम्पत्ति के बल पर भोग (और योग) के सिवा दूसरी बात सोच ही नहीं सकता था। उस रोग का जो परिणाम हुआ, उसे भारतीय इतिहास का हर विद्यार्थी तरह जानता है।' (वही, पृ. 12)

यहीं आकर डॉ. शर्मा अपनी समाजशास्त्रीय सचेत दृष्टि से कालिदास की उपलब्धियों और उनकी कविता की प्रासंगिकता को उद्‌घाटित कर पाये हैं–'कालिदास की कविता एक पूर्ण विकसित सामाजिक व्यवस्था का जितना प्रतिबिम्ब है, उतनी ही बड़ी वह उसकी ह्रासोन्मुखी प्रवृत्तियों और निर्जीव रूढ़ियों की प्रतिक्रिया भी है।' (वही, पृ. 14)

समकालीन समाज और उसके अपक्षय पर प्रतिक्रिया व्यक्त करने की कालिदास की पद्धति अपनी है। यह एक रचनाकार की पद्धति है।

इस प्रकार अपने समय से कालिदास की मुठभेड़ उसके समानान्तर एक भिन्न जगत् खड़ा करने की प्रक्रिया में भी होती है–यथास्मै रोचते विश्वं तथेदं परिवर्तते। कालिदास की यह समानान्तर दुनिया तपोवनों और निसर्ग की दुनिया है। वे नगर संस्कृति की विकृतियों और कृत्रिम चाकचिक्य या आडम्बर के समानान्तर निसर्ग के सहज सौन्दर्य के बिम्ब रचते हैं। इसलिए आज के आलोचक की शब्दावली में वे रोमाण्टिक कवि कहे जा सकते हैं। डॉ. भगवतशरण उपाध्याय ने मेघदूत को संस्कृत कविता में रोमाण्टिक युग का प्रवर्तन करने वाली कृति बताया था। (इंडिया इन कालिदास, पृ. 288)।

डॉ. शर्मा इसमें अपनी बात जोड़ते हुए कहते हैं कि निस्सन्देह रूप से कालिदास एक महान रोमाण्टिक कवि हैं, और विश्व के प्रथम रोमाण्टिक कवियों में से एक हैं। उनकी रूमानियत अपने समय से पलायन करके सौन्दर्य के लोक में मुँह छिपाने का साधन नहीं है। उसमें सार्वभौम मनुष्यता के प्रति अनुराग, करुणा और साहस तथा विश्व–दृष्टि ने इस रूमानियत को भारतीय साहित्य में अप्रतिम बनाया है। डॉ. शर्मा ने पश्चिमी कवियों की तुलना में कालिदास के काव्य में व्यक्त रूमानियत में उदात्तता देखी है–कालिदास की करुणा मानव ही नहीं, जीवमात्र को अपने अन्दर समेट लेती है। इस करुणा का स्रोत दया नहीं है, उसका स्रोत व्यापक जीवन के प्रति गम्भीर अनुराग है। पाश्चात्य रोमाण्टिक कवियों में रूप–रस–गन्धमय मानवीय और प्राकृतिक सौन्दर्य के प्रति अतिशय अनुराग है और कभी–कभी उसके साथ अतीन्द्रिय, अगोचर विश्वव्यापी चेतना की उद्भावना भी है। कालिदास के लिए रूप–रस–गन्धमय सौन्दर्य निर्जीव नहीं है, न वे अतीन्द्रिय चेतना की ओर ही काल्पनिक उड़ान भरते हैं। वह सूक्ष्म इन्द्रिय–बोध और मार्मिक करुणा से समृद्ध जीवन के अद्वितीय कवि हैं। इस दृष्टि से उनकी रोमाण्टिक भावधारा एक अन्य और उच्चस्तर की है। गोचर जगत् के समृद्ध जीवन के प्रति वह सघन अनुराग अवश्य ही साहित्य का स्थायी तत्त्व है। (वही)

कालिदास ने स्वैर यौनाचार और भोगवादी संस्कृति के विरुद्ध प्रतिक्रिया में अपनी रचनाओं में स्त्रीत्व और दाम्पत्य को प्रतिष्ठा दी है। उन्होंने पत्नी को गृहिणी, सचिव, सखी, प्रिय शिष्या और पुरुष के लिए सब कुछ माना। इन्दुमती के द्वारा अज का वरण करने में भी स्त्री की स्वतन्त्रता का उद्घोष छिपा है। स्त्री को भोग्या और पण्य बनाने वाली संस्कृति के विरुद्ध सुस्पष्ट मन्तव्य देते हैं, जब वे कहते हैं–'स्त्री पुमानित्यनास्थैषा वृत्तं हि महितं सताम्' या 'क्रियाणां खलु धर्म्याणां सत्पत्न्यो मूलकारणम्।' अग्निवर्ण का अन्त क्षयग्रस्त सामन्तवाद पर प्रभावशाली टिप्पणी है, जिसकी ओर रूबेन और डॉ. शर्मा की मान्यता है कि दुर्वासा की अपेक्षा शकुन्तला के प्रति सहानुभूति भी कवि की रूढ़ियों से टकराहट को द्योतित करती है। (वही, पृ. 17)

कालिदास में भारतीय कविता का रूमान परिपक्व रूप में प्रकट हुआ है। यहाँ चन्द्रमा की किरणें जौ के अंकुरों की तरह धरती पर उगती हैं या वृक्ष की पत्तियों से टुकड़े–टुकड़े छनकर गिरती हैं, तो उन्हें उठाकर कर्णफूल की तरह सजाने का मन होता है। कुमारसम्भव के आठवें सर्ग की

इस सौन्दर्यानुभूति को लेकर डॉ. शर्मा ने कहा है–'रोमाण्टिक श्रृंगार भावना की यह चरम परिणति है।' उन्होंने कालिदास में प्रकृति के साथ मनुष्य के रागात्मक सम्बन्ध और जीवनक्रिया की तन्मयता पायी है। दरबारी संस्कृति के समानान्तर जीवन का यह अकलुष नैसर्गिक रूप दिखाना कवि की उपलब्धि है, जिसके कारण डॉ. शर्मा जैसा प्रखर समीक्षक यह कहने को विवश हुआ है–'विलास और वैभव का यह कवि धरती के इतना निकट है, जितना कोई भौतिकवादी कवि नहीं हुआ।'

कालिदास की प्रतिभा ने एक ही समय की भव्यता और गरिमा को भी आत्मसात् किया और उसमें निहित पतन के बीजों को भी। चिन्तन की दृष्टि से कालिदास का झुकाव शैव दर्शन की ओर प्रतीत होता है। रूबेन उनमें शैव और वैष्णव सम्प्रदायों का द्वन्द्व देखते हैं, इसकी बजाय डॉ. शर्मा की दृष्टि अधिक सही है। वे कवि की ऐहलौकिक–आस्था या भौतिक जीवन के प्रति लगाव को उनकी शैव–आस्था के प्रति कारण मानते हैं। श्री वासुदेवशरण अग्रवाल की हर जगह आध्यात्मिक गूढ़ अर्थ खोजकर देखने की दूरारूढ़ व्याख्या पद्धति को वे अरविन्दवादी कवियों के लिए उपयुक्त मानते हैं, कालिदास जैसे शैव कवि के लिए नहीं।

कालिदास की कविता में मानवीय मूल्यों तथा करुणा के अजस्र प्रवाह को लेकर डॉ. शर्मा ने जो बातें कही हैं, वे कालिदास की समीक्षा में उनके प्रदेय को रेखांकित करती हैं। अपने समय से कवि के जूझने की प्रक्रिया में शर्मा जी ने द्विविध पद्धति देखी है–अपने परिवेश के समानान्तर नये विश्व की रचना तथा अतीत का स्वप्न देखना। पर यह स्वप्न एक प्रबुद्ध और द्रष्टा कवि का है, अतीतोपजीवी व्यक्ति का नहीं।

इस प्रकार अपने युग की उपलब्धियों की समझ उसकी विकृतियों पर प्रतिक्रिया तथा अतीत की ओर दृष्टि के साथ कालिदास अपने साहस के द्वारा भविष्य का पथ आलोकित करते हैं। यह उनका साहस ही है कि उन्होंने सीता–परित्याग के अन्याय के लिए राम को क्षमा नहीं किया है। वाल्मीकि के मुख से सीता के प्रति कहे गये शब्दों के द्वारा कवि ने अपना मन्तव्य स्पष्ट व्यक्त कर दिया है–तुम्हारे प्रति बिना कारण इस कलुषित व्यवहार करने के कारण राम के प्रति मैं कुपित हूँ। रूबेन ने कालिदास के इस साहस को समग्र भारतीय साहित्य में अप्रतिम माना है। डॉ. शर्मा का भी निष्कर्ष यही है।

वे कहते हैं–'वाल्मीकि ही राम पर क्रोध कर सकते थे और कालिदास ही उसके बारे में यों लिख भी सकते थे।' (वही, पृ. 24)

मेघदूत में भारत के ग्रामों और नगरों की छवि, स्वयंवर के बहाने सारे देश के वैभव और वैशिष्ट्य का उत्कीर्णन–इन सबको दृष्टि में रखकर डॉ. शर्मा का निष्कर्ष है–'कालिदास के मानववाद में देशभक्ति के बीज हैं' (वही, पृ. 19)। यह टिप्पणी हमें आचार्य रामचन्द्र शुक्ल के मेघदूतविषयक मन्तव्य का स्मरण कराती है। उन्होंने मेघदूत को भावुक मन से निस्सृत राष्ट्रीय कविता कहा था।

डॉ. शर्मा द्वारा कालिदास के इस मूल्यांकन में कवि की उपलब्धियों की दृष्टि से ये पक्ष विशेष रूप से सामने आते हैं–एक–अपने युग की समग्र बौद्धिक प्रखरता और भास्वर उपलब्धियों को आत्मसात् करके कविता में उनके अभिप्रायों का सार्थक अन्विति के साथ उपस्थापन, दो–सार्वभौम मानवीय दृष्टि और करुणा, तीन–सामन्ती अपक्षय के समानान्तर उदात्तता, सौन्दर्य और मानवीय मूल्यों की रक्षा करते हुए समानान्तर विश्व का सर्जन, चार–वर्तमान की प्रतिक्रिया में अतीत का सिंहावलोकन, पाँच–साहस। ये सभी पक्ष कवि की रचनात्मकता से अनुप्राणित हैं और एक–दूसरे से जुड़े हैं। वे अपने युग की विसंगतियों के प्रति कालिदास की साफ़ दृष्टि और समझ को रेखांकित करते हैं।

कालिदास ने अपने युग को देखा, परखा और पहचाना है, उसकी कमज़ोरियाँ अनिवार्य प्रक्रिया में उनके रचना विश्व में संक्रांत हुई हैं। पर कालिदास का युग हमारी संस्कृति की महत्तम उपलब्धियों का युग था। ज्योतिष, गणित, आयुर्वेद और दार्शनिक चिन्तन के क्षेत्र में हमने इसी युग में अभूतपूर्व प्रगति की। इसे हम सामन्तवाद की उपलब्धियों का शिखर भी कह सकते हैं, जहाँ से संस्खलन की ढलान भी शुरू होती है। रूबेन और शर्मा दोनों ने अपनी कालिदास–समीक्षा में इस तथ्य को दृष्टि में रखा है।

कुल मिलाकर डॉ. शर्मा की समीक्षा का निष्कर्ष यह है कि अपने युग के सन्दर्भ में कालिदास ने प्रभाव ग्रहण की अनिवार्य प्रक्रिया के भीतर रहकर जो दिया है वह हमारे लिए आज प्रासंगिक नहीं है। पर अपनी प्रतिभा, युग–दृष्टि और साहस के द्वारा जहाँ वे युग का अतिक्रमण करते हैं, वहाँ साहित्य के स्थायी मूल्यों की सृष्टि करते हैं। कालिदास का युग इतना महान था कि उसकी परिपक्व व्यवस्था ने कवि की चेतना को विकसित भी किया और

सीमित भी। भवभूति तक आते–आते शुंगकाल या गुप्तकाल की सामन्तीय व्यवस्था में ह्रास स्पष्ट दिखाई देने लगा था। इसलिए भवभूति अपने युग की सीमाओं को अपेक्षाकृत आसानी से ध्वस्त कर सके तथा उनमें एक स्तर पर मानवत्व की प्रतिष्ठा भी अधिक सप्राणरूप में है। डॉ. शर्मा कहते हैं–

'डंकन की हत्या करने वाले मैकवेथ के प्रति दर्शक में सहानुभूति उत्पन्न करना अपेक्षाकृत सरल कार्य था, सीता को निकालने वाले राम के प्रति सहानुभूति उत्पन्न करना प्रायः असम्भव। यह कार्य वाल्मीकि ने नहीं किया, कालिदास ने नहीं किया। उस प्रायः असम्भव कार्य को भवभूति ने सम्भव कर दिखाया।' (परम्परा का मूल्यांकनः डॉ. रामविलास शर्मा, पृ. 42, नाटककार भवभूति शीर्षक लेख)

कहना न होगा कि यह मूल्यांकन एक पक्ष की दृष्टि से अधिक है। जब साहित्य की सम्पूर्ण परम्परा के सन्दर्भ में डॉ. शर्मा कालिदास को जाँचते हैं, तो वे उसी निष्कर्ष पर आते हैं, जिस पर आनन्दवर्धन, अभिनवगुप्त आदि आचार्यों की महनीय परम्परा पहुँची थी–अर्थात वाल्मीकि और व्यास के बाद कालिदास एक परम्परा के सबसे बड़े कवि हैं। पर इस एक परम्परा के बाहर कालिदास को देखें, तो हम उन्हें कहाँ रखेंगे?

'कालिदास की अपनी मेधा, सहृदयता, जीवन–दर्शन की क्षमता अपना पूर्ण चमत्कार दिखलाती है। इसी कारण उस युग का और उस समाज–व्यवस्था का कोई भी कवि कालिदास को नहीं पाता। वाल्मीकि और व्यास अपवाद हैं, उनकी तुलना में कालिदास का काव्यजगत् संकुचित है। वह उदात्त चरित्र–निर्माण में अक्षम हैं। यद्यपि उन्होंने नाटक रचे है, फिर भी उनकी प्रतिभा मुख्यतः एक सौन्दर्योपासक लिरिक कवि की है। मानव–जीवन के सर्वांगीण चित्रण के बिना कोई भी कवि व्यास और वाल्मीकि की बराबरी नहीं कर सकता। मनुष्य का अपना अनुभव जितना समृद्ध होता है, उतना ही समृद्ध वह साहित्य भी चाहता है। कालिदास की रोमाण्टिक कल्पना, उनका सूक्ष्म सौन्दर्य दर्शन हमारे लिए काफ़ी नहीं है। तुलसीदास ने मध्यकालीन समाज के साधारण जनों की जिस व्यथा को पहचाना है और उसे वाणी दी है, उससे कालिदास स्वभावतः अपरिचित थे। महाभारत और रामायण में मनुष्य की विजय में जो उद्दाम आशा प्रकट की गयी है, करुणा के साथ अन्यायी को दे देने के लिए जो संघर्ष प्रतिभा व्यंजित हुई है, शृंगार के अतिरिक्त

मनुष्य के भावजगत् का जो विविध और गम्भीर चित्रण हुआ है, कालिदास के लिए सुलभ नहीं है।' (वही, 25)

कालिदासविषयक समीक्षा में रामविलास शर्मा ने बहुत कुछ नया जोड़ा है। रवीन्द्रनाथ टैगोर के बाद वे कालिदास के समीक्षकों में सर्वाधिक महत्त्वपूर्ण माने जा सकते हैं।

कीट्स और शेली जब काव्य रचना कर रहे थे, तब कालिदास का अभिज्ञानशाकुन्तलम् अनूदित हो कर यूरोप में पहुँच चुका था। शर्मा जी ने कालिदास के रोमाण्टिक काव्य की अच्छी मीमांसा की है। उन्हें यह विचार करने का कदाचित् अवसर नहीं मिला कि क्या यूरोप के इन दोनों महान कवियों पर कालिदास की कविता का प्रत्यक्ष या परोक्ष असर आया? अपनी पुस्तक शेली और मार्क्स में शर्मा जी शेली की कविता का आकलन वैदिक काव्य की भावधारा के आसंग में करते हैं। कालिदास के सन्दर्भ से इस चर्चा को और भी मार्मिक बनाया जा सकता था। पर शर्मा जी कालिदास पर अधिक टिके नहीं रहे, संस्कृत के एक–दूसरे महाकवि–भवभूति–ने उन्हें अपनी तरफ़ ज़्यादा खींचा। भवभूति की अपनी समीक्षा में वे कुछ और उन्मुक्त और उदार भाव से कवि के रचना संसार में पैठते हैं।

पाश्चात्त्य काव्यशास्त्र के प्रवर्तक आचार्य अरस्तू ने त्रासदी और महाकाव्य को काव्यविधाओं में सर्वोच्च स्थान दिया था। कॉमेडी या सुखान्त नाटक को उसने गम्भीरता से नहीं लिया। उसका कहना था कि त्रासदी उत्कृष्ट मानव के चरित्र का अनुकरण करती है जबकि कॉमेडी निकृष्ट लोगों का। अरस्तू की दृष्टि में त्रासदी श्रेष्ठ है, क्योंकि वह जीवन का श्रेष्ठ रूप प्रस्तुत करती है। अरस्तू की त्रासदी के नायक की अवधारणा अंशतः नाट्यशास्त्र की भारतीय परम्परा में धीरोदात्त नायक की अवधारणा को स्पर्श करती है। कम–से–कम महासत्त्व, उच्चकुल, गाम्भीर्य तथा सम्पत्ति और कीर्तिमान आदि लक्षण धीरोदात्त नायक तथा त्रासद नायक पर समानतया लागू होते हैं।

अतएव नाट्यशास्त्रीय शब्दावली में त्रासदी को परिभाषित करना हो तो कह सकते हैं कि करुणरसप्रधान नाटक त्रासदी है। अरस्तू ने त्रासदी या करुणरसप्रधान नाटक को इतनी अहमियत दी तो सहज ही प्रश्न उठता है कि क्या नाट्यसाहित्य की इतनी सम्पन्न विरासत और नाट्यशास्त्रीय लक्षण चिन्तन की सुदीर्घ परम्परा के रहते हमारे यहाँ करुणरसप्रधान नाटकों की परिकल्पना नहीं थी? भरत के नाट्यशास्त्र की परम्परा तो इस प्रश्न का

तत्काल सीधा और सकारात्मक उत्तर प्रस्तुत करती है। करुणरसप्रधान नाटक की अवधारणा तो इस परम्परा में थी ही रूपकों के भेदों में ऐसे नाट्यप्रकार का समावेश करके उसे विधिवत् परिभाषित भी किया गया था। रूपक के दस प्रमुख भेदों में ही सदैव 'उत्सृष्टिकाङ्क' की गणना की जाती रही है। भरत के प्रमुख भाष्यकार आचार्य अभिनवगुप्त बताते हैं कि इस रूपकप्रकार की 'उत्सृष्टिकाङ्क' संज्ञा इसलिए पड़ी कि इसमें अपने स्नेही बान्धवों की मृत्यु पर विलाप करती स्त्रियों के प्राण दुःखावेग से निकले पड़ने को होते हैं। उत्सृष्टिकाङ्क में वाग्व्यापारप्रधान भारती वृत्ति का प्रयोग अधिक होता है शेष तीन वृत्तियों का कम। उसकी ये विशेषताएँ इस रूपकप्रकार को ग्रीक त्रासदी के बहुत निकट ला देती हैं। संस्कृत नाट्य–परम्परा में ऊत्सृष्टिकाङ्क का एक उत्कृष्ट उदाहरण भास का 'उरुभङ्ग' है। मृत्यु शैया पर पड़ा हुआ जंघाएँ टूट जाने से अपने नन्हे बेटे को गोद में उठाने या सामने अपने माता–पिता के सम्मुख उठकर अभिवादन करने में असमर्थ उरुभङ्ग का नायक अपनी गरिमा, उदात्तता, कुलीनता, अपनी भूलों पर पश्चात्ताप तथा अश्वत्थामा और बलराम को बदला लेने से रोकने में अभिव्यक्त अपनी उदारता में ग्रीक त्रासदी के ही नहीं विश्वनाट्य साहित्य की सर्वोत्कृष्ट त्रासदियों के नायकों के समकक्ष आ बैठता है। भय, आतंक, क्षोभ, दुःख आदि का उद्रेक इस रूपक में त्रासदी के अनुरूप ही हुआ है। उरुभङ्ग के अतिरिक्त अन्य भी कई उत्सृष्टिकाङ्क संस्कृत में रचे गये।

आठवीं शताब्दी के प्रसिद्ध काव्यशास्त्री आचार्य वामन तो स्पष्टतया साक्ष्य देते हैं कि करुणरसप्रधान रूपकों की परम्परा उनके समय विद्यमान थी और यही नहीं इस परम्परा के अपने प्रत्यक्ष अनुभव के कारण वामन यह भी बताते हैं कि रस का अनुभव एक सम्प्लवात्मक अनुभव है–उसमें सुख–दुःख का सम्प्लव (गड्डमड्ड होना) रहता है।

भवभूति रस के सम्मिश्र अनुभव को अपने कर्तृत्व से रेखांकित करते हैं। सुख में दुःख के अनुवेध का सीधी सपाट समझी गयी अनुभूति की जटिलता का इतनी तीव्रता से बोध संस्कृत कविता में अन्यत्र कहीं नहीं होता जितना भवभूति में।

प्रकरण को आचार्यों ने क्लेशाढ्य विधा कहा है। प्रकरणों के पात्र त्रासदी के नायकों की तरह कष्ट झेलते हैं।

रामविलास शर्मा ने भवभूति पर बड़े मनोयोग से लिखा है। उन्होंने भवभूति के नाटकों में ट्रेजेडी के भारतीय सन्दर्भों को सत्यापित किया है। "यूनानी नाटकों में ट्रेजेडी सुखान्त भी होती है। अंग्रेज़ी आलोचक सुखान्त ट्रेजेडी को ही 'ट्रेजी–कामेडी' कहते हैं।" (परम्परा का मूल्यांकन, पृ. 30)। शर्मा जी भवभूति के करुणरसदर्शन को ट्रेजी–कामेडी की अवधारणा से जोड़ कर देखते हैं। न्यायव्यवस्था के साथ व्यक्ति की टकराहट और मनुष्य का जीवन–संघर्ष भवभूति के करुणरस अथवा ट्रेजीकामेडी के बोध को तीव्रता प्रदान करता है। शर्मा जी ने यह सत्य ही कहा है कि देवनिरपेक्ष न्यायव्यवस्था के मनुष्य के टकराव का कारुणिक चित्रण कर.के भवभूति ने साहित्य जगत् में वह कार्य कर दिया था, जो उनके बाद शेक्सपियर ने किया (अलबत्ता असावधानी में वे भवभूति को शेक्सपियर के नौ सौ साल पहले का बता देते हैं, जो चार सौ साल पहले होना चाहिए–परम्परा का मूल्यांकन, पृ. 31)। वे इन दोनों बड़े कवियों की उनके अनोखेपन में भी पहचान करते हैं, "प्रसार–यथार्थ की विविधता, मनोवैज्ञानिक सूझबूझ, चरित्रनिर्माण की वास्तविकता में यद्यपि शेक्सपीयर आगे हैं, तथापि गहराई, शोकानुभूति की तीव्रता, करुणरस ही नहीं, वात्सल्य आदि सुकुमार भावों की पराकाष्ठा–में भवभूति आगे हैं।" (वही, पृ. 43)। वे मानते हैं कि "भारतीय साहित्य में भवभूति का आविर्भाव विश्वसाहित्य में नये युग का सूत्रपात है।" (वही, पृ. 44)

भवभूति की समीक्षा करते हुए रामविलास शर्मा ने आलोचक के रूप में जो ऊँचाई हासिल की है, नौसिखियों समीक्षकों को उससे सीखने की ज़रूरत है। शर्मा जी किंग लियर, ओथेलो और हेमलेट के कारुणिक उद्‌गारों के सामने भवभूति के उत्तररामचरित में राम के हहराते अपार करुणापारावार को रखते हैं। उनका कहना है कि भवभूति शेक्सपियर के इन तीनों नायकों के उद्‌गारों को अपनी गहनता में निमज्जित कर लेते हैं। यही स्थिति भवभूति के मालतीमाधव में नायक माधव के त्थनों की है।

भवभूति का मालतीमाधव प्रकरण कोटि का रूपक है। प्रकरण को आचार्यों ने क्लेशाढ्य विधा कहा है। प्रकरणों के पात्र त्रासदी के नायकों की तरह कष्ट झेलते हैं। शर्मा जी ने मालतीमाधव का भवभूति के निजी जीवन, उनके समकाल तथा उनके समय की सामाजिक राजनीतिक स्थितियों के सन्दर्भ में जो विश्लेषण किया है, वह भवभूति के काव्यसंसार के अछूते पक्ष उजागर करता है।

उत्तररामचरित की अपनी समीक्षा में भी समीक्षा के अपने औज़ारों को पैनेपन के साथ भवभूति के भावसंसार की गहराई ही नहीं, भवभूति के सामाजिक सरोकारों की भी अच्छी पड़ताल करते हैं।

सन्दर्भ

1. शर्मा, डॉ. रामविलास : कालिदास : साहित्य के स्थायी मूल्यों की समस्या, आलोचना–18 (5.2), अप्रैल 1956
2. वही, नाटककार भवभूति, परम्परा का मूल्यांकन, राजकमल प्रकाशन, नयी दिल्ली, 1981
3. वही, कालिदास : सामाजिक भूमिका, विश्वमानव खण्ड–38, मार्च–अप्रैल, 1981
4. रूबेन, वाल्टर, कालिदास : दि ह्यूमन मीनिंग ऑफ़ हिज वर्क्स, पीपुल्स पब्लिशिंग हाउस, नयी दिल्ली, 1984

डॉ. रामविलास शर्मा से

विजय बहादुर सिंह और शलभ श्रीराम सिंह की बातचीत

दिल्ली जनवादी लेखक संघ के सम्मेलन में जाने से पहले ही डॉ. श्याम बिहारी राय की चिट्ठी आ चुकी थी कि दिल्ली आयें, तो साथ ही ठहरें और आजकल डॉ. रामविलास शर्मा भी पड़ोस में ही रह रहे हैं अपनी पत्नी के इलाज के सिलसिले में, लगे हाथ उनसे भी भेंट हो जायगी। डॉ. शर्मा को लेकर इधर बाबा (नागार्जुन) से अक्सर बातें होती रही हैं। शायद ही कभी उनका ज़िक्र किये बिना वे अपना दिन समाप्त करते हों। बाबा की बातों से लगता रहा जैसे सारे प्रगतिशीलों के बीच ये दोनों ही ख़ुद को सबसे अलग महसूस करने वाले रचनाकार हों और दोनों को ही समझ न पाने की बड़ी भूल की जा रही हो। बाबा के साथ महीनों रहने का मौक़ा कई–कई बार मिला तो समझ पाया कि उनकी असली पीड़ा क्या है, पर रामविलास जी ने तो अब क्षेत्र संन्यास जैसा ले लिया है। आप न उन्हें किसी शर्त पर बुला सकते हैं, न ही ज़्यादा देर बैठकर उनका क़ीमती वक़्त जाया कर सकते हैं। आजकल आँखों से परेशान होने की वजह से लिखना–पढ़ना भी उतना नहीं हो पाता। ज. ने. वि. वि. का कोई शोधछात्र उनसे डिक्टेशन लेता है। सन् 64 से लेकर अब तक कुल चार मुलाक़ातें उनसे हुई और हर बार अनुभव यही होता रहा कि राम विलास जी का व्यक्तित्व कितना स्वाधीन है, कितना आत्मनिर्भर, एक ऐसे प्रतिभा–पुरुष का साक्षात् रूप जो इतिहास की वैज्ञानिक दृष्टि और युग के यथार्थ की बहुत साफ़ समझ अपने अध्यवसाय से अर्जित कर सका है। बहुत पहले जब साहित्यिक चौखट पर माथा टेकने का अभ्यास कर रहा था, एकाध मित्रों ने असन्तोष प्रकट करते हुए कहा था रामविलास जी पर्चेबाज हैं। जमकर न वे कुछ कर सकते हैं, न ही करना चाहते हैं। यह मेरे साहित्यिक जीवन के शुरुआती काल था।

पर सागर विश्वविद्यालय के हिन्दी विभाग में पहली बार जब उन्हें सुनने का मौक़ा मिला तो पता लगा कि वे कितने साहित्यिक प्रपंचों के बीच खड़े होकर अपना रास्ता साफ़ करने की कोशिश में हैं। व्यक्तिगत तौर पर किसी आदरणीय कृतिकार के प्रति शिष्ट और सश्रद्ध समर्पण के बावजूद वे अपने स्वतन्त्र विचारों में कितने दृढ़ हैं और साहित्यिक असहमतियों के बावजूद कितने मानवीय। इन पंक्तियों को लिखते वक़्त मुझे आचार्य महावीर प्रसाद द्विवेदी और महाकवि निराला के साहित्यिक रिश्तों की याद आ रही है। 'सरस्वती' में निराला की कविताओं को न छापने की अडिग कट्टरता के बावजूद कलकत्ता के 'समन्वय' पत्र में उन्हें नौकरी दिलवाने की कोशिश द्विवेदी जी ही करते थे। यह ठीक वैसा ही प्रसंग था जैसा कि विक्रम विश्वविद्यालय के कुलपति आचार्य नन्ददुलारे वाजपेयी ने डॉ. शर्मा को अंग्रेज़ी अध्ययनशाला के प्रोफ़ेसर पद पर आमन्त्रित करने की पेशकश की थी। वाजपेयी जी मार्क्सवाद की साहित्यिक निष्पत्तियों के कटु आलोचक थे तथापि डॉ. शर्मा के साथ उनके रिश्ते अत्यन्त गहरे और आत्मीय थे। उन्हीं दिनों मैंने एकाध साहित्यिक गोष्ठियों में दोनों का वैचारिक द्वन्द्व भी देखा था किन्तु न तो इधर कटुता थी न उधर ही। शायद दोनों ही मानते थे कि चिन्तन के क्षेत्र में वैचारिक असहमति से ही कोई सार्थक राह निकल पाती है। उस दिन बरसों बाद जब शलभ श्रीराम सिंह और डॉ. राय के साथ शर्मा जी से मिला तो वे सारे पिछले प्रसंग सामने आ गये जब वे सागर के हिन्दी विद्वानों की मण्डली के बीच काला चश्मा लगाकर समाधिस्थ हो गये थे। अरुचिकर साहित्यिक बकवास से बच निकलने का बढ़िया तरीक़ा उन्होंने खोज निकाला था। दूसरी तरफ़ विश्वविद्यालय छात्रावास के सभागृह में छात्रों के बीच निराला वाली कविता का पाठ करते हुए उनकी आँखें भरने लगी थीं और थोड़ी देर के लिए एक पहलवान देह से शोक का सोता–सा फूट पड़ा था। भवानी भाई की आँखें भी काव्य पाठ के वक़्त जब–तब गीली हो जाती हैं, पर वे उतने सकते में नहीं डालतीं जितनी कि इस घटना ने कर दिया था। उसी वक़्त मैंने मान लिया था कि आलोचक होने के पहले कवि होना कितना ज़रूरी है। आलोचक अगर कविता नहीं लिखता तो भी उसका कवि ज़िन्दा रह सकता है, अगर उसे अपने आलोचक को तरोताज़ा और मौलिक बनाये रखना है तो, शर्मा जी ऐसे ही कवि हैं, यद्यपि उन्होंने अच्छी कविताएँ भी लिखी हैं, भले ही उनकी संख्या थोड़ी हो–

यह मानव का हृदय क्षुद्र इस्पात नहीं है।
भय से सिहर उठे वह तरु का पात नहीं है।
रेत और पानी से बन जाते हैं पत्थर।
हृदय बना है आग और आँसू से मिलकर। (तार सप्तक)

डॉ. शर्मा की आग तो अब भी देखी जा सकती है पर आँसू उनकी गम्भीर मुस्कानों में कहीं गल धुल गये हैं। उन्हें अक्सर मैंने मुस्कराते ही देखा है चाहे वे व्यंग्य मुद्रा में हों चाहे प्रीति मुद्रा में। उनके चेहरे पर एक अभिजात शालीनता और बातचीत में गम्भीर वैदुष्य हर क्षण प्रकट होता रहता है। बिना अपने पाण्डित्य से किसी को आतंकित किये हुए। किन्तु जहाँ तक दृष्टि का प्रश्न है, वहाँ वे किसी से कोई समझौता करने को तैयार नहीं हैं, चाहे वे उनके काव्य–पुरुष निराला हों चाहे व्याकरण–पुरुष किशोरी दास वाजपेयी। वे मानते हैं कि संस्कृतियों के जीवन क्रम में जब कई एक संक्रमण–मोड़ आते हैं तब भी मानव व्यवहारों का एक़दम कायाकल्प नहीं हो जाता। कुछ पुरानी अच्छी बातें और समर्थ नयी बातें मिलजुलकर रास्ता तैयार करती हैं। यही विकास का सहज स्वाभाविक रूप भी है। इसीलिए जब मैंने अपने संस्कारवश उनका चरण स्पर्श किया तो वे इसे एक अनुकूल संस्कार मानते रहे। इस प्रश्न के उत्तर में कि मेरे द्वारा किया गया यह चरणस्पर्श आपको कैसा लगा, उन्होंने हाँ–ना में जवाब न देकर एक ऐतिहासिक तर्क दिया कि बीतती हुई संस्कृति में सब अवगुण ही अवगुण रहते हैं, ऐसा नहीं। उसमें कुछ अच्छे गुण भी रहते हैं। यही वैज्ञानिक दृष्टि है कि हम न तो किसी विकास का अन्धाधुन्ध समर्थन कर सकते हैं, न ही किसी विगत होती हुई संस्कृति का अन्धत्याग। इसी क्रम में उन्होंने मुस्कराते हुए याद किया कि उनके दो बेटे तो उनके पाँव छूते हैं और तीसरा हाथ मिलाता है। यहीं मुझे यह भी याद आया कि किस तरह डॉ. शर्मा अपनी भरपूर वैचारिक स्वतन्त्रता के बावजूद सिगरेट पीते हुए शिष्टाचारवश आचार्य नन्ददुलारे वाजपेयी का लिहाज़ किया करते थे और उनके तमाम स्नेहिल दबावों के बावजूद बलवन्त राजपूत कालेज की छोटी प्राध्यापकी छोड़कर विक्रम विश्वविद्यालय की बड़ी कुर्सी पर आने को तैयार न थे। उज्जैन के विक्रम पार्क में घूमते हुए उस वक़्त उन्होंने जो विचार व्यक्त किये थे, वह उनकी आत्मनिष्ठा और निस्पृहता के ज़बर्दस्त प्रमाण थे। एक तपे और निखरे हुए कम्यूनिस्ट की तरह सत्ता

और सुविधा के प्रलोभनों से बच निकलने की सिद्धि उन्होंने अर्जित कर ली थी। उनके सामने वह दुनिया भी साफ़–साफ़ उभरने लगी थी जिसके लिए वे अपनी क़लम समर्पित कर चुके थे। एक शालीन अडिगता और उत्फुल्लकारी अक्खड़ता के बावजूद उनके भीतर रस की कोई बहुत ही गहरी और तरल अन्तर्धारा मुझे तब भी महसूस हुई थी और इस बार भी जब चौदह साल बाद उनसे नयी दिल्ली के जनकपुरी मुहल्ले (उपनगर, क्यों नहीं), में मिलना हुआ। वे कुछ याद से करते रहे और बातचीत भी और जब अतीत सधा, बातें याद आयीं तो किसी बड़े बुजुर्ग की तरह कहा–'तुम्हारे सिर के बाल काफ़ी उड़ गये हैं, उस वक़्त काफ़ी घने थे। शायद इसी कारण पहचानी हुई आवाज़ के बावजूद मैं कुछ भ्रम में था।' जनकपुरी, वे अपनी पत्नी के इलाज के सिलसिले में आये हुए हैं और अपने मँझले बेटे के साथ रह रहे हैं।

इस बार उनसे मिलने का एक प्रत्यक्ष स्वार्थ था 'नया विकल्प' के लिए आचार्य किशोरी दास वाजपेयी पर कोई सामग्री प्राप्त करना; पर इसके लिए वे तैयार नहीं हुए। उन्होंने पहले जो कुछ लिखा उसी के पुनर्मुद्रण की स्वीकृति देते हुए सबसे पहले उन्होंने वाजपेयी जी के भाषा और व्याकरण सम्बन्धी मुद्दों पर अपना विचार रखा–'वाजपेयी जी पर कोई विशेषांक सम्पादित करते वक़्त उनके व्याकरण दृष्टिकोण की छानबीन करनी चाहिए। व्याकरण भाषा पर शासन करने के लिए है या उसका अनुगमन करने के लिये। अगर कोई विद्वान पाणिनि पर काम कर सके तो उन्होंने जो बातें पाणिनि के सम्बन्ध में लिखी हैं, उन सूत्रों का मूल्यांकन करना चाहिए। इसी के साथ उन्होंने यह भी संकेत किया है कि वैदिक भाषा एक परम्परा का विकास है, इस पर भी काम तब तक अच्छी तरह नहीं हो सकता जब तक ब्रज भाषा और अवधी के आपसी सम्बन्धों की जाँच पड़ताल नहीं की जाती। साथ ही उन सारे वैयाकरणों के कार्यों का पुनर्मूल्यांकन करते हुए उक्त सन्दर्भ में किशोरी दास वाजपेयी के कार्य का लेखा–जोखा नहीं कर लिया जाता।'

जब वे इन तथ्यों का संकेत निर्देश कर रहे थे तभी मेरी एक जिज्ञासा भी बीच में उभरने लगी कि आख़िर आपकी निगाह में वाजपेयी जी का सबसे बड़ा अवदान क्या है जिसके जवाब में उन्होंने यह धारणा प्रकट की–'संस्कृत से भिन्न हिन्दी की अपनी जातीय विशेषताएँ भी हैं और मेरी समझ से उनका सबसे बड़ा प्रदेय यही है, हिन्दी शब्दानुशासन उनका युगान्तरकारी कार्य है।'

वाजपेयी जी के सम्बन्ध में मेरी दूसरी जिज्ञासा उनकी संस्कृति सम्बन्धी दृष्टि को लेकर थी। मैंने उन्हें याद दिलाया कि वाजपेयी जी ने 'संस्कृति का पाँचवाँ अध्याय' शीर्षक से भी एक पुस्तिका लिखी है। उनका उत्तर था–

संस्कृति पर विचार करते हुए वाजपेयी जी घोर प्रतिक्रियावादी हैं और मैं मानता हूँ कि हर विद्वान के साथ कुछ घोर मूर्खतावाद जुड़ा रहता है। एक बार तो वे मुझे गोवध निषेध पर समझाते रहे, लेकिन वाजपेयी जी अपने इन विचारों के लिए याद नहीं किये जायेंगे।

अब तक बातचीत मेरे उनके बीच चल रही थी। अगला सवाल शलभ श्रीराम सिंह का था–

आपकी कविताओं का संकलन कहाँ से उपलब्ध होगा?

यहाँ दिल्ली में तो मुश्किल ही है आगरा में भी खोजने–खाजने से एकाध प्रति मिल जाये 'रूपतरंग' की तो मिल जाये। वह भी निश्चित नहीं कि मिल ही जाये।

पत्र पत्रिकाओं में तो आप छद्म नामों से भी लिखते रहे?

हाँ। जन युग में एक अरसे तक मेरी टिप्पणियाँ और कविताएँ छपती रहीं। हास्य–व्यंग्य वाली रचनाओं के लिए मैंने अगिया बैताल नाम रखा था और गम्भीर क़िस्म की रचनाओं को निरंजन नाम से देता था। ये कविताएँ यद्यपि प्रचारात्मक ही होती थीं तब भी इनका स्वर गम्भीर हुआ करता था।

निराला वाली कविता भी क्या उन्हीं दिनों लिखी गयी?

सन् 43 में उसे लिखा।

चर्चा कुछ इस ढंग से शुरू हुई थी कि डॉ. शर्मा औपचारिकता निभाने वाले सवाल भी भूल चुके थे। पर जब तक हम लोग अगली जिज्ञासा उनके सामने रखें उन्होंने दिल्ली आने का कारण पूछ ही लिया।

श्याम बिहारी राय ने हमारी तरफ़ से बताया कि जनवादी लेखक संघ के अधिवेशन के सिलसिले में ये लोग आये हुए थे जो यहाँ 13, 14 फ़रवरी 82 को आयोजित था। मैंने उनकी बात का छोर पकड़ते हुए इस हलचल के बारे में डॉ. शर्मा की राय जाननी चाही तो उनकी मुद्रा अचानक काफ़ी गम्भीर हो गयी।

आप लोग जब तक लेख़न कार्य को गम्भीरता से नही लेंगे तब तक मैं नहीं सोचता कि किसी क़िस्म का बदलाव आयेगा। मज़दूर समझता है कि क्रान्ति करने के लिए हड़ताल ज़रूरी है, किन्तु हड़ताल से क्रान्ति नहीं होती।

जैसे ही लेखक अगर लेखन को गम्भीरता से नहीं लेता तो वह क्रान्तिकारी अवश्य हो सकता है किन्तु क्रान्तिकारी लेखक नहीं होगा। इसीलिए लेखन को गम्भीरता से लेना बहुत ज़रूरी है।

मैं अब भी यह मानता हूँ कि गम्भीर लेखन से ऐतिहासिक संकटों में बल प्राप्त किया जा सकता है और रास्ता भी निकल आता है।

जो लोग यह मानते हैं कि साहित्य मनुष्य के उत्थान में कोई भूमिका ही नहीं निभाता उनको क्या कहूँ! एक बार मेरे ही मुहल्ले वाले 15 अगस्त वाले दिन आये और आग्रह करने लगे कि इस बार तिरंगा झण्डा आपको ही फहराना है। चलिए। मुहल्ले की बात थी मैं गया। झण्डा फहराया तो हमारे मुहल्ले के एक पुराने कांग्रेसी नेता कटारा साहब इतने भावुक हो गये कि बोलते–बोलते मानस की चौपाइयों का धारावाहिक पाठ करने लगे। अब भला तिरंगे झण्डे से उन चौपाइयों का उस वक़्त क्या मेल था? पर था। मुजीब जब भुट्टो के शिकंजे से निकलकर बंगलादेश आये तो रवीन्द्रनाथ को याद करते हुए। साहित्य आदमी को कितने रूपों में उठाता है इसकी कल्पना हम नहीं कर सकते। और कुछ न भी सही तो वह हमें जातीय परम्परा का बोध तो कराता ही है और यह मामूली बात नहीं है।

शलभ का अगला सवाल था–

भारत में कम्यूनिस्ट आन्दोलन के बारे में आपका क्या विचार है?

कम्यूनिस्ट आन्दोलन को पूँजीवादी आन्दोलन की जगह लेनी चाहिए। जब तक यह नहीं होगा तब तक क्या भविष्य है।

क्या इसने चूकें भी की हैं?

इसका क्या उतर दूँ? जब मेरी पहली किताब आयेगी आपको पता चल जायेगा।

कौन–सी किताब?

भारत में अंग्रेज़ी राज। यह पहला खण्ड होगा जिसमें मैंने यह बताने की कोशिश की है कि हिन्दी में रूसी क्रान्ति के पहले और भारत में समाजवाद की बात चलने के पहले क्या लिखा गया।

भारत में कम्यूनिस्ट आन्दोलन को अपने पाँवों पर खड़ा करना होगा और लेखकों को इसकी अगुवाई तक करनी पड़ सकती है जब आप लेखक लोग यह मान लेते हैं कि बिना राजनीतिक नेताओं के आन्दोलन चला ही नहीं पायेंगे तब आप उनके पिछलगुए बन जाते हैं।

भारतीय कम्यूनिस्ट मूवमेंट में मानवेन्द्र राय की क्या भूमिका थी?

इन्होंने हिन्दुस्तान में व्यवस्थित रूप से त्रात्स्कीवाद चलाया। ये जब रूस गये थे, उस समय उसी का बोलबाला था। तब लेनिन और त्रात्स्की के संघर्ष में ये त्रात्स्की के साथ थे। 1926–28 में होने वाले कम्यूनिस्ट इंटरनेशनल से त्रात्स्की और एम. एन. राय का निकाला जाना स्टालिन की सबसे बड़ी देन थी ख़ासकर हिन्दुस्तान के लिए।

अपनी बात को आगे बढ़ाते हुए उन्होंने कहा–

और कम्यूनिस्ट हुए बिना भी मज़दूरों और किसानों का पक्ष समर्थन किया जा सकता है। बहुत पहले शेली ने 'मास्क एण्ड एनार्की' कविता में मेनचेस्टर के मज़दूरों के हत्याकाण्ड के विरुद्ध लिखा था–You are many, they are few'। यह 1816 के आस–पास की बात है। शेली भारतीय स्वाधीनता के बहुत बड़े समर्थक थे। इसके भी पहले 1811 में बायरन ने एक कविता लिखी थी–कर्स ऑफ़ मिनर्वा–जो अंग्रेज़ों को हिन्दुस्तान में फैलाये गये साम्राज्यवाद के विरुद्ध शाप देती है–

> There will be blood shed
> Like waters and tears
> Rise like mist
> But the people will be victorious in the end
> I shall not live to see it but I foresee it।

बायरन ने यह उन्हीं दिनों कहा था।

शलभ–जब दास कैपिटल के आख़िरी पन्ने लिखे जा रहे थे तब विवेकानन्द भारत की धरती पर शूद्र जागरण का नारा बुलन्द कर रहे थे और वह मात्र शूद्र जागरण का स्वर न होकर अनागत सर्वहारा का आव्हान था? क्या हम यहाँ से भारतीय राजनीति में नवजागरण की कल्पना नहीं कर कर सकते?

बंगाल ने नवजागरण का ठेका नहीं लिया है। वे बंगाली ही थे जो चावल और मक्खन विशाखापत्तनम को भेजते थे और वहाँ से कहाँ जाता था सबको मालूम है। बंगाल ही वह पहला राज्य था जहाँ सती प्रथा ख़त्म करके दस महिलाओं को बचाया गया किन्तु उसी बंगाल में लाखों लोग भूख अकाल से मरते रहे।

–विवेकानन्द सीधी राजनीति की बात नहीं करते थे। अपने यहाँ उ. प्र. का आदमी सीधे राजनीति की बात करता था। और उसके बाद

महावीर प्रसाद द्विवेदी, रामावतार शास्त्री,[1] रामचन्द्र शुक्ल आते हैं। इनमें से द्विवेदी जी लगभग अनीश्वरवादी थे, शास्त्री जी पूरे अनीश्वरवादी। बंगाल ने इन्हें तैयार नहीं किया था।

वि.ब.सिंह–हिन्दी समीक्षा की चर्चा के दौरान इस वक़्त कई इतिहास लेखक वाजपेयी जी के महत्त्व को नज़रअन्दाज़ करने की कोशिश कर रहे हैं। उनकी यह कोशिश आपके विचार से कितनी सही और तथ्य संगत है?

वाजपेयी जी ने छायावाद का जुझारू ढंग से समर्थन किया मेरे लिए यह बहुत महत्त्वपूर्ण बात है। यह बहुत दुख की बात है कि उनके शिष्यों ने उनके लेखों का आकलन अब तक नहीं किया। मैं उन्हें कई बातों में महत्त्व देता हूँ। उन्होंने नयी कविता का विरोध किया। जहाँ ज़रूरत पड़ी वहाँ अपनी बहुत सारी मान्यताएँ बदलीं। अपने ज़माने की कट्टर शास्त्रीयता का विरोध करते हुए नया सौन्दर्यशास्त्र खड़ा करने का यत्न किया। तुम्हारे यहाँ तो अभी भी हिन्दी समीक्षा रीतिवाद से मुक्त नहीं हो पायी है। बहुत सारा साहित्य उनका अभी तो पत्र–पत्रिकाओं में पड़ा हुआ है, उसे जब तक तुम लोग समझोगे नहीं तब तक ट्रेडीशन को भी नहीं समझ पाओगे।

हाँ! यथार्थ के बारे में वे कहीं–कहीं कन्फ्यूज़्ड थे और कहीं–कहीं अन्तर्विरोध से ग्रस्त भी।

शलभ–निराला जी की एक ग़ज़ल है–स्नेह की रागिनी बजी, साँस के सुर बहार पर। इसमें उर्दू ग़ज़ल की तख्ती इस्तेमाल की गयी है या हिन्दी छन्द को आधार बनाया गया है?

यह गणात्मक छन्द पर आधारित है। कहीं–कहीं उर्दू की तख्ती भी इस्तेमाल की गयी है।

वि.ब. सिंह–अपने आख़िरी दिनों में निराला जी 'ताक कमसिन वारि' जैसी जो कविताएँ लिख रहे थे वह उनका शाब्दिक खिलवाड़ था या सचमुच ही वे इसे शास्त्रीय गायकों के लिए रच रहे थे।

असल में कविता समझने के जो आसान तरीक़े ख़ोज निकाले गये हैं, कविता उनसे समझ में नहीं आती। इलियट कहता है न कि कविता तो सम्प्रेषित होती है। मनुष्य की चेतना की समग्रता के बिना तुम कविता लिख ही नहीं सकते। कविता भावबोध का सहज ठौर है। और भावबोध का अर्थ है–सहज ज्ञान। जैसे किशोरीदास वाजपेयी विचारधारा में प्रतिक्रियावादी हैं किन्तु जब भाषा के विश्लेषण और विवेचन में उतरते हैं तो असाधारण

1. रामावतार शर्मा से आशय है। (सं.)

विवेक का परिचय देने लगते हैं, वहाँ उनका सहज बोध काम करता है। ताल्सतॉय राजसत्ता के बारे में घोर प्रतिक्रियावादी थे लेकिन वार एण्ड पीस को पढ़ते हुए यही सारांश हाथ आता है कि रूस और ताल्सताय के बीच नेपोलियन कौन होता है।

अब नामवर सिंह जैसे लोग कविता को समझने समझाने के नये–नये सूत्र अन्वेषित कर रहे हैं पर वे क्या हैं? मैंने एक बार हज़ारी प्रसाद द्विवेदी के घर पर ही उनसे कहा था कि तुम जो तरक़ीबें कविता समझने की खोज रहे हो, वह कितनी सार्थक होंगी, इसमें मुझे सन्देह है। कविता समझने का ज्ञान भी सहज बोध से ही आता है। छन्द, भाषा आदि को पकड़कर कविता समझना एक प्रकार से सजग वृत्ति को आधार मानना है जबकि कविता स्वतःस्फूर्त होती है। मैं इसमें ज्ञान को शामिल करके यह बात कह रहा हूँ। सहज बोध में वह ज्ञान लीन हो जाय, और तब जब कविता स्फूर्त होगी तो सधी हुई आयेगी। कवि का सहज बोध जितना ही सधा हुआ होगा, उसकी कविता भी उतनी ही पावरफुल होगी।

यह सहज बोध केवल कविता में ही काम करता हो ऐसा भी नहीं। फिदेल कास्त्रो ने मास्को में जो स्पीच दी वह ऐसी ही सधी हुई थी। वह क्रान्तिकारी था। मार्क्सवादी क्रान्तिकारी का सहज बोध वहाँ काम कर रहा था। फिर भी मैं कहता हूँ कि लेखन में ज्ञान को सहजबोध से जोड़ने पर ही महत्त्वपूर्ण लेखन सामने आ सकता है।

हम लोग लगभग डेढ़ घण्टे बैठ चुके थे। इस बीच डॉ. राय माता जी (डॉ. शर्मा की पत्नी) के कमरे में हाल चाल लेने के लिए जाकर आ चुके थे। हमें यह भी लग रहा था कि हम कुछ ज़्यादा वक़्त ले रहे हैं। उन्होंने सफ़ाई देने के ख़याल से यह भी कहा कि तुम लोग ऐसे वक़्त पर आये हो जब घर पर बहू भी नहीं है, नहीं तो चाय भी पिलाता। उनसे बातचीत का इतना सघन और आत्मीय अवसर पाकर हम कृतार्थता का अनुभव करने लगे थे। आते वक़्त शलभ ने उनसे हाथ मिलाया। राय साहब ने नमस्कार किया। मैंने पहले की ही तरह उनके चरण छुए और उन्होंने सहज भाव से मझे आशीषा–'खुश रहो।' जनकपुरी के उस मुहल्ले से हम लोग लौट रहे थे जैसे किसी ऋषि से मिलकर। कृतार्थता के अनुभव से सम्पन्न।

छन्द, मुक्त छन्द और कविता

केदारनाथ अग्रवाल और रामविलास शर्मा के बीच एक पत्र-संवाद

प्रिय केदार,

तुम्हारा पत्र लखनऊ में मिला परन्तु उत्तर यहाँ मुम्बई में दे रहा हूँ। तुम्हारा पत्र मिलने के पहले मैं दो दिन को इलाहाबाद गया था और वहाँ नरोत्तम को लिखे हुए तुम्हारे पत्र से यह जान गया था कि तुम काग़ज़ पर गोदना गोदकर मुझे भेजने वाले हो।

पहली बात तो यह कि 23 मई को सवा सात बजे लाहौर से कविताओं में यथार्थवाद पर मेरी बातचीत सुनना है। उसमें तुम्हारा कई जगह और काफ़ी उल्लेख है। आशा है कि 23 मई तक तुम्हें पत्र अवश्य मिल जायेगा।

दूसरी बात–एक दिन लखनऊ में तुम्हें उत्तर लिखने बैठा और तुम्हारा कविताओं वाला पत्र ढूँढ़ा तो मिला नहीं, इसलिए सोचा मुम्बई से ही लिखूँगा। तुम्हारा ख़याल ग़लत है कि तुम्हारी कविताएँ पसन्द नहीं थीं, इसलिए मैंने जवाब नहीं दिया। असल में तुम्हारी कविताओं के बारे में तुम्हें विस्तार से लिखना चाहता था, इसके लिए अवकाश खोज रहा था, और अवकाश नहीं मिल रहा था, इसीलिए देर पर देर होती गयी। और अब भी जैसा चाहता था वैसा लिख नहीं पा रहा हूँ।

तुम्हारी अधिकांश कविताओं में जल्दबाजी के चिह्न विद्यमान रहते हैं। शब्द और गति को सँवारने की ओर ध्यान कम रहता है। तुम्हारी कविताओं की विशेषता उनका संकेत है–शेष आयु का धुआँ उड़ाता आदि में जैसे। परन्तु कुछ कविताओं में इस संकेत का अभाव या उथला रहता है। जैसे 'नारी तुम गन्दी हो'। दूसरी बात यह है कि 'नारी' को आब्सेशन बनाने से बचो। तुम उस पर काफ़ी लिख चुके हो और यद्यपि अभी काफ़ी लिखा जा सकता है, फिर भी समाज की अन्य महत्त्वपूर्ण समस्याओं की ओर भी ध्यान दो।

कुछ दिन हुए कलकत्ता रेडियो से धान काटने पर एक प्रोग्राम प्रसारित किया गया था। उसमें धान की कटाई से सम्बन्ध रखने वाले गीत स्त्री–पुरुषों ने मिलकर बहुत बढ़िया गाये थे। तुमने कटाई का गीत लिखा था परन्तु यह 'गीत' है। किसानों को 'दिया' गया है, उन्हीं के कण्ठ से नहीं फूट निकला। यहाँ मैं देख रहा हूँ कि गुज़राती और मराठी ग्राम गीतों को लेकर बहुत बड़ा काम हो चुका है, उनके ढंग पर, उनसे भाव लेकर मराठी और गुज़राती में काफ़ी साहित्य लिखा जा चुका है। हमारे यहाँ इसका अभाव है। तुम ग्रामगीत एकत्र करके उनके भाव आदि लेकर नये गीत लिखो जिनका सम्बन्ध किसान जीवन के विभिन्न पहलुओं से हो। मैंने वीरेश्वर को भी इसके बारे में लिखा है।

मैंने तुम्हें कुछ छन्दोबद्ध कविताएँ लिखने की सलाह दी थी। मुक्त छन्द लिखने में तुम्हें आसानी होती है, और उसका एक अपना आनन्द भी है लेकिन बहुधा मुक्त छन्द की पंक्तियाँ उस तरह जनता के कण्ठ में नहीं उतरती जिस तरह छन्दोबद्ध कविताएँ। मै चाहता हूँ कि तुम्हारी कविता ऐसी भी हो जो साधारण जनता का यों ही याद हो जाये। लोकगीतों के ढंग की कविता छन्द में होगी ही। तुम मुक्त छन्द में लिखो, परन्तु इसका भी ध्यान रखो।

लोकगीतों के अलावा बाँदा, बुन्देलखण्ड, चित्रकूट आदि पर यथार्थवादी ढंग की कविताएँ भी हों। तुलसीदास ने चित्रकूट पर वर्षा का वर्णन किया है परन्तु उसमें कौन चित्रकूट को पहचान सकेगा। हिन्दी कविता में से ऐसे यथार्थ प्रकृति चित्रण की आवश्यकता है जिससे हम अपने देश को पहचान सकें। दिल्ली की शाम, यमुना, अस्पताल आदि पर भी कविताएँ भेज सकते हो। हंस में कविता–भाग का सम्पादक मैं ही हूँ, यद्यपि अभी हंस निकलना बन्द है, इसलिए कविताएँ यहीं भेजो और लड़ाई के ज़माने में जो महँगी है, गाँवों में जो हाय–हाय मची है बर्लिन रेडियो लगाकर बाबू जी जो जर्मनी की जीत मनाते हैं, इसलिए कि ठाकुरशाही के दुश्मन रूस को जर्मनी ख़त्म करना चाहता है, इन पर भी कविताएँ लिखो। हम अगस्त तक एक छमाही प्रकाशन आरम्भ करने के विचार में हैं। पुस्तक रूप में (डिमाई), एकांकी कथा, कविता, आलोचना आदि रचनात्मक साहित्य को लेकर। उसके लिए मसाला एकत्र कर रहा हूँ। चीज़ ऐसी हो जो अन्य प्रान्तों के सामने रखी जा सके और केदार की कविताएँ पढ़कर लोग कहें कि हाँ, बंगला और मराठी में ऐसी चीज़ नहीं है। क्या अनुभूति की तीव्रता है और कैसी सजीव मुहावरेदार भाषा है!

तुम अपनी कविताएँ बराबर भेजते रहो, हाँ अपने पास उनकी एक कॉपी भी रख लिया करो। दिल्ली में गिरिज़ाकुमार को पता लग सके तो उससे मिलना और उससे भी कविताएँ भिजवाना। तुम आजकल क्या पढ़ रहे हो, यह भी लिखना। बाहरी साहित्य से, विशेषकर आधुनिक साहित्य से सम्पर्क बनाये रखना बहुत ज़रूरी है। तुम महीने में कुछ–न–कुछ पढ़ा करो ज़रूर अपनी वकालत के अलावा भी।

निराला जी पर कविता इसी दृष्टिकोण से लिखी गयी है। यह छायावादी स्वप्नद्रष्टा है, अब वह स्वप्न नहीं रहे। स्वप्नों का यह सौन्दर्य उनके यथार्थ जीवन पर व्यंग्य करता है। यह वैषम्य मैंने व्यक्त करने की चेष्टा की है। परन्तु स्वप्न, दृष्टा होते हुए भी उन्होंने सामाजिक रूढ़ियों का विद्रोह किया है। उन्होंने ही लिखा था–तुझे बुलाता कृषक अधीर और सिंहों के गाँव में आया है आज स्यार। उनके इस विद्रोह भाव से हम लोगों की सहज सहानुभूति है और हम उस परिपाटी को अधिक विकसित करके आगे बढ़ाना चाहते हैं। आज जब परिस्थितियों के कारण और स्वार्थी भाइयों के विरोध के कारण यह ध्वस्त और व्यस्त हो गये हैं। तब कौन ऐसा कृतघ्न होगा जो उनके साथ सहानुभूति प्रकट करना भी अनुचित समझेगा। सहानुभूति प्रकट करना हमारा धर्म है, हमारी कृतज्ञता का प्रकाशन है क्योंकि उन्होंने उस विद्रोही परम्परा को जन्म दिया है जिसके हम अनुयायी हैं। और जब निराला जी ने लिखा था–'तुझे बुलाता कृषक अधीर, चूस लिया है उसका सार, हाड़ मात्र ही है, आधार, ओ विप्लव के पारावार–तब इस परम्परा का अन्त कहाँ होगा? उस जन राज्य में ही जहाँ कृषक इस तरह आसमान की ओर फिर दुर्बल हाथ न उठायेगा। नये कवियों का सामाजिक आदर्श कौन–सा है? वही जिसका संकेत निराला की कविताओं में मिलता है। वह आज ध्वस्त और व्यथित है और तुम और जो भी उस विद्रोह पथ पर बढ़ेगा, उसे कठिनाइयों से जूझना होगा। उस पथ पर चलने के लिए मर मिटने को लगन चाहिए। इसलिए तुम जैसों में विश्वास करके मैंने लिखा था कि साथी अपने विद्रोही स्वर को दबाओ मत, तुम्हारे पीछे और–और नये कवि भी आ रहे है। वे उस जनता के राज्य की स्थापना करेंगे। सम्भव है कविता में यह सब व्यक्त न हुआ हो, शायद हो न सकता हो। परन्तु मेरा दृष्टिकोण यही था।

ख़ैर मैंने तो कविता लिखना बन्द ही कर दिया है। तुम और वीरेश्वर और नरेन्द्र वग़ैरह को चाहिए कि आधुनिक बंगला, अंग्रेज़ी और मराठी आदि

भाषाओं के साहित्य को देखते हुए अपनी कविता को ऐसा समृद्ध करो कि हम उनसे एक हाथ आगे ही रहें, पीछे नहीं। मैं चाहता हूँ कि जब कोई मराठी या बंगाली साहित्यक तुमसे या किसी अन्य हिन्दी कवि से मिले तो कविता के अलावा तुम्हारे अध्ययन, विचार, गम्भीरता, चिन्ता, और साहित्यिक संस्कृति से भी प्रभावित हो। अनेक बाधाओं के होते हुए भी तुम्हें और अन्य हिन्दी कवियों को यह सब करना ही होगा।

मुम्बई शहर नये ढंग का सुन्दर है। समुद्र के किनारे बड़ी अच्छी हवा लगती है। मैं अमृत (नागर) के साथ ठहरा हूँ। 15–20 दिन तो हूँ ही। पत्र का उत्तर देना।

तुम्हारा
रामविलास

पुनश्च–इस पत्र में कहीं उपदेश या गुरुडम की गन्ध आये तो मुझे अपना ही समझ कर क्षमा करना। वि.

प्रिय शर्मा,

मैंने तो तुम्हें लम्बा पत्र लिखा और भेजा, तुमने एक छोटा–सा "टुटरू टूँ" पोस्टकार्ड ही मेरी खिदमत में पेश किया। जानता कि सिवाय साहित्यिक ज़बान में तुम्हें गाली दूँ और क्या कहूँ। कविताएँ नहीं अच्छी रहीं जाने भी दो। दोस्त! ख़त को तो वसन्त की बहार से भर देते। लिखने वाले लिखा ही करते हैं पर बेचारों की दो ही तीन चीज़ें पूरी उतरती हैं। मैं तो क़लम पकड़ना सीख रहा हूँ। मुझे तुम्हारे (विचार) बिल्कुल बुरे नहीं लगते। हाँ इतना ज़रूर कहूँगा कि इन कविताओं को भी एक प्रकार के पाठक बेहद पसन्द करते हैं। मैं उन्हीं का कवि हूँ, सबका कवि नहीं। दो रचनाएँ और भेजता हूँ चाहे जिसमें छाप लो, पर राय देना ज़रूर।

रही बात मुक्त छन्द की। यह मुझे मेरी जान ही मालूम होती है। जो चाहता हूँ। वही उन शब्दों में कह लेता हूँ। ऐसा नहीं होता कि लिखने कुछ बैठूँ और तुकान्त के दाँवपेंच में पड़कर कुछ दूसरा ही लिख डालूँ। मेरा ऐसा अनुभव है कि तुकान्त में यही होता है। उसमें मेरी हत्या होती है। मुक्त छन्द में मैं पनपता हूँ। मुझे तुम्हारी सलाह तुकान्त में लिखने की सलाह पसन्द है पर ग्राह्य नहीं है। मैं उसे ग्रहण तो तब करूँ जब वह मुझे धोखा न दे। यह दगाबाज़ है। वह केदार को नहीं साहित्यिक मानव के पुरातन

भावों को ही शब्दों के गर्भित अर्थ ग़ौरव से प्रकट करना जानती है। मुझे मुक्त छन्द का माध्यम जानदार और ज़ोरदार मिला है। यह घिसा–पिटा नहीं है, न इसमें पंक्ति के अन्तिम भाग का एक–सा अवसान है। यह प्रवाह है, रोज़ की बोली का सजीव रूप है। शर्मा मेरी राय मानो तो तुम मुझे तुकान्त लिखने की यह सलाह न दो। मैं तुम्हारा केदार हूँ। वैसे तो मानूँगा ही पर तनिक और सोच लो।

मैं पुराना तरीक़ा आने ही नहीं देता। सांस का ज़ोर पंक्तियों में आवे, मेरी यह साधना है। जिन लोगों को तुम कहते हो कि ऊब गये हैं मुक्त छन्द से, ये लोग कौन हैं? तुम्हारे घनचक्कर साहित्यिक होंगे। नये साहित्य की सृष्टि अतुकान्त मुक्त छन्दों के प्रवाह में है, मैं यही देख रहा हूँ। जब दुनिया वाले तुकान्त छन्दों को युगों से धोकते रहने पर भी आज तक नहीं ऊबे तब भला वे इस कुछ काल की अतुकान्त से कैसे ऊब सकते हैं? यह जब इसी के आदी हो जावेंगे जब इसका स्वागत करेंगे, अभी उनकी सब भावनाओं का प्रकटीकरण नहीं हुआ है। तुम पूरे 'साधु' (साहित्यिक) होते जा रहे हो यह प्रगति बहका रही है। बकते हो। दुनिया उसी की है जिसका हथियार (चाहे वह जिस प्रकार का हो) पहला घाव करता है। मैं सोचता हूँ तुकान्त काम कर चुकी। नयी दुनिया के साहित्यों को वह चीज़ नहीं दे सकती–वह निकम्मी और कायर है। तुम कहोगे संसार की तुकान्त कविता में ही संसार बदला है, रंग जमाया है, ख़ून तक बहाया है। बहुत अंशों में यह सत्य है। किन्तु यह भूतकाल का सत्य है। सत्य में कहीं भूतकाल का अनुभव मात्र है। जब सम्पूर्ण राज्य व्यवस्था ही उथल–पुथल रही है हँसिया हथौड़ा की हड्डी पसलियाँ नव निर्माण कर रही है। तब क्या वह सुन्दर नहीं है कि पुरानी कविता की तरक़ीबें भी रद्द कर दी जाये और नयी निकाली जाये। तुकान्त कविता एक फल का चाकू जैसी है। अतुकान्त तो लाखों फलों जैसी है।

दोस्त तुम यह न सोचना कि मैंने यह सब अपनी कविता के समर्थन में लिखा है। यह मेरे साथ अन्याय होगा जोकि मैं तुम्हारे साथ यह 'कतई' नहीं कर सकता। मैं अपनी कविताओं की कमज़ोरियाँ मानता हूँ–मैं प्रयास करता हूँ कि ज़ोरदार चीज़ें दूँ। तुम्हें कायल कर दूँ। पर यह ज़रूर है कि यहाँ हम इस तरह लिखते हैं, मुझे मेरी तरह ही लिखने दो।

शायद तुमने देखा होगा कि छन्द वाली कविता प्राप्त करके नहीं मिलती उसमें फ्री वर्स ही रहता है। मैं शहरी गवइयों या ग़ज़ल गाने वालों की बात नहीं कहता न आल्हा या ब्रजवासी गाने वालों की बात कहता।

ये कवियों की कृतियों के मौखिक अनुकरण हैं। अब पिसनहारी गाती है, तो लम्बी लम्बी बातें चलती हैं फ्री वर्स में।

क्या बड़े दिन में इधर आओगे? सख्त ज़रूरत है तुम्हारी। मैं कोशिश करने पर भी शायद प्रयाग न आ सकूँ–यदि तुम न आओ, तो सूचित करने पर फिर मैं ही प्रयत्न करूँगा। तुमसे मिलना है। नागर ने लिखा है कि तुम प्रयाग आओगे। कृपया मुझे भी इतना ही सही–सही। तुम नियत तिथि पर नहीं पहुँचते।

मैं कोई कंट्रोवर्सी नहीं कर रहा। किन्तु तुमसे अपने विचारों पर प्रकाश चाहता हूँ। केवल उनकी कमज़ोरी या मज़बूती नापना चाहता हूँ।

तुम्हारा नाटक पढ़ा ख़ूब पसन्द आया। उसे एक दिन बड़े दिन में घर में खेल कर देखूँगा। अशोक साहब, कुछ कविता तो आपकी जमीं।

केदार

प्राचीन भारतीय संस्कृति की सामाजिक व्याख्या और रामविलास शर्मा

अवधेश प्रधान

रामविलास शर्मा देश के कुछ गिने–चुने मार्क्सवादी चिन्तकों में हैं जो साहित्य, भाषा, संस्कृति–सभी क्षेत्रों में परम्परा के अध्ययन, विवेचन और मूल्यांकन को महत्त्वपूर्ण मानते हैं। साहित्य के क्षेत्र में तुलसीदास, भारतेन्दु, महावीर प्रसाद द्विवेदी, प्रेमचन्द, निराला और रामचन्द्र शुक्ल के सम्यक् मूल्यांकन के लिए उन्होंने जो आलोचनात्मक संघर्ष किया है, वह सब जानते हैं। भारत की भाषा समस्या पर विचार करते–करते भारत के प्राचीन भाषा परिवारों का जो समुद्र मन्थन उन्होंने किया, वही कर सकते थे। इसी प्रकार अपने जीवन की सान्ध्य–बेला में उन्होंने ऋग्वेद का अवगाहन शुरू किया और फिर वहाँ से लेकर आधुनिक काल तक की भारतीय सांस्कृतिक परम्परा का गहन विवेचन किया। आज की समस्याओं को समझने और उनका समाधान ढूँढ़ निकालने के लिए वे परम्परा के अध्ययन को बहुत आवश्यक मानते थे। उनकी दृष्टि में आज की अनेक समस्याओं की जड़ें इतिहास में हैं इसीलिए मानते थे कि 'जो लोग वर्तमान समाज को बदल कर उसे नया रूप देना चाहते हैं' उन्हें अपनी सांस्कृतिक परम्परा के अध्ययन की उपेक्षा नहीं करनी चाहिए, ऐसा करना उनकी दृष्टि में 'बहुत बड़ा अपराध होगा।' 'भारतीय संस्कृति और हिन्दी प्रदेश' के पहले खण्ड की भूमिका में उन्होंने लिखा है, "लोकमानस में जहाँ देशभक्ति है, वहाँ देश की उपार्जित सांस्कृतिक उपलब्धियों के प्रति भक्ति भी है। प्राचीन संस्कृति के अध्ययन की उपेक्षा और वर्तमान सांस्कृतिक समस्याओं के अध्ययन की उपेक्षा वास्तव में लोकमानस की उपेक्षा है।" (भारतीय संस्कृति और हिन्दी प्रदेश–1, 1999, पृ. 5) उन्होंने याद दिलाया

कि अभ्युदयशील पूँजीवादी और समाजवादी–दोनों व्यवस्थाओं के सूत्रधार 'नयी संस्कृति का निर्माण करते हुए पुरानी संस्कृति के मूल्यांकन पर बराबर ध्यान देते हैं।' (वही) भाषा, साहित्य और संस्कृति–सभी का समाज से अभिन्न सम्बन्ध है इसीलिए रामविलास शर्मा ने अपने अध्ययन, विवेचन और मूल्यांकन में इस सम्बन्ध पर हमेशा ध्यान दिया और भाषा, साहित्य और संस्कृति के इतिहास की व्याख्या सामाजिक विकास के इतिहास से जोड़कर की और इसमें अखिल भारतीय परिप्रेक्ष्य को ध्यान में रखने के साथ ही हिन्दी प्रदेश की भूमिका को विशेष रूप से रेखांकित किया।

रामविलास शर्मा राहुल सांकृत्यायन आदि की तरह यह नहीं मानते कि ऋग्वेदकालीन आर्य घुमन्तू जीवन बिताते थे, या उनका मुख्य धन्धा पशुपालन था, या उनका जीवन बर्बर या अर्द्धसभ्य क़बीलों का–सा था। ऋग्वेद में कृषि, लांगल, फाल, कृष्टि, क्षिति, क्षेत्र, दान्ति, खल, तितउ जैसे शब्द–प्रयोगों की छानबीन करते हुए वे इस निष्कर्ष पर पहुँचते हैं कि "आर्यों ने शताब्दियों तक रहकर यहाँ खेती करते हुए अपनी सभ्यता का विकास किया था।" (वही, पृ. 19) जिन सन्दर्भों के आधार पर मैकडॉनल और कीथ की व्याख्या से आर्यों को गोभक्षी या मांसाहारी मान लिया जाता है, सातवलेकर की व्याख्या से उनका खण्डन हो जाता है, जैसे "अघासु गावो हन्यन्ते" का अर्थ सातवलेकर ने किया–"विदाई में दी गयी गायों को डंडे से हाँका जाता है।" खाने की चीज़ों में पुरोडाश, अपूप, धान आदि का उल्लेख है, मांस का नहीं। आर्य मुख्यतः कृषि–जीवी थे, कृषि के साथ पशुपालन भी करते थे। अवत (कुआँ), अश्मचक्र (पत्थर की गड़ारी) और द्रोण (पानी भरने का पात्र) जैसे शब्द खेतों की सिंचाई की ओर संकेत करते हैं। आर्यों की इस कृषि व्यवस्था को ध्यान में रखें तो इन्द्र और वृत्र के बीच युद्ध का भी अर्थ स्पष्ट हो जाता है। उसमें वर्षा के द्वारा या जल प्रवाह का अवरोध तोड़कर उसे प्रवाहित करके सूखे को दूर करने, खेतों को सींचने जैसे मानव प्रयास का ही प्रतिबिम्ब दिखाई देता है।

इतिहासकार कहते हैं कि मनुष्य ने दस लाख साल पहले अग्नि का आविष्कार किया। रामविलास शर्मा ने मन्त्रों की व्याख्या करके दिखलाया है कि आर्य अग्नि के लिए प्रकृति पर निर्भर नहीं हैं। वे दो लकड़ियों को रगड़ कर अग्नि उत्पन्न कर लेते हैं, उस पर नियन्त्रण करते हैं और खाना पकाने से लेकर धातुओं तक के काम में उसका उपयोग करते हैं। अश्मानं (पत्थर

का बना हुआ), आयसम् (लोहे का बना हुआ) धमति (धौकनी से धौकता है), ध्माता, कर्मार (लुहार), तक्षति (छीलता है), सूची (सूई), स्वधिति (कुल्हाड़ी), परशु (फरसा), तष्टा (बढ़ई)—ये शब्द बताते हैं कि ऋग्वैदिक आर्य कृषि के साथ–साथ कारीगरी का भी विकास कर रहे थे। शिप्र (शिरस्त्राण) और वर्म (कवच) के साथ–साथ यह भी उल्लेख है कि अश्विनी देवों ने विश्पला को 'आयसी जंघा' लगा दी थी। रामविलास शर्मा की टिप्पणी है, "सम्भवतः संसार में पहली बार किसी अंग की जगह धातु का बना हुआ कृत्रिम अंग वैदिक काल में लगाया गया था।" (वही, पृ. 33) लोहे के साथ–साथ सोने के उपयोग का भी विकास हो चला था। रुक्म (हार), खादि (कड़ा, कंगन), स्रक्–स्रक्षु (=माला) आदि आभूषणों का उल्लेख आता है। पेशस (सोने के तार), वास (वस्त्र), तन्तु–ओतु (ताना–बाना), तसर (बुनाई का उपकरण) आदि शब्दों के साथ बुनाई को लेकर नाना चित्र अंकित हैं—मातरः पुत्राय वस्त्रा वयन्ति=माताएँ पुत्र के लिए वस्त्र बुनती हैं, उषा प्रकाश के धागे लेकर बुनती हैं तो रात्रि अन्धकार के धागे लेकर, कभी दोनों मिलाकर बुनती हैं। वस्त्र उद्योग के साथ चर्म उद्योग के भी सन्दर्भ मिलते हैं। प्रजापति, विश्वकर्मा आदि देवताओं की कल्पना कौशल के इस विकास से ही आयी है। डॉ. शर्मा ने लक्ष्य किया है कि ऋग्वेद का समाज आदिम साम्यवादी समाज नहीं है, उसमें व्यक्तिगत सम्पत्ति और परिवार का विकास हो चुका है लेकिन स्त्रियों की स्वाधीनता और मर्यादा सुरक्षित है। राजा चुना जाता था लेकिन ऋग्वेद में किसी बड़े भूस्वामी का या शूद्रों या दासों से श्रम कराने वाले का उल्लेख नहीं है। (वही, पृ. 48) डॉ. शर्मा को ब्रह्म या ब्रह्मा का अर्थ स्तोत्र, कवि, गायक अधिक उचित जान पड़ता है। उनके विचार से ऋग्वेद के राजा सामन्ती युग के राजाओं से भिन्न हैं, वे न तो भूमि के स्वामी हैं, न न्यायकर्ता हैं। भूमि का केन्द्रीकरण नहीं हुआ है और उस युग में भूमि का मालिक किसान है। इस प्रकार के स्वाधीन किसान तन्त्र के सन्दर्भ में डॉ. शर्मा ने मार्क्स की पूँजी (तीसरा खण्ड) को उद्धृत किया है, "व्यक्तिगत स्वाधीनता के विकास के लिए यहाँ आधार मौजूद है।" हड़प्पा की सभ्यता का विकास इसके बाद हुआ। ऐसी सभ्यता सैकड़ों, हज़ारों साल तक टिकी रह सकती है। रामविलास शर्मा लिखते हैं, "ऋग्वेद की संस्कृति के साथ हड़प्पा को मिला लें तो निःसन्देह हज़ारों साल तक बड़े सामन्तों के बिना उत्पादन और

वितरण का बहुत ही सुसंगठित तन्त्र चालू रहा, यह देखा जा सकता है। इतने बड़े शासकों और इतने दिनों तक ऐसा तन्त्र संसार में किसी भी दूसरे देश में चालू नहीं रहा। भारतीय संस्कृति की आर्थिक आधार भूमि यही है। उसमें जो कुछ स्वस्थ है, और आज के लिए संग्रहणीय है, वह इस व्यवस्था की उपज है।" (वही, पृ. 59) इस व्यवस्था को वे 'कारीगरों और किसानों का लोकतन्त्र' कहते हैं। चोर, जुआरी, क़र्ज़दार–सबका नियमन इस लोकतन्त्र के द्वारा होता है, राजा के द्वारा नहीं। सभा और समिति सत्ता के अधिष्ठान हैं। समानो मन्त्रः समितिः समानी–समिति मन्त्रणा का सामान्य स्थान है, वहाँ सबके लिए एक ही मन्त्र और एक ही उद्देश्य है। डॉ. शर्मा की दृष्टि में पणि आर्यों से पृथक्, आदिवासी समूह नहीं हैं, वे वैदिक आर्यों की ही बस्ती में रहते हैं। वैदिक ऋषि सभी तरह का श्रम करते हैं और साथ ही यज्ञ करते हैं और मन्त्रों की रचना भी करते हैं। डॉ. शर्मा का एक महत्त्वपूर्ण निष्कर्ष है, "ऋग्वेद की यह सबसे बड़ी विशेषता है कि यहाँ शारीरिक श्रम और मानसिक श्रम का भेद मिट गया है। यह हमारा अतीत है और जिस भविष्य की ओर हमें जाना है, वह भी यही है।" (वही, पृ. 63) उन्हें ऋग्वेद के एक मन्त्र (8.20.19) में किसानों के लोकगीत का आभास मिलता है और दसवें मण्डल के 101वें सूक्त में तो उन्होंने कारीगरों के गीत का आभास पाया और लिखा, "शायद संसार में यह पहला श्रमिक गीत है।" (वही, पृ. 64)

ऋग्वेद में घोड़ों से सम्बन्धित सन्दर्भ भरे पड़े हैं। घोड़ा ऋग्वैदिक समाज की 'गतिशीलता का प्रतीक' है। रथ और नाव के भी सन्दर्भ हैं। ये सन्दर्भ वैदिक लोकतन्त्र में कृषि और व्यापार–वाणिज्य की गतिशीलता को सूचित करते हैं। विभिन्न नदियों और जनों के उल्लेख से सप्तसिन्धु प्रदेश में विनिमय के विकास का पता चलता है। जन ग्रामों और पुरों में वास करते हैं। ग्राम का नायक 'ग्रामणी' है तो पुर का नेता 'पूर्पति' है। कवियों, किसानों और कारीगरों के समाज में गतिशीलता के फलस्वरूप व्यापारी (वाणिज्) आते हैं, "विश्व साहित्य में पहली बार व्यापारी का उल्लेख ऋग्वेद में हुआ है।" (वही, पृ. 81) डॉ. शर्मा ने बताया है 'पणि' छोटा व्यापारी है–गाँव का बनिया और 'वणिक्' बड़ा व्यापारी है, दूर–दूर तक यात्रा करता है। सातवलेकर ने 'निष्क' को सोने का सिक्का बताया है। आर्य सोने से बख़ूबी परिचित थे। "रवीन्द्रनाथ के काव्य में भी सोने की इतनी खपत न होगी जितनी ऋग्वेद में है।" (वही, पृ. 82) एक राजनीतिक इकाई के रूप में 'राष्ट्र' का सन्दर्भ भी पहली बार यहीं मिलता है।

डॉ. रामविलास शर्मा का एक निष्कर्ष यह है कि "वैदिक भाषा विकासमान प्रक्रिया का परिणाम है, यह प्रक्रिया कोसल और मगध के पारस्परिक सम्पर्क को ध्यान में रखकर समझी जा सकती है।" (वही, पृ. 85) इस दिशा में उन्होंने वैदिक भाषा के शब्दों की ध्वनि–प्रकृति का अध्ययन करते हुए पाया है कि "संस्कृत के मूल रूप में दंत्य ध्वनियों की प्रधानता है। उनका मूर्धन्यीकरण उत्तरी भरतों के प्रभाव से सम्पन्न हुआ है।" इसी प्रकार "ट्–ठ्–ड्–ढ्–ण् इन मूर्धन्य ध्वनियों में किसी से भी ऋग्वेद का एक भी शब्द आरम्भ नहीं होता...तमिल की स्थिति भी यही है" लेकिन "हिन्दी में बीसियों शब्द ऐसे हैं जो ट्–ठ्–ड्–ढ् से शुरू होते हैं। इनका व्यवहार हिन्दी को संस्कृत और तमिल दोनों की ध्वनि–प्रकृति से अलग करता है।" (वही, पृ. 91) पूर्वी उत्तर प्रदेश से लेकर बंगाल तक व का व्यवहार समाप्त हो गया है, उसकी जगह ब की प्रधानता है लेकिन ऋग्वेद में ब का व्यवहार कम हुआ है और व से बनने वाले शब्द बहुत हैं–वंश, वाण, वक्ष, वज्र, वधू, वन, वाणी, वायु, विद्वान, विश्व, वीर, वेद, व्रत आदि।

ऋग्वेद की भाषा में प्रयोगों की विविधता है इसीलिए डॉ. शर्मा का विचार है कि "वह अभी लोक भाषा है।" इसी प्रकार वहाँ आचारों और विश्वासों की भी विविधता है। कुछ लोग यज्ञ करते हैं, कुछ नहीं करते। वे सभी एक ही समाज के अंग हैं। परम व्योम में असत् और सत् दोनों हैं। यह भी धारणा विकसित हुई कि असत् से सत् उत्पन्न हुआ अर्थात अव्यक्त प्रकृति से व्यक्त जगत् उत्पन्न हुआ। एक विचार यह भी है कि न असत्, न सत् अर्थात सृष्टि से पहले क्या था, यह कहना कठिन है। सूर्य जगत् के स्थावर और जंगम पदार्थों की आत्मा है। वायु आत्मा है। वाक् या वाणी वायु की तरह सर्वत्र व्याप्त है। उसी प्रकार अग्नि सर्वव्यापी है, वही दिन में सूर्य और रात में चन्द्रमा के भीतर से प्रकाशित होता है। वह जलों का, वृक्षों का गर्भ है, उनमें बीज रूप में स्थित है। तमाम देवों की कल्पना के साथ "इस विविधता में एक धारा अद्वैतवाद की है। उसे किसी नाम से पुकारें, परम सत्ता एक है। यह ऋग्वेद की श्रेष्ठ दार्शनिक उपलब्धि है।" (वही, पृ. 105)

ऋग्वेद की इस दार्शनिक उपलब्धि की उत्तराधिकारिणी हैं उपनिषदें। उनमें ऋग्वेद की प्रतिध्वनियाँ हैं। कई बार तो वेद के मन्त्र भी ज्यों के त्यों या थोड़े बहुत परिवर्तन के साथ वहाँ मिल जाते हैं। ऋग्वेद की तरह उनमें भी अनेक विचारधाराएँ मिलती हैं। बृहदारण्यक के अनुसार सच्चे आत्मज्ञानी

के लिए देव–अदेव, वेद–अवेद, चाण्डाल–अचाण्डाल सभी समान हो जाते हैं। छान्दोग्य में शूद्र राजा (जानश्रुति) रैक्व से ज्ञान प्राप्त करते हैं। ऋग्वेद में गायत्री मन्त्र में सविता का सीधा सम्बन्ध मनुष्य की बुद्धि से है, इसी प्रकार तैत्तिरीय में जो पुरुष में है और जो आदित्य में है वह एक है। "सूर्य से मनुष्य का तादात्म्य रहस्यवाद का मूल सूत्र है।" (वही, पृ. 117) उपनिषदों में प्रतिपादित आत्मवाद की भूमि पर बहुदेववाद, कर्मकाण्ड, धर्मशास्त्र, ऊँच–नीच का भेदभाव, वर्ण व्यवस्था, जाति प्रथा–सब समाप्त हो जाते हैं। "जो सच्चा आत्मवादी है वह समाज के सभी प्राणियों में एक ही आत्मा देखेगा, वह छोटे बड़े का भेद नहीं कर सकता। इसी तरह विभिन्न धर्मों के बीच जो भेद है वह भी समाप्त होता है।" (वही, पृ. 120) उपनिषदों के अद्वैतवाद के इस सामाजिक पक्ष का ही आधार लेकर स्वामी विवेकानन्द ने अपनी भारतीय व्याख्यान मालाओं में छुआछूत और ऊँच–नीच के भेदभाव की कठोर आलोचना की थी। "यह बिल्कुल स्वाभाविक है कि भारत के अनेक समाज सुधारक अनेक युगों में उपनिषदों के इस अद्वैतवाद से प्रेरित हुए हैं।" (वही, पृ. 133)

ऋग्वेद में यज्ञ के अतिरिक्त आन्तरिक जागृति की भी धारणा का विकास हुआ। इसका विकास योग में हुआ। उपनिषदों ने कर्मकाण्ड के स्थान पर इस आन्तरिक जागृति के विचार को आगे बढ़ाया। ऋग्वेद की ही तरह उपनिषद् में भी कर्ममय जीवन पर बल दिया गया है। डॉ. शर्मा के विचार से ऋग्वेद और उपनिषद् में प्रतिपादित कर्म निष्काम कर्म नहीं है। निष्काम कर्म और पुनर्जन्म की धारणा बाद की है। "जब समाज में ऊँच–नीच का भेदभाव स्थापित हो गया तो उसे सही ठहराने के लिए पूर्व जन्म की कल्पना की गयी।" (वही, पृ. 128) लेकिन उपनिषदों में जो पूर्व जन्म आदि की धारणा मिलती है उसका क्या करें? रामविलास जी का जवाब है, "उपनिषदों में बार–बार ज़ोर, आत्मा और ब्रह्म की एकता पर दिया गया है, इसलिए जहाँ पूर्व जन्म आदि की बातें हैं, उन्हें अपवाद मानना चाहिए। वे उपनिषदों की मुख्यधारा का अंग नहीं हैं।" (वही, पृ. 128)

डॉ. शर्मा ने उपनिषदों की प्रश्नोत्तर शैली का महत्त्व रेखांकित किया है क्योंकि ज्ञान की पहली सीढ़ी है जिज्ञासा और प्रश्न इसी जिज्ञासा से आते हैं। गुरु ईश्वर से प्राप्त ज्ञान शिष्य को बताये और शिष्य आँख मूँद कर उसे स्वीकार कर ले, "यह स्थिति उपनिषदों में नहीं है। सभी विवेक–विरोधी अन्धविश्वासों का खण्डन करने वाली क्रान्तिकारी घोषणा यह है–

यानि अनवद्यानि कर्माणि तानि सेवितव्यानि, नो इतराणि–यहाँ शिष्य को विवेक से काम लेने, गुरु के वचनों और कर्मों का स्वयं विश्लेषण करने की छूट दी गयी है।" (वही, पृ. 116) छान्दोग्य उपनिषद् में सनत्कुमार से नारद ने विभिन्न प्रकार के ज्ञान विज्ञान की शाखाओं का उल्लेख किया है उससे भी प्रमाणित है कि ऋग्वेद की तरह उपनिषदों की भी रचना लम्बे समय तक होती रही है और "इस अवधि में जहाँ ब्रह्म ज्ञान का विकास हुआ, वहाँ विज्ञान की, और ज्ञान की अनेक शाखाओं का विकास भी हुआ।" (वही, पृ. 130) ब्रह्म की चर्चा में तभी अणु और अणु से भी अणु का उल्लेख सम्भव हुआ।

डॉ. शर्मा ने वैदिक सभ्यता से हड़प्पा का सम्बन्ध तो जोड़ा ही है, पुरातात्त्विक खोजों और रामायण–महाभारत के सन्दर्भों के आधार पर हड़प्पा से मगध का भी सम्बन्ध जोड़ा है। रामायण में लंका नगर और दुर्ग का स्थापत्य जैसा विस्मयकारी है, वैसा ही विस्मयकारी स्थापत्य मगध साम्राज्य चन्द्रगुप्त विक्रमादित्य के पाटलिपुत्र का है जिसका वर्णन फाहियान के यात्रा वृतान्त में प्राप्त है। रामविलास शर्मा रामायण–सम्बन्धी तमाम पुरातात्त्विक खोजों के आधार पर इस निष्कर्ष पर पहुँचे हैं कि ताटका–सुबाहु–मारीच का क्षेत्र गंगा–सरयू के संगम से लेकर पूरे मगध क्षेत्र में है। मगध अपनी स्थापत्य–कला के लिए लम्बे समय से प्रसिद्ध रहा है। लंका विन्ध्याचल पर्वत के क्षेत्र में होनी चाहिए। मगध से लेकर विन्ध्य क्षेत्र तक राक्षसों का प्रभाव था। किष्किन्धा कोसल राज्य के अन्तर्गत थी। इतिहास के रूप में देखें तो रामायण "मगध और कोसलों की संघर्षकथा" है। प्रक्षिप्त अंशों को हटाकर देखें तो रामायण साहित्यिक दृष्टि से "बहुत ही सुगठित काव्य" है। "अयोध्याकाण्ड से लेकर लंकाकाण्ड तक सारा काव्य बहुत ही सधे हुए ढंग से रचा गया है। ...इस काव्य पर एक ही रचनाकार के व्यक्तित्व की छाप है, ऐसा अन्य काव्यों में कम होता है।" (वही, पृ. 174) रामायण महाभारत से भिन्न है क्योंकि महाभारत में राज्य के लिए भाई से भाई युद्ध करते हैं, रामायण में राम और भरत दोनों को राज्य का लोभ नहीं है। रामायण में उदात्त की कल्पना के पीछे मौजूद सामाजिक यथार्थ की व्याख्या करते हुए रामविलास शर्मा लिखते हैं, "रामायण ऐसे युग की रचना है जब मनुष्य स्वतन्त्र है। पुरुष और नारी दोनों ही सामन्ती दासता के बन्धनों में अभी नहीं कसे गये हैं। वाल्मीकि में जगह–जगह जो उदात्त स्वर सुनाई देता है, उसका रहस्य यही है। मनुष्य को अपने ऊपर विश्वास है।" (वही, पृ. 175)

डॉ. शर्मा ने लक्ष्य किया है कि रामायण के आरम्भ में किसी देवता की स्तुति नहीं है। देवों का हस्तक्षेप किसी मुख्य घटना में नहीं है। ऐसा धर्मनिरपेक्ष काव्य दूसरा नहीं है। रामायण की धर्मनिरपेक्ष मानव–केन्द्रिकता के बारे में वे लिखते हैं, "जीवन में दुःख आता है तो वह भी मनुष्य के कर्मों का परिणाम है, और मनुष्य उस दुःख पर विजय पाता है तो यह भी उसके पुरुषार्थ का परिणाम है। दुःख से निवृत्त होने के लिए वह किसी देवता से प्रार्थना नहीं करता। इस दृष्टि से रामायण अत्यन्त सांसारिक और लोकवादी काव्य है।" (वही, पृ. 175) सीता शृंगवेरपुर में गंगा से प्रार्थना करती हैं, यमुना पार करके यमुना और श्यामवट से प्रार्थना करती हैं, रावण विजय के लिए राम आदित्यहृदय–स्तोत्र का पाठ करते हैं, देवता रावण के वध के लिए ब्रह्मा से, विष्णु से प्रार्थना करते हैं, विष्णु राम के रूप में अवतार लेते हैं–इस सब का क्या किया जाये? डॉ. शर्मा का जवाब है, "प्रक्षिप्त अंशों में जो देव आते हैं, वह पहचाने जा सकते हैं।" (वही, पृ. 175)

उनका विचार है कि काव्य की मूल धारा को पहचान लिया जाये तो रामायण में प्रक्षिप्त अंशों को बड़ी आसानी से निकाला जा सकता है। राम और सीता के प्रेम को देखते हुए अग्नि–परीक्षा और सीता–वनवास की घटनाएँ उन्हें 'अस्वाभाविक' प्रतीत होती हैं। उनका विचार है कि "जब तमिलनाडु के लोग जाकर श्रीलंका में बस गये तब प्रक्षिप्त लेखकों ने लंका को मध्य प्रदेश से हटाकर सिंघलदीप में बसा दिया। फिर यातायात के लिए विमान की कल्पना हुई, समुद्र में सेतु बंध की कल्पना हुई। इधर मगध के लोग राक्षस बना दिये गये तब रावण के एक सिर की जगह दस सिर और दो बाहों की जगह बीस बाँहों की कल्पना की गयी। जब स्त्री घर में दासी हो गयी तब सीता के चरित्र पर लांछन की बातें जोड़ी गयीं। वर्ण व्यवस्था की कठोरता के कारण जब शूद्रों पर अत्याचार होने लगे तब शम्बूक वध भी जोड़ दिया गया। वाल्मीकि में मानव मात्र के प्रति प्रेम है। उन्होंने रामायण के आरम्भ में लिखा था जनश्च शूद्रोपि महत्त्वमीयात्–रामायण कथा के पढ़ने–सुनने से शूद्र को भी महत्त्व प्राप्त होगा, ऐसा कवि शम्बूक वध की कल्पना कैसे कर सकता था।" (वही, पृ. 175) उनके विचार से रामायण में प्रक्षिप्त अंशों में तीन तरह की प्रवृतियाँ हैं–(1) मानुष काव्य का दैवीकरण–वैष्णव भक्तों ने राम को विष्णु का अवतार बनाया और अनेक चमत्कारपूर्ण घटनाएँ जोड़ीं, (2) सांसारिक काव्य का पुरोहितीकरण–पुरोहितों ने स्थान–स्थान पर ब्राह्मणों

का महत्त्व जोड़ा और (3) काव्य का पुराणीकरण–रामायण को जहाँ–तहाँ पुराण का रूप दे दिया गया। "इन्हें हटा कर यदि वाल्मीकि रामायण को फिर से सम्पादित किया जाये तो न केवल यह श्रेष्ठ काव्य ग्रन्थ के रूप में दिखाई देगी वरन आज के प्रबुद्ध जनों के चरित्र निर्माण में भी सहायक होगी।" (वही, पृ. 176)

ऐतिहासिक दृष्टि से महाभारत ऋग्वेद और रामायण के बाद की रचना है लेकिन महाभारत का समाज ऋग्वेद और रामायण के समाज से पिछड़ा हुआ है। डॉ. शर्मा ने लक्ष्य किया है कि ऋग्वेद में कुटुम्बगत सम्पत्ति और विवाह प्रथा के अनुसार पति–पत्नी के स्थायी सम्बन्ध स्थापित हो चुके हैं, लेकिन महाभारत में ये दोनों चीज़ें अभी स्थापित हो रही हैं। द्रौपदी प्रसंग से ही स्पष्ट है कि वहाँ पुरानी गण व्यवस्था टूट रही है, सभा और बड़े बुजुर्गों की मर्यादा समाप्त हो रही है, नैतिकता संकट में है। गण व्यवस्था को न हस्तिनापुर में धृतराष्ट्र चला पा रहे हैं, न द्वारका में कृष्ण। कुरु गण और यादव गण का विघटन इस बात का संकेत है कि "महाभारत की रचना उस युग का चित्रण करती है जिसमें ये गण समाज आपसी कलह से विघटित हो रहे हैं।" (वही, पृ. 187) द्रौपदी और कृष्ण कुल धर्म और गण धर्म को चुनौती देते हैं। द्रोपदी सभा में जिस तेज़स्विता से प्रश्न करती है उससे भी अधिक तेज़स्विता से, शोक और क्रोध से बार–बार युधिष्ठिर और पाण्डवों को फटकारती है और शान्ति वार्ता को जाते हुए कृष्ण से भी अपनी व्यथा का निवेदन करती है। इसकी विस्तृत चर्चा करने के बाद डॉ. शर्मा लिखते हैं, "द्रौपदी महाभारत की विराट् भाव शक्ति है। कृष्ण महाभारत की अपराजेय कर्म शक्ति हैं। इन दोनों को देखते अर्जुन आदि वीर वास्तव में निमित्त मात्र हैं।" (वही, पृ. 200–01) उस समय गण व्यवस्था का धर्म टूट रहा था, अभ्युदयशील सामन्ती समाज का नया धर्म आ रहा था। कृष्ण इस नये मानव धर्म के अग्रणी नेता हैं। एक ही गण के दो कुटुम्बों के बीच युद्ध को लेकर सभी धर्म संकट में हैं। अकेले कृष्ण हैं जो असमंजस में नहीं हैं। अन्याय की पहल दुर्योधन की ओर से हुई, वह युद्ध किये बिना पाण्डवों का अधिकार नहीं देने वाला; इसलिए उससे युद्ध पूरी तरह न्याय पूर्ण है। इस युद्ध में भीम, अश्वत्थामा आदि बर्बर हिंसा करते हैं। "गण व्यवस्था के विघटन का ऐसा लोमहर्षक काव्य शायद ही संसार की अन्य किसी भाषा में हो। गण समाजों की बर्बर व्यवस्था में जिस क्रूरता और हिंसा का व्यापक चलन था,

उसका चित्रण भी यथार्थवादी ढंग से किया गया है।" (वही, पृ. 227) रामविलास जी ने लक्ष्य किया है कि ऋग्वेद में मनुष्य और प्रकृति के प्रति संवेदनशीलता है, उसकी जगह महाभारत के गण समाजों में हिंसा और क्रूरता है। सामन्ती व्यवस्था के अभ्युदय काल में कभी मूल महाभारत का सम्पादन हुआ होगा इसीलिए जब खेती का महत्त्व बढ़ा तब किसी ने यह नियम बनाया–न सः समितिं गच्छेत् यश्च नो निर्वपेत्कृषिम् (उद्योगः 36–31) अर्थात जो स्वयं कृषि न करता हो वह हमारी समिति का सदस्य नहीं बन सकता! वासुदेव शरण अग्रवाल ने इस नियम की प्रशंसा में लिखा है, "किसानों के देश के राजनीतिक जीवन की यही एक कसौटी हो सकती थी।"

महाभारत में जिस वर्ण–विरोधी उदार नैतिकता का प्रतिपादन है उसका विकास और प्रतिफलन डॉ. शर्मा ने कौटिल्य के अर्थशास्त्र में चिह्नित किया है। (पृ. 241) इन दोनों ग्रन्थों में जो समानताएँ हैं वे "अभ्युदयशील भूस्वामी वर्ग की देन" है। ये दोनों पुरोहितों के ग्रन्थ नहीं हैं और इसके दार्शनिक आधार में भी पर्याप्त समानता है। कौटिल्य के राजनीतिक अर्थशास्त्र का दार्शनिक आधार योग, सांख्य और लोकायत है तो महाभारत में प्रतिपादित यथार्थवादी दर्शन में योग की प्रधानता है। (पृ. 248) किसी समय रामविलास जी योग को प्रतिक्रियावादी और रहस्यवादी मानते थे। वे भक्ति काव्य के विवेचन में सिद्धों–नाथों की योग धारा की आलोचना इसी दृष्टि से करते आये हैं, लेकिन इधर उनकी दृष्टि में योग को लेकर एक क्रान्तिकारी परिवर्तन हुआ है। योग साधना में किसी वर्ण का विशेषाधिकार नहीं है। योगियों की परम्परा वर्ण धर्म की विरोधी रही है। (पृ. 246) महाभारत के अनेक उपाख्यानों और लोक कथाओं की चर्चा करते हुए डॉ. शर्मा ने लक्ष्य किया है कि महाभारत मूलतः उन कथा वाचकों की चीज़ रही है जो जनपदों में घूम–घूम कर यह काव्य सुनाते थे और जनपदों में प्रचलित लोक कथाओं को भी मूल कथा में जोड़ते जाते थे। उदार नैतिकता, लोक व्यवहार, लोक संस्कृति और विवेकवादी–यथार्थवादी दार्शनिक आधार वाले इस काव्य में ब्राह्मणों की श्रेष्ठता और कर्म काण्ड की भी शिक्षाएँ जुड़ी हुई हैं–इसका कारण बताते हुए उन्होंने लिखा है, "लोक कवियों, कलाकारों और कथा वाचकों से अलग हट कर जब पुरोहितों ने महाभारत पर अधिकार किया तब जगह–जगह उन्होंने अपने वर्ण और कर्मकाण्ड के महत्त्व की घोषणा की। महाभारत को उन्होंने धर्म शास्त्र बनाया।" (पृ. 257)। इतिहास के लम्बे दौर में महाभारत में

सामाजिक विकास की अनेक मंज़िलों में अनेक वर्गों और वर्णों की विचारधाराएँ शामिल होती गयी हैं। डॉ. शर्मा ने लिखा है, "मोटे तौर से कह सकते हैं, एक गण व्यवस्था का युग है, उसका दृष्टिकोण और विचारधारा है। दूसरा अभ्युदयशील सामन्ती व्यवस्था का युग है, उसकी विचारधारा है। फिर यह व्यवस्था परिपक्व होकर ह्रासग्रस्त होती है, उस समय बहुत–सी बातें जोड़ी गयीं।" (पृ. 263) उसमें सांख्य, योग और वेदान्त जैसे यथार्थवादी दर्शन के साथ ही लोकायतवादी विचारधारा की बहुत–सी बातें हैं। भाववादी विचारधारा के भी अनेक रूप हैं। फिर भी कुल मिलाकर "उसमें दर्शन की प्रधानता है, धार्मिक अन्धविश्वासों की नहीं।" (पृ. 265) इस दृष्टि से महाभारत ऋग्वेद और उपनिषद् का ही समानधर्मा है।

महाभारत में दार्शनिक यथार्थवाद के अनेक रूपों की विस्तृत चर्चा करने के बाद गीता में उसी की निरन्तरता पर ज़ोर देते हुए रामविलास जी लिखते हैं, "महाभारत में जितना भी सांख्य और योग का प्रसार है, उतना ही पुरोहित वर्ग और कर्मकाण्ड का विरोध है। यह विरोध गीता में ज़ोरदार ढंग से व्यक्त हुआ है। यह गीता का सामन्त विरोधी पक्ष है।" (पृ. 308) उद्धरेदात्मनात्मानम् आदि में, उनके अनुसार, मानवतावाद की उदात्त अभिव्यक्ति हुई है। 'गीता की समदृष्टि उपनिषदों के मेल में है लेकिन कृष्ण के विराट् रूप का दर्शन 'ऋग्वेद की रूपक परम्परा के अनुसार है।' कृष्ण गीता में वेदान्त का उपदेश करते हैं लेकिन गीता के अतिरिक्त महाभारत में अन्यत्र वे 'कौटिल्य के समान लोकायतवादी' दिखाई देते हैं। डॉ. शर्मा ने गीता और उपनिषदों की वेदान्त–दृष्टि में अन्तर भी बतलाया है–"उपनिषदों में सर्वात्मवाद है, गीता में एकेश्वरवाद है।" (पृ. 319) उन्होंने यह भी लक्ष्य किया है कि गीता का दूसरा अध्याय अधिक प्राचीन है क्योंकि इसमें श्वेताश्वरोपनिषद् की ही तरह सांख्य और वेदान्त की परस्पर सम्बद्धता दिखाई देती है (पृ. 322)। उन्होंने तिलक, रानाडे आदि पण्डितों के सन्दर्भ से न केवल उपनिषदों के साथ, बल्कि ब्रह्मसूत्रों के साथ भी गीता के अन्तःसम्बन्ध का विश्लेषण किया है। आचार्य शंकर की विस्तृत चर्चा के बाद उनके अन्तर्विरोध के साथ उनके सकारात्मक पक्षों को भी रेखांकित किया है–शंकर के चिन्तन में 'एक पन्थ चलाने के बीज' मौजूद हैं 'लेकिन उनकी विचारधारा सभी तरह के धार्मिक मतवादों का खण्डन करने वाली भी है।' ब्रह्म का शासक रूप उन्होंने

तत्कालीन भू–स्वामियों के शक्तिशाली वर्गों को देखकर निर्धारित किया। वे पुरोहितों के हितों का समर्थन करते प्रतीत होते हैं लेकिन उनकी विचारधारा मूलतः कर्मकाण्डों की विरोधी है। "उनका भाववाद कर्मकाण्ड का खण्डन करता है, साथ ही सापेक्ष रूप में वह संसार का अस्तित्व भी स्वीकार करता है।'' (पृ. 412) उन्होंने वेदान्त को लोकप्रिय बनाया। परवर्ती भक्ति आन्दोलन और लोक जागरण की धारा उनकी विचारधारा के सकारात्मक पक्ष को आत्मसात् करके आगे बढ़ी।

भक्ति मूलतः प्रेम है और उसका मान्य ग्रन्थ है भागवत। भागवत के अनुसार यज्ञ करने वाले ब्राह्मणों ने भूखे ग्वाल–बालों को माँगने पर भी अन्न न दिया, पर उनकी पत्नियों ने उन्हें भोजन दिया और पतियों के मना करने के बावजूद कृष्ण–बलराम से मिलने को चल पड़ीं। यह प्रसंग उद्धृत करने के बाद रामविलास जी ने लिखा, ''स्त्रियाँ ज्ञान साधना से दूर रखी गयी थीं। अब वे सारे प्रतिबन्ध तोड़कर उमड़ चलीं और मंच के अग्रभाग पर आकर जम गयीं।'' (पृ. 442) भागवत ने भक्ति के बिना जाति–कुल–वर्ण की श्रेष्ठता को तुच्छ बतलाया, वेद–शास्त्रों के अध्ययन, यज्ञ आदि को धिक्कारा और इस तरह भक्ति के आधार पर 'मानव–मात्र की घोषणा की।' (443) ग्रियर्सन ने तुलसीदास आदि भक्तों की भक्ति भावना को ईसाई धर्म की देन बतलाया था। आचार्य द्विवेदी ने इसका ज़ोरदार खण्डन किया। आचार्य शुक्ल ने भी उपनिषदों की अन्नोपासना से लेकर भागवत धर्म तक भक्ति के विकास की एक गम्भीर विवेचना की, लेकिन आमतौर पर माना यही जाता है कि भक्ति वेदों के बाद की चीज़ है। रामविलास शर्मा बड़े आत्मविश्वास के साथ लिखते हैं, "भक्ति साहित्य का आदि स्रोत ग्रन्थ है ऋग्वेद।" (पृ. 445) पापबोध, मुक्ति–कामना, शरणागति, ईश्वर से भक्त का आत्मीय सम्बन्ध–यह सभी भाव बीज रूप में ऋग्वेद में रामविलास जी ने दिखाये हैं। यह भी बताया है कि ईसाई धर्म से भी पहले जो भक्ति भावना यहूदी धर्म में दिखाई देती है वह 'वैदिक संस्कृति के प्रभाव का परिणाम है।'

धर्म शास्त्रों और स्मृतियों का तुलनात्मक और ऐतिहासिक अध्ययन करने से पता चलता है कि विधि–निषेध के अनेक नियम समय और समाज के अनुसार बदलते रहे हैं। नियोग, विधवा–विवाह, अन्तरज़ातीय विवाह जैसे नियम कलियुग में वर्जित हो गये। पहले समुद्र यात्रा ख़ूब प्रचलित थी, कलियुग में

ब्राह्मणों के लिए निषिद्ध हो गयी। वर, अतिथि और पितरों के सम्मान में पशु बलि वर्जित हो गयी। सती प्रथा भी कोई सर्वमान्य नियम नहीं था। सती प्रथा के बारे में रामविलास जी ने काणे के हवाले से मेधातिथि का कथन उद्धृत किया है कि स्त्रियों को पति के शव के साथ जीवित जला देना आत्महत्या है और यह स्त्रियों के लिए वर्जित है। उन्होंने बताया है कि जातिप्रथा का भौतिक आधार छोटे पैमाने का उत्पादन होता है जिसमें बेटा बाप का पेशा अपनाता है। इस तरह के उत्पादन वाली सामन्ती व्यवस्था भारत में लम्बे समय तक रही इसीलिए अन्य देशों की तुलना में हमारे यहाँ जातिगत भेदभाव की कट्टरता बहुत अधिक है, लेकिन उनकी एक स्थापना ध्यान देने योग्य है कि "अंग्रेज़ी राज में जैसी कट्टरता दिखाई दी वैसी प्राचीन काल में नहीं थी।" (पृ. 491) उन्होंने काणे के हवाले से बताया है कि गृह्यसूत्रों के काल में या आपस्तम्ब धर्मसूत्र में भी शूद्र रसोइए का बनाया खाना ब्राह्मण खा सकता था, "धर्मसूत्रों के काल में भी भोजन एवं विवाह से सम्बन्धित नियन्त्रण इतने कठोर नहीं थे जितना कि मध्य युग में एवं आधुनिक काल में देखने को मिलता है।" (काणे, पृ. 110–11; रामविलास शर्मा, पृ. 492 पर उद्धृत) रामविलास जी ने अपनी अन्य पुस्तकों की तरह यहाँ भी यह स्थापना दोहराई है कि अंग्रेज़ी राज का आधार भारतीय सामन्तवाद था। उसने पुराने सामन्तों को आश्रय प्रदान किया और साथ ही अपने ख़ास ख़ैरख्वाह सामन्त भी पैदा किये। ज़मींदारी प्रथा तो अंग्रेज़ी राज की ही देन थी। इसीलिए "जो विकृतियाँ अंग्रेज़ी राज से पहले नहीं थी, वह अब पूरी ताक़त से उभर आयी।" (पृ. 492)

रामविलास जी का विचार है कि सांख्य और वैशेषिक दर्शनों के अनुरूप ज्ञान की अन्य शाखाओं में भी अभूतपूर्व विकास हुआ–भाषा विज्ञान में पाणिनि, औषधि विज्ञान में चरक और समाज विज्ञान में कौटिल्य 'विश्लेषक प्रतिभा के तीन शिखर पुरुष उत्पन्न हुए।' (पृ. 456) भारतीय विवेक परम्परा की एक श्रेष्ठ उपलब्धि 'अष्टाध्यायी' है जिसमें पाणिनि ने भाषा के विवरणात्मक, वैज्ञानिक, ऐतिहासिक विश्लेषण का मार्ग प्रशस्त किया तो दूसरी श्रेष्ठ उपलब्धि 'चरकसंहिता' है जिसमें मानव स्वास्थ्य के सभी आयामों का गम्भीर विवेचन है। चिकित्सा विज्ञान की परम्परा चरक से भी पहले महाभारत में है, महाभारत से पहले छान्दोग्य उपनिषद्, अथर्ववेद और ऋग्वेद में है। चरक संहिता और अथर्ववेद के घनिष्ठ सम्बन्ध पर रामविलास जी ने विस्तार से लिखा है।

पृथ्वी सूक्त के बारे में लिखा है कि यह "लोकतान्त्रिक समाज की उपज है जहाँ अनेक भाषाएँ बोलने वाले, अनेक धर्मों के अनुसार आचरण करने वाले लोग परस्पर द्वेष न करते हुए एक साथ रहते हैं।" (पृ. 530)

राहुल सांकृत्यायन बुद्ध और बौद्ध धर्म के प्रशंसक थे। उन्होंने बुद्ध के प्रतीत्यसमुत्पाद, क्षणवाद, मध्य मार्ग आदि के भीतर भौतिकवाद और द्वन्द्वात्मक तर्क पद्धति जैसे प्रगतिशील विचारों के बीज ढूँढ़ निकाले थे। रामविलास शर्मा ने शुरू से ही इसका खण्डन किया। 1956 में प्रकाशित उनका एक लेख है–गौतम बुद्ध का सन्देश। इसमें उन्होंने ज़ोर देकर कहा है कि बुद्ध ने उस समय प्रचलित "भौतिकवाद की एक समर्थ परम्परा का विरोध करके निर्वाण, कर्मबन्धन और तृष्णा के विनाश के सिद्धान्तों का प्रचार किया था।" (विराम–चिह्न, पृ. 172) उनकी दृष्टि में बुद्ध की तुलना में सांख्य, वैशेषिक और चार्वाक पन्थ अधिक प्रगतिशील थे, उनके यहाँ द्वन्द्ववाद का प्रतिपादन बहुत पहले और अधिक अच्छी तरह हुआ है। बुद्ध के क्षणवाद की परिणिति शून्यवाद में हुई। बुद्ध ने जिस संगठित धर्म का प्रवर्तन किया उसने मगध और कोसल जैसे सामन्ती साम्राज्यों की ऐतिहासिक आवश्यकता की पूर्ति की। राजाओं से भी अधिक व्यापारियों ने उनके धर्म का समर्थन किया। इसका मतलब यह हुआ कि बुद्ध का धर्म पीड़ित और शासित जनता के हितों के बजाय सेठों और सामन्तों के हितों के अनुकूल था। 'भारतीय संस्कृति और हिन्दी प्रदेश' में भी रामविलास जी की मान्यताएँ कमोबेश वही हैं जो उपर्युक्त लेख लिखने के समय थीं। यह भी कह सकते हैं कि 'योग, वैराग्य और गौतम बुद्ध' शीर्षक सातवाँ अध्याय उपर्युक्त लेख का ही परिवर्धित रूप है। यज्ञ में हिंसा की उन्होंने तीव्र आलोचना की, यह उचित था लेकिन वे यज्ञ मात्र के विरोधी न थे (भा.सं.हि.प्र., पृ. 570), अहिंसक यज्ञों की उन्होंने प्रशंसा की। बुद्ध सामाजिक विषमता से परिचित हैं लेकिन उससे मुक्ति का एक ही उपाय उनके पास है–संसार का त्याग और भिक्षावृत्ति। (वही, पृ. 575) उनकी सबसे बड़ी समस्या थी–कामवासना इसलिए "स्त्री के प्रति बुद्ध का दृष्टिकोण सामन्ती व्यवस्था के वैरागियों जैसा है।" (वही, पृ. 575) बुद्ध अपने संघ को फूट से बचाने के लिए भिक्षुओं को बराबर सावधान करते रहते थे लेकिन "आसपास के समाज से प्रभावित होकर संघ के सदस्यों ने वही किया, जो बुद्ध चाहते थे, वे न करें। परिणामस्वरूप संघ विघटित हुआ और एक दिन ऐसा आया जब भारत से बौद्ध धर्म का लगभग नाम ही मिट गया।"

(वही, पृ. 579–80) बुद्ध का दुःखवाद रामविलास जी की दृष्टि में, "एक निराशावादी दृष्टिकोण है, मानवता का विरोधी है।" (वही, पृ. 587) रामविलास जी ने बुद्ध और उपनिषद्ों के चिन्तन में कई समानताएँ भी लक्षित की हैं। बुद्ध ने कहा था–किसी ने कहा इसलिए मान लिया, किसी पुस्तक में लिखा है, इसलिए मान लिया, श्रद्धा वश मान लिया–ऐसा न करना चाहिए। अपने विवेक और अनुभव से देखना चाहिए कि यह बात सही है या ग़लत। बुद्ध ने यह जो अन्धविश्वास, अन्धश्रद्धा के बजाय इस विवेक और अनुभव पर ज़ोर दिया है, इसकी प्रशंसा संसार भर के मनीषियों की तरह रामविलास जी ने भी की है और इसी से मिलते–जुलते तैत्तिरीयोपनिषद् का वह वाक्य उद्धृत किया है जिसमें आचार्य शिष्य से कहता है–हमारे अनवद्य कर्मों का ही सेवन करना, इतर कर्मों का नहीं, हमारे सुचरितों का ही अनुकरण करना, इतर चरित्रों का नहीं। (वही, पृ. 588) रामविलास जी ने लिखा है कि हिंसक यज्ञों का विरोध बुद्ध का कोई मौलिक विचार नहीं है–यह उपनिषदों और चार्वाकों में भी मिलता है। यहाँ प्रश्न उठता है कि फिर जयदेव और तुलसीदास ने बुद्धावतार की वन्दना करते हुए उनके इसी पहलू पर ज़ोर क्यों दिया–

निन्दसि यज्ञविधेरहहश्रुतिजातम्
सदय–हृदय–दर्शित–पशुघातम्
केशव धृत–बुद्ध–शरीर जय जगदीश हरे।

(गीत गोविन्द 1.1.9)

प्रबल पाखण्ड महि मण्डलाकुल देखि निन्दाकृत अखिलमसकर्मजालम्।
शुद्ध बोधैकघन, ज्ञानगुण धाम, अज बौद्ध अवतार वन्दे कृपालम्।।

(विनय पद सं. 52/8)

हिंसक यज्ञों के विरोध का विचार पहले से रहा होगा लेकिन उसे जन आन्दोलन बना देने का श्रेय बुद्ध को है और यह इसलिए हुआ कि बुद्ध के पास बुद्धि के साथ 'सदय हृदय' था। उनके उपदेश कोरी बुद्धि की उपज न थे, उनमें उनके हृदय का रक्त था इसलिए उनके उपदेशों ने लोक हृदय का स्पर्श किया। वैराग्य और अनासक्ति के विचार उपनिषद्ों में भी कम नहीं हैं, गीता ने 'अनित्यमसुखं लोकमिमं प्राप्य भजस्व माम्' ही नहीं कहा, अनासक्त कर्मयोग का आख्यान भी किया। संन्यास पर अकेले बुद्ध ने ही ज़ोर दिया हो और गृहस्थों की बिल्कुल सुध न ली हो–यह भी सही नहीं है। त्यागेनैकेनामृतत्वमानशुः–यह उपनिषद् का ही विचार है।

बुद्ध ने माता–पिता की, वृद्धजनों की, परिवार की देखभाल, भरण–पोषण करने का उपदेश गृहस्थों को दिया है। वे संसार में सब कुछ को क्षणिक मानते थे लेकिन रोगियों और आर्त जनों की सेवा का धर्म तो उन्होंने ही चलाया। जिसने क्रूर अपराधकर्मियों, वेश्याओं और वंचित–पीड़ित–दुखी पुरुष–स्त्रियों को सान्त्वना दी, भरोसा दिया, नया जीवन दिया और उच्चतर मूल्यों के पथ पर चलने को उत्साहित किया उस महापुरुष के विचार (दुःखवाद) को 'मानवता–विरोधी' कहना कहाँ तक उचित है? जिसके विचारों से प्रकाश लेकर आचार्य नरेन्द्रदेव जैसे लोग स्वाधीनता संग्राम में कूद पड़े और आजीवन देश और जनता की सेवा में लगे रहे उसके विचारों में कुछ तो बात होगी।

'सर्वदर्शनसंग्रह' के अनुसार चार्वाक मत के मूल में बहुसंख्यक प्राणियों का हित था–'तस्मात् बहूनां प्राणिनां अनुग्रहार्थम्।' चरकसंहिता और कौटिल्य का अर्थशास्त्र–दोनों लोकायत दर्शन और लोक कल्याण की भावना से प्रेरित हैं। (वही, पृ. 609) अर्थशास्त्र के आरम्भ में कौटिल्य ने शुक्र और बृहस्पति को नमस्कार किया है और ये दोनों भौतिकवादी दर्शन के आचार्य थे। रामविलास जी ने लक्ष्य किया है कि अर्थशास्त्र में गणक, लेखक, चित्रकार, कुशीलव आदि से लेकर राजा तक सभी वेतन–भोगी सेवक हैं। प्रत्येक श्रमिक को मेहनत के लिए पारिश्रमिक देने का नियम है। कर्मकर (स्वतन्त्र श्रमिक) और दास दोनों वेतन के अधिकारी हैं। कौटिल्य ने दासों, शिल्पियों, स्त्रियों और वेश्याओं के भी सुनिश्चित अधिकारों का उल्लेख किया है। अर्थशास्त्र में उत्पादकों और सम्पत्तिशाली वर्गों दोनों को नियमों के अनुसार जीवन बिताने को बाध्य किया गया है। (वही, पृ. 617) खनिज पदार्थों, वन से प्राप्त होने वाली द्रव्य सामग्री, विभिन्न धातुओं, चमड़ा, ऊनी और रेशमी कपड़ा, गन्ध द्रव्य और देश के भीतर और बाहर चलने वाले व्यापार आदि के सन्दर्भ देखकर रामविलास जी ने निष्कर्ष निकाला, "कौटिल्य का समाज पूँजीवाद की ओर उन्मुख है।" कौटिल्य उत्तरापथ और दक्षिणापथ के विभिन्न स्थानों का और वहाँ पाये जाने वाली विशेष वस्तुओं–हीरा, चमड़ा, सूती–ऊनी–रेशमी कपड़ा आदि का उल्लेख करते हैं।

कालिदास में मालवा के यथार्थ और उत्तरकुरु, विमान यात्रा और अप्सराओं की स्वच्छन्द कल्पना की चर्चा के क्रम में डॉ. शर्मा वाल्मीकि रामायण का महत्व रेखांकित करते हुए लिखते हैं, "जैसे होमर का महत्त्व यूरोप के परवर्ती रोमाण्टिक कवियों के लिए है वैसे ही कालिदास और भवभूति के लिए

वाल्मीकि का महत्त्व है।" (वही, पृ. 657) कालिदास की अनेक कल्पनाओं की प्रेरणाभूमि वाल्मीकि के रामायण में है। वाल्मीकि के यहाँ जो भव्यता अयोध्या की है कालिदास के यहाँ वही भव्यता उज्जयिनी की है। "आदिम साम्यवादी व्यवस्था वाले उत्तर कुरु देश" की सुन्दर कल्पना वाल्मीकि के यहाँ है, वही कालिदास की स्वच्छन्द कल्पना को बराबर उकसाती है। रघुवंशम् के 13वें सर्ग और वाल्मीकीय रामायण की पुष्पक–विमान यात्रा के बीच समानता के अनेक बिन्दुओं को भी डॉ. शर्मा ने लक्षित किया है। रघुवंशम् में विमान में उड़ते हुए राम प्रकृति के अनेक यथार्थ पहलुओं पर ध्यान देते हैं जैसे– जीवित शंख, "जीवित शंखों का वर्णन बहुत कम कवियों ने किया होगा।" (वही, पृ. 660) कालिदास रोमाण्टिक कवियों की तरह ही अत्यन्त कल्पनाशील हैं लेकिन वे समाज व्यवस्था से असन्तुष्ट भी हैं। वे छोटे–छोटे राज्यों में विभाजित देश में रहते हुए भी एक चक्रवर्ती सम्राट् के माध्यम से समूचे देश की राष्ट्रीय एकता का स्वप्न देखते हैं जैसे मार्क्स–एंगेल्स ने जर्मनी की एकता का, बायरन ने यूनान की एकता का, शेली ने इटली की स्वाधीनता का और शेली और बायरन दोनों ने भारत की स्वाधीनता का स्वप्न देखा। ऐसे स्वप्नों के क्रान्तिकारी महत्त्व को रेखांकित करते हुए रामविलास जी ने लिखा है, "लोकमानस में ऐसे स्वप्न बस जाते हैं तब वे क्रान्ति की प्रेरणा बनते हैं। कालिदास ने भारत की एकता का जो स्वप्न देखा, उसका महत्त्व कम करके न आँकना चाहिए।" (वही, पृ. 664)

पशुओं और वनस्पतियों के प्रति संवेदनशीलता कालिदास के काव्य का बहुत बड़ा गुण है। (वही, पृ. 665) उनके काव्य में गर्भवती और पुत्रवती स्त्रियों की जो प्रतिष्ठा है वह उन्हें अन्य श्रृंगारी कवियों से अलग करती है। (वही, पृ. 666) कालिदास के काव्य में वेश्याओं और अभिसारिकाओं का, पुरुषों की बहुगामिता का बहुत उल्लेख है परन्तु "इस समाज में एक स्त्री और एक ही पुरुष के घनिष्ठ सम्बन्ध का चित्रण अनेक बार किया गया है। 'मेघदूत' ऐसे युगल प्रेम की अद्भुत कविता है।" (वही, पृ. 667) कालिदास के काव्य का दार्शनिक आधार स्पष्ट करते हुए उन्होंने बताया है कि उनकी दृष्टि में "ब्रह्म सत्य है पर संसार मिथ्या नहीं है। आत्मा सत्य है पर शरीर मिथ्या नहीं है।" वाणी और अर्थ परस्पर सम्बद्ध हैं, शिव और पार्वती दोनों मिलकर संसार के माता–पिता हैं।

रामविलास जी ने ऋग्वेद से लेकर कालिदास तक के पीछे जो एक दार्शनिक आधार लक्षित किया है वह सही है लेकिन उस दार्शनिक आधार को वे जिस स्व–कल्पित 'दार्शनिक यथार्थवाद' के साँचे में फिट करने की कोशिश करते हैं, उसकी सीमा है। उनका 'दार्शनिक यथार्थवाद' कई बार ब्रह्म को प्रकृति में सीमित कर देता है और आत्मा को शरीर में। वे उपनिषदों की कर्मकाण्ड विरोधी भूमिका को तो सराहते हैं लेकिन उनके मूल प्रतिपाद्य की, आत्मज्ञान की, आत्मसाक्षात्कार की, उसके आध्यात्मिक सार की अनदेखी करते हैं क्योंकि वह उनके 'दार्शनिक यथार्थवाद' के अनुकूल नहीं पड़ता।

संस्कृति का प्रश्न और रामविलास शर्मा

शंभुनाथ

हमारे समाज में संस्कृति जब भौतिक वस्तुओं में बदल गयी है या राजनीतिक चिह्नों में, रामविलास शर्मा का संस्कृति सम्बन्धी चिन्तन नये सिरे में महत्त्वपूर्ण हो जाता है। उनकी आरम्भिक किताब 'संस्कृति और साहित्य' (1949) से लेकर आख़िरी बड़ी पुस्तक ''भारतीय संस्कृति और हिन्दी प्रदेश'' (1999) तक हम पाते हैं कि भाषा और साहित्य के साथ संस्कृति हमेशा उनके अध्ययन का एक प्रमुख विषय रही है। इसके बिना न भाषा का अध्ययन पूरा होता है और न साहित्य का और न इतिहास का ही। वह संस्कृति को इतना अधिक महत्त्व देते हैं कि ख़ासकर भारत के सन्दर्भ में इतिहासबोध को संस्कृति का हिस्सा मानते हैं।

रामविलास शर्मा कहते हैं, 'सामान्यतः सामाजिक इतिहास को सांस्कृतिक इतिहास से अलग रखा जाता है, जबकि हमारी संस्कृति हमारे सामाजिक जीवन को प्रभावित करती है। हमारा इतिहासबोध हमारी संस्कृति का महत्त्वपूर्ण अंग है।' (भूमिका, भारतीय संस्कृति और हिन्दी प्रदेश)। उन्होंने भारत के इतिहास को एक ख़ास नज़रिये से बनते देखा और एक तरफ़ धर्मसत्ता तथा राजसत्ता के इतिहास से उसे अलग कर देखा, दूसरी तरफ़ उन्होंने भारतीय संस्कृति की व्याख्या में यूरोपकेन्द्रित साम्राज्यवादी दृष्टि को भी चुनौती दी। वे संस्कृति और इतिहास की उन चीज़ों को उद्घाटित करना चाहते थे जिनसे भारत का अस्तित्व परस्पर विपरीत सम्मानों के बावजूद कायम है।

उन्हें शुरू से लगा था कि यान्त्रिक मार्क्सवादी दृष्टिकोण संस्कृति के अध्ययन को महत्त्व नहीं देता। यह संस्कृति और अर्थतन्त्र के बीच यान्त्रिक सम्बन्ध स्थापित करता है। अध्यात्मवादी लोग मनुष्य के विचारों को उसके

सामाजिक जीवन से बिल्कुल स्वतन्त्र मानते है, यान्त्रिक भौतिकवादी उसे बिल्कुल परतन्त्र मानते हैं। संस्कृति और समाज व्यवस्था के द्वन्द्वात्मक सम्बन्ध को दोनों में कोई नहीं समझता। यान्त्रिक भौतिकवादी संस्कृति, परम्परा, लेखक के व्यक्तित्व, उसकी कृति को वर्ग स्थिति के खूँटे से ख़ूब मज़बूती से बाँधता है। (मार्क्सवाद और प्रगतिशील साहित्य) संस्कृति की उपेक्षा या उससे यान्त्रिक भौतिकवादी व्यवहार ने काफ़ी क्षति की। भारतीय संस्कृति और हिन्दी के बारे में धुन्ध फैली जिससे बौद्धिक नुक़सान हुआ।

बीसवीं सदी के एक ख़ास आधुनिक दौर में यह धारणा ज़ोर पकड़ रही थी कि प्राचीन संस्कृति और साहित्य का नये युग में कोई महत्त्व नहीं है। 21वीं सदी में बाज़ार संस्कृति ने एक तरफ़ संस्कृति की परम्पराओं का निरूपण किया तो दूसरी तरफ़, प्राचीन को काट छाँट कर उसके साथ अवसरवादी सम्बन्ध बनाया गया। इस विवेक का निरन्तर क्षय होता गया कि हमारी संस्कृति में क्या मूल्यवान है और क्या ह्रासमान है।

यूरुपकेन्द्रित सोच के कुछ लेखक रामविलास शर्मा की इस बात के लिए आलोचना करते रहे हैं कि वे अपने समय की रचनाशीलता का सामना न करके अक्सर निराला, भारतेन्दु हरिश्चन्द्र, 1857 के संग्राम, भक्ति साहित्य, भवभूति–कालिदास और यहाँ तक कि ऋग्वेद में चले जाते हैं। वस्तुतः यह देखने की ज़रूरत है कि रामविलास शर्मा अतीत में जाकर किस तरह भारतीय संस्कृति के औपनिवेशिक अध्ययन और रूढ़िवादी अध्ययन में बिछाई गयी विस्फोटक सुरंगों को बौद्धिक रूप से निष्क्रिय करते हैं।

हमारी संस्कृति क्या है, कैसे बनी है, दुनिया की दूसरी संस्कृतियों से इसने क्या सारवान लिया है और खुद में कितनी विशिष्ट है, ये सभी प्रश्न जीवन के प्रश्नों से जुड़े हैं। हम इन पर सोचना क़रीब–क़रीब छोड़ चुके हैं या एकांगी धारणा के शिकार हैं। रामविलास शर्मा इतिहास भूलने की आदत का ज़िक्र करते हुए कहते हैं, "आज भारत जैसा है, वह पिछले इतिहास की देन है। इस इतिहास का निर्माण हमने किया है, कभी अचेत रूप में और कभी सचेत रूप में। हम भारतवासी इतिहास की उपेक्षा करने के लिए बदनाम हैं। यही नहीं कि हम इतिहास कम लिखते हैं, वरन जो लिखा हुआ इतिहास है, उसे भूलते भी हैं।'' (भारतीय संस्कृति और हिन्दी प्रदेश)। रामतिलास शर्मा के ऐतिहासिक सरोकारों का केन्द्र इस देश की जनता और मुख्यतः श्रम–संस्कृति है।

एक आलोचक की सार्थकता इसमें है कि वह प्रचलित भ्रान्त धारणाओं को कितनी निर्भीकता से चुनौती देता है। रामविलास शर्मा ने ऐसी चुनौती देने की शुरुआत अपनी एक आरम्भिक पुस्तक 'आस्था और सौन्दर्य' (1961) में ही कर दी थी, "प्रचलित धारणा यह है कि यूरोप भौतिकवादी है और भारत अध्यात्मवादी। भारत और यूरोप के दर्शन का तुलनात्मक अध्ययन करने में यह धारणा खण्डित हो जाती है न अध्यात्मवाद पर भारत का एकाधिकार है और भौतिकवाद पर यूरोप का।" यह धारणा उनके अनेक ग्रन्थों में नये–नये सन्दर्भ उठाकर विकसित होती गयी है। रामविलास शर्मा के मूल्यांकनों से स्पष्ट हो जाता है कि भाववाद यूरोप में ख़ूब था। इसी तरह ऋग्वेद, महाभारत, बौद्ध दर्शन, चरक संहिता आदि के युगों में भौतिकवादी की कमी न थी।

कई इतिहासकार यूरोपकेन्द्रित अध्ययनों से प्रभावित होकर ऋग्वैदिक आर्यों को घुमन्तू जीवन बिताने वाले, बर्बर और आक्रमणकारी कहते आ रहे थे। इसके विपरीत रामविलास शर्मा कहते हैं, 'ऋग्वेद में एक जुआरी है– जुआ खेलता है, पछताता है, फिर भी खेलता है। कवि उससे कहता है– "कृषिमित् कृषस्व", (10.34.13) वह उसे गाय चराने के लिए नहीं कहता, लूट–मार के लिए नहीं कहता, खेती करने के लिए कहता है। मानना चाहिए खेती आम लोगों का धन्धा होगी।...खेती के लिए वैदिक जन मुख्यतः वर्षा पर निर्भर थे। वर्षा से प्रायः सभी देवताओं का सम्बन्ध है, लेकिन सबसे ज़्यादा सम्बन्ध, इन्द्र और मरुतों का है।...इन्द्र का सबसे बड़ा कार्य, जिसकी बार–बार प्रशंसा की गयी है, वृत्र का वध है, वृत्र के बारे में मैकडॉनल ने 'वैदिक माइथोलॉजी' में ठीक कहा है कि वह सूखे का मुख्य दानव है।... इन्द्र और वृत्र के युद्ध से वे (दामोदर धर्मानन्द कोसम्बी) हड़प्पा सभ्यता का सम्बन्ध जोड़ते हैं। विडम्बना यह है कि जो लोग उत्तर भारत में खेती का विकास कर रहे थे, उन्हें कोसम्बी ने उनका विनाशक मान लिया।" (भारतीय संस्कृति और हिन्दी प्रदेश)। स्पष्ट हो जाता है कि रामविलास शर्मा आर्यो के बाहर से आने, उनके बर्बर होने तथा आर्य द्रविड़ संघर्ष के उन साम्राज्यवादी सिद्धान्तों का खण्डन करते है जिनका प्रभाव भारतीय बुद्धिजीवियों पर बहुत ज़्यादा रहा है।

यूरोपीय विद्वानों ने उत्तर और दक्षिण भारत को लड़ाने के उद्देश्य से आर्यों के बर्बर तथा आक्रमणवादी होने की औपनिवेशिक कल्पना की थी। ऐसे बुद्धिजीवी कुछ शहद, ईंटें और बर्तन देखकर हज़ारों साल पहले का

इतिहास तय कर रहे थे। वे बाल से खाल निकाल रहे थे। यह भी कहा जा रहा था कि द्रविड़ भी भारत के बाहर से आये। मानो भारतीय भू–भाग की न अपनी कोई आबादी थी, न कोई भाव सम्पदा थी और न कोई संस्कृति थी। इससे तर्कश्रृंखला बनती है कि जैसे द्रविड़ बाहर से आये, आर्य बाहर से आये, मुग़ल बाहर से आये उसी तरह अंग्रेज़ भी बाहर से आये और राज किया तो क्या बुरा किया। कुछ समय बाद अध्ययन किया जायेगा कि भारत के विकास में बहुराष्ट्रीय कम्पनियों की किस तरह एक प्रगतिशील भूमिका है।

रामविलास शर्मा इन औपनिवेशिक कल्पनाओं का खण्डन करते हैं कि आर्य बाहर से आये थे, श्रेष्ठ आर्य जन वस्तुतः यूरोपीय लोगों के पूर्वज थे और निम्न नस्ल के बर्बर आर्यों ने भारत का रुख किया। रामविलास शर्मा हाथ के बारे में ऋग्वेद की उक्ति देते हैं, ''अयंः मे हस्तो भगवान्''। यह मेरा हाथ भगवान है, जितने भी कल्याणकारी कर्म हैं सबको बढ़ाने वाला है (10.60.17)। वे ऋग्वेद की व्याख्या उसकी श्रम संस्कृति के आधार पर करते हैं, 'वैदिक कृषि काम करते हैं, श्रम से घबराते नहीं हैं।... श्रम करने से ही देव मनुष्यों के मित्र बनते हैं। "न ऋते श्रान्तस्य सख्याय देवाः", श्रम किये बिना देव मनुष्यों के मित्र नहीं होते। (4.30.11)।'' (वही)। उपर्युक्त परम्परा में विकसित होकर यह मुहावरा बना था–''अपना हाथ जगन्नाथ।'' यह उस देश की परम्परा रही है जिसमें अंग्रेज़ों के आने के बाद आलस्य फैला। रामविलास शर्मा ने इस देश की संस्कृति को श्रम संस्कृति से जोड़ा था।

भारत एक बहुजातीय देश है जहाँ शुद्ध नस्लें खोजना मधु में अलग–अलग फूलों का रस ढूँढ़ने के समान है। भारत की सभी संस्कृतियों के बीच एक अटूट सम्बन्ध है। रामविलास शर्मा की संस्कृति–सम्बन्धी अवधारणा की एक ख़ूबी यह है कि वे न सांस्कृतिक केन्द्रीकरण के पक्ष में हैं और न वे 'मुख्य धारा' तथा 'उप–संस्कृति' का विभाजन करते हुए किसी साम्राज्यवादी धारणा के क़रीब जाते हैं। वे कहते हैं, 'इस देश में अनेक भाषाएँ हैं, अनेक जातियों (अर्थात–बांग्ला, तमिल, मराठी, हिन्दी जातियाँ) की अपनी–अपनी संस्कृति है। इन सभी जातियों की संस्कृतियों के सामान्य तत्त्वों का, उनके समुच्चय का नाम भारतीय संस्कृति है।' (स्वाधीनता संग्राम : बदलते परिप्रेक्ष्य)। एक तरह से रामविलास शर्मा का संस्कृति–सम्बन्धी सारा लेखन 'फूट डालो' की साम्राज्यवादी नीति के विरुद्ध था।

भारतीय संस्कृति की भौतिकवादी परम्परा के समानान्तर आदर्शवादी परम्पराओं का भी महत्त्व है। वेदान्त कहता है, यदि सभी मनुष्य में ब्रह्म विद्यमान है तो वर्ण व्यवस्था मिथ्या है। सभी मनुष्य समान रूप से ब्रह्मस्वरूप हैं, और समाज में समान अधिकारों के दावेदार हैं। आस्था और विश्वास सदा विवेकविरोधी हैं—ऐसा नहीं होता। कुछ मनुष्य सच्चे मन से विश्वास करते हैं कि सभी लोग ईश्वर की सन्तान हैं, भाई—भाई हैं। इसलिए आपस में अहिंसात्मक व्यवहार करना चाहिए। इस कारण वे साम्राज्य—विरोधी आन्दोलनों में हिस्सा लेते हैं, युद्ध और उपनिवेशवाद का विरोध करते हैं' (वही)। डॉ. रामविलास शर्मा युद्ध के विरोधी और शान्ति रूप साधक थे।

भारत की प्राचीन संस्कृति को समझने के लिए ही न सिर्फ़ आधुनिक भारतीय साहित्य ही समझने की ज़रूरत है, आधुनिक दृष्टिकोण के निर्माण के लिए भी असन्दिग्ध रूप से कोशिश की ज़रूरत है। रामविलास जी कहते हैं, "रामायण और महाभारत इन प्रसिद्ध महाकाव्यों का गहरा सम्बन्ध ऋग्वेद से है। उपनिषदों की विचारधारा ऋग्वेद की एकात्मताओं को आधार बनाकर ही आगे बढ़ती है। कालिदास और भवभूति जैसे महाकवि रामायण और महाभारत से सामग्री लेकर उसे नया रूप देते हैं। काव्य और दर्शन की इस सुदीर्घ परम्परा से रवीन्द्रनाथ ठाकुर, सुब्रह्मण्य भारती, निराला जैसे समर्थ कवि जुड़े हुए हैं। कोई विद्वान इस प्राचीन संस्कृति की उपेक्षा करके इन महाकवियों का अध्ययन पूरा नहीं कर सकता।" (वही)। संस्कृति को जानने का साधन साहित्य है, एक समय तक यह विश्वास बड़ा दृढ़ था, बल्कि माना जाता रहा है कि साहित्य से विच्छिन्न होने का अर्थ है संस्कृति से विच्छिन्न होना।

उल्लेखनीय है कि रामविलास शर्मा ने संस्कृति से व्यापक अर्थ लिया। उन्होंने राष्ट्रीय संस्कृति को मानव संस्कृति का अंग माना, "अपने सुदीर्घ जीवन में मनुष्य ने ऐसी सांस्कृतिक निधि अर्जित की है जो मानव मात्र की सम्पत्ति है। बच्चों से प्यार, नारी जाति का सम्मान, मनुष्य मात्र की समानता का भाव आदि सम्पूर्ण मानव संस्कृति की निधि हैं। इसके साथ पश्चिम और पूर्व की, यूरोप और एशिया की, ब्रिटेन और भारत की अपनी—अपनी सांस्कृतिक विशेषताएँ भी हैं।' (स्वाधीनता संग्रामः बदलते परिप्रेक्ष्य)। वे संस्कृति के सम्बन्ध में कहते हैं, "संस्कृति एक व्यापक शब्द है। उसके अन्तर्गत मनुष्य का आचरण, उसका भावजगत्, विचारधारा, साहित्य, कला, विज्ञान—ये सारे आ जाते हैं।....वाल्मीकि और व्यास के महाकाव्य, अजन्ता और एलोरा का

शिल्प, स्थापत्य और चित्रकारी, त्यागराज और तानसेन का संगीत–ये सब संस्कृति के अंग हैं। और वह उल्लास जो दीपावली में फूट पड़ता है, वह शूरता जो 1857 के स्वाधीनता संग्राम और 1946 के नाविक विद्रोह में प्रकट हुई थी, शान्ति और न्याय से वह प्रेम जो शान्ति की रक्षा के लिए आगे बढ़ा रहा है, यह सब संस्कृति का अंग हैं।" (वही) आज जन संस्कृति का अर्थ काफ़ी सीमित किया जाता है, रामविलास शर्मा के अभिप्राय की व्यापकता काफ़ी अर्थपूर्ण है।

रामविलास शर्मा की संस्कृति–दृष्टि औपनिवेशिक बौद्धिकता से निर्मित नहीं हुई थी और न वह भारतीय संस्कृति को सीमित करने वाली किसी सीमित केन्द्रवादी दृष्टि की देन है। उनकी सांस्कृतिक दृष्टि भारत के गौरव को सीमित करने की जगह एक बड़े परिप्रेक्ष्य और एक बड़ी परम्परा में देखती है। आज भारत का बोध सिकुड़ता जा रहा है, जो संस्कृति के बड़े अर्थ से विच्छिन्नता का परिणाम है। भारतीय संस्कृति का मुख्य आधार परम्पराओं का विवेकपूर्ण पुनः सृजन है, न अन्धानुकरण और न ही कट्टरता। किसी देश की संस्कृति जब कृत्रिमता, भेदभाव और वैभवप्रदर्शन में सीमित हो जाये, तो समझना चाहिए कि यह एक गहरा संकट है।

आधुनिक युग के सांस्कृतिक क्षय पर रामविलास शर्मा चिन्तन करते हैं। वे इस क्षय की एक बड़ी वजह अमेरिकी प्रभाव को मानते हैं, "अमेरिकी पूँजी के साथ अमेरिकी संस्कृति का निर्यात भी होता है। भारत में धीरे–धीरे यहाँ की संस्कृति पर वहाँ की संस्कृति छा जाती है। इसका विशेष रूप से पढ़े–लिखे धनी नौजवानों पर असर दिखाई पड़ता है। हिंसा उसका अभिन्न अंग है।...हमारे देश में जो लोग विदेशी पूँजी मँगाते हैं, अमेरिकी संस्कृति का स्वागत करते हैं, शायद वे अच्छी तरह नहीं जानते कि इस संस्कृति से स्वयं अमेरिकी जनता का कितना नुकसान हो रहा है।" (भारतीय संस्कृति और हिन्दी प्रदेश)। रामविलास शर्मा अपने जीवन के उत्तर काल में वैश्वीकरण का जलवा और बड़ा पैमाने पर अमेरिकी संस्कृति का आक्रमण देख चुके थे।

वैश्वीकरण ने उदारवाद के नाम पर बाज़ार संस्कृति को विस्तार दिया। लोग बाज़ार की ग्लैमर से भरी वस्तुओं के पीछे दौड़ने लगे। संस्कृति का अर्थ संकुचित करने में सामुदायिक कट्टरवाद और उपभोक्तावाद की समान रूप से भूमिका है। संचार क्रान्ति ने भी संस्कृति को उदार और मानवीय बनाने की जगह सांस्कृतिक प्रदूषण के नये–नये रास्ते खोल दिये।

रामविलास शर्मा लिखते हैं, "जन–सम्पर्क उद्योग ही आज करोड़ों डालर मूलतः इस पर खर्च करता है। वे दरअसल जिन चीज़ों की ज़रूरत नहीं है, लोग विश्वास कर लें कि उनकी ज़रूरत उन्हें है। सामाजिक सम्बन्धों को तोड़ने की यह भी एक तरक़ीब है। लोगों को यह अहसास कराना होता है कि पड़ोसी के पास जो कुछ है, उससे ज़्यादा उसके पास होना चाहिए। उससे सामाजिक आदान–प्रदान, भाई–चारे के अहसास, सहानुभूति, एक–दूसरे का सहयोग और समर्थन, यह सब टूटता है। इन सबसे हिंसा की पृष्ठभूमि तैयार होती है।'' (वही)। वैश्वीकरण जो सांस्कृतिक विपर्यय ले आया वह किसी महामारी से कम नहीं है। आज लोगों का मानसिक संसार 'लोभ' में और भौतिक संसार भोग तथा हिंसा में सीमित होता जा रहा है।

भारत के लोगों का सांस्कृतिक विच्छेद बढ़ा है। रामविलास शर्मा ने यह भी रेखांकित किया, ''हिन्दी बोलने वाले की दुर्दशा और दरिद्रता का एक कारण है कि उनमें जातीय चेतना नहीं है, अपनी भाषा और संस्कृति के प्रति ग़ौरव का भाव नहीं है। वे राजनीतिक रूप से बँटे हुए हैं।'' (वही) यह स्थिति बदल सकती है, यदि संस्कृति में लोकतन्त्र का पुनर्वास हो।

कहा जा सकता है कि हर समाज में जिस तरह 'लो टेक्नोलॉजी–हाई कल्चर" सम्भव है, उसी तरह 'हाई टेक्नोलॉजी–लो कल्चर" भी सम्भव है। ऋग्वेद, बुद्ध, कालिदास, कबीर या भारतेन्दु–प्रेमचन्द के ज़मानों में निम्न टेक्नोलॉजी के बावजूद उच्च संस्कृति थी। आज टेक्नोलॉजी विकसित हो रही है और ठीक इसी गति से संस्कृति में गिरावट आ रही है। इस ह्रास में विदेशी पूँजी और संस्कृति के अन्तसम्बन्ध की एक बड़ी भूमिका है ही, साम्प्रदायिक संकीर्णता भी कम ज़िम्मेदार नहीं है।

परम्परा और संस्कृति के प्रश्न और रामविलास शर्मा

विजय बहादुर सिंह

रामविलास जी के प्रति मेरे मन में गहरी श्रद्धा है। अपने जीवन और लेखन में मैं प्रायः उन्हीं को अपना आदर्श मानता आया हूँ। मसलन विचारों की अभिव्यक्ति में किसी की ईमानदारी कितनी होनी चाहिए और शैली कितनी सहज, किन्तु आकर्षक। आधुनिक भारतीय समाज के बौद्धिक और सृजनकर्ता लेखक के रूप में उन्होंने अपना जो व्यक्तित्व साधा और रचा है, हिन्दी समाज के लिए धरोहर जैसा है। पर यह भी सचेत रूप से जानता हूँ कि इन्सान होने के नाते उनकी भी अपनी कुछ सीमाएँ हैं। ये सीमाएँ उनकी जीवन–भर की वैचारिक प्रतिबद्धताओं के चलते भी हैं और कुछेक उनको अत्यन्त निजी निष्ठाओं के चलते मिली थीं, जिन्हें वे चाहते भी तो छोड़ नहीं पाते, क्योंकि इस प्रक्रिया में उनके बने–बनाये, परिचित और प्रतिष्ठित व्यक्तित्व में बहुत कुछ टूट–फूट हो जाने का ख़तरा था। कह नहीं सकता कि उन्होंने खुद कभी ऐसा सोचा भी होगा या नहीं। इस बात को लेकर कभी किसी ने उनसे कोई सवाल किया हो, इसका भी प्रमाण मिलता नहीं है। वैसे भी अपना हिन्दी समाज सुप्रतिष्ठित हो चुके किसी लेखक या बुद्धिजीवी के प्रति कभी–कभी इतना श्रद्धा–आकुल हो उठता है कि भक्तों की भीड़ में रूपान्तरित हो जाता है। रामविलास जी के साथ भी ऐसा नहीं हुआ, कहना झूठ ही होगा। पर उन्हीं के साथ के कुछेक अन्य साथी और प्रतिद्वन्द्वी भी थे जो हमेशा इस असमंजस में रहे कि उन्हें 'शवसाधक' मानें या फिर 'आशा का जलता हुआ प्रदीप'।

मैं तो पहले ही मंजूर कर चुका हूँ कि तमाम बातों के बावजूद मैं स्वयं को उनके श्रद्धालुओं में गिनता हूँ और पाता भी हूँ। इसके अपने कई सारे

कारण हैं जिनमें से सबसे बड़ा यह कि अपनी सम्पूर्ण सुगन्ध में वे हद से ज़्यादा ज़मीनी हैं, किताबी नहीं। किताब को वे नकारते नहीं, पर केवल किताब को अपनी पहचान बना लेने के ख़तरे के प्रति वे ज़रूरत से ज़्यादा सचेत रहते थे। यह भी जानता हूँ कि हम हिन्दी भाषियों में, ऐतिहासिक प्रश्नों और उनके समाधानों को केन्द्रित कर जितनी किताबें उन्होंने लिखी हैं और जितने ज्ञान क्षेत्रों से बौद्धिक संवाद किया है, उतना तो अन्य किसी से सम्भव नहीं हो पाया है। सम्पादक द्वारा प्राप्त जानकारी के अनुसार उनकी रचनावली कुल पैंतालीस खण्डों में प्रकाशित हो रही है।

उनकी सोच क्या थी, चिन्ताएँ क्या थीं, इनके निदान को लेकर उनकी बौद्धिक व्याकुलताएँ और किये गये उद्यम क्या थे, वे क्यों बहुत सारी प्रचलित मान्यताओं को स्वीकार करने को राज़ी नहीं थे, इनके बरअक्स उनकी अपनी स्थापनाएँ क्या और कैसी हैं, इनके पक्ष में रखे गये तर्क क्या हैं, हिन्दी के बौद्धिक समाज ने उन पर कैसी–कैसी प्रतिक्रियाएँ प्रकट की हैं, उनके समस्त लेखन से इसे जाना जा सकता है। यह भी कि वे कितने साहित्यिक आलोचक हैं कितने समाज विज्ञानी, कितने धर्म–संस्कृति–परक चिन्तक हैं, कितने और कैसे भाषा–विज्ञानी और कवि। सुना जाता है वे स्वयं को मूलतः कवि मानते थे।

बावजूद इन सब बातों के सबसे ऊपर है उनका वह व्यक्तित्व जो किसी ख़ास ज़मीन की सुगन्ध लिए हमारी सचेत साँसों को नयी धड़कनों से भरता जाता है। उपनिषदों के ऋषियों जैसा उनका व्यक्तित्व हमारी जिज्ञासाओं का जैसा तर्कसम्मत समाधान करता है, वह समूचे सम्बन्धित ज्ञान–क्षेत्र के प्रति हमारी प्रश्नाकुलता को बढ़ाता है, साथ ही हममें यह संस्कार भी पैदा करता है कि अपने देश की परम्परा और सांस्कृतिक गतिशीलता को किस तरह और किस निगाह से देखा जाय। याद है पहली बार मैं उनसे नयी राजामण्डी वाले मकान पर मिला था। यह 1964 का साल था और मैं अपने गाइड आचार्य नन्ददुलारे वाजपेयी के निजी सहायक के रूप में उनके साथ गया था जिन्हें उन्हीं के घर ठहरना था। दोनों में कितना और कैसा सम्बन्ध था, इसका खुलासा 'निराला की साहित्य साधना' और 'अपनी घरती अपने लोग' में उन्होंने किया है। इसी बीच वे एक व्याख्यान के लिए सागर आये थे, तब भी, उन्हें देखा और सुना। यहीं उनके वैचारिक आत्मविश्वास और दृढ़ता के भी मैंने दर्शन किये। एक–डेढ़ साल बाद आचार्य वाजपेयी विक्रम

विश्वविद्यालय के कुलपति हो गये, और वे अंग्रेज़ी विभाग के प्रोफ़ेसर पद के प्रत्याशियों के विषय–विशेषज्ञ के रूप में आमन्त्रित थे, सच जबकि यह कि वाजपेयी जी उन्हें उक्त विभाग के विभागाध्यक्ष के रूप में देखने को आग्रहशील थे। पर शर्मा जी ने इसे विनम्रतापूर्वक अस्वीकार कर दिया था। यह कम आश्चर्यजनक नहीं था कि शर्मा जी आगरा के बलवन्त राजपूत कालेज में अंग्रेज़ी विभाग के रीडर पद पर थे और विक्रम विश्वविद्यालय में वे प्रोफ़ेसर पद पर चयनकर्ता विशेषज्ञ के रूप में आमन्त्रित किये गये थे। एक कहर या कहें एक कट्टर या दृढ़ मार्क्सवादी आलोचक को एक स्वच्छन्दतावादी आलोचक ने अपने कुलपतित्व काल में अंग्रेज़ी विभाग के आचार्य पद पर प्रतिष्ठित करने और देखने का सपना पाल रखा था। दृष्टियों की भिन्नता के साथ–साथ दोनों में यह कैसा सम्बन्ध था जो आज भी हमें विस्मयकारी जान पड़ता है और पुलकित तो करता ही है।

कुलपति वाजपेयी जी के तमाम प्रेमपूर्ण आग्रहों और दबावों के बावजूद वे फिर भी आगरा कालेज की अपनी रीडरशिप छोड़ विक्रम विश्वविद्यालय की प्रोफ़ेसरशिप पर नहीं आये तो नहीं ही आये। बाद में वे वहीं आगरा में दूसरे अनुबन्ध पर गये और अन्त में 'क्षेत्र संन्यास' जैसा ले लिया। वैसे इस शब्द का प्रयोग उन्होंने मुझे लिखे अपने पत्रों में किया या दिल्ली के विकासपुरी वाले अपने बेटे–श्री विजय कुमार शर्मा के निवास पर–अब याद नहीं। पर उनके आत्मसंयम और निस्पृहता से हम सभी परिचित थे। विदिशा आने के लिए मैंने उन्हें कई बार आग्रह से भरे पत्र लिखे और उत्तर देते हुए एक में उन्होंने लिखा–'अगर तुम अपने आस–पास के दस श्रमिकों पर कोई पुस्तक लिखकर तैयार करो तो मैं उसका लोकार्पण करने आ जाऊँगा।' न उनकी यह शर्त मैं कभी पूरी कर सका, और न ही उन्हें विदिशा आने का मौक़ा पड़ा। तब भी उनके प्रति मेरी श्रद्धा और भी अधिक गहरी होती गयी और जब भी दिल्ली जाता एकाध दिन उन्हें प्रणाम करने ज़रूर जाता। दिल्ली में मैं अपने मित्र श्याम बिहारी राय और सुजाता जी के परिवार के ही साथ ठहरता। दिल्ली प्रवास में एक दिन सुनिश्चित तौर पर उनसे मिलने के लिए रखा जाता। राय साहब को वे बेहद प्यार करते थे और राय साहब उनकी ज़रूरत की किताबें उन्हें कहीं से भी ढूँढ़–ढाँढ़ कर पहुँचाने का उद्यम करते। अकारण नहीं उनकी प्रत्येक पुस्तक की भूमिका में डॉ. शर्मा उनका नाम लिए बिना आभार की सूची समाप्त नहीं करते।

डॉ. राय सागर विश्वविद्यालय के मेरे शोध छात्र–काल के मित्र थे। पुस्तकालय में भी हम दोनों ग्यारह से पाँच के आस–पास बैठते। उनके दिल्ली बस जाने पर भी हमारी यह दोस्ती और प्रगाढ़ होती गयी। वे गाज़ीपुर के, मैं फ़ैज़ाबाद के गाँव का पुरबिया। डॉ. शर्मा अवध के उन्नाव ज़िले के। पृष्ठभूमि सबकी खेतिहर और गँवई। हमारे स्वभाव में भी उसकी झलक थी। यानी अकृत्रिमता और अनौपचारिकता। डॉ. शर्मा तो इसके मूर्तिमान प्रतीक थे।

गाँव की बात इसलिए कि हमारे और डॉ. शर्मा के बचपन वाले गाँव में थोड़ा बहुत फ़र्क़ तो आ ही चुका था। वे रायबरेली वाले महावीर प्रसाद द्विवेदी के वर्चस्व काल में पैदा हुए थे जो उनके अपने ज़िले उन्नाव ज़िले का ही पड़ोसी ज़िला है और हम सब प्रसाद–निराला–प्रेमचन्द और आचार्य शुक्ल वाले काल खण्ड के समापन बरसों में थे। इसलिए डॉ. शर्मा में संघर्षों वाला जज्बा अधिक था, हममें सपने कुछ ज़्यादा थे। फिर भी था तो वह भी हम सब का संघर्ष–काल ही। गाँधी, भगतसिंह, बिस्मिल, आज़ाद और अशफाक वाला काल। पर डॉ. शर्मा में जैसा लोकसमर्पण और संघर्ष भाव था जितना सहज और स्वाभाविक, बग़ैर किसी भंगिमा के, वैसा तो न आचार्य वाजपेयी में था, न आचार्य हज़ारी प्रसाद द्विवेदी और डॉ. नगेन्द्र में। दोटूकपन और अनाक्रामक अक्खड़ता भी उनमें ख़ूब थी। किन्तु कोई जानबूझकर ललकारे तो नहले पर दहला ज़माने की तत्परता भी।

कलकत्ता विश्वविद्यालय के हमारे आदरणीय शिक्षक पुराने 'संघ सेवक' पं. विष्णुकान्त जी शास्त्री मार्क्सवादी डॉ. रामविलास शर्मा को अपने ज़माने का 'ऋषि' कहा करते थे। यह उनके द्वारा कहा गया इतना सटीक सच था कि हम सोचने लग जाते कि किसी नामवर सिंह, मैंनेजर पाण्डेय, विश्वनाथ त्रिपाठी ने यह और उन्हें ऐसा क्यों नहीं कहा? पर यह इसलिए सम्भव नहीं था कि चीज़ों को देखने की हमारी दृष्टि बदल गयी थी क्योंकि हमारी चेतना गाँधी और उससे पहले के मूल्यों और आदर्शों को छोड़–छाड़ कर रूस की क्रान्ति वाले सपनों की ओर चली आयी थी। यह हमारी अपनी भोली–भाली मानसिकता थी जिसमें उधार लिए हुए कुछ सपने ज़्यादा और कमाये गये आदर्श लगभग नदारद थे। हमें पुरखों की आलोचना कर उनके संघर्षों को दरकिनार करने में सुविधा अधिक थी और नये सिरे से एक अभिनव सांस्कृतिक भारत की नींव रखने की चुनौतियों से बचकर निकल लेने में आसानी थी।

फिर हम पश्चिम के विकास के प्रति इतने मुग्ध, मोहान्ध और चमत्कृत थे कि हमें अपनी ही विरासत खोखली और बेमानी लगती थी। डॉ. शर्मा ने इसी मोर्चे पर अपना मोर्चा सँभाला और भारतेन्दु, प्रेमचन्द, आचार्य रामचन्द्र शुक्ल, आचार्य महावीर प्रसाद द्विवेदी के कामों की जाँच परख में नये सिरे से लग गये। उनके हिसाब से आख़िर हमारे इन पुरखों ने अपने शब्दों से जो युग–निर्मित किया, वह हमारे किसी काम का है भी या नहीं। और एक दिन वह भी आया जब उन्होंने कहा कि परम्परा का मूल्यांकन करना ज़रूरी भी है या नहीं? अगर है तो किसलिए? उसके साथ हमारे सलूकों का व्याकरण कैसा होना चाहिए? उससे संवाद करने की योग्यता हम अर्जित भी कर पाये हैं कि नहीं? क्या हमारी इस संवाद–प्रक्रिया से वह दुबारा पुनर्नवित होकर नया चेहरा–मोहरा प्राप्त कर सकती है या नहीं? क्या उसके साथ संवाद–धर्म का निर्वाह करते हुए हम एक और सारस्वत–क्षेत्र की सृष्टि कर सकते हैं या नहीं? या फिर वह एक क़दमताल भर होगा। इस सन्दर्भ में निराला की कविता 'राम की शक्तिपूजा' पर उनकी यह टिप्पणी ग़ौर करने लायक है कि "राम की शक्तिपूजा" में वे योग की शक्ति से शक्ति को आत्मसात् कर लेते हैं यह चमत्कार है। इससे समाज की समस्या हल होने वाली नहीं है। आज जब मैं अपने समय के प्रवर काव्य–मर्मज्ञों को इस पर मुग्ध होते हुए देखता हूँ तो सोच में पड़ जाता हूँ कि उनकी मुग्धता स्थापत्य को लेकर है या कथन को?

'परम्परा का मूल्यांकन' 1981 शीर्षक अपनी पुस्तक में इसी शीर्षक से लिखे गये पहले ही निबन्ध में उनके शब्द हैं–

1. 'साहित्य में विकास प्रक्रिया उसी तरह सम्पन्न नहीं होती जैसे समाज में। सामाजिक विकास क्रम में सामन्ती सभ्यता की अपेक्षा पूँजीवादी सभ्यता को अधिक प्रगतिशील कहा जा सकता है और पूँजीवादी सभ्यता के मुक़ाबले समाजवादी सभ्यता में पुराने चरखे और करघे के मुक़ाबले मशीनों के व्यवहार से श्रम की उत्पादकता बहुत बढ़ गयी है। पर यह आवश्यक नहीं है कि सामन्ती समाज के कवि की अपेक्षा पूँजीवादी समाज का कवि श्रेष्ठ हो। यह भी सम्भव है कि आधुनिक सभ्यता का विकास कविता के विकास का विरोधी हो और कवि स्वयं बिकाऊ माल बन रहा हो।'[1]
2. 'समाजवादी संस्कृति पुरानी संस्कृति से नाता नहीं तोड़ती, वह उसे आत्मसात् करके आगे बढ़ती हैं।'[2]

3. फिर 'साहित्य विचारधारा मात्र नहीं है। उसमें मनुष्य का इन्द्रिय–बोध, उसकी भावनाएँ, आन्तरिक प्रेरणाएँ भी व्यंजित होती है। साहित्य का यह पक्ष अपेक्षाकृत स्थायी होता है।'[3]

प्रश्न यह भी है कि परम्परा सम्बन्धी उनकी धारणा क्या है? इस सन्दर्भ में, जैसी कि उनकी साफ़–सुथरी और दुविधामुक्त दृष्टि रही है, उनके शब्द हैं कि इलियट आदि जो कैथोलिक मत के अनुयायी थे, उनके लिए परम्परा धर्म का पर्याय थी। हम धर्म और परम्परा को दो चीज़ मानते हैं। हम यह देखते हैं कि कोई कवि परम्परागत विश्वासों के बजाय संस्कृति के मूल्यों को, ज्ञान को उपलब्धियों को, सौन्दर्यबोध को और अपने सामाजिक यथार्थ की समस्याओं को, किस हद तक अपनाता है। परम्परा अतीत का पुनर्जागरण नहीं है, वह अतीत से प्रगति है। वह एक प्रकार से वह युग बोध है, अतीत जिसे कसौटी मान अपनी सार्थकता और जीवन्तता की परीक्षा करता है। उदाहरण के लिए जिन तुलसीदास पर हमेशा परम्परावाद का आरोप मढ़ा जाता है और इस बहाने जो स्वयं को अति प्रगतिशील आधुनिक और उत्तर–आधुनिक घोषित करता है, यह क्यों नहीं सोचता कि जो रामकथा संस्कृत भाषा की जकड़बन्दी से निकल नहीं पा रही थी, कवि तुलसीदास उसे लोकभाषा अवधी में लेकर आये जबकि उन्हें न केवल संस्कृत बल्कि उसमें काव्य रचना का कौशल भी प्राप्त था? यह भी कहाँ सोचा जाता है कि मूल रामकथा के ऐसे प्रसंगों की उन्होंने चर्चा ही नहीं की जो स्वयं उनके अपने और हमारे समय के लिए हानिकारक थे। शम्बूक की कथा एक ऐसा ही प्रसंग है। फिर अपनी रामकथा में उन्होंने केवट, शबरी, अहल्या, जटायु आदि चरित्रों का जैसा भावपूर्ण और मार्मिक वर्णन और चित्रण किया है, उसमें उनकी संवेदना का स्वरूप कितना भाव विमुग्धकारी है। उनके ये आलोचक यह भी भूल जाते हैं कि वे महान भक्ति आन्दोलन वाले समय में रचनारत थे जो पुरोहिती ब्राह्मणवाद के विरुद्ध खड़ा था।

परम्परा के साथ कैसा सलूक होना चाहिए इसे कालिदास, तुलसीदास या फिर हमारे समय में महान कवि–लेखक जयशंकर प्रसाद से सीखा जा सकता है। अकारण नहीं रामविलास जी तुलसीदास पर भी मुग्ध हैं और प्रसाद की युग–सजगता निर्मात्री सृजन शक्ति पर भी तुलसी को लेकर उनके वाक्य हैं–"जैसे शेक्सपियर के नाटक अंग्रेज़ी–भाषी जाति की श्रेष्ठ उपलब्धि है, वैसे ही रामचरितमानस हिन्दी जाति की श्रेष्ठ साहित्यिक उपलब्धि है।"

यह भी कि "छायावाद की विशेष अभिव्यंजना शैली बहुत कुछ प्रसाद की गढ़ी हुई है, छायावाद की कवित्वपूर्ण, शब्दावली पर उनकी छाप है।" प्रसाद ने छायावाद का श्रेष्ठ महाकाव्य कामायनी लिखा– "प्रसाद का दोष यह है कि उनके साहित्य में हमारे राष्ट्रीय जागरण के स्पन्दन सुनाई देते हैं।"

इन कुछेक वाक्यों से समझा जा सकता है कि अपने समय के सृजन–कर्म को लेकर उनकी दृष्टि और सोच क्या थी। परम्परा के मायने उनके लिए क्या थे? एक और बात जो यहाँ ग़ौर करने लायक है वह यह कि प्रश्न चाहे परम्परा का हो या संस्कृति का, उनकी दृष्टि उस लोकमानस के आधार पर निर्मित और सक्रिय होती थी, जो उनके अपने समय का लोक जीवन होता था, और श्रम तथा उससे पूरित सौन्दर्य उसको दरकिनारकर बार–बार जो वर्ग के मुद्दे पर आ खड़े होते थे, वह भी इसलिए कि वे स्थापित यथार्थ की जगह उस नये यथार्थ बोध की अगवानी करना चाहते थे जिससे जुड़कर भारतीय जनता अपनी मुक्ति की दिशा में आगे बढ़ सकती थी। इस भारतीय जनता पर उनका भरोसा सबसे अधिक था। सम्भव है कुछ लोग इसे उनका हद दरजे का प्रतिबद्धतावाद मानें जबकि सच्चाई यह कि वे स्वयं संस्कारतः श्रमशील ग्रामीणता में रसे पगे थे। न केवल जीवन–व्यवहार बल्कि अपनी सोच और दृष्टि में भी। इस लोक जीवन के प्रति उनमें गहरा अपनत्व बोध था। इसलिए उन्हें यह कहने में कभी कोई झिझक नहीं होती थी कि विचारधारा की यान्त्रिकता प्रत्येक स्थिति में ख़तरनाक है किन्तु उसका सचेत व्यवहार भी कला की क़ीमत पर नहीं किया जाना चाहिए। यहीं वे यह कहना नहीं भूलते थे कि मेरा गाँव व लोक संस्कृति का गढ़ है। इस कहने का उनका मतलब यह भी नहीं था कि वहाँ ज्ञान और अन्धविश्वास बिल्कुल नहीं है। पर वे ये मानते थे कि शहरी आबादी में वैसा लचीलापन और वैसी उन्मुक्तता प्रायः सम्भव नहीं हो पाती, जैसी कि गाँव के लोगों में प्रायः पायी जाती है। अपनी सोच के धरातल पर वे अधिक मुक्त और उदार होते हैं। इसका कारण खोजने चलें तो यह कि उन्हें रोज़–ब–रोज़ उस प्रकृति का सामना करना पड़ता है जिसके भरोसे उनकी खेती का अर्थ तन्त्र चलता है। कतिपय स्थायी बातों के वे उस सम्भावित अनिश्चय के लिए भीतर ही भीतर तैयार रहते हैं जिसका सामना जब–तब उन्हें करना ही पड़ता है। ऋतुओं के ध्रुव सत्य के बावजूद उनकी स्वच्छन्दता के कायल भी वे रहते हैं। याद करना चाहें तो 'पूस की रात' के हल्कू की कर सकते हैं जो रात भर अपने

साथी कुत्ते झबरा के साथ फ़सल की रखवाली उस ठण्ड में करता है किन्तु उसके चर लिए जाने पर अपनी छाती नहीं पीटता, बल्कि सोच के सर्वथा दूसरे छोर पर जाकर खड़ा हो जाता है।

उच्च शिक्षा और आजीविका के लिए सबकी तरह उन्हें भी लखनऊ, आगरा और दिल्ली रहना पड़ा फिर भी न तो उनका स्वभाव बदला न व्यवहार। भीतर से वे गाँव के ही बने रहे।

मार्क्सवाद में अपनी ज़बरदस्त आस्था रखते हुए भी वे यह कह पाते थे कि ऋग्वेद का अध्ययन सबसे अधिक ज़रूरी है जिसके बिना भारतीय और यूरोपीय दर्शन का अध्ययन सम्भव नहीं। जगमोहन आज़ाद से बातचीत करते हुए वे कहते हैं कि "इधर जो मेरी चार–पाँच पुस्तकें आयी हैं उनमें आपको ऋग्वेद पर एक अध्याय ज़रूर मिलेगा।'' इसी तरह दयानन्द पर भी निराला जी की तरह उनकी गहरी आस्था है। यह वही दयानन्द थे जो आर्य समाज के प्रवर्तक थे और ऋग्वेद को समस्त सत्यविधाओं की पुस्तक मानते थे। नामवर सिंह, चन्द्रबली सिंह और विश्वनाथ त्रिपाठी से बातचीत करते हुए उन्होंने नामवर जी को सम्बोधित करते हुए कहा था–"तुम एक अध्ययन संकुल कायम करो वेद का और मैं उसका पहला सदस्य बनूँगा।"

मार्क्सवादी होकर ऋग्वेद की तरफ़ उनका जाना एकाध साथी आलोचकों को प्रियतर नहीं लगा फिर भी डॉ. शर्मा ने अपना रास्ता नहीं बदला। यही उनका आत्मविवेक और आत्मविश्वास भी था।

कहाँ मार्क्सवाद और कहाँ ऋग्वेद–डॉ. शर्मा इनमें कैसे सम्बन्ध बिठाते थे यह सवाल तो फिर भी है। पर जवाब ढूँढ़ने भी कहीं जाना नहीं है। दो बड़े खण्डों में लिखे अपने महाग्रन्थ 'भारतीय संस्कृति और हिन्दी प्रदेश' के पहले ही खण्ड के 'ऋग्वेदः श्रम और संस्कृति' वाले अध्याय में उनकी व्याख्या है– ''वैदिक ऋषि काम करते हैं, श्रम से घबराते नहीं हैं।....वे समझते हैं श्रम करने से ही देव मनुष्य के मित्र बनते हैं। न ऋते श्रान्तस्य सख्याय देवाः, श्रम किये बिना देव मनुष्यों के मित्र नहीं होते।" (4.33.11)

"बड़ी बात यह है कि जो देवता परिश्रम नहीं करते वे संसार के रहस्य भी नहीं जानते। मनुष्य श्रम करता है और वह अग्नि का रहस्य जान लेता है। इच्छन्तः इच्छा करने पर भी देवता न विंदन्, उसका रहस्य नहीं जानते। श्रमयुवः श्रम करने वाले बुद्धिमान लोग 'अग्नेः चारु परमे पदे तस्थुः'–जो अग्नि का सुन्दर परम पद है, वहाँ प्रतिष्ठित होते हैं।" (1.72.2) इसके आगे

की उनकी व्याख्या इस बात का प्रमाण है कि ऋग्वेद के पास अगर वे गये तो मार्क्सवाद के प्रति अपनी आस्थाएँ लेकर ही गये। उसे छोड़कर तो बिल्कुल नहीं। प्रमाण उनके ये शब्द हैं।–"यहाँ दार्शनिक बोध के लिए श्रम का महत्त्व देखा जा सकता है। श्रम के महत्त्व की घोषणा ऋग्वेद में मानव संस्कृति को श्रेष्ठ उपलब्धि है।" पृ. 42

नागार्जुन के शब्दों में यही उनका राष्ट्रीय मार्क्सवाद है, जो उन्हें अपनी पूरी परम्परा से जोड़ता है। खेद है उनके सगोत्री आलोचकों को इसमें इतिहास को शव–साधना नज़र आयी। पर वे खुद यह गुरु मन्त्र भूल ही गये कि "हमारा यह देश नौसिखुआ नहीं है। उसके ज्ञान–विज्ञान का इतिहास विशाल है। उसके खोहों और भग्नावशेषों में प्रेरणा का समुद्र लहरा रहा है। यह हमारा परम सौभाग्य है कि जड़ तत्त्वों के इतने परिपूर्ण संघात हमारी साधना के कोने–कोने में बिखरे पड़े हैं। अन्य किसी भी देश को शायद ही इतनी परिपूर्ण साधन–सामग्री प्राप्त हो। हम यदि निष्ठा और प्रेम के साथ इस सम्पूर्ण सामग्री का उपयोग भविष्य निर्माण के लिए करें, तभी कल्याण है।"[4] किन्तु इसमें पद–पद पर सावधानी की आवश्यकता है। सदा–सर्वदा कठोर संयम और अपार साहस का होना ज़रूरी है। यहाँ पहुँच अचानक 'कामायनी' के श्रद्धा–सर्ग वाले प्रसाद याद आते हैं–

शक्ति के विद्युत्कण जो व्यस्त
विकल बिखरे हैं हो निरुपाय
समन्वय उनका करे समस्त
विजयिनी मानवता हो जाय।

रामविलास शर्मा परम्परा की ओर जाकर यह कर पा रहे थे या नहीं– इसे कोई दूसरा रामविलास शर्मा ही बता पायेगा क्योंकि उसमें भी यही कठोर संयम और अपार साहस ज़रूरी होगा।

परम्परा से संवाद का अर्थ उनके लिए इस देश की उस जीवन–धारा को जानना और अगली पीढ़ियों तक उसे पहुँचाना भी है जो आज उपभोक्ता और मानव–संसाधन मात्र हुई जा रही है। उसके बारे में यह तो कहा ही नहीं जा सकता कि वह श्रम–विमुख, उद्योग–विमुख पीढ़ी है। पर आज़ादी के ठीक बाद आने वाली पीढ़ी जिसने राजनीतिक आज़ादी प्राप्त कर लेने को ही आर्थिक और सांस्कृतिक आज़ादी मान ली स्वयं को एक ऐसी सफ़ेदपोश

परजीवी पीढ़ी में विकसित किया, संस्कृति जिसके लिए अधिकांशतः मनोरंजन का ज़रिया भर बची। उसने इसे फुर्सत और थके हुए क्षणों की गतिविधि माना। इस पर कम ही विचार किया कि वह उद्योग शील पुरुषार्थी मनुष्यता का सबसे परिष्कृत कर्म व्यापार है। डॉ. शर्मा ने जीवन भर इसी की साधना की। केवल अपने लिए नहीं भविष्य के उन लोगों के लिए जो पश्चिम के निरन्तर हमलों के बीच अपना सिर ऊँचा करके खड़े रहना चाहते हैं।

उनकी मान्यता है कि संस्कृति के बीज का अँखुवा तभी फूटता है जब श्रमशील मनुष्यता का पसीना धरती पर चूता है। बादल जिस तरह अपने को मिटाकर सूखी–मुरझाई धरती को हरियाली से भर देते हैं, उसी तरह मनुष्यता का आत्मदान ही संस्कृति का कारण बनता है। इस आत्मदान में निश्चय ही मनुष्य के अनुभवों और उसके सपनों की कमाइयाँ भी शामिल रहती हैं। इस सन्दर्भ में यह याद रखने की ज़रूरत रहती है कि संस्कृति के स्वरूप में भी जब–तब विकृतियाँ आती हैं। सुखद किन्तु यह कि इसी में उसके कुछेक सचेत शोधक और परिष्कारक भी आते रहते हैं। निश्चय ही कभी–कभी उसमें कुछ नया और अधिक मानवीय जोड़ने वाले भी वेदों के बाद, उपनिषद् के ऋषिगण स्वयं भगवान बुद्ध, तीर्थंकर महावीर और पुराणकर्ता भी आते हैं। इससे यह भी पता चलता है कि कतिपय आधारभूत सत्यों के बावजूद उसमें गतिशील तत्त्वों की सम्भावना बराबर बनी रहती है। वैदिक व्यवस्था में ऋषि और ब्राह्मण केन्द्र में थे। पुराणों तक आते–आते पौराणिकों या व्यासों की महत्ता बढ़ चली। सामाजिक प्रतिष्ठा भी। आगे के विकास में कुछ अन्य ज्ञान–मनीषी भी आये।

संस्कृति और समाज के ये रिश्ते निरन्तर गतिशील रहते हैं। अगतिकता तो सांस्कृतिक जड़ता का ही दूसरा नाम है, लेकिन कोई भी ज़िन्दा और सचेत समाज कभी भी इस जड़ता को स्वीकारने को कभी देर तक राज़ी नहीं रहता। यहीं यह भी सोचने की ज़रूरत महसूस होती है कि संस्कृति केवल दैहिक श्रम वाली क्रिया नहीं, वह बौद्धिक कर्म भी है। अगर कभी इन दोनों में असामंजस्य और अलगाव पैदा हुआ तो इसे एक प्रकार का संकट ही मानना चाहिए। डॉ. शर्मा इसीलिए अपनी पुस्तक 'भारतीय संस्कृति और हिन्दी प्रदेश', खण्ड–एक में लिखते हैं–वैदिक ऋषि काम करते हैं, श्रम से घबराते नहीं हैं।...वे समझते हैं...कि श्रम किये बिना देव मनुष्यों के मित्र नहीं होते–न ऋते श्रान्तस्य सख्याय देवाः। इसी तरह–"कवि घर चाहता है, सम्पत्ति चाहता है, श्रम करता है और सोमरस से देवता की पूजा करता है।"

इस सन्दर्भ में उनकी टिप्पणी महत्त्वपूर्ण है–"बड़ी बात यह है कि जो देवता परिश्रम नहीं करते, वे संसार के रहस्य भी नहीं जानते।...यहाँ दार्शनिक बोध के लिए श्रम का महत्त्व देखा जा सकता है। उन्हीं का वाक्य है–श्रम के महत्त्व की घोषणा ऋग्वेद में मानव संस्कृति की श्रेष्ठ उपलब्धि है।" (पृ. 42)

आश्चर्य की बात यह है कि उनके समकालीन आलोचकों ने यह जाँचना ज़रूरी नहीं समझा कि डॉ. शर्मा अगर ऋग्वेद की तरफ़ गये हैं तो उनकी तत्सम्बन्धी व्याख्याएँ किस तरफ़ जा रही हैं। क्या इन लोगों ने कभी यह भी सोचने की ज़रूरत मानी कि डॉ. शर्मा समूची परम्परा और संस्कृति की जो व्याख्याएँ कर रहे हैं, वह किन दृष्टियों और आधारों पर कर रहे हैं? संस्कृति की ओर जाना क्या मार्क्सवादी विचारों से विमुख हो जाना है? वे यह क्यों नहीं समझ पाये कि उधर जाकर वे उस सफ़ेदपोश सुविधाजीवी, कैरियरवादी ठस्स मार्क्सवाद को रास्ता दिखा रहे थे कि देश के विशाल अवाम से बग़ैर जुड़े, समझे और उसके अवचेतन से आत्मीय संवाद स्थापित किये बिना यहाँ वह ज़मीन नहीं ही बनाई जा सकती जिससे एक ऐसी सभ्यता का निर्माण किया जा सके जो सचमुच जन–संस्कृति के विकास में सहायक हो। इसीलिए कहानीकार रमेश उपाध्याय के एक सवाल के जवाब में वे कहते हैं–"क्रान्ति विरोध का मुक़ाबला क्रान्तिकारी ढंग से ही हो सकता है, जनता को लामबन्द करके ही हो सकता है। जनता अगर सक्रिय रूप से हस्तक्षेप नहीं करती तो आप चाहे कोई भी कार्यनीति निकाल लीजिए कुछ नहीं होगा। तो सवाल यह है कि इस समय जनता सक्षम रूप से राजनीति में हस्तक्षेप कर सकती है कि नहीं। बटन दबाया और जनता आ गयी, ऐसा तो हो नहीं सकता।"[5]

ऐसे क्रान्तिवादियों को लेकर सामाजिक जीवन में क्या पहचान बनती है, डॉ. शर्मा ने इसे लेकर बार–बार सावधान किया। उन्हें सजग और सचेत करने की कोशिश भी कोई कम नहीं की। उन्हीं का यह भी वाक्य है कि–'संस्कृति हवा में नहीं होती।' वह तो जनता के बीच जाने पर ही सम्भव होती है। जनता ही परमशक्ति है।

जिन लोगों ने साम्राज्यवाद और सम्प्रदायवाद को रावण का पुतला बनाकर उसके विरोध मूलक कर्मकाण्ड को अपना असली कर्म समझ रखा है उन्हें नसीहत सी देते हुए वे कहते हैं–"गाँधी ने अपने समय में साम्राज्यवाद का जो विश्लेषण किया था, उससे अच्छा साम्राज्यवाद का विश्लेषण शायद

ही किसी ने किया हो। इसी तरह गाँधी जी का जो स्वदेशी आन्दोलन था, वह इस साम्राज्यवाद के विरोध का सबसे कारगर तरीक़ा था। गाँधीजी ने अच्छी तरह समझ लिया था कि विदेशी पूँजी की हमारे देश में ख़तरनाक भूमिका है।"[6]

"गाँधी जी में थोड़ा–बहुत अन्धविश्वास कहीं–कहीं मिलता है, लेकिन उन्होंने अन्धविश्वासों से लड़ने और उन्हें दूर करने के लिए इतना बड़ा काम किया कि उसकी तुलना में यह बहुत थोड़ा है। यह गाँधी जी ही थे, जिन्होंने कहा कि मेरा राम दशरथ का पुत्र नहीं बल्कि वह एक व्यापक शक्ति है। इसी तरह विज्ञान की उनकी जानकारी अपार थी। तर्कशास्त्र के तो वे पण्डित ही थे।"[7]

इन दोनों उदाहरणों से यह भी पता लगता है कि शर्मा जी उस परिभाषाबद्ध कठमुल्ले मार्क्सवाद से काफ़ी दूर थे, जिसकी सोच और करनी से न केवल मार्क्सवाद दूर हो चला था, वैज्ञानिकता भी सन्दिग्ध बन गयी थी।

इसलिए कठमुल्ले और फ़तवावादी मार्क्सवादियों की परवाह न करते हुए वे वेदों और उपनिषदों–यहाँ तक कि पुराणों की स्वतन्त्र व्याख्याओं की ओर भी गये। जिन भारतीय सन्यासियों के प्रति उनके मन में गहरी श्रद्धा थी, उनमें आर्य समाज के संस्थापक स्वामी दयानन्द थे। पर कौन नहीं जानता कि दयानन्द पुराणों को लेकर क्या कहा करते थे। जिज्ञासु रामविलास जी फिर भी पुराणों की तरफ़ गये और उनकी युगानुकूल व्याख्या की। प्रकाश मनु के एक सवाल का जवाब देते हुए उन्होंने कहा कि "भागवत की रचना शंकर के मायावाद के विरोध में हुई। यानी संसार मात्र माया नहीं है। वह हमें जीने के लिए मिला है।" डॉ. शर्मा के शब्दों में "भारतीय संस्कृति में जीवन की निरन्तरता पर काफ़ी ज़ोर दिया गया है। यानी जीवन नष्ट नहीं होता, वह समय के साथ आगे बढ़ता है। यही यथार्थवाद भी है।"

इससे जो एक बात स्पष्ट होती है वह यह कि वे एक आत्म सजग सचेत मार्क्सवादी हैं जो परम्परा और संस्कृति के आधारभूत ग्रन्थों के बल पर भारतीय संस्कृति के विकासक्रम को अपनी दृष्टि से समझते और उसकी स्वाधीन व्याख्या करते हैं। अगर वे यह कहते हैं कि आर्य कहीं बाहर से नहीं आये थे तो वे केवल दयानन्द और जयशंकर प्रसाद के कथनों को नहीं दुहराते बल्कि उन्हीं ऐतिहासिक भाषाविज्ञानियों के अखाड़े में उतर कर अपनी बात तार्किकता के साथ कहते हैं। वे सब जो ऐतिहासिक भाषा–

विज्ञान के आधार पर यह तर्क देते हैं कि आर्य भारत के मूल निवासी नहीं थे, उनको भावुकता के बूते पर वे जवाब नहीं देते। इस सन्दर्भ में उनकी किताबें 'भारत की भाषा समस्या' तथा 'पश्चिम एशिया और ऋग्वेद' देखने योग्य हैं। अगर वे पुराणों की सार्थकता की ओर जाते हैं तो उनकी निगाह में वे गोपियाँ हैं जो कर्मकाण्डी ब्राह्मणों से निराश होकर कृष्ण को भिक्षा देती हैं। बकौल डॉ. शर्मा–"ऋग्वेद, उपनिषदों और पुराणों के अध्ययन के पीछे मेरी एक दृष्टि रही है।....मुझे लगता है इतिहास और राजनीति ही नहीं, संस्कृति के प्रश्न भी ज़रूरी हैं, जिनकी तरफ़ ध्यान दिया जाना चाहिए।" लेकिन क्यों? इसके जवाब में उनका कथन है–"भारतीय संस्कृति के मूल उत्स की खोज के लिए।"

सवाल यह भी कि किस प्रयोजन के लिए? जवाब है उस देश और समाज के तार्किक विकास को समझने के लिए जिसके आधुनिक भगीरथ दयानन्द भी थे और "धर्मशास्त्र का इतिहास" लिखने वाले महामहोपाध्याय पाण्डुरंग वामन काणे भी। दयानन्द पर इतना अधिक क्यों? तो जवाब है–"मेरा यह मानना है कि धार्मिक अन्धविश्वासों और रूढ़ियों को जैसा धक्का दयानन्द ने दिया, वैसा सारे सुधारक नहीं दे पाये। वैसे भी आर्य समाजियों का चिन्तन तर्क पर आधारित है। इसी कारण मार्क्सवाद की स्थापनाएँ उन्हें समझाई जा सकती हैं।"[8]

शर्मा जी का यह भी मानना है कि भारत के स्वाधीनता संग्राम में स्वयं दयानन्द की भूमिका तो थी ही, आर्य समाजी परिवारों से आये भगतसिंह, लाजपत राय की भूमिका भी किसी से छिपी नहीं हैं। अंग्रेज़ों के प्रति उनकी भावना का पता तो सत्यार्थ प्रकाश' से लगता ही है। उनके प्रज्ञाचक्षु गुरु विरज़ानन्द की गतिविधियाँ भी इस सन्दर्भ में महत्त्वपूर्ण रही हैं। अठारह सौ सत्तावन में विद्रोहियों की एक सभा में उन्होंने व्याख्यान दिया था। दयानन्द के 'सत्यार्थ प्रकाश' में यह तो लिखा हुआ मिलता है जिससे अंग्रेज़ों के प्रति उनकी विद्रोही भावना का पता चलता है। ऐसा बहुतों का मानना है कि उन दिनों दयानन्द गुप्त रूप से कहीं काम कर रहे थे।[9]

कुल मिलाकर रामविलास जी उन मार्क्सवादियों में से थे जो इसी धरती, इसी देश और उसकी संस्कृति की खोज और युगानुकूल व्याख्या के प्रति समर्पित थे। किसी भी विचार या दर्शन का उपयोग वे इस देश की परम्पराओं के दबे–पडे उन जीवन–तत्त्वों की खोज में किया करते थे जो इसे गति और जीवन्तता प्रदान कर सकें।

हिन्दी भाषा और साहित्य में उनकी भूमिका अगर सबसे अलग है तो इसी अर्थ में कि वे इस क्षेत्र में एक जिज्ञासु तार्किक की तरह प्रवेश करते थे और सतर्क बौद्धिक विश्लेषण करते हुए एक ऐसा आधुनिक भारत रचते रहे जो एक ओर नये–पुराने साम्राज्यवादी भारतीय अवचेतन को प्रश्नाकुल कर सके तो दूसरी ओर उन अन्धपौराणिकों से भी लोहा ले सके जिनके प्रभाव में यहाँ का लोकमानस अपनी मुक्ति के रास्ते युगों से तलाश नहीं पा रहा है। उनका महत्त्व अगर है तो यही है।

सन्दर्भ

1. रामविलास शर्मा : आज के सवाल और मार्क्सवाद, अजय तिवारी, पृ. 98
2. परम्परा का मूल्यांकन, पृ. 15
3. वही, पृ. 11
4. देखें–आचार्य हज़ारी प्रसाद द्विवेदी का ख्यात निबन्ध–'शव–साधना'।
5. रामविलास शर्मा : आज के सवाल और मार्क्सवाद, अजय तिवारी, पृ. 161
6. वही, पृ. 62–63
7. वही।
8. ये सारे उद्धरण अजय तिवारी द्वारा सम्पादित पुस्तक 'रामविलास शर्मा : आज के सवाल और मार्क्सवाद' के पृष्ठ 420–23 पृष्ठ से हैं।
9. एकाध लेखकों ने तो यह भी संकेत दिया है कि अठारह सौ सत्तावन में रोटी और कमल की सूझ स्वामी दयानन्द की थी।

भाषा, साम्राज्यवादी षड्यन्त्र और डॉ. रामविलास शर्मा

विजय गुप्त

भाषा जोड़ती है, तोड़ती भी है। भारत में अंग्रेज़ों और अंग्रेज़ी के आने से पहले भाषा को लेकर कभी कोई झगड़ा या विवाद नहीं हुआ। वैसे भी भारत भाषाओं का घर है। विविध भाषाएँ और अनेकानेक बोलियाँ। भाषाविज्ञान की शब्दावली में कई भाषा परिवार की भाषाएँ यहाँ बोलती–बतियाती और साथ–साथ चलती हैं। भारत की भाषिक सम्पदा, समृद्धि और जातीय भाषाओं की मित्रता ने ही पूरे देश को एक सूत्र में बाँधा था। भाषायी एकता ही वह धुरी थी जिस पर भारतीय संघ का सुदृढ़ ढाँचा खड़ा था। भूकम्प पैदा करने के लिए बस एक भाषा–बम का विस्फोट करना था। अंग्रेज़ी ने यही किया। सन् 1835 में लॉर्ड मैकाले ने जो कहा था, उस पर ध्यान दीजिए, "सब लोग इस बात से सहमत हैं कि भारत के इस भाग में नेटिव जो बोलियाँ बोलते हैं, उनमें साहित्यिक और वैज्ञानिक जानकारी की बातें नहीं हैं। इसके अलावा वे इतनी दरिद्र और अनगढ़ हैं कि जब तक उन्हें किसी और दिशा से समृद्ध न किया जाये, उनमें किसी महत्त्वपूर्ण ग्रन्थ का अनुवाद करना भी सम्भव न होगा। सभी लोग इस बात से सहमत मालूम होते हैं कि जो लोग उच्च शिक्षा पा सकने की स्थिति में हैं, उनका बौद्धिक विकास किसी ऐसी भाषा द्वारा ही सम्भव है जो उनमें न बोली जाती हो।"[1] मैकाले की दृष्टि में बौद्धिक विकास को त्वरा देने वाली भाषा होने की क्षमता केवल अंग्रेज़ी में थी। हिन्दी सहित भारत की कोई भी भाषा अंग्रेज़ी के सामने ठहर ही नहीं सकती थी। मैकाले को आदर्श मानने वाले अंग्रेज़ी प्रेमियों और हिमायतियों को डॉ. राम मनोहर लोहिया 'पुश्तैनी गुलाम' कहते थे। ऐसे ही पुश्तैनी गुलामों को झकझोरने के लिए रामविलास शर्मा ने 1958 में एक निबन्ध 'अंग्रेज़ी प्रेमी भारतवासी' लिखा।

इसमें उन्होंने भारत प्रेमी उदार हृदय अंग्रेज़ विद्वान् श्री सी. एफ. एण्ड्रूज की एक महत्त्वपूर्ण पुस्तक 'द ट्रू इंडिया' का ज़िक्र किया है। श्री एण्ड्रूज ने लिखा है कि "अभी तक अंग्रेज़ी भाषा को समझने वाले मुट्ठी भर बुद्धिजीवी ही हैं किन्तु यह उभरती हुई साधारण भाषा जो हिन्दुस्तानी कहलाती है, उत्तर और मध्य भारत में पच्चीस करोड़ जनता द्वारा आसानी से समझी जाती है, दक्षिण में भी जहाँ द्रविण भाषाएँ बोली जाती हैं, उत्तर की इस भाषा से लोग थोड़ा–थोड़ा परिचित हो गये हैं।" इस उद्धरण के बाद रामविलास जी की टिप्पणी है कि, "सी. एफ. एण्ड्रूज की यह पुस्तक 1939 में प्रकाशित हुई थी; तब से दक्षिण में हिन्दी समझने वालों की संख्या बहुत बढ़ गयी है। अंग्रेज़ी पढ़नेवालों और अंग्रेज़ी समझने वालों की संख्या उसी अनुपात में नहीं बढ़ी। अंग्रेज़ी के समर्थक अब भी मुट्ठी भर बुद्धिजीवी ही हैं।"[2]

आज भी ऐसे लोगों की कमी नहीं है जो हिन्दी को अशक्त और दरिद्र भाषा मानते हैं। भारतीय राजनीतिज्ञों की जो कार्यसूची है उसमें संस्कृति की समस्या सम्मिलित नहीं है। भाषा के सबसे अहम और अनिवार्य प्रश्न भी वहाँ एक सिरे से अनुपस्थित हैं। डॉ. रामविलास शर्मा ने सन् 1939 में एक लेख लिखा था, 'राजनीतिक नेता और हिन्दी'। उन्होंने लिखा कि, "आज की भारतीय राजनीति समझौते पर निर्भर है।...हमने हिन्दी साहित्य में समझौता करना नहीं सीखा। हम समझौता नहीं, एका में विश्वास रखते हैं और वह एका एक स्वतन्त्र अविभाजित राष्ट्र की भूमि पर ही हो सकता है। जो प्रान्तीयता और साम्प्रदायिकता को लेकर आगे बढ़ता है, वह राष्ट्रीयता का द्रोही है, उससे एक राष्ट्रप्रेमी समझौता कैसे कर सकता है?....हमारे साहित्य का उद्भव ही एक विदेशी साम्राज्यवाद के प्रतिरोध से हुआ था और सदियों तक देश की भाषा और संस्कृति की रक्षा के लिए हमारे साहित्यिकों ने इस विदेशी साम्राज्यवाद से मोर्चा लिया है। यह मोर्चा नये ब्रिटिश सम्राज्यवाद के विरुद्ध भी जारी रहा है। इस दासता में भी हमने अंग्रेज़ी को क्यों नहीं अपनाया? इसलिए कि हमारी भाषा हमारी राष्ट्रीय चेतना की प्रतीक है।"[3] दरअसल, स्वाधीनता के बाद हम मातृभाषा की जादुई शक्ति और असर को समझ ही नहीं सके। हमने अंग्रेज़ी तोपों पर तो क़ाबू पा लिया लेकिन अंग्रेज़ी के सामने घुटने टेक दिये। सुप्रसिद्ध अफ़्रीकी उपन्यासकार और विचारक न्गुगी वा थ्योंगो ने लिखा है, "मेरे विचार से भाषा सर्वाधिक महत्त्वपूर्ण साधन है

जिसके ज़रिये आत्मा को वश में किया गया और उसे बन्दी बना लिया गया। शारीरिक गुलामी के लिए गोलियों को साधन बनाया गया लेकिन मानसिक और आत्मिक गुलामी भाषा के ज़रिये थोपी गयी।"[4]

भारत की देह और आत्मा को भी साम्राज्यवाद ने उसी तरह बन्दी बनाया जिस तरह उन्होंने अफ़्रीका और शेष विश्व को बनाया था; हथियार और भाषायी आतंक से। थ्योंगो ने साम्राजी हत्यारों और लुटेरों के तौर–तरीक़े स्पष्ट करने के लिए हमवतन उपन्यासकार चेक हामिदु काने के उपन्यास 'एम्बिगुअस एडवेंचर' का एक पैराग्राफ़ उद्धृत किया है। उसकी आख़िरी पंक्ति मढ़वाकर भारतीय संसद में टाँग देना चाहिए। शिक्षाशास्त्रियों और भाषाविदों के घरों में लटका देना चाहिए। वह पंक्ति है, "तोपों से शरीर पर अधिकार किया और स्कूलों से आत्मा पर।"[5]

हमारे स्कूल विशेषकर क़स्बों और गाँवों के स्कूल मातृभाषाओं की हत्या करने, परायी भाषा के रट्टू तोते तैयार करने, बच्चों की आत्मा को कुचलने, उनकी कल्पना के पंखों को कतरने में दक्ष हो चले हैं। हमारी लोक कथाओं के सियार, शेर, हाथी, मगर, बन्दर अब fox, lion, elephant, crocodile, monkey में बदल गये। हमारे आसमान में अब तारे नहीं Star चमकने लगे। हमारे शब्दकोश अजनबी और पराये शब्दों से भरते चले गये। हम अपनी बोलियों और भाषाओं से दूर होते चले गये। हिन्दी की शक्ति तो उसकी जीवन्त बोलियाँ हैं। इन्हीं प्राणवान बोलियों ने हमारी साहित्यिक–सांस्कृतिक विरासत का आधार निर्मित और विकसित किया है। "हिन्दीद्वेषी भाषा विज्ञानी इस प्रयत्न में हैं कि हिन्दी की सारी साहित्यिक विरासत से हिन्दी जनता को वंचित कर दिया जाये, फिर हिन्दी भाषा के क्षेत्र को स्वतन्त्र जनपदों में बाँटकर उनके जातीय अस्तित्व को छिन्न–भिन्न कर दिया जाये।"[6]

अंग्रेज़ी और पूँजी का वर्चस्व स्थापित करने के लिए ज़रूरी है कि हिन्दी को तोड़ा–मरोड़ा जाये, उसकी एकता को नष्ट किया जाये। उसकी बोलियों और भाषाओं के स्वतन्त्र प्रदेश बना दिये जायें। साम्राज्यवादी मंशा के अनुरूप भारत को विखण्डन की भीषण प्रक्रिया में झोंक दिया गया है। भारत के विशाल प्रदेश लगातार तोड़े जा रहे हैं। मध्य प्रदेश, उत्तर प्रदेश और बिहार टूटा। इन टुकड़ों से छत्तीसगढ़, उत्तराखण्ड और झारखण्ड बने। आन्ध्र प्रदेश को भी तोड़ दिया गया है। तेलंगाना का जन्म हो चुका है, जबकि कतार में विदर्भ, गोरखालैण्ड, बुन्देलखण्ड, बघेलखण्ड अलग होने

को तत्पर खड़े हैं। भाषावार प्रान्तों के अवैज्ञानिक और अव्यावहारिक गठन ने जातीय एकता ही नहीं भाषायी एकता को भी तोड़ा है। हिन्दी की प्राणवान बोलियों को स्वतन्त्र भाषा का दर्जा देने की माँग की जा रही है। हिन्दी की आत्मा को देहविहीन करने का खेल पूरी निर्लज्जता के साथ खेला जा रहा है। अवधी, ब्रज, बुन्देली, बघेली, बिहारी, भोजपुरी, राजस्थानी, हरियाणवी, छत्तीसगढ़ी आदि बोलियों के बिना हिन्दी कितनी निष्प्राण और निस्तेज़ हो जायेगी, सोचकर ही मन बैठ जाता है। मीर तकी 'मीर' ने कितने अभिमान से कहा था–

गुफ़्तगू रेखते में हमसे न कर,
यह हमारी ज़बान है प्यारे।

मीर की उसी प्यारी ज़बान पर आज भयानक ख़तरा मँडरा रहा है। यह ख़तरा अंग्रेज़ी और उसके अशुद्ध मिश्रण से बनाई गयी दोगली भाषाओं से है। आज इलेक्ट्रॉनिक मीडिया और सोशल मीडिया पर जो भाषा दिखाई और सुनाई दे रही है वह न तो हिन्दी है, न उर्दू और न ही शुद्ध इंग्लिश। वह तो इंग्लिश के साथ हिन्दी, उर्दू, पंजाबी, बंगाली, तमिल आदि के शब्दों को मिलाकर बनाई गयी बेमेल और बेस्वाद खिचड़ी है। एक स्पन्दनहीन और मरी हुई भाषा। उजबेकिस्तान के मशहूर लेखक रसूल हमज़ातोव ने अपनी विश्व प्रसिद्ध पुस्तक 'मेरा दाग़िस्तान' में अपनी मातृभाषा 'अवार' के बारे में लिखा है कि, "...अगर मेरी भाषा बिगड़ जाती है, प्राणहीन, दुर्बोध और ऊब भरी हो जाती है–थोड़े में यह कि अगर मैं अपनी मातृभाषा को बिगाड़ता हूँ, तो मेरे लिए जीवन में इससे अधिक भयानक बात और कुछ नहीं हो सकती।" महात्मा गाँधी के लिए भी इससे भयानक बात कोई दूसरी नहीं हो सकती थी कि कोई विदेशी भाषा उनकी मातृभाषा को बिगाड़े और उस पर राज करे। अंग्रेज़ों की इसी भाषा रीति–नीति को देखकर उन्होंने एक संवाददाता के अंग्रेज़ी में पूछे गये प्रश्न के उत्तर में क्रोध से कहा था कि 'दुनिया से कह दो कि गाँधी को अंग्रेज़ी नहीं आती।'

कभी अफ़्रीकी चिन्तक चीनुआ एचेबे ने पूछा था कि, "क्या यह उचित है कि किसी दूसरी भाषा के लिए कोई व्यक्ति अपनी मातृभाषा छोड़ दे?"[7] पूँजीपरस्त भारतीय राजनीतिज्ञों और अंग्रेज़ीप्रेमी भाषाविदों ने न सिर्फ़ अपनी मातृभाषा का साथ छोड़ा, बल्कि भारतीय जनता और भारतीय भाषाओं के साथ भयानक विश्वासघात भी किया। उनकी भाषा–नीति अंग्रेज़ी राज की

भाषा–नीति से भिन्न नहीं है। रामविलास जी ने लिखा है, "अंग्रेज़ी भाषा यहाँ साम्राज्यवादी व्यवस्था में जातीय उत्पीड़न का एक साधन थी। उसके द्वारा यहाँ की भाषाओं के अधिकार को कुचला गया था।"[8] अंग्रेज़ों की कपटपूर्ण भाषा–नीति का पर्दाफ़ाश करते हुए शर्मा जी ने यह भी लिखा कि, "अंग्रेज़ कूटनीतिज्ञों ने यहाँ एकता के तत्त्वों को बराबर दबाने की कोशिश की और अलगाव के तत्त्वों को भरसक बढ़ावा दिया। जिन हिन्दुओं और मुसलमानों ने मध्यकालीन धर्म की खाई को पाट लिया था और हर प्रदेश में एक संयुक्त जातीयता का विकास किया था, वे शब्दावली और लिपि के भेद को अवश्य दूर कर लेते और एक शक्तिशाली राष्ट्र का निर्माण करते, लेकिन अंग्रेज़ों ने इन सम्भावनाओं को ख़त्म कर दिया। उन्होंने हिन्दी–उर्दू की दो शैलियों को दो जातियों की भाषा का रूप दे दिया और भाषा को जातीय उत्पीड़न का साधन बनाया।"[9] हिन्दी और उर्दू को अलग करके अंग्रेज़ों ने हिन्दी जाति की एकता पर भीषण चोट की थी और हिन्दुस्तान से जाते–जाते 1857 की क्रान्ति का बदला 1947 में देश को दो भागों में बाँट कर चुका लिया था। विडम्बना और दुर्भाग्य कि आज भी उनकी गुलाम भारतीय सन्तानें विभाजन और घृणा की अशुभ राहों पर ही चल रही हैं। हिन्दी और उर्दू के बीच की एकता को तोड़ रही हैं। शमशेर बहादुर सिंह की काव्य पंक्तियाँ हैं–

मैं हिन्दी और उर्दू का दोआब हूँ
मैं वह आईना हूँ जिसमें आप हैं।

इस दोआब के आईने को बचाना ही होगा। अंग्रेज़ी को राज–काज की भाषा से हटाना ही होगा।

भारत में अभी भी राजकाज, शासन–प्रशासन की भाषा अंग्रेज़ी है। हिन्दी या अन्य प्रादेशिक भाषाएँ नहीं। हमारे बड़ों और बच्चों के दिमाग़ में यह बात ठोंक–पीटकर बैठा दी गयी है कि अंग्रेज़ी ही ज्ञान–विज्ञान की भाषा है, रोज़गार–व्यवसाय की भाषा है। वही हमारे विकास और उद्धार की भाषा है। हिन्दी की अक्षमता और कमतरी को लेकर चल रहा झगड़ा कोई आज का नहीं है। इस झगड़े के बीज तो परतन्त्र भारत में ही बो दिये गये थे। अब तो दोगली भाषा की बेरंग और बेस्वाद फ़सल चारों ओर लहरा रही है। क्या इलेक्ट्रॉनिक और क्या प्रिंट मीडिया? क्या साहित्यकार और क्या राजनेता? सभी एक से बढ़कर एक। हिन्दी के महाकवि निराला ने अंग्रेज़ी के सामने

किये जा रहे इस मानहीन बुद्धिवंचित समर्पण को लेकर सुमित्रानन्दन पन्त को फटकारा भी था। हिन्दी साहित्य में यह विवाद अत्यन्त चर्चित रहा है। डॉ. रामविलास शर्मा ने अपने एक महत्त्वपूर्ण निबन्ध 'भारतीय संस्कृति बनाम मार्क्सवाद' में इस विवाद की चर्चा की है और लिखा है कि, "जैसा कि विश्ववादियों के साथ अक्सर होता है, वे अपनों से नफरत करते हैं तो अंग्रेज़ी भाषा और संस्कृति के सामने दुम भी हिलाते हैं। पन्त जी कुछ हिन्दी–अंग्रेज़ी शब्दों के ध्वनि–सौन्दर्य की तुलना करते हुए 'पल्लव' की भूमिका में लिखते हैं, ''पंख शब्द में केवल फड़क ही मिलती है, उड़ान के लिए भारी लगता है, जैसे किसी ने पक्षी के पंखों में शीशे का टुकड़ा बाँध दिया हो, वह छटपटा कर बार–बार नीचे गिर पड़ता हो; अंग्रेज़ी का wing जैसे उड़ान का जीता–जागता चित्र है। उसी तरह touch में जो छूने की कोमलता है, वह 'स्पर्श' में नहीं मिलती। 'स्पर्श' जैसे प्रेमिका के अंगों का अचानक स्पर्श पाकर हृदय में जो रोमांच हो उठता है, उसका चित्र है; ब्रजभाषा के परस में छूने की कोमलता अधिक विद्यमान है। joy से जिस प्रकार मुँह भर जाता है, 'हर्ष' से उसी प्रकार आनन्द का विद्युत–स्फुरण प्रकट होता है।''

पन्तजी के शब्द विज्ञान पर निराला जी ने यह टिप्पणी की थी, ''पन्त जी की व्याख्या से ज़ाहिर है, उनका झुकाव अंग्रेज़ी शब्दों के तत्सम रूपों की ओर अधिक है और यह प्रयत्न ऐसा है जैसे भारतवर्ष की आबोहवा को अंग्रेज़ी दबावों के अनुकूल बनाना।''[10] अंग्रेज़ी के दबावों का यह अनुकूलन स्वतन्त्र भारत में दिन दूनी और रात चौगुनी रफ़्तार से किया जा रहा है। कांग्रेस के आधुनिक बुद्धिवादी सैम पित्रोदा तो अंग्रेज़ी के इतने मारे हुए थे कि उन्हें दूसरी सारी भाषाएँ बकवास और कूड़े का ढेर लगती थीं। हिन्दी से तो उन्हें इतनी चिढ़ थी कि अपने वास्तविक नाम साईं राम पितर दास की जगह स्वयं को अंग्रेज़ी उच्चारण के मुताबिक़ सैम पित्रोदा कहा जाना पसन्द करते थे। यह तो अच्छा हुआ कि आज के चलन के मुताबिक़ उन्होंने खुद को 'सैपि' नहीं कहा, वरना हिन्दी के 'बाबूजी' तो घिसते–घिसते 'डैडी' हुए, फिर 'डैड' और अब तो बेचारे 'डा' हो गये हैं। शायद साईं राम पितरदास ने अपने को इतना ज़्यादा घिसना मुनासिब नहीं समझा। उन्होंने तो अपना दिव्य ज्ञान भी प्रकट किया था कि दुनिया के साथ क़दम से क़दम मिला कर चलने के लिए और 'टैक्नोलॉजिकली अपडेट' होने के लिए ज़रूरी है कि शिक्षा का माध्यम कक्षा पहली से ही अंग्रेज़ी कर दिया जाये।

निवृत्तमान प्रधानमन्त्री मनमोहन सिंह तो ऑक्सफ़ोर्ड यूनिवर्सिटी में सैम पित्रोदा से दो क़दम आगे बढ़कर अंग्रेज़ी और अंग्रेज़ों का कसीदा पढ़ते हुए 'रेड कारपेट' की तरह बिछ गये थे। भला हो भारतीय जनता का जिसने सोलहवीं लोक सभा के चुनाव में मनमोहन सिंह और उनके दल को दरी की तरह लपेटकर एक किनारे रख दिया। अंग्रेज़ी प्रेमी और अपनी भाषा से घृणा करने वाले सज्जन चाहें तो महर्षि दयानन्द के जीवन के इस पाठ से भी सबक ले सकते हैं। ब्रह्म समाज के एक नेता ने स्वामी दयानन्द से कलकत्ते में कहा कि यदि आपने अंग्रेज़ी पढ़ी होती तो कमाल हो जाता! स्वामी दयानन्द ने पलट कर प्रश्न किया कि ऐसा क्या कमाल हो जाता, जो अंग्रेज़ी जानने पर ही होता? नेता का जवाब था कि आप वेदों के सन्देश को पूरी दुनिया में पहुँचा सकते थे। स्वामी दयानन्द ने उत्तर दिया कि मेरी भूल तो साधारण थी, जो मैंने अंग्रेज़ी नहीं पढ़ी, लेकिन आपने तो मौलिक और गम्भीर भूल की है कि आपको हिन्दी और संस्कृत नहीं आती। ब्रह्म समाज के नेता निरुत्तर और शर्मिन्दा हो गये। आज के नेता और अंग्रेज़ी के आशिक़ इतने ढीठ और दास मनोवृत्ति के हो गये हैं कि उन्हें अब किसी बात पर शर्म नहीं आती।

इस दीन–हीन–दास प्रवृत्ति पर व्यंग्य करते हुए रामविलास जी ने लिखा है कि, "अपनी नदी का पानी न पिओ, विदेश का पानी लाओ। जिस तरह कभी इंग्लैंड के भद्रजन लैटिन में चिन्तन–मनन करते थे, उसी तरह भारत के भद्रजन आज अंग्रेज़ी में चिन्तन–मनन करने के आदी हो गये हैं।....भारत के इन अंग्रेज़ी प्रेमियों को न अपने पाठकों की सुविधा की चिन्ता है, न आने वाली पीढ़ियों का ध्यान है। उनका बस चले तो देशी भाषाओं के स्रोत सदा के लिए बन्द कर दें, लेकिन ये स्रोत काफ़ी शक्तिशाली हैं। भद्रजनों को अपनी चिन्ता करनी चाहिए; इस प्रवाह में डूबकर कहीं वे स्वयं रसातल में न पहुँच जायें।"[11] साम्राज्यवादी शक्तियों की चाकरी और जी हुजूरी करने वाले ये विश्वासघाती लोग स्वयं तो पातालगामी हुए, देश को भी पतन के रास्ते पर ले गये। सुप्रसिद्ध अर्थशास्त्री डॉ. जया मेहता ने लखनऊ में 'कॉमरेड आर. पी. सिंह स्मृति व्याख्यान में कहा कि "अमेरिका की आर्थिक वृद्धि दर घटते–घटते 1.9 प्रतिशत पर आ गयी जबकि यूरोप में यह 0.4 प्रतिशत तक गिर गयी। अमेरिका में वर्ष 1970 से उत्पादन लगभग ठप है। अमेरिका के बाज़ार चीन के उत्पाद पाट रहे हैं। अमेरिका और यूरोपीय देशों में केवल

पूँजी का खेल चल रहा है लेकिन उत्पादन होना बन्द है। भारत में वृद्धि बताई जा रही है लेकिन कभी 10 प्रतिशत तक पहुँची वृद्धि दर आजकल 5 प्रतिशत है। भारत में उत्पादन हो रहा है लेकिन यहाँ उत्पादन की प्रकृति बड़ी विकृत है। यहाँ उत्पादन आम आदमी की ज़रूरत की वस्तुओं या कृषि का न होकर ऑटोमोबाइल के उत्पादन की होड़ का है। उसकी सुविधा के लिए सड़कों, फ्लाईओवरों, एयरपोर्टों के निर्माण में अभूतपूर्व तेज़ी आयी है। भारत में दो भारत बसते हैं। एक 10 प्रतिशत लोगों का रईस भारत जिनमें रईसों की सूची में नाम चमकाने की होड़ है, शेष 90 प्रतिशत लोगों का दरिद्र भारत जो अपने को ज़िन्दा रखने की लड़ाई लड़ रहा है।''[12] भारत के वर्तमान प्रधानमन्त्री नरेन्द्र मोदी भी विकास के पूँजीवादी दर्शन के हिमायती हैं। वह भी भारत को 'स्मार्ट इंडिया' में बदलना चाहते हैं। उनकी कार्यसूची में सर्वोच्च स्थान पर है, सौ 'स्मार्ट सिटीज' का निर्माण। 'शाइनिंग इंडिया' और 'स्मार्ट इंडिया' में बस शब्दों की हेरा–फेरी है। अर्थ में जो अँधेरा है वह निरन्तर गहराता जा रहा है। महाप्राण निराला ने युद्धभूमि में खड़े विचलित राम के मन के अँधेरे में जैसे देश के अँधेरे को भी लक्षित कर लिया था। 'राम की शक्तिपूजा' में उनकी एक अद्‌भुत काव्य पंक्ति है, 'है अमां निशा; उगलता गगन घन अन्धकार'।

अन्धकार की आसुरी शक्तियाँ स्वतन्त्र भारत में भी धूमिल नहीं पड़ी हैं बल्कि दुगुने और भीषण आवेग से धरती और मनुष्य को निगलती जा रही हैं। देश को रसातल में पहुँचाने वाली सामाजिक–राजनीतिक शक्तियों और दुरभिसन्धियों से रामविलास शर्मा आजीवन लड़ते रहे। भारत को नये सिरे से खोजना और व्याख्यायित करना उनके लिए सर्वोपरि था। उनकी सारी लड़ाई इसी महत्त्वपूर्ण खोज का हिस्सा थी, और उनका समस्त लेखन इसी खोज का परिणाम था। साहित्येतर अनुशासनों में उनके प्रवेश की तीखी आलोचना की जाती है। इतिहास, दर्शन, कला, आर्थिकी और भाषाविज्ञान के क्षेत्र में उनकी सार्थक और प्रबल उपस्थिति को उनके आलोचक बर्दाश्त नहीं कर पाते हैं। वे उनके अध्ययन और परिणामों को निरस्त करते हैं। इन अनुशासनों में उनके हस्तक्षेप को अनधिकृत और अनावश्यक मानते हैं। भले ही रूढ़ पारिभाषिक अर्थों में रामविलास जी को इतिहासकार, दार्शनिक, अर्थशास्त्री, भाषाविज्ञानी न माना जाये, लेकिन अपने सच्चे सरोकारों, गहन शोध–वृत्ति और प्रमाण–पुष्ट–दूरदर्शी लेखन के कारण उन्हें वर्तमान सदी का

अपूर्व सभ्यता–समीक्षक मानना ही होगा। उनका व्यक्तित्व समाज विज्ञानों के सार–तत्त्वों से मिलकर बना है। 'भाषा और समाज' पुस्तक की भूमिका के अन्त में वह लिखते हैं, "विश्वास है कि इस दिशा में और नयी सामग्री के प्रकाशन के बाद उन लोगों को सोच–विचार के लिए नया आधार प्राप्त होगा जो भाषाविज्ञान की वर्तमान स्थिति से सन्तुष्ट न होकर स्वतन्त्र मार्ग का अनुसरण करना चाहते हैं, और इससे भी महत्त्वपूर्ण बात यह कि भारतीय भाषा परिवारों के इतिहास के सहारे इस भारत देश को समझना चाहते हैं और उसकी भाषा सम्बन्धी तथा अन्य समस्याओं को सुलझाकर उसे शक्तिशाली समृद्ध राष्ट्र के रूप में विकसित करना चाहते हैं। भारत के वर्तमान सन्दर्भ में भाषा वैज्ञानिक कार्य एक राजनीतिक कर्तव्य भी है।"[13]

डॉ. रामविलास शर्मा कभी अपने राजनीतिक कर्तव्यों को नहीं भूले। मार्क्सवादी दर्शन और जनपक्षधर राजनीति उनके लेखन की आधारभूमि रही। वह अपनी सामाजिक–राजनीतिक प्रतिबद्धता के प्रति सदैव सजग और चौकन्ने रहे। उनके जीवन और विचारों में कोई पर्देदारी नहीं है। वह साहित्य के साथ मानविकी और समाज विज्ञान के विविध क्षेत्रों में अपने राजनीतिक कर्तव्यों की पूर्ति के लिए गये। हर जगह उनका आलोचक व्यक्तित्व क्रियाशील रहा और विभिन्न मोर्चों पर डटा रहा। उन्होंने कहा भी है कि, "आख़िर मैं एक आलोचक हूँ, भाषाविज्ञान का अध्यापक नहीं।"[14] बावजूद उपर्युक्त कथन के वह साहित्य के साथ मानविकी और समाज विज्ञान के दुर्गम प्रदेशों में गये और वैदिक काल से लेकर आज तक के समय को विवेचित और विश्लेषित किया। वह हिन्दी के पहले विद्वान हैं जिन्होंने इस मिथक को तोड़ा कि मानविकी और समाज विज्ञान का अध्ययन हिन्दी भाषा में नहीं हो सकता है।

हज़ारों साल के कालखण्ड में फैले भारतीय संस्कृति के उतार–चढ़ाव को रामविलास जी ने पूरे ऐतिहासिक और समाजार्थिक सन्दर्भों में जनता के सामने रखा, हिन्दी में। उन्होंने षड्यन्त्रपूर्वक परदे के पीछे अँधेरे में फेंक दिये गये संस्कृति और भाषा के सवालों को प्रकाशित मंच के बीचो–बीच रख दिया। यह उनका बहुत बड़ा काम है। अपनी कृतियों में उन्होंने विस्तारपूर्वक बताया है कि साम्राज्यवादी ताक़तें भाषा को भी नस्लवादी घातक हथियार में बदल देती हैं। भाषा को भी गोरा–काला बना देती हैं। श्रेष्ठ और हीन बना देती हैं। भाषाओं की एकता के बीच द्वेष और विश्वासघात के बीज बो देती हैं। हिन्दी और उर्दू का प्रायोजित झगड़ा याद कीजिए।

किस तरह साम्राज्यवाद ने देशी पूँजीवाद से मिलकर धर्म के आधार पर एक ही जाति के दो टुकड़े कर दिये। हिन्दू और मुसलमान। एक ही भाषा के दो रूपों को दो मुख़्तलिफ भाषाओं में बदल दिया, लेकिन, बहुत कोशिशों के बाद भी वे भारतीय संगीत को हिन्दू और मुस्लिम संगीत में नहीं बाँट सके। वे भक्तों, सन्तों और सूफ़ियों के गठबन्धन में दरार नहीं डाल सके। खड़ी बोली के साथ अवधी, ब्रज, राजस्थानी, तथा अन्य बोलियों का जलवा बरक़रार रहा। मौखिक साहित्य की स्वरलहरियों से भारतीय मन–प्राण गूँजता रहा।

अब ये अनुगूँजें कम सुनाई देती हैं। भारत समेत दुनिया भर में कई बोलियाँ और आदिवासी जनजातियाँ समाप्त हो चुकी हैं या समाप्ति की कगार पर हैं। भाषावैज्ञानिक अध्ययन इस भयानक तथ्य को रेखांकित करता है कि आज लगभग चार हज़ार भाषाओं और बोलियों पर हमेशा के लिए ख़त्म हो जाने का ख़तरा मँडरा रहा है। मेरा अपना ज़िला सरगुजा भी इस संकट से गुज़र रहा है। द्रविड़ मूल की कोरवा, नगेशिया, ख़ैरवार, कोड़ाकू और पंडो बोलियाँ समाप्तप्राय हैं। इन बोलियों को बोलने वाले आदिवासी जन अपनी बोलियों के नाम से ही जाने जाते हैं। जैसे कोरवा बोली बोलने वाले कोरवा कहलाते हैं और पंडो बोलने वाले पंडो। पहाड़ों पर रहने वाले थोड़े–बहुत, बचे–खुचे पहाड़ी कोरवा जैसे–तैसे अपनी बोली को बचाये हुए हैं। उनकी नयी पीढ़ी न तो यह बोली बोल पाती है, न समझ पाती है। कोरवा बोली में केवल बीस तक की गिनती है। बीस को ही गुणा–भाग करके ये आगे–पीछे की संख्या का काम चलाते हैं, लेकिन कोरवाओं की नयी पौध तो यह गिनती भी नहीं जानती। उसी तरह जैसे अंग्रेज़ी स्कूलों में पढ़ने वाले बच्चे हिन्दी की गिनती और पहाड़ा भूल चुके हैं। वह 'बयासी' नहीं 'एटी टू' समझते हैं। दो दूनी चार नहीं, टू टूजा फोर जानते हैं। इसी तरह जोड़, घटाव, गुणा, भाग भी भूल चुके हैं। बारहखड़ी पूछने पर उनके माथे पर बल पड़ जाते हैं। हिन्दी के स्वर और व्यंजन तो पूरे के पूरे शायद ही किसी को याद हों। हिन्दी के संयुक्ताक्षरों और तालव्य 'श' और मूर्धन्य 'ष' की तो बात ही छोड़ दीजिए। सब धन बाइस पसेरी की तरह केवल ले–दे के दन्त्य 'स' बच गया है। यहाँ के मुस्लिम समाज के बच्चों की भी यही दुर्दशा है। वे न तो सही उर्दू बोल पाते हैं और न लिख पाते हैं। जैसे–तैसे अंग्रेज़ी मिलाकर अशुद्ध और ग़लत–सलत हिन्दी या उर्दू बोल पाते हैं। मेरा अनुमान है कि दीगर भाषा–भाषियों के नौनिहालों के साथ भी यही हो रहा होगा।

भाषा या बोलियों का विनाश कोई साधारण घटना नहीं है, यह भारत और साम्राज्यवाद के चंगुल में फँसे नव–औपनिवेशिक देशों में घटने वाली आधुनिक सदी की भीषणतम दुर्घटना है। इस दुर्घटना को हमने ख़ुद ही आमन्त्रित किया है और उसका गाजे–बाजे के साथ स्वागत किया है। औपनिवेशिक शिक्षा प्रणाली को अपनाकर और मातृभाषाओं के ऊपर अंग्रेज़ी थोप कर हमने अपनी भाषाओं, बोलियों और संस्कृतियों को मरने के लिए छोड़ दिया है। अपनी धरती, अपना आसमान, पूर्वजों की सारी धरोहर हमने जनता के दुश्मनों को ऐसे सौंप दी, जैसे कोई अपनी तिज़ोरी की चाबी किसी चोर को सौंपता है। और अब, मानसिक दिवालियेपन में अपनी भाषा का शानदार संगीत सुनने और गाने के बदले एक परायी भाषा में हकला रहे हैं; और सब कुछ खोते जा रहे हैं।

जब कोई जाति अपनी भाषा या बोली खोती है, तो अपनी संस्कृति से भी हाथ धो बैठती है। उसके भाषिक चिह्न ही नहीं मिटते, स्मृतियाँ भी मिटने लगती हैं। उसके मौखिक साहित्य की अर्थपूर्ण ध्वनियाँ लुप्त होने लगती हैं। अपनी चिर–परिचित, हज़ारों वर्षों से चली आ रही ध्वनियों से दूर होना या उनका गुम होना पुरखों के प्राचीनतम ज्ञान और विशाल अनुभव सम्पदा से वंचित होना है। प्रसिद्ध राजनीतिज्ञ और दार्शनिक चिन्तक डॉ. राम मनोहर लोहिया ने 3 सितम्बर, 1967, गिरीडीह के 'अंग्रेज़ी हटाओ सम्मेलन' में दिये गये अपने ऐतिहासिक भाषण में यह महत्त्वपूर्ण तथ्य रेखांकित किया था कि, "...शब्द आसमान से नहीं टपकता, शब्द जुड़ा रहता है देश की मिट्टी के साथ, देश के इतिहास के साथ, कथाओं और किंवदन्तियों के साथ। जैसे 'गंगा' शब्द कोई सुनता है भारतवर्ष में, तो गंगा का जो मतलब होता है उसके साथ ढेर–सा चित्र दिमाग़ में एक साथ आ जाता है। तो शब्द अकेला नहीं होता।"[15] शब्द अर्थात देश की पूरी वैचारिकी, देश का पूरा इतिहास और भूगोल, पूरा तन और पूरा मन, पूरी जन्मभूमि। अंग्रेज़ साम्राज्यवादियों ने भारतीयों से केवल उनकी भाषा ही नहीं छीनी, उनकी सारी भौतिक, ऐतिहासिक और मानसिक सम्पदा भी लूट ली। रेड इंडियन आदिवासी कवि सिएथल ने अपनी कविता 'प्रमुख के नाम पत्र' में सब कुछ छीन लिए जाने के असह्य दुःख को कुछ इस तरह व्यक्त किया है–

गोरे भूल जाते हैं मरने के बाद अपनी जन्मभूमि,
लेकिन हम नहीं भूलते अपनी मिट्टी मरने पर भी

यहाँ के सुगन्धित फूल हमारे सहोदर हैं।
ये हिरण, ये घोड़े, ये विशाल पक्षी–
सब हमारे भाई हैं।
पहाड़ों की चोटियाँ, मैदानों की हरियाली,
घोड़े और सवार का पसीना
सब एक ही परिवार का हिस्सा हैं।
इसलिए जब वाशिंगटन का बड़ा सरदार,
जान से भी प्यारी हमारी ज़मीन माँगता है,
तो वो बहुत कुछ माँग लेता है।[16]

वाशिंगटन के बड़े सरदार का क्रूर चेहरा रामविलास जी भी पहचानते हैं और साफ़ शब्दों में लिखते हैं कि, "अमरीकी साम्राज्यवाद को इस बात में विशेष दिलचस्पी हो गयी थी कि भारत सुदृढ़ और शक्तिशाली राष्ट्र के रूप में संगठित होकर आगे न बढ़े।" अमरीका प्रभावित भाषाविज्ञानियों की खोटी नीयत पर भी वह दोटूक लिखते हैं कि, "भारतीय सन्दर्भ के विवेचन में वे एक बात का उल्लेख नहीं करतेः भारत में अंग्रेज़ी भाषा सिखाने पर कितना अमरीकी और ब्रिटिश धन व्यय किया गया है, भारत के अर्थतन्त्र, राज्यतन्त्र को अमरीकी प्रभाव क्षेत्र में लाने के लिए कितना प्रयत्न किया गया है, और भारत के शिक्षा–केन्द्रों में अमरीकी प्रभाव का विस्तार करने के लिए निरन्तर कितना प्रयास किया जा रहा है।"[17]

हमें रामविलास जी की चेतावनियों को नज़रअन्दाज़ नहीं करना चाहिए। देश और दुनिया की बदलती हुई परिस्थितियों का सतर्क होकर अध्ययन करना चाहिए। आज पूरी दुनिया की निगाहें भारत पर लगी हुई हैं। भारत को एक विशाल बाज़ार में बदल देना उनका सबसे बड़ा लक्ष्य है। मज़े की बात तो यह है कि अमरीका और उसे पिछलग्गू साम्राज्यवादी देश इस विशाल मंडी में ख़रीददार की हैसियत से नहीं, विक्रेता की हैसियत से आना चाहते हैं। वे सौदागर बनना चाहते हैं, ग्राहक नहीं। अपना वर्चस्व कायम करने के लिए हमेशा कोई न कोई षड्यंत्र वे बुनते ही रहते हैं। वे हमारे फलों, सब्ज़ियों, कपड़ों और अन्य उत्पादों पर प्रतिबन्ध लगाते हैं। हमारी चिकित्सा पद्धतियों पर रोक लगाते हैं। हमारी भाषाओं और बोलियों को बेकार और अवैज्ञानिक सिद्ध करते हैं। हमारी जातीय भाषाओं के बीच सन्देह की दीवारें खड़ी करते हैं। अपने शिक्षा संस्थानों और अपार धनराशि के बल पर उन्होंने हमारे बुद्धिजीवियों,

लेखकों, पत्रकारों, कलाकारों और राजनीतिज्ञों को ख़रीद लिया है। उन्हें अपना दास बना लिया है। ऐसे ही लोगों को हिन्दी के महान कवि मुक्तिबोध ने 'क्रीतदास' कहा है। हमारे अधिकांश बुद्धिजीवी, राजनेता और संस्कृतिजीवी अपनी भाषा छोड़कर अंग्रेज़ी में हकलाना अधिक पसन्द करते हैं। अपनी भाषा बोलने में, अपनी ज्ञान–परम्परा अपनाने और उसे समृद्ध करने में उन्हें लज्जा आती है।

यह लज्जा हमारे सामाजिक, राजनीतिक और सांस्कृतिक पराभव का एक बहुत बड़ा कारण है। जातीय भाषा के छूटते ही अन्य सम्पदाएँ भी हाथ से छूट जाती हैं। भाषा के साथ–साथ हमारा सहज भाव और ज्ञानबोध भी हमसे दूर चला जाता है। परम्परा, इतिहास और संस्कृति के समस्त सन्दर्भ, जो व्यक्तित्व और राष्ट्र–निर्माण के अनिवार्य तत्त्व हैं, छूटते चले जाते हैं। साम्राज्यवादी देश यही तो चाहते हैं कि हम अपनी समस्त ज्ञान परम्परा को भूल जायें। उनकी अवमानना करें और उसी रास्ते पर चलें जो वो दिखायें। वही बोलें, वही खायें, वही पियें। उन्हीं के गाने गायें, उन्हीं के नाच नाचें। उन्हीं की बोली–बानी बोलें। अपना कुछ भी न हो, सब कुछ उधार का हो। हम चाबी से चलने वाले किसी बुद्धिहीन और आज्ञाकारी खिलौने में बदल जायें। हमारा कोई अस्तित्व न बचे। भारत और तीसरी दुनिया के देशों को कुछ इसी तरह के साँचे में ढाला जा रहा है। वो हर मोर्चे से मर्मान्तक वार कर रहे हैं। देश और दुनिया की सभी प्रगतिकामी और समाजवादी शक्तियों को एकजुट होकर सामने आना होगा और जातीय भाषाओं, इतिहास और संस्कृति को बचाने की एक निर्णायक लड़ाई लड़नी होगी।

सन्दर्भ

1. भाषा और समाज, डॉ. रामविलास शर्मा, तीसरा संस्करण, 1989, राजकमल प्रकाशन, दिल्ली, पृ. 393
2. भारत की भाषा समस्या, रामविलास शर्मा, तीसरा संस्करण, 1989, राजकमल प्रकाशन, दिल्ली, पृ. 119, 120
3. उपर्युक्त, पृ. 24
4. भाषा, संस्कृति और राष्ट्रीय अस्मिता, न्गुगी वा थ्योंगो, सम्पादन–अनुवाद आनन्दस्वरूप वर्मा, सारांश प्रकाशन, पहला संस्करण, 1994, पृ. 19
5. उपर्युक्त, पृ. 19

6. भाषा और समाज, डॉ. रामविलास शर्मा, भूमिका, तीसरा संस्करण, 1989, राजकमल प्रकाशन, दिल्ली, पृ. 56
7. भाषा, संस्कृति और राष्ट्रीय अस्मिता, न्गुगी वा थ्योंगो, सम्पादन– अनुवाद आनन्दस्वरूप वर्मा, सारांश प्रकाशन, पहला संस्करण, 1994, पृ. 16
8. भाषा और समाज, भूमिका, तीसरा संस्करण, 1989, राजकमल प्रकाशन, दिल्ली, पृ. 371
9. उपर्युक्त, पृ. 310
10. मार्क्सवाद और प्रगतिशील साहित्य, प्रथम संस्करण, 1984, वाणी प्रकाशन, दिल्ली, पृ. 127
11. उपर्युक्त, भूमिका, पृ. 429–430
12. साम्य–अंक 27, मई 2014, प्रगतिशील लेखक संघ, अम्बिकापुर, पृ. 291
13. भाषा और समाज, भूमिका, तीसरा संस्करण, 1989, राजकमल प्रकाशन दिल्ली, पृ. 59
14. उपर्युक्त, भूमिका, पृ. 18
15. मार्क्सवाद और हिन्दी जाति की एकता, साम्य–अंक 22, अगस्त 1965, प्रगतिशील लेखक संघ, अम्बिकापुर, पृ. 78
16. साम्य–अंक 23, जून 1996, प्रगतिशील लेखक संघ, अम्बिकापुर, पृ. 134
17. भाषा और समाज, डॉ. रामविलास शर्मा, भूमिका, तीसरा संस्करण, 1989, राजकमल प्रकाशन, दिल्ली, पृ. 51

रामविलास शर्मा और 'डिकोलोनियल' मार्क्स

विरोधाभासों के बीच 'ज्ञानमीमांसात्मक पुनर्रचना' का एक भारतीय प्रयास

अभय कुमार दुबे

पहली (समस्या) यह है कि ज्ञान और उसका उत्पादन करने वाली पद्धतियों का विउपनिवेशीकरण कैसे किया जाये। कितने भी असमान ढंग से क्यों न हुई हो, उपनिवेशवाद की रचना इसी के साथ–साथ होती गयी है। इसलिए, विउपनिवेशीकरण न केवल उपनिवेशितों के ज्ञान का, बल्कि उपनिवेशक के ज्ञान का भी विउपनिवेशीकरण करने की ज़रूरत पर ज़ोर देता है।

–बोवेंचुरा डिसूज़ा सांतोस

मार्क्सवाद भारत को समझने के लिए ज़रूरी है, और भारत मार्क्सवाद को समझने के लिए ज़रूरी है। यह बात दर्शन के क्षेत्र में और लागू होती है। मार्क्सवाद से हमें कुछ बुनियादी सरणियाँ मिल जाती हैं, रास्ते मिल जाते हैं जिससे हम सारे प्रपंच को देखना शुरू करते हैं। उसमें जितना ही आप भीतर घुसते हैं, उतना ही मार्क्सवाद को भी दूसरी ही निगाह से देखते हैं। यह भी दिखाई देने लगता है कि उसमें क्या अच्छाइयाँ हैं, क्या बुराइयाँ हैं। दोनों एक–दूसरे पर निर्भर हैं। यह कहना सही न होगा कि मैं मार्क्सवादी दृष्टि से ऋग्वेद का विश्लेषण कर रहा हूँ, और यह कहना भी सही न होगा कि मैं वैदिक दृष्टि से मार्क्सवाद का विश्लेषण कर रहा हूँ।

–रामविलास शर्मा

फिर क्या कहना सही है? रामविलास शर्मा केवल एक मार्क्सवादी विद्वान ही नहीं थे। वे भारत में मार्क्सवादी सांस्कृतिक परियोजना के प्रमुख सिद्धान्तकार की हैसियत रखते थे। उन्होंने लम्बे अरसे तक नेतृत्वकारी संगठनकर्ता के रूप में कम्युनिस्ट पार्टी के सांस्कृतिक सिपहसालार की भूमिका भी निभाई थी। अगर ऋग्वेद को प्राचीन भारतीय मेधा के सर्वोच्च रूपकों में से एक के तौर पर ग्रहण किया जाये, तो वे मार्क्सवाद और भारत के पारम्परिक ज्ञान के बीच में कहाँ खड़े थे? मार्क्सवाद की समझ और भारतीय ज्ञान की अन्योन्याश्रित संरचना का प्रोजेक्ट उन्हें किधर ले जा रहा था? क्या यह कहना सही होगा कि रामविलास शर्मा मार्क्सवाद की युरोकेन्द्रीयता का प्रक्षालन करके एक 'डिकोलोनियल' मार्क्स की रचना करना चाहते थे? ज़ाहिर है कि उन दिनों एक विचार–श्रेणी के रूप में 'डिकोलोनियलिटी' या 'विऔपनिवेशिकता' का सूत्रीकरण नहीं हुआ था, और लोग ज़्यादा से ज़्यादा 'डिकोलोनाइजेशन' या 'विउपनिवेशीकरण' की श्रेणी का इस्तेमाल करते थे। मोटे तौर पर डिकोलोनियलिटी वहाँ से शुरू होती है जहाँ डिकोलोनाइज़ेशन ख़त्म होता है। अर्थात, उपनिवेशकों के हाथ से राजनीतिक प्रभुसत्ता हस्तगत करने का नाम डिकोलोनाइजेशन है, और उसके बाद औपनिवेशिक विमर्श की वाहक युरोकेन्द्रित ज्ञानमीमांसा के साथ जद्दोजहद करते हुए 'दक्षिण' के ज्ञान पर आधारित ज्ञानमीमांसात्मक पुनर्रचना का नाम डिकोलोनियलिटी है। बोवेंचुरा डिसूज़ा सांतोस 'डिकोलोनियलिटी' की वैचारिक–परियोजना के प्रमुख हस्ताक्षरों में से एक हैं। नब्बे के दशक में शुरू हुआ और मुख्य तौर पर दक्षिण अमेरिकी मूल के विद्वानों द्वारा चलाया गया यह प्रोजेक्ट दुनिया के पैमाने पर युरोकेन्द्रीयता (ये लोग मार्क्सवाद की युरोकेन्द्रीय चिन्तन में शुमार करने से नहीं हिचकते) पर सटीक आक्रमण और ग़ैर–यूरोपीय वैकल्पिक ज्ञानमीमांसा के सूत्रीकरण की ज़मीन तैयार करने में लगा हुआ है। यह चर्चा करते समय हम डिकोलोनियलिटी के प्रोजेक्ट और रामविलास शर्मा के बीच समय के अन्तराल को नज़रअन्दाज़ नहीं कर सकते। 1992 में अपनी यह बात कहते समय रामविलास शर्मा का मार्क्सवाद ऋग्वैदिक अध्ययन की ज़मीन पर कई क़दम चल चुका था, लेकिन, बोवेंचुरा सांतोस और उनके साथियों ने उस समय इस तर्ज़ पर सोचने की शुरुआत ही की थी।

अगर वास्तव में रामविलास शर्मा की बौद्धिक परियोजना की मुख्य भूमि यही थी, तो क्या वे इसके लिए प्राचीन भारतीय ज्ञान को एक औज़ार की

तरह इस्तेमाल करना चाहते थे? वे कौन–कौन से औपनिवेशिक विमर्श थे, जिनके साथ रामविलास शर्मा ने मार्क्सवाद का अपने ढंग से इस्तेमाल करके संघर्ष किया? इसी से जुड़ा हुआ एक विवादास्पद लगने वाला सवाल यह है कि अपनी स्पष्ट युरोकेन्द्रीयता के कारण मार्क्स की रचनाओं और उन पर आधारित मार्क्सवादी विमर्श को किस हद तक 'उपनिवेशकों के ज्ञान' की श्रेणी में डाला जा सकता है? यहाँ यह स्पष्ट कर देना ज़रूरी है कि अंग्रेज़ी की दुनिया तो रामविलास शर्मा की विद्वत्ता का नोटिस ही नहीं लेती, हिन्दी की दुनिया में सक्रिय मार्क्सवादियों के बीच रामविलास शर्मा के मार्क्सवाद को लेकर कई तरह के मतभेद हैं। उन्हें 'मार्क्सवादी ऋषि' भी माना जाता है, और उनकी बौद्धिक परियोजना को मार्क्सवाद से एक विचलन की तरह भी देखा जाता है ('उनके 'भारतीय मार्क्सवाद' में 95 प्रतिशत भारतीय है और बमुश्किल तमाम 5 प्रतिशत ही मार्क्सवाद है')। रामविलास शर्मा के वाङ्मय को लेकर मार्क्सवादियों के बीच दुविधा की स्थिति यह है कि एक तरफ़ तो पार्टी के दायरों में उन्हें बी.टी. रणदिवे के सांस्कृतिक सिपहसालार के तौर पर संगठन में अपने विरोधियों पर बुलडोजर चलाने वाले पदाधिकारी के तौर पर देखा जाता है, और दूसरी तरफ़ उनके मार्क्सवाद पर 'ब्राह्मणवादी' और 'परम्परानिष्ठ' होने के आरोप भी लगाये जाते हैं।

ज़ाहिर है कि जिस बौद्धिक प्रश्न से हम जूझने जा रहे हैं, वह बहुआयामी और जटिल है। इसका उत्तर पाने के लिए हमें गहरे पैठना होगा। विचारों के इतिहास में इस गोताख़ोरी की शुरुआत हम तीन जिज्ञासाओं से कर सकते हैं। पहला, मार्क्सवाद को आमतौर पर भारतीय समाज में किस प्रकार और किस लिए ग्रहण किया गया है; दूसरा, अपनी युरोग्रस्तता के कारण अपने प्रशंसकों और अनुयायियों के बीच भी आलोचना के शिकार मार्क्स के 'डिकोलोनियल' होने का तात्पर्य क्या हो सकता है; और, रामविलास शर्मा और 'ज्ञानमीमांसक पुनर्रचना' के भारतीय अध्याय के बीच क्या सम्बन्ध है? नीचे इन जिज्ञासाओं पर सिलसिलेवार चर्चा की गयी है। यहाँ पाठकों से कुछ धैर्य की अपेक्षा है, क्योंकि बीच में उन्हें लग सकता है कि इन चर्चाओं में रामविलास शर्मा सीधे–सीधे उपस्थित क्यों नहीं हैं।

मार्क्सवाद, परम्परा और उपनिवेशवाद

आदित्य निगम ने अपनी ताज़ातरीन कृति 'डिकोलोनाइज़िंग थियरीः थिंकिंग अक्रॉस ट्रेडिशंस, में पहली जिज्ञासा के बारे में एक विचारणीय राय दी है। उनके अनुसार भारतीयों के लिए सम्भवतः मार्क्सवाद सही अर्थों में एक दर्शन न हो कर राजनीति और इतिहास के बारे में एक विमर्श की भूमिका निभाता है। इस विमर्श से भारतीयों को उपनिवेशवाद और अपनी खुद की परम्परा की आलोचना करने की भाषा मिलती है। आदित्य निगम भारत के उन बिरले विद्वानों में से एक हैं जो मार्क्सवादी अतीत रखने के साथ–साथ डिकोलोनियलिटी प्रोजेक्ट के साथ सकारात्मक अन्योन्यक्रिया करने के इच्छुक दिखते हैं। इसलिए उनके इस अवलोकन की समीक्षा ज़रूरी है। यहाँ हिन्दी–क्षेत्र के मार्क्सवादियों द्वारा की जाने वाली 'परम्परा की आलोचना' के कुछ उदाहरणों से यह समझने की कोशिश की जा सकती है कि मार्क्सवाद ने भारत को परम्परा की आलोचना का कैसा मुहावरा प्रदान किया है। इस उदाहरण में एक झलक बांग्ला–क्षेत्र की भी है–

विश्वनाथ त्रिपाठी (जो वरिष्ठ मार्क्सवादी साहित्यालोचक हैं) ने लिखा है कि 'प्रगतिशील आलोचना प्रारम्भ में अतीत के विरुद्ध एक प्रकार की जिहादी भावना से निर्णय देती थी। अतीत प्रतिक्रियावादी है, वर्तमान विषय है, भविष्य उत्तरोत्तर बेहतर होता जायेगा; यही बात साहित्य के बारे में भी लागू की जाती थी। आदिकालीन काव्य, भक्तिकालीन काव्य, छायावादी काव्य–सबको साम्य विरोधी या वर्णाश्रमी ब्राह्मणवादी घोषित किया जाता था। अतीत में पहुँच कर आलोचना की दृष्टि द्वन्द्व और अन्तर्विरोध से रहित हो जाती थी।' अजय तिवारी ने दिखाया है कि 'शिवदानजी ने ...छायावाद को हिन्दू महासभा और मुस्लिम लीग से ज़्यादा ख़तरनाक बताया था। मैथिलीशरण गुप्त की भारत–भारती को हिन्दू फ़ासिस्टों के लिए बाइबिल बनने योग्य बताया था।' अजय तिवारी के अनुसार शिवदान सिंह चौहान सन्त साहित्य को वैराग्य में डूबा हुआ, रीति साहित्य को व्यभिचार में लिप्त मानते थे। वे भारतेन्दु–युग के शैशव काल के बाद सारे साहित्य को फ़ासिस्ट क़रार देते थे। भाकपा के एक नेता'...भवानी सेन ने रवीन्द्र गुप्त नाम से लिखा था कि रवीन्द्र नाथ ठाकुर के विचारों का हिन्दू महासभा और राष्ट्रीय स्वंय सेवक संघ से कोई पार्थक्य नहीं है। ...राहुल जी ने वाल्मीकि को शुंग वंश का

और कालिदास को गुप्त सम्राटों का चाटुकार घोषित किया। तुलसी तो ख़ैर ब्राह्मणवादी–प्रतिक्रियावादी थे ही।' अजय तिवारी के इस विवरण में एक और फिकरा जोड़ा जा सकता है जो शिवदानीय आलोचना के सन्दर्भ में सुनाया जाता है कि अगर चौहान साहब की चलती तो वे सोलहवीं सदी में तुलसीदास को ब्राह्मण सभा का अध्यक्ष और कबीरदास को सीपीआई (एम) का सेक्रेटरी बना कर दम लेते।

ये उदाहरण भले ही पूरी बात न कह पा रहे हों, कम–से–कम एक संकेत तो करते ही हैं कि किस प्रकार मार्क्सवाद ने आमतौर पर भारतीयों को परम्परा का आलोचना की बजाय उसके प्रति घृणा की हद तक जाते हुए एक निन्दात्मक तिरस्कार से ही आवेशित किया। जिन महानुभावों का यहाँ ज़िक्र किया गया है, वे भले ही विश्वविद्यालयीय परम्परा से निकले 'समाज–वैज्ञानिक' न हों, पर मार्क्सवादी सांस्कृतिक आन्दोलन के इतिहास के आदरणीय नाम हैं। आगे चल कर स्पष्ट हो जायेगा कि ये उदाहरण रामविलास शर्मा के सन्दर्भ से सीधे जुड़ते हैं, क्योंकि रामविलास शर्मा हिन्दी के ही नहीं, भारतीय भाषाओं के सम्भवतः अकेले मार्क्सवादी बुद्धिजीवी हैं जो परम्परा की नकारात्मक और विध्वंसकारी आलोचना करने के लिए मार्क्सवाद का इस्तेमाल नहीं करते। इसके उलट वे मार्क्सवाद के ज़रिये वह करने की कोशिश करते हैं जो शायद आदित्य निगम द्वारा इस्तेमाल किये गये शब्द 'क्रिटीक' का असली मतलब होता है।

इसके बाद आदित्य के इस दावे की जाँच की जा सकती है कि क्या मार्क्सवाद ने भारत को उपनिवेशवाद की आलोचना करने के लिए किसी तरह की भाषा प्रदान की? आख़िरकार मार्क्स–एंगेल्स उन्नीसवीं सदी के उस दौर में अपना लेखन कर रहे थे जब उपनिवेशवाद भारत समेत ग़ैर–यूरोपीय दुनिया में पूरी तरह से अपने पैर जमा चुका था। यह एक बुनियादी सवाल है जिसे इस तरह भी रखा जा सकता है कि क्या मार्क्स और एंगेल्स की कृतियाँ हमें उपनिवेशवाद की आलोचना करने में सक्षम बना सकती हैं? युरोकेन्द्रीयता से मार्क्सवाद को बचाने के लिए लिखी गयी अपनी रचना 'युरोसेंट्रिज़म ऐंड द कम्युनिस्ट मूवमेंट' में रॉबर्ट बील ने विश्वसनीय ढंग से कई उदाहरण देते हुए दिखाया है कि मार्क्स और एंगेल्स ऐसे किसी उपनिवेशवाद विरोधी आन्दोलन या संघर्ष को समर्थन देने से परहेज करते थे जिसमें उन्हें यूरोप में क्रान्ति की उनकी सैद्धान्तिक परिकल्पना पुष्ट करने की सम्भावनाएँ नहीं दिखती थीं।

वे इस कदर यूरोप–कीलित थे कि श्वेत उपनिवेशवादियों के ख़िलाफ़ अफ़्रीकी मूल के अश्वेतों के विद्रोह को समर्थन देने से भी कन्नी काटने की कोशिश करते थे (श्वेत यूरोपियनों का नस्लवाद कुछ मुँहदेखी आपत्तियों के अलावा मार्क्स के लिए कभी विचारणीय प्रश्न रहा ही नहीं)। दरअसल, भारत ही नहीं, दुनिया में कहीं भी यूरोपीय उपनिवेशवाद के बारे में मार्क्स–एंगेल्स की राय हमेशा एक ऐसे द्वैध से ग्रस्त रहती थी जिसमें थोड़ी–बहुत आलोचना के बाद अन्तः पलड़ा उपनिवेशकों के पक्ष में ही झुक जाता था। उपनिवेशकों को पश्चिमी सभ्यता के वर्चस्व के वाहक के रूप में देखना या पश्चिम की साभ्यतिक आलोचना मार्क्स के सन्दर्भ में कल्पनातीत थी। इसका सबसे मुखर नमूना 1853 की भारत सम्बन्धी रचनाओं में उस समय दिखाई दिया जब मार्क्स यूरोपीय ज्ञानोदय के स्कॉटिश अध्याय (स्कॉटिश इनलाइटेनमेंट) द्वारा सूत्रीकृत 'सभ्यताओं के पदानुक्रम' के तहत भारतीय सभ्यता पर यूरोपीय सभ्यता की 'विजेता–श्रेष्ठता' का स्पष्ट समर्थन करते नज़र आये। उन्होंने लिखा–

इंग्लैंड के भारत में दो उद्देश्य हैं। एक विध्वंसात्मक, जिसमें एशियायी समाज–व्यवस्था को उन्मूलित करना है। दूसरा, पुरातन एशियाई समाज के विध्वंस को पुनर्जीवन की तरफ़ ले जाना। अरब, तुर्क, तातार, मंगोल इत्यादि ने भारत को क्रमशः जीता, शीघ्र ही उनका हिन्दूकरण हो गया। यह इतिहास का एक शाश्वत नियम है जिसके तहत बरबर विजेताओं को श्रेष्ठ सभ्यता के द्वारा पराभूत कर दिया जाता है। ब्रिटिश ऐसे पहले श्रेष्ठ सभ्यता के लोग थे जिन्होंने भारत को जीता। इसलिए वे हिन्दू–सभ्यता की पकड़ से बाहर रह गये। उन्होंने भारत की देशी सामुदायिक संरचना को, उत्पादन की देशी–प्रणाली को, और देशज समाज के श्रेष्ठ और उच्चतर पहलुओं को उन्मूलित कर उखाड़ फेंका। इतिहास के पन्नों में भारत में अंग्रेज़ी राज का वर्णन इस विध्वंस के अलावा किसी और तरीके से नहीं किया जा सकता।

इस उद्धरण में मार्क्स ने अपने एक ही युरोकेन्द्रित तीर से दो एशियायी सभ्यताओं (हिन्दू सभ्यता के मुक़ाबले मुस्लिम सभ्यता की हीनता और इन दोनों की यूरोपीय सभ्यता के मुक़ाबले निकृष्टता) का शिकार किया है। ध्यान रहे कि एडिनबरा विश्वविद्यालय में घटित हुए स्कॉटिश एनलाइटेनमेंट का नेतृत्व एडम स्मिथ के हाथ में था। अपनी रचनाओं, ख़ासकर 1776 में प्रकाशित विश्वविख्यात 'एन इनक्यवैरी इनटू द नेचर ऐंड कॉजेज़ ऑफ़ द

वेल्थ ऑफ़ नेशंस' में, उन्होंने अपनी इतिहास–दृष्टि की व्याख्या करते हुए इस मान्यता की प्रस्तुति की। उन्होंने प्रतिपादित किया कि मानव सभ्यता चार चरणों से गुज़रती हुई क्रमशः प्रगति करके अपने श्रेष्ठतम और उच्चतम चरण में पहुँची है। उनके लिहाज़ से ये चार चरण थे; आखेट आधारित सभ्यता, पशुचारी सभ्यता, कृषि आधारित सभ्यता और वाणिज्यिक गतिविधियों पर आधारित सभ्यता। सभ्यताओं का यह पदानुक्रम स्पष्ट रूप से संकेत करता था कि ब्रिटिश उपनिवेशवादी वाणिज्यिक सभ्यता के वाहक हैं और इसीलिए उपनिवेशितों की सभ्यताओं (अफ़्रीकी और एशियायी राष्ट्र मुख्य तौर पर पशुचारी और कृषि प्रधान थे) से श्रेष्ठ हैं, और इसी कारण से उन्हें इन राष्ट्रों को सभ्यता के उच्चतम चरण में पहुँचाने का अधिकार मिल जाता है। मार्क्स पर हिगेल और फ़ायरबाख़ के असर की चर्चा तो अक्सर की ही जाती है, लेकिन बोर्ज़्वा राजनीतिक आर्थिकी के सिरमौर एडम स्मिथ के इस प्रभाव को सफ़ाई से छिपा लिया जाता है। दरअसल, स्मिथ के इस सूत्रीकरण ने केवल ब्रिटिश उपनिवेशवादियों को ही प्रेरणा नहीं दी, बल्कि मार्क्स की इतिहास–दृष्टि को उसकी शक्ल–सूरत प्रदान करने की भूमिका भी निभाई।

उपनिवेशवाद की प्रगतिशील और ऐतिहासिक रूप से अपरिहार्य भूमिका का हवाला मार्क्स ने केवल भारत के बारे में ही नहीं दिया है। रॉबर्ट बील ने कैपिटल के पहले खण्ड का हवाला देते हुए स्पष्ट किया है कि मार्क्स ने एक नहीं, बल्कि कई बार 'विज़न लैंड' की उपनिवेशवादी प्रस्थापना का समर्थन किया। अमेरिका और अफ़्रीका की धरती पर ब्रिटिश और डच उपनिवेशवादियों ने इसी तर्क के आधार पर क़ब्ज़ा किया था। भारतीय समाज के बारे में मार्क्स की युरोकेन्द्रीयता तो इतनी आक्रामक थी कि उन्होंने अपने एक प्रेरणास्रोत लुडविग फ़ायरबाख़ द्वारा की गयी संस्तुति की भी परवाह नहीं की जिसमें उस भौतिकवादी दार्शनिक ने कहा था कि मानवता को एक इकाई की तरह देखना चाहिए और इस नज़रिये के तहत बहुदेववाद एवं मूर्तिपूजा तक में मानवीय सत्य के दर्शन किये जा सकते हैं। कौन भूल सकता है कि मार्क्स ने हिगेल के तर्ज़ पर हिन्दुओं की इसलिए भी निन्दा की थी कि वे बन्दर (हनुमान) और गाय (शबला) की पूजा करते हैं। एंगेल्स ने प्राक्–औद्योगिक समाजों के बारे में धमकी भरे स्वर में कहा था कि या तो उन्हें अपना उद्योगीकरण कर लेना चाहिए, या फिर उन्हें उपनिवेशित होने के लिए तैयार रहना चाहिए।

मार्क्स की पूर्वी समाजों से सम्बन्धित राय की युरोकेन्द्रीयता का उल्लेखनीय पहलू उनके ऊपर पड़ा प्राच्यवादी असर भी है। इसके दो पहलू हैं: मार्क्स के बुनियादी चिन्तन पर दिखने वाला प्राच्यवादी प्रभाव; और मार्क्सवाद के भीतर प्राच्यवाद की पैठ। ब्रायन एस. टर्नर ने इस्लामी समाजों के सन्दर्भ में इस प्रभाव का सूत्रीकरण अपनी रचना 'मार्क्स ऐंड द एंड ऑफ़ ओरिएंटलिज़्म' में किया है। इस उद्धरण में अगर इस्लामिक समाज की जगह भारतीय समाज या हिन्दू समाज पढ़ लिया जाये तो यह भारत पर बख़ूबी लागू किया जा सकता है–

'ओरिएंटलिज़्म' से मेरा मतलब आस्थाओं, प्रवृत्तियों और सिद्धान्तों के उस संलक्षण से है जिसने न केवल इस्लामिक अध्ययन की क्लासिकल रचनाओं को संक्रमित किया है, बल्कि भूगोल, अर्थशास्त्र और समाजशास्त्र के विस्तृत क्षेत्रों में भी यह रोग लगा दिया है। इस संलक्षण के बुनियादी तर्क इस प्रकार हैं: 1. सामाजिक विकास किसी भी समाज की अन्तर्भूत विशेषताओं की देन होता है; 2. किसी भी समाज का ऐतिहासिक विकास या तो एक के बाद एक होने वाली प्रगति के ज़रिये होता है या फिर उसे क्रमिक पतन से गुज़रना पड़ता है; 3. समाज एक सम्पूर्णता की अभिव्यक्ति है अर्थात समाज की संस्थाएँ उसके बुनियादी सार को व्यक्त करती हैं। इन तर्कों के ज़रिये प्राच्यवादी एक आदर्श विभाजन तैयार करते हैं जिसमें पश्चिमी समाज के आन्तरिक सार को लोकतान्त्रिक उद्योगवाद की तरफ़ गतिशीलता के साथ प्रगति करते हुए दिखाया जाता है, और इस्लामिक समाज या तो अनंतकाल से गतिहीन या शुरुआत से ही पतनशीलता के शिकार बताये जाते हैं। ...प्राच्यवाद की (मार्क्सवादी) आलोचना लगातार मुश्किलों में फँसती चली जाती है, क्योंकि स्वयं मार्क्सवाद ने भी प्राच्यवाद की भारी खुराक ले रखी है। ...इस स्थिति का एक हद तक कारण मार्क्सवाद के हेगेलवादी संस्करण और और प्राच्यवाद के बीच परस्परव्यापिता है। यह है इतिहास को एक खुलते हुए सार 'एशियायी समाज' को जड़ग्रस्त रूप में देखना।

मार्क्स की भारत सम्बन्धी रचनाओं की समीक्षा आमतौर पर राजनीतिक दर्शन और राजनीतिक अर्थशास्त्र की निगाह से की जाती है। ज़्यादा से ज़्यादा यह कह दिया जाता है कि उन्होंने भारत पर कोई अनुसन्धान नहीं किया था या उन्हें भारतीय समाज के बारे में तथ्यात्मक जानकारी नहीं थी, लेकिन, असलियत यह है कि मार्क्स की कई भारत सम्बन्धी धारणाओं का

उद्‌गम फ़्रास्वाँ बर्नियर (1620–1688) के यात्रावृत्तान्त 'वॉयजेज़ कांटेनांट ल डिस्क्रिप्शन डेस एस्टाट ग्रांड मुग़ल' में निहित है। फ़्रांसीसी चिकित्सक और शरीरशास्त्री बर्नियर सत्रहवीं सदी में भारत आया और बारह साल तक भारत में रहा। उसने नौ साल तक मुग़ल सम्राट औरंगज़ेब के डॉक्टर की भूमिका भी निभाई। 1670 में फ़्रांस लौटने के बाद उसने अपने भारत–प्रवास का ब्योरा लिखा जिसका कई यूरोपीय भाषाओं में अनुवाद हुआ। बर्नियर की यह रचना यूरोप में काफ़ी पढ़ी गयी, और उसके द्वारा प्रवर्तित भारत सम्बन्धी धारणाओं ने यूरोपीय विद्वत्ता को बहुत प्रभावित किया। बर्नियर ने ही यूरोप को पहली बार बताया कि भारत में ज़मीन का निजी स्वामित्व अनुपस्थित है। राजा या बादशाह सारी ज़मीन का स्वामी होता है। 'ओरिएंटल डिस्पॉटिज़्म' या प्राच्य निरंकुशता के विचार का मुख्य स्रोत भी बर्नियर में निहित है। अन्धविश्वास भारतीय समाज की एक निर्धारक स्थिति है–यह धारणा भी बर्नियर के वृतांत से निकली है। (बर्नियर ने यूरोपियनों और ईसाई पादरियों के अन्धविश्वास की चर्चा भी की है, लेकिन यहाँ उसका वृत्तान्त अन्धविश्वास को यूरोपीय समाज का निर्धारक तत्त्व नहीं क़रार देता)। बर्नियर ने ही दावा किया कि भारत के मुक़ाबले यूरोप की सामाजिक और क़ानूनी व्यवस्था श्रेष्ठ है। बर्नियर के वृत्तान्तों में मुखर नहीं, बल्कि प्रच्छन्न नस्लवाद भ्णी है। इसी के तहत भारतीय कारीगरों को आदतन बेहद आलसी और अकर्मण्य घोषित किया। उसने यहाँ तक दावा किया कि उसने एक स्त्री को सती होने से भी बचाया। बर्नियर के वृत्तान्त ने 'एशियायी निरंकुशता' को यूरोप के 'एनलाइटेंड एब्सोल्यूटिज़्म' और एशिया के 'बरबर' रिवाज़ों को यूरोप के 'उत्तम समाज' के बरअक्स रख कर पेश किया। इन बातों और निष्कर्षों को कई अन्य यूरोपीय विद्वानों के साथ–साथ मोंतेस्क्यू ने भी आत्मसात किया, और हिगेल ने भी। न्यूयार्क डेली ट्रिब्यून में अपने भारत सम्बन्धी लेख के प्रकाशन के तीन हफ़्ते पहले यानी दो जनवरी, 1853 को मार्क्स ने एंगेल्स को लिखे अपने पत्र में मार्क्स ने भारत के 'राजधानी–शहर' से सम्बन्धित जानकारी और निजी भू–सम्पदा की ग़ैर–मौजूदगी से जुड़े अपने दावों के स्रोत के बारे में बर्नियर के वृत्तान्त का उल्लेख किया है। चार दिन बाद एंगेल्स ने उनके पत्र का उत्तर देते हुए पुष्टि की कि भारत की जलवायु और मिट्टी की दशा को निजी सम्पदा की अनुपस्थिति का कारण मानने की उनकी थीसिस भी बर्नियर की बातों से सही ठहरती है। बर्नियर का प्रभाव

केवल भारत सम्बन्धी पत्रकारीय लेखों में ही नहीं बल्कि 'ग्रुंदिस्से' जैसी रचना में भी दिखता है, जो एक तरह से कैपिटल की पूर्व–पीठिका है। 'एशियन कम्युनल सिस्टम' में 'कृषि और उद्योग की एकता' की चर्चा करते समय मार्क्स इस जानकारी का श्रेय बर्नियर को ही देते हैं जिसने 'भारतीय नगरों की तुलना फ़ौजी शिविरों के साथ की थी'।

बर्नियर की यह रचना प्राच्यवादी विद्वत्ता के पहले दौर की नुमाइन्दगी करती है। यह चरण भारत आने वाले यूरोपीय मुसाफ़िरों के यात्रा–वृत्तान्तों पर निर्भर था। ये मुसाफ़िर भारतीय भाषाएँ नहीं जानते थे। जैसा कि हम जानते हैं कि प्राच्यवादी विद्वत्ता का दूसरा दौर (जिसे नव–प्राच्यवाद की संज्ञा दी गयी है) वह था जिसके केन्द्र में भारतीय भाषाओं की जानकारी रखने वाले यूरोपीय विद्वान, प्रशासक और पादरी थे। नव–प्राच्यवाद उस समय तक अपनी सभी भारत सम्बन्धी प्रस्थापनाएँ दे चुका था, जब मार्क्स अपना प्रमुख लेखन कर रहे थे। इन प्रस्थापनाओं का सारतत्त्व यह था कि भारत प्राचीन काल में श्रेष्ठ था, लेकिन इसके बाद उसकी सभ्यता इतिहास के ढलान पर पतन के गर्त में फ़िसलती चली गयी। ब्रिटिश उपयोगितावादी विद्वानों (जेम्स मिल और जेरेमी बेंथम वगै़रह) ने नव–प्राच्यवाद द्वारा अतीत और वर्तमान के भारत के बीच इस अन्तर को मानने से इनकार करते हुए दावा किया कि भारत में महानता और श्रेष्ठता के पहलू कभी थे ही नहीं।

मार्क्स को उपनिवेशवाद का पूर्ण समर्थक ('इतिहास का अचेत औज़ार') क़रार देने से हमें उनके रचनाकर्म के आख़िरी दौर के कुछ अवलोकन रोक लेते हैं। इस दौर में मार्क्स ग्रामीण समाज और सामुदायिक सम्पर्क से सीधे समाजवाद की मंज़िल में जाने की सम्भावना पर भी सोचने लगे थे। इस लिहाज़ से उन्हें भारतीय समाज के ग्रामीण ढाँचे में सामाजिक पुनरुज्जीवन की उम्मीद दिखने लगी थी, लेकिन, यहाँ भी मार्क्स भारतीय समाज का अन्तिम प्रारब्ध यूरोप जैसा बनने में ही देख रहे थे, अर्थात युरोकेन्द्रीयता जारी थी। जो भी हो, मार्क्सवाद के सन्दर्भ में मार्क्स के इस पहलू को 'देर आयद दुरुस्त आयद' की तर्ज़ पर भी तरजीह नहीं दी जा सकती। कारण यह कि कम्युनिस्ट पार्टियों, वामपन्थी बुद्धिजीवियों और संस्कृतिकर्मियों के कार्यक्रमों और गतिविधियों में 'लेट मार्क्स' के अवलोकनों को कभी कोई (जी हाँ, कोई) जगह नहीं मिली। मार्क्स के ये अवलोकन केवल विमर्श तक सीमित रह गये। युरोकेन्द्रीयता की विभिन्न क़िस्मों के तहत हर जगह पूँजीवाद की खोज करना मार्क्सवादी शोध और विद्वत्ता का मानक बन गया था।

युरोकेन्द्रीयता की भारतीय अभिव्यक्तियाँ मार्क्सवादियों में भी मिलती हैं, और उन विद्वानों में भी जो संस्थागत मार्क्सवाद से जुड़े नहीं हैं। इसके दो चेहरे हैं। एक चेहरे की नुमाइंदगी एस.ए. डांगे जैसे लोग करते हैं, जो यान्त्रिक दृष्टि से भारत में आदिम साम्यवाद से दास प्रथा की मंज़िलें देखने पर आमादा थे। यह भारतीय युरोकेन्द्रीयता का भौंडा चेहरा था। दूसरा चेहरा परिष्कृत क़िस्म का है जिसमें युरोकेन्द्रीयता से संघर्ष की गुंज़ाइशें भी हैं। इसकी नुमाइन्दगी 'मॉडर्न' को 'अर्ली–मॉडर्न' से विभूषित करने वाली परवर्ती विद्वत्ता कर रही थी। इसके तहत मध्ययुग में पूँजीवाद के शुरुआती रूपों की ऐतिहासिक शिनाख़्त करने को एक 'नयी बात' की तरह समझा जाने लगा था। 'हमारे पास आधुनिकता लायक परिस्थितियाँ पहले से ही मौजूद थीं'– औपनिवेशिक आधुनिकता की यह आलोचना रैडिकल मान ली गयी थी।

जैक गोल्डस्टोन ने इस प्रवृत्ति को कड़ाई से आड़े हाथों लेते हुए कहा है कि यह इतिहास के विकास को चरणबद्ध ढंग से दिखाने की मार्क्सवादी थियरी प्रमाणित करने की नयी कोशिश है। चूँकि सामन्तवाद और औद्योगिक पूँजीवाद के बीच अन्तराल को पाटना था इसलिए व्यापारिक पूँजी की मदद ली गयी, उसके ज़रिये एक ग़ैर–सामन्ती 'मोड ऑफ़ प्रोडक्शन' दिखाया गया, ताकि इतिहास की चालक शक्ति बेखटके उत्पादक शक्तियों के विकास के सुपुर्द की जा सके। गोल्डस्टोन यह भी कहते हैं कि दरअसल यह पश्चिमी इतिहास की श्रेणियों को पूर्व के समाजों पर आरोपित करने की ही एक युक्ति है। भारत के सन्दर्भ में प्रथमा बनर्जी का कहना है कि अर्ली–मॉडर्न श्रेणी का इस्तेमाल करने से भारत में विकसित हुई विचार–प्रक्रिया और इतिहास पर बेवजह ही आधुनिकता का रुतबा ग़ालिब हो जाता है। प्रथमा आधुनिक को अन्तहीन और कालातीत बनाने के ख़िलाफ़ हैं; और चाहती हैं कि आज की श्रेणियों में फँसने से इनकार करने वाले अतीत के साथ हमारी समकालीनता के सम्बन्धों को खुला रखा जाये।

ये बातें कहना इसलिए ज़रूरी है कि मैंने स्वयं अपने एक लेख में रामविलास शर्मा को 'हिन्दी का अर्ली–मॉडर्न' बताया था, हालाँकि वहाँ मेरा कहना यह था कि रामविलास शर्मा में 'अर्ली–मॉडर्न' के 'अर्ली–सिम्टम्स' दिखते हैं। हम इस तथ्य को नज़रअन्दाज़ नहीं कर सकते कि जिस समय रामविलास शर्मा मध्ययुगीन भक्तिकाल में व्यापारिक पूँजी की खोज करके औद्योगिक पूँजी के विकास के बिना भारत में पूँजीवाद कल्पित करने की कोशिश कर

रहे थे (साठ और सत्तर के दशक में), उस समय तक इतिहासकारों द्वारा की गयी 'अर्ली-मॉडर्न' की खोज भविष्य के गर्भ में थी। दूसरे, गोल्डस्टोन और प्रथमा की सही आलोचना के बावजूद हम 'अर्ली-मॉडर्न' इतिहासकारों की इस उपलब्धि को नज़रअन्दाज़ नहीं कर सकते जिसके तहत उन्होंने प्राच्यवादी विद्वत्ता के विपरीत भारतीय मध्ययुग (पन्द्रहवीं से सत्रहवीं सदी) को सांस्कृतिक उत्पादन से समृद्ध (भक्तिकालीन कविता जिसका मूल्यवर्धन रामविलास शर्मा ने 'लोकजागरण के युग' के तौर पर किया है) और व्यापारिक पूँजी और उद्यमशीलता से सम्पन्न दिखाने के अकाट्य प्रमाण पेश किये हैं।

डिकोलोनियलिटी का विमर्श और भारतीय विद्वत्ता

दूसरी जिज्ञासा के केन्द्र में 'डिकोलोनियलिटी' या विऔपनिवेशिकता की अवधारणा है। जैसा कि ऊपर बताया जा चुका है कि यह 'डिकोलोनाइजेशन' या विउपनिवेशीकरण से अलग तरह की शै है। विउपनिवेशीकरण की प्रक्रिया उस जगह रुक जाती है जहाँ उपनिवेशित समाजों के राजनीतिक-सांस्कृतिक अभिजन उपनिवेशकों के हाथों से सत्ता छीन लेते हैं। इसके बाद विऔपनिवेशिकता की जो प्रक्रिया चलनी चाहिए, वह नहीं चलती। स्थानीय अभिजन राष्ट्रीय सम्प्रभुता के नाम पर ठीक वही करते हैं जो औपनिवेशिक महाप्रभु करते थे। राजनीतिक सिद्धान्त, राज्य का रूप और शासन का तरीक़ा भी वही रहता है। राजनीतिक आर्थिकी भी वही रहती है। संस्कृति के क्षेत्र में भी वही प्रक्रियाएँ चलती हैं जो औपनिवेशिक दासता के दौरान चल रही थीं। शिक्षा व्यवस्था भी नहीं बदलती, पाठ्यक्रम भी वैसे रहते हैं। भाषाएँ भी वैसी ही बनी रहती हैं जैसी औपनिवेशिक भाषाशास्त्रियों ने बना दी होती हैं। केवल राजनीतिक प्रभुसत्ता बदलती है। यह कहने में कोई अतिशयोक्ति नहीं होगी कि उपनिवेशवाद औपचारिक उपनिवेशों के बिना ही जारी रहता है।

1989 में पेरूवियन समाजशास्त्री एनिबाल क्विजानो ने 'कोलोनियलिटी ऐंड मॉडर्निटी/रैशनलिटी' शीर्षक से एक लेख लिखा (जिसका अंग्रेज़ी अनुवाद 2007 में प्रकाशित हुआ)। क्विजानो के लेख की ख़ास बात यह थी कि उसका पूरा फोकस ज्ञानोत्पादन की प्रक्रिया पर था। इस अनूठी रचना ने एक नयी बौद्धिक परियोजना की शुरुआत की जिसके केन्द्र में डिकोलोनियलिटी की अवधारणा थी। डिकोलोनियलिटी का मतलब था पश्चिमी ज्ञानमीमांसा द्वारा उपनिवेशित लातीनी अमेरिकी, अफ़्रीकी और एशियायी मानस को 'एपिस्टिमिक

रिकांस्टीटयूशन' यानी ज्ञानमीमांसक पुनर्रचना के रास्ते पर चलाने का बीड़ा उठाना। वाल्टर मिग्नोलो, एनरिके डसेल, आरतुरो एस्कोबार, नेल्सन मेल्डोनाडो टोरेस, रैमन ग्रोसफुगल, बोवेंचुरा डिसुज़ा सांतोस आदि विद्वानों की टोली ने क्विजानो के हाथ से झण्डा लेकर उसे एक विश्वव्यापी प्रभावशाली बौद्धिक परियोजना की शक्ल प्रदान की। इस प्रोजेक्ट ने स्वयं को बीसवीं सदी की शुरुआत के गाँधी से जोड़ा। साठ और सत्तर के दशक की अफ़्रीकन विद्वत्ता (फ़्रांज फ़ानो, एमी सिज़ेयर आदि) को अपने आगोश में लिया। अस्सी के दशक के भारतीय आशिस नन्दी और नब्बे के दशक के पार्थ चटर्जी से भी रिश्ता बनाया। डिकोलोनियलिटी या विऔपनिवेशिकता या ज्ञानमीमांसक पुनर्रचना के प्रमुख पहलुओं को इस प्रकार समझा जा सकता है–

1. उपनिवेशवादी विमर्श एक साभ्यतिक मोक्ष की दावेदारी लेकर आया जिसमें यूरोप की शिनाख़्त साभ्यतिक मोक्ष के स्रोत और केन्द्र के तौर पर की गयी थी। यूरोप के हाथों ही बाकी दुनिया को साभ्यतिक मोक्ष प्राप्त होना था। पिछले पाँच सौ साल में इस मोक्ष की आपस में जुड़ी कई डिज़ाइनें सामने आ चुकी हैं। मसलन, ईसाइयत में धर्मांतरित होने से जुड़ा मोक्ष पहले प्रगति और सभ्यता के ज़रिये मोक्ष में बदला। फिर इसी ने विकास और आधुनिकीकरण के ज़रिये मोक्ष की शक्ल ग्रहण की। आजकल यही मोक्ष ग्लोबल मार्केट और लोकतन्त्र के ज़रिये दुनिया भर को थमाया जा रहा है।

2. आधुनिकता और औपनिवेशिकता पश्चिमी सभ्यता के दो स्तम्भ हैं। इन्हें ज्ञान की संकुल और बहुआयामी संरचना के सहारे टिकाया गया है। इस संरचना के मर्म में दर्शन (हेलेनिक), ईसाई धर्मशास्त्र (युरोक्रिश्चियनिटी), यूरोपीय पुनर्जागरण और यूरोपीय ज्ञानोदय से निकला सेकुलर विज्ञान है। क़िस्म–क़िस्म की संस्थाओं और अभिनेताओं की भूमिका, यूरोपीय तर्ज़ के विश्वविद्यालयों का प्रसार और तरह–तरह के विरोधाभासों और अन्तर्विरोधों से निकली औपनिवेशिक सत्ता की ग्लोबल मैट्रिक्स इस पूरे प्रपंच की निरन्तरता चौतरफ़ा और व्यापक युरोकेन्द्रीयता के रूप में सुनिश्चित करती है।

3. यूरोपीय सत्ता की ग्लोबल मैट्रिक्स ने दुनिया के पैमाने पर आबादी पर एक नस्ली वर्गीकरण आरोपित किया है। नयी आबादीमूलक सामाजिक पहचानों (व्हाइट, ब्लैक, कलर्ड, ब्राउन, भारतीय, नीग्रो, यलो, ओलाइव) के साथ यूरोपीय, एशियाटिक, अफ़्रीकी अस्मिताओं में सारी दुनिया को बाँट दिया गया है। यह प्रक्रिया औपनिवेशिक काल से ही चल रही है और अब

रूढ़ हो चुकी है। इसका कितना भी विरोध किया जाये, उपनिवेशवाद ने इसे मनुष्य के मानस का अनिवार्य हिस्सा बना दिया है।

4. ज्ञान की इस युरोकेन्द्रित संरचना से सम्पर्क तोड़ने का मतलब ही डिकोलोनियलिटी है। इसके लिए ज़रूरी है कि पुनर्जागरण और ज्ञानोदय से निकली ज्ञानमीमांसात्मक मान्यताओं को बुनियादी चुनौती दी जाये। इस ज्ञानमीमांसा की स्थापना यूनानी और लैटिन में हुई थी। फिर उपनिवेशवाद के शुरुआती दौर में रिनैसाँ से निकली तीन भाषाओं (स्पेनिश, पुर्तगाली और इतालवी) और उपनिवेशवाद की मज़बूती के दौर में ज्ञानोदय से निकली तीन भाषाओं (अंग्रेज़ी, फ्रैंच और जर्मन) के ज़रिये इसे विकसित और वर्चस्वी बनाया गया। इसलिए इन भाषाओं के बजाय उपनिवेशित रह चुके समाजों की भाषाओं में ज्ञानोत्पादन को प्राथमिकता दी जानी चाहिए।

5. इस प्रक्रिया में आधुनिकता और युरोकेन्द्रीयता की युरोकेन्द्रित आलोचनाओं से बचा जाये जो मुख्यतः पश्चिमी ज्ञानमीमांसा का नैरन्तर्य सुनिश्चित करने के लिए तैयार की गयी है। मार्क्सवाद भी एक ऐसी ही संरचना है जो पूँजीवाद का विलोम पेश करते हुए दूसरे रास्ते से अन्तः युरोकेन्द्रीयता की सेवा करती नज़र आती है। फूको, दरिदा जैसे नव–चिन्तक ज़्यादा से ज़्यादा युरोकेन्द्रीयता के दायरे में कुछ नयेपन की खोज का समावेश करके रह जाते हैं। पोस्ट–मॉडर्न, पोस्ट–कोलोनियल, पोस्ट–मार्क्सिज़्म–ये सभी बौद्धिक परियोजनाएँ रिनैसाँ और ज्ञानोदय से निकली विचार–सरणियों को ही पुष्ट करती हैं।

इस मुकाम पर यह कहना ज़रूरी है कि डिकोलोनियलिटी की वैचारिक परियोजना भारतीय समाज–वैज्ञानिकों को प्रभावित करने में नाकाम रही है। भारत में ज्ञानोत्पादन के काम में लगे हुए विद्वान आमतौर पर युरोकेन्द्रित वैचारिकी के साथ स्वयं को सहज पाते हैं। यह रवैया उन पर इस क़दर हावी है कि समाज विज्ञान के क्षेत्र में जब भी युरोकेन्द्रीयता को चुनौती देने की कोशिश होती है, यों तो युरोकेन्द्रीयता का खुल कर समर्थन किया जाता है या फिर एक रणनीतिक चुप्पी छा जाती है। युरोकेन्द्रीयता का विरोध करने का मतलब होगा स्वयं अपने बौद्धिक प्रशिक्षण, केरियर और यूरोप–अमेरिका केन्द्रित ज्ञानोत्पादन के संसार में अपनी अवस्थिति को ही चुनौती देना। जैसा कि ऊपर दिये गये पाँचों बिन्दुओं से स्पष्ट है, डिकोलोनियलिटी बुनियादी

रूप से रिनैसाँ और ज्ञानोदय से उपजी और यूरोप की छह साम्राज्यिक भाषाओं में स्थापित और विकसित की गयी ज्ञानमीमांसा के प्रतिकार की शर्त पर आधारित है। यूरोपीय भाषाओं के साम्राज्यिक प्रभुत्व (भारत के सन्दर्भ में अंग्रेज़ी) के साथ–साथ रिनैसाँ और ज्ञानोदय से निकली धारणाओं के साथ संघर्ष किये बिना डिकोलोनियलिटी के प्रोजेक्ट में हिस्सा नहीं लिया जा सकता।

ज़ाहिर है कि एक समग्र विमर्श के तौर पर डिकोलोनियलिटी का मार्क्स से सम्बन्ध स्थापित करना मुश्किल ही है। हम देख चुके हैं कि उनका शास्त्र किस तरह ज्ञानोदय की वैचारिकी की उपज था, और वे पूर्वी समाजों और सभ्यताओं को प्रगति और क्रान्ति की अपनी सम्भावनाओं के अनुकूल नहीं मानते थे। जैसा कि अब हम जानते हैं कि उपनिवेशवाद का मक़सद केवल आर्थिक शोषण करने के लिए राजनीतिक सत्ता पर क़ब्ज़ा करना नहीं था। उपनिवेशवाद एक साभ्यतिक परियोजना भी थी जिसके बौद्धिक, नैतिक और ज्ञानमीमांसात्मक पहलू थे। हम ऊपर देख चुके हैं कि इसकी तसदीक़ स्वयं मार्क्स द्वारा विरोधात्मक नहीं बल्कि समर्थनकारी शब्दों में की गयी है। स्पष्ट रूप से मार्क्स को 'डिकोलोनियल' बनाने की कोशिश एक कभी न ख़त्म होने वाले विरोधाभास में फँसने के ख़तरे की तरफ़ ले जाती है। डर यह भी है कि ऐसी कोशिशें अन्ततः एक तरह की बौद्धिक तिकड़म भी लग सकती हैं।

रामविलास शर्मा, डिकोलोनियलिटी और मार्क्स

जो भी हो, रामविलास शर्मा के वाङ्मय में मुझे मार्क्स और डिकोलोनियलिटी के बीच रिश्ता कायम करने की यह विरोधाभासी लेकिन आकर्षक कोशिश दिखाई देती है। मार्क्सवादी होते हुए भी वे न तो मार्क्स के प्राच्यवाद के साथ खड़े हैं, और न ही वे 'सभ्यताओं के पदानुक्रम' को मानते हैं। भारत को जड़ समाज मानने के ख़ासे बदनाम हो चुके मार्क्स और मार्क्सवादी अवलोकन को वे साफ़ तौर पर ख़ारिज कर देते हैं। वे भारत की प्राचीन और मध्यकालीन बौद्धिक उपलब्धियों की श्रेष्ठता को रेखांकित करते हैं। ब्रिटिश उपयोगितावाद के भारत सम्बन्धी अवलोकनों के प्रति उनके पास केवल तिरस्कार है। पश्चिम के बरअक्स हीनताग्रन्थि को खण्ड–खण्ड करते हुए वे उस युग के भारत को उभारते हैं जब 'लन्दन मथुरा और आगरा के सामने गाँव जैसा लगता था'। कुल मिलाकर वे उपनिवेशवाद द्वारा भारतीय दिमाग़ों

पर स्थापित वर्चस्व को तोड़ने का प्रयास करते हुए दिखते हैं। औपनिवेशिक विमर्श और उसके परिणाम किस प्रकार भारतीय समाज और राजनीति में विकृतियाँ पैदा करते हैं–इसकी चर्चा करते हुए उन्होंने मुख्य तौर पर अपना निशाना ऐतिहासिक भाषाविज्ञान (फ़िलोलॅजी) पर साधा, उसके विकृतिमूलक चरित्र को प्रबलता से चिह्नित किया, भारतीय भाषाओं और उन्हें बोलने वालों के उद्‌गम की भारत में ही शिनाख़्त की–

'...पूर्वग्रह यह है कि भारत में सदा बाहर से आकर लोग बसते रहे हैं। यहाँ के आदमी बाहर निकल कर कहीं बसने नहीं गये। भारत में जो भी आकर बस गया, वह नये आक्रमणकारियों से पराजित हुआ। भारत का इतिहास यहाँ के जनसमुदायों की अटूट पराजय–शृंखला का इतिहास है। भाषाविज्ञान के लिए इससे निष्कर्ष यह निकलता है कि भारत प्राचीन काल से अब तक भाषा–तत्त्वों का आयात–केन्द्र रहा है, भाषा–तत्त्वों का निर्यात–केन्द्र कभी नहीं रहा। भारत का अपना भाषाई रिक्थ कुछ भी नहीं है। केवल आर्य नहीं, द्रविड़–कोल–नाग भी अपने भाषा–तत्त्व बाहर से लाये। संसार के सभी भाषा परिवारों का निर्माण भारत से बाहर हुआ है। यहाँ किसी भाषा परिवार का निर्माण नहीं हुआ। आर्य, द्रविड़, कोल, नाग–इन चार परिवारों की भाषाएँ बोलने वाले जनमुदायों में कोई भी भारत का मूलनिवासी नहीं है।... परम्परागत ऐतिहासिक भाषाविज्ञान मगध, कोसल, कुरु आदि इतिहास प्रसिद्ध गणसमाजों की भाषाई विशेषताएँ पहचानने नहीं देता, वह द्रविड़ भाषाओं से आर्य भाषाओं के बहुमुखी सम्बन्धों को विजित–विजेता के एकमुखी सम्बन्ध बना देता है। वह पड़ोसी क्षेत्रों से हमारे भाषाई सम्बन्ध विकृत रूप में पेश करता है। आधुनिक भाषाओं के समस्त विकास को ह्रास का इतिहास बना देता है। ऐतिहासिक भाषाविज्ञान ने भाषा समुदायों के बारे में जिन धारणाओं का प्रचार किया है, उनका गहरा असर भारतीय जनता के सामाजिक जीवन पर पड़ा है। विभिन्न राजनीतिक दलों की कार्रवाई उक्त धारणाओं से प्रभावित होती है। राजनीति ऐतिहासिक भाषाविज्ञान से असम्पृक्त नहीं है, न ही ऐतिहासिक भाषाविज्ञान राजनीति से असम्पृक्त है।...एक उत्तर भारतीय आर्य भाषा समूह और दूसरा दक्षिण भारतीय द्रविड़ भाषा समूह। यदि यह सिद्ध किया जाये कि आर्य आक्रमणकारियों ने भारत आ कर द्रविड़ भाषाओं का दमन किया तो इसकी प्रतिक्रिया अंग्रेज़ों के लिए लाभप्रद होगी। कुछ ईसाई धर्मप्रचारकों ने बड़ी लगन और बड़ी सूझबूझ से द्रविड़ भाषाओं पर कार्य किया,

किन्तु उनके इस अच्छे काम का एक उद्देश्य यह भी था कि वे द्रविड़ भाषियों को समझाएँ कि उत्तर भारत के ब्राह्मणों ने तुम पर अपनी भाषा लादी है, इसलिए तुम्हारा कर्तव्य न केवल संस्कृत के चंगुल से निकलना है वरन ब्राह्मण धर्म की दासता से मुक्त होना भी है।'

मैंने पिछले कुछ वर्षों में उपनिवेशवाद की भाषाई विचारधारा का अध्ययन करते हुए यह निष्कर्ष निकाला है कि उपनिवेशवाद का उत्तर–जीवन उसके भाषाई विमर्श से ही सम्भव हुआ है। इस विमर्श में फ़िलोलॅजी के माध्यम से नव–प्राच्यवादी विद्वत्ता द्वारा पहले कलकत्ता और फिर मद्रास के मंचों पर भारोपीय भाषा परिवार और द्रविड़ भाषा परिवार के सूत्रीकरणों का केन्द्रीय महत्त्व है। इसमें ईसाई मिशनरियों की भूमिका जगज़ाहिर है। रामविलास शर्मा की जिस त्रिखण्डीय रचना से उक्त उद्धरण लिया गया है, वह मेरे इस सूत्रीकरण की तसदीक़ करती है। ज़ाहिर है कि रामविलास शर्मा की बौद्धिक परियोजना की निगाह औपनिवेशिक विमर्श के इस पहलू पर गहराई से जमी हुई थी। कहना न होगा कि प्राच्यवादी औपनिवेशिक परियोजना के दो पहलुओं को भारतीय विद्वत्ता ने काफ़ी आत्मसात कर लिया है। ये हैं आर्य आक्रमण/आव्रजन का नस्लवादी सिद्धान्त, और इस सिद्धान्त के आधार में मौजूद भारोपीय भाषा परिवार बनाम द्रविड़ भाषा परिवार की अवधारणाएँ। ऊपर दिया गया उद्धरण तो एक संकेत मात्र है, दरअसल रामविलास शर्मा का वाङ्मय इन दोनों के प्रबल प्रतिकार से गूँज रहा है। ऐसा करने में उन्होंने अपने जीवन के ग्यारह साल खपाये, भाषा विज्ञान पर जम कर अध्ययन, मनन और लेखन किया। उन्होंने नतीजा निकाला, 'आर्य नाम का कोई समाज नहीं था। इस नाम की कोई नस्ल नहीं थी। नस्ल के आधार पर कहीं भी किसी समाज का गठन नहीं हुआ। नस्ल की कल्पना उन्नीसवीं सदी में यूरोप के लोगों ने की। संस्कृत व्याकरण की सहायता से जब देखा कि लैटिन, ग्रीक, जर्मन आदि भाषाओं में बहुत समानता है, तो उन्होंने कल्पना कर ली कि ये सब लोग किसी आदि भाषा की शाखाएँ हैं, इस आदि भाषा को बोलने वाले एक नस्ल के लोग थे और भारत में रहते थे। ...उन्नीसवीं सदी के मध्य तक भारत के बाहर से आने वाले आर्यों की कल्पना लोकप्रिय न हुई थी। ...उन्नीसवीं सदी के उत्तरार्ध में ब्रिटिश साम्राज्य के सुदृढ़ होने और यूरोप की अन्य जातियों के प्रसार के साथ विद्वानों को

लगा कि भारत को अपनी भाषाओं का स्रोत कहना उनके लिए अपमान की बात है। जिनको उन्होंने दास बनाया है उनके बाप–दादों को अपनी भाषाओं का जनक कहना सम्मान–विरुद्ध है। इसी वजह से उन्होंने भारत पर आर्यों के आक्रमण की कहानी गढ़ी। यह काम मुख्यतः जर्मनी में हुआ।'

रामविलास शर्मा ने प्राच्यवाद द्वारा प्रवर्तित आदिभाषा और भाषा परिवारों के सिद्धान्तों को आड़े हाथों लेते हुए अपनी रचना भाषा और समाज में लिखा है, 'आदिभाषा वाला सिद्धान्त संस्कृत–प्राकृत–अपभ्रंश–आधुनिक भारतीय भाषाओं के विकास पर लागू किया जाता है। संस्कृत क्यों विकृत हुई? अनार्य प्रभाव से? यूरोप में आदि आर्यभाषा कैसे विकृत हुई? भारत के पूर्व में ध्वनि–क्षय हुआ, उत्तर में नहीं हुआ। क्यों नहीं हुआ? जो विद्वान संस्कृत से प्राकृतों की उत्पत्ति मानते हैं, वे यह भी कहते जाते हैं कि प्राकृतें कृत्रिम हैं। फिर कृत्रिम भाषाओं से सहज आधुनिक भाषाओं की उत्पत्ति कैसे हुई? यदि मूल शब्द–भण्डार और भाव–प्रकृति की दृष्टि से विचार किया जाये तो प्राकृतें संस्कृत से मूलतः भिन्न भाषाएँ सिद्ध नहीं होतीं। संस्कृत–प्राकृत–अपभ्रंश की नसैनी छोड़ देने पर आधुनिक भाषाओं के मूल तत्त्व काफ़ी प्राचीन सिद्ध होते हैं। ...मानव समाज का साधारण नियम है बोलियों का बिखराव। भाषा का परिवार आज के मानव–जीवन की तुलना में आदिम मानव–परिवार के अधिक निकट था जिसमें अजनबी भी शामिल कर लिए जाते थे। जैसे किसी आदि–पुरुष से मानव–परिवार की उत्पत्ति नहीं हुई, वैसे ही किसी आदिभाषा से से कोई भाषा परिवार नहीं बना। ...संस्कृत आदि–भारत–यूरोपीय–भाषा का उच्छिष्ट और विकृत रूप न हो कर स्वतन्त्र भारतीय भाषा सिद्ध होती है। यूरोप की भाषाओं पर संस्कृत और उसके समानान्तर बोली जाने वाली भाषाओं का असर पड़ा है, न कि किसी कल्पित आर्य–भाषा से अनार्य सम्पर्क के कारण संस्कृत की उत्पत्ति हुई है। आधुनिक उत्तर भारतीय भाषाएँ संस्कृत के समानान्तर बोली जाने वाली भाषाओं से उत्पन्न हुई हैं, न कि वे संस्कृत का विकृत रूप हैं।'

भगवान सिंह ने भाषा परिवारों की प्राच्यवादी औपनिवेशिक राजनीति पर टिप्पणी करते हुए रामविलास शर्मा के इस मत का भरपूर समर्थन किया है–

'रामविलास जी का यह मत बहुत सार्थक है कि भाषाओं की तुलना करते समय उनकी समानताओं पर ही नहीं अपितु उनकी भिन्नताओं पर भी ध्यान दिया जाना चाहिए। यह एक परिवार में परिगणित भाषाओं में ऐसी समानताएँ हैं

जो भौगोलिक दूरी के बाद भी बहुत प्राचीन काल से उनमें बनी हुई हैं और इनके आधार पर ऐसा प्रतीत होता है कि ये एक ही परिवार की भाषाएँ हैं तो उनमें पायी जाने वाली भिन्नताओं का स्रोत क्या है? ...काल्डवेल की यह स्थापना सही है कि द्रविड़ भाषाओं की उत्पत्ति संस्कृत से नहीं हुई, परन्तु यह अधूरी सच्चाई है। पूरी सच्चाई यह है कि भारत की किसी भी भाषा की उत्पत्ति न तो संस्कृत से हुई, न उसमें आये विकारों की परिणिति के रूप में हुई। ...जिन्हें हम आर्यभाषा क्षेत्र कहते हैं उनमें सैकड़ों बोलियाँ बोली जाती थीं, जिनकी सही पहचान सम्भव नहीं है, परन्तु जिनके परस्पर मिलने और कुछ के विलय होने के परिणामस्वरूप इस पूरे भूभाग पर संस्कृत के प्रभाव के कारण आभासिक समानताएँ पैदा हुईं, जिनसे यह भ्रम पैदा होता है कि ये संस्कृत के क्रमिक तद्भवीकरण के कारण पैदा हुई हैं। ...पूरा सच यह है कि न तो भारोपीय भाषा की किसी शाखा की कोई उपशाखा किसी भी रीति से भारत में आयी, न ही विशुद्ध आर्य भाषा जैसी किसी चीज़ का कभी अस्तित्व था। भाषाएँ सामाजिक–आर्थिक विकास के क्रम में समृद्ध होती हैं, भिन्न भाषाओं के गहन सम्पर्क में आने पर उनमें बदलाव होता है, परन्तु वे न सड़ती हैं, न ग़लती हैं, न जनन करती है, न ही विघटित होती है।'

मैं यहाँ समाजशास्त्री पूरन चन्द्र जोशी के एक कथन का उल्लेख करूँगा जिसमें 'डिकोलोनियलिटी' की शब्दावली का इस्तेमाल किये बिना कहा गया है कि रामविलास शर्मा औपनिवेशिक मानसिकता को सुदृढ़ करने वाले ज्ञान की संरचना के ख़िलाफ़ जद्दोजहद कर रहे थे। इस कथन की ख़ास बात यह है कि पी.सी. जोशी ने इसमें रामविलास शर्मा के साथ–साथ राहुल सांकृत्यायन को भी जोड़ दिया है, बिना इस बात की परवाह किये कि इन दोनों हस्तियों के बीच मुखर बौद्धिक मतभेद थे–

"ब्रिटिश उपनिवेशवाद ने भारतीयों के दिल और दिमाग़ पर वर्चस्व स्थापित करने के लिए भारतीय परम्परा और इतिहास, भारत के धर्मों और धार्मिक सम्प्रदायों, अर्थतन्त्र और समाज–व्यवस्था, संस्कृति और सभ्यता, वैज्ञानिक खोज और वैज्ञानिक विरासत यानी ज्ञान की समस्त आन्तरिक संरचना की औपनिवेशिक मानसिकता को सुदृढ़ करने वाली व्याख्या प्रस्तुत की थी जिसका उद्देश्य भारतीयों को मौलिक अवदान के लिए अक्षम सिद्ध करना तथा उनके आत्मविश्वास और स्वाभिमान का विखण्डन करना था। ऐसी स्थिति में स्वराज की लड़ाई केवल राजनीतिक क्षेत्र तक सीमित नहीं थी,

बल्कि औपनिवेशिक व्यवस्था के वास्तविक आधारों और स्तम्भों को चुनौती देने वाली लड़ाई बनाने के लिए उसे परम्परा इतिहास, धर्म, सामाजिक चिन्तन, आर्थिक अवधारणा और सिद्धान्त, विज्ञान, संस्कृति, सभ्यता, साहित्य, समालोचना आदि जीवन के सभी क्षेत्रों और विशेषकर मानसिक और आत्मिक धरातल पर सशक्त संघर्ष में बदलना अनिवार्य था। ...हिन्दी भाषा और हिन्दी प्रदेश का यह सौभाग्य है कि उन्होंने राहुल सांकृत्यायन और रामविलास शर्मा के रूप में दो ऐसे बौद्धिक विस्तार और गहराई के साथ बहुआयामी प्रतिभा वाले बुद्धिजीवी पैदा किये। ...ये दोनों व्यक्ति बहुआयामी प्रतिभा, क्षमता, सर्जनात्मकता और कृतित्व के साहित्यकार, आलोचक और विचारक थे जिन्होंने साहित्य समालोचना, सौन्दर्यशास्त्र, पुरातत्त्व, इतिहास, धार्मिक और धर्मनिरपेक्ष दर्शन, पारम्परिक और आधुनिक सामाजिक चिन्तन, भाषाशास्त्र, सभ्यता और संस्कृति के गहन अन्वेषण–अध्ययन, मनन आदि अनेक क्षेत्रों को अपनी मौलिक और रचनात्मक समीक्षा से समृद्ध किया। यह भी उल्लेखनीय है कि उनका कृतित्व अकादमिक मानकों की दृष्टि से उत्कृष्ट होते हुए भी केवल अकादमिक जिज्ञासा और सरोकारों से प्रेरित नहीं था।''

निस्सन्देह यहाँ पूरन चन्द्र जोशी उसी 'एपिस्टिेमिक रिकांस्टीट्यूशन' के प्रोजेक्ट पर उँगली रख रहे हैं जिस पर 'डिकोलोनियलिटी' वाली विद्वन्मण्डली अपना पहला ज़ोर देती है। ज़ाहिर है कि ऐसा प्रयास अघोषित और अचेत ही हो सकता था, क्योंकि इसका सूत्रपात एक ऐसे समय में किया गया था जब मार्क्सवादी दायरों में ही नहीं, ग़ैर–मार्क्सवादी दायरों में ऐसा करने का बौद्धिक चलन नहीं था। रामविलास शर्मा मार्क्सवादी दायरों में जिस तरह की जद्दोजहद चला रहे थे, उसमें मार्क्सवाद की पैरोकारी करते हुए कम्युनिस्ट पार्टी के बुद्धिजीवी राजनेताओं की दावेदारियों का खण्डन शामिल था। उन्होंने पार्टी से सम्बन्धित लेखकों–साहित्यकारों की उन मान्यताओं का मुखर प्रतिकार किया जो मार्क्सवाद का सहारा लेकर आधुनिक विश्व में भारत के पिछड़ेपन का ठीकरा भारतीय परम्परा और अतीत की खामियों पर फोड़ते थे। रामविलास शर्मा बार–बार कहते रहे कि इन लोगों का न तो मार्क्सवाद का अध्ययन है, न ही प्राचीन साहित्य का। इस उद्यम की उन्हें पहली क़ीमत यह चुकानी पड़ी कि उन्हें अपने बुनियादी अनुशासन, जो रचनात्मक साहित्य का था, का अतिक्रमण करना पड़ा। बजाय इसके कि

वे कहानी, उपन्यास, कविता, कला और सौन्दर्यशास्त्र पर ही लिखते, उन्हें इतिहास, दर्शन और भाषाशास्त्र के क्षेत्र में पदार्पण करना पड़ा। एक जगह उन्होंने कहा भी है कि यह अतिक्रमण करके उन्होंने अपने मित्रों, प्रशंसकों और पाठकों को निराश किया है–

"1947 में हमारे यहाँ जो सत्ता का हस्तान्तरण हुआ, उसका वास्तविक स्वरूप क्या है, इन बातों पर विस्तार से लिखने की ज़रूरत थी। उसके लिए समय निकालना ज़रूरी था, और मैं जिस समय यह काम कर रहा था, मेरे तमाम दोस्त, तमाम नहीं अधिकांश, दोस्तों ने कहा; तुमने समकालीन कहानी पर क्यों नहीं लिखा, तुमने उपन्यासों पर क्यों नहीं लिखा, तुमने समकालीन कविता पर क्यों नहीं लिखा, हम पढ़ें या न पढ़ें, लेकिन मेरी राय जानने के लिए वे मेरी नाक में दम किये हुए थे। मेरा कहना यह है कि जिन कारणों से यहाँ के कम्युनिस्ट आन्दोलन में विघटन हुआ है, उनको जानना बहुत ज़रूरी है। यह बहुत बड़ी सामाजिक आवश्यकता है, इसके लिए मार्क्सवाद का ज्ञान, भारतीय इतिहास का ज्ञान, पुराना इतिहास, उससे अधिक नया इतिहास, इनका ज्ञान बहुत ज़रूरी है। इसके बिना जो तुम समझोगे, करोगे या एकता कायम करने की कोशिश करोगे, वह अस्थायी होगा।"

दूसरी क़ीमत उन्होंने यह चुकाई कि साहित्य का होने के कारण समाज विज्ञान की दुनिया में उनके काम का महत्त्व नहीं समझा गया। उनकी रचनाएँ इस दुनिया से बाहर हिन्दी साहित्य और सामाजिक आलोचना के संसार में ही सीमित रह गयीं। आज भी स्थिति यह है कि अगर समाज विज्ञान में रामविलास शर्मा के किसी उद्धरण का इस्तेमाल करके अपनी बात प्रमाणित करने की कोशिश की जाये तो तुरन्त इस तरह की फ़ब्ती का सामना करना पड़ता है कि वे कौन से इतिहासकार या भाषाविज्ञानी थे। इस तरह की टिप्पणियों की अन्तर्हित संकीर्णता को नज़रअन्दाज़ करके हिन्दी के इस शलाका–पुरुष के बौद्धिक अवदान पर विचार करना आवश्यक है। स्वयं रामविलास शर्मा स्वयं को उन रूसी और फ़्रांसीसी साहित्यिक आलोचकों की श्रेणी में मानते थे जिनके लेखन ने तत्कालीन राजनीतिक विचार को गहराई से प्रभावित किया था। चूँकि वे अन्तरराष्ट्रीय बौद्धिक जगत् में चलने वाली धाराओं से अप्रभावित रहा करते थे, और उन्हें विश्वविद्यालयीय समाज विज्ञान या उसके द्वारा स्थापित अनुसन्धान और लेखन पद्धति के नक़शेक़दम पर चलने में कोई ख़ास दिलचस्पी नहीं थी, इसलिए वे अपने स्वतन्त्र चिन्तन के

चलते कई बार ऐसी प्रस्थापनाएँ कर जाते थे जो विश्वविद्यालयीय समाज विज्ञान की दुनिया में काफ़ी आगे चल कर दिखाई पड़ती थीं।

मार्क्सवाद की भारतीय सन्दर्भ में पुनर्रचना के उद्यम के रूप में रामविलास शर्मा को देखने वाला पहला व्यक्ति मैं ही नहीं हूँ। प्रणय कृष्ण ने उनका अध्ययन करते हुए कुछ ऐसे अवलोकन किये हैं जिनसे इस बौद्धिक प्रोजेक्ट पर रोशनी पड़ती है–

"मार्क्सवाद के स्रोतों में मुख्यतः क्लासिकीय जर्मन दर्शन, फ़्रांसीसी समाजवाद और ब्रिटिश राजनीतिक अर्थशास्त्र की चर्चा होती है, लेकिन समग्र मानव–मुक्ति के दर्शन के रूप में उसके सतत विकास के लिए यह आवश्यक है कि पूरब की बौद्धिक विरासत का अनुसन्धान कर उसे विकासशील मार्क्सवादी विचार–सरणी के वैध स्रोत के रूप में उस स्थापित किया जाये। रामविलास जी ने 'मार्क्स और पिछड़े हुए समाज' शीर्षक पुस्तक में क्लासिकीय मार्क्सवाद के स्रोतों में पूरब की बौद्धिक विरासत के योगदान को रेखांकित करने की पुरज़ोर कोशिश की है। मैं नहीं कह सकता कि उस पुस्तक से मार्क्स और एंगेल्स के विचारों पर 'युरोकेन्द्रिक' होने के आरोपों का किस हद तक परिहार होता है।..."

रामविलास शर्मा द्वारा मार्क्सवादी दायरे में चलाया जाने वाला संघर्ष दरअसल था क्या? स्वयं उनके ही शब्दों में इसकी एक बानगी देखी जा सकती है–

"मैं कहूँगा, वह (1857 का विद्रोह) आज़ादी की लड़ाई थी; वे कहेंगे, वह लड़ाई सामन्तों ने अपने हित में लड़ी थी। मैं कहूँगा, अंग्रेज़ी राज में भारत का देहातीकरण हुआ; वे कहेंगे, अंग्रेज़ी राज में भारत का उद्योगीकरण हुआ। मैं कहूँगा, भारत के नवजागरण पर सन् 1857 के स्वाधीनता संग्राम का प्रभाव है; वे कहेंगे, उस संग्राम से इस जागरण को कुछ लेना–देना नहीं है। मैं कहूँगा, भारत में अंग्रेज़ी राज क़ायम होने से पहले यहाँ तमिल, बंगाली, हिन्दी, मराठी आदि जातियों का निर्माण हुआ; वे कहेंगे, यह निर्माण नहीं हुआ और कुछ निर्माण हुआ तो अंग्रेज़ी राज में हुआ। मैं कहूँगा, भारत बहुजातीय राष्ट्र है; वे कहेंगे, भारत में अनेक राष्ट्रीयताएँ हैं और वे सब एक–दूसरे से अलग–थलग हैं। मैं कहूँगा, तमिल, बंगाली जातियों की तरह हिन्दी जाति भी एक है: वे कहेंगे, हिन्दी जाति की बात करना अन्धराष्ट्रवाद है।"

यह दिलचस्प कथन बताता है कि रामविलास शर्मा और भारत के प्रचलित मार्क्सवादी, प्रगतिशील, वामपन्थी और उदारतावादी विमर्श

(इसे मैंने अन्यत्र मध्यमार्गी विमर्श की समेकित संज्ञा दी है) के बीच ज़्यादा कुछ समान नहीं था। मसलन, वामपन्थी विमर्श जाति या राष्ट्रीयता को एक ही चीज़ मानता है, पर रामविलास शर्मा का कहना था कि जाति व्यापारिक पूँजी के चरण में ही बन जाती है और राष्ट्रीयता औद्योगिक पूँजीपति वर्ग के उभार के साथ उभरती है। यानी रामविलास शर्मा के खाते में जाति राष्ट्रीयता से पहले आती है। वामपन्थी बुद्धिजीवी गंगा–जमुनी संस्कृति का गुणगान करते नहीं थकते, पर उर्दू–हिन्दी साहित्य की एकताबद्ध परम्परा की ज़बरदस्त पैरोकारी करने के बावजूद रामविलास शर्मा ने इस धारणा को दरबारी क़िस्म की उर्दू लिखने वालों का सूत्रीकरण क़रार दिया। मार्क्सवादियों द्वारा बहुप्रशंसित डी.डी. कोसम्बी, रोमिला थापर और रामशरण शर्मा जैसे प्राचीन भारत के इतिहासकारों का कहना है कि आर्य बाहर से आये थे, पर रामविलास शर्मा को 1956 में ही आर्यों के आक्रमण की थीसिस पर शक हो गया था। बाद में वे साफ़ तौर से इसके ख़िलाफ़ होते चले गये। सभी लोग जिसे सामन्तशाही के प्रभुत्व वाला भारतीय मध्ययुग कहते हैं, रामविलास शर्मा ने उसे 'सामन्तशाही के खोल' में विकसित होती हुई व्यापारिक पूँजी के उभार के रूप में देख कर पश्चिमी और औपनिवेशिक प्रभाव के आगमन के पहले की आधुनिकता के संकेतों की तरह पेश किया। जिस भक्ति–साहित्य को निर्गुण और सगुण के बीच बाँट कर देखा जाता है, उसे उन्होंने प्रेममार्ग के एकल शीर्षक के तहत रखते हुए अखिल भारतीय लोकजागरण के रूप में प्रस्तुत किया। यह लोकजागरण उनकी निगाह में उन्नीसवीं सदी में हुए हिन्दी नवजागरण की पूर्वपीठिका है। हिन्दी का मार्क्सवादी चिन्तन भारतीय परम्परा के जिन आयामों को पिछड़ा, दकियानूसी और ब्राह्मणवादी कह कर ख़ारिज करता है, रामविलास शर्मा ने उन्हीं आयामों में से भौतिकवाद और प्रगतिशीलता के पहलू निकाल–निकाल कर दिखाने में अपना पूरा जीवन ख़र्च कर दिया। कभी लांछन के रूप में तो कभी उपाधि के रूप में जिन रामविलास शर्मा को 'कट्टर मार्क्सवादी' कहा गया, वे भारतीय समाज को जड़ और परिवर्तनरोधी क़रार देने वाली मार्क्स की भारत सम्बन्धी रचनाएँ ख़ारिज करते हुए साफ़ कहते हैं कि वे ज़रूरत पड़ने पर मार्क्स को संशोधित करने से भी नहीं चूँकेंगे। ध्यान रहे कि रामविलास शर्मा ने एक पार्टी की हुक्मशाही और सर्वहारा की तानाशाही के सिद्धान्त को भी अस्वीकार कर दिया था।

कुछ वर्ष पहले रामविलास शर्मा के कृतित्व का अध्ययन करते हुए मैंने उनके साक्षात्कारों का इस्तेमाल करके उनके कथनों के कुछ कोलाज बनाये थे। इस युक्ति का इस्तेमाल करने का लाभ यह हुआ कि उनके विशाल वाङ्मय से लम्बे–लम्बे उद्धरण निकालने से बचते हुए मैं संक्षेप में उनके विचारों की झलक देने में कामयाब रहा। कहना न होगा कि इस युक्ति की सीमाएँ भी हैं, लेकिन शब्द चूँकि रामविलास शर्मा के ही हैं इसलिए उनके ज़रिये तात्पर्यों की प्रामाणिकता कम–से–कम एक हद तक तो सुनिश्चित की ही जा सकती है। उनके कथनों के ये आठों कोलाज कई बहसतलब प्रश्नों पर उनकी वह राय पेश करते हैं जो प्रचलित मार्क्सवादी रवैये से हटते हुए हिन्दी के मार्क्सवाद का पुनर्गठन या पुनःसंयोजन करती नज़र आती है।

मसलन, हम ऊपर देख चुके हैं कि भारत में मार्क्सवादी विमर्श परम्परा को तिरस्कार से देखता है, लेकिन रामविलास शर्मा परम्परा को रूढ़ि से अलग करते हुए उसे भिन्न तरह से संसाधित करना चाहते हैं। विशेष तौर से वामपन्थी खेमे के समाज–वैज्ञानिक इस बात पर ज़ोर देना पसन्द करते हैं कि भारत की कोई एक परम्परा नहीं है, बल्कि कई परम्पराएँ हैं और वे अलग–अलग और परस्पर संघर्षरत भी हैं, लेकिन, परम्परा की विविधता से सम्बन्धित रामविलास शर्मा का आग्रह यह है कि यह विविधता परम्परा के बाहर न हो कर उसकी भीतर है और इसीलिए वह किसी एक परम्परा के आग्रह को ख़ारिज नहीं करती, 'अद्वैत के भीतर जैसे द्वैत होता है, वैसे ही परम्परा के भीतर विविधता होती है। अगर भारत को आप एक इकाई मानते हैं, एक घटक मानते हैं, तो उसके एक परम्परा होगी ही। यह सब आपके सोचने पर निर्भर करता है कि आप परम्परा के जो विविध घटक हैं, उन्हें स्वतन्त्र मानते हैं या उसी परम्परा के अन्तर्गत मान लेते हैं। कोई भी कला और सांस्कृतिक कर्म ऐसा नहीं जहाँ आप पहले से विद्यमान वस्तुओं और उपकरणों के आधार पर नयी इमारत न खड़ी करते हों। चाहे धर्म हो, चाहे राजनीति। चाहे अर्थशास्त्र हो और चाहे विज्ञान। हर क्षेत्र में जो पहले से सुलभ है उसी के अंश लेकर उसके ऊपर अपना नया भवन खड़ा करते हैं। यह कहना कि रचनाकार को अपनी पुरानी परम्परा से कुछ लेना–देना नहीं, यह असम्भव स्थिति है। यह भी शंका की गयी है कि परम्परा न केवल हमारी मौलिकता को नष्ट करती है, बल्कि हमें अतीतोन्मुख बनाती है और परिणामतः हमें वर्तमान की चुनौतियों का सामना करने से रोकती है।

दरअसल यह बात रूढ़ियों के लिए कही जा सकती है। ...जहाँ परम्परा को जस का तस ग्रहण करने के पक्ष में हों, उसका अनुकरण करें, वहाँ रूढ़ि हो जाती है। जहाँ परम्परा जीवित है, वहाँ आप उसके कुछ अंश ग्रहण करते हैं। उसको आगे बढ़ाते हैं। ...किसी भी पुराने साहित्यकार अथवा युग के प्रगतिशील तत्त्वों का विवेचन करने पर कुछ विद्वानों की प्रतिक्रिया होती है कि उन्हें–यानी साहित्यकारों और पुराने युगों को–मार्क्सवादी बनाया जा रहा है। इस प्रतिक्रिया के दो कारण हैं। पहला मार्क्सवाद की जानकारी न होना। दूसरा–पुराने युगों और साहित्यकारों की जानकारी न होना।'

ब्रिटिश प्राच्यवाद की तर्ज़ पर ऐसे विद्वानों की कमी नहीं है जो भारतीय दर्शन में केवल तत्त्वचिन्तन की ऊँचाइयाँ देखते हैं और लोकायत के दर्शन को अपवाद मान कर भौतिक जीवन से इस दर्शन का नाता देखने के लिए तैयार नहीं हैं। रामविलास शर्मा को इस तरह के दावे पर ताज्जुब होता है। वे भारतीय दर्शन के यथार्थवादी उत्पादों को रेखांकित करना पसन्द करते हैं, 'भारत के बारे में ज़्यादातर लोग सोचते हैं कि यह आध्यात्मिक चिन्तन का देश है। पर यहाँ पर भाषा विज्ञान का विकास, गणित का विकास, स्थापत्य कौशल का विकास, यह सब यथार्थवादी (भौतिकवादी) दृष्टि के बिना असम्भव था। भारतीय दर्शन की सबसे बड़ी उपलब्धि है एक यथार्थवादी चिन्तन। कौटिल्य का अर्थशास्त्र, चरक का औषधि विज्ञान, पाणिनि का व्याकरण– भारत के यथार्थवादी चिन्तन की ये परम उपलब्धियाँ अन्य किसी देश को नहीं मिलीं। यथार्थवाद को नकारना भारतीय संस्कृति के सबसे मूल्यवान तत्त्वों को नकारना है।' यह कहने के बाद वे अपना बौद्धिक कार्यक्रम भी बताते हैं, '...मैं ...तीन आचार्यों पर लिखना चाहता हूँ। ये तीन आचार्य हैं पाणिनि, चरक और कौटिल्य। पिछले डेढ़ सौ साल में इस बात का ख़ूब प्रचार किया गया कि भारत अध्यात्मवादी देश है और यथार्थ जीवन उसके लिए महत्त्वहीन था। किन्तु यथार्थ जीवन पर ध्यान दिये बिना पाणिनि, चरक और कौटिल्य की व्याख्या नहीं की जा सकती।' यह कहने के साथ–साथ रामविलास शर्मा ने भारतीय दर्शन के अध्ययन का एक पूरा कार्यक्रम भी प्रस्तावित किया, 'षड्दर्शन का अपना महत्त्व है, लेकिन इनके बाहर जो दर्शन हैं, उनके साथ मिलाकर षड्दर्शन का अध्ययन करना चाहिए। जैसे, षड्दर्शन में लोकायत नहीं है, सांख्य है। सांख्य का अध्ययन लोकायत के साथ करना चाहिए।

षड्दर्शन में न्याय है, अनेकान्तवाद नहीं है। न्याय का अध्ययन अनेकान्तवाद के साथ मिला कर करना चाहिए। षड्दर्शन में उत्तर–मीमांसा अर्थात वेदान्त है, शून्यवाद नहीं है। वेदान्त का अध्ययन शून्यवाद के साथ मिलाकर करना चाहिए। इससे भारतीय दर्शन का भरा–पूरा चित्र दिखाई देने लगेगा।'

भारत की ज्ञान–परम्परा को समझने में ब्राह्मणवाद के प्रश्न का समाहार बहुत ज़रूरी है। रामविलास शर्मा इसे बहुत अच्छी तरह से समझते थे। वैदिक साहित्य के साथ पुरोहितों के सुलूक पर उन्हें बहुत आपत्ति थी। उस पर टिप्पणी करते हुए उन्होंने कहा था, 'ऋग्वेद का अधिक भाग कर्मकाण्ड के लिए नहीं रचा गया। वास्तव में वह कर्मकाण्ड का विरोधी है। ...वह शिल्पी वर्ग की रचना है। ...युधिष्ठिर मीमांसक ने इस बात को अच्छी तरह पहचाना है कि कर्मकाण्डी पण्डितों ने वैदिक ऋचाओं का कैसा दुरुपयोग किया है। ...भारत में पुरोहितों ने ऋग्वेद और उपनिषदों के दार्शनिक काव्य को धर्मशास्त्र बना डालने में कुछ उठा नहीं रखा। कुछ अपवादों को छोड़ अधिकांश पाश्चात्त्य विद्वान उन्हीं का अनुसरण करते हैं। दुर्भाग्य से भारत के अनेक मार्क्सवादी विवेचक ऋग्वेद को तो अपनी विचार परिधि के बाहर ही रखते हैं। उपनिषदों में भी भाववाद के अतिरिक्त कुछ नहीं देखते। ...वैदिक साहित्य की मूल धारा जीवन की स्वीकृति की धारा है। वह संसार के मिथ्या होने का प्रसार नहीं करती। वह मनुष्य के सामाजिक जीवन बिताने पर बहुत ज़ोर देती है। ...ऋग्वेद में ऋषि अनेक प्रकार का शारीरिक श्रम करते हैं। किसी भी तरह का श्रम हो, उन्हें उससे घृणा नहीं है। इस शारीरिक श्रम के साथ वे काव्य भी रचते हैं, यज्ञ करते हैं, देवताओं के लिए स्तुतियाँ बनाते हैं। ...ऋग्वेद की यही विशेषता है कि यहाँ शारीरिक श्रम और मानसिक श्रम का भेद मिट गया है। यह हमारा अतीत है और जिस भविष्य में हमें जाना है, वह भी यही है। ...ऋग्वेद के कवियों का दृष्टिकोण इहलोकवादी है, वह जीवन की स्वीकृति का दृष्टिकोण है। इसलिए वह परवर्ती संसारविमुख धारणाओं से अधिक प्रगतिशील है। ...ऋग्वैदिक काल भारत का प्रथम नवजागरण है, उपनिषद् काल उसका दूसरा नवजागरण है। दोनों के बीच आता है ब्राह्मणकाल। इस मध्य काल में भूस्वामी वर्ग सुदृढ़ हुआ, उसे सुदृढ़ करने में पुरोहित वर्ग ने अपने कर्मकाण्ड का विस्तार किया।'

वैदिक काल और अंग्रेज़ों के आने तक के काल के बीच भारत में समाज और ज्ञान की संरचनाओं की क्या स्थिति थी? इस सवाल पर स्पष्ट

राय बनाये बिना न तो प्राच्यवादियों की इस धारणा का खण्डन किया जा सकता है कि वैदिक स्वर्णकाल के बाद भारत पतनशीलता के ढलान पर फ़िसलता चला गया, और अब उपनिवेशवाद की मेहरबानियाँ ही उसे फिर से उत्थान के मार्ग पर ले जा सकती हैं; न ही मैकॉले ऐंड कम्पनी के इस दावे का प्रतिकार किया जा सकता है कि संस्कृत और फ़ारसी समेत भारतीय भाषाओं के ज्ञान की गुणवत्ता सन्दिग्ध है। रामविलास शर्मा ने इस दुहरे कार्यभार की पूर्ति भक्तिकालीन साहित्यिक–सांस्कृतिक संरचनाओं की लोकतान्त्रिक अन्तर्वस्तु और जनोन्मुखता रेखांकित करने के ज़रिये की। उन्होंने निष्कर्ष निकाला कि यह दरअसल लोकजागरण का युग था जिसके मर्म में आभिजात्य का निषेध, समतामूलकता, निर्धन और वंचित के साथ जुड़ाव और कर्मकाण्डीय पौरोहित्य का नकार था। इसे दिखाने के लिए उन्होंने तीनों प्रमुख सन्त कवियों, तुलसी–सूर–कबीर, को अपने विमर्श की परिधि में लिया। इस सम्बन्ध में उनके सूत्र–कथन इस प्रकार हैं, 'भक्ति का आधार वे किसान और कारीगर हैं जो अपने जीवन की परिस्थितियों से असन्तुष्ट हैं, जो पुराने सामन्ती बन्धनों से असन्तुष्ट हैं, इनको तोड़ना चाहते हैं लेकिन चूँकि वर्ग संगठित नहीं है, वर्ग पूरी तरह से निर्मित नहीं है, इसलिए इनका सामाजिक संघर्ष भारतवर्ष में भक्ति का रूप लेता है और मनुष्य मात्र की समानता की घोषणा करता है। मनुष्य मात्र की समानता की घोषणा–यह भक्ति आन्दोलन का मूल सूत्र है। तुम भले कुल में पैदा हुए, इसलिए राम के भक्त हो गये–भक्ति आन्दोलन यह मानने के लिए तैयार नहीं। आभिजात्य का निषेध–यह भक्ति आन्दोलन की विशेषता है। अतः दक्षिण भारत, विशेषतः तमिलनाडु, से इसकी शुरुआत होती है। व्यापारिक पूँजीवाद का विकास सर्वाधिक वहाँ हुआ था। मात्र मदुरै को केन्द्र बनाकर इसका इतिहास पढ़ें तो सारे भारत का इतिहास नये ढंग से दिखाई देगा। लोग भारत का इतिहास पढ़ें तो सारे भारत का इतिहास नये ढंग से दिखाई देगा। लोग भारत के इतिहास को भी खण्डशः पढ़ते हैं। एशिया और यूरोप के साथ मिलाकर तो पढ़ते ही नहीं। ...तमिलनाडु के इतिहास को जानना आवश्यक है। उत्तर भारत में कहाँ हमने क्या पाया और कहाँ क्या नहीं पाया, यह समझने के लिए तमिलनाडु का इतिहास जानना ज़रूरी है। ...भक्ति आन्दोलन बहुत बड़ा सूत्र है। वह कश्मीर से लेकर कन्याकुमारी तक और गुज़रात से लेकर बंगाल तक फैला हुआ है। भक्ति आन्दोलन को ही आदमी सूत्र मान कर चले तो भारतीय साहित्य की बहुत बड़ी सामान्य विशेषता को पकड़ सकता है।'

तुलसी, सूर और कबीर के बीच भेद दिखाने के बजाय रामविलास शर्मा ने समानताएँ तलाशीं। वे कहते हैं, 'वेद मनुष्यकृत नहीं हैं, ईश्वरकृत हैं, उनको थोड़े से आदमी ही समझ सकते हैं, इस प्रचार से पुरोहित वर्ग को लाभ होता था। तुलसीदास का मन इस प्रचार से मुक्त है। ...तुलसी और कबीर की जो सामान्य भूमि है, वह ऋग्वेद की उतनी नहीं जितनी उपनिषदों की है। उपनिषदों में ब्रह्म की अद्वैत सत्ता का प्रतिपादन है। इस सत्ता में कबीर और तुलसी दोनों का विश्वास है। ...तुलसीदास दरिद्रता के प्रति जितने सचेत हैं उतना सोलहवीं–सत्रहवीं सदी का कोई कवि नहीं है। और वे जो ग़रीबी देखते हैं वह केवल गाँवों की ग़रीबी नहीं है, शहरों की भी ग़रीबी है। ...दरिद्रता के प्रति यह सजगता निर्गुण–सगुण के भेद को मिटा देती है। देखना यह चाहिए कि यथार्थ इन कवियों में कहाँ तक प्रतिबिम्बित हुआ है, वर्ण–विभाजन इनमें कहाँ तक प्रतिबिम्बित हुआ है। कबीर में ये चीज़ें पकड़ने में ज़्यादा आसानी है। ...सूर, तुलसी और कबीर तीनों भिन्न–भिन्न सामाजिक परिवेशों का बहुत अच्छी तरह से, बहुत गहराई से चित्रण करते हैं। कबीर जिस दुनिया में रहते हैं वह बाज़ार वाली दुनिया है, वहाँ माल लेकर बेचने जाना पड़ता है। ...वे शहर के रहने वाले हैं, बहुत लोगों से मिलते हैं।....लेकिन खेती की दुनिया से काफ़ी दूर हैं। ...कारीगर तबके के प्रतिनिधि हैं कबीरदास। ...पशुचारण सभ्यता के जो अवशेष सोलहवीं सदी में थे, वे सूरदास में परिलक्षित होते हैं। यह उनका सामाजिक परिवेश है। ...गाँव के पास जो आदमी सबसे ज़्यादा रहता है, वह तुलसीदास है। ...किसान को तुलसीदास सबसे अच्छी तरह जानते हैं। ...ये तीन तरह के सगुण परिवेश हैं जो इन भक्तों के यहाँ परिलक्षित हैं। सगुण–निर्गुण विवाद पण्डितों का विवाद है। जो यथार्थ ढूँढ़ने चलेगा, वह इन तीन तरह के परिवेशों से टकरायेगा। ये तीनों परिवेश एक–दूसरे के विरोधी नहीं, पूरक हैं। ...जहाँ तक निम्न जातियों का सवाल है, यह बात सही है कि निर्गुण पन्थ में बहुत–सी निम्न जातियाँ रही हैं। इससे पहले सिद्धों और नाथपन्थियों में भी बहुत–सी निम्न जातियाँ रही हैं, लेकिन यह बात भी सही है कि वैष्णवों में भी बहुत–से निम्न जातियों के लोग रहे हैं। सिक्खों को अगर निर्गुणपन्थी माना जाये तो इनके यहाँ बहुत से व्यवसायी रहे हैं।

लोकजागरण और नवजागरण की तीन मंज़िलों के बारे में रामविलास शर्मा की चर्चा एक तरह का मास्टर–स्ट्रोक है जो हिन्दी ही नहीं,

किसी भी अन्य भाषा का बुद्धिजीवी नहीं कर पाया। वे कहते हैं, 'जो कार्य संस्कृत साहित्य नहीं कर सका, वह अखिल भारतीय स्तर पर भक्ति साहित्य ने किया। ...1857 का संग्राम हमारा जातीय संग्राम है और भारत का राष्ट्रीय संग्राम भी है। उसका असर सारे देश पर हुआ, हिन्दीभाषी प्रदेश पर सबसे ज़्यादा हुआ। ...सन् 57 का स्वाधीनता संग्राम हिन्दी–प्रदेश के नवजागरण की पहली मंज़िल है। दूसरी मंज़िल भारतेन्दु हरिश्चन्द्र का युग है। ...भारतेन्दु युग का साहित्य व्यापक स्तर पर ग़दर से प्रभावित है, इसका पहला प्रमाण यह है कि इस साहित्य में किसानों को लक्ष्य करके, उन्हें संगठित और आन्दोलित करने की दृष्टि से जितना गद्य–पद्य लिखा गया है, उतना दूसरी भारतीय भाषाओं में नहीं लिखा गया। दूसरा प्रमाण यह है कि इस साहित्य का माध्यम संस्कृतगर्भित भाषा नहीं है, जैसे कि वह बांग्ला साहित्य में है, वरन वह शहरी बोलचाल की भाषा है और जनपदीय उपभाषाओं से अपना नाता जोड़े हुए है। ...हिन्दी नवजागरण की तीसरी मंज़िल महावीर प्रसाद द्विवेदी और उनके सहयोगियों का कार्यकाल है। ...अभी तक हिन्दी का ऐसा कोई लेखक नहीं हुआ जो साहित्यकार हो और उसे अर्थशास्त्र का इतना गहरा ज्ञान भी हो। ....राजनीति और अर्थशास्त्र के साथ उन्होंने आधुनिक विज्ञान से परिचय प्राप्त किया और इतिहास तथा समाजशास्त्र का अध्ययन गहराई से किया। इसके साथ भारत के प्राचीन दर्शन और विज्ञान की ओर उन्होंने ध्यान दिया और यह जानने की कोशिश की कि हम कहाँ आगे बढ़े हुए हैं और कहाँ पिछड़े हैं। इस तरह की तैयारी उनसे पहले किसी सम्पादक या साहित्यकार ने न की थी। परिणाम यह हुआ कि हिन्दी प्रदेश में नवीन सामाजिक चेतना के प्रसार के लिए वे सबसे उपयुक्त व्यक्ति सिद्ध हुए। ...जिस उत्सर्ग की भावना से द्विवेदी जी प्रेरित थे, उसे समझने में स्वाधीन भारत के साहित्यकारों को कुछ कठिनाई हो सकती है। ...रामचन्द्र शुक्ल ने विश्व प्रपंच की भूमिका लिख कर दिखाया कि प्राचीन दर्शन और आधुनिक विज्ञान का अध्ययन और विवेचन नवजागरण के लिए क्यों ज़रूरी है और उसे कैसे सम्पन्न किया जा सकता है। ...शुक्लजी मनुष्य के इन्द्रियबोध को, विचारबोध को और उसके भावबोध को–तीनों को समष्टि के रूप में देखते हैं। तीनों को मिलाकर देखते हैं। ...इसीलिए मैं उन्हें भौतिकवादी आलोचक के रूप में देखता हूँ। ...शुक्ल जी न होते तो जायसी को कोई जानता भी नहीं। ...मैथिलीशरण गुप्त जी ने सबसे बड़ा काम यह किया कि काव्य में

ब्रजभाषा के स्थान पर गद्य में हिन्दी को प्रतिष्ठित किया। उसे ऐसा रूप दिया कि वह हिन्दी सारे हिन्दी–प्रदेश में लोकप्रिय हुई। दूसरा बड़ा काम उन्होंने यह किया कि अपने गद्य लेखों द्वारा, उससे अधिक अपनी पद्य रचनाओं द्वारा नायिकाभेद, समस्यापूर्ति और अलंकारशास्त्र वाली रीतिवादी परम्पराओं को ध्वस्त कर दिया।'

पुनर्रचना के विरोधाभास

प्रणय कृष्ण ने जिसे रामविलास शर्मा द्वारा मार्क्स की युरोकेन्द्रीयता का परिहार करने की कोशिश कहा है, उसे तीन हिस्सों में बाँट कर समझा जा सकता है। पहला, हिन्दी की दुनिया में मार्क्स को उनके भारत सम्बन्धी और पूर्वी समाजों से सम्बन्धित अवलोकनों से बचाने के लिए उन्होंने तर्क दिया कि मार्क्स के विचार विकासमान थे, और जैसा वे पहले सोचते थे, बाद में उनका चिन्तन वैसा नहीं रह गया। उनका आग्रह था कि मार्क्स के इस बाद वाले चिन्तन पर ज़ोर दिया जाना चाहिए। अपनी बात को विस्तार से समझाने के लिए उन्होंने 'मार्क्स और पिछड़े समाज' शीर्षक से एक बृहद् पुस्तक ही लिख डाली। मार्क्स को ग़ैर–यूरोपीय समाजों को तिरस्कार की दृष्टि से देखने वाले विद्वानों की श्रेणी से निकालने की इतनी बड़ी कोशिश शायद ही किसी और ने की होगी। इस पुस्तक में रामविलास शर्मा मार्क्स पर मुखर रूप से मौजूद हिगेल (उन्हीं के शब्दों में 'यूरोपकेन्द्रित नस्लवादी इतिहास–दर्शन') के प्रभाव को स्वीकार करते हुए बताते हैं कि इस असर के बावजूद मार्क्स अपने विचारों का विकास करने में कामयाब रहे। दूसरा, रामविलास शर्मा का दूसरा तर्क यह था कि मार्क्स को उनके कुछ तथ्यात्मक अवलोकनों या भविष्यवाणियों की कसौटी पर कसने के बजाय उनका अध्ययन उनकी चिन्तन–पद्धति के लिए करना चाहिए। यह अलग बात है कि रामविलास शर्मा मार्क्स पर व्यंग्य भी करते हैं कि भारत के सम्बन्ध में उनकी 'डायलेक्टिस' कहाँ चली जाती है। तीसरा, भारत की भाषा समस्या के सन्दर्भ में 'एक भाषा–एक राष्ट्र' के प्रचलित मार्क्सवादी आग्रह के बजाय उन्होंने बहुजातीय राष्ट्रवाद–बहुभाषी राष्ट्रवाद के सिद्धान्त की पैरोकारी की। इसके लिए वे मार्क्सवाद से व्यापारिक पूँजी की श्रेणी को निकाल कर लाये और भारत के सन्दर्भ में उसका ज़बरदस्त मूल्यवर्धन किया। उन्होंने इस बात की कोई परवाह नहीं की कि उनके विचारों और अवधारणाओं के मूल स्रोत अनिवार्य तौर पर मार्क्सवादी ही होने चाहिए।

मसलन, हिन्दी जाति की थीसिस का सूत्र उन्हें धीरेन्द्र वर्मा की एक रचना में मिला। हिन्दी को सम्पर्क भाषा बनाने के 'राष्ट्रवादी' आग्रह का स्रोत उन्हें गाँधी के भाषा सम्बन्धी विचारों में प्राप्त हुआ।

इस तथ्य की चर्चा बहुत कम होती है कि भाषा के सन्दर्भ में रामविलास शर्मा इंग्लैंड की बजाय स्विटजरलैंड के नमूने को भारत के लिए अधिक उपयुक्त मानते थे। स्विस संविधान तीन–तीन भाषाओं को राज भाषा का दर्जा देता है। चूँकि इंग्लैंड में अंग्रेज़ी का प्रभुत्व केल्टिक परिधि के दमन पर आधारित है, इसलिए भाषाओं का दमन करने वाला राष्ट्रवाद भारत के लिए आदर्श नहीं हो सकता। 1955 में कम्युनिस्ट पार्टी के मुखपत्र 'न्यू एज' में प्रकाशित उनका अंग्रेज़ी में लिखा लम्बा विश्लेषणात्मक लेख 'दि क्वेश्चन ऑफ़ ऑब्लिगेटरी स्टेट लैंग्वेज ऑफ़ इंडिया' एक ऐसी बेहतरीन कृति है जिसका अध्ययन उन सभी लोगों को करना चाहिए जिन्हें भारत की भाषा–समस्या के हल में दिलचस्पी है। रामविलास शर्मा ने इस लेख में अनिवार्य राज भाषा और राज भाषा की अवधारणाओं में फ़र्क़ करते हुए कहा कि देशी जड़ों वाली राज भाषा आज़ाद भारत की एक आवश्यकता है, पर अनिवार्य राज भाषा एक जन–विरोधी और राष्ट्र–विरोधी तर्क है। उन्होंने पूछा; 'संविधान में हिन्दी को राज भाषा का पद दिया गया है, किन्तु इस राज भाषा का कार्यक्षेत्र क्या है? अंग्रेज़ी ने राज भाषा बन कर प्रादेशिक भाषाओं के बहुत से अधिकार छीन लिए थे। विभिन्न राज्यों को स्वायत्त शासन के काफ़ी अधिकार दिये बिना अंग्रेज़ी की जगह हिन्दी को देने का मतलब है, दूसरी भाषाओं के अधिकार नियन्त्रित करना। ...अपने–अपने प्रान्तों में प्रादेशिक भाषाएँ ज्ञान–विज्ञान और राजकाज की भाषाएँ बन जायेंगी, तभी हिन्दी सचमुच राष्ट्र भाषा बनेगी।'

ऊपर यह दिखाया जा चुका है कि मार्क्स को 'डिकोलोनियल' कहना अपने आप में एक विरोधाभासी वक़्तव्य है, क्योंकि उनका शास्त्र कहीं–कहीं उपनिवेशवाद की मुँह देखी आलोचना करता है, अधिकतर वह उपनिवेशवाद की आलोचना से मुँह चुराता है और कई जगहों पर उपनिवेशवाद को भारत के यूरोपीयकरण के अनभिप्रेत ऐतिहासिक एजेंट के तौर पर पेश करता है। रामविलास शर्मा का बौद्धिक उद्यम भी इसी विरोधाभास का उस समय बहुत बड़ा शिकार दिखने लगता है जब वे भारत के यूरोपीयकरण के मार्क्सवादी स्वप्न को धता बताते हुए पूर्व की धरती में ही उसके विकास की सम्भावनाओं की बहुमुखी दावेदारी करते हैं। यह रामविलासीय आग्रह कि उनके इन सूत्रीकरणों को मार्क्सवाद मान लिया जाना चाहिए–हिन्दी जगत् के एक बड़े हिस्से को तो स्वीकार्य हुआ है, लेकिन इससे बाहर का कोई भी मार्क्सवादी

विद्वान या कोई भी मार्क्सवादी प्रतिष्ठान (बौद्धिक या राजनीतिक) ऐसा मानने के लिए तैयार नहीं है। इस लिहाज़ से रामविलास शर्मा की गति 'बौद्ध' आम्बेडकर जैसी प्रतीत होती है। बुद्ध धर्म का पुनःसंस्कार करने का उनका आम्बेडकर का प्रयास भले ही दलित विमर्श का एक अहम हिस्सा बन गया हो, लेकिन बौद्ध प्रतिष्ठान, विद्वान और व्याख्याता उसे स्वीकार करने के लिए तैयार नहीं हैं।

इसमें कोई शक नहीं कि रामविलास शर्मा स्वयं को मार्क्सवाद और आधुनिकता के खूँटे से बाँधे रहना चाहते थे। यद्यपि उनके पास औपनिवेशिक विमर्श का मर्म समझने की अनूठी तलस्पर्शी दृष्टि थी, लेकिन सम्भवतः आधुनिकता की आलोचना (जो अस्सी के दशक में बड़े प्रभावशाली ढंग से उभरने लगी थी) के साथ न जुड़ने के कारण वे कई जगहों पर भारतीय ज्ञान की प्राचीन उपलब्धियों को मार्क्स, यूरोपीय पुनर्जागरण और ज्ञानोदय की कसौटियों पर कसने की कोशिश करते हुए दिखते हैं। दरअसल, उन्हें ऐसा करने की कोई ज़रूरत नहीं थी। उनसे ज़्यादा इस बात को कौन जान सकता था कि यथार्थवाद (वे भौतिकवाद को इसी अधिक व्यापक श्रेणी के रूप में पेश करना पसन्द करते थे) और आध्यात्मिकता आपस में संघर्षरत द्विभाजन न होकर परस्पर अवलम्बित और साथ–साथ विकसित होने वाली श्रेणियाँ हैं। दोनों में किसी एक को हद से ज़्यादा प्रमुखता देकर कोई समाज उत्तरजीविता नहीं प्राप्त कर सकता।

अपने 'साक्षात्कार' में रामविलास शर्मा ने कहा था कि 'मुझे यह दिखाना था कि तुम जिस दर्शन को मार्क्सवाद की भूमि मानते हो (यानी हिगेल और फ़ायरबाख़ वग़ैरह का यूरोपीय दर्शन), उससे अधिक समर्थ, अधिक सशक्त एक दर्शन हमारे यहाँ मौजूद है और ऋग्वेद से लेकर आज तक विकसित होता रहा है। दर्शनशास्त्र के विकास की इतनी विशद परम्परा यूनान पर सिकन्दर के आक्रमण के बाद ख़त्म हो गयी।' रामविलास शर्मा द्वारा 'डिकोलोनियल' मार्क्स गढ़ने के उद्यम में निहित विरोधाभासों की इस कथन से ज़्यादा स्पष्ट अभिव्यक्ति कहीं और नहीं मिल सकती। भारतीय दर्शन से पूरी तरह अपरिचित रह कर उसके अस्तित्व को ही न स्वीकारने वाले कार्ल मार्क्स को भारतीय दर्शन की ज़मीन देने की कोशिश को और क्या कहा जा सकता है?

डॉ. रामविलास शर्मा का हिन्दी नवजागरण : पक्ष-विपक्ष

कर्मेन्दु शिशिर

डॉ. रामविलास शर्मा के चिन्तन में इतिहास की भूमिका बुनियादी है और इसमें हिन्दी नवजागरण की अवधारणा उनकी मूल और मौलिक देन है। वैसे यह सही है कि उनका इतिहास लेखन अन्य इतिहासकारों से काफ़ी भिन्न है। कुछ अपवादों को छोड़ दें तो वे उस अर्थ में व्यवस्थित इतिहासकार नहीं हैं, जो मूल स्रोत सामग्री के मौलिक अनुसन्धान की प्रविधि अपनाते हों। वे इतिहास सम्बन्धी अपने ज़्यादातर लेखन में ऐतिहासिक भौतिकवाद की वैज्ञानिक दृष्टि से सभ्यता के परिवर्तनों का सैद्धान्तिक आकलन करते हैं। इसमें या तो उनके पास सीमित साक्ष्य होते हैं अथवा वे इतिहासकारों की मूल स्थापनाओं या निष्कर्षों से बहस करते हैं। ऐसा करते हुए वे प्रगतिशील शक्तियों और प्रतिगामी शक्तियों की भूमिका को विस्तार से सामने रखते हुए ऐतिहासिक विकास को रेखांकित करते हैं। इस तरह उनका इतिहास लेखन एक व्यापक बहस की तरह लगता है–जिसमें अनेक महत्त्वपूर्ण मुद्दे विचारणीय बनकर शामिल होते हैं।

उनके इतिहास चिन्तन का एक प्रमुख मुद्दा यह है कि वे भारत सहित एशिया के परिवर्तनों को भी ऐतिहासिक भौतिकवाद की मूल स्थापनाओं के अनुरूप ही मानते हैं। यह विवादास्पद पक्ष है। पूरी दुनिया के परिवर्तनों को एक रेखीय पद्धति के रूप में आकलन करना अब वैज्ञानिक नहीं रह गया है। समय, स्थान, परिवेश, परिस्थिति, अन्तराल और स्वरूप भेद की अनिवार्यता झुठलायी नहीं जा सकती। इसलिए जो लोग भारत में परिवर्तन की प्रक्रिया को मौलिक और भिन्न मानते हैं–उनसे डॉ. शर्मा का मतभेद होता है। यूरोप की तुलना में एशिया की पक्षधरता का स्वर डॉ. शर्मा में ज़्यादा है और इसे

लेकर अंग्रेज़ी सोच और चिन्तन के इतिहासकारों से टक्कर स्वाभाविक है। विचारणीय यह है कि डॉ. शर्मा के आग्रह के पीछे आधार क्या हैं? इसका आधार है–एशिया की समृद्धि और सभ्यता का भव्य अतीत। ज़ाहिर है इसके पीछे विकास की लम्बी प्रक्रिया रही होगी और इसके अनुकूल समाज की स्थितियाँ मौजूद होंगी, लेकिन यूरोप की सम्पन्नता का एक बड़ा कारण है एशिया की निर्मम लूट। इसी प्रक्रिया में यूरोप की घिनौनी लूट और एशिया का पिछड़ापन विचारणीय मुद्दा बनता है। विश्व–राजनीति में अमेरिका और यूरोप की समवेत राजनीतिक ताक़त और प्रभुत्व के कारण एशिया की अपेक्षित समृद्धि और विकास बाधित हुआ। यूरोप की संस्कृति ने एशियाई देशों की मौलिक सांस्कृतिक अस्मिता का विनाश किया और अपनी अपसंस्कृति का प्रदूषण निर्यात किया। इसलिए डॉ. शर्मा ने इसे बार–बार और विस्तार में जाकर रेखांकित किया है, लेकिन एशिया की सम्पन्नता और फिर उसके विनाश की प्रक्रिया में परिवर्तन की भिन्नता भी प्रमाणित होती है इसलिए मोटे तौर पर स्वीकार या नकार की प्रविधि वास्तविकता को चिह्नित करने में सम्भवतः कारगर नहीं हो सकती। हमें राष्ट्रीय प्रभावों और परिवर्तनों की मौलिकता को देश–काल में रखकर रेखांकित करना होगा।

सन् 1857 ई. का स्वाधीनता संघर्ष और उसके सापेक्ष हिन्दी नवजागरण की स्थापना डॉ. रामविलास शर्मा की नितान्त मौलिक स्थापना है और यह उनके चिन्तन की केन्द्रीय धुरी रही है। अनेक मार्क्सवादी विचारक इस संघर्ष को प्रतिगामी मानते रहे और उनकी मान्यता रही है कि अंग्रेज़ सामन्तवाद को समाप्त कर पूँजीवादी विकास का मार्ग प्रशस्त कर रहे थे। डॉ. शर्मा ने इस स्थापना का सबल तथ्य–तर्कों से खण्डन किया। उन्होंने अंग्रेज़ों और सामन्तों के रिश्तों को उजागर करते हुए सैनिक और किसानों की एकता को रेखांकित करते हुए इसे जनता का संग्राम सिद्ध किया और इस संघर्ष को राष्ट्रीय मुक्ति से जोड़ा। भारतेन्दु युग को इसके सापेक्ष रखकर उन्होंने आधुनिकता की शुरुआत को रेखांकित किया। डॉ. शर्मा की इस प्रामाणिक स्थापना को एक़दम ख़ारिज कर बदल देने की कोशिश भले सामने नहीं आयी हो, लेकिन इस आसंग में कुछ ज़रूरी सवाल ज़रूर खड़े किये गये–जिनकी चर्चा से इस मुद्दे को और गम्भीरता मिली।

पहली बात यह है कि हिन्दी नवजागरण को भारतीय नवजागरण से अलग रखकर देखा जाय या उसी के आसंग में। दोनों स्थितियों में इनके

परस्पर सम्बन्ध–संवाद को रेखांकित करना अपेक्षित है। दोनों की परस्पर एकता और दोनों की भिन्नता पर विचार नहीं किया गया। यह तो सही था कि एक नवजागरण पूरे देश में था और भारतेन्दु उसके अकेले अग्रदूत नहीं थे, न ही वे तमाम मुद्दे उनके चिन्तन में शामिल थे। नवजागरण एक ऐसी बहुविध जागरूकता थी–जिसमें समाज के अनेक पक्षों को लेकर आन्दोलन उठे थे। इसमें अपने–अपने निश्चित उद्देश्यों की सीमाओं में लगकर नये परिवर्तनों को अंजाम देने वाले अनेक महापुरुष हुए। नारी उत्थान, शिक्षा का प्रसार या अछूतों की सामाजिक दुर्दशा के विरुद्ध लगे लोगों का सम्भव था अंग्रेज़ी साम्राज्य से सीधा प्रतिरोध न हो, न ही सभी की समान दिशा हो, न ही उनके बीच समानता या संवाद ही हो–मगर इन सबसे मिलकर ही वह नवजागरण खड़ा हुआ था–जिसने देश की तस्वीर और तकदीर बदलकर एक नये भारतवर्ष का निर्माण किया। सम्भव था एक जगह पर एक पक्ष को लेकर चला आन्दोलन दूसरी जगह पर उसी समय नहीं चला हो लेकिन इन तमाम आन्दोलनों का परस्पर प्रभाव ज़रूर पड़ा–इसमें सन्देह नहीं। सामन्ती रूढ़ियों और साम्राज्यवादी शोषण की दोहरी चक्की में पिसती भारतीय जनता के बीच नवजागरण की मशाल अपने–अपने तरीक़े से जलाने वालों की संख्या कम नहीं थी। जो लोग अंग्रेज़ों को सामन्तवाद के विरुद्ध बताकर उन्हें प्रगतिशील सिद्ध करना चाहते हैं नील की खेती को विवश चम्पारण के किसानों का इतिहास देखें और तमाम किसान आन्दोलनों की छानबीन करें। यह सही है कि नारायण गुरु, ज्योतिबा फुले या राजा राममोहन राय जिन मुद्दों को उठाकर बुनियादी परिवर्तनों का अलख जगा रहे थे–वैसा हिन्दी प्रदेशों में नहीं हुआ। महत्त्वपूर्ण यह है कि हिन्दी प्रदेशों में क्या भारतेन्दु के अलावा कहीं कोई परिवर्तन का स्वर नहीं था और ये प्रदेश निष्क्रिय और पस्त थे? बिहार में आदिवासी विद्रोहों की एक अनवरत श्रृंखला थी। मध्य जातियों के बीच से संगठित होने की सुगबुगाहट शुरू हुई। जो तथाकथित सवर्ण–सामन्ती ताक़तों के प्रतिरोध में मुखर थी। जागरण की दिशा में छिटपुट आन्दोलन पनप रहे थे। विभिन्न समूह के संगठन, शिक्षा के साथ उनके बीच फैली कुरीतियों के विरुद्ध जागरूकता फैल रही थी। डॉ. रामविलास शर्मा ने भारतेन्दु और उनके समकालीन रचनाकारों के लेखन और कार्यों के आधार पर जिस नवजागरण को रेखांकित किया उसमें हिन्दी क्षेत्रों के सामाजिक परिवर्तन को भी समेटना चाहिए था–जो उन्होंने नहीं किया।

न ही उन्होंने भारतीय नवजागरण की दिशा और स्वरूप के आसंग में इसकी अहमियत रेखांकित की। सवाल यह है कि जो उन्होंने किया वह यदि अपर्याप्त था तो इस अवधारणा को भी मिटाकर हम आख़िर क्या करना चाहते हैं? ज़्यादा बेहतर होता इस अपर्याप्तता को दूर कर इसे पूर्णता की दिशा में विस्तार दिया जाता–इसे आगे बढ़ाया जाता, लेकिन डॉ. रामविलास शर्मा के प्रति द्वेष और ईर्ष्या के कारण इस महत्त्वपूर्ण अवधारणा को ही क्षत–विक्षत करने की कोशिश होती रही।

यह बात सही है कि हिन्दी में भारतेन्दु युग के साहित्य को हम नवजागरण का उभार नहीं मान सकते। हिन्दी प्रदेशों में कौन–कौन से मुद्दे थे–जिन्हें लेकर गहरा असन्तोष था और यहाँ की जनता अग्रेज़ों से लड़ रही थी। आदिवासियों की विद्रोह गाथाएँ इसमें शामिल की जा रही थीं या नहीं? सामाजिक और सांस्कृतिक स्तरों पर इस प्रदेश में परिवर्तन हो रहे थे–जिसे हम जनता के बीच नवजागरण का उभार मान सकें? इसी से जुड़ा मुद्दा उर्दू और हिन्दी प्रदेशों की लोकभाषाओं में है–क्या हम 'हिन्दी' के आधार पर पूरे हिन्दी प्रदेश के नवजागरण जान पायेंगे? लोकभाषाओं में भी 1857 ई. की अनुगूँज मिलती है और उर्दू में भी इसके सापेक्ष काफ़ी लिखा गया है। बेशक उसे भी समेटा जाना चाहिए।

सवाल और भी उठाये जा सकते हैं और उठाये जाने चाहिए। मगर नवजागरण की मूल स्थापना को उलटकर अंग्रेज़ों की भूमिका को प्रगतिशील सिद्ध करना अथवा हिन्दी नवजागरण के अस्तित्व को ही विवादग्रस्त करना उचित नहीं, लेकिन निहित उद्देश्यों वाले सन्दिग्ध मार्क्सवादियों का एक अच्छा–ख़ासा वर्ग है जो भारत की सभ्यता विकास–यहाँ तक कि आज़ादी का श्रेय भी अंग्रेज़ों को देने में शर्म महसूस नहीं करते, लेकिन डॉ. रामविलास शर्मा के अध्ययन की इतनी स्थापना तो लगभग सुनिश्चित प्राय है। हिन्दी में डॉ. नामवर सिंह ने 'आलोचना–79' के सम्पादकीय में पहली बार 'हिन्दी नवजागरण की समस्याएँ' लिखकर कुछ गम्भीर सवाल खड़े किये। उनके लेख में कई विसंगतियों का संकेत है–जो हिन्दी नवजागरण की मुख्य चिन्तन भूमि को ही सन्दिग्ध करती है। उनके अनुसार बंगला और मराठी में नवजागरण पहले आया–इसलिए वहाँ गद्य का विकास हुआ। हिन्दी गद्य उसका अनुसरण करता विकसित हुआ। भारतेन्दु बंगाल के नवजागरण से प्रेरित थे–जो सन् 1857 के काफ़ी पहले शुरू हुआ था।

इसका इस राजक्रान्ति से सूत्र नहीं जोड़ा जा सकता। वे एक साक्ष्य यह भी रखते हैं कि "यह न भूलना चाहिए कि भारतेन्दु का सीधा सम्पर्क ईश्वरचन्द्र विद्यासागर, केशवचन्द्र सेन, बंकिमचन्द्र, राजेन्द्र लाल मित्र और सुरेन्द्रनाथ बनर्जी से था।" उनकी एक शिकायत यह भी है कि "नवजागरण कालीन प्रकाशित साहित्य में राजनीतिक स्वाधीनता का स्पष्ट स्वर कम ही सुनाई पड़ता हैं।" उनका मानना है कि 'आर्थिक शोषण', 'पुलिस', तथा 'अफ़सरों के अत्याचार और अन्याय' की शिकायत की गयी पर राजसत्ता पलटने के विचार को जैसे अन्तर्गुहावास दे दिया गया। देशभक्ति के साथ राजभक्ति की ऐसी अभिन्नता रही कि सुरक्षा, सुशासन, शिक्षा, उन्नति और शान्ति के लिए ब्रिटिशराज के प्रति उपकृत भाव रहा –विशेषकर मुग़ल शासन की तुलना में। उनका एक आरोप यह भी है कि भारतेन्दु सहित सभी में बुद्धिभाव का अभाव था। स्वयं नवजागरण के अग्रदूत भारतेन्दु में वैष्णवी भावुकता थी। एक अन्य आरोप के बारे उनका कहना है कि 'राजक्रान्ति के नितान्त असाम्प्रदायिक पक्ष का सन्देश, हिन्दी नवजागरण तक पूरा–पूरा नहीं पहुँच सका। नवजागरण हिन्दू–मुस्लिम दो धाराओं में क्यों बँट गया है! वे सिद्ध करते हैं कि भारतेन्दु तथा उनके सहयोगी लेखकों की दृष्टि में अंग्रेज़ी राज की चुनौती राजनीतिक से अधिक सांस्कृतिक थी और इसमें बंगाल नवजागरण से अस्त्र–शस्त्र मिलने की सम्भावना थी। अन्त में डॉ. शर्मा पर एक व्यंग्यात्मक टिप्पणी जोड़ते हैं कि–'आज इस 'रंगभूमि में उतरने वाले पूर्व सूरियों' पर राय देते समय अपने गरेबाँ में मुँह डालकर देख लेना भी ज़रूरी है।'

इन आरोपों में कई के उत्तर डॉ. रामविलास शर्मा ने अपने विवेचन में दिये हैं, लेकिन डॉ. नामवर सिंह की तमाम बातें एक सिरे से ख़ारिज नहीं की जा सकतीं। भारतेन्दु और उनके मण्डल के लगभग सभी लेखक संस्कृत, अंग्रेज़ी और उर्दू के साथ–साथ बंगला, मराठी और गुज़राती भाषाएँ भी जानते थे। इनसे उन्होंने अनुवाद भी किये। इसलिए हिन्दी नवजागरण सम्बन्धी उनके चिन्तन में इसकी भूमिका को एक़दम नकारा जाना उचित नहीं। यह बात भी यथार्थ के क़रीब है कि ब्रिटिश राजसत्ता को एक़दम उलट देने की बातें मुखरता के साथ सामने नहीं आ रही थीं। सन् 1857 की स्पष्ट पदचाप भी इनकी रचनाओं में सुनाई नहीं पड़ती। यह भी सही है कि उनमें राजभक्ति के पर्याप्त प्रमाण हैं और वैष्णवी भावुकता से भी इनकार नहीं किया जा सकता, लेकिन बावजूद इसके पक्ष–विपक्ष की एकांगी पक्षधरता से हम यथार्थ

के समीप नहीं पहुँच सकते। बेशक ये अन्तर्विरोध रहे हैं और इसके बीज तत्कालीन राजनीतिक–सामाजिक स्थितियों में हैं। हम काल और परिवेश को नज़रअन्दाज़ कर हिन्दी नवजागरण की असलियत को नहीं समझ सकते। इसलिए डॉ. रामविलास शर्मा के राजक्रान्ति और नवजागरण सम्बन्धी विवेचन की भी पूर्वग्रह मुक्त होकर परख की जानी चाहिए।

डॉ. रामविलास शर्मा ने सन् 1857 पर काफ़ी विस्तार से लिखा है और इसे अनेक साक्ष्यों एवं सबूतों से पहला संगठित स्वाधीनता संग्राम भी सिद्ध किया है। इसमें दो मत नहीं कि इस असफल क्रान्ति का बहुत गहरा असर पड़ा और इस असर से भारतेन्दु युगीन लेखन को निरपेक्ष नहीं माना जा सकता। जहाँ अंग्रेज़ों ने अफ़ग़ानिस्तान से रूस तक साम्राज्य विस्तार की मंशा बनायी थी–वहाँ उन्हें भारतीय क्षेत्र में ही हुकूमत कठिन जान पड़ने लगी। राधाचरण गोस्वामी की रूस के ज़ार के नाम चिट्ठी 'भारतेन्दु' पत्रिका में छपी थी। ज़ार की तुलना में ब्रिटिश शासन ज़्यादा अनुकूल था–सम्भवतः यही राजनीतिक दूरदर्शिता भी थी। गोस्वामी जी के उक्त पत्र में यह दृष्टिकोण स्पष्ट रूप से सामने आता है। इसके बावजूद अंग्रेज़ी शासन की अवांछनीयता का अहसास तमाम लेखकों में था और काफ़ी गहराई से था। सन् 1857 के बाद देश की जो हालत बनी–उसमें उनके हस्तक्षेप की उपेक्षा नहीं की जा सकती। अंग्रेज़ जनता के आक्रोश से कितने सहमे हुए थे–इसके अनेक प्रमाण अंग्रेज़ अधिकारियों के पत्रों, डायरियों, दस्तावेजों, फ़ाइलों और संस्मरणों में मिलते हैं। वे बुरी तरह परेशान थे। संग्राम को कुचलने में उनकी नृशंसता चरम पर थी। इसका एक प्रभाव तो स्वीकार करना ही चाहिए कि अंग्रेज़ों ने जिस तरह अफ्रीका और अमेरिका में तबाही मचाई थी–वैसा वे भारत में नहीं कर सके। जो लोग इसे सामन्ती और धार्मिक ताक़तों की लड़ाई तक सीमित करने का हठ करते हैं–वे स्पष्टतः ग़लत करते है। जिस समझ से भारतीय सामन्तों को इस संघर्ष के साथ जोड़ा जाता है–उसी ईमानदारी से भारतीय सामन्त और अंग्रेज़ी सत्ता के सघन रिश्तों को भी विवेचित किया जाना चाहिए। कितने सामन्त संघर्ष में थे–कितने अंग्रेज़ों के साथ और कितने तटस्थ थे? दिल्ली के बादशाह को राजा मानने की पहल और निर्णय रजवाड़ों ने नहीं, विद्रोही सैनिकों ने किया था। वे लड़ाकू सैनिक जो किसान परिवारों से आते थे–गाँवों की स्थिति से परिचित थे। वे राष्ट्रीय मुक्ति का स्वप्न देख रहे थे–इसके काफ़ी प्रमाण सुलभ हैं।

इन सैनिकों के साथ कुछ क्रान्तिकारी बहादुर सामन्त भी थे–जिन्हें व्यापक जन समर्थन मिलने के पर्याप्त साक्ष्य हैं। कम्पनी के हाथ से ब्रिटिश हुकूमत तक सत्ता हस्तान्तरण के बाद जो जनोपयोगी घोषणाएँ हुई–वे अकारण नहीं थीं और न ही अंग्रेज़ों की यह उदारता थी। कई जगहों पर सड़कों के दोनों ओर शहीदों की सूली टाँगने वाले और गाँव के गाँव जला देने वाले अंग्रेज़ कोई सभ्य और सुसंस्कृत क़ौम नहीं थी–दरअसल यह उनकी विवशता थी। बंगाल और मद्रास में अकाल से मरने वाले लाखों लोगों की मौत के बाद जब ब्रिटिश सत्ता से मोह भंग हुआ तो इन लेखकों की राजभक्ति के तेवर भी परिवर्तित हुए। यह बात भी ध्यान रखनी होगी कि तब जनता के बीच ऐसी कोई राजनीतिक शक्ति या संगठन नहीं था–जो सत्ता को पलटने का आन्दोलन चला रहा हो। फिर लेखकों से ही ऐसे आह्वान की अपील की अपेक्षा क्यों? सत्ता पलटने का लेखकीय आह्वान बिना राजनीतिक संगठन और आन्दोलन के नहीं किया जा सकता था। आतंक और दमन के बीच तब काम करना कितना कठिन रहा होगा–इसका अनुमान करते हुए ही उनकी रणनीति और बुद्धिमत्ता का आकलन करना होगा।

इसलिए राजभक्ति के अन्तर्विरोध को ज़रूर लिया जाना चाहिए लेकिन अतिरिक्त बल देकर उन पूर्वसूरियों पर व्यंग्य करना ज़्यादा औचित्यपूर्ण नहीं लगता। जिस आर्थिक शोषण या अत्याचार के विषय में शिकायती मुद्रा में नामवर जी ने लिखा है, वहाँ भी सकारात्मकता को धुन्धला करने का ही भाव दिखता है। अगर बार–बार उद्धृत किये जाने वाले उद्धरणों में कुछ को ही लिया जाय तो उस युग में इसे मात्र शिकायत नहीं कहा जा सकता। हमें नहीं भूलना चाहिए कि यह एक ऐसी भाषा के द्वारा की जा रही कोशिश थी–जो अभी बन नहीं पायी थी। हिन्दी गद्य का जन्म हो रहा था। भारतेन्दु ने लिखा 'रेलवे कम्पनी वाले ने जो द्रव्य व्यय किया है उसका ब्याज सरकार को देना पड़ता है और उसे लेने वाले बहुधा विलायत के लोग हैं। कुल मिलाकर 26 करोड़ रुपया बाहर जाता है। कपड़ा बनाने वाले, सूत निकालने वाले, खेती करने वाले आदि सब भीख माँगते हैं। खेती करने वालों की यह दशा है कि लँगोटी लगाकर हाथ में तुंबा ले भीख माँगते हैं, अब तो प्रतिवर्ष कहीं–न–कहीं दुष्काल पड़ा ही रहता है। मुख्य करके अंग्रेज़ी राज में इसका घर है और बहुधा ऐसा सुनने में आया है कि विसूचिका का रोग जो अब सम्पूर्ण भारतवर्ष में छा रहा है अंग्रेज़ों के राज के आरम्भ से इसका प्रारम्भ हुआ है।

जब अंग्रेज़ विलायत से आते हैं प्रायः कैसे दरिद्र होते हैं और जब हिन्दुस्तान से अपने विलायत को जाते हैं तब कुबेर बनकर जाते हैं ...रोग और दुष्काल इन दोनों के मुख्य कारण अंग्रेज़ ही हैं।'...

...'भाइयो! अब तो सन्नद्ध हो जाओ और ताल ठोंककर सामने खड़े हो जाओ देखो भारतवर्ष का धन जिसमें जाने न पाये, ऐसा उपाय करो। हम लोगों को केवल अंग्रेज़ी भाषा प्राप्त हुई, पर कला–कौशल के विषय में हम लोग भली भाँति अज्ञान सागर में डूबे हुए हैं इसमें सन्देह नहीं।'

स्पष्ट लिखा–जब अमेरिका उपनिवेश होकर स्वतन्त्र हो सकता है तो भारतवर्ष क्यों नहीं? उन्होंने स्वतन्त्रता आन्दोलन की अपील की। हिन्दू, मुस्लिम, सिख, मराठी, गुज़रात को एक होने की अपील की। क्या राष्ट्रीय एकता की यह मिसाल 'बुद्धिवाद' के अभाव में सम्भव थी? भारतेन्दु ने विज्ञान और गणित की पुस्तकें अपनी भाषा में तैयार करने पर ज़ोर दिया था। उस समय समस्याएँ ज़्यादा सघन थीं अपने विश्वास को शून्य और बंजर से बाहर करना था। बतौर साधन भाषा भी क़ायदे की बन नहीं पाये, तो भारतीय भाषाओं के उत्थान और विकास पर बल देना, उस भाषा को सीखना, पढ़ना और लिखना बिना समझ भरी देशभक्ति के नहीं हो सकता था। राधाचरण गोस्वामी ने विधवा विवाह के आन्दोलन क्रम में जिस तरह भाषा में हिन्दू धर्म की रूढ़ियों पर चोट की है, उसका साक्ष्य बस उनकी भाषा में ही ढूँढ़ा जा सकता है। प्रताप नारायण मिश्र, बालकृष्ण, प्रेमघन, राधाचरण गोस्वामी और ठाकुर जगमोहन सिंह के लेखन से ऐसे सभी आरोपों के प्रतिकूल अनेक उद्धरण दिये जा सकते हैं। डॉ. शर्मा ने 1857 से 1947 तक भारतीय स्वाधीनता आन्दोलन की विवेचना करते हुए बार–बार सन् 1857 के प्रभाव को काफ़ी बाद तक प्रेरणास्रोत के रूप में दिखाया है। 'ग़दर पार्टी' की स्थापना तथा 'ग़दर' पत्र का प्रकाशन अकारण ही नहीं हुआ था। इसके सदस्य अन्य किसान आन्दोलन सक्रिय हिस्सेदारी लिए आगे आये तथा साम्यवादी दलों के गठन होने पर उनमें शामिल भी हुए।

डॉ. शम्भुनाथ ने भारतेन्दु युग पर जो पुस्तक सम्पादित की उसमें 'भारतीय नवजारण' का शीर्षक दिया। यह सही था कि हिन्दी नवजागरण, बंगला नवजागरण या मराठी अथवा अन्य भाषाओं में आये नवजागरणों में समानताएँ और भिन्नताएँ थीं। किसी में कोई मुद्दा मुखर था तो दूसरे में वह मुद्दा ही न था। किसी में पहले तो किसी में बाद में नवजागरण आया।

यहाँ तक कि लोकभाषाओं में भी समय और मुद्दों के स्तर पर भेद रहा लेकिन इसमें सन्देह नहीं कि इसका व्यापक प्रभाव पड़ा। इसलिए अनुसरण का आरोप उचित नहीं लगता। अगर ऐसा होता तो ऐसा फ़र्क़ नहीं आता। सन् 1857 के गर्भ से 'नवजागरण' पैदा हुआ या नहीं—इस पर विवाद करना भले सम्भव हो मगर स्वाधीनता आन्दोलन पर इसके गहरे प्रभाव और नवजागरण को समृद्ध करने वाले मुख्य कारक मानने पर विवाद नहीं किया जा सकता। जैसी विकसित चेतना भारतेन्दु या उनके सहयोगियों की रही उसके सापेक्ष सुरेन्द्रनाथ बनर्जी, राजेन्द्रलाल मिश्र या चिपलूणकर, आगरकर की चेतना को देखा जाना चाहिए। बंगला में अंग्रेज़ों की प्रशस्ति वाले विशेषांक भी छपे थे और काफ़ी बुद्धिजीवी अंग्रेज़ों की यारी को अहमियत देने वाले थे। सुरेन्द्रनाथ बनर्जी का आन्दोलन शिक्षित बेरोज़गारों द्वारा नौकरियों की हिस्सेदारी में चलाया गया था—यह तो तथ्य है। बंकिम बाबू के पूर्व बंगला गद्य का कोई वैसा प्रमाण मेरी जानकारी में नहीं है—जो भारतेन्दु के गद्य की बराबरी करता हो। बंकिमचन्द्र का 'आनन्दमठ' 1882 ई. में छपा था। 'सती प्रथा' पर केन्द्रित 'संवाद—कौमुदी' राजा राममोहन् राय ने 1821 ई. में निकाला। उसमें लिखा कि "मेरा यही उद्देश्य है कि—प्रजा को उनके शासकों द्वारा स्थापित क़ानून और तौर तरीक़ों से परिचित कराना चाहता हूँ कि शासक जनता को अधिक से अधिक सुविधा देने का अवसर पा सकें और जनता उन उपायों से परिचित हो सके जिनके द्वारा शासकों से सुरक्षा पायी जा सके और उचित माँगें पूरी करायी जा सकें।" यह पत्र अप्रैल 1923 में बन्द हुआ। श्री युगलकिशोर शुक्ल ने 3 मई, 1826 को 'उदन्त मार्तण्ड' हिन्दी साप्ताहिक का प्रकाशन किया। सरकार और ग्राहकों की सहायता के अभाव में यह पत्र जब 4 दिसम्बर, 1827 को बन्द हुआ तो सम्पादक ने लिखा—

आज दिवस सौं उग चुक्यों मार्तण्ड उदंत,
अस्ताचल को जात है दिनकर दिन अब अन्त।

यह राजा राममोहन राय जैसे समर्थ व्यक्ति की सुविधाओं के विपरीत एक साधारण व्यक्ति की उत्साही कोशिश थी—जिसकी व्यथा इन दो पंक्तियों में महसूस की जा सकती है। गद्य की दृष्टि से भी इंशा अल्ला खाँ, रामप्रसाद निरंजनी, लल्लूलाल, सदासुखलाल और राजा लक्ष्मण सिंह का गद्य भी कम परिष्कृत नहीं था और काल—क्रम में वह बंगला या मराठी गद्य से बहुत पीछे का भी नहीं है। इसलिए कौन गद्यकार किसका अनुसरण कर रहा था—

यह बहुत महत्त्वपूर्ण या कारगर निष्कर्षों तक नहीं ले जायेगा। चिपलूणकर ने अपने निबन्धों में अंग्रेज़ों के गुण–दोषों का विवेचन किया था मगर उनका स्वर भारतेन्दु, बालकृष्ण भट्ट, राधाचरण गोस्वामी, सदानन्द मिश्र की तरह विचारवान, बुद्धिवादी और उग्र नहीं था–यह दोनों की रचनाओं को देखकर समझा जा सकता है। भारतेन्दु के मित्रों में सिर्फ़ बंगाल के चन्द महत्त्वपूर्ण लोग ही नहीं थे बल्कि उनमें मराठी, पंजाबी, उड़िया, गुज़राती से लेकर लन्दन तक फैले हुए थे। वे बंगाल के उक्त महानुभावों से बराबरी की ही मित्रता रखते थे। ईश्वरचन्द्र विद्यासागर उनके यहाँ टिके भी थे। भारतेन्दु से पत्राचार तथा उनके निधन पर इन महानुभावों की शोकांजलियाँ प्रमाण हैं कि भारतेन्दु उनके बंगाल नवजागरण के हिन्दी प्रतिनिधि भर नहीं थे। भारतेन्दु के सोच–विचार, लेखन और कार्य का दायरा काफ़ी व्यापक था। वे मौलिक ढंग से विचारों का विकास और विनिमय करते हुए उसे समृद्ध करते थे। मात्र 34 वर्ष कुछ महीनों की ज़िन्दगी में अपनी सारी पैतृक सम्पत्ति लुटाकर लेखन, सम्पादन और व्यावहारिक तीनों पर विपुल मात्रा में इतने काम सम्पन्न करने वाले भारतेन्दु का महत्त्व किसी के कृपांक के भरोसे नहीं है। जहाँ तक राजनीतिक स्वर की बात है तो हमें कविवचन सुधा, सारसुधानिधि, हिन्दी प्रदीप, भारतेन्दु जैसे पत्रों के हज़ारों पृष्ठों की छानबीन करनी होगी। रही बात वैष्णवी भावुकता की तो भारतेन्दु में भावुकता उतनी ही थी जितनी एक बड़े कलाकार और महान उदारचेता महामानव में अपेक्षित है। वह उन्हें ऊँचे दर्जे की मनुष्यता और जीवन्तता से सम्पन्न करती है। उनके पूर्व भक्तिकाल और रीतिकाल गुज़र चुका था। भारतेन्दु ने भक्तिकाल से रिश्ता जोड़कर कोई ग़लत चुनाव नहीं किया। उनकी भक्ति नितान्त वैयक्तिक वाली 'प्रभु हौं पतितन को टीकौं' की नहीं थी। उन्होंने भक्ति की एक नयी रेखा खींच दी जब यह लिखा कि–''कहाँ करुनानिधि केशव सोये, जागत नाहिं अनेक जतन करि भारतवासी रोये।" मेरा विनम्र अनुरोध है कि "तहकीकात पुरी की तहकीकात'', 'विधवा–विवाह विवरण', 'विदेश यात्रा–विचार" सहित अनेक रचनाओं को गम्भीरता से देखा जाना चाहिए–उनकी तर्कक्षमता और बुद्धिमत्ता कायल करेगी। भारतेन्दु ने एक गणित की पुस्तक की समीक्षा करते हुए लिखा है कि वे लोग जो हिन्दी को विचार, विज्ञान और तर्क की भाषा नहीं मानते वे इसे देखें। लिखते हैं–''बहुत से लोग बिना समझे–बूझे दाढ़ी हिला–हिलाकर कहा करते थे

कि हिन्दी में वैज्ञानिक ग्रन्थ (Scientific Works) नहीं लिखे जा सकते और भाषा में इतने शब्द नहीं कि वैज्ञानिक भावना प्रकाश की जाय पर हम लोग यह जल्पने वाले लोगों को सचेत करते हैं कि वे इस निद्रा से जागें और टुक आँख खोलकर देखें कि अब हिन्दी भाषा की उन्नति चाहने वाले लोग जो कहते थे सो कर दिखाते हैं।' बंगाल या मराठा का कौन नवजागरण कालीन रचनाकार अधार्मिक था? धार्मिक होने से कोई प्रगतिशीलता विरोधी नहीं हो गया। कबीर से बड़ा धार्मिक कौन था?

हिन्दी नवजागरण आगे दो साम्प्रदायिक धाराओं में बँटा—तो इसका अपराध भारतेन्दु या उनके साथियों पर क्यों मढ़ा जाय—यह बात भी समझ में नहीं आती। भारतेन्दु युगीन लेखकों ने हमेशा हिन्दू—मुसलमान को "भारतमाता की दो आँखें" कहा और अंग्रेज़ हमें आपस में लड़ा रहे हैं—इससे सावधान किया। अंग्रेज़ों ने सन् 1857 की राजक्रान्ति के समय दिल्ली और बरेली में दंगे कराये—बावजूद वे हिन्दू—मुसलमान एकता तोड़ नहीं पाये। भारतेन्दु ने पैगम्बर साहब की जीवनी लिखी, इस्लाम पर लेख लिखा। सभी भारतेन्दु युगीन लेखक उर्दू—फ़ारसी के जानकार थे और कई ने तो इन भाषाओं में स्वतन्त्र रचनाएँ भी लिखीं। प्रेमघन जी 'अब्र' नाम से लिखते थे।

सन् 1857 का संघर्ष पूरे भारत को ध्यान में रखकर चलाया गया और इसमें हिन्दू—मुसलमान एक साथ शरीक हुए—इनका दुश्मन एक था और स्पष्ट था—अंग्रेज़। इसमें जनता की व्यापक हिस्सेदारी को हमेशा ध्यान में रखकर विवेचन करना होगा। ज़मींदारों और साहूकारों का भी बड़ा वर्ग अंग्रेज़ों के साथ था और मामूली हिस्सा क्रान्तिकारियों के साथ। जनता ने ज़मींदारों और साहूकारों को दी गयी विशेष सुविधा को उलट दिया था। अंग्रेज़ पूँजीपतियों का सघन सम्बन्ध भारतीय सामन्तों से ही नहीं, इंग्लैंड के सामन्तों से भी था—इसे नहीं भूलना चाहिए। सेना में भर्ती वे किसान परिवार के लोग ही हुए थे जिनकी दशा मुग़ल काल से ही ख़राब थी। इसमें विभिन्न वर्गों, धार्मिक समुदायों और जातियों के लोग थे जो एक साथ रहते खाते—पीते थे। आज भी पुलिस भेष में ऊँच, और भिन्न धार्मिक समुदायों के भोजन अलग पकाते हैं, कम—से—कम बिहार में यही स्थिति है। एक तीखी सच्चाई यह भी है कि अंग्रेज़ हिन्दी क्षेत्रों की क्रान्ति को दबाने में ग़ैर—हिन्दी प्रदेशों के सैनिकों का इस्तेमाल कर रहे थे। जिस तरह वे पंजाब पर ध्यान दे रहे थे—उस तरह हिन्दी प्रदेशों में नहीं। हिन्दी प्रदेशों में न तो कोई बन्दरगाह था—न ही यहाँ

आधुनिक शिक्षा का वैसा प्रसार था–जैसे बंगाल, महाराष्ट्र, मद्रास या केरल में था। यह भी ध्यान देने वाली बात है कि अंग्रेज़ों को सबसे कठिन संघर्ष हिन्दी प्रदेशों पर ही अपना आधिपत्य ज़माने में हुआ। इस कारण भी इन प्रदेशों की घोर उपेक्षा होती रही।

सन् 1857 पर प्रगतिशील और प्रतिगामी विचार रखने के सूत्र ज़्यादा गहरे रहे हैं। इस देश में एक ऐसा प्रभु–वर्ग है जो भारत और उसकी जनता को जाहिल और पिछड़ा मानता है तथा अंग्रेज़ों को इस बात का श्रेय देता है कि उसने हमें सुसंस्कृत किया। उसी ने भारत को एक किया। इसी का अगला चरण यह है कि आज भी हम इंग्लैंड और अमेरिका के बिना न तो सुसंस्कृत हो सकते हैं और न ही विकसित। इसलिए ऐसे प्रतिगामी विचारों के पीछे जो नीयत है, जो ख़तरे हैं उससे सावधान होने की आज भी उतनी ही ज़रूरत है–जितनी पहले थी।

हिन्दी के व्यापक परिदृश्य में नवजागरण को लेकर आम धारणा प्रतिकूल नहीं है। कुछ तयशुदा लोग ऐसे हैं–जो सायास तरीक़े से ज़रूर इस पर आक्रमण करते रहे हैं। यह आक्रमण संकल्प के साथ ऐसा करते हैं। इन लोगों का असल विरोध डॉ. रामविलास शर्मा से है–जिसे वे उनकी प्रमुख स्थापनाओं को ध्वस्त कर पूरा करना चाहते हैं। ऐसे लोग अपने दूषित उद्देश्यों के अनुरूप तथ्यों का संकलन और आकलन करते हैं। ज़ाहिर है इसमें वे तथ्यों के मूल आशय की अनदेखी करते हैं और तथ्यों को विकलांग तरीक़े से प्रस्तुत करते हैं। ऐसे लोगों के मन्तव्यों का खण्डन–मण्डन भी अन्ततः व्यर्थ है क्योंकि उनका तरीक़ा ही ग़ैर–रचनात्मक है। जैसा कि मुक्तिबोध कहते हैं कि वाद–विवाद मतैक्य के लिए होना चाहिए। कुछ लोगों का मानना है कि स्वयं डॉ. शर्मा की स्थापनाएँ मतैक्य विकास के दृष्टिकोण के अनुरूप नहीं हैं। सम्भव है ये बातें सही हों, लेकिन इसके प्रतिकार में वही ग़लती अपनाने वाले कैसे सही सिद्ध हो जाते हैं? इसलिए नवजागरण सम्बन्धी विवादों में इस अवधारणा को दृष्टि–सम्पन्न करने वाली कोशिशों का ही मूल्यांकन किया जाना चाहिए।

हिन्दी नवजागरण की अवधारणा को लेकर विचार करते समय इस बात का ख़याल रखना चाहिए कि यह कोई स्थिर और गतिहीन प्रक्रिया नहीं थी। इसमें निरन्तर 'विकास होता रहा है और इसका विचारफलक लगातार विस्तृत होता गया है। नवजागरण में शामिल रचनाकार में बहुतों के विचार ऐसे थे जिसमें कुछ पक्ष प्रतिगामी थे, कम प्रतिबद्ध थे अथवा कमज़ोर थे।

कुछ में कोई पक्ष प्रबल था। इसलिए नवजागरण के रचनाकारों के अपने अन्तर्विरोधों को पूरे नवजागरण के अन्तर्विरोधों के रूप में नहीं लेना चाहिए। जैसे स्त्री विमर्श के प्रसंग में राधाचरण गोस्वामी और राधामोहन गोकुल के विचारों में जो प्रगतिशीलता आधुनिकता है और अन्य रचनाकारों में नहीं है। उसी तरह दलित–विमर्श में राधामोहन गोकुल के विचारों के पहले एक तरह से अनुपस्थिति मिलती है। आर्यसमाज के आन्दोलन के बाद सन्तराम बी.ए. सहित कई लेखक सामने आते हैं। 'मतवाला' की टिप्पणियों अथवा उग्र जी के लेखों को देखें तो इस विषय पर आश्चर्यजनक वैचारिक समानता देखने को मिलती है। इसी क्रम में साम्प्रदायिकता के सन्दर्भ में एक भूल हिन्दू धर्म को लेकर है। हिन्दुओं का धार्मिक भाव और हिन्दुओं का साम्प्रदायिक भाव–बिना इस बात का फ़र्क़ समझे हम पूरे हिन्दी के मूल्यांकन में गड़बड़ी कर सकते हैं। जो लोग हिन्दू होने को ही ग़लत मान बैठते हैं, क्या वे अपनों की मृत्यु पर दाह–संस्कार या क्रिया करना छोड़ देते हैं? मुश्किल तो यह है कि हमारा नाम ही हमें पहचान दे देता है। इसलिए धर्म को सांस्कृतिक–व्यवस्था को समझकर उसकी रूढ़ियों, संकीर्णता और साम्प्रदायिकता की सही समझ विकसित करनी चाहिए।

मेरी समझ में डॉ. रामविलास शर्मा की नवजागरणसम्बन्धी धारणा को विस्तार देने के लिए सबसे पहले नवजागरण सम्बन्धी सामग्री को समग्र रूप से चयनित सम्पादित कर उपलब्ध करना चाहिए। काफ़ी सामग्री अभी ओट में है। दूसरी बात यह है कि उन्होंने जिन पक्षों को छोड़ दिया है– उसे आगे बढ़ाने के लिए गम्भीर रचनात्मक पहल करने की ज़रूरत है। इस आसंग में दो क्षेत्र अभी भी हमारी विचार सीमा के बाहर हैं। एक तो उर्दू नवजागरण को भी हमें शामिल करना चाहिए। हिन्दी भाषी समाज का एक हिस्सा उर्दू भाषी समाज भी है। हम अधूरे समाज से अपनी अवधारणा को आगे नहीं कर सकता। दूसरा पक्ष है हिन्दी क्षेत्रों की लोकभाषाओं का! लोकभाषाओं में जो नयी चेतना जागी, उसको रेखांकित करना ज़रूरी है। तभी हम हिन्दी समाज में व्यापक रूप से फैले इस विराट आन्दोलन के यथार्थ की पहचान कर सकते हैं। इस सबके सम्भव करने के पहले ज़रूरी है पूर्वाग्रहमुक्त समग्र दृष्टि। बिना इसके हम अपने समय और समाज की सही पहचान नहीं कर सकते।

डॉ. रामविलास शर्मा और हिन्दी नवजागरण

श्री भगवान सिंह

सुविदित है कि 'हिन्दी जाति' और 'हिन्दी नवजागरण' की अवधारणाओं के प्रतिपादन का श्रेय महान समालोचक डॉ. रामविलास शर्मा को है। 'हिन्दी जाति' की अवधारणा को लेकर बहुतों की असहमतियाँ इस बात को लेकर थीं कि इससे हिन्दी का राष्ट्रव्यापी फलक संकुचित हो जाता है। इसके विपरीत 'हिन्दी नवजागरण' की अवधारणा का हिन्दी जगत् में लगभग सर्वसम्मति से स्वागत हुआ। किन्तु शनैः–शनैः, विशेषकर डॉ. शर्मा के निधनोपरान्त इस अवधारणा पर भी बमबारी की जाने लगी, इसकी चिन्दी की जाने लगी है। डॉ. शर्मा के जीवनकाल में ही उनसे चिढ़े हुए कुछ पुराने हिन्दी आलोचक, तो उनसे दीक्षित कुछ नये आलोचक 'हिन्दी नवजागरण' को कोरा बकवास या फिर 'हिन्दू नवजागरण' सिद्ध करने के द्रविड़ प्राणायाम में पिल पड़े। इस प्रतिपक्षी मण्डली का बहुविधि विलाप यह है कि इस नवजागरण के पुरस्कर्ता माने जाने वाले भारतेन्दु हरिश्चन्द्र तथा उनके सहयोगी लेखकों ने प्रचुर मात्रा में राजभक्तिपूर्ण साहित्य लिखा, हिन्दू हितों पर ध्यान केन्द्रित किया, साम्राज्यवादी हितों के अनुरूप समाज को अनुकूलित करने के प्रयास किये। इसी क्रम में यह भी कहा जाता है कि 1857 के विद्रोह को लेकर 'हिन्दी नवजागरण' के लेखकों के रचना–संसार में कोई स्वर नहीं है, और सन् सत्तावन के लिए सिवाय वितृष्णा या मौन के कुछ नहीं था। अब इन आरोपों में कितना दम है, इसका परीक्षण करना ही लेख का उद्देश्य है।

इस सन्दर्भ में हमारे लिए सबसे पहले आवश्यक है यह देखना कि डॉ. रामविलास शर्मा किन आधारों पर सन् सत्तावन के विद्रोह से सम्बन्ध स्थापित करते हुए हिन्दी नवजागरण की बात करते हैं। यहाँ पर ग़ौरतलब है

कि अपनी पुस्तक 'भारतेन्दु हरिश्चन्द्र और हिन्दी नवजागरण की समस्याएँ' में डॉ. शर्मा भारतेन्दु हरिश्चन्द्र और उनके समकालीन सहयोगी लेखकों का 1857 के विद्रोह से जिन दो चीज़ों के आधार पर सम्बन्ध स्थापित करते हैं उनमें पहली है 'राष्ट्रीय स्वाधीनता का उद्देश्य' और दूसरी है 'अंग्रेज़ी राज के स्वरूप की पहचान'। ये दोनों मान्यताएँ सुस्पष्ट होने के लिए कुछ विस्तार में जाकर विश्लेषित विवेचित होने की अपेक्षा रखती हैं।

यह तथ्य सदैव ध्यान में रखने योग्य है कि राष्ट्रीय स्वाधीनता के कई आयाम थे, कई प्रयोजन थे। इसे केवल ब्रिटिश शासन से मुक्ति तक सीमित कर देना सही नहीं है। इतिहास ऐसे प्रमाणों से भरा पड़ा है कि जब भी किसी देश या क़ौम को गुलाम बनाया जाता है तो सिर्फ़ उसकी राजनीतिक स्वाधीनता का ही अपहरण नहीं किया जाता, बल्कि उस पर अपने राजनीतिक प्रभुत्व को अधिक से अधिक सुदृढ़ एवं स्थायी बनाने के ध्येय से उसकी भाषा, शिक्षा, साहित्य, संस्कृति आदि पर भी विजेता क़ौम अपना वर्चस्व स्थापित करने वाली नीतियाँ लागू करती है। यह तथ्य हमारी दृष्टि से ओझल नहीं होना चाहिए कि सन् 1857 में बंगाल की हुकूमत हथियाने के बाद अंग्रेज़ों ने यहाँ की भाषा, शिक्षा पर भी अपना वर्चस्व स्थापित करने का जो सिलसिला शुरू किया, उसकी स्वाभाविक परिणति स्वरूप ही उन्नीसवीं सदी के पूर्वार्द्ध में मैकाले की शिक्षा–नीति क्रियान्वित हुई जिसके अनुसार अंग्रेज़ी भाषा एवं शिक्षा को अनिवार्य कर दिया गया और यह किया गया भारत के आधुनिकीकरण के नाम पर जो वस्तुतः आधुनिकीकरण की ओट में भारत के पश्चिमीकरण की औपनिवेशिक चाल थी। बहुत खेद के साथ कहना पड़ता है कि हमारे भारतीय नवजागरण के आदि पुरुष माने जाने वाले राजा राममोहन राय भी उपनिवेशवादियों की धूर्ततापूर्ण चाल को समझ नहीं पाये और भारत के विकास या आधुनिकीकरण के लिए अंग्रेज़ी भाषा एवं शिक्षा को अपरिहार्य समझ कर उसके पक्षधर बन बैठे।

1857 के स्वाधीनता संग्राम के विफल हो जाने के बावजूद उसकी कोख से औपनिवेशिक वर्चस्व से मुक्ति की जो चेतना पैदा हुई उसने भारतीय नवजागरण के बौद्धिकों के अन्दर कई स्तरों पर ब्रिटिश राज के प्रति आलोचनात्मक विवेक को जन्म दिया। इनमें पहला स्तर था अंग्रेज़ी भाषा एवं शिक्षा के प्रति आलोचनात्मक दृष्टिकोण के उन्मेष का, अंग्रेज़ी भाषा एवं शिक्षा को गुलामी के उपकरणों के रूप में देखने की दृष्टि प्रकट होने लगी।

इसके परिणामस्वरूप पूरे देश की राजनीतिक तथा राष्ट्रीय एकता के लिए एक सम्पर्क–भाषा के रूप में एक राष्ट्रभाषा की खोज का प्रयास शुरू हुआ और यही प्रयास 'हिन्दी नवजागरण' का उत्स सिद्ध हुआ। इसका बीजवपन बंगाल की धरती पर कोलकाता में हुआ जब केशवचन्द्र सेन, बंकिमचन्द्र जैसे बौद्धिकों ने इसके लिए हिन्दी के पक्ष में अपने मन्तव्य व्यक्त किये। उल्लेखनीय है कि जब 1870 के क़रीब स्वामी दयानन्द सरस्वती कोलकाता पधारे और वहाँ के बौद्धिक समाज के साथ उनका संवाद हुआ, तो केशवचन्द्र सेन ने उन्हें परामर्श दिया कि वे अपनी बातों का प्रचार अगर हिन्दी के माध्यम से करें, तो उससे पूरा राष्ट्र लाभान्वित होगा। गुज़राती भाषी दयानन्द जी संस्कृत के तो विद्वान थे, लेकिन उन्हें हिन्दी का ज्ञान नहीं था। केशवचन्द्र सेन जी के सुझाव को शिरोधार्य कर दयानन्द जी ने दो वर्षों तक बनारस में रहकर हिन्दी सीखी और तब उन्होंने हिन्दी में अपने प्रसिद्ध ग्रन्थ 'सत्यार्थ प्रकाश' की रचनाकर 1875 में 'आर्य समाज' की स्थापना की। बाद के दिनों में राष्ट्रभाषा के रूप में हिन्दी नवजागरण को फैलाने में 'आर्य समाज' की जो शानदार भूमिका रही, उसका अपना इतिहास है, जिसके विस्तार में जाने का यहाँ अवकाश नहीं।

राष्ट्रभाषा के रूप में हिन्दी को आगे बढ़ाने का ऐसा ही उत्साह उत्तरी भारत में पैदा हुआ जिसके प्रमुख पुरोधा के रूप में सामने आये भारतेन्दु हरिश्चन्द्र जिन्होंने अपने उत्साहपूर्ण प्रयासों से प्रतापनारायण मिश्र, बालकृष्ण भट्ट, बालमुकुन्द गुप्त, बद्रीनारायण उपाध्याय 'प्रेमघन' आदि के रूप में राष्ट्रभाषा सेवियों एवं प्रेमियों की एक जमात खड़ी कर दी। अंग्रेज़ी भाषा के मोह–पाश को छिन्न–भिन्न करते हुए स्वयं भारतेन्दु हरिश्चन्द्र ने यह उद्घोष किया–

"निज भाषा उन्नति अहै, सब उन्नति कै मूल।
बिन निज भाषा ज्ञान के मिटत न हिय के शूल।।"

यही नहीं उन्होंने ख़ुद बनारस से अठारह वर्ष की उम्र में हिन्दी की समृद्धि के लिए 'कवि वचनसुधा' नाम की पत्रिका का प्रकाशन 1868 ई. में किया। तत्पश्चात् उन्होंने 'हरिश्चन्द्र मैगज़ीन', 'हरिश्चन्द्र चन्द्रिका' तथा स्त्री–शिक्षा के प्रसार के लिए 'बालबोधिनी' जैसी पत्रिकाओं का प्रकाशन किया। उनकी प्रेरणा से बालकृष्ण भट्ट ने प्रयागराज से 'हिन्दी प्रदीप', प्रताप नारायण मिश्र ने कानपुर से 'ब्राह्मण', बद्रीनारायण उपाध्याय ने मिर्ज़ापुर से

'आनन्द कादम्बिनी' जैसी पत्रिकाएँ प्रकाशित कीं। इसी दौरान कोलकाता से 'उचित वक़्ता', 'सारसुधानिधि', 'भारत मित्र' जैसी पत्रिकाओं का प्रकाशन हुआ। इन सभी पत्रिकाओं का 'निज भाषा' के रूप में या फिर राष्ट्रभाषा के रूप में हिन्दी के अनुकूल वातावरण पैदा करने में महत्त्वपूर्ण अवदान रहा। इसके अतिरिक्त 1893 ई. में 'काशी नागरी प्रचारिणी सभा' तथा 1910 में 'हिन्दी साहित्य सम्मेलन' जैसी संस्थाओं की स्थापना से भी हिन्दी के प्रचार–प्रसार को त्वरा प्राप्त हुई। इनके कारण देश के व्यापक हिस्से में एक ऐसा माहौल बना कि नये–नये लेखक कवि अपनी–अपनी ब्रजभाषा, अवधी, भोजपुरी, मैथिली, मगही जैसी जनपदीय बोलियों का मोह छोड़कर राष्ट्रभाषा के रूप में हिन्दी को सँवारने, समृद्ध करने के पुनीत कार्य में प्रवृत्त हो चले।

हिन्दी नवजागरण की यह लहर बीसवीं शताब्दी के शुरू होते ही और व्यापक रूप लेने लगी और इसके मुख्य ध्वजारोही के रूप में महावीर प्रसाद द्विवेदी सामने आये। 1903 में 'सरस्वती' पत्रिका का सम्पादन भार लेते हुए द्विवेदी जी ने हिन्दी नवजागरण, को विस्तार देने में जो उल्लेखनीय भूमिका निभाई उसका बड़ा ही विशद विवेचन डॉ. रामविलास शर्मा ने अपनी पुस्तक 'महावीर प्रसाद द्विवेदी और हिन्दी नवजागरण में किया है। यहाँ पर उन बातों की आवृत्ति अपेक्षित नहीं, किन्तु ध्यान देने लायक एक विशेष बात यह है कि इस अवधि में 'हिन्दी नवजागरण' केवल हिन्दी भाषी क्षेत्र तक सीमित न रहकर अखिल भारतीय राष्ट्रीय जागरण का एक अभिन्न अंग बन गया। यह कार्य सम्भव हो सका देश की राजनीति में महात्मा गाँधी के आगमन के कारण जिन्हें 1918 ई. में इन्दौर में हुए हिन्दी साहित्य–सम्मेलन का सभापति सुशोभित करने का अवसर प्रदान किया गया। सच कहा जाये तो बीसवीं सदी के दूसरे दशक में ही देश के राजनीतिक मंच पर हिन्दी को अपने राष्ट्रीय प्रचारक, सन्देश–सम्प्रेषक के रूप में गाँधी जी मिल गये जो गुज़राती भाषी होते हुए भी 1915 में दक्षिण अफ्रीका से भारत वापस आने पर हिन्दी के राष्ट्रव्यापी प्रचार–प्रसार में संलग्न हो गये। वे जीवनपर्यन्त देश के पश्चिमी छोर से लेकर पूरबी छोर, उत्तरी छोर से लेकर दक्षिणी छोर तक राष्ट्रभाषा के रूप में हिन्दी को अपनाने की गुहार लगाते रहे। उन्हीं के प्रयत्न स्वरूप दक्षिणी भारत में हिन्दी के प्रसार के लिए 'दक्षिण भारत हिन्दी प्रचार–सभा' का गठन किया गया जो आज भी कार्यरत है। इस प्रकार गाँधी जी ने देश के उत्तरी हिस्से में उभरे 'हिन्दी नवजागरण' को राष्ट्रीय जागरण का एक अभिन्न

अंग बना दिया। यह सब कहने का मतलब यह कि निजभाषा की उन्नति हो या राष्ट्रभाषा के रूप में हिन्दी का राष्ट्रीय जागरण हो, यह सीधे–सीधे 1857 के स्वाधीनता संग्राम से उपजी उपनिवेशवाद विरोधी चेतना की उपज था और इस लिहाज़ से 1857 से हिन्दी नवजागरण का सम्बन्ध जोड़कर डॉ. रामविलास शर्मा ने एक ऐतिहासिक सत्य को ही उद्घाटित किया है।

अठारह सौ सत्तावन के संग्राम के प्रभावस्वरूप जो दूसरा महत्त्वपूर्ण परिवर्तन घटित हुआ, वह था देश के कतिपय बौद्धिकों के शिक्षा सम्बन्धी सोच में। सर्वविदित है कि अंग्रेज़ी शिक्षा के प्रसार के लिए ब्रिटिश शासन द्वारा देश के कोलकाता, मुम्बई और मद्रास–तीन महानगरों में 1857 ई. में विश्वविद्यालय खोले गये और इस कार्य को और अधिक व्यापक बनाने के लिए विभिन्न शहरों में भी स्कूल–कालेज खोले जाने लगे। बंगाल का 'भद्रलोक' इस अंग्रेज़ी शिक्षा से मोहाविष्ट था क्योंकि सरकारी नौकरी पाने का यह एकमात्र साधन बना दी गयी थी। किन्तु अंग्रेज़ी शिक्षा का चलन किस तरह यहाँ के शिक्षित लोगों को देश एवं समाज–विमुख बना रहा था, इसका प्रमाण 1857 में ही मिल गया जब अंग्रेज़ी पढ़े–लिखे बाबुओं ने खुलकर इस संग्राम का विरोध किया था। इसका नतीजा हुआ कि शिक्षित और अशिक्षित, विशिष्ट एवं सामान्य जन जैसे वर्ग–भेद उत्पन्न करने वाली इस अंग्रेज़ी शिक्षा पर भी उँगली उठायी जाने लगी। इसका एक प्रमाण है। 1878 ई. की 'बंगदर्शन' नामक पत्रिका में बंकिमचन्द्र का 'लोकशिक्षा' शीर्षक से छपा लेख। यहाँ पर द्रष्टव्य है उस लेख का एक महत्त्वपूर्ण अंश–"अंग्रेज़ी शिक्षा के कारण शिक्षितों और अशिक्षितों के बीच कोई सहानुभूति, कोई संवाद नहीं है। शिक्षित समुदाय अशिक्षित समुदाय के दिल की धड़कन को महसूस करने में असमर्थ है। यही नहीं, शिक्षित अशिक्षित की तरफ़ नज़र उठाकर भी नहीं देखते। कृषक की अगर खेत जोतते–जोतते थककर मौत भी हो जाती है, तो हमें क्या? जब तक मुर्ग मुसल्लम और मच्छी का स्वादिष्ट झोल सुलभ है, हमें फिकर क्यों? कृषक राम कैसे जीवन यापन करता है, उसकी रुचि क्या है, अंग्रेज़ियत के रंग में रंगे बंगाली युवकों को इन सवालों से कोई मतलब नहीं। कृषक राम भाड़ में जाये, उन्हें इससे क्या मतलब?" बंकिम बाबू के इस कथन से स्पष्ट है कि यहाँ के बौद्धिकों को महसूस होने लगा था कि आधुनिकीकरण के नाम पर अपनाई गयी अंग्रेज़ी शिक्षा पढ़े–लिखे समुदाय को आम जनता से अलग–थलग कर देश की गुलामी की बेड़ियों को मज़बूत करने वाली 'टानिक' बनती जा रही थी।

अंग्रेज़ी शिक्षा के प्रति ऐसा आलोचनात्मक दृष्टिकोण हिन्दी नवजागरण से जुड़े लेखकों के रचना संसार में भी प्रकट होने लगा था। एक अन्तर्विरोध के रूप में भारतेन्दु हरिश्चन्द्र और उनके सहमत लेखक यद्यपि भारत के विकास के लिए यूरोपीय ज्ञान–विज्ञान के पक्ष में खड़े दिखाई देते हैं, किन्तु इसके साथ ही उनके लेखन में अंग्रेज़ी शिक्षा के कारण समाज में उभर रही 'विलायतीकरण' की प्रवृत्ति के प्रति आलोचनात्मक दृष्टि भी देखने को मिलती है। मसलन, 1882 में शिक्षा आयोग के समक्ष दिये वक़्तव्य में भारतेन्दु हरिश्चन्द्र ने जहाँ समाज की उन्नति के लिए सरकारी ढंग से स्कूलों की आवश्यकता स्वीकार की, वहीं उन्होंने इस शिक्षण पद्धति के इस दोष की तरफ़ संकेत करते हुए यह भी कहा–"सरकारी कालेजों और विद्यालयों में कर्तव्यों और नियमों जैसे नैतिक निर्देशों के लिए कोई जगह नहीं है। इन चीज़ों को विद्यालयों तथा कालेजों की पाठ्यचर्या में जगह देने की ज़रूरत अनिवार्य रूप से महसूस की जा रही है।" ध्यान में रखने योग्य बात यह भी है कि अंग्रेज़ी शिक्षण–पद्धति को अपर्याप्त समझने के कारण ही भारतेन्दु ने भारतवर्ष की उन्नति के लिए 'जातीय संगीत' की परिकल्पना प्रस्तुत करते हुए कहा था–"भारतवर्ष की उन्नति में जो अनेक उपाय महात्मागण आजकल सोच रहे हैं, उनमें एक और उपाय भी होने की आवश्यकता है। इस विषय में बड़े–बड़े लेख और काव्य प्रकाश होते हैं, किन्तु वे जन साधारण को दृष्टिगोचर नहीं होते। इसके हेतु मैंने सोचा है कि जातीय संगीत की छोटी–छोटी पुस्तकें बनें और वे सारे देश, गाँव–गाँव में साधारण लोगों में प्रचार की जायें। यह सब लोग जानते हैं कि जो बात साधारण लोगों में फैलेगी, वह सार्वदेशिक होगी और यह भी विदित है कि जितना ग्रामगीत शीघ्र फैलते हैं और जितना काव्य को संगीत द्वारा सुनकर चित्त पर प्रभाव होता है, उतना साधारण शिक्षा से नहीं होता।" (सामाजिक क्रान्ति के दस्तावेज, पृ. 380, सं. डॉ. शंभुनाथ)

ज़ाहिर है, अगर अंग्रेज़ी शिक्षण–प्रणाली गाँव–गाँव में साधारणजनों तक देश की बात पहुँचाने में सक्षम रही होती, तो भारतेन्दु को 'जातीय संगीत' की ऐसी योजना प्रस्तावित करने की ज़रूरत नहीं पड़ती। वास्तव में 'जातीय संगीत' प्रकारान्तर से जन विमुख अंग्रेज़ी शिक्षा का स्वदेशी विकल्प था। अंग्रेज़ी शिक्षा के कतिपय दोषों को प्रकट करते हुए भारतेन्दु के सहयोगी लेखक बालकृष्ण भट्ट ने 'सुशिक्षितों का कर्तव्य' शीर्षक लेख में लिखा– "अब इस शिक्षा का क्रय किया जाता है जिसमें ऐसा स्वार्थ आ समाया है कि

गुरु–शिष्य दोनों में सच्ची सहानुभूति होती ही नहीं। हमारी शिक्षा में इस बात की बड़ी कोशिश शिक्षा विभाग के अधिकारियों की रहती है कि इसमें कहीं पर किसी अंश में स्वाधीनता का बीज न जमने पावे। परिणाम में यह शिक्षा केवल पेट पालने मात्र के लिए रहती है। पढ़–लिख ऊँची तनख़्वाह की कोई अच्छी नौकरी मिल जाना ही उत्तम शिक्षा का जहाँ फल समाया जाता है वहाँ हमारा कर्तव्य क्या है इसकी चर्चा ही चलाना व्यर्थ है।'' (उप., पृ. 359)

भारतेन्दु युग के एक अन्य, महत्त्वपूर्ण लेखक प्रतापनारायण मिश्र ने भी युवकों को आत्मकेन्द्रित, स्वार्थ संकुल बनाने वाली अंग्रेज़ी शिक्षण पद्धति की भर्त्सना करते हुए लिखा–''लोग अपने लड़कों को आँखे मींचकर स्कूल भेज देने की भेड़ चाल छोड़ें, क्योंकि वहाँ आत्मग़ौरव, स्वजातिप्रेम, देश प्रेम, सनातनाचार इत्यादि की शिक्षा नहीं होती जो मनुष्य जीवन का भूषण है। बरसों का समय और सैकड़ों रुपया केवल ऐसी पढ़ाई में जाता है जिसका फल इतना मात्र है कि तन नाजुक, मन अपनेपन से फिरंत और जीवन केवल पर सेवा द्वारा पेट पालने में बिता देने के योग्य रह जाये।'' (उप., पृ. 403)

भारतेन्दु युग में शुरू हुए इस हिन्दी नवजागरण में अंग्रेज़ी शिक्षा के प्रति जो आलोचनात्मक स्वर प्रकट हुआ, उसका परवर्ती काल में भी पल्लवन होता रहा। अंग्रेज़ी शिक्षा किस तरह पढ़े–लिखे लोगों का एक अलग द्वीप बनाती जा रही थी उसे लक्ष्य करते हुए आचार्य रामचन्द्र शुक्ल ने अपने एक निबन्ध में बहुत तल्ख शब्दों में कहा–''जो यह भी नहीं जानते कि कोयल किस चिड़िया का नाम है, जो यह भी नहीं सुनते कि चातक कहाँ चिल्लाता है, जो यह भी झाँकते कि किसानों के झोंपड़ों के भीतर क्या हो रहा है, वे यदि दस बने–ठने मित्रों के बीच प्रत्येक भारतवासी की औसत आमदनी का पता बताकर देश प्रेम का दावा करें, तो उनसे पूछना चाहिए कि भाइयो, बिना परिचय के यह प्रेम कैसा?'' स्पष्टतः शुक्ल जी का यह संकेत अंग्रेज़ी शिक्षा द्वारा गढ़े गये उन बाबू लोगों की ओर था जो यहाँ की प्रकृति से, किसानों के जीवन तक से अधिक पढ़े–लिखे होने के कारण अपरिचित हो चले थे। शिक्षित समुदाय की अपने ही कृषक समुदाय से संवेदनाशून्य होने जाने की वस्तुस्थिति की सशक्त अभिव्यक्ति प्रेमचन्द के उपन्यास 'गोदान' में हुई। इस उपन्यास में प्रेमचन्द ने अच्छी तरह यह दर्शाया है कि शहर में रहने वाले राय साहब, मि. खन्ना, प्रो. मेहता, पत्र–सम्पादक ओंकारनाथ मिर्ज़ा, खुर्शेद, मिस मालती जैसे पढ़े–लिखे लोगों का गाँव में खून–पसीना

एक कर अनाज पैदा करने वाले होरी जैसे किसानों से कोई वास्ता नहीं और जब होरी जैसा किसान अभाव, दैन्य, क़र्ज़ से जूझते हुए बेमौत मर जाये, तो उसके लिए इनकी आँखों में न आँसू है, न दिल में ग़म। वस्तुतः बंकिमचन्द्र का 'कृषक राम' ही प्रेमचन्द के होरी के रूप में मरता हुआ दिखाई देता है। इस सम्बन्ध में डॉ. नामवर सिंह की यह टिप्पणी ग़ौरतलब है–"भारतीय उपन्यास की यह लोकधर्मी परम्परा हिन्दी के पिछड़े इलाक़े में प्रेमचन्द के हाथों और अधिक व्यापक फलक पर विकसित हुई तो अकारण नहीं। इसके पीछे 1857 के प्रथम स्वतन्त्रता–संग्राम की चेतना का हाथ है।" (प्रेमचन्द और भारतीय कथा–साहित्य, 'पाखी' पत्रिका के अक्टूबर 2010 में प्रकाशित)

इन तमाम दृष्टान्तों के आलोक में यह बात दिन के उजाले की तरह साफ़ है कि 1857 के साम्राज्यवाद विरोधी समर ने जो स्वाधीन चेतना पैदा की, उसने ही हमारे बौद्धिकों एवं लेखकों को अंग्रेज़ी भाषा एवं शिक्षा से मोहभंग करते हुए उससे होने वाले देश एवं जन विरोधी दुष्परिणामों के प्रति सचेत कर दिया, नतीजतन इसके प्रति आलोचनात्मक स्वर हिन्दी नवजागरण की एक मुख्य प्रवृत्ति बना। अतएव डॉ. रामविलास शर्मा का 1857 से हिन्दी नवजागरण का सम्बन्ध दिखाना एक ऐतिहासिक सत्य ही है।

अब रहा तीसरा पक्ष देशभक्ति या राजनीतिक स्वाधीनता का जिसे लेकर यह आरोप लगाया जाता है कि भारतेन्दु हरिश्चन्द्र और उनके सहयोगी लेखकों की रचनाओं में देशभक्ति नाम मात्र की है जबकि अधिकता राजभक्ति की है। अपने जानते ये आरोपकर्ता ऐसी बात कह कर नयी जानकारी देने की ख़ुशफ़हमी में मुग्ध रहते हैं किन्तु सच्चाई यह है कि इस तथ्य से हिन्दी साहित्य का सामान्य पाठक भी अवगत है और 1857 से 'हिन्दी नवजागरण' का सम्बन्ध जोड़ने वाले रामविलास शर्मा भी इससे ख़ूब वाक़िफ़ थे। उन्होंने स्वयं भारतेन्दु एवं उनके साथी लेखकों के साहित्य में विद्यमान राजभक्ति और राष्ट्रभक्ति के अन्तर्विरोधों का ज़िक्र किया है, किन्तु वे राष्ट्र भक्ति वाले पक्ष को लेकर आगे निकल पड़े, जबकि ये आरोपकर्ता राजभक्ति को पकड़ कर उससे लटके रहते हैं। वस्तुतः भारतेन्दु युग हो या कोई युग, उसकी परख करते समय उसकी युगीन सीमाओं को ध्यान से ओझल नहीं करना चाहिए तभी हम उसके अन्तर्विरोधों के स्वरूप एवं दिशा की सही पहचान करते हुए उसके साथ न्याय कर सकते हैं।

वास्तव में 1857 के संग्राम का अंग्रेज़ों ने जिस नृशंसता से दमन किया था, उसके आतंक से पूरे देश का वातावरण भयभीत था। ऐसे परिवेश में यह

कतई सम्भव नहीं था कि ब्रिटिश राज के ख़िलाफ़ सीधे–सीधे कुछ लिखा जाये या 1857 के संग्राम का सीधे–सीधे ग़ौरवगान किया जाये। अगर ऐसा किया जाता तो वह पागल हाथी के सामने अपने को खड़ा कर कुचलवाने की मूढ़ता करने जैसा कार्य होता। अतएव उस निरंकुश शासन के विरोध में कुछ लिखना कहना बहुत सतर्कता एवं होशियारी की अपेक्षा रखता था। ऐसी ही होशियारी भरी रणनीति के रूप में भारतेन्दु एवं उनके साथी लेखक अपनी रचनाओं में कभी समाज एवं धर्म सुधार की बातों में राजनीतिक स्वाधीनता की चिंगारी रख देते थे, तो कभी राजभक्ति प्रदर्शन या राज की प्रशस्ति करते उसमें देश दुर्दशा का चित्र उकेर देते थे। मिसाल के तौर पर हम भारतेन्दु हरिश्चन्द्र द्वारा 1868 ई. में प्रकाशित पत्रिका 'कवि वचन सुधा' का यह सिद्धान्त उद्घोष देख सकते हैं–

'खल गगन सों सज्जन दुखी मत होहिं, हरिपद मति रहै।
अपधर्म छूटै, स्वत्व निज भारत गहै, कर दुख बहै।
बुध तजहिं मत्सर, नारि–नर सम होहिं, जग आनन्द लहै।
तजि ग्राम कविता, सुकवि जन की अमृत बानी सब कहै।

सरसरी तौर पर देखें तो इस छन्द में भारतेन्दु 'हरिपद में मति रखने, आपद्धर्म से छुटकारा पाने, द्वेष का त्याग करने, नारि–नर के समान होने की बातें करते दिखाई देते हैं जिनका सम्बन्ध स्पष्टतः धार्मिक एवं सामाजिक दशा से है, किन्तु इसी में वे 'स्वत्व निज भारत गहै' जैसा उद्गार अंकित कर राजनीतिक स्वाधीनता की लौ भी प्रज्ज्वलित कर देते हैं। ध्यान रहे जब भारतेन्दु ने इस पत्रिका का प्रकाशन किया तब वे मात्र अठारह वर्ष के किशोर थे। इस सिद्धान्त वाक्य के ऐतिहासिक महत्त्व को उजागर करते हुए सम्पादकाचार्य अम्बिका प्रसाद वाजपेयी ने लिखा है–"जिस समय इस सिद्धान्त वाक्य की रचना हुई थी, उस समय सुधार की किसी प्रकार की चर्चा नहीं थी और यह हिन्दी प्रदेश घोर निद्रा में निमग्न पड़ा था। उस समय "नारि–नर सम होंहि" कहने वाला बड़ा साहसी था। 'स्वत्व निज भारत गहै' में भावी स्वराज्य का संकेत था और ऐसे समय कांग्रेस का पता भी नहीं था। वह समय अंग्रेज़ अधिकारियों के सामने हाथ जोड़े खड़े रहने का था। सत्रह वर्ष बाद जब कांग्रेस जन्मी तो वह भी राजभक्ति के प्रदर्शन से ही अपने प्रस्ताव का आरम्भ करती थी।" (समाचार–पत्रों का इतिहास, पृ. 129) यहाँ पर यह बात विशेष रूप से ध्यान में रखने की है कि 1885 में ह्यूम जैसे अंग्रेज़ हाकिम की पहल

से जिस कांग्रेस की स्थापना हुई उसका मुख्य कारण 1857 का विद्रोह था जिसने अंग्रेज़ों को एक ऐसी संस्था बनाने को विवश किया जिसके माध्यम से उन्हें भारतवासियों की शिकायतों का पता चलता रहे ताकि फिर विद्रोह न हो सके। यानी 1857 जब 1885 में कांग्रेस की स्थापना का कारण हो सकता था, तब फिर वह 1868 में भारतेन्दु के 'स्वत्व निज भारत गहै' जैसे स्वाधीनताकामी उद्‌गार का कारण क्यों नहीं हो सकता?

वास्तव में भारतेन्दु हरिश्चन्द्र के ऐतिहासिक सन्दर्भ को ध्यान में रखें तो मानना पड़ेगा कि राजभक्ति के गमले में उन्होंने देशभक्ति की पौध लगाने का स्तुत्यकार्य किया। राजभक्ति उनके लिए ऐसे दास्ताने की तरह थी जिसमें पंजा राष्ट्रभक्ति का था। अपने प्रसिद्ध नाटक 'भारत–दुर्दशा' में भारतेन्दु "अंग्रेज़ राज सुख–साज सजे भारी, पै धन विदेश चली जात रहै अति ख्वारी" कह कर राजभक्ति के गमले में राष्ट्रभक्ति की पौध रोपने वाली रणनीति का ही प्रमाण देते हैं। भारतेन्दु की "विजयिनी विजय–वैजयन्ती" में सतही तौर पर राजभक्ति का दर्शन करने वालों को वरिष्ठ आलोचक डॉ. शंभुनाथ के इस कथन पर ध्यान देना चाहिए–"भारतेन्दु ऐसे अवसर खोजते रहते थे जब महारानी विक्टोरिया की उदारता और क्षमता की आड़ में सभी भारतवासियों की वास्तविक हालत और ताक़त का बखान करें। इनके वर्तमान दुखों, क्षमताओं तथा ऐतिहासिक ग़ौरव–चिन्हों को भाव विह्वल होकर गिनाने का कोई अवसर वे खोते नहीं थे।" (भारतेन्दु और भारतीय नवजागरण, पृ. 23)

यह तथ्य भी ध्यान में रखा जाना चाहिए कि स्वदेशी का जो नारा बीसवीं सदी में महात्मा गाँधी के नेतृत्व में राष्ट्रीय आन्दोलन का मुख्य स्वर बना वह भी भारतेन्दु युग के साहित्य में प्रकट हो चुका था। उन दिनों विदेशी वस्तुओं के व्यवहार पर कटाक्ष करते हुए भारतेन्दु ने यह लिखा–

"मारकीन मखमल बिना, चलत कछु नहिं काम।
परदेशी जुलहान के, मानहुँ भये गुलाम।।
वस्त्र काँच काग़ज़ क़लम चित्र खिलौने आदि।
आवत सब परदेश सों, नितहिं जहाजन लादि।।"

उल्लेखनीय है कि नवम्बर 1884 में बलिया के दिरी मेले में दिये अपने प्रसिद्ध ऐतिहासिक भाषण में भारतेन्दु ने 'परदेशी जुलहान की गुलामी' के जुए को उतार फेंकने का आह्वान इन शब्दों में किया था–"बंगाली, मराठा, पंजाबी, मदरासी, वैदिक, जैन, ब्राह्मण, मुसलमान सब एक का हाथ पकड़ो।

कारीगरी जिससे बढ़े, तुम्हारा रुपया तुम्हारे ही देश में रहे वह करो। परदेशी वस्तु, परदेशी भाषा का भरोसा मत रखो। अपने देश में अपनी भाषा में उन्नति करो।'' भारतेन्दु के इस स्वदेशी प्रेम के सम्बन्ध में डॉ. रामविलास शर्मा की यह टिप्पणी ग़ौरतलब है–''भारतेन्दु ने स्वदेशी के लिए निरन्तर प्रचार किया, आगे चल कर गाँधी जी के नेतृत्व में स्वाधीनता आन्दोलन ने भी यही किया। किन्तु भारतेन्दु और गाँधी जी में यह अन्तर था कि गाँधी जी मशीनों के चलन और उद्योग धन्धे के विकास का विरोध करते थे, भारतेन्दु का प्रचार यह था कि बाहर से तैयार माल नहीं, मशीनें मँगाई जायें और देश का औद्योगिक विकास करना चाहिए।'' (भारतेन्दु युग और हिन्दी भाषा की विकास परम्परा, पृ. 342) प्रसंगवश यह उल्लेखनीय है कि गाँधी जी ने स्वदेशी के अस्त्र से ही आर्थिक मोर्चे पर ब्रिटिश साम्राज्यवाद को बहुत हद तक पंगु कर दिया था, फिर भी इस स्वदेशी के भारतेन्दु जैसे वैतालिकों को केवल राजभक्त सिद्ध करना क्या न्यायसंगत है?

भारतेन्दु की तरह ही उनके अन्य सहयोगी लेखकों–बालकृष्ण भट्ट, प्रतापनारायण मिश्र, बालमुकुन्द गुप्त आदि ने भी अपनी कविताओं, निबन्धों, सम्पादकीयों के ज़रिये देश में अकाल, महँगाई, अनाज का विदेश भेजा जाना, भोजन वस्त्र के अभाव में जनता का तड़पना आदि विभिन्न समस्याओं को सामने रखकर देश–दशा के प्रति जनता को जागरूक करने का ही कार्य किया। कहीं–कहीं राजभक्ति का स्वर ज़रूर आया, परन्तु वह सच्ची राजभक्ति न थी, बल्कि राजभक्ति, का आभास था या एक छलावा था इस सम्बन्ध में डॉ. रामकृपाल पाण्डेय की यह टिप्पणी बहुत मार्के की है–''प्रायः लोग 'सच्ची राजभक्ति' और 'छद्म राजभक्ति में अन्तर नहीं करते। भारतेन्दु साहित्य में दिखने वाली राजभक्ति प्रायः 'छद्म राजभक्ति' है जिसका उद्देश्य है अंग्रेज़ों और उनके समर्थकों को धोखे में रखना और उसकी आड़ में यथासम्भव राजद्रोह के क्रान्तिकारी कार्य करना अर्थात समग्र मुक्ति की चेतना का ज़बरदस्त प्रचार–प्रसार करना। जो लोग 'अंग्रेज़राज सुख साज सजे सब भारी' आदि पंक्तियों के आधार पर उन्हें सच्चा राजभक्त समझते हैं, मानना पड़ेगा कि उन्हें लक्षणा–व्यंजना प्रधान साहित्य समझ में नहीं आता।'' वस्तुतः, भारतेन्दु एवं उनके साथी लेखकों के रचना–संसार में रूपायित इस 'छद्म राजभक्ति' को लक्षणा–व्यंजना जैसे पुरातन, किन्तु साहित्य धर्मी उपकरणों के ज़रिये समझने की आवश्यकता है।

सचमुच 'हिन्दी नवजागरण' की राष्ट्रीय अन्तर्वस्तु को जानने–समझने के लिए जिस विशद विवेचन की अपेक्षा है, उसे एक पुस्तक लिखकर ही पूरा किया जा सकता है ज़ाहिर है यह काम एक लेख के ज़रिये नहीं हो सकता। फिर भी उपर्युक्त उल्लेखित बातों को देखते हुए यह स्वीकार करना पड़ता है कि 1857 के संग्राम ने उपनिवेशवादी प्रभुत्व से मुक्ति की जो आकांक्षा पैदा की, उसकी विरासत को कई स्तरों पर पल्लवित–पुष्पित करने का कार्य हिन्दी नवजागरण के लेखकों ने किया। इस क्रम में 'हिन्दी नवजागरण' के मुख्य सरोकार उभर कर सामने आये, वे थे अंग्रेज़ी भाषा, शिक्षा, उत्पाद तथा पराधीनता के विरुद्ध जनमत जागृत करना और ये ऐसे सरोकार थे जो इस देश में रहने वाले हिन्दू, मुसलमान, सिख, ईसाई आदि सब के हितों से जुड़े थे। अतएव 'हिन्दी नवजागरण' को 1857 के संग्राम से अप्रभावित मानते हुए उसे साम्राज्यवाद–समर्थक तथा 'हिन्दू नवजागरण' सिद्ध करना ऐतिहासिक सत्य का गला घोंटने जैसा जघन्य अपराध ही है साथ ही डॉ. रामविलास शर्मा के साम्राज्यवाद विरोधी एवं पन्थ–निरपेक्ष चेतना सम्पन्न लेखन पर भी कुठाराघात है।

रामविलास शर्मा का अर्थशास्त्रीय चिन्तन-लेखन

रविभूषण

"विश्व पूँजीवाद के संकटकाल में केन्द्रबद्ध, सुनियोजित अर्थतन्त्र को समाजवादी व्यवस्था की विशेषता कहकर उसकी ख़ूब ले–दे हुई है। वास्तव में भारतीय इतिहास के अनेक ग़ौरवशाली युगों का सम्बन्ध इस अर्थतन्त्र से है। इनमें सबसे पहले आता है हड़प्पा सभ्यता का युग। यह युग उस समय के सबसे बड़े राज्य में केन्द्रबद्ध राज्य सत्ता और सुनियोजित अर्थतन्त्र का युग है, इस तथ्य को उजागर करने का श्रेय पुरातत्त्वज्ञ पिगॉट को है।"

—'पश्चिमी एशिया और ऋग्वेद', 1994, प्रस्तावना, पृ. 19

"आदिम साम्यवादी व्यवस्था में जो मानव समुदाय संगठित होता है, उसे हम 'गण' कहते हैं। यह गण चाहे पशुपालन करे, चाहे खेती करे, जो भी सम्पत्ति होती है, उस पर सारे गण का अधिकार होता है। यदि गण छोटा हुआ तो सभी लोग मिलकर श्रम करेंगे...गण के अनेक घटक अलग–अलग खेती करते हैं। इस घटक को 'गोत्र' कहते हैं...यह गोत्र आर्थिक घटक होता है क्योंकि लोग मिलकर उत्पादन का काम करते हैं। यह सामाजिक घटक भी होता है।"

—'भारतीय इतिहास और ऐतिहासिक भौतिकवाद', 1992, पृ. 29

"ब्रिटिश–पूर्व भारत के सामाजिक विकास की परख के लिए व्यापारिक पूँजीवाद की पहचान ज़रूरी है। मार्क्सवाद के रूढ़ि–मुक्त अध्ययन के लिए एक महत्त्वपूर्ण सूत्र है व्यापारिक पूँजीवाद।"

—वही, पृ. 62

"मुनाफ़ा कमाने के लिए बड़े पैमाने पर मशीनी उत्पादन–यह औद्योगिक पूँजीवाद की विशेषता है। यह पूँजीवाद पुरानी व्यवस्था का नाश करता है, लेकिन पूरी तरह नहीं।"

–वही, पृ. 96

"पूँजीवाद की शुरुआत सूदखोरी से होती है, उसका खात्मा भी सूदखोरी से होता है। महाजनी पूँजीवाद के युग में दुनिया दो तरह की जातियों में बँट जाती है। एक सूद लेनेवाली जातियाँ, दूसरी सूद देने वाली जातियाँ। महाजनी पूँजी उद्योग–धन्धों को अपने अधीन कर लेती है। बड़े–बड़े पूँजीवादी संघ बनाकर उत्पादन और वितरण पर इजारा कायम करती है। कच्चे माल के स्रोतों और तैयार माल की बिक्री के बाज़ारों पर क़ब्ज़ा कर लेती है। पूँजी के अन्तरराष्ट्रीयकरण और केन्द्रीकरण में वृद्धि होती है।"

–वही, पृ. 130

"दर्शन, साहित्य, संस्कृति, इतिहास, राजनीति, अर्थशास्त्र ये सभी तो जीवन सापेक्ष हैं। सभी प्रकार के शास्त्र, साहित्य और दर्शन जो भी सैद्धान्तिक मान्यताएँ विकसित करते हैं, उनका उद्‌गम भी जीवन यथार्थ ही है। इसलिए ज्ञान की ये स्थितियाँ एक–दूसरे के भीतर और बाहर दोनों तरह संचरण करती हैं।"

–'आज के सवाल और मार्क्सवाद', 2001, पृ. 78

रामविलास शर्मा की 1933 से 2012 तक लिखित, अनूदित और सम्पादित जो 112 पुस्तकें हैं, उन सबका अभी तक किसी ने गम्भीरतापूर्वक अध्ययन नहीं किया है। विवेचन–विश्लेषण की बात बाद की है। उनके लेखन में 'एकात्मकता, अन्तःसम्बद्धता और अन्तस्सूत्रता' है। उनके अर्थशास्त्रीय चिन्तन–विवेचन पर भी सम्पूर्णता में कोई गम्भीर विचार नहीं हुआ है। 'मार्क्स और पिछड़े हुए समाज' (1986) के प्रकाशन के बाद नामवर सिंह ने उसी वर्ष यह किताब वीर भारत तलवार को 'आलोचना में समीक्षा लिखने के लिए दी थी। यह समीक्षा 'एक किताब जितनी लम्बी हो गयी'। रामविलास जी ने इस पुस्तक के चौथे अध्याय में 'प्राचीन और मध्यकालीन भारत : पगारजीवी श्रम की भूमिका' पर 76–77 पृष्ठों में विचार किया था। तलवार ने 'रामविलास शर्मा की विवेचन–पद्धति और मार्क्सवाद' पर अपनी पुस्तक 'सामना; रामविलास शर्मा

की विवेचन–पद्धति और मार्क्सवाद तथा अन्य निबन्ध' (2005) के चार अध्यायों में से एक में उनके व्यापारिक पूँजीवाद पर भी विचार किया है। उन्होंने पूँजीवाद–सम्बन्धी डॉ. शर्मा के समग्र अध्ययन पर ध्यान नहीं दिया है। इन पंक्तियों के लेखक ने 2011 में दिल्ली में आयोजित उन पर वार्षिक कार्यक्रम में केवल 'जुआरी सभ्यता' या सट्टेबाज़ी–सम्बन्धी उनके विचारों को ही सामने रखा था। बाद में 'साम्य' सम्पादक विजय गुप्त ने 'रामविलास शर्मा का अर्थशास्त्रीय चिन्तन' एक लेख लिखा, (उद्‌भावनाः रामविलास शर्मा महाविशेषांक, 2012) जिसमें अत्यन्त संक्षेप में उनके अर्थशास्त्रीय चिन्तन–पक्ष पर आंशिक रूप में अपने विचार रखे।

रामविलास शर्मा को कोई इतिहासकार इतिहासकार नहीं मानता। वे समाजशास्त्रियों और भाषा वैज्ञानिकों की दृष्टि में भी न तो समाजशास्त्री हैं, न भाषा वैज्ञानिक। उनके व्यापक लेखन का अध्ययन कठिन है, पर उन्हें समग्रता में देखने–समझने के प्रयत्न जारी रहने चाहिए। उन्हें समझे बिना भी उन पर कई आरोप मढ़े गये हैं, कुछ बहसें भी हुई हैं, जो आगे भी जारी रहेंगी। डॉ. शर्मा अपने प्रशंसकों को भी पहले पढ़ने को कहते हैं। "मुझे निन्दकों का डर नहीं है और प्रशंसकों की आवश्यकता भी नहीं है। मुझे पढ़ने और समझने वालों की आवश्यकता है और यह भरोसा नहीं हो पाता कि लोग मुझे ध्यान से पढ़ते और समझते भी हैं" (उद्‌भावनाः, रामविलास शर्मा महाविशेषांक, पृ. 233 पर उद्धृत) उनके अर्थशास्त्रीय लेखन–चिन्तन का क्षेत्र व्यापक है। वे ऋग्वेद कालीन भारत और हड़प्पा सभ्यता से लेकर बीसवीं शताब्दी के अन्त तक की आर्थिकी और पूँजीवाद पर विचार करते हैं। चार–पाँच हज़ार वर्ष की इस सुदीर्घ विचार–यात्रा में कुछ त्रुटियों का होना स्वाभाविक है। इससे उनके अर्थशास्त्रीय चिन्तन का महत्त्व घट नहीं जाता।

भारत और यूरोप में पूँजी और पूँजीवाद के विकास की कई मंज़िलें हैं। एडम स्मिथ (5.6.1723–17.7.1790) को 'अर्थशास्त्र का पितामह' कहा जाता है। क्लासिकल अर्थशास्त्र का उनका मूलभूत ग्रन्थ 'द वेल्थ ऑफ़नेशंस' 1776 में प्रकाशित हुआ था। इसके सत्रह वर्ष पहले 'द थ्योरी ऑफ़ मोरल सेंटीमेंटस' (1759) प्रकाशित हुई थी, जिसकी कम चर्चा होती है। रामविलास जी ने 16वीं सदी से बीसवीं सदी के उत्तरार्द्ध के अन्तिम चरण को 'इंग्लैंड और यूरोप के सामाजिक विकास की मंज़िल' माना है। वे कई प्रकार का पूँजीवाद मानते हैं। "उद्योग, व्यापार और महाजनी, पूँजीवाद के लिए ये तीनों ज़रूरी हैं, पहले दौर में भाप से चलने वाली मशीनों का उपयोग नहीं होता।

उत्पादन के औज़ार पुराने होते हैं। उत्पादन का यह तरीक़ा उनकी दृष्टि में दो विशेषताओं–मुनाफ़े के लिए माल तैयार करना और पेशगी धन देकर कारीगर की श्रम शक्ति खरीदने के कारण पूँजीवादी है। हाथ से औज़ारों के इस्तेमाल के कारण इसे वे 'दस्तकारी पूँजीवाद' कहते हैं। औद्योगिक क्रान्ति युग 1760 ई. से 1840 ई. तक का है। इंग्लैंड का औद्योगिक विकास 1757 ई. के बाद आरम्भ होता है। जहाँ तक नये यान्त्रिक आविष्कारों का प्रश्न है, जॉन के (1704–1779) ने, सन् 1723 ई. में फ्लाइंग शटल नामक एक मशीन का आविष्कार किया, जिससे एक व्यक्ति कम समय में अधिक कपड़ा बुन सकता था। रिचर्ड आर्कराइट (23.12.1732–3.8.1792) ने कताई फ्रेम का आविष्कार किया (पानी फ्रेम) था 1769 में। रामविलास शर्मा 1757 को 'भारत और इंग्लैंड दोनों के इतिहास के लिए महत्त्वपूर्ण' मानते हैं। इंग्लैंड का औद्योगिक इतिहास 1757 से आरम्भ होता है और इसी वर्ष पलासी की लड़ाई के बाद वे भारत का आर्थिक विकास अवरुद्ध देखते हैं। 1757 का महत्त्व इस रूप में भी है कि इसी वर्ष इंग्लैंड के श्रॉपशायर में विश्व में लोहे से निर्मित पहला पुल बना। औद्योगिक क्रान्ति का आरम्भ वस्त्र–उद्योग के मशीनीकरण से हुआ था। वाष्प इंजन को औद्योगिक क्रान्ति का प्रतीक माना गया। आर्नल्ड टॉयनबी (ब्रिटिश, आर्थिक इतिहासकार, 23.8.1852–9.3.1883) में 'लेक्चर्स ऑन द इंडस्ट्रियल रेवोल्यूशन इन इंग्लैंड' (1884) में 'औद्योगिक क्रान्ति' पद का प्रयोग किया। रामविलास शर्मा ने 'इंडस्ट्रियल रेवोल्यूशन' के समान कुछ इतिहासकारों द्वारा 'कमर्शल रेवोल्यूशन' ('सौदागरी क्रान्ति') की चर्चा की भी बात कही है। उन्होंने एंगेल्स, लेनिन और स्टालिन की पुस्तक 'कार्ल मार्क्स और उनके सिद्धान्त' (1952) का, 1957 में माओ त्से तुंग ग्रन्थावली के प्रथम भाग का अनुवाद और 1974 में मार्क्स की 'पूँजी' खण्ड–2 का अनुवाद किया था। व्यापारिक पूँजीवाद की तुलना में औद्योगिक पूँजीवाद की प्रधानता वे अधिक समय तक नहीं देखते। 1867 में दूसरे रिफॉर्म बिल के पास होने के बाद वे औद्योगिक पूँजीवाद के हाथ में राजनीतिक शक्ति को देखते हैं। इसके पहले वह आर्थिक शक्ति था। 1875 से वे 'महाजनी पूँजीवाद' का आरम्भ मानते हैं, जो बीसवीं शताब्दी में प्रथम विश्व युद्ध के पहले राज्यसत्ता पर हावी हुआ।

रामविलास शर्मा अपनी इस मान्यता पर सदैव अडिग रहे हैं कि अंग्रेज़ों ने भारत का विकास नहीं किया। उन्होंने विश्व–विकास को यूरोप केन्द्रित नहीं माना है। वे प्राचीन सभ्यता के तीन प्रमुख केन्द्रों–मिस्र, (2000–150 ईसा पूर्व),

सुमेर (2300–2150 ईसा पूर्व) या मेसोपोटामिया और भारत को परस्पर सम्बद्ध मानते हैं। मिस्र और सुमेर में भारत से निर्यात की गयी अनेक वस्तुओं के आधार पर उन्होंने यह निष्कर्ष निकाला है कि सुमेर में भारतीय व्यापारियों के उपनिवेश भी थे। ('पश्चिम एशिया और ऋग्वेद', 1994, पृ. 85) वे वैदिक सभ्यता और हड़प्पा सभ्यता का विकास एक ही क्षेत्र में देखते हैं। ''रेडियो–कार्बन काल–निर्धारण पद्धति से हड़प्पा सभ्यता की शुरुआत 2700 और 2500 वर्ष ईसा पूर्व के बीच मानी जाती है। बड़े पैमाने पर नगर समाजों का एकीकरण 2600 के आस–पास शुरू हुआ।'' (भारतीय संस्कृति और हिन्दी प्रदेश, खण्ड 1, 1999, पृ. 153) हड़प्पा और उपनिषद् को वे ऋग्वेद की परम्परा में देखते हैं। ''ऋग्वेद में सामाजिक विकास की जो मंज़िलें दिखाई देती हैं, उन्हीं के आगे की मंज़िल हड़प्पा सभ्यता के भीतर विद्यमान है।'' (वही, पृ. 136) उन्होंने बार–बार इस धारणा का खण्डन किया है कि भारत ग्राम–समाजों का देश है और यहाँ के लोग यूरोप की तुलना में पिछड़े हुए हैं। वे यूरोप केन्द्रित सभ्यता की तुलना में अन्य सभ्यताओं को 'ठहराव तथा अलगाव की हालत में' नहीं देखते। अपने अर्थशास्त्रीय विवेचन में वे ऋग्वेद के पहले के गण–समाज की व्यवस्था पर भी विचार करते हैं। ऋग्वेद का समाज गण–समाज के बाद का है। ऋग्वेद और रामायण के समाजों से महाभारत के समाज को उन्होंने 'पिछड़ा' कहा है। गण समाज पहले था, व्यक्तिगत सम्पत्ति वाला समाज उसके बाद का है। गणसम्पत्ति के विघटन के बाद उसके स्थान पर व्यक्तिगत सम्पत्ति के चलन को उन्होंने 'प्राचीन काल की बहुत बड़ी सामाजिक क्रान्ति' (वही पृ. 42–43) कहा है। "ऋग्वेद का समाज आदिम साम्यवादी समाज नहीं है, वह इस व्यवस्था से बाहर निकल आया है। व्यक्तिगत सम्पत्ति यहाँ दृढ़ता से स्थापित है। समाज में सम्पत्ति–भेद पैदा हो गया है।'' (वही, पृ. 11)

'भारतीय साहित्य की भूमिका' (1996) के तीसरे अध्याय 'नगर सभ्यता और वर्ण व्यवस्था' के दूसरे उपखण्ड 'वैदिक काल में विनिमय और लेनदेन' में वे ऋग्वैदिक काल में विनिमय का कम विकास देखते हैं और यह नहीं मानते कि उस समय विनिमय एक़दम नहीं होता था। भारतीय–ईरानी भाषाओं में 'क्रय' के लिए 'क्रीणाति' शब्द का प्रयोग है। ऋग्वेद में 'विक्रीत' शब्द के उल्लेख से वे यह अनुमान करते हैं कि ''भारतीय ईरानी काल में पारस्परिक आदान–प्रदान के रूप में क्रय तथा विक्रय विद्यमान रहे होंगे।'' (भारतीय साहित्य की भूमिका; 1996, पृ. 99) डॉ. शर्मा के अनुमान का एक

आधार है। मोनियर विलियम्स ने 'वस्न' का अर्थ 'प्राइस' और 'वैल्यू' किया है तथा 'वैदिक इंडेक्स' के लेखकों ने 'क्रय' के अन्तर्गत 'शुल्क' को भी माना है। बेचने–ख़रीदने का ऐसा चलन आदिम अवस्था में है। रामशरण शर्मा ने 'वाणिज्य' के लिए किसी स्पष्ट प्रमाण के न होने की बात कही थी। वे प्राचीन भारत के बड़े इतिहासकार हैं। रामविलास शर्मा के लिए महत्त्वपूर्ण बात यह है कि ऋग्वेद में केवल 'वणिक्' का ही नहीं, 'औशिजाय दीर्घश्रवसे वणिजे' का भी उल्लेख है। 'उशिक पुत्र दीर्घश्रवा नामक व्यापारी' को उन्होंने 'विश्व साहित्य में व्यापारी का पहला नामोल्लेख' माना है। अथर्ववेद में व्यापार में सफलता के लिए पहली प्रार्थना है और मन्त्र में स्वयं इन्द्र को धन से व्यापारी कहा गया है। 'धनेन धनं इच्छमानः' में धन से धन कमाने की बात है। रामशरण शर्मा ने 'प्राचीन भारत में भौतिक प्रगति एवं सामाजिक संरचनाएँ' पुस्तक में उस समय सिक्कों के न होने के कारण यह लिखा है कि ब्याज लेने की प्रथा सम्भवतः प्रारम्भ ही नहीं हुई होगी। रामविलास शर्मा की विशेषता यह है कि वे शब्दों में अवगाहन करते हैं, उसके प्रयोग का सामाजिक, सांस्कृतिक और आर्थिक पक्ष भी देखते हैं। यास्क ने ऋग्वेद के 'बेकनाट' (इन्द्रो विश्वान्बेकनाटानहर्दृश उतक्रत्वा–ऋग्वेद, 08.066.10.2) शब्द का अर्थ 'सूदखोर' किया है। सातवलेकर ने 8.66.10 मन्त्र के अनुवाद में इन्द्र द्वारा सभी सूदखोरों और दिन गिनने वाले कंजूसों को अपने कर्म से दबाने की बात कही है। (वही पृ. 101) ऋग्वेद के पहले, दूसरे, चौथे, आठवें, नवें और दसवें मण्डलों में 'ऋण' शब्द के प्रयोग पर उनका ध्यान है और उनके लिए ऋण देना 'सामान्य क्रिया' न होकर एक तरह की विपत्ति है। ग्रिफिथ, मोनियर विलियम्स, सातवलेकर को आधार बना कर उन्होंने यह प्रमाणित किया है कि ऋग्वेद में 'ब्याज' के लिए शब्द है और वहाँ अन्धकार को ऋण की तरह माना गया है। "व्यक्तिगत सम्पत्ति के उद्भव के साथ हर समाज में सूदखोरी का चलन हो जाता है। यह स्थिति ऋग्वैदिक समाज में थी। जो क़र्ज़ न चुकाये, वह अपराधी के समान था और दण्डनीय था।" (वही, पृ. 102) ऋग्वेद के 'पुर' को ही नहीं, 'ग्राम' को भी उन्होंने 'आदिम साम्यवाद के आगे की मंज़िल' कहा है। आधार यह है कि वहाँ सम्पत्ति सामूहिक नहीं, व्यक्तिगत है। प्राचीन भारत के इतिहास को जिन्होंने 'ग्राम समाजों' का इतिहास माना है, उसका डॉ. शर्मा ने सप्रमाण खण्डन किया है। भारत की नगर सभ्यता को उन्होंने यूनान से कहीं अधिक 'स्थायी' माना है। ऋग्वेद में हड़प्पा और मोहेंजोदड़ो जैसे नगर नहीं हैं, पर वहाँ उद्योग–धन्धों का

विकास है, जो कृषितन्त्र की आवश्यकताओं की पूर्ति के लिए और स्वतन्त्र रूप से भी हुआ है। अग्नि का सम्बन्ध उद्योग–धन्धों के विकास से है। भाप से चलने वाले इंजन की तुलना में मानव–विकास में अग्नि का महत्त्व है, क्योंकि इसने मानव–विकास में 'ज़बर्दस्त छलाँग' लगायी। ऋग्वेद के देवों में 'इन्द्र' और 'अग्नि' प्रमुख हैं। ऋग्वेद में 'अग्नि' का उल्लेख वे केवल भोजन पकाने में ही न देख कर 'धातु उद्योग के विकास' में भी देखते हैं। अन्य उद्योगों के साथ वैदिक काल में 'गृह–निर्माण और पुर–निर्माण के उद्योग का भी यथेष्ट विकास' उन्होंने देखा है। उनकी मुख्य स्थापना यह है कि इस युग में व्यक्तिगत सम्पत्ति की स्थापना हो चुकी है। एंगेल्स ने सभ्यता के विकास में व्यक्तिगत सम्पत्ति का उद्‌भव आवश्यक माना है। रामविलास जी का महत्त्व यह है कि उन्होंने ऋग्वेद में व्यक्तिगत सम्पत्ति का चलन कई उदाहरणों से पुष्ट किया। वहाँ मनुष्य के हाथ का महत्त्व है, जिसे देखकर महान तुर्की कवि नाजिम हिकमत (15.1.1902–3.6.1963) की 'हाथ' कविता याद आती है। ऋग्वेद में मनुष्य के 'हाथ' को डॉ. शर्मा ने 'भगवान' माना है। वैदिक युग के स्वाधीन किसानों वाले समाज को समझने में उन्होंने 'पूँजी' के तीसरे खण्ड का यह अंश उद्धृत किया है–''भूखण्डों का मालिक किसान स्वयं है। स्वाधीन रूप से वह उनका प्रबन्ध करता है। यह व्यवस्था सामान्य और व्यापक होती है। क्लासिकल प्राचीनता के सबसे अच्छे दौरों में वह समाज की आर्थिक बुनियाद होती है।'' (वही, पृ. 58–59) ऋग्वेद कालीन समाज में राजा भूमि का मालिक नहीं है। सामन्ती व्यवस्था के राजाओं से ये भिन्न हैं। ऋग्वेद में 'शफ' का अर्थ मूल धन और 'कला' का अर्थ ब्याज भी है। सूदखोर के लिए 'बेकनाट' के अलावा 'पणि' (वणिक) भी है, जो वाणिज्य के साथ सूदखोरी भी करते हैं। ऋग्वेद में डॉ. शर्मा मानसिक और शारीरिक श्रम का विभाजन नहीं देखते हैं। वहाँ 'न तो बड़े पैमाने पर भूमि का केन्द्रीकरण' है, न 'व्यापारियों के यहाँ वित्त का केन्द्रीकरण' है।

'पश्चिमी एशिया और ऋग्वेद' (1994) का 26 पृष्ठों का दूसरा अध्याय है–'हड़प्पाः केन्द्रबद्ध राज्यसत्ता और सुनियोजित अर्थतन्त्र'। आरम्भ में ही रामविलास जी ने ब्रिटिश पुरातत्त्वविद स्टुअर्ट पिगॉट (28.5.1910–23.10. 1926) की पुस्तक 'प्रागैतिहासिक भारत' (1949) का उल्लेख किया है, जिसमें 'हड़प्पा सभ्यता के आर्थिक पक्ष का नया मूल्यांकन' है। पिगॉट ने 'भारत के परवर्ती सामाजिक विकास' पर हड़प्पा सभ्यता के प्रभाव की बात कही थी और 'आर्थिक राजनीतिक संगठनों' पर बल दिया था। हड़प्पा सभ्यता को

पिगॉट ने 'मूलतः भारतीय सभ्यता' कहा है। हड़प्पा की केन्द्रबद्ध राज्यसत्ता और सुनियोजित अर्थतन्त्र पर डॉ. शर्मा के विचार का मुख्य आधार पिगॉट हैं, यद्यपि वे पिगॉट के कुछ विचारों से असहमत भी हैं। पिगॉट ने इस समय के उद्योग को 'कारीगर संघ के उद्योग' से भिन्नमाना था। रामविलास जी ने इसे 'नये ढंग का संगठित उद्योग' कहा है। ''पश्चिम एशिया में वास्तव में प्रथम संगठित उद्योग का श्रेय अनुमानतः हमें हड़प्पा सभ्यता को देना चाहिए।'' (पश्चिम एशिया और ऋग्वेद, 1994, पृ. 46)

मिस्र और सुमेर (मेसोपोटामिया) प्राचीन संसार के सर्वाधिक विकसित देश थे, पर संगठित उद्योग में हड़प्पा उद्योग उनसे आगे था। यह 'कारीगर संघ' से भिन्न 'शिल्पी संघ' था, जो 'एक सुसम्बद्ध बाज़ार में थोक खपत के लिए' सामान बनाता था। व्यापारी वर्ग माल ख़रीदता–बेचता था। व्यापारी वर्ग के आगमन के बाद मुनाफ़े के लिए बिकाऊ माल पैदा किया जाता था। पिगॉट ने इस समय 'नियोजित अर्थतन्त्र' (प्लांड इकॉनोमी) की बात कही है। हड़प्पा की प्रसिद्धि नगर–निर्माण को लेकर है। हड़प्पा और मोहेंजोदड़ों में श्रमिकों के निवास थे। रामविलास जी ने इस अर्थतन्त्र की विशेषता 'शहर और देहात का उत्पादन एक ही योजना के अनुसार संचालित' माना है। अर्थव्यवस्था नियन्त्रित और नियोजित थी। वस्तु–निर्माण के उद्योग के साथ खानों का उद्योग था। हड़प्पा नगर का एक भाग 'अर्धउद्योगीकृत' था, धातुकर्मियों (मेटल वर्कर्स) के कारण। पिगॉट ने एक से अधिक बार सूती कपड़ों के व्यापार का उल्लेख किया है। रामविलास जी ने उसे आगे बढ़ाया। ''कपास की खेती की शुरुआत भारत में हुई, सूत कपड़ा बनाने का कौशल भारत में आरम्भ हुआ, फिर वह अन्य देशों में फैला...भारतीय सूती कपड़े के बदले सोना, चाँदी देने की प्रथा हड़प्पा काल में शुरू हो गयी थी।" (वही, पृ. 50) 'ठप्पा मुहर' जैसी उस समय की मुद्राओं के आधार पर वे इस सभ्यता को 'व्यावसायिक सभ्यता का पूर्वाभास' देने वाली कहते हैं और हड़प्पा की सभ्यता को 'एक लम्बे विकास का परिणाम' के रूप में देखते हैं। सभ्यता के विकास में लौह युग को कांस्य युग से आगे माना गया है। लौह युग में ब्रिटेन और रोम दोनों थे। ब्रिटेन बर्बर था और रोम सभ्य। कांस्य युग में हड़प्पा के होने के बाद भी उसे डॉ. शर्मा ने 'रोम के समतुल्य' कहा है। ''मनुष्य किस धातु से उपकरण बनाते हैं, सभ्यता के विकास के लिए यह तथ्य निर्णायक नहीं है। निर्णायक तथ्य यह है कि वे उन उपकरणों का प्रयोग किस काम के लिए करते हैं और इस काम के दौरान आपस में किस तरह के सामाजिक सम्बन्ध

कायम करते हैं।'' (वही, पृ. 53) उन्होंने हड़प्पा–युग में 'तकनीकी विकास' और 'विनिमय के उपकरण' पर भी विचार किया।

हड़प्पा राज्य से मौर्य राज्य की तुलना का उनके लिए 'असाधारण महत्त्व' है। पिगॉट ने हड़प्पा सभ्यता के अवसान पर विशेष ज़ोर नहीं दिया था। ''हड़प्पा सभ्यता का ह्रास 1750 ईसा पूर्व के लगभग होता है। उस समय सरस्वती जलहीन हो रही है। कालीबंगा के उत्खनन से यह तथ्य सामने आया है।'' (वही पृ. 18) कालीबंगा चार हज़ार ईसा पूर्व से भी अधिक प्राचीन मानी गयी है। 1952 में अमलानन्द घोष (1910–1981) ने इसकी खोज की थी। वे प्रतिष्ठित पुरातत्त्वविद और भारतीय पुरातात्त्विक सर्वेक्षण के महानिदेशक थे। राजस्थान के हनुमानगढ़ ज़िला के इस प्राचीन ऐतिहासिक स्थल में बी.के. थापर (18.10.1921–6.9.1995) और बी.बी. लाल (2.6.1921) ने 1961–69 में यहाँ उत्खनन कार्य किया। कालीबंगा हड़प्पा समय से लगभग हज़ार वर्ष पहले का है। 'ऋग्वेद' और उसके बहुत बाद के 'यजुर्वेद' में सरस्वती 'जल से भरी शक्तिशाली नदी' है। सरस्वती को 'भारत के प्राचीन इतिहास की काल–विभाजक रेखा' मानकर डॉ. शर्मा ऋग्वेद की रचना को ''हड़प्पा सभ्यता के ह्रास से, 1750 ई. पू. से बहुत पहले' की मानते हैं।

मौर्य राज्य को उन्होंने हड़प्पा राज्य का 'उत्तराधिकारी' माना है। टॉयनबी के इस कथन को कि 'हड़प्पा राज्य ने मौर्यों को 'पितृत्व प्रदान' किया था– पिगॉट ने अतिशयोक्तिपूर्ण माना है। उन्होंने इस सभ्यता की निरन्तरता की बात कही थी। चन्द्र गुप्त मौर्य ने 'हड़प्पा सभ्यता की असैनिक, आर्थिक और राजनीतिक धरोहर की रक्षा' की। मौर्य राज्य की स्थापना 322 ईसा पूर्व में हुई थी। मौर्य राजवंश ईसा पूर्व 322–185 में था। इसने भारत में 137 वर्ष तक राज्य किया था जिसकी स्थापना का श्रेय चन्द्रगुप्त मौर्य और मन्त्री चाणक्य (कौटिल्य) को दिया जाता है। इसकी राजधानी पाटलिपुत्र थी। पचास लाख किलोमीटर इस राज्य का क्षेत्रफल था। 24 वर्ष राज्य करने वाले चन्द्रगुप्त मौर्य पहले शासक थे और अन्तिम शासक बृहद्रथ था, जिसने मात्र दो वर्ष राज किया।

हिन्दी में कौटिल्य के 'अर्थशास्त्र' की विस्तारपूर्वक चर्चा डॉ. शर्मा ने 'मार्क्स और पिछड़े हुए समाज' (1986) के चौथे अध्याय 'प्राचीन और मध्यकालीन भारतः पगारजीवी श्रम की भूमिका' में की है। एंगेल्स ने 'ऐंटी ड्यूरिंग (1877, अंग्रेज़ी अनुवाद 1907 में प्रकाशित) की एक पाद टिप्पणी में 'पगार वाले श्रम

में उत्पादन की सारी पूँजीवादी पद्धति भ्रूण रूप में विद्यमान' होने की बात लिखी थी और पगार वाले श्रम को 'बहुत प्राचीन' कहा था। रामविलास शर्मा ने इसे उद्धृत किया। आवश्यक ऐतिहासिक शर्तें पूरी किये जाने के बाद ही 'भ्रूण' पूर्णतः विकसित होकर 'उत्पादन की पूँजीवादी पद्धति' बन सकता था। 'इतिहास और समकालीन परिदृश्य' शृंखला के अन्तर्गत डॉ. शर्मा ने पहले जो कुछ पुस्तिकाएँ प्रकाशित की थीं, उनमें व्यापारिक, औद्योगिक और महाजनी पूँजीवाद की तीन पुस्तिकाएँ भी थीं। 'भारतीय इतिहास और ऐतिहासिक भौतिकवाद' (1992) में वे सभी पुस्तिकाएँ शामिल की गयीं। 'सामन्ती खोल के भीतर' उन्होंने 'एक नये अर्थतन्त्र व्यापारिक पूँजीवाद' के विकास की बात कही है। वे कारख़ानेदारी को 'व्यापारिक पूँजीवाद के अन्तर्गत' रखते हैं। वे पगार देकर मेहनत कराने को सामन्ती समाज की विशेषता न मानकर पूँजीवादी समाज की विशेषता मानते हैं। "पूँजीवादी पद्धति से पगार वाले श्रम का सम्बन्ध तब दिखाई देता है, जब कारीगर से काम कराने वाला व्यक्ति स्वयं कारीगर नहीं होता, जब यह व्यक्ति कारीगर से निजी उपभोग के लिए नहीं, विनिमय के लिए माल तैयार कराता है।" ('मार्क्स और पिछड़े हुए समाज', 1986, पृ. 174)

भारत में कौटिल्य से पहले अर्थशास्त्रीय विचारकों का अभाव नहीं था। कौटिल्य ने अपने से पहले के जिन आचार्यों का उल्लेख किया है, उनके ग्रन्थ अनुपलब्ध हैं। रामविलास शर्मा का अनुमान है कि पहले की नगर–परम्परा और अर्थशास्त्र की परम्परा के आधार पर ही कौटिल्य ने 'अर्थशास्त्र' की रचना की। कौटिल्य का समय ईसा पूर्व 375–283 वर्ष है। मौर्य साम्राज्य की स्थापना में उनकी प्रमुख भूमिका थी। 'अर्थशास्त्र' में नियोजन और संगठन का विस्तृत ब्योरा है, जिसे देखकर डॉ. शर्मा संगठित–नियोजित, हड़प्पाई उद्योग को याद करते हैं। 'अर्थशास्त्र' में वस्तुओं का मूल्य निर्धारित करने वाले को 'पण्याध्यक्ष', तराजू और बाट–बटखेरा की जाँच करने वालों को 'संस्थाध्यक्ष', सूत कातने, कपड़ा बुनने की व्यवस्था करने वाले को 'सूत्राध्यक्ष', नाप–तौल के उपकरणों को बनवाने और उसकी जाँच करने वालों को 'पोताध्यक्ष', खेती की देखभाल करने वाले को 'सीताध्यक्ष', पशुपालन के लिए 'गोअध्यक्ष' और कताई के लिए 'सूत्रशाला' का उल्लेख है। हड़प्पाई और मौर्य राज्य सत्ता में यह समानता थी कि दोनों सत्ताओं का 'प्रधान लक्ष्य बिकाऊ माल का उत्पादन और वितरण' था। कोसम्बी ने 'अर्थशास्त्र' के 'राजनीतिक सिद्धान्त और उसकी प्रशासनिक नीति में बुनियादी अन्तर्विरोध'

के कारण आगे के प्रगति–मार्ग को बन्द किये जाने की बात कही थी। डॉ. शर्मा कोसम्बी (धर्मानन्द दामोदर कोसम्बी, 31.7.1907–29.6.1966) की इस स्थापना से सहमत हैं कि चन्द्रगुप्त की समाज–व्यवस्था की विशेषता 'राज्यसत्ता के प्राधान्य में चलने वाला बिकाऊ माल का उत्पादन है।' इस प्रधानता को वे आर्थिक प्रगति में बाधक न मानकर सहायक इसलिए मानते हैं कि ''व्यापारी के मुनाफ़े को मर्यादित करके वह उपभोक्ताओं को ठगे जाने से बचाती हैं।'' ('पश्चिमी एशिया और ऋग्वेद' पृ. 57) श्रम के लिए 'पगार' देने की प्रथा मौर्य राजवंश के पहले से थी। कौटिल्य ने 'इति आचार्याः' कह कर पुराने आचार्यों के मतों का उल्लेख किया था। हड़प्पा काल में भारतीय वस्त्र सुमेर में बिकने की बात कही गयी है। उन्होंने भारतीय वस्त्रों के सुमेर में बिकने के कारण यह 'तर्कसंगत अनुमान' लगाया है कि ''उस समय भी सूत कातने और कपड़ा बुनने के लिए पगार दी जाती थी।'' (वही पृ. 58) यह पगार एक प्रकार का वेतन था। पिगॉट 'वेतन देकर श्रम कराने की प्रथा' से अपरिचित थे, इसलिए उन्होंने 'निरंकुश राज्यसत्ता की कल्पना' की थी। कौटिल्य के 'अर्थशास्त्र' में 'पगार देकर श्रम कराने की प्रथा' पर रामविलास जी विचार करते हैं। वे इस ग्रन्थ को यूरोप का इतिहास समझने में भी सहायक मानते हैं। लिखते हैं–''इससे...ऐतिहासिक भौतिकवाद की कुछ धारणाएँ अधिक स्पष्ट होंगी।'' (मार्क्स और पिछड़े हुए समाज, पृ. 176) वह पेशगी पगार को 'उस ददनी प्रथा की सूचक' मानते हैं। ''जिसमें उत्पादक माल तैयार करने से पहले ही उसे बेच चुका होता है। यह प्रथा पूँजीवादी उत्पादन पद्धति का आदिम रूप है।'' (वही, पृ. 177)

'पगार' देने की बात 'रामायण' में भी है। संस्कृत विद्वान राधावल्लभ त्रिपाठी ने 'अर्थशास्त्रः हमारे पास, हमसे दूर, एक लोकोपकारी शास्त्र की विवेचना' लेख (प्रतिमानः जनवरी–जून 2015, वर्ष 3, खण्ड 3, अंक 1) में 'अर्थशास्त्र की प्राचीन परम्परा' पर विचार किया है। 'रामायण' में राम ने भरत से यह पूछा है– ''ढलती रात में तुम अर्थ की व्यवस्था को लेकर सोच–विचार तो करते हो न? तुम अकेले तो मन्त्रणा नहीं करते?...तुम अपनी सेना के सैनिकों को समय पर पगार तो दे देते हो न? इसमें विलम्ब तो नहीं करते? सैनिकों को पगार देने में विलम्ब होने पर वे अपने मालिक से चिढ़ जाते हैं और यही महान अनर्थ होता है।'' (पृ. 70) स्पष्ट है कि ईसा पूर्व की पहली शताब्दी में 'पगार' का चलन था। रामायणकालीन अर्थशास्त्र और कौटिल्य के अर्थशास्त्र में अन्तर है। डॉ. त्रिपाठी रामायण और महाभारतकालीन अर्थशास्त्र

की तुलना में कौटिल्य के अर्थशास्त्र में एक 'अनोखापन' देखते हैं–''रामायण और महाभारत में राम और भीष्म के द्वारा प्रतिपादित अर्थशास्त्रों से कौटिल्य के अर्थशास्त्र का अनोखापन लोक को वरीयता देने के साथ ही आन्वीक्षिकी (तर्कपूर्वक परीक्षण) पर बल देने के कारण है।'' (वही पृ. 73) अब राम विलास शर्मा के व्यापारिक पूँजीवाद, 'पगार' आदि पर विचार के क्रम में डॉ. त्रिपाठी के इस लेख का उल्लेख अत्यावश्यक है। रामविलास शर्मा ने रामायण और महाभारत कालीन अर्थशास्त्र पर विस्तारपूर्वक विचार नहीं किया था। डॉ. त्रिपाठी पहले विद्वान हैं, जिन्होंने अपने इस लेख में ईसा के हज़ार वर्ष पहले के 'अर्थशास्त्र के विकास का एक खाका' प्रस्तुत किया है। वे राम द्वारा प्रस्तुत अर्थशास्त्र की रूपरेखा को कौटिल्य के 'अर्थशास्त्र' से 'बहुत अलग' मानते हैं ''क्योंकि कौटिल्य का अर्थशास्त्र तो आन्वीक्षिकी को बहुत महत्त्व देता है और राम आन्वीक्षिकी के आधार पर बात करने वाले लोकायतिकों के ख़िलाफ़ मन्तव्य प्रकट करते हैं।" (वही, पृ. 71) 'रामायण', 'महाभारत' और 'अर्थशास्त्र' पर पहली बार व्यापक, गम्भीर, शोधपरक अध्ययन–विवेचन डॉ. त्रिपाठी के यहाँ है। रामायण और महाभारत में अर्थशास्त्र 'धर्मशास्त्र के पासंग बनकर विकसित हुए' थे। कौटिल्य ने पहली बार अर्थशास्त्र को धर्मशास्त्र से अलग किया। ''धर्मशास्त्र के समानान्तर तथा इनके पूरक के रूप में अर्थशास्त्र को रखा।'' (वही, पृ. 74)

भारत में अर्थशास्त्रीय चिन्तन–विवेचन की प्राचीन परम्परा है। ''कौटिल्य ने अपने से पहले के अर्थशास्त्र में कम–से–कम दस आचार्यों या उनके सम्प्रदायों का उल्लेख किया है। ये हैं; मानव (मनु का सम्प्रदाय), बार्हस्पत्य (बृहस्पति का सम्प्रदाय), औशनस (उशना का या शुक्राचार्य का सम्प्रदाय), भारद्वाज या द्रोणाचार्य, विशालाक्ष, पराशर, पिशुन (नारद), कौणपदन्त (भीष्म), वातव्याधि (उद्भव) तथा बाहुदन्तीपुत्र (इन्द्र)।" (वही, पृ. 79) डॉ. त्रिपाठी ने कौटिल्य के 'अर्थशास्त्र' में 'पगार' लेकर काम न करने पर बारह पण दण्ड देने का उल्लेख किया है। कौटिल्य ने शुल्क या टैक्स के पचीसों प्रकार बताए हैं। ''परिघ, रूपिक, षड्भाग, सेनाभक्त, बलिकार, उत्संग, पार्श्व, कौष्ठेयक, गुल्मदेय, तारदेय, वर्तनी, अतिवाहिक, शुल्क, क्लृप्त–ये सब अलग–अलग तरह के टैक्स हैं।'' (वही, पृ. 87)

'पगार' की प्रथा भारत में प्राचीन थी। 'पगार' देकर श्रम कराया जाता था और 'पगार' एक प्रकार का 'वेतन' भी था। भारत में 'निरंकुश राज्य सत्ता' की बात करने वाले इस पगार–प्रथा से अपरिचित थे।

जिस स्टुअर्ट पिगॉट का उल्लेख 'हड़प्पा केन्द्रबद्ध राज्य सत्ता और सुनियोजित अर्थतन्त्र' में डॉ. शर्मा ने 76 बार (कुल 95 रेफरेंसेज में) किया है, वे 'वेतन देकर श्रम कराने की प्रथा' से अपरिचित थे। इसी कारण उन्होंने 'निरंकुश राज्यसत्ता की कल्पना की। डॉ. शर्मा निरंकुश राज्य–शासन की धारणा को 'पश्चिमी विद्वानों की धारणा' कहते हैं। जिसका उन्होंने काफ़ी प्रचार किया। पिगॉट पर मौर्टिमर व्हीलर (10.9.1890–22.7.1976) का प्रभाव था। पिगॉट की यह धारणा डॉ. शर्मा ने व्हीलर में देखी है। उनके अनुसार पगार देकर श्रम कराने की प्रथा ने 'संगठित उद्योग को स्थायित्व प्रदान किया।' उनका तर्क है कि 'घरेलू बाज़ार का निर्माण' और 'विश्व व्यापार का संगठन' निरंकुशता के बल पर सम्भव नहीं है।

औद्योगिक क्रान्ति (1760–1840) के पहले व्यापारी वर्ग की भूमिका थी और 'एशियाई–अफ़्रीकी बाज़ार के गठन' में भारत की अग्रणी भूमिका थी। औद्योगिक क्रान्ति से पहले की सभ्यता विभिन्न युगों और देशों की नगर–सभ्यता को डॉ. शर्मा 'व्यापारिक पूँजीवाद की देन' कहते हैं। वे एंगेल्स को उद्धृत करते हैं कि उन्होंने 'विनिमय और सौदागर वर्ग के निर्माण की प्रक्रिया' की बात जहाँ कही है, वहाँ 'सभ्यता' शब्द का व्यवहार किया है।" (भारतीय इतिहास और ऐतिहासिक भौतिकवाद पृ. 64) 'सांस्कृतिक विकास तथा आधुनिक जातियों की निर्माण–प्रक्रिया' में व्यापारिक पूँजीवाद की भूमिका है। व्यापारिक पूँजीवाद का कोई एक स्तर नहीं है। "व्यापारिक पूँजीवाद स्वयं अनेक प्रकार का होता है। उसमें अनेक भेद होते हैं...जहाँ नगर होंगे, वहाँ नगर को अन्न देने का काम गाँव करते होंगे। वहाँ की सभ्यता व्यापारिक पूँजीवाद पर आधारित होगी।'' (वही, पृ. 65) व्यापारिक पूँजीवाद की कालावधि औद्योगिक पूँजीवाद की कालावधि से कहीं अधिक है। डॉ. शर्मा "भारत की पुरानी सिन्धु घाटी की सभ्यता, भारत के पड़ोस में सुमेर और बाबुल की सभ्यता, उत्तरी अफ़्रीका में मिस्र की सभ्यता, उसके बाद भारत में मौर्य काल की सभ्यता, आगे चलकर अकबर के समय की सभ्यता, इन सबको व्यापारिक पूँजीवाद की देन' कहते हैं। (वही) वे यूरोप के पुनर्जागरण काल, इटली, फ्रांस, ब्रिटेन में आधुनिक जातियों के निर्माण के समय की विकसित सभ्यता को भी 'व्यापारिक पूँजीवाद की देन' मानते हैं।

एंगेल्स (28.11.1820–5.8.1895) ने 'ऐंटी ड्यूरिंग' (1878 में जर्मन में और 1907 में अंग्रेज़ी अनुवाद प्रकाशित) में ''पगार वाले श्रम में उत्पादन की सारी पूँजीवादी पद्धति भ्रूण रूप में विद्यमान'' होने की बात कही थी और यह

लिखा था कि 'इस तरह का श्रम बहुत प्राचीन है'। उन्होंने यह भी लिखा था कि ''किन्तु, भ्रूण, पूर्ण विकसित होकर, उत्पादन की पूँजीवादी पद्धति बने, यह तभी सम्भव था। जब आवश्यक ऐतिहासिक शर्तें पूरी हो जायें।" (मार्क्स और पिछड़े हुए समाज' में उद्धृत, पृष्ठ 173–74) औद्योगिक पूँजीवाद में मशीनों से बड़े पैमाने पर उत्पादन और वितरण प्रमुख है और व्यापारिक पूँजीवाद में विनिमय। पगार देकर मेहनत कराने को डॉ. शर्मा सामन्ती समाज की विशेषता न मान कर पूँजीवादी समाज की विशेषता मानते हैं। उनकी यह धारणा एक साथ अब तक के इतिहास–लेखन और इतिहास–विवेचन पर भी प्रश्न खड़ा करती है। और अर्थशास्त्रीय चिन्तन में भी एक हस्तक्षेप करती है। कौटिल्य के 'अर्थशास्त्र' में जो 'पेशगी पगार' है, उसे डॉ. शर्मा ने 'ददनी प्रथा की सूचक' माना है, ''जिसमें उत्पादक माल तैयार करने से पहले ही उसे बेच चुका होता है। यह प्रथा पूँजीवादी उत्पादन पद्धति का आदिम रूप है," (वही, पृ. 177) 'अर्थशास्त्र' में "पेशगी पगार लेने वाले को गृहीत वेतन कहा गया है।'' (वही) डॉ. शर्मा ने यह बताया है कि ''पगार जीवी श्रमिकों से काम कराने वाला सबसे बड़ा भर्ता राज्य है। वह अनेक धन्धों में, उद्योग और कृषि में, उनसे काम कराता है और सामान्यतः उन्हें द्रव्य रूप में पगार देता है।" (वही पृ. 178) उस समय इस्पात बनाने की प्रक्रिया विशेषज्ञ जानते थे। उत्पादन और विनिमय दोनों में 'निजी व्यवसाय और राज्यसत्ता' दोनों की भागीदारी थी, पर राज्यसत्ता की भूमिका सूत्रधार की थी। इस व्यापार को 'विकासमान व्यापार' कहा गया है। राज्यसत्ता के लाभ के लिए व्यापार–क्षेत्र का व्यापक होना आवश्यक था। राज्यसत्ता स्वयं व्यापार कर रही थी। "कौटिल्य की राज्यसत्ता विशुद्ध खेतिहर राज्यसत्ता नहीं है; वह उत्पादन और वाणिज्य से लाभ उठाने वाली राज्यसत्ता भी है। वह उत्पादन और विनिमय पर नियन्त्रण ही नहीं रखती उनका संचालन भी करती है।'' (वही, पृ. 189) कौटिल्य ने 'एकमुखी राज्यतन्त्र' की हिमायत की है डॉ. शर्मा इसे 'चालू अर्थ में सर्वसत्तावादी' (सर्वशक्तिमान') नहीं मानते। कौटिल्य को उन्होंने 'गतिशील यथार्थ की दिशा पहचानने वाला अर्थशास्त्री' कहा है। वे इस 'सुनियोजित अर्थव्यवस्था' के प्रमाण के अनेक उदाहरण देते हैं। लिखते हैं ''पूरे समाज की आवश्यकताओं का हिसाब लगाकर उत्पादन की योजना बनाना समाजवादी अर्थतन्त्र की विशेषता है। उल्लेखनीय यह है कि कौटिल्य की सुनियोजित अर्थव्यवस्था की अनेक विशेषताएँ पूँजीवादी राज्यों ने अब भी नहीं अपनायीं...कौटिल्य की राज्यसत्ता समाज को पूँजीवादी विकास

की दिशा में आगे बढ़ाने वाली किन्तु पूँजीवादी विकास की अराजकता को नियन्त्रित रखने वाली राज्यसत्ता है।" (वही, पृ. 196) एकतन्त्रीय प्रणाली के पक्षधर के रूप में आज भी कौटिल्य को याद किया जाता है, पर राधावल्लभ त्रिपाठी ने उन्हें 'प्रजा का हित करने वाली प्रणाली के पक्षधर' भी कहा है। उन्होंने कौटिल्य के सन्दर्भ में 'अर्थ' का आशय मात्र सम्पत्ति न मान कर उनके 'अर्थशास्त्र' को 'इन्द्रियों पर विजय का शास्त्र' कहा है–"कौटिल्य का इन्द्रियजय का अर्थशास्त्र आज के भोगवादी अर्थशास्त्र का प्रतिवाद है।" (प्रतिमान, वही, पृ. 81) यह 'लोकोपकार का शास्त्र' है।

व्यापारिक पूँजीवाद का यह समाज सामन्ती व्यवस्था से मुक्त नहीं है। सामन्ती व्यवस्था को रोमन समाज, जो व्यापारिक पूँजीवाद के युग का समाज था, तोड़ने में विफल रहा था। पगार देकर श्रमिकों से श्रम कराने के कारण डॉ. शर्मा कौटिल्य के समाज को 'आधुनिक पूँजीवादी समाज के अधिक निकट' मानते हैं। भारत के विनिमय–केन्द्रों के बार–बार ध्वस्त होने के बाद भी पनपते रहने का मुख्य कारण डॉ. शर्मा 'पगार देने की श्रम की प्रथा' समझते हैं। सामन्ती समाज से कौटिल्य का समाज भिन्न इस अर्थ में है कि वहाँ वस्तुओं का उत्पादन 'आवश्यकताओं की पूर्ति' के लिए न होकर 'विनिमय के लिए' है। वस्तुओं का उत्पादन देश–विदेश में व्यापार के लिए बिकाऊ माल को तैयार करने के लिए है। सामन्ती व्यवस्था में उत्पादन छोटे पैमाने पर होता है, वहाँ विनिमय सीमित होता है। वहाँ ऐसी बात नहीं है। कहीं–कहीं अतिरेक में डॉ. शर्मा ने कौटिल्य के समय की राज्यसत्ता को 'आधुनिक पूँजीवादी राज्यसत्ता से बढ़कर' माना है, जिस पर आपत्तियाँ भी की गयी हैं। उस समय 'सामन्ती अर्थतन्त्र' समाप्त नहीं हुआ था। उत्पादन और विनिमय का विकास सामन्ती अर्थतन्त्र की सीमाएँ लाँघ रहा था। कौटिल्य के 'अर्थशास्त्र' का राज्य गणराज्य और 'वर्णव्यवस्था वाले छोटे राज्य' के बीच था। अन्तर यह था कि इस राज्य में 'विनिमय केन्द्रों की प्रधानता' और 'नगर की प्रधानता' है। व्यापारिक पूँजीवाद के समय का रोमन समाज जिस प्रकार सामन्ती व्यवस्था को तोड़ नहीं पाया उसी प्रकार कौटिल्य के समय के व्यापारिक पूँजीवाद का समाज भी सामन्ती व्यवस्था को तोड़ नहीं सका। ''सामन्ती व्यवस्था छोटे पैमाने के उत्पादन की व्यवस्था है, कौटिल्य की समाज व्यवस्था में बड़े पैमाने के उत्पादन की व्यवस्था' 'मार्क्स और पिछड़े हुए समाज', वही, पृ. 209) महत्त्वपूर्ण है।

डॉ. शर्मा 'पगारजीवी श्रम की प्रथा, के अध्ययन के लिए...'बय चकड़ा' नाम की पोथी बहुत महत्त्वपूर्ण बताते हैं। 'जयकृष्णदास–कृष्णदास प्राच्यविद् ग्रन्थमाला' की छठी पुस्तक 'न्यू लाइट ऑफ़ द सन टेम्पल ऑफ़ कोणार्क' चौखम्भा से 1972 में प्रकाशित हुई थी। इस पुस्तक के लेखक एलिस मोनर, सदाशिव रथ शर्मा और राजेन्द्र प्रसाद दास हैं। जिन्होंने चार हस्तलिखित पोथियों का पता लगाया था। 'इनमें से एक 'बय चकड़ा' थी। रामविलास जी इस पुस्तक के अध्ययन से इस नतीजे पर पहुँचे कि ''कोणार्क का मन्दिर गुलामों से या बेगार के लिए बटोरे हुए मज़दूरों से न बनवाया गया था।'' (वही, पृ. 243) मन्दिर के व्यय का हिसाब–किताब 'बय चकड़ा' में सुरक्षित है। इसमें पगार सम्बन्धी विवरण है। पगार देने का यह चलन बाद में भी बना रहा है। 'आईने अकबरी' में 'सीमित' ही सही 'पगार सम्बन्धी सूचना' है। श्रमिक कुशल हों या अकुशल, उन्हें मेहनताना दिया जाता था। व्यापारिक पूँजीवाद के विकास में इस प्रथा के महत्त्व की वे विस्तारपूर्वक चर्चा करते हैं जिस समाज में, राज्यसत्ता में पगार देने की व्यवस्था रही हो, वह समाज और राज्यव्यवस्था अर्थतन्त्र की दृष्टि से पिछड़ी नहीं थी। ''भारत के पिछड़ेपन पर जिन 'देशी–विदेशी विद्वानों ने लिखा है, उन्होंने पगारजीवी श्रम की परम्परा पर विचार नहीं किया। इस परम्परा से भारत के सामाजिक–सांस्कृतिक इतिहास के लिए जो निष्कर्ष निकलते हैं, उनकी वे कल्पना नहीं कर सकते।'' (वही, पृ. 248)

रामविलास शर्मा के मत और मान्यताओं पर कइयों को आपत्ति रही है। उनकी अध्ययन–पद्धति, चिन्तन–पद्धति और विवेचन–पद्धति पर भी कइयों को एतराज़ है। 'रामविलास शर्मा की विवेचन पद्धति और मार्क्सवाद' पर जिस श्रम से वीर भारत तलवार ने विचार किया है, उस पर समग्रता में विचार यहाँ सम्भव नहीं है। वे 'वैज्ञानिक भौतिकवाद', 'मार्क्स का दर्शन और हेगेलीय द्वन्द्ववाद', 'व्यापारिक पूँजी और पूँजीवाद' तथा 'नयी जनवादी क्रान्ति' सम्बन्धी डॉ. शर्मा के विचारों की समीक्षा करते हैं। उनके 'व्यापारिक पूँजी और पूँजीवाद' सम्बन्धी मान्यताओं से तलवार सहमत नहीं हैं। रामविलास जी ने पगार देने की प्रथा से मगध राज्य में व्यापारिक पूँजीवाद की बात कही है। वे हज़ार वर्ष पहले की इस पगार–प्रथा पर लिख चुके हैं। मगध राज्य के व्यापारिक पूँजीवाद में उन्होंने आधुनिक पूँजीवाद की भी कुछ विशेषताएँ देखी हैं। दूसरे डॉ. शर्मा ने कौटिल्यकालीन राज्यसत्ता में वर्ग–सन्तुलन कायम किये जाने की ओर भी ध्यान दिलाया। तलवार उनके इन 'निष्कर्षों'

से सहमत नहीं हैं। इस लेख में थोड़ा–सा उल्लेख भर किया जा सकता है क्योंकि यह लेख डॉ. शर्मा के लगभग समस्त अर्थशास्त्रीय चिन्तन को एक स्थान पर संक्षेप में समेटकर भविष्य में व्यापक और समग्र दृष्टि से गम्भीर अध्ययन–मनन की आवश्यकता के तहत लिखा जा रहा है।

रामविलास जी ने जातीय गठन की प्रक्रिया को व्यापारिक पूँजीवाद से जोड़ा है। तलवार का कथन है कि मगध के राज्य में व्यापारिक पूँजीवाद के विकास के बाद भी ''जातियों के गठन के मामले में मगध का व्यापारिक पूँजीवाद बाँझ ही साबित हुआ।' ('सामनाः रामविलास शर्मा की विवेचन–पद्धति और मार्क्सवाद', 2005, पृ. 79) वे यह नहीं मानते कि "कौटिल्य का राज्य व्यापारियों के पक्ष में था।'' (वही, पृ. 81) चूँकि व्यापारी राज्य द्वारा तय मूल्य पर ही अपना माल बेच सकता था, इसलिए वहाँ 'समाजवादी अर्थतन्त्र की विशेषता' नहीं देखी जा सकती। तलवार मगध राज्य का वर्ग–आधार स्वयं 'राज्य' को मानते हैं। राज्य का अपना हित ही सर्वोपरि था। कौटिल्य के 'अर्थशास्त्र' के डॉ. शर्मा गम्भीर अध्येता हैं। संस्कृत विद्वान् राधावल्लभ त्रिपाठी ने कौटिल्य को 'प्रजा का हित करने वाली प्रणाली का पक्षधर' और 'अर्थशास्त्र' को 'आज के भोगवादी अर्थशास्त्र का प्रतिवाद' माना है। सम्भव है, इस मान्यता पर वीर भारत तलवार को आपत्ति हो। 'अर्थशास्त्र' पर कोसम्बी, रामविलास शर्मा और राधावल्लभ त्रिपाठी ने जो मत व्यक्त किये हैं उन सब पर विचार किये जाने की अधिक आवश्यकता है। कौटिल्य की तुलना आज भी मैकियावेली (3.5.1469–21.6.1527) से करने वाले कम नहीं हैं, पर राधावल्लभ त्रिपाठी यह 'पूरा सत्य' नहीं मानते कि वह 'एकतन्त्रीय प्रणाली के पक्षधर' हैं। तलवार ने 'बय चकड़ा' की प्रामाणिकता की जाँच की भी बात कही है। तलवार की शिकायत है कि 'पगार–प्रथा पहले भ्रूण, फिर प्रमुख विशेषता–फिर स्वयं पद्धति बन गयी।' (वही पृ. 88)

व्यापारिक पूँजीवाद का महत्त्व डॉ. शर्मा के यहाँ सर्वाधिक है। वे इसी दौर में जाति का गठन और जातीय भाषा का जन्म और विकास देखते हैं। अर्थशास्त्र, इतिहास, जाति, भाषा, साहित्य सब का इस दौर के साथ जब तक सर्वांगीण अध्ययन नहीं किया जाता, किसी एक पक्ष विशेष को लेकर किया गया विवेचन अधूरा ही रहेगा। इस व्यापारिक पूँजीवाद के सम्बन्ध में उनकी धारणा और स्थापना पर कम विवाद नहीं हुए हैं। मुरली मनोहर प्रसाद सिंह ने यह प्रश्न किया है कि ''रामविलास जी जिसे पूँजीवाद कह रहे हैं, क्या वस्तुतः वह पूँजीवाद था या सिर्फ़ सौदागरी पूँजी द्वारा किया जाने वाला

व्यापार मात्र था?" ('उद्भावना': रामविलास शर्मा महाविशेषांक, दिसम्बर 2012, पृ. 28) वे इरफ़ान हबीब के तीन आलेखों (पाक–औपनिवेशिक भारत में पूँजी संचय की प्रक्रिया, मुग़ल अर्थ–व्यवस्था में पूँजीवादी विकास की सम्भावनाएँ और 1757 से 1900 के बीच की अर्थव्यवस्था का उपनिवेशीकरण) के ज़रिये 'इस मुद्दे पर गम्भीर विचार–विमर्श' के होने की ज़रूरत बताते हैं, पर स्वयं गम्भीर विचार नहीं करते। उन्होंने अमिय कुमार बाग़ची के एक शोध–आलेख 'सेलेब्रेटिंग इरफ़ान हबीब ऐट एट्टी' से अठारहवीं सदी में 'सौदागरी पूँजी का संचय पूँजीवाद की दिशाओं में' होने की बात कही है और यह लिखा है कि "उसे औपनिवेशिक सत्ता ने अंकुरण काल में ही विनष्ट कर दिया" (वही) डॉ. शर्मा इस समय को व्यापारिक और सौदागरी पूँजी का 'अंकुरण काल' नहीं मानते। यह 'अंकुरण काल' से कुछ अधिक था।

डॉ. रामविलास शर्मा के उपनिवेशवाद विरोधी और साम्राज्यवाद विरोधी चिन्तन पर सवाल खड़ा नहीं किया जा सकता। इस चिन्तन में व्यापारिक पूँजीवाद की उनकी धारणा–अवधारणा का विशेष महत्त्व है। उनका यह लेखन अकादमिक नहीं है। वे अपनी स्थापनाओं से एक बड़ी चुनौती देते हैं, जिसे हल्के ढंग से नहीं लिया जा सकता। उन्होंने 'मार्क्सवाद के रूढ़ि–मुक्त अध्ययन' की बात कही है। वे यह मानते हैं कि अंग्रेज़ों के आगमन के पहले भारत में जो पूँजीवाद उभर रहा था, उसका विनाश अंग्रेज़ों ने यहाँ के प्रतिक्रियावादी सामन्तों से मिल कर किया। साम्राज्यवादी इतिहासकारों ने भारत की 'उत्पादन शक्तियों' के पिछड़े होने की बात कही है। कई पुस्तकों में डॉ. शर्मा ने सप्रमाण यह साबित किया है कि भारत इंग्लैंड की तुलना में कहीं आगे बढ़ा हुआ देश था। अंग्रेज़ों ने यहाँ के आर्थिक और औद्योगिक विकास में रुकावट डाली। अंग्रेज़ों का आगमन अगर न हुआ होता तो भारत उसके राज में जिस अधोगति को पहुँचा, वह कभी नहीं होता। औद्योगिक पूँजीवाद के बाद केवल इंग्लैंड ही नहीं बदला, पूरी दुनिया भी बदली। मार्क्स ने जिस पूँजीवाद का गहन अध्ययन किया था, वह यही था। रामविलास शर्मा ने पूँजीवाद के विवेचन में व्यापारिक पूँजीवाद को सामने रखा। सम्भवतः किसी अर्थशास्त्री ने शायद ही व्यापारिक पूँजीवाद को इतना अधिक महत्त्व दिया हो। मार्क्स ने पूँजी, खण्ड 1 में मध्यकाल से प्राप्त पूँजी के जिन दो रूपों की बात कही है, वे पूँजीवादी उत्पादन पद्धति से पहले के हैं। ये स्वयं पूँजीवादी उत्पादन–पद्धति में नहीं बदलते। मार्क्स ने सौदागरी और सूदखोरी पूँजी को पूँजी के दो रूप माना है, जो सामन्ती मध्यकाल में

विकसित होते हैं, पर अपने–आप औद्योगिक पूँजी में परिणत नहीं हो जाते। डॉ. शर्मा का अर्थशास्त्रीय दृष्टिकोण उनके इतिहास–सम्बन्धी दृष्टिकोण से जुड़ा है। व्यापारिक पूँजीवाद पर उनका विशेष बल उनके इतिहास–सम्बन्धी दृष्टिकोण से भी जुड़ा है। वे समग्रता में रखकर अध्ययन, चिन्तन–मनन करते थे। उन पर विचार भी समग्रता में ही किया जाना चाहिए। वे आधुनिक काल की शुरुआत जातीय गठन के समय देखते हैं और यह बताते हैं कि आधुनिक काल के भी कई चरण हैं। "जिसे लोग मध्य काल कहते हैं, वह वास्तव में आधुनिक काल का प्रथम चरण है जब समाज में उद्योग और व्यापार के विकास और प्रसार के साथ समाज में नये सम्बन्ध कायम होते हैं। साहित्य के इतिहास में काल–विभाजन का आधार समाज–व्यवस्था होनी चाहिए। पुरानी संस्कृति के अवशेष बहुत दिनों तक कायम रहते हैं। इससे यह सिद्ध नहीं होता कि नये युग का सूत्रपात नहीं हुआ।" ('भारतीय साहित्य के इतिहास की समस्याएँ', 1986, पृ. 146)

निजी सम्पत्ति पर आधारित एक अर्थव्यवस्था के रूप में 'पूँजीवाद' पद का प्रयोग 'दास कैपिटल' के प्रकाशन (1867) के समय से होने के बाद उत्पादन के एक साधन के रूप में व्यापक रूप से इसका प्रयोग आरम्भ हुआ। जहाँ तक 'कैपिटलिज़्म' के प्रथम प्रयोग की बात है, ऑक्सफ़ोर्ड इंग्लिश डिक्शनरी के अनुसार 1854 में अंग्रेज़ी उपन्यासकार विलियम मेकपीस थैकरे (18.7.1811–24.12.1863) के उपन्यास 'द न्यू कम्स' में इसे हम देखते हैं। यहाँ यह उल्लेख आवश्यक है कि विलियम मैकपीस थैकरे का जन्म कलकत्ता में हुआ था। 1854–55 में प्रकाशित इस उपन्यास का पूरा नाम था–'द न्यू कम्सः मेम्वायर्स ऑफ़ ए मोस्ट रेस्पेक्टेबल फेमिली।' 'कैपिटलिज़्म' पद 'दास कैपिटल' के प्रकाशन के बाद ही प्रसिद्ध हुआ। यह औद्योगिक पूँजीवाद का समय था। बड़े पैमाने पर मशीनी उत्पादन से औद्योगिक पूँजीवाद का सम्बन्ध है। जेथ्रो टूल (1674–1741), जेम्सवाट (1736–1819), रिचर्ड आर्कराइट (1732–1792), रौबर्ट फल्टन (1765–1815), एड्मुंड कार्टराइट (1743–1823), जॉन के (1704–1780), सिमुएल क्रॉम्प्टन (1753–1827), जॉर्ज स्टीफेंसन (1781–1848), एली व्हिटनी (1765–1825) और हेनरी बेसमर (1813–1898) औद्योगिक क्रान्ति से सम्बन्धित प्रमुख व्यक्ति हैं। उस समय के प्रमुख आविष्कार वाष्प इंजन, टेलीग्राफ़, स्पिनिंग जेनी, रेल मार्ग, इस्पात निर्माण, फोटोग्राफ़ी, विद्युत और वायुयान हैं।

1757 की पलासी की लड़ाई के पहले इंग्लैंड में वैसे आविष्कार नहीं हुए थे, जिनसे वहाँ औद्योगिक क्रान्ति सम्पन्न होती। 'आविष्कारक प्रतिभा' अकारण और अचानक नहीं फूट पड़ी थी। आविष्कारों का पूँजी के इकट्ठे होने से सम्बन्ध था। 1757 के बाद बड़े–बड़े आविष्कारों का सिलसिला आरम्भ हुआ जिससे औद्योगिक क्रान्ति सम्भव हुई। पलासी की लड़ाई के बाद भारत की दौलत बेशुमार मात्रा में इंग्लैंड जाने लगी, जिसे रजनी पाम दत्त ने 'बरसाती नदी की तरह विलायत की तरफ़ बहना' कहा है। 1757 के बाद ही 1764 में हारग्रीब्स द्वारा नये करघे (स्पिनिंग जेनी) का आविष्कार, 1765 में वाट द्वारा भाप के इंजन का निर्माण, 1769 में आर्कराइट द्वारा जल–ढाँचा (वाटर फ्रेम) बनाना, 1775 में 'रूई की सफ़ाई, खिंचाई और कताई की मशीनों का पेटेंट कराना, 1779 में क्रॉम्प्टन द्वारा खच्चर–कर्घा (म्यूल), 1785 में कार्टराइट द्वारा मशीन का करघा (पावर–लूम) बनाना और 1788 में लोहा गलाने की भट्ठियों में भाप का इंजन लगाना सम्भव हुआ।

रामविलास शर्मा ने इंग्लैंड की औद्योगिक क्रान्ति से हुए विकास को 'निरपेक्ष रूप में मानव जाति के लिए आगे बढ़ा हुआ क़दम नहीं' माना है। ''उसके साथ ह्रास वाला पक्ष जुड़ा हुआ है।'' ('मार्क्स और पिछड़े हुए समाज', भूमिका पृ. 4) वे इंग्लैंड की औद्योगिक क्रान्ति के बाद संसार के देशों को 'मोटे तौर से दो भागों में' विभाजित देखते हैं–'आगे बढ़े हुए देश और पिछड़े हुए देश'। आज जिन देशों को विकसित अर्द्धविकसित या विकासशील और अविकसित देश कहा जाता है, उसका सम्बन्ध औद्योगिक क्रान्ति से है, जो लूट से सम्भव हुई। अंग्रेज़ों के प्रति भारतीय बौद्धिकों में पहले भी एक सहानुभूति रही है, आज भी है। बड़े पैमाने पर मशीनी उत्पादन मुनाफ़ा कमाने के लिए है। मार्क्स ने दुनिया में आने वाले पैसों पर 'खून के दाग' देखे थे। ''अगर पैसे का यह हाल है, तो पूँजी सर से पैर तक रत्ती–रत्ती ख़ून और गन्दगी में सराबोर होकर आती है।'' (पूँजी, खण्ड 1, अध्याय 31)

औद्योगिक क्रान्ति का आरम्भ 1760 ई. से माना जाता है क्योंकि इसी वर्ष फ्लाइंग–शटल आयी और लोहा गलाने के लिए लकड़ी के स्थान पर कोयला से काम लिया जाने लगा। औद्योगिक पूँजीवाद पूरी तरह से पुरानी व्यवस्था को नष्ट नहीं करता है। ''इंग्लैंड समेत किसी भी देश में उद्योगपतियों ने सामन्तवाद को पूरी तरह ख़त्म नहीं किया।'' ('भारत में अंग्रेज़ी राज और मार्क्सवाद' खण्ड 1, 1982, पृ. 21) डॉ. शर्मा 'सूदखोरी' को 'पहला अवशेष' मानते हैं। 1694 में इंग्लैंड का बैंक बना, पर वहाँ 1850 ई.

तक बैंक पूँजी और चालू पूँजी कम थी। 60 साल तक उसका सबसे छोटा नोट 20 पौंड का था। पूँजीपतियों ने अपने लिए बैंक–व्यवस्था बनाई थी, पर साधारण लोग सूदखोरों से पैसा उधार लिया करते थे। क्या शहर, क्या देहात दोनों ही जगहों में इन सूदखोरों की अपनी दुकानें थीं। ''इस तरह की सिर्फ़ लन्दन में ही दो सौ चालीस दुकानें थीं। इन्हीं में से किसी दुकान से मार्क्स को भी साबिका पड़ा था। देहात में इन लोगों की ढाई हज़ार दुकानें थीं। इन्हें गिरवी रखने वाला (पौन ब्रोकर) कहा जाता था। उस समय के एक लेखक ने हिसाब लगाया था कि ये लोग साल में दस लाख पौंड सूद के रूप में कमाते हैं।'' ('भारतीय इतिहास और ऐतिहासिक भौतिकवाद', पृ. 96) सूदखोरी के साथ–साथ 'घटिया क़िस्म की सौदागरी' भी कायम थी। अवशेषों में ज़मींदार–वर्ग अधिक महत्त्वपूर्ण था। इंग्लैंड के दो राजनीतिक दलों में टोरी दल ज़मींदारों का था और प्रगतिशील माने जाने वाले व्हिग दल में भी ज़मींदारों के प्रतिनिधि अधिक संख्या में थे। ज़मींदार राज्यसत्ता के अलावा 'फ़ौज और चर्च के ऊपर भी हावी थे।' पूँजीपति वर्ग वहाँ अभिजात वर्ग पर निर्भर था। डॉ. शर्मा ने इंग्लैंड की औद्योगिक क्रान्ति को 'मानव इतिहास में अब तक की सबसे बड़ी क्रान्ति' मानने के बाद भी 'पुराने तामझाम' के बरक़रार रहने की बात कही है। ''यह पूँजीवादी क्रान्ति अधूरी थी, आर्थिक क्षेत्र में अधूरी थी, राजनीतिक और सांस्कृतिक क्षेत्रों में भी अधूरी थी...औद्योगिक क्रान्ति के बाद सामाजिक प्रगति के लिए पश्चिमी यूरोप में अभिजात वर्ग के प्रभुत्व को ख़त्म करना ज़रूरी था।'' (वही, पृ. 99)

ब्रिटेन में मज़दूर वर्ग की श्रम शक्ति का शोषण करने वाला पूँजीपति वर्ग, राज्य सत्ता पर हावी अभिजात वर्ग और मज़दूरों के बीच उत्पन्न एक ऊपरी स्तर को डॉ. शर्मा ने 'मज़दूर वर्ग के तीन शत्रु' कहा है और यह लिखा है कि ''भारत जैसे पराधीन देशों के भी यही तीन शत्रु थे।'' (वही, पृ. 104) आधुनिक रूप में भारत का औद्योगीकरण 1850 ई. से आरम्भ हुआ। 1853–54 में यहाँ रेल और तार–प्रणाली बहाल हुई। बाद में इन उद्योगों की उन्नति हुई। 1908 में पहली बार भारत में लौह–इस्पात का कारख़ाना आरम्भ हुआ। इंग्लैंड में मज़दूरों के शोषण के साथ 'पूँजी का केन्द्रीकरण' हुआ। पूँजी के केन्द्रीकरण से छोटे पूँजीपतियों का बड़े पूँजीपतियों ने भक्षण किया। मार्क्स ने इस समय 'श्रम की प्रक्रिया में सहकारिता बढ़ने' की बात लिखी है। विज्ञान से प्राप्त तकनीक उत्पादन में लगाया गया। उत्पादन के औज़ारों का सब मिलकर उपयोग करने लगे। ''श्रम के औज़ारों का समाजीकरण हुआ।''

विश्व बाज़ार का जाल फैला, जिसमें दुनिया के लोग सिमटने लगे। 'पूँजीवादी व्यवस्था का अन्तरराष्ट्रीय चरित्र निर्मित' हुआ।' बड़े पूँजीपतियों ने उत्पादन पर इजारा कायम करना आरम्भ किया। ''इजारे की यह प्रवृत्ति औद्योगिक पूँजीवाद के ज़माने में देखी जाती है।'' (वही, पृ. 108) पूँजी के ऊपर बड़े पूँजीपतियों के इस इजारे को उत्पादन की पद्धति पर एक बन्धन के रूप में देखा गया है। कुछ पूँजीपतियों का उत्पादन के साधन पर स्वामित्व हुआ और इस उत्पादन–सम्बन्ध से उत्पादक शक्तियाँ (करोड़ों मज़दूर) टकराने लगीं। डॉ. शर्मा ने विस्तार से 'औद्योगिक पूँजीवादः वैज्ञानिक समाजवाद और रूस की समाजवादी क्रान्ति' पर विचार किया है। वे 'वैज्ञानिक समाजवाद को सही ढंग से समझने के लिए मार्क्स और एंगेल्स के विचारों को उनकी विकासमानता के सन्दर्भ में' देखते हैं। मार्क्स और एंगेल्स के विचार बदलते रहे हैं। ''वैज्ञानिक समाजवाद के बारे में मार्क्स और एंगेल्स की विचारधारा विकासमान है, यह न समझने के कारण बहुत से मार्क्सवादियों ने आपसी विवाद में अनगिनत पृष्ठ लिखे हैं।'' (वही, पृ. 115) समाजवाद की ओर संक्रमण के लिए पूँजीवाद को निरस्त करना ही आवश्यक नहीं है। उसे नियन्त्रित करके ही रूस में 'समाजवाद की ओर संक्रमण' हुआ। लेनिन ने रूसी अर्थतन्त्र के पाँच अंगों में एक अंग 'राजकीय पूँजीवाद' (स्टेट कैपिटलिज़्म) माना है जिसे डॉ. शर्मा ने 'सबसे महत्त्वपूर्ण' कहा है। वे यह मानते हैं कि बड़े उद्योग–धन्धों की बुनियाद के बिना 'समाजवाद की रचना' सम्भव नहीं है। राजकीय पूँजीवाद इसी कारण अधिक महत्त्वपूर्ण है। डॉ. शर्मा 'औद्योगिक पूँजीवाद' पर लेखन के क्रम में 'राजकीय पूँजीवाद' पर विचार करते हैं। 'मार्क्स और पिछड़े हुए समाज' में भी उन्होंने 'नया जनतन्त्र और राजकीय पूँजीवाद' पर लिखा है। वे राजकीय पूँजीवाद के एक पक्ष में जहाँ 'पूँजीपतियों के सहयोग से बड़े पैमाने के उद्योग–धन्धों का संगठन' रखते हैं वहाँ दूसरे पक्ष को किसानों से जोड़ते हैं। एक पक्ष औद्योगिक विकास का है और दूसरा पक्ष व्यापार का है। उनके इस अध्ययन के केन्द्र में सोवियत रूस है।

रामविलास शर्मा तीन प्रकार की पूँजी मानते हैं–सूदखोर, व्यापारिक और औद्योगिक। ''इसी के अनुरूप पूँजीवाद तीन तरह का होता है–व्यापारिक, औद्योगिक, सूदखोर। ऐतिहासिक विकास–क्रम में सूदखोर पूँजी का जन्म पहले होता है, सूदखोर पूँजीवाद का जन्म सबसे पीछे होता है।'' (वही, पृ. 138) मुनाफ़ा देने वाली पूँजी और सूद देने वाली पूँजी में अन्तर है। उद्योगपति मुनाफ़ा देने वाली पूँजी का मालिक है और महाजन सूद देने

वाली पूँजी का मालिक। मार्क्स के जीवन काल में ही इस महाजनी व्यवस्था का आरम्भ हो चुका था। 'महाजन' आसानी से समझ में आने वाला शब्द है। इसी कारण प्रेमचन्द ने पूँजीवादी सभ्यता को 'महाजनी सभ्यता' कहा था। डॉ. शर्मा ने पूँजी की इस 'उन्नत' अवस्था को, जो औद्योगिक पूँजीवाद के बाद की है, 'महाजनी पूँजीवाद' कहा है। 'उद्योगपति' और 'पूँजीपति' में अन्तर है। उद्योगपति उद्योग–धन्धों का मालिक होता है, जो बाद में पूँजी का प्रबन्धक और प्रशासक भर रह जाता है। डॉ. शर्मा ने 'पूँजी' के तीसरे खण्ड (1894) से, जिसे एंगेल्स ने मार्क्स द्वारा छोड़े गये नोट्स से तैयार किया था, यह अंश उद्धृत किया है ''पूँजी का मालिक, महज मालिक, महज पैसे वाला पूँजीपति रह गया है'' (वही, पृ. 140 पर उद्धृत) उद्योगपति अब महाजन का कारिन्दा, उद्योगधन्धों का प्रबन्धक मात्र रह जाता है। माल की बिक्री से प्राप्त मुनाफ़े का एक भाग महाजन का होता है। औद्योगिक पूँजीवाद के बाद का यह युग महाजनी पूँजी या इजारेदार पूँजी का युग है। औद्योगिक पूँजीवाद की तुलना में इस 'अधिक प्रतिक्रियावादी' कहा गया है। 1875 से इस महाजनी पूँजी का युग आरम्भ हुआ। अब उद्योगपति की तुलना में बैंक पति प्रमुख हुआ। ''1914 के विश्व महायुद्ध के समय तक इंग्लैंड का महाजनी पूँजीवाद राज्यसत्ता पर हावी हो चुका था...। रूस में यह औद्योगिक पूँजीवाद का विकास काल था। विश्व पैमाने पर यह महाजनी पूजीवाद का विकास काल था।'' ('भारत में अंग्रेज़ी राज और मार्क्सवाद', खण्ड 1, 1982, पृ. 22) पूँजीवाद की सभी अवस्थाओं में भारत का इंग्लैंड से सम्बन्ध था। विश्व बाज़ार में पूँजीवादी शक्तियों की आपसी टकराहट का भारत पर भी प्रभाव पड़ा।

महाजनी पूँजीवाद में पूँजी उत्पादन से अलग हो जाती है। ''सूदखोर पूँजी अपने आरम्भिक रूप में उत्पादन से विलग थी, अपने आधुनिक रूप में वह उससे फिर विलग है। उत्पादन से विलग होने के कारण वह पहले भी परजीवी थी, अब भी परजीवी है। अन्तर यह है कि तब उत्पादन अविकसित था, अब वह असाधारण रूप से विकसित है। इससे परजीवीपन में वृद्धि होती है, पूँजीवादी सट्टेबाज़ी और धोखाधड़ी में वृद्धि होती है।'' ('भारतीय इतिहास और ऐतिहासिक भौतिकवाद', पृ. 140) महाजनी पूँजीवाद में मुनाफ़ा सूद के रूप में प्राप्त होता है। पूँजी के केन्द्रीकरण से इजारेदार गुटों में प्रतिद्वन्द्विता बढ़ती है। प्रथम विश्व युद्ध के पहले पूँजी के केन्द्रीकरण से इजारेदार गुटों में प्रतिद्वन्द्विता बढ़ी थी। 1913 में लेनिन ने 'पूँजीवादी विकास का शान्तिपूर्ण

दौर' समाप्त होने की बात कही थी। ब्रिटेन की इजारेदारी को चुनौतियाँ मिल रही थीं। महाजनी पूँजीवाद, जिसे डॉ. शर्मा 'इजारेदार पूँजीवाद' भी कहते हैं, पूँजीवाद का एक नया दौर है। इस इजारेदार पूँजीवाद को लेनिन ने 'पूँजीवाद की सबसे ऊँची मंज़िल' कहा है, जो 'साम्राज्यवाद' है। औद्योगिक पूँजीवाद, जिसे ग़ैर–इजारेदार पूँजीवाद भी कहा जाता है, का दौर 1870 के दशक में समाप्त हो रहा था और उन्नीसवीं सदी के अन्त में इसका संक्रमण महाजनी पूँजीवाद की ओर हुआ। यह पूँजीवाद का एक नया रूप था, जिसकी मार्क्स और एंगेल्स ने केवल पहचान ही नहीं की, उसकी विशेषताएँ भी बतायीं। मार्क्स ने 'ग्रुंदिसे' (प्रकाशन 1939) और 'पूँजी' में 'आधुनिक विज्ञान और तकनीक' के जिन उन्नत रूपों की व्याख्या की है वह आज की पूँजी को समझने में हमारी मदद करती है। ''महाजनी पूँजीवाद कृषि–प्रधान देशों को ही नहीं, उद्योग–प्रधान देशों को भी अपने अधिकार में ले आना चाहता है। बड़ी ताक़तों की आपसी होड़ तेज़ होती है और पहले से बँटी हुई दुनिया को वे फिर से बाँटने की कोशिश करती हैं। उपनिवेशों, अर्ध–उपनिवेशों, पराधीन देशों, अर्ध–स्वाधीन देशों और प्रभाव क्षेत्रों के द्वारा वे सारी दुनिया को अपने जाल में फाँस लेती हैं'' (वही, पृ. 143) लेनिन ने प्रथम विश्वयुद्ध के दौरान ब्रिटेन, फ्रांस और जर्मनी के साथ अमरीका को भी बड़ा इजारेदार माना था। उन्होंने इन चारों को विश्व की महाजन पूँजी का चार 'स्तम्भ' कहा था, जिनके पास दुनिया की महाजनी पूँजी का अस्सी प्रतिशत था। इजारेदारी और युद्ध में एक रिश्ता है। इजारेदारी युद्ध को जन्म देती है और युद्ध इजारेदारी को और शक्तिवान बनाता है। दूसरे महायुद्ध के बाद विश्व–परिदृश्य बदल गया। पहले जिस स्थान पर ब्रिटेन था अब उस स्थान पर अमरीका आ गया। दूसरे विश्वयुद्ध के अन्तिम समय में ही ब्रेटन वुडस ने दो सन्तानें–विश्व बैंक और अन्तरराष्ट्रीय मुद्रा कोष पैदा कीं। इन पंक्तियों के लेखक ने पचीस वर्ष पहले 1995 में 'विश्व बैंक, अन्तरराष्ट्रीय मुद्रा कोष, गैट, विश्व व्यापार संगठन और अमरीका (भारतीय सन्दर्भ में)' पर विचार किया था। ('वैकल्पिक भारत की तलाश', 2018 में संकलित)

लेनिन ने 1916 में इजारेदार पूँजीवाद की विशेषता मानी थी–'जनतन्त्र को समाप्त करने वाले प्रतिक्रियावाद में परिवर्तन'। आज सौ वर्ष बाद दुनिया के लोकतान्त्रिक देशों में लोकतन्त्र की कराहें सुनी जा सकती हैं। द्वितीय विश्वयुद्ध के बाद अमरीका का अर्थतन्त्र अन्य देशों की तुलना में कहीं अधिक सुदृढ़ था। ब्रिटेन पीछे हुआ और अमरीका आगे बढ़ा। महाजनी पूँजीवाद को

डॉ. शर्मा 'इजारेदारी पूँजीवाद' भी कहते हैं। अमरीकी राजनीति में इजारेदारी और सट्टेबाज़ी दोनों का वे 'सह अस्तित्व' देखते हैं। एंगेल्स ने अमरीका में 'राजनीतिक सट्टेबाज़ों के दो बड़े गिरोह' को 'राजनीतिज्ञों के दो बड़े कार्टेल' कहा था। डॉ. शर्मा इस आधार पर यह लिखते हैं: ''जहाँ कार्टेल है, वहाँ सट्टेबाज़ी भी है, चाहे राजनीति हो, चाहे अर्थतन्त्र हो।'' 'भारतीय इतिहास और ऐतिहासिक भौतिकवाद', पृ. 146) महाजनी पूँजी के विकास के साथ बैंक सट्टा बाज़ार बना। महाजनी पूँजीवाद जुगारी पूँजीवाद बना। अर्थशास्त्री और अर्थशास्त्र के विशेषज्ञ ऐसे 'पद' या 'टर्म' का प्रयोग नहीं करते, पर सामान्य रूप से समझने के लिए ये उपयोगी ही नहीं, आवश्यक भी है। 'गोदान' में प्रेमचन्द ने 'स्पेकुलेशन' की बात कही है। स्पेकुलेटिव कैपिटल की चर्चा अब सामान्य है। ''सट्टा एक तरह का जुआ है। इस जुए की छाप समस्त महाजनी संस्कृति पर है। घुड़दौड़ में लोग घोड़ों पर पैसा लगाते हैं, चुनाव में राजनीतिज्ञों पर लगाते हैं।'' (वही, पृ. 147)

आज जिसे हम 'वित्तीय पूँजी' (फाइनेंस कैपिटल) कहते हैं, उसने पहले के सब कुछ को नष्ट कर डाला है। यह पूँजी बड़े अन्तरराष्ट्रीय बैंकों और बहुराष्ट्रीय कम्पनियों द्वारा संचालित होती है। डॉ. शर्मा ने बार–बार यह कहा है कि व्यापारिक पूँजीवाद के दौर में और महाजनी पूँजीवाद के दौर में भी सूदखोरी की प्रवृत्ति बढ़ती रही है। सूद कमाने के तरीक़े अब पहले से बदले हुए हैं। पिछली सदी के सत्तर के दशक से जो कुछ परिवर्तन हुए, विश्व बैंक और अन्तरराष्ट्रीय मुद्रा कोष जिस प्रकार तीसरी दुनिया के देशों पर हावी हुए, उसकी चर्चा कम की जाती है। उत्तरी अमरीका और यूरोप के चारित्रिक अन्तर को समझने के लिए मार्क्स–एंगेल्स के एक निबन्ध 'बास्तियत एण्ड कैरे' को पढ़ना आज अधिक ज़रूरी है क्योंकि सत्तर के दशक से मुख्य रूप से अमरीकी अर्थतन्त्र दुनिया में प्रभावी हुआ। हिन्दी में अभी तक राजेश्वर सक्सेना को छोड़कर शायद ही किसी ने 'बास्तियत एण्ड कैरे' निबन्ध की विस्तार से चर्चा की है। बास्तियत फ्रेंच अर्थशास्त्री (30.6.1801–24.12.1850) थे और हेनरी चार्ल्स कैरे (15.12.1793–13.10.1879) अमरीकी अर्थशास्त्री थे। मार्क्स–एंगेल्स के इस निबन्ध को पढ़कर यह साफ़ हो जाता है कि ''उत्तरी अमरीका की राजनीत्यार्थिकी (पॉलिटिकल इकोनॉमी) का उन्मुक्त चरित्र यूरोप की राजनीतित्यार्थिकी जैसा नहीं है'' (राजेश्वर सक्सेना, 'वित्तीय पूँजी और उत्तर आधुनिक', 2001 पृ. 60) डॉ. सक्सेना इस वित्तीय पूँजी का 'नव्य फासीवाद' से रिश्ता देखते हैं।

रामविलास शर्मा ने जीवन के अन्तिम वर्षों में बार–बार 'विदेशी पूँजी' की बात कही है। आज़ादी के समय केवल ब्रिटिश फ़ौज यहाँ से गयी, विदेशी पूँजी नहीं गयी। 'भारतीय संस्कृति और हिन्दी प्रदेश', भाग 2 (1999) में वे आज के भारत को 'कल के इतिहास की देन' कहते हैं। विदेश से क़र्ज़ लेकर देश के विकास के वे विरोधी हैं। नरसिंह राव और मनमोहन सिंह की सरकार ने जो नयी आर्थिक नीति लागू की, वह नव उदारवादी अर्थव्यवस्था के तहत थी। "लेनिन ने क़र्ज़ लेकर माल ख़रीदने की क्रिया की तुलना बैल की खाल दो बार उतारने से की थी। महाजनी पूँजी पहले उधार दी हुई रकम का मुनाफ़ा गाँठ में करती है, उसके बाद उसी रकम से वह दूसरे मुनाफ़े भी गाँठ में करती है जब लेनदार उसका उपयोग क्रुप (जर्मन पूँजीपति) से माल खरीदने को करता है।" ('भारतीय इतिहास और ऐतिहासिक भौतिकवाद पृ. 162) देशी–विदेशी पूँजी का गठबन्धन 'चौमुखी संकट' बढ़ाता है। "भाषा, साहित्य और संस्कृति से ले कर पर्यावरण तक भारतीय जीवन को हर स्तर पर विदेशी पूँजी प्रभावित करती है"। (भारतीय संस्कृति और हिन्दी प्रदेश, खण्ड 2, पृ. 635) सोवियत संघ के विघटन के बाद भारत में ज़िस तीव्र गति से 'जाति–बिरादरीवाद और सम्प्रदायवाद' बढ़ा है, उसका विदेशी पूँजी से सीधा सम्बन्ध है। विदेशी पूँजी अपने साथ एक भाषा, एक मूल्य और एक संस्कृति भी लाती है। आज जिसे 'मार्केट कैपिटल' कहा जाता है, वह मात्र अर्थ–जगत् के दायरे में ही संचरण नहीं करती।

डॉ. शर्मा के व्यापक अर्थशास्त्रीय अध्ययन–चिन्तन और विचार–दृष्टि पर अभी तक कम विचार हुआ है। उनका लेखन मात्र अकादमिक नहीं है। केवल अकादमिक चश्मे और नज़रिये से न तो उसे देखा–समझा जा सकता है और न उस पर सही तरीक़े से विचार किया जा सकता है। बेनेदिक्त एंडरसन (26.8.1936–13.12.2015) ने 'प्रिंटकैपिटलिज़्म' की बात की, व्यापारिक और औद्योगिक पूँजीवाद का भेद मिटाया, जिसकी डॉ. शर्मा ने आलोचना की। बड़ी बात यह है कि वे पूँजी के इस खेल और विश्वव्यापी प्रसार में 'इलेक्ट्रानिक्स' की भी एक बड़ी भूमिका देखते हैं, इजारेदार पूँजीवाद पर अमरीकी वर्चस्व को समाप्त करने का मार्ग भी बताते हैं। अमरीका पूँजीवाद का गढ़ है। वहाँ से पूँजी के निर्यात के साथ संस्कृति का भी निर्यात होता है। किसिंजर ने वर्षों पहले यह कहा था कि भूमण्डलीकरण अमरीकीकरण है।

जहाँ तक उधार देकर सूद कमाने का धन्धा है, वह अब अनेक नये तरीक़ों से जारी है। इसके विशाल रूप को समझने के लिए यह उल्लेख

आवश्यक है कि (एक स्रोत के अनुसार) भारत प्रति सेकंड 1 लाख 46 हज़ार 990 रुपये, प्रति मिनट 88 लाख 94 हज़ार रुपये, प्रत्येक घण्टे 52.9 करोड़ रुपये, प्रतिदिन 1270 करोड़ रुपये और प्रत्येक वर्ष 4 लाख 63 हज़ार करोड़ रुपये पुराने क़र्ज़ के ब्याज के रूप में चुका रहा है। भारत विदेशी क़र्ज़ के जाल में फँसा देश है। प्रति व्यक्ति यह क़र्ज़ 53 हज़ार 544 रुपये है। क़र्ज़ लेकर ब्याज दिया जा रहा है। एक ओर भारत प्रति घण्टे 52.9 करोड़ रुपये ब्याज दे रहा है, दूसरी ओर मुकेश अम्बानी ने पिछले 6 महीने में प्रति घण्टा 90 करोड़ रुपया कमाया। क़र्ज़ पर ब्याज चुकाने में प्रत्येक वर्ष सरकार लाखों करोड़ रुपये खर्च करती है। विदेशी क़र्ज़ जिस अनुपात में बढ़ता गया है, उसी अनुपात में ब्याज भी बढ़ता गया। नव उदारवादी अर्थव्यवस्था के दौर में यह क़र्ज़ काफ़ी बढ़ा है। मार्च 1999 में जो विदेशी क़र्ज़ 98.2 अरब डालर था, वह जून 2019 में बढ़ कर 557.4 अरब डालर हो गया है।

डॉ. शर्मा के गम्भीर अध्येताओं को उनके अर्थशास्त्रीय अध्ययन–चिन्तन पर भी विचार करना चाहिए। औद्योगिक पूँजी का सम्बन्ध मानव–श्रम से था। आज की वैश्विक पूँजी श्रम–निरपेक्ष है। इस पूँजी की लपेट में सब है– भाषा, संस्कृति, लोकतन्त्र, घर, परिवार, सम्बन्ध, शिक्षा, मूल्य आदि। डॉ. शर्मा ने इस पूँजी की सदैव आलोचना की है। पारम्परिक अर्थ में वे अर्थशास्त्री नहीं हैं, पर उनका यह अर्थशास्त्रीय अध्ययन–चिन्तन अधिक महत्त्वपूर्ण है।

❐❐